서유럽의 언어들
기원, 역사, 지리

앙리에트 발테르 지음
박정섭 옮김

저자 소개

앙리에트 발테르(Henriette Walter)

1929년 튀니지에서 프랑스인 어머니와 이탈리아계 아버지 사이에서 태어났다. 여러 언어에 노출된 환경에서 성장하였으며 6개 언어를 유창하게 구사하고 많은 다른 언어들에 대해서도 상당한 지식을 가지고 있다. 파리 5대학교에서 앙드레 마르티네의 지도하에 음성학 연구로 국가박사 학위를 받았다. 렌느 2대학교 및 파리 고등연구원에서 재직하였고, 언어의 역사에 관한 다수의 저서를 발표하여 언어학 서적으로는 보기 드문 성공을 거두었다. 현재 렌느 2대학교 명예교수이자 국제 기능주의 언어학회 회장이다. 대표적 저서로는 《모든 의미에서의 프랑스어》, 《포유류 이름의 놀라운 역사》, 《프랑스어 음운론》, 《외국어 기원의 단어 사전》 등이 있다.

옮긴이 박정섭

박정섭

서울대학교 사범대학(불어교육학)과 파리 8대학교(언어학 박사)에서 수학하였으며 1991년부터 서강대학교에서 프랑스 언어학을 가르치고 있다. 서강대학교 국제인문학부 학장과 한국프랑스어문교육학회 회장을 역임하였다. 대표 저서로는 《언어의 이해》, 《시사 프랑스어: 라디오 뉴스 듣기》 등이 있으며, 《정보구조와 한불 번역에서 주어의 처리 문제》, 《뒤섞기와 양화사의 작용역》, 《프랑스문화 연구 방법론 고찰》 등 25편의 연구 논문을 발표하였다.

서강번역총서 02

서유럽의 언어들

기원, 역사, 지리

앙리에트 발테르(Henriette Walter) 지음 · 박정섭 옮김

서강대학교출판부

서강번역총서 02

서유럽의 언어들

기원, 역사, 지리

초판 1쇄 발행 | 2022년 2월 28일

지 은 이 | Walter, Henriette
옮 긴 이 | 박정섭
발 행 인 | 심종혁
편 집 인 | 주세영
발 행 처 | 서강대학교출판부
등록 번호 | 제2002-000170호

주 소 | 서울특별시 마포구 백범로 35(신수동)
전 화 | (02) 705-8212
팩 스 | (02) 705-8612

ISBN 978-89-7273-380-5 94160
ISBN 978-89-7273-374-4(세트)

값 48,000원

머 리 말

타자의 언어? 그것은 우리를 영원히 갈라놓는 하나의 장벽이라고 치부해 버려야 하는가? 아니면 인간과 삶에 대한 다른 사고방식을 뒤에 감추어 두고 있는 하나의 장막으로 보아야 하는가? 티롤 사람들처럼 모두가 Pferd(독일어, '말(馬)')라고 잘 알고 있는 것을 두고 cavallo(이탈리아어, '말')라고 부르는 이탈리아인들을 정말 미쳤다고 여겨야 하는가? 아니면 오히려 그 뜻밖의 단어가 말(馬)에 대한 어떤 다른 이해 방식을 나타내는 게 아닐까 하고 생각해야 하는가?

최고의 세계관은 어린 시절부터 배운 언어가 우리에게 심어준 세계관임에 틀림없을 텐데 도대체 왜 다른 세계관을 알아보려 하는가? 우리가 위대한 작가들의 책을 자주 읽고 주변에 있는 뛰어난 사람들을 만난다면 우리의 언어가 끊임없이 풍요로워지지 않을까? 프랑스인들이 오랫동안 보여준 반응은 바로 그와 같은 것이었다. 그것은 영어 화자들 중 자신들의 언어가 현대 세계의 모든 의사소통적 필요를 채워주고 있다고 생각하는 사람들이 오늘날 보여주는 반응이기도 하다. 이러한 타자의 언어에 대한 부정적, 심지어 적대적인 반응이 유럽 국가 연합의 창설에 대한 주저함 뒤편에서 나타나고 있다. 그러나 그러한 연합이 민족적 가치들의 약화로 이어질 것을 불안해하는 사람들마저도 세계가 나날이 더 가까워지고 있다는 것을 무시할 수는 없을 것이다. 20세기 말 개탄스러운 인종 간 폭력 사태가 다시 고개를 들고 있지만, 그런 것으로 인해 세계 경제의 발전에 필수불가결한 융합이 멈출 수는 없을 것이다. 그 융합이 언어 분야에 있어서는 어느 하나의 언어에 유리한 통합으로 이어지게 될 것인가? 오늘날의 세력 구도에서라면 틀림없이 영어가 우위를 차지하게 될 듯하다. 그러나 그러한 일이 이루어지려면 오랜 세월이 걸려야만 할 것이다. 그리고 많은 경우에 상호 간의 이해라는 기본 욕구가 있으므로 직접 접촉하고 있는 이웃들의 언어를 배우지 않을 수가 없을 것이다. 어쨌든 간에 우리는 더욱더 타자의 언어를 배워야 하며, 그리고 언어들이 존재하는 한 그래야 한다.

이 책에서는 제2언어의 학습이라는 거대한 문제를 다루려고 하지 않았고, 지구상의 일반적 다언어 사용 또는 특정 지역에 한정된 다언어 사용을 위한 조건들을 그려 보려고 하지도 않았다. 앙리에트 발테르가 원했던 것은 적어도 유럽의 언어들은 그것들을 구별지어 주는 요인들만큼 그것들을 가깝게 만드는 요인들에 의해서도 영향을 받았다는 사실을 어떤 사람들에게는 상기시키고 다른 사람들에게는 알려 주려는 것이다. 그 언어들은 대개의 경우 오늘날 사라진 하나의 동일한 언어에서 점진적인 분기(分岐) 과정을 거쳐서 태어났다. 그러나 모든 언어들은 — 심지어 서로 다른 기원을 가진 언어들조차도 — 부단히 서로에게 영향을 준다. 큰 차이점들은 의사소통을 불가능하게 만드므로 처음부터 우리의 눈길을 끈다. 그러나 그러한 차이점들 뒤에는 유사성, 심지어는 동일성이 존재한다. 언어 간의 유사성은 공통의 기원 언어에서 기인한다. 수천 년 동안의 분기 과정 이후에도 프랑스인이 '(il) est'('(그는) ~이다')와 '(ils) sont'('(그들은) ~이다')이라고 표현하는 상황에서 독일인은 '(er) ist'와 '(sie) sind'라고 말하고 있다. 언어 간 동일성은 어휘가 차용되거나 동일 모델에 근거하여 조어가 이루어질 때 생긴다. 게르만 어파에 속하는 영어는 어휘의 절반을 로망스 어파에 속하는 프랑스어로부터 차용하였다. 어떤 의사가 새로운 질환을 지칭하기 위한 새로운 단어를 찾는다면 그가 독일인이건 러시아인이건 스페인인이건 간에 고대 그리스어에서 빌려온 언어 요소를 가지고 그 단어를 만들 가능성이 어느 정도 있다.

언어 간 유사성과 공통점들은 많은 경우 표면적으로 잘 드러나지 않지만 그것들을 가려내서 분류할 수 있다. 포르투갈어를 배우는 프랑스인이 특정 단어를 알아보는 데 어려움을 겪고 있다면 없어진 -l-이나 -n-을 복원해 보라고 그에게 권해야 한다. 그러면 그는 cor(포르투갈어, '색채')를 couleur(프랑스어, '색채')에 연결시키고 Lisboa(포, '리스본')에서 Lisbonne(프, '리스본')을 연상할 것이다. 독일어 단어 See는 여성으로 사용될 때 바다(프, la mer)를, 남성으로 사용될 때 호수(프, le lac)를 가리킨다. 프랑스어 명사에서도 문법성의 분배가 동일한데 이는 우연의 산물이 아닐 수 있다는 점을 주목할 수도 있을 것이다.

그런데 저자는 언어 간 유사성과 등가성(等價性)을 보여주는 것으로 그치지 않는다. 저자는 다루고 있는 언어들 각각에 대해 언어의 활력, 전파 과정, 공식적 지위, 경쟁 관계에 있는 방언이나 언어들에 대한 상대적 위상 등을 살펴보면서 언어별 독창성을 잘 드러내 주고 있다. 이 책에서는 저자의 전작인 《Le français dans tous les sens》('모든 의미에서의 프랑스어')의 성공 방정식을 다시 볼 수 있을 것이다. 즉, 저자는 학술적인 진지함을 결코 소홀히 하지 않으면서도 일반 대중이 접근하기 쉬운 언어를 사용하여 주도면밀하면서도 흥미를 자극하는 설명을 제공하는, 한마디로 의외이지만 박수 받을 조합 방식을 사용하고 있다.

앙드레 마르티네

역자 서문

이 책의 프랑스어 원본 제목은 《L'aventure des langues en Occident: leur origine, leur histoire, leur géographie》이다. 정확히 번역하자면 '서유럽 언어들의 모험: 그것들의 기원, 역사, 지리'일 것이다. 제목에 들어 있는 Occident은 소문자로 사용될 때 '서쪽'을 가리키며 대문자로 사용될 때는 국제 정치학적 의미에서 사회주의 국가들과 대립하는 '서방 세계'를 지칭하기도 하지만, 여기서는 좀 더 좁은 의미로 서유럽 국가들만을 가리키고 있다.

왜 저자가 전체 유럽도 아니고 로망스어권도 아닌 서유럽이라는 다소 어중간한 공간을 이야기 소재로 선택했는지 궁금한 생각이 들 수 있을 것이다. 앙드레 마르티네의 머리글에서 알 수 있듯이 이 책은 1993년 마스트리흐트 조약이 발효되면서 12개 회원국으로 구성된 유럽 연합이 출범한 직후에 출판되었다. 물론 저자가 유럽 연합과 관련하여 특별한 정치적 의도를 표명하고 있지는 않지만 언어학자로서 유럽 통합 이후 유럽 언어들의 운명에 대하여 비상한 관심을 가지고 있을 것으로 짐작할 수 있다. 당시 유럽 연합의 회원국들은 서유럽 국가들로 이루어져 있었기 때문에 저자로서는 그 국가들의 언어에 관한 책을 저술하는 것 자체가 상당한 의미가 있었을 것으로 생각된다.

서유럽이 다양한 민족 간의 밀도 높은 교류와 경쟁의 장이었다는 점에서도 저자의 선택은 충분히 정당화된다. 이 책이 일관되게 보여주고자 했듯이 서유럽의 역동적인 역사 속에서 그 언어들은 끊임없이 서로에게 영향을 주고 받았고 오늘날의 언어적 상황은 그러한 역사의 산물일 뿐이다. 언어적 관점에서 바라본 서유럽의 역사는 언제나 흥미롭고 우리에게도 많은 것을 시사해주고 있다.

사실 유럽의 언어들 간의 상호적 영향에 대해서 우리는 특정한 사건들에 대해서만 관심을 가지거나 아니면 추상적으로만 짐작하는 경향이 있다. 이 책에서는 역사와 지리를 두 축으로 삼아 서유럽의 모든 주요 언어들이 변화해 온 과정을 생생하게 보여주고 있다. 물론 설명 중에 언급되는 십여 가지 언어들의 구체적 표현들 때문에 유럽 언어들에 익숙하지 않은 한국인 독자로서는 이 책을 읽어나가는 데 다소 부담을 느낄 수도 있을 것이다. 그러나 모든 개별 단어에 한국어 번역이 동반되어 있으므로 약간의 인내심을 가지고 천천히 이 책의 내용을 음미한다면 그 많은 유럽 언어들이 외관으로 드러나는 것과 달리 많은 부분을 서로 공유하고 있다는 사실을 알게 될 것이며, 또한 언어들이 그렇게 얽히게 된 원인과 과정을 추적하면서 유럽의 언어와 문화에 대한 새로운 인식을 얻을 수 있으리라 믿는다.

이 책이 출판된 지 상당한 시간이 지났다는 점에 대하여 독자들의 양해를 구하고자 한다. 물론 이 책에서는 언어들의 기원과 수천 년 동안의 변화 과정에 많은 부분을 할애하고 있지만 변화의 결과인 현 상황도 역시 중요한 부분이다. 책에서 기술하고 있는 현재의 언어적 상황들은 이미 과거의 일이 되었기 때문에 역자는 역주를 통해 최신 통계 자료나 경향 등을 추가하여 그 점을 부분적이나마 보완하기 위해 노력하였다. 역자로서는 저자가 기술한 시점까지의 내용만으로도 이 책이 충분히 많은 사람들이 공유할 가치가 있을 것으로 판단되어 번역을 결심하였지만, 그럼에도 불구하고 최신 언어 상황 부분과 관련하여 아쉬움이 있으며 이에 대한 독자들의 이해를 거듭 구하는 바이다.

국내에서 서유럽 언어들의 기원과 변화 과정에 대한 전체적이고 체계적인 소개에 해당하는 문헌을 찾기 힘든 현실에서 이 책이 관련 연구자는 물론 유럽의 언어와 문화에 관심이 있는 모든 사람에게 도움이 될 수 있기를 바란다. 타자에 대한 열린 마음이 요구되고 있는 우리 사회에서 이 책이 타자에 대한 이해의 폭을 넓히는 데 일조할 수 있기를 소망해 본다.

2022년 3월

박정섭

일러두기

- 원문의 주와 별개로 글의 이해를 위해 제시된 역주는 각괄호 [ ]로 표기하였다. 간혹 국제 음성 기호를 사용한 발음도 각괄호로 제시되어 있지만 약간의 주의를 기울이면 혼동의 여지는 없을 것이다.
- 이 책에서 많이 인용되는 라틴어 단어들은 원칙적으로 대문자로 표기하여 다른 언어의 단어들과 구별하고 있다.
- 많은 외국어 단어들이 언급되므로 각 단어의 뜻을 작은 따옴표(' ')로 표기하며 문맥상 어떤 언어인지 불확실한 경우에는 해당 언어도 밝히고 있다.
- 간혹 단어 앞에 *가 부여된 것은 그 단어가 과거에 존재했을 것으로 추론되지만 입증되지는 않았음을 나타낸다.

목 차

II. 북게르만어 357

덴마크어를 중심으로 362

III. 서게르만어 374

독일어를 중심으로 378

서론

유동적이고 다채로운 언어적 상황

지금으로부터 7000년 이상 이전에 흑해의 끝자락에서 출발한 기마 침략자들이 수천 년 동안 스텝 지대에서 대양에 이르기까지 전 유럽 대륙을 가로질렀다. 그들은 그들이 통과하면서 만났던 사람들과의 접촉으로 인해 다양해진 언어들을 전파하였다. 그래서 20세기 말 서유럽의 언어적 상황은 정치적 국경들로는 예상하기 어려운 다양한 모습을 보여주고 있는 것이다. 대부분 인도-유럽 어족이라고 불리는 동일한 어족에 속하는 그 언어들은 끊임없이 서쪽으로 퍼져 나갔다. 한참 뒤의 일이지만 그 언어들은 심지어 대서양도 건너갔다. 그래서 스페인어, 포르투갈어, 영어, 프랑스어가 남북아메리카의 지배적 언어가 되었다.

세계 정복에 나선 그 네 언어들 옆에는 흔히 등한시되기도 하는 많은 언어들도 존재한다는 것을 잊지 않도록 해야 한다. 그 긴 목록에는 그리스어를 비롯하여 라틴어에서 태어난 다른 로망스어들, 게르만어들, 슬라브어들 또는 켈트어들이 함께 들어 있고, 그 모든 언어들 가운데서 끈질기게 버텨온 매우 오래된 언어인 바스크어도 있다.

요컨대 현재의 언어적 상황은 그것을 빚어낸 민족들의 오랜 역사의 반영이기도 하다는 것을 알 수 있다. 그러나 그 상황은 유동적이며 정확히 파악하기 어렵기 때문에 그 구성 요소들에 대한 모든 수치화된 평가를 단념하게 만든다. 그럼에도 불구하고 언어적 상황을 다양한 시각에서 하나하나 살펴본다면 그러한 평가에 이르는 길을 열어갈 수 있는 가능성도 충분히 있다.

그 상황을 바라보는 세 가지 방식

첫 번째 방안은 각국의 공식어들만 취하는 것이다. 그러면 유럽의 언어 지도는 적어도 프랑스, 포르투갈, 그리스, 네덜란드 등 하나의 공식어만 가진 국가들에 대하여는 거의 명확하게 만들어질 것이다. 그런데 벨기에는 네덜란드어(다수어), 프랑스어(소수어), 독일어(벨기에 동부의 좁은 지역에 한정됨) 등으로 분할되어 있음에 따라 미묘한 문제들이 제기된다. 룩셈부르크의 상황은 상당히 놀랍다. 왜냐하면 그곳에서는 프랑스어와 룩셈부르크어만이 공식어인데 독일어도 언어적 갈등이 문제되는 일이 없이 전체 국민들에 의해 일상적으로 사용되고 있기 때문이다[1984년 법률에 의해 룩셈부르크어, 프랑스어, 독일어가 모두 행정어로 인정되고 있으므로 독일어도 공식어로 보아야 한다]. 그러나 가장 특이하고 반박의 여지 없이 가장 역설적인 상황은 아일랜드의 경우이다. 켈트어인 아일랜드어는 헌법 문구로 적시된 것처럼 그 나라에서 제1공식어이지만 소수어이고, 영어는 제2공식어인데도 불구하고 공통어이다.

국가에 의해 인정된 언어들만 다루지 않고 각국에서 사용되는 모든 언어들을 조사함으로써 잘 다니지 않는 길로 모험을 시도해볼 수도 있을 것이다. 그렇게 하려면, 예를 들어, 이탈리아에 대하여 라틴어에서 태어난 방언들, 즉 피에몬테어, 프리울리어, 사르디니아어, 시칠리아어 등의 생명력만을 강조할 것이 아니라 북동부 지역의 독일어나 슬로바니아어, 알프스 지역의 프랑스어, 프로방스어, 프랑코프로방스어, 사르디니아의 카탈로니아어, '장화'의 남쪽 지역의 그리스어, 알바니아어, 세르비아-크로아티아어 등의 존재도 상기시켜야 할 것이다. 그렇게 되면 지금까지 전체 속에 묻힌 채 눈에 띠지 않던 영토의 일부 지점들이 관심을 불러일으키게 되면서 이탈리아 지도 전체에 생동감이 생기기 시작할 것이다. 여러 나라들에 대해 유사한 작업을 해보면 언어적 다양성은 어디서나 대대로 이어진 하나의 상수(常數)임을 알 수 있게 될 것이다.

세 번째 관점은 그러한 언어들의 먼 옛날의 기원과 수천 년에 걸친 사람들의 이동이라는 또 다른 차원을 개입시키는 것이다. 이렇게 함으로써 현재의 많은 상황들을 설명할 수 있게 될 것이며, 특히 왜 그리고 어떻게 하여 대부분의 국가에서 단 하나의 언어 변이체만이 모든 다른 변이체들 가운데서 특별히 눈에 띄는 데 성공하여 국가 언어로 되었는지를 이해하게 될 것이다.

이 책에서 채택한 것은 그 마지막 관점이다. 여기서는 유럽의 언어들이 그것들을 사용하고 있거나 사용했던 사람들 및 그 언어들이 여러 세기 동안 발전해 온 장소들과의 관계 속에서 소개된다. 그러한 과정에서 언어의 역사와 지리가 서로서로 설명을 보완해 주게 될 것이다.

유럽의 공통어들 및 소수 언어들의 역사를 만든 사람들을 알아가는 법을 배웠으므로 독자들은 이제 언어 구조들도, 비록 더 엄격한 현상들이지만, 나름의 매력을 가지고 있다는 것을 알아갈 수 있을 것이다.

주요 분할선

이 책은 유럽 언어들의 역사와 오늘의 현실을 가로지르는 일종의 안내 여행이다. 그 여행은 각 나라의 틀 안에서 추진될 수도 있었을 것이다. 그러나 그렇게 했다면 언어들의 경계선은 국가들의 경계선이 아니기 때문에 혼란이 초래될 수 있었을 것이다. 어디까지나 이 책의 중심은 언어들이다.

언제나 잠정적일 수 밖에 없는 정치적 국경들을 잠시 잊고 유럽 땅을 세 개의 광역 언어 지대로 구분하는 가상의 두 선을 그려보기로 하자. 그중의 하나는 중앙 지역을 북에서 남으로 가로지르는 것으로서 그 선으로 동부 지역의 슬라브 언어 권역과 서부 및 북부 지역의 게르만 언어 권역 사이에 경계가 지어진다. 다른 선은 영국과 프랑스 사이에서 출발하여 벨기에부터는 대륙을 가로질러 북이탈리아 쪽에서 슬라브어-게르만어 구분선을 만나게 된다. 그렇게 하여 **로망스어**들의 경계선이 그려진다. 즉, 그 언어들은 남부 유럽의 대부분 지역을 차지하고 있다. **게르만** 언어들은 중부 및 북부, 그리고 **슬라브** 언어들은 동부 지역을 차지하고 있다(아래 지도, '광역 언어권' 참조).

광역 언어권

오늘날 유럽의 가장 대표적 언어들은 인도-유럽 어족의 세 지류, 즉 **로망스 어파, 게르만 어파, 슬라브 어파**에 속한다. 이 지도는 광역 언어권들만 보여주고자 하므로 확산이 덜 된 언어들(켈트어들, 그리스어, 바스크어 등)은 여기에 나타나지 않는다.

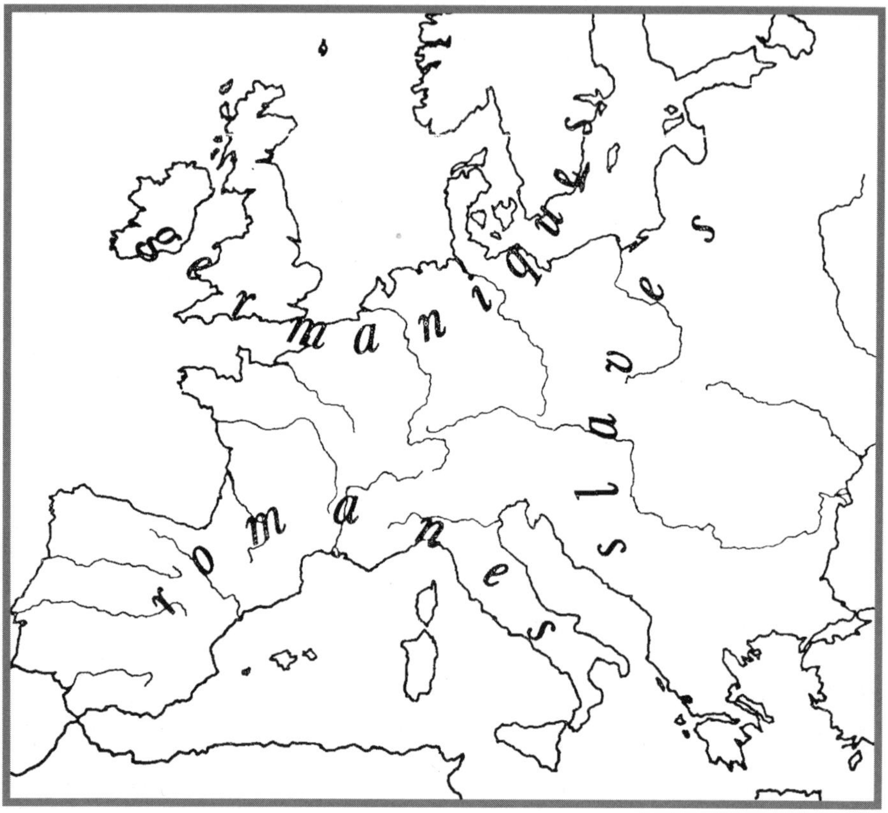

germaniques 게르만 어파 romanes 로망스 어파 slaves 슬라브 어파

물론 이러한 도식적 관점은, 예를 들어, 서쪽 끝 지역의 켈트어들, 남동쪽 끝 지역의 그리스어, 또는 프랑스와 스페인 사이의 좁은 지역에서 생존한 유일한 인도-유럽어 이전 언어인 바스크어 등 많은 다른 언어들의 존재를 덮어두고 있다.

그럼에도 불구하고 의도적으로 매우 단순화한 이 첫 번째 그림은 그러한 세 개의 언어 집단들이 지리적 공간의 대부분을 차지하고 있으며 그 언어들이 하나의 공통 역사를 가졌다는 점을 상기시키는 이점이 있다. 이 그림은 이 책의 전반적인 방향을 제시하는 것으로서 여러 챕터들에서 그 내용이 가다듬어지고 명확해지게 될 것이다. 책에서 다루는 것은 엄격하게 서유럽 언어로 한정되며, 최근에 이주해 온 사람들의 언어는 모두 배제되었다.

책의 구성

이 책의 전반적 구도는 국가가 아니라 언어에서 출발하여 설정되었지만 각국의 개별적 언어 상황은 오늘날까지 사용되고 있는 다양한 언어들이 포함된 국가별 언어 상황표 형태로 개략적으로 제시되어 있다.[1] 다양한 위상을 가지고 공존하고 있는 모든 언어 중에서 오직 일부 언어만이 특권적 지위를 얻고 있다. 따라서 이 책에서도 그러한 언어들에게 우선적 위상을 부여하고 있다. 이 책의 주요 내용은 4개의 부(2부에서 5부까지)에 제시되어 있으며 각 부의 여러 챕터들은 오래전 종족들 이동의 상대적 연대순을 따라 기술되어 있다. 책의 서두에는 유럽 언어들의 오래된 기원들에 대한 설명이, 그리고 마지막 챕터에는 현재 상황에 대한 종합평가가 제시되어 있으므로 이 책의 주요 부분은 그 두 챕터로 둘러싸인 구조로 되어 있다.

이 이야기는 일종의 서양 문명의 원류로의 순례(1부)로부터 시작하여 그리스어에 대한 설명(2부)으로 이어진다. 켈트어들로 이야기가 전개되면 유럽의 대부분 지역이 수 세기 동안 켈트족 지역이었다는 것을 상기할 수 있을 것이다(3부). 그 다음에 로마 제국의 지배가 있었으며, 그로 인해 로망스어들의 조상인 라틴어의 확산이 이루어졌다는 것이 4부에서 기술될 것이다. 마지막으로 5부에서는 로마 제국이 붕괴되면서 게르만 종족들이 점점 더 중요한 역할을 하게 되어 그들의 언어들이 그들 이전에 있었던 종족들의 언어들을 완전히 대체하게 되거나 어느 정도 깊은 영향을 주게 된다는 내용이 다루어질 것이다.

그러한 개별적 이야기는 비교되는 언어들 각각의 고유성을 강조하기 위한 방향으로 전개될 것이다. 그러나 6부에서는 오늘날 그 언어들 사이에 일치점들이 존재하는지 밝히고 언어는 외국어의 기여를 받아들이면서도 자신의 정체성을 유지하고 자신의 매력을 전혀 잃어버리지 않을 수 있다는 것을 이해하는 시간을 가지고자 한다(상자 글 '책의 구성'을 참고할 것).

책의 구성

아래 표는 이 책의 챕터들에서 더 자세히 다루어질 주요 내용들을 개략적으로 도식화하여 예고하는 것이다. 이 표는 각국의 공식 언어들만을 부각시키고 있으며 다른 언어들은 보다 간략히 소개될 것이다.

1. 오래된 언어의 기원들

역사적 지표	어족의 부류	기원 언어	국가 공식어	국가
2. 그리스 문명	고대 그리스어	민용어(démotique)	현대 그리스어	그리스
3. 켈트족의 팽창	켈트어	게일어(gaélique)	아일랜드어	아일랜드
4. 로마 제국	고대 이탈리아어	토스카나어 카스틸라어 갈리시아-포르투갈어 일드프랑스방언	이탈리아어 스페인어 포르투갈어 프랑스어	이탈리아 스페인 포르투갈 프랑스 벨기에 룩셈부르크
5. 게르만족의 침략	게르만어	스칸디나비아어 고지 독일어 고지 독일어 저지 독일어 잉글랜드 남동부 방언	덴마크어 독일어 룩셈부르크어 네덜란드어 영어	덴마크 독일 룩셈부르크 벨기에 네덜란드 벨기에 영국

6. 오늘날의 일치점과 차이점

제1부

오래된 기원들

제1부

오래된 기원들

공통적 근원: 인도-유럽어

언어학자들은 타당한 근거들을 제시하며 영어에서 러시아어, 알바니아어, 그리스어까지, 또한 힌디어에서 페르시아어, 아르메니아어, 쿠르드어까지 이르는 유럽과 아시아의 대다수 언어들에 공통된 기원을 가정하고 있다. 그들은 그것을 '인도-유럽어'라고 부른다. 그렇지만 그것은 입증된 언어가 아니다. 이 공통 언어는 문자가 아직 발명되지 않았던 시기에 있었으므로 인도-유럽어로 쓰여진 어떠한 글도 존재하지 않기 때문이다.

그러므로 언어학자들의 인도-유럽어는 실제로 입증된 언어들의 비교에서 출발하여 이론적으로 재구성한 언어이다. 그들은 여러 언어들 사이에 존재하는 닮은 점들이 너무나 뚜렷하고 그 수도 많으며, 또한 우연에 의한 것일 수 없다는 것을 실제로 확인하였다. 예를 들어, mère(프랑스어, '엄마')가 (이탈리아어의 조상인) 라틴어에서는 mater, (입증된 가장 오래된 게르만어인) 고트어에서는 mothar, (켈트어인) 고대 아일랜드어에서는 mathir, 인도의 옛 언어에서는 matar였다.[2]

언어학자들은 문법과 어휘 및 소리의 영역에서 이러한 유형의 수많은 일치 사항을 연구한 후에 이탈리아어, 독일어, 아일랜드어, 힌디어 같은 언어들이 동일한 공통 조어(祖語)에서 유래했을 수 있다는 결론에 이르렀고 그 공통 조어를 인도-유럽어라고 지칭하였다.[3]

가부장적 사회

언어학자들은 공통된 고대의 친족 용어 전체를 연구하면서 그러한 언어들을 사용하던 종족들에 대해서 더 잘 알게 해주는 정보들도 얻을 수 있었다. 그들의 연구에서 아버지의 절대 권력에 의해 지배받는 강력한 계급 사회의 모습이 드러났으며 그 아버지는 생물학적 아버지가 아니라 '대가족'의 최고 수장의 모습이었다. 그것이 라틴어 단어 paterfamilias('가장')가 가지고 있던 의미이다. 모든 사람들이 그에게 절대복종의 의무가 있었고 어머니조차도 마찬가지였다. 어머니는 아이들을 세상에 내놓는 사람으로 간주될 뿐이었다. 게다가 frère(프, '남형제')와 sœur(프, '여형제')라는 단어들의 기원이 되는 어형들은 그 모든 언어에서 같은 세대에 속하는 사람들을 가리킬 뿐이었고 같은 아버지나 어머니에게서 태어난 사람들을 반드시 의미하지는 않았다.[4] 이렇게 하여 '인도-유럽인들'에게 '대가족'이라는 개념이 실제로 무엇을 뜻하는지 알려지게 되었다.

따옴표의 의미

언어학자들은 비록 비교 연구를 통해 언어들의 친족 관계에 대해 확신을 가지게 되었지만 기원전 시대에 수천 년 동안 그 언어들을 사용하던 종족들의 정체에 대해서는 의견을 표명할 수도 없고, 또 그러기를 원하지도 않는다. 그러한 이유로 해서 그들은 (따옴표 없이) 인도-유럽어(프, indo-européen)라고 쓰지만 (따옴표와 함께) '인도-유럽인들'(프, Indo-Européens)이라고 쓰는 것이다.[5]

요컨대 언어의 차원에서는 오래전의 단일성이 인정되었지만 명확히 정의된 어떤 종족을 그 언어에 대응시키는 일은 여전히 남아 있는 것이다. 그 공통 언어를 특정 시기에 특정 장소에 살았던 사람들과 연결시키는 일은 더 이상 언어학자들이 아니라 고고학자들의 몫이다.

'옛 유럽'의 여성적 세계

고고학적 연구 덕택에 '옛 유럽'에서는 아마도 기원전 제7 밀레니엄 이래로 인류의 역사에 심대한 영향을 준 문명이 꽃피었다는 것이 알려졌다. 그 문명은 다소 착각을 주고 다소 단순화하는 용어인 **신석기**라는 말로 지칭되는데, 그 말의 어원은 특히 '새로운 돌'을 연상시킨다. 실제로는 신석기 문명이 무엇보다 땅 경작 문명이며 돌에 대한 암시는 단지 그 시기의 사람들이 사용하던 깎은 규석으로 만든 도구를 가리킬 뿐이다. 신석기 시대 사람들은 채집, 수렵 또는 물고기잡이만으로 살아가지 않고 땅을 경작하면서 정착인이 되었고 곡류, 렌즈콩 및 가축과 도기와 같은 재화의 생산자가 되었다.[6]

또한 고고학자들의 발굴로 신석기 시대 '옛 유럽'의 거주인들은 어머니 신을 숭배하였으며 그 어머니 신은 자연의 정기적인 깨어남, 봄, 신월, 물 등과도 동일시되었다는 것이 알려졌다.[7]

돌에 그려진 기호들

다뉴브강 평원에서 발견된 기원전 제4 및 제3 밀레니엄 시기의 인형들에 기호들이 표시되어 있었는데, 그것들은 상징적 기능을 가지고 있는 듯하여 어떤 문자의 시초로 간주될 만하였다. 그 기호들은 M자, V자 그리고 X자, 삼각형들과 지그재그형 등이었는데 다음과 같이 해석될 수 있다. 즉, M과 지그재그 모양은 물 표시이고, 뾰족한 부분이 아래로 향하고 있는 삼각형(V자), 갈매기 무늬(이중 V자), 그리고 다른 삼각형 형태들은 여성 음부를 나타내면서 어머니 신을 상징하는 기호이며, 아마도 마찬가지로 X 기호(뾰족한 부분으로 마주하고 있는 두 개의 삼각형)도 여신의 상징인 것 같다.[8]

반복적으로 사용된 이러한 기호 조합들은 천 년 이상 지나서 (기원전 제2 밀레니엄 시기에) 크레타에서 나타나는 음절 문자들과 유사한 점이 있다.[9]

거석 유적들

옛 유럽에서는 다른 문명도 있었다. 그것은 거석문명으로서 스페인, 프랑스, 영국, 덴마크 등 유럽의 서부 해안 지역을 따라 그 흔적이 발견된다. 이 문명은 기원전 제4 및 제3 밀레니엄 중에 발달하였으며, 그 문명의 유적으로 정렬된 거대한 돌덩어리들(멘히르)이나 그러한 돌들이 중첩되어 무덤으로 사용된 것들(돌멘)이 남아 있으나 그것들은 아직도 부분적으로 수수께끼를 간직하고 있다.[10] 그렇지만 거석문명의 사람들도 역시 다뉴브강 유역의 농민들과 마찬가지로 신석기 유형의 농민들이었다고 생각된다. 그러나 그 두 문명 사이의 실제 접촉을 믿게 해주는 근거는 전혀 없다.

만남

중부 유럽에서 이루어진 고고학자들의 발굴 덕분에 부분적으로 그러한 종족들의 풍속과 신앙에 대해 알 수 있게 되었지만 그로 인해 하나의 수수께끼도 제시되었다. 무덤의 시기가 더 앞으로 나아감에 따라 옛 유럽의 전형적 특징이었던 과거 여성 신들의 인물상, 달과 물의 그림과 같은 것들이 번쩍이는 무기를 소지한 기마 전사들이나 태양, 천둥 그리고 벼락의 상징적 표현들을 그린 그림들과 섞여 있거나 그것들에 자리를 내주었기 때문이다. 기원전 제3 밀레니엄 중엽에는 호화로운 물건이 추가로 나타나는데, 그것은 그때까지 다뉴브강변의 종족들에게서는 보지 못한 것이었다. 주로 구리로 된 손잡이가 부착되고 구멍 뚫린 돌로 만든 전투용 도끼였다.[11] 그러한 새로운 유형의 매장물들을 어떻게 해석해야 할까? (아래 상자 글 '고고학적 발견물들의 연대를 어떻게 계산할까?' 참조)

고고학적 발견물들의 연대를 어떻게 계산할까?[12]

그 계산하는 방법은 미국인 윌라드 프랭크 리비에 의해 1949년에 확립된 것으로 탄소-14 측정법(또는 방사능 탄소 측정법)이라고 불린다. 이 방법으로 고고학자들은 자신들의 발굴 성과물에 더 이상 상대적 연대 측정이 아닌 실제 연대 측정을 시작할 수 있게 되었다.

이 방법은 탄소 동화 작용에 의해 모든 식물의 탄소가 오직 대기의 탄산 가스에서만 들어온다는 사실에 입각하고 있다. 우주 광선의 작용으로 대기 탄산 가스에 포함된 탄소의 극소량은 — 그러나 측정 가능한 양이 — 방사성 탄소로 변형된다. 그것이 모든 살아있는 식물에 들어 있으므로 먹이 사슬로 인해 초식 동물의 뼈에, 그 다음에는 육식 동물의 뼈에도 나타난다. 그러므로 무덤에서 발견된 목재 물건이나 뼈 속에 남아 있는 방사성 탄소를 측량할 수 있는 것이다. 이때 오직 남아 있는 방사성 탄소만을 측량하게 되는데, 왜냐하면 나무는 죽자마자 대기 탄산가스의 동화작용을 멈추며 이제 막 죽은 나무에 들어 있는 탄소-14[탄소의 방사성 동위원소]는 자신의 방사능을 잃기 시작하여 약 5730년마다 반감하기 때문이다. 그러므로 유기 물질로 되어 있는 발굴품 표본의 잔여 방사능을 측정하면 그것의 시대를 추정할 수 있다.[13]

물론 측정의 정확성은 수천 년이 흐르는 동안 대기의 방사성 탄산 가스의 비율이 일정하다는 것을 전제하고 있다. 그 비율의 불확실한 변화 폭을 밝히기 다음과 같은 발상이 나왔다. 세계에서 가장 오래된 나무인 캘리포니아의 피누스 아리스타타[소나무의 일종]에서 추출해 확보한 표본들의 연대와 비교를 하여 방사능 양에 따라 발굴의 연대를 나타내는 추이 그래프에 표준 값을 표시하는 것으로, 그 나무의 나이테들은 기원전 3000년까지 측정할 수 있게 해준다. 이것이 **나이테 연대 측정법**이라고 부르는 것이다. 이 방법은 탄소-14 측정법과 결합되어 탄소-14의 측량값을 보정하며, 오늘날은 도기의 구운 점토의 방사능에 기초한 **열광**[방사선을 쪼인 물체가 온도 상승에 의해 빛을 발하는 현상] 측정법을 비롯한 다른 측정법들에 의해서도 보완되고 있다.[14]

가장 최신 이론들 중 하나가 이러한 전면적인 변화에 대하여 설명의 단초를 제공하고 있는데, 그 이론은 러시아 남부 스텝 지대에서 떠나온 반유목민인 기마족이 중부 유럽에 침투하였다는 가설을 제시하고 있다.[15]

쿠르간의 남성적 세계

스텝 지대에서 온 이 종족들은 죽은 사람들을 쿠르간이라고 불리는 것 아래에 매장하곤 했다. 이 말은 러시아어 단어에서 유래한 것으로 대개의 경우 한 사람의 — 모든 가능성으로 봐서 어떤 중요한 인물의 — 유골을 덮는 둥근 봉분을 가리켰다. 그 인물은 거의 항상 젊은 여인들로 둘러싸여 있는데, 그 여인들은 우두머리의 죽음에 수반되는 의식 중에 제물로 희생되었다고 생각된다.

가장 오래된 쿠르간들은 기원전 제5 밀레니엄 시기의 것들로 추정되며 아주 멀리 유럽 동부, 흑해 북쪽에 위치한다. 그러한 동일한 유형의 무덤들이 북해로부터 독일 북부, 그리고 스칸디나비아 지역에서까지 대량으로 나타난다. 그러나 스텝 지대에서 멀어짐에 따라 더 나중 연대로 측정되므로 그들은 동일한 종족들이라고 생각할 수 있고, 시간이 지나면서 서쪽으로 진행한 것으로 재구성할 수 있다(14쪽 지도 '쿠르간 종족들의 이동 경로 추정' 참조).

그러한 동일한 유형의 무덤은 기원전 제4 밀레니엄 초엽부터 다뉴브강 유역(루마니아, 헝가리, 오스트리아 협곡지역)에서 나타났고, 그 다음에 조금씩 나아가면서 기원전 제3 밀레니엄부터는 중부 유럽에까지 이른 것이 확인되었다.[16]

발견된 물건들은 매우 위계화된 가부장 사회를 나타내는 표시로 보인다. 그 사회는 공통 인도-유럽어 어휘 연구에서 드러난 바 있듯이 무엇보다 남자의 지배적 지위로 특징지어지는 사회이다.[17] 그러므로 비록 기록 자료는 기원전 제2 밀레니엄이 되어야 나타나기는 하지만 러시아 스텝 지대에서 온 그 쿠르간 종족들이 실제로 인도-유럽어들의 전파자들이었다고 가정해 볼 수 있다. 그 종족들은 세 차례의 연속된 물결처럼 전진하였는데 고고학적 증거들이 발견되었기 때문에 그들의 이동을 추적하는 것이 가능하다. 그들은 먼저 유럽 남부를 향해 다뉴브강 평원까지 갔고, 그 다음에 북쪽으로 발트해, 그리고 서쪽으로 엘베강까지 나아갔으며, 마지막으로 기원전 제3 밀레니엄이 끝날 무렵에 서쪽으로는 라인강에 도달하였고, 북쪽으로는 스칸디나비아 나라들에서 정착하였다.[18]

중부 유럽의 옛날 농경 사회는 평등하고, 모계 중심적이며, 평화적 풍속의 사회였으므로 매우 계급화되고, 가부장적이고, 호전적인, 동쪽의 스텝 지대에서 온 다른 집단 앞에서 점진적으로 밀려났을 것이다.

쿠르간 종족들의 이동 경로 추정

중요한 인물들의 무덤으로 사용된 봉분인 쿠르간의 고고학적 발굴 덕분에 사람들이 기원전 4000년과 3500년 사이에 북해 북쪽 스텝 지대(출발 지역)에서 다뉴브강 평원으로, 그 다음에 다양한 방향으로 기원전 3500년 이후에 이동한 것을 추적할 수 있다. 하얀색 화살표는 최초의 이동들을 가리키고 검은색 화살표는 나중의 이동들을 가리킨다. 그들이 인도-유럽어들을 사용하던 종족들로 추정된다.[21]

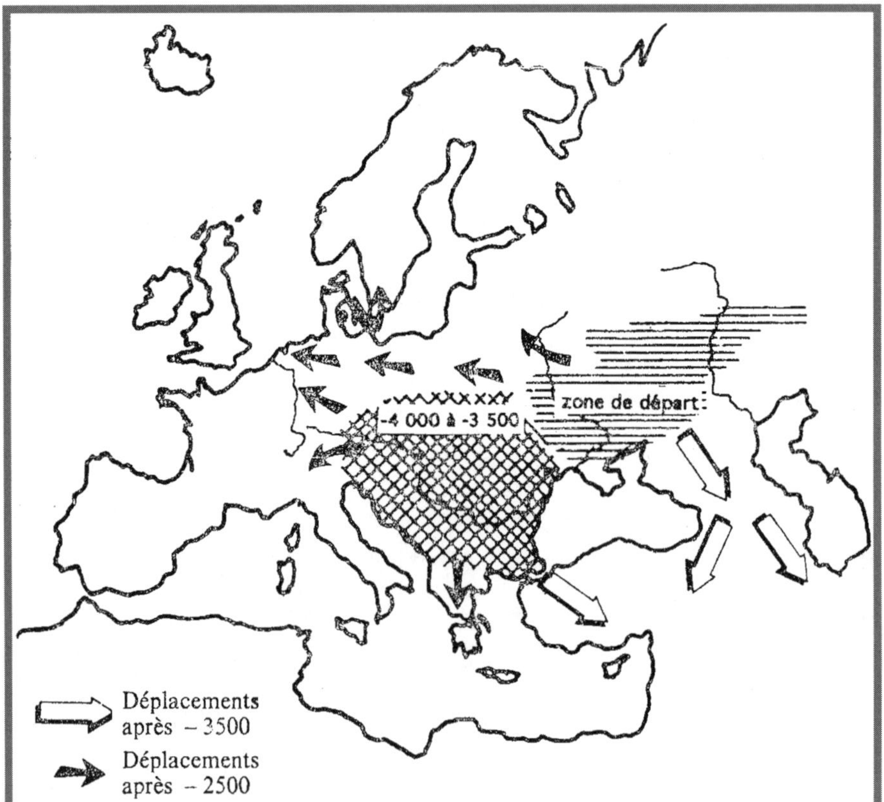

−4000 à −3500 −4000년부터 −3500년까지 Déplacements après −2500 −2500년 이후의 이동들 Déplacements après −3500 −3500년 이후의 이동들 zone de départ 출발 지역

'그리스의 기적'

새로운 도래자들은 무력으로 아마도 대개의 경우 그들이 만났던 종족들에게 승리를 거두고, 또 결국 복종시키곤 했겠지만 완전히 대립되는 두 문명의 대치가 언제나 약자의 굴복으로 귀결되지는 않았다. 실제로 적어도 하나의 예외가 알려져 있는데, 그것은 몇 세기 뒤 어떤 새로운 문명의 탄생으로 이어졌다. '그리스의 기적'[고대 그리스에서 문화적, 사상적 융성을 이룬 것을 일컫는다]이라는 말은 아마도 수 세기의 불안정한 시기 이후에 보완적인 두 세계관이 성공적으로 공존한 것을 나타내는 표현일 것이다.[19]

앙드레 마르티네의 설명을 따라 고대 그리스의 남자 신들과 여신들에게서 그 행복한 융합을 드러내주는 표식들을 살펴보기로 하자.[20]

실제로 고대 그리스에서는 다산을 숭배하며 어머니 신으로 표상된 농경 사회인 '옛 유럽'의 신화의 잔재들과 스텝 지대에서 와서 자신들의 뜻을 힘으로 강요하는 무장한 종족들의 남자 신들이 나란히 함께 있는 모습을 찾아볼 수 있다. 한 쪽에는 데메테르, 페르세포네, 아프로디테가, 다른 쪽에는 제우스, 포세이돈, 아레스가 있다. 이 신들은 종종 그들의 라틴어 이름으로 더 잘 알려져 있다(16쪽 상자 글 '그리스와 로마의 신들' 참조).

한 쪽에는 수확과 다산의 신 데메테르, 또는 한 해의 일부 기간 동안에 지옥으로 떠남으로써 땅을 척박하게 만드는 결과를 낳았던 발아의 신 페르세포네가 있다. 그 여신들은 아마도 다뉴브 지역 신들의 후손들일 것이며 사랑과 아름다움의 신 아프로디테도 마찬가지이다.

그러나 그리스의 만신전에는 전형적인 쿠르간족 계보의 계승자들도 있다. 하늘과 천둥의 신 제우스, 전쟁과 살육의 신 아레스, 바다와 지진의 신 포세이돈 등이다.

아테나는 좀 모호하다. 제우스의 머리에서 완전히 무장한 채 나왔으므로 전쟁의 신이고, 그 점에서 오히려 쿠르간족의 만신전을 대표할 것 같지만, 아테나는 지혜의 신이기도 하고, 게다가 아테네에 땅의 과실이자 동시에 평화의 상징인 올리브를 주었다. 마찬가지로 헤라도 두 계보에 속할 수도 있다. 폭력적인 성격이지만 여성의 보호자이고 모성의 신이기 때문이다. 마지막으로 아폴로는 태양의 신이지만 동시에 의술과 갑작스러운 죽음의 신이기도 하다.

그리스와 로마의 신들

로마 문화에도 대부분의 그리스 신들에 상응하는 신들이 있으며 그 신들은 그 뒤로 수백 년 간 후손들에게 두 가지 이름으로 전해졌다.

그리스어 이름		라틴어 이름
제우스	하늘과 천둥의 신	주피터
아레스	전쟁의 신	마르스
포세이돈	바다와 지진의 신	넵투누스
아폴로	태양과 의술의 신	포이보스
아테나	지혜의 신	미네르바
헤라	모성의 신	주노
데메테르	수확의 신	케레스
페르세포네	지옥의 신	프로세르피나
아프로디테	사랑의 신	비너스

마지막 대이동들

오늘날 존재하는 그대로의 유럽의 언어적 상황을 지금 다시 살펴보면 그 상황이 기원전 세 번째 밀레니엄 이후에 이루어진 종족들 이동의 결과라는 것을 짐작할 수 있다. 스텝 지대에서 온 그 사람들이 결국에는 소수의 예외를 제외하고 '옛 유럽'에 자신들의 인도-유럽어들, 즉 그리스 어파(그리스어), 이탤릭 어파(라틴어에서 유래한 로망스어들), 켈트 어파, 게르만 어파, 슬라브 어파 등을 받아들이게 하였다. 아래의 지도 '역사의 여명기의 유럽 언어 상황'은 마지막 대이동들 이전의 상황을 상상하게 해준다.

기원전 세 번째 밀레니엄 이후에는 인도-유럽어들을 사용하는 종족들이 장기적으로 정착하게 될 나라들로 이동을 시작하게 되었는데, 그들의 정착은 이미 현지에 있던 종족들, 즉 이베리아족, 아키텐족, 리구리아족, 에트루리아족, 시쿨리족 등 인

역사의 여명기의 유럽 언어 상황

기원전 제2 밀레니엄 말 무렵에 인도-유럽어들을 전파한 종족들은(지도에 이탤릭체로 표시) 다양한 기원의 종족들과 가까이 지냈는데 지도에는 그 가운데 몇 종족만 표시되어 있다(로만체로 표시).

켈트족은 아직 라인강을 넘어가지 않았고 게르만족의 거주 지대는 아마도 아직 북쪽에 위치하고 있었다. 라틴족은 이탈리아 중부에 거주하고 있었고 오스크족과 움브리아족은 아펜니노 산맥을 따라 남하를 시작하고 있었다. 그 동안 그리스에서는 도리아족이 아카이아족의 수도인 미케네를 파괴한 다음에 아카이아족에 이어 패권을 잡았다. 슬라브족은 대략 오늘날 우크라이나에 해당하는 지역의 북서부에 위치한 것으로 볼 수 있으며 그들의 확장은 서기력 초반 몇 세기 무렵에야 시작된다.[22]

Aquitains 아키텐족 Celtes 켈트족 Doriens 도리아족 Étrusques 에트루리아족 Germains 게르만족 Ibères 이베리아족 Latins 라틴족 Ligures 리구리아족 Ombriens 움브리아족 Osques 오스크족 Sicules 시쿨리족 Slaves 슬라브족

도-유럽어가 아닌 언어들을 사용하던 종족들과의 접촉이 있은 다음에 이루어졌다.

확인할 수 있는 최초의 종족은 아카이아족으로서, 그들은 그리스를 향해 갔으며 그곳에서 인도-유럽어는 나중에 미케네 문명이 되는 곳의 매개 언어가 되었다.[23] 그들에 이어서 이오니아족과 아이올로스족이 왔으며, 그 세 종족들이 첫 번째 물결이 되었다. 몇 세기 뒤에는(기원전 1200년) 도리아족이 두 번째 물결로 도래하였다. 그런 종족들의 언어들이 고대 그리스어의 먼 기원이 되었다.

한편, 이탤릭 종족들은 중심 집단에서 분리되어서 역시 두 개의 연속적 물결로 이탈리아 반도로 향했다. 첫 번째 물결은 기원전 제2 밀레니엄 중엽부터 이탈리아 북부에 있는 포강 평원의 늪지대에서 확인되는 호상(湖上) 주거 문명의 기원이 되었다.[24] 호상 주거지의 주민들은 아마도 나중에 라틴족이라고 부르게 될 사람들의 조상일 것이다. 그 가설을 지지하게 해주는 한 가지 언어학적 근거가 있다. 로마인들은 '대(大)사제'를 지칭할 때 어원적으로 '다리를 만드는 사람'을 의미하는 pontifex라는 말을 사용하였다. 그런데 인도-유럽어에서 pont-은 본래 '길'을 가리켰다. 그러한 사실을 고려하면 로마인들의 조상들은 포강 평원의 호상 주거 지역처럼, 늪지대 땅 위에 건설된 다양한 유형의 다리들이 곧 길이었던 어느 지역에서 왔다고 추정할 수 있다.[25]

이탤릭 종족들의 두 번째 물결은 볼로냐까지 내려가서 그곳에 빌라노반 문명을 건설하고, 그 다음에 에트루리아 영토를 우회하여 남쪽으로 향했다. 그 물결을 대표하는 종족은 오스크족과 움브리아족으로서 그들의 언어들은 나중에 라틴어에 흡수되어 버렸다. 라틴어가 로마 제국의 언어가 되어 널리 전파된 뒤에는 라틴어로부터 여러 로망스어들이 탄생하게 된다. 그 언어들은 이탈리아어, 프랑스어어, 프로방스어, 카탈로니아어, 카스틸라어, 갈리시아어, 포르투갈어 등이다.

켈트족도 아마 기원전 제1 및 제2 밀레니엄 중에 역시 두 차례의 물결로 이동하였다. 그들은 먼저 오늘날 독일, 오스트리아 그리고 보헤미아에 해당하는 지역에 분포되어 있다가 두 차례의 이어진 물결로 유럽 서부 전체로 퍼져 갔다. 첫 번째 물결(게일어 그룹)로 그들은 브리튼 제도로 갔고, 또한 갈리아 지역을 거쳐 스페인까지도 갔다. 두 번째 물결(브르타뉴어 그룹)로는 나중에 영국과 갈리아가 되는 지역으로 갔다. 일부는 이탈리아, 그리스 및 소아시아 쪽으로도 갔다. 유럽 북부만이 그들을 끌어당기지 못하였다.

마지막에 이동한 것은 게르만족들이었다. 그들은 북쪽(스칸디나비아 언어들), 동쪽(오늘날 사라진 언어인 부르군트어와 고트어), 서쪽에서 나타나는데, 서쪽으로는 그들이 켈트족에 이어서 퍼져나간 듯이 보인다. 서쪽의 게르만 언어들이 나중에 한편으로 영어와 프리슬란트어를, 다른 한편으로 네덜란드어, 룩셈부르크어, 독일어 등을 탄생시켰다.[26]

선사 시대의 동쪽에서 서쪽으로의 대이주는 이로써 끝나고 서유럽의 사람들은 자신들의 거의 최종적인 거주지가 될 곳에 도달하였다.

오늘날 언어들의 분포

오늘날 유럽 서부에 있는 인도-유럽 어족 언어들의 분포를 다음과 같이 간략하게 정리할 수 있다.

- **서쪽 끝부분**: 켈트 어파의 몇몇 생존 언어들(브르타뉴어, 아일랜드어, 스코틀랜드 게일어, 웨일스어 등).
- **북부**: 게르만 어파(스칸디나비아 언어들, 영어, 프리슬란트어, 독일어, 네덜란드어, 룩셈부르크어 등).
- **남부**: 라틴어에서 분기된 이탤릭 어파의 후예들(포르투갈어, 카스틸라어, 갈리시아어, 카탈로니아어, 아란어, 프랑스어, 오일어, 오크어, 프랑코프로방스어, 코르시카어, 이탈리아어 등)이 있으며, 동쪽으로 더 먼 곳에서는 루마니아어도 로망스어로서 슬라브어, 터키어, 헝가리어 등을 사용하는 종족들과 접촉하며 생존하고 있음을 상기하자.
- **남동부**: 그리스 어파(그리스어)(아래 지도 '유럽의 인도-유럽 어족 지류들' 참조).

유럽의 인도-유럽 어족 지류들

대서양에서 우랄산맥까지 포함하는 유럽에는 오늘날 인도-유럽 어족에 속하는 다음과 같은 언어들이 있다.

- **켈트** 어파: 스코틀랜드 게일어, 아일랜드어, 웨일스어, 맹크스어, 콘월어, 브르타뉴어.
- **로망스** 어파: 포르투갈어, 갈리시아어, 카스틸라어, 아란어, 카탈로니아어, 오일어, 오크어, 프랑스어, 프랑코프로방스어, 이탈리아어, 코르시카어, 이탈리아의 로망스어 방언들, 루마니아어.
- **게르만** 어파: 영어, 프리슬란트어, 네덜란드어, 독일어, 룩셈부르크어 및 기타 게르만어 방언들, 스칸디나비아 언어들.
- **슬라브** 어파: 러시아어, 우크라이나어, 폴란드어, 슬로바키아어, 체코어, 불가리아어, 마케도니아어, 세르비아-크로아티아어, 슬로베니아어.
- **발트** 어파: 리투아니아어, 레토니아어.
- **그리스** 어파: 그리스어, 차콘어, 폰토스 그리스어(키프로스어와 카파도키아어도 역시 그리스어 방언들임).
- **알바니아어**: 두 개의 방언 토스크어와 게그어가 있음.

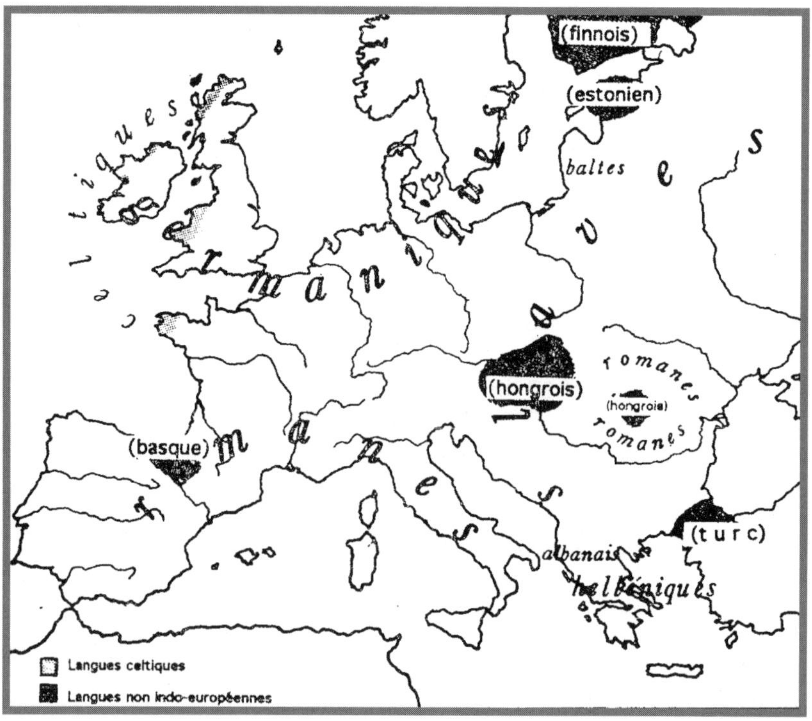

albanais 알바니아어 baltes 발트 어파 basque 바스크어 celtiques 켈트 어파 estonien 에스토니아어 finnois 핀란드어 germaniques 게르만 어파 helléniques 그리스 어파 hongrois 헝가리어 langues celtiques 켈트 어파 langues non indo-européennes 인도-유럽어가 아닌 언어들 romanes 로망스 어파 slaves 슬라브 어파 turc 터키어

영예로운 인도-유럽 어족

위에서 살펴본 것을 감안하여 이제 유럽 연합 12개 국가의 18개 공식어들(국가 및 지방 공식어 포함)의 현황을 살펴보자[초기에는 유럽 연합이 12개 서유럽 국가들로 구성되었으나, 그 후에 유럽이 확대되면서 2021년 현재 유럽 연합의 회원국은 27개국이다].

스페인 바스크 지방의 지방 공식어인 **바스크어**를 제외하면 모든 그 언어들은 인도-유럽 어족의 네 계열에 속한다는 것을 확인할 수 있을 것이다.

그리스 어파

그리스어(현대 그리스어)

– 그리스의 공식어.

로망스 어파

이탈리아어(토스카나어)

– 이탈리아의 공식어.

사르디니아어(로구도레스어)

– (이탈리아어와 함께) 사르디니아의 제2 지방 공식어.

프랑스어

– 프랑스의 공식어,

– (네덜란드어, 독일어와 함께) 벨기에의 공식어,

– (룩셈부르크어와 함께) 룩셈부르크의 공식어,

– (이탈리아어와 함께) 발레다오스타의 지방 공식어,

– (영어와 함께) 채널제도[프랑스 노르망디에 인접한 곳에 있는 영불 해협의 섬들]의 지방 공식어.

스페인어(카스틸라어)

– 스페인의 공식어.

카탈로니아어

– (카스틸라어와 함께) 카탈로니아의 지방 공식어.

갈리시아어

– (카스틸라어와 함께) 갈리시아의 지방 공식어.

아란어

– (카탈로니아어, 카스틸라어와 함께) 아란의 지방 공식어.

포르투갈어

– 포르투갈의 공식어.

게르만 어파

영어

– 영국의 공식어,

– (아일랜드어와 함께) 아일랜드 공화국의 공식어.

독일어

– 독일 연방 공화국의 공식어,

– (이탈리아어와 함께) 이탈리아 볼차노의 지방 공식어,

– (덴마크어와 함께) 덴마크의 지방 공식어,

– 벨기에의 지방 공식어(장크트피트와 오이펜).

네덜란드어

– 네덜란드의 공식어,

– (프랑스어, 독일어와 함께) 벨기에의 공식어, 그러나 일부 지방에서는 그 언어들 중 하나만 공식어임.

룩셈부르크어

– (프랑스어와 함께) 룩셈부르크의 공식어.

덴마크어

– (독일어와 함께) 덴마크의 공식어.

페로어

– (독일어와 함께) 덴마크의 공식어.

켈트 어파

아일랜드어

– (영어와 함께) 아일랜드 공화국의 공식어.

웨일스어

– (영어와 함께) 웨일스 지방의 지방 공식어.

유럽 연합 12개국의 공식어

유럽 연합 12개국 중에서 포르투갈, 프랑스, 네덜란드 그리고 그리스만이 하나의 공식어를 가지고 있다. 모든 다른 나라들은 최소한 두 개의 공식어를 가지고 있으며, 일부 국가는 지방 공식어들만을 가지고 있다. 스페인은 5개의 지방 공식어를 가지고 있다.

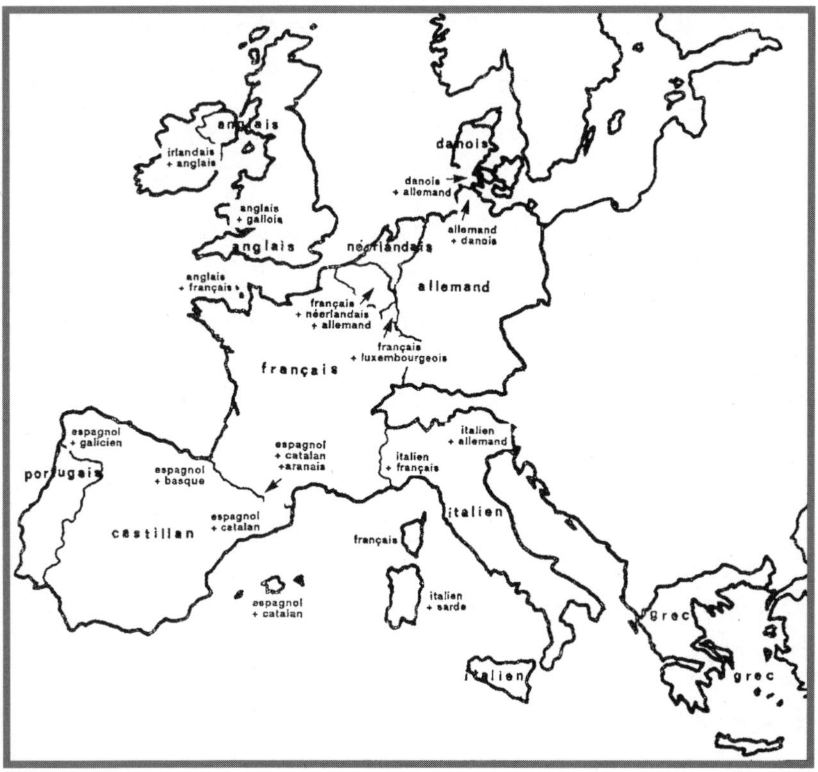

allemand 독일어 anglais 영어 aranais 아란어 basque 바스크어 catalan 카탈로니아어 danois 덴마크어 espagnol 스페인어 français 프랑스어 galicien 갈리시아어 gallois 웨일스어 grec 그리스어 irlandais 아일랜드어 italien 이탈리아어 luxembourgeois 룩셈부르크어 néerlandais 네덜란드어 sarde 사르디니아어

18개 공식어의 현황에서 볼 수 있듯이 언어가 전파된 지역들의 경계선은 국가들의 경계선과 결코 완벽하게 일치하지 않는다. 프랑스 전국에서 사용되는 프랑스어는 벨기에, 룩셈부르크, 이탈리아, 영국(채널제도)의 국경을 넘어서도 사용된다. 독일어도 역시 이탈리아, 벨기에 및 덴마크에서 공식어이다. 영어는 섬 지역의 언어로 남아 있지만 네덜란드어는 네덜란드와 벨기에에서 공유되고 있다.

영토가 없는 언어: 보헤미아어

프랑스어로 지탕(Gitans), 치간(Tsiganes), 로마니셸(Romanichels), 집시(Gypsies) 등 다양한 방식으로 부르고, 자기들 스스로는 롬(Roms), 신티(Sinti), 마누슈(Manouches), 칼레(Calé) 등 다른 명칭으로 지칭하는 사람들을 유럽 모든 나라에서 볼 수 있다. 그들은 약 천 년 전에 인도 북서부에서 출발하였고 14세기부터 수 차례의 물결로 유럽에 확산되었다. 그들은 페르시아, 터키, 그리스를 거쳐 왔는데 아마도 그곳에서 오랫동안 머물렀던 것 같다. 그 다음에 그들은 분산되었고 그들의 언어는 그들이 체류한 나라의 언어들과 접촉하면서 다양해졌다. 그들의 언어는 산스크리트어, 힌디어, 벵갈어 및 페르시아어와 마찬가지로 인도-이란어 계열의 인도-유럽어이다.

전통적으로 그들의 언어는 다음과 같이 인도-이란어에서 유래한 변이체 집단들로 분류된다.

- 왈라키아 또는 '다뉴브' 방언들: 특히 어휘적 차원에서 루마니아어의 영향을 많이 받았으며, 이것들은 로바르족, 칼데라시족 및 추라라족의 방언들이다.
- 비 왈라키아 방언들: 예를 들면, 독일어의 영향을 받은 신티 방언들과 이탈리아의 롬 방언들이 있다.

집시들의 언어는 일종의 크레올어가 되었다. 칼로어는 스페인에서 스페인어 문법을 기반으로 인도 어휘를 사용하고, 영국에서는 앵글로로마니어가 영어 문법을 기반으로 인도어 어휘를 사용하고 있다. 이탈리아에서는, 북부에서 신티 방언들을, 그리고 남부에서 롬 방언들을 볼 수 있다. 더 나중에 도착한 '다뉴브' 롬인들은 라티움 지방에 정착하였다. 그중에 칼데라시족이 있는데 그 이름은 그들의 전통적 직업인 대장장이에서 유래한 것이다.[27] 프랑스에서는 신티와 칼로 방언들을 주로 보게 되지만 루마니아어에서 크게 영향 받은 대표적 왈라키아 방언들도 있다. 발칸 방언들은 가장 고어풍인데 몇십 년 전부터 프랑스에도 퍼졌다.

집시들은 유럽의 모든 나라에 존재하지만 그들의 오래된 방랑 생활 때문에 각국의 집시어 사용자 수를 밝히는 것은 불가능하다. 집시어는 글쓰기 규범이 없고 많은 변이체들로 세분화되어 있어서 광대한 지역에 퍼져 있는 언어로는 유일하게 어떠한 나라에서도 국어의 지위를 갖지 못하고 있다.[28]

제2부

그리스어

제2부
그리스어

'우리가 태어난 곳', 그리스

객관적으로 볼 때 그리스는 지리적으로 주변 지역이지만, 그럼에도 불구하고 마땅히 유럽의 언어들을 다루는 책에서 첫머리에 나와야 한다.[29] 왜냐하면 모든 유럽인에게 그리스는 모든 것이 시작된 장소이기 때문이다.[30] 철학에서 시학과 연극까지, 신화에서 역사까지, 그리고 조형 예술에서 건축까지, 고대 그리스는 유럽인들에게 가장 확실한 준거로 남아 있다. 또한 유럽인들에게 그리스어가 유럽의 모든 언어의 역사에서도 일정한 위치를 차지하고 있다는 것을 상기시키면 그들은 biologie('생물학')나 démocratie('민주주의'), pédiatre('소아과 의사')나 névralgie('신경통'), stéréophonie('스테레오'), polyglotte('여러 언어에 능통한 사람'), thalassothérapie('해수요법') 등의 프랑스어 단어들로부터 곧바로 그들의 공통 문화 유산에 속하는 단어들을 수백 개 떠올릴 것이다. 그 단어들은 유럽의 여러 언어들에서 거의 동일한 표기 형태로 사용되고 있는 만큼 틀림없이 그런 반응이 나오게 된다. biologie나 démocratie, 또는 allergie('알레르기')나 hygiène('위생') 등의 프랑스어 단어들은 다른 유럽어 형태로 되어 있어도 쉽게 알아볼 수 있다(508쪽, '일치하는 단어들' 부분 참조).

그런데 그뿐만 아니다. 서구 문명의 요람인 그리스는 '알파벳'의 완성과 전파에도 핵심적인 역할을 했다. 알파벳의 이름 자체가 그리스어에서 비롯되었음을 상기시킨다(알파–베타).

그리스의 언어 상황

인구: 10,170,000명[2021년 통계로는 1,037,747명].

공식어

– 현대 그리스어: 1976년부터 그리스국의 공식어.

그 밖의 언어들

〈그리스 어파〉

– **차코니아어**: 펠로폰네소스 반도의 동쪽 연안의 목동들에 의해 사용되었는데, 오늘날 목동들은 관광 관련 직업으로 전직하였다. 옛날 방언들 가운데 유일하게 생존하고 있다.[31]

– **폰토스 그리스어**: 1920년 무렵에 흑해(Pont-Euxin)의 이주민들에 의해 수입되었으며 오늘날 아티카 지방과 그리스 나머지 지역(특히 북동부와 서부)에 분산되어 사용되고 있다.

〈로망스 어파〉

– **아로마니아어**: 로망스어(테살리아, 테살로니키 서부 및 북서부).

– **메글레노루마니아어**: 로망스어(테살로니키 북부).

〈슬라브 어파〉

– **마케도니아어**: 슬라브어(테살로니키 북부와 북서부).[32]

– **포막어**: 불가리아어의 변이체, 구전되는 슬라브어(트라키아 북부).

〈기타어〉

– **아르바니티카어**: 알바니아어가 그리스어와 접촉하면서 생긴 변이체(에비아, 살라미나섬, 에페이로스).

– **터키어**: 알타이어(주로 트라키아에서 사용됨).[33]

– **아르메니아어**: 인도–유럽어(특히 테살로니키에서 사용됨).

– **집시어**: 인도–이란어, 사용 지역을 특정하지 못함.

알파벳, 오랜 역사의 결과

문자의 아주 초기 단계에는 물건을 나타내거나 개념을 표현하는 그림들이 있었다. 그것들은 초기 표의 문자로서 삼각형이 여성을 상징하거나 지그재그형 선 그림이 흐르는 물을 나타낸다(아래 상자 글 '알파벳 이전에 사용된 그림들' 참조).

알파벳 이전에 사용된 그림들

아래에 제시된 그림들은 표의 문자의 예로서 고대 수메르 문자이다. 이 그림들은 기원전 3000년에 만들어졌으며 아마도 알려진 문자들 가운데서 가장 오래된 형태 중 하나이다. 이 그림들 전체는 '현명한 여인의 책'으로 번역될 수 있을 것이다.[34]

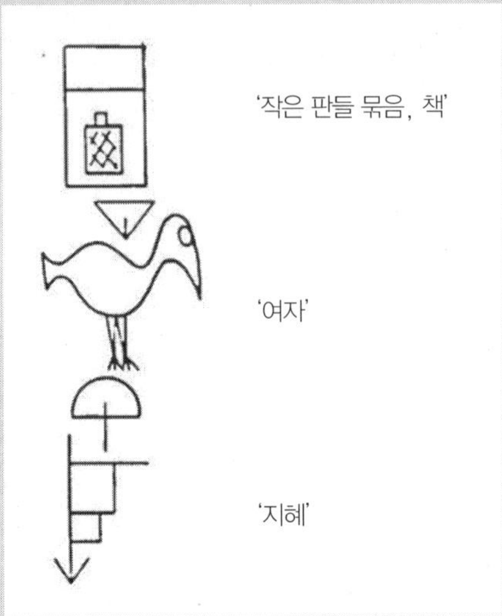

생각에서 소리로

그러나 그러한 문자에서는 선 그림들이 완전한 단어(소리와 의미)의 (어느 정도 닮은) 시각적 등가물인데, 그것과 로마 문자와 같은 알파벳 문자 사이에는 커다란 차이가 있다. 알파벳 문자에서는 글자들이 소리들, 즉 단어의 음성적 측면만을 비교적 충실하게 대체하고 있을 뿐이다. 실제로 초기 표의 문자에서 알파벳 문자로 옮겨가면서 기본 원칙이 완전히 바뀌었다. 생각의 표상에서 소리의 표상으로 옮겨간 것이다. 이 변화는 수 세기에 걸쳐 이루어졌으며 서로 다른 언어를 사용하는 종족들(수메르인, 페니키아인, 그리스인, 에트루리아인, 로마인) 사이의 접촉이 있고 나서야 그러한 변환이 일어날 수 있었다.

우리가 프랑스어, 영어, 이탈리아어 그리고 유럽의 다른 언어들 대부분을 기록할 때 사용하는 알파벳은 라틴 문자에 기초를 두고 있으며, 라틴 문자는 로마인들이 에트루리아인들에서 받은 것이다. 에트루리아인은 기원전 첫 밀레니엄 중에 이탈리아의 중부지방, 오늘날 토스카나에 해당하는 지역에서 기원이 밝혀지지 않은 찬란한 문명을 꽃피웠던 종족이다.[35] 그들 자신들은 알파벳을 아마도 에비아섬(Eubée)을 떠나 나폴리 만에 있는 쿠마에(Cumes)에 정착한 어느 그리스 식민지로부터 얻어서 자신들의 언어에 맞게 수정하였다.[36]

그리스 문명이 기원전 8세기부터 확산됨과 동시에 그리스 알파벳도 전파되었는데 그리스인 자신들은 페니키아인들의 문자 체계로부터 영감을 받았었다. 셈어를 사용한 페니키아인들은 본래 오늘날 레바논에 해당하는 지역에 정착한 상인과 뱃사람들이었는데, 나중에는 지중해 연안 전 지역에 해외 상관을 건설하며 자신들의 문자 체계도 동시에 전파하였다. 그것은 음절 문자, 즉 자음과 모음으로 이루어지는 한 음절에 하나의 기호를 사용하는 것으로서 그들의 문자는 더 이상 표의 문자 방식(한 단어에 하나의 기호 사용)이 아니었으나 아직은 알파벳 방식(한 음에 하나의 기호 사용, 또는 더 정확하게 말해서 각 자음과 각 모음에 하나의 기호 사용)은 아니었다.

그림 수수께끼 단계

표의 문자에서 음절 문자로의 이행을 이해하기 위해서는 이집트 상형 문자에서 이미 나타난 그림 수수께끼 단계를 떠올려야 한다. 이집트 상형 문자는 한 단어의 의미가 그것과 같은 소리를 가진 다른 단어들에 상응하는 그림으로 표현되는 수수께끼 놀이와 유사하다, 예를 들어 프랑수아(François)라는 이름이 그것을 구성하는 두 음절의 시각적 등가물들, 즉 프랑스(France) 지도와 거위(프, 'oie' [wa]) 그림으로 표시되는 방식이다[한국어로는 프랑수아가 4음절이지만 프랑스어로는 François가 두 음절로 분석된다]. 일단 문자가 순수한 음절 문자가 되면, 즉 기호가 그것이 나타내는 의미와 더 이상 관련이 없어지면, 하나의 새로운 단계로 넘어간다. 그러한 일이 페니키아인들에게 생겼다. 즉, 그들의 단순화된 음절 문자는 일련의 글자들로 구성되는데 각각의 글자는 하나의 음절(자음+모음) 또는 고립된 하나의 자음에 해당하였다. 예를 들어, 음절 문자의 두 번째 글자는 bêt라고 불리는데 b 또는 b와 온갖 모음이 연속된 ba, bi, bu... 등을 구별하지 않고 나타낼 수도 있었다. 이러한 것은 셈 언어들의 체계에 완벽하게 맞는 방식이다. 그 언어들에서는 어휘적 정체성이 자음들로 충분하게 드러나고 모음들은 문법적 정보(동사에 대하여는 인칭이나 시제, 명사에 대하여는 수나 성 등)를 보충해 줄 뿐이기 때문이다.[37] 그 문자는 모음 표시가 필수불가결한 그리스어 같은 언어에는 훨씬 덜 적합한 방식이었다.

음절 문자에서 알파벳으로

엄밀한 의미의 알파벳, 즉 자음과 별도로 모음을 표시하는 문자 체계의 탄생은 우연적 상황들이 결합되어 이루어진 것으로 보인다.[38] 이것은 기원전 첫 밀레니엄 중에 일어난 일이다. 당시에 그리스어를 사용하는 종족들은 페니키아 종족들과 교류하였는데, 그러던 중에 페니키아 종족들의 셈어 음절 문자가 도입되어 그리스어의 고유한 필요성에 맞도록 수정되었다. 그리스어는 모음 표기를 하지 않을 수 없는 언어였으므로 그리스인들이 페니키아 음절 문자를 자신들 언어의 필요한 부분에 맞추기 위해 변화시킨 것이다.[39]

글자 A는 자음이었다

페니키아 음절 문자의 첫 글자이기도 하였던 그리스어 알파벳의 첫 글자는 어떻게 그리스인들이 그 음절 문자를 변화시킴으로써 진정한 알파벳, 즉 모음이 자음만큼이나 중요한 문자 체계를 만들 수 있었는지 보여준다. 페니키아어에서 '?alep'으로 불리던 이 첫 글자는 목 안쪽에서 발음되는 자음 /?/[성문을 빠르게 닫았다 열면서 발음하는 성문파열음을 나타내는 국제 음성 기호]였는데 그리스어에서는 그 자음이 존재하지 않았다. 따라서 이 글자는 ?alep에서 /?/ 뒤에 오는 모음 /a/를 표시하는 데 사용될 수 있었고, 그리스어에서 이 글자의 이름이 알파(alpha)로 되었다. 이와 똑같은 방식으로 페니키아 문자의 5번째 기호는 또 다른 자음을 나타내던 것이었는데 아테네 사람들의 말에서는 그 자음이 불필요하였으므로 엡실론(epsilon)이라는 이름으로 그리스어의 다른 모음을 표시하는 데 사용되었다(아래 상자 글 '알파벳의 진화' 참조).[41]

알파벳의 진화

그리스인들은 자신들의 언어에 맞게 페니키아 음절 문자를 변화시켰다. 특히 페니키아 문자의 자음들 중 몇 개를 그리스어 모음을 표시하는 데 사용하였다. 괄호는 그리스어에 보존되지 않은 글자들을 나타낸다. 그리스인들은 자신들의 알파벳 끝에 4개의 새로운 글자를 추가하였다. 그 이후에 로마인들은 자신들의 필요에 따라 이 알파벳을 또 변화시켰다.

페니키아 문자		그리스 문자			라틴 문자	
ʔalep	/ʔ/ '소'	A	알파	/a/	A	/a/
bêt	/b/ '집'	B	베타	/b/	B	/b/
gimel	/g/ '낙타[1]'	Γ	감마	/g/	C	/k/[7]
dalet	/d/ '문'	Δ	델타	/d/	D	/d/
hé	/h/ '어이!'	E	엡실론	/é/	E	/e/
waw	/w/ '막대기'	(Fwau)	디감마	(/w/)[2]	F	/f/
zajin	/z/ '무기'?	Z	제타	/dz/	G	/g/
het	/ħ/ '실타래'?	H	에타	/ê/[3]	H	/h/
tet	/t/ '창자'?	Θ	세타	/t^h/		
jod	/j/ '손'	I	이오타	/i/[4]	I	(/i, j/)
kap	/k/ '손바닥'	K	카파	/k/	K	/k/
lamed	/l/ '긴 막대'?	Λ	람다	/l/	L	/l/
mem	/m/ '물'	M	뮤	/m/	M	/m/
nun	/n/ '식물'?	N	뉴	/n/	N	/n/
samekh	/s/ '물고기'	Ξ	크시	/ks/		
ʕajin	/ʕ/ '눈'	O	오미크론	/o/	O	/o/
pe	/ph/ '입'	Π	파이	/p/	P	/p/
çade	/s/ '메뚜기'?	(M)	산	(/s/)[5]		
qop	/q/ '원숭이'	(Q)	코파	(/k/)[5]	Q[8]	/k/
reš	/r/ '머리'	P	로	/r^h/	R	/r/
sin	/s/ '이빨'	Σ	시그마	/s/	S	/s/
taw	/t/ '기호'	T	타우	/t/	T	/t/
		Y	입실론	(/u/, /y/)[6]	V	(/u. w/)
		Φ	파이	/p^h/		
		X	카이	/h^h/		
		Ψ	프시	/ps/		
		Ω	오메가	/ɔ/	X	/ks/
					Y	/y/[9]
					Z	/z/[9]

1. 본래는 gimel이 '휘어진 무기, 일종의 부메랑'을 의미하였다.
2. 페니키아어의 wau는 F(digamma, /w/로 발음됨)와 Y(upsilon, [u]로 발음됨)로 나누어졌는데 후자를 그리스인들은 알파벳 끝에 위치시켰다. 라틴어에서는 이 글자가 V가 되었고 알파벳 끝 쪽, T 다음에 위치하였다.
3. (/h/가 약하거나 없던) 아테네와 이오니아에서는 /ê/로 되었고, 다른 지역들, 특히 이탈리아의 그리스 식민지들에서는 /h/로 되었는데, 그곳에서는 자신들의 방언에서 유지되던 자음 /h/를 표시하기 위해 H라는 이 기호가 보존된 것이다.
4. 이전에는 ʔ로도 표기되었다. 반모음 /j/는 매우 이른 시기에 없어졌다.
5. 고전어에서는 사용되지 않았다.
6. /u/는 이후에, 특히 아테네에서, /y/로 변화하였다. 엡실론과 입실론은 AI와 E가, 그리고 OI와 Y가 같은 값을 얻게 된 늦은 시기부터 생겼다. psilon은 '단순한'이라는 뜻으로, '단 하나의 글자로 쓰였음'을 의미하였다. 같은 시기에 오미크론과 오메가는 같은 음가를 가졌으며, 전자는 짧고 후자는 길게 발음된다는 점에서만 구별되었다. 오미크론은 '작은 o'라는 뜻이고 오메가는 '큰 o'라는 뜻이다.
7. 에트루리아인들이 C에 /k/의 값을 부여하였으므로 라틴어에서는 /g/ 발음을 나타내기 위해서 G를 만들어야 했다. G는 제타 Z를 대체하였다(아래 9번 주석 참조).
8. /w/의 값을 가진 V 앞에서만 사용되었다.
9. 라틴어에서는 그리스어 단어들을 표기하기 위해 뒤늦게 Y와 Z를 채택하였다. 파이 Φ, 세타 Θ, 카이 X를 표기하기 위해 로마인들은 각각 PH, TH, CH로 적었다.[41]

글자들의 이름

페니키아 음절 문자의 기호들은 본래 그 언어에 있는 특정 단어의 첫 글자에 해당하는 것이었다. ?alep('소'), bêt('집'), gimel('낙타'), dalet('문') 등의 단어들에서 첫 글자를 기호로 삼았던 것이다. 나중에 해당 단어들 자체가 그 기호들의 이름이 되었다. 그러한 명칭들이 그리스어에서 알파, 베타, 감마 등 아무런 의미를 나타내지 않는 형태로 보존되었다.

그리스어 알파벳이 라틴어에 전달될 때는 전체 형태들이 아니라 축약된 형태들이 채택되었다. 즉, 자음의 소리를 보존한 채, B, C, D, G, P, T에 대해서는 '에(é)'를 뒤에 오게 하고, F, L, M, N, R, S에 대해서는 그 모음이 앞에 오게 하였다. 예외는 [ka]로 발음되는 K와 [ku]로 발음되는 Q, 두 글자뿐이었다.

정서법과 그것의 변덕

애초에는 알파벳이 원칙상 음운론적이어서 언어의 모든 음들을 — 그리고 변별적

음[단어들의 구분에 사용되는 음을 가리킨다]들만을 — 표기하였다. 그러나 수 세기가 지나면서 그리스어가 음성적 변화 과정을 겪었지만 과거의 표기법들은 유지되었으므로 그 표기법들이 오늘날 매우 다르게 발음되고 있다. 예를 들면, 과거의 이중 모음 ei, oi, ui 등은 여전히 두 개의 모음 철자로 표기되지만 현대 그리스어에서는 일률적으로 [i]로 발음된다. 베타는 [v]로 발음되고, 나중에 다시 보겠지만, [b] 발음은 두 개의 자음이 연속된 mp로 표기되고 있다(60쪽, '§ Mirabeau가 Mirampo가 된다' 참조). 그 외의 정서법상 이상한 현상들은 뒤에 오는 예들에서 제시될 것이다.

그리스어 정서법은 때로는 프랑스어 정서법만큼이나 예측을 불허하지만, 그것만큼 엄격하게 고정된 것은 아니며, 특히 차용어에 대하여는 표기법이 시간이 지남에 따라 변하기도 한다. 예를 들어, 프랑스어 poudre의 차용어에 대해 1978년에는 poúntra, 1987년에는 poúdra로 표기되어 있는 것을 볼 수 있었고, '오믈렛(omelette)'에 대하여는 1979년에 omeléta, 1985년에 omeletétta로 된 것을 볼 수 있었다.[42]

이 책에서 인용된 예들은 참고한 문헌들의 그리스어 정서법 형태를 따랐고 아래의 상자 글 '그리스어 옮겨적기'에 제시된 옮겨적기 원칙에 맞게 변환된 것이다.

그리스어 옮겨적기

단어가 발음되는 방식을 나타내는 **음성 기호 표기법**(notation phonétique, 각 문자 기호가 하나의 음을 나타냄)과 단어가 다른 언어 표기 체계로 전환되는 방식을 나타내는 **옮겨적기**(translittération, 각 문자 기호가 출발 언어의 문자 기호를 나타냄)를 혼동해서는 안 된다.

현대 그리스어 알파벳			현재 발음	로마자로 옮겨적기	
Α	α	알파	[a]	A	a
Β	β	베타	[v]	V	v
Γ	γ	감마	[ɣ], [j]	G	g
Δ	δ	델타	[ð]	D	d
Ε	ε	엡실론	[ɛ]	E	e
Ζ	ζ	제타	[z]	Z	z
Η	η	에타	[i]	E	ê
Θ	θ	세타	[θ]	TH	th
Ι	ι	이오타	[i], [j]	I	i
Κ	κ	카파	[k], [c]	K	k
Λ	λ	람다	[l], [ʎ]	L	l

M	μ	뮤	[m]	M	m
N	ν	뉴	[n]	N	n
Ξ	ξ	크시	[ks]	KS	ks
O	ο	오미크론	[ɔ]	O	o
Π	π	파이	[p]	P	p
P	ρ	로	[r]	R	r
Σ	σ	시그마	[s]	S	s
T	τ	타우	[t]	T	t
Y	υ	입실론	[i]	Y	y*
Φ	φ	파이	[f]	PH	ph
X	χ	키, 카이	[x], [ç]	KH	kh
Ψ	ψ	프시	[ps]	PS	ps
Ω	ω	오메가	[ɔ]	O	ô

* 그러나 o 다음에서는 예외이다. 그 경우에는 입실론을 u로 옮겨적는다(예: soutién '브래지어'). 5개의 그리스어 자음은 옮겨적기에서 두 개의 글자를 사용하여 표기한다: φ = ph, ξ = ks, ψ = ps, θ = th, 그리고 χ = kh (마지막 두 자음은 τ 및 κ와 혼동하지 말 것).

그리스어 알파벳에서 라틴어 알파벳으로

그리스어 알파벳을 모델로 삼으면서도 로마인들도 거기에 몇 가지 수정을 가했다. 그들은 특히 그리스어 감마를 G가 아니라 C로 옮겨 썼다. 왜냐하면 그들에게 알파벳을 전달한 에트루리아인들이 [k]에 해당하는 것을 표기하기 위해 C를 사용했었기 때문이다. 따라서 로마인들은 [g]를 표기하기 위한 필요에서 G라는 글자를 추가해야 했다. 그들은 자의적으로 G를 알파벳의 초반부, 그리스어 Z의 자리에 위치시킨 반면에 자음 Y와 Z를 목록의 끝 쪽으로 돌렸다. 그 두 자음은 그리스어 차용어들을 표기하기 위해 뒤늦게 추가된 것들이다.

23개의 글자만 있었던 최초의 라틴어 알파벳에는 J, U와 W가 없었음을 주목하자. 프랑스어 표기법에서는 I와 J의 구별 및 U와 V의 구별이 16세기가 되어서야 생겼고 W의 추가는 19세기에 이루어졌다.[43]

그리스어의 영예

음절 문자에서 알파벳으로 옮겨가면서 그리스어는 문자의 역사에서 매우 중요한 역할을 하였다. 그 뒤로 그리스어의 영향력이 보편화되었고 현대에도 지속되고 있다.

로마 제국 시대에는 라틴어 저술가와 웅변가들에 의해 전달된 그리스 문명 전체가 표준 언어로 선택받은 그리스어와 함께 방대한 지역에 전파되었다. 그리스어는 고대 그리스에서 대단한 영예를 누렸는데 다른 언어를 사용하는 모든 이방인은 그곳에서 '미개인'(프, barbare)으로 취급받을 정도였다. 그리스인들이 그들에게 barbare라고 이름 붙인 것은 그들이 말하는 것을 들을 때 아무 것도 이해할 수 없고 'brbrbr…' 하는 소리로만 들렸기 때문이다.

로마인들과 그 계승자들이 자신들의 유식한 어휘를 풍부하게 하고 또 쇄신하기 위해 그리스어에서 차용하는 습관을 유지하였던 것은 단지 그들이 더 이상 미개인으로 취급받기를 원하지 않았기 때문일까? 그 가정은 너무 단순하지만 현대의 언어들에서 그리스어 어형이나 그리스어-라틴어 어형들이 특히 어휘에서 가장 멋있는 부분들에 매우 많은 것은 사실이다.

입문한 사람의 언어와 일상의 언어

우리 각자는 allergie('알레르기'), magnétophone('녹음기'), électronique('전자공학'), mélomane('음악광'), philosophie('철학') 등과 같이 일상적 어휘로 들어간 말들 외에도 ichtyologie('어류학'), halieutique('어로법'), conchyliculture('조개 양식'), ptérodactyle('익수룡'), gastéropode('복족류'), diplodocus('공룡의 일종'), docimologie('시험학'), nosographie('질병학'), callypige('엉덩이가 예쁜') 등과 같이 더 드문 말들을 읽고, 듣고, 심지어 사용하기도 한다.

그러나 동물학 분야의 식견을 갖춘 애호가가 아니라면 다음과 같은 내용들을 알기는 쉽지 않다.

- ichtyologie: 물고기에 대한 연구.
- halieutique: 고기잡이 기술.

– conchyliculture: 조개 양식.
– chéiroptère: 박쥐처럼 손이 날개가 되는 동물.
– gastéropode: 달팽이와 괄태충처럼 배와 발이 혼동되는 동물.
– diplodocus: 두 개의 척추를 가진 동물.

그리고 docimologie가 시험학이고 nosologie는 질병의 분류법을 가리킨다는 것이나 어떤 조각상이 Vénus callypige라고 명명되었다면 그 조각상이 예쁜 엉덩이를 가졌기 때문이라는 것을 짐작하기 위해서는 그리스어 어근들을 잘 알고 있어야 할 것이다.

그렇지만 우리는 사전 지식이 없이 단순히 프랑스어를 말함으로써 그리스어가 가져다준 문화 속에 들어갈 수도 있다. 상인에게서 carottes('당근'), dattes('대추야자'), amandes('아몬드') 등을 살 때나 개인 병원에서 tisane de camomille('캐모마일 탕약')를 요구할 때 우리는 의식하지 못한 채 그리스어를 말하고 있다(아래 상자 글 '우리는 모두 그리스어 학자이다...'와 '... 그런데 우리가 정말 그런가?' 참조).

우리는 모두 그리스어 학자이다...

우리가 단순한 감기(프, rhume)에 걸렸다고 생각할 때 의사들은 우리의 코감기(프, coryza)를 치료한다고 하고, 우리가 머리가 아플 때(프, mal à la tête) 우리의 두통(프, céphale)을 치료하고, 그리고 우리가 단순히 인체주입관(프, sonde)을 필요로 할 때 카테터관(프, cathéter)을 처방한다[rhume과 mal은 라틴어에서, sonde는 영어에서 유래한 단어인 반면에 coryza, céphale, cathéter는 고대 그리스어에서 유래한 단어들이다]. 의사들 만큼은 아니지만 우리 모두는 그들처럼 우리의 일상생활에서 의도하지는 않더라도 수많은 그리스어 단어들을 사용하고 있다.

전체 목록은 너무 길어서 여기에 실을 수 없으므로, 겉모습과 달리 그리스어에서 우리에게 전해진 33개 단어를, 무작위 선택이 좋은 선택이라는 생각으로, 다음과 같이 선택하였다.

식물	라틴어	인체	실생활
agave '용설란 속'	autruche '타조'	artère '동맥'	boîte '상자'
amande '아몬드'	baleine '고래'	bras '팔'	catalogue '카탈로그'
arachide '땅콩'	caméléon '카멜레온'	bronche '기관지'	chaise '의자'
câpre '케이퍼'	chameau '낙타'	épaule '어깨'	corde '줄'
carotte '당근'	huître '굴'	estomac '위'	fanfreluche '장신구'

cerfeuil '파슬리류'	méduse '해파리'	jambe '다리'	grabat '초라한 침대'
girofle '정향'	poulpe '문어'	torse '상반신'	papier '종이'
narcisse '수선화'	seiche '오징어'		sandale '샌들'
oseille '참소리쟁이'			tapis '양탄자'

휴식 시간

... 그런데 우리가 정말 그런가? 그것을 알아볼 테스트

왼쪽 칸에는 그리스어 어원의 프랑스어 단어들이 나타나고 오른쪽 칸에는 그것들의 어원적 의미가 나타나는데, 순서가 뒤섞여 있다. 그러므로 독자는 그리스어 어근에 관한 자신의 소양을 테스트한 다음에 숫자들의 일치 여부를 보고 확인하면 된다. 주의! 이것들은 고대 그리스어에서 단어들이 가지고 있던 의미이다.

1 ampoule '전구'	3	왕의 풀
2 anémone '아네모네'	17	껍질 벗긴 보리를 우려낸 물
3 basilic '바질'	7	손가락 모양의
4 catalogue '목록'	10	무지개
5 clinique '진료소'	2	바람꽃
6 cyclamen '시클라멘'	12	그것의 뿌리가 고환을 닮음
7 datte '대추야자'	16	수척한
8 dromadaire '단봉낙타'	13	돌들 사이에서 자라는
9 écureuil '다람쥐'	18	작은 구멍
10 iris '붓꽃'	4	위에서 아래로 읽히는
11 myosotis '물망초'	9	자신의 꼬리로 그늘을 만드는
12 orchidée '난초과 식물'	1	작은 그릇(작은 단지)
13 persil '파슬리'	8	달리기에 적합한
14 pivoine '작약'	6	둥근 꽃들을 가진
15 platane '플라타너스'	14	치료하는
16 squelette '해골'	11	생쥐의 귀
17 tisane '탕약'	15	넓은 잎을 가진
18 tréma '트레마'	5	침대에 있는 사람들만 관련되는

그리스식 지명과 사람 이름

앙티브(Antibes), 니스(Nice), 나폴리(Naples)와 같은 지중해 연안의 몇몇 도시명의 오늘날 형태에서도 그리스어 단어들을 알아볼 수 있다. 물론 거기에 약간의 열의를 보여야 한다. 왜냐하면 앙티브(Antibes), 나폴리(Naples) 및 라나풀(La Napoule) 간의 명백한 연관성은 공부가 된 사람들에게만 드러나기 때문이다. 그런 사람들만 Antipolis(그리스어, '맞은 편의 도시')의 p 대신에 Antibes에 b가 있다는 사실 때문에 방해받지 않고, 그 세 도시명에서 그리스어 단어 polis를 알아볼 것이다. 그 사람들은 모음 사이의 p는 프랑스어에서 온전하게 남아 있을 수 없었다는 걸 잘 알고 있을 것이기 때문이다(41쪽 지도 'NAPLES = LA NAPOULE' 참조).

Grenoble도 마찬가지이다. 옛날에는 그 도시가 서기 4세기 말에 그것을 건설하게 한 로마 황제 Gratien의 이름을 딴 Gratianopolis로 불렸다. 이상의 네 도시명에는 그리스어 단어 polis('도시')의 분명한 흔적이 남아 있다. 반면에 생트로페(Saint-Tropez)는 전혀 경우가 다르다. 이 도시는 처음에 그리스 도시 Athenopolis('아테나 여신의 도시')였는데 나중에 이름을 바꿨다.

다음 목록은 전혀 총망라적인 것은 아니며 지중해의 연안 전역에 그리스인들이 오래전부터 있었음을 상기시키는 일부 예들이다.[44]

셀리논테(Sélinonte), 시칠리아 도시로서 마그나그라이키아[이탈리아 남부에 건설되었던 옛 그리스 식민지들을 가리키는 말]에서 가장 웅장한 사원 집합체들 중 하나가 있다. 도시명이 그리스어 (petro)selinon('파슬리')에서 유래하였는데, 망자들을 기리기 위한 화관들을 만들던 파슬리로 유명한 지역에 있다. 이상하게도 selinon은 오늘날 현대 그리스어로 '셀러리'를 의미한다.

팔레르모(Palerme), 시칠리아의 항구로서, 이 도시의 그리스어 명칭 Panormos는 pan('모든')과 ormos('정박, 항구')로 이루어져 있는데 날씨가 어떻든 상관없이 방풍이 되는 장소를 뜻한다.

쿠마에(Cumes), 나폴리 근처의 그리스 도시로서 어원이 kyma('파도, 물결')라는 주장은 불확실하다.

타렌토(Tarente), 이탈리아 남부의 그리스 도시로서 크레타섬 사람들에 의해 아주 오래전에 건설되었다.

모나코(Monaco), 프랑스 남부의 도시로서, 이곳에 기원전 7세기 Héraklês monoikos

NAPLES = LA NAPOULE

지중해의 여러 도시들은 그것들의 이름을 통해 그 도시들이 고대에 그리스 식민지였음을 상기시키고 있다.

Agde, AGATHÊ(TUKHÊ)에서 유래, '행운'.
Alexandrie, 알렉산더 대왕이 설립
Ampurias, EMPORION에서 유래, '시장'.
Antibes, ANTIPOLIS에서 유래, '(니스) 맞은편의 도시'
Grenoble, GRATIANOPOLIS에서 유래, 'Gratien의 도시'
La Napoule, NEAPOLIS에서 유래, '신도시'(Naples 참조)
Leucate, LEUKAS에서 유래, '하얀 (도시)'
Naples, NEAPOLIS에서 유래, '신도시'(La Napoule을 참고할 것)
Nice, NIKAIA에서 유래, '승리의 (여신)'
Palerme, PANORMOS에서 유래, '전천후 정박'
Sélinonte, SELINON에서 유래, '파슬리'
Tripoli, TRIPOLIS에서 유래, '세 도시의 결합으로 이루어진 도시'
(그 옛 도시들의 이름은 괄호 안에 표시)

('고독한 사람 헤라클레스')에게 헌정된 사원이 있었다. 그러나 다른 어원 연구에서는 모나코를 리구리아어 monega('바위')에서 유래한 것이라고 보고 있다. Monaco에서 파생된 형용사는 분명한 리구르어 접미사가 포함된 monégasque('모나코의, 모나코인')임을 상기하자.

니스(Nice), 프랑스 도시로서 모나코와 앙티브 중간에 위치하며 (Thêa) Nikaia('승리(의 여신)')에게 헌정된 곳이다.

아그드(Agde), 프랑스 도시로서 나르본 근처에 위치하며, 이 도시의 그리스어 이름이 Agathê tukhê('행운')였다.

루카드(Leucate), 프랑스 도시로서 페르피냥 근처에 있으며, 과거에는 이 도시를 leukas('하얀')으로부터 만들어졌다.

암푸리아스(Ampurias), 스페인 도시로서 바르셀로나 북쪽의 해안에 위치하며, Emporion이라는 이 도시의 옛 이름은 이곳이 옛날에 '시장'이었음을 상기시킨다.

트리폴리(Tripoli), 리비아의 수도로서, 그리스어 treis('셋')과 polis('도시')가 결합한 Tripolis에서 유래한 것인데, 그것은 페니키아의 세 도시인 Leptis, Oea와 Sabrata(지도에 괄호로 표시)로 구성된 왕국의 이름이었다. 과거에는 이 도시를 Tripoli de Barbarie(바르바리아[과거에 북아프리카 해안 지역을 가리키던 말]의 트리폴리)라고 부르면서 바로 아래의 도시와 구분하였다.

트리폴리(Tripoli), 시리아의 트리폴리라고 불렸으며 페니키아의 세 도시인 Arados, Tyr 그리고 Sidon를 가리켰다. 이 도시들의 이름도 지도에 괄호로 표시되어 있다(오늘날 리비아의 Ruwad, Sour 그리고 Saïda이다).

알렉산드리아(Alexandrie), 이집트 도시로서 기원전 332년 알렉산더에 의해 어민들의 작은 촌락이던 곳에 건설되었다.

이 모든 지명에서 그리스어는 종종 현재의 형태 속에 감추어져 있어서, 거기서 그것을 식별하는 것은 정말 어렵다. 반면에 많은 사람 이름의 그리스어 어원은 매우 찾아내기 쉬워서 그것으로 기분 전환을 위한 놀이를 할 수도 있다(아래 상자 글 속 '그리스어 사람 이름 게임' 참조).

휴식 시간

그리스어 사람 이름 놀이

1. 나중에 지혜 그 자체가 될 어느 꼬마 소녀이며, 러시아 출신의 어느 유명한 백작 부인이 프랑스어로 그 소녀의 불행을 이야기하였다.
2. '신'과 '재능'을 의미하는 그리스어 단어들을 가지고 남자 이름과 여자 이름, 두 개의 이름을 찾을 수 있는데, 하나는 다른 하나의 뒤집은 말이다[뒤집은 말(프, verlan)이란 단어의 음절을 뒤집은 것으로, 예를 들면 féca는 café의 뒤집은 말이다].
3. 땅을 연상시키며 géographie('지리학'), géologie('지질학')와 같은 어근으로 만들어진 흔한 이름이다.
4. mélasse('당밀')와 mélanine('멜라닌 색소')에는 검은색에 대한 암시가 있다. 어떤 여자 이름이 같은 색깔을 연상시키는가?
5. philosophe('철학자')가, 어원에 따르면, '지혜를 사랑하는 사람'이라고 한다면 '말(馬)을 좋아하는 사람'에 해당하는 남자 이름은 무엇인가?
6. 이 여자 이름은 오늘날 어떤 단순한 들꽃을 연상시키지만 이것은 그리스어로 '진주'였고 지금도 여전히 '진주'이다.
7. 그녀는 어원에 의하면 고독하게 될 운명이며, 그래서 수도자들의 수호성녀인 것 같다. 그녀의 이름은 무엇인가?
8. 그녀는 Cathares('카타리파 신봉자들')처럼 순결하다. 프랑스 전통을 따르면, 25세가 되었는데 아직 결혼하지 않았다면 그녀에게 지소접미사를 부여한다[지소접미사(diminutif)란 어간이 나타내는 뜻의 축소를 표시하는 접미사. 예: tablette('판자', '작은 판') = table('받침대', '탁자') + −ette(지소접미사)].

정답

1. Sophie: sophia('지혜')에서 유래[19세기에 세귀르(Ségur) 백작 부인의 소설 《Sophie의 불행》의 영향으로 프랑스에서 유행한 이름]. 2. Théodore와 Dorothée: theos('신')와 dôron('재능')에서 유래. 3. Georges: gê('땅')과 ergon('일')에서 유래. 4. Mélanie: mélas, melanos('검은')에서 유래. 5. Philippe: philo('나는 좋아한다')와 hippos('말')에서 유래. 6. Marguerite: margaritês('진주')에서 유래. 7. Monique: monos('외로운', '유일한')에서 유래. 8. Catherine(그리고 Catherinette): katharos('순수한')에서 유래.

그리스어 역사의 추

그리스어는 3000년 이상 된 긴 역사를 흔적을 따라 추적할 수 있는 언어이며 가장 오래된 기록 자료들이 있는 유럽의 언어이기도 하다(아래 상자 글 '유럽 지역 인도−

유럽어들의 최초의 기록 자료들' 참조).

그러나 기록된 자료가 많다는 사실은 긴 세월 동안 그리스가 겪은 복잡한 언어적 상황들을 기술할 때 나타나는 어려움을 더욱 가중시키는 측면이 있다.

그럼에도 불구하고 어떻게 하나의 공통 언어가 출현하기 위한 조건들이 마침내 충족되었는지를 알아보고자 한다면, 어법들의 변화에 집중하여 살펴봄으로써 그리스어의 역사에서 매우 대조적인 네 개의 주요 시기를 구분할 수 있게 된다. 실제로 그 시기들은 번갈아서 어법들의 단일화와 다양화를 향해 나아가는 상반된 방향의 변화들로 특징지어진다.[45]

유럽 지역 인도-유럽어들의 최초의 기록 자료들

그리스어: 아주 오래된 방언인 **미케아어**에 대한 기원전 15세기의 자료가 있다. 그것은 작은 판자에 알파벳이 아닌 문자로 새겨져 있으며 문학적 글이 아니라 회계 자료이다. 아테네에서 사용되던 **아티카 방언**에 대해서는 기원전 7세기 자료가 있다. 기원전 8세기 말에 쓰여진 것으로 추정되는 '오디세이'는 아이올로스어가 가미된 **이오니아 방언**으로 기록되었다.[46]

라틴어: 기원전 3세기의 것으로 로마에서 사용되던 언어에 대한 자료가 있다.[47] 그러나 어떤 매우 오래된 언어로는 훨씬 더 오래된 짧은 새김글들이 존재하는데, 그것들은 옛 포룸 로마눔의 검은 돌과 (오늘날 라티움 지역의 팔레스트리나에 해당하는) 프레네스트의 황금 브로치에 새겨져 있으며 모두 기원전 6세기의 것들이다.[48]

게르만어: 서기 3세기의 스칸디나비아의 룬 문자 새김글들이 있다(룬 문자가 초기에는 나무에 새겨졌다).[49] 울필라스가 고트어(오늘날 사어(死語)가 된 동게르만어)로 번역한 성서의 번역본은 4세기의 것이다. (**독일어**의 선조인) 고지 독일어 최초의 글들은 8세기 중엽의 것이고(몇몇 주해들), (**네덜란드어**의 선조인) 저지 독일어의 최초 글들은 830년 무렵의 것이다. **고대 프리슬란트어**와 **고대 영어**의 최초 글들도 9세기의 것이다[고대 영어의 가장 오래된 글은 8세기 수사본으로 전해지는 '캐드먼의 찬가'라는 것이 일반적 견해이다].[50]

켈트어: 서기 5세기 자료로 고대 아일랜드어의 이른바 오감 문자로 된 새김글들이 있다.[51] 7세기부터 이 글들에 로마 문자로 된 **아일랜드어** 주해가 동반되어 있다.[52]

가장 오래된 **웨일스어** 글은 6세기의 것이나 10세기의 수사본(手寫本)에 들어 있다.[53] **브르타뉴어**는 8세기 이후 몇몇 주해로 알려졌고 **콘월어**는 13세기부터 어떤 어휘 사전을 통해 알려졌다.

슬라브어: 서기 9세기 자료로 그리스인 사도들인 키릴과 메소드가 만든 성경의 전례용 고대 슬라브어(또는 슬라보니아어) 번역본이 있다. 이 번역본은 동로마 제국의 슬라브어 화자들을 위해 키릴과 메소드가 그리스어 알파벳을 응용하여 직접 만든 키릴 문자라는 특별한 알파벳으로 기록되어 있다.[54]

첫 번째 시기: '고전기 이전 그리스에서 나타난 방언들의 다양성'

[고전기: 기원전 5세기 초부터 시작되는 고대 그리스의 시대 구분]

이 시기는 1500년 이상 지속되었다. 아마도 이오니아족, 아이올로스족 그리고 아카이아족으로 대표되는 초기 인도-유럽어 사용자들의 침략은 기원전 2000년 무렵으로 거슬러 올라간다. 펠로폰네소스 반도에 미케네 문명을 만든 것은 아카이아족이며 미케네 문명은 나중에 크레타섬까지 확산된다. 그러나 도리아족의 도래(기원전 1200년 무렵)로 미케네 문명은 종말을 맞게 되었고 아카이아족은 결국 도리아족에 의해 쫓겨났다.[55] 그리스에서는 이 시기에 많은 방언들이 생겼으며 그것들은 도리아어 그룹, (아마도 초기 아카이아족의 언어가 변화한 것으로 보이는) 아르카디아-키프로스어 그룹, 아이올로스어 그룹, 이오니아어 그룹 등 네 개의 주요 방언 그룹으로 구별된다(46쪽 지도 '고전기 이전 그리스의 방언들' 참조).

두 번째 시기: '알렉산더 대왕, 또는 언어적 통일의 시작'

알렉산더 대왕(-356년부터 -323년)의 통치 시기에 그리스어로 '코이네'(koïnè)라고 불리는 하나의 공통 언어가 천천히 형성되기 시작하였다. 이 공통 언어는 많은 부분 아테네 방언에 기반을 두고 있는데 이오니아어와 아티카어의 특성들이 혼합되어 있다는 특징이 있으며 순수하게 아테네적인 새로운 변화들도 일부 섞여 있다. 공통 언어는 그리스 세계를 더 넓혀 나간 헬레니즘 시대에 광범위하게 전파되었다. 기원전 146년 로마에 의해 그리스가 정복되면서 그리스의 패권은 끝나게 되지만 언어적

고전기 이전 그리스의 방언들

공통 언어가 탄생하기 전, 즉 기원전 4세기 중엽까지 그리스에는 네 그룹의 방언들이 있었다.

- 아르카디아-키프로스어: 아르카디아 및 키프로스와 키프로스로부터 북쪽에 있는 소아시아 해안(지도 밖에 위치한 지역들)
- 도리아어: 펠로폰네소스 반도, 케르키라섬과 에페이로스 해안, 크레타와 남부 섬들, 할리카르나소스부터 시작되는 소아시아 남부 해안
- 아이올로스어: 테살리아, 보이오티아, 레스보스섬, 그리고 스미르나와 트로이 사이의 소아시아 해안
- 이오니아-아티카어: 아테네의 아티카어와 여러 지역의 이오니아어(에비아섬, 할키디키, 에게해 북쪽 섬들, 할리카르나소스와 스미르나 사이의 소아시아 해안). 이오니아-아티카어에서 기원전 3세기 무렵에 공통 언어가 탄생하였다.[56]

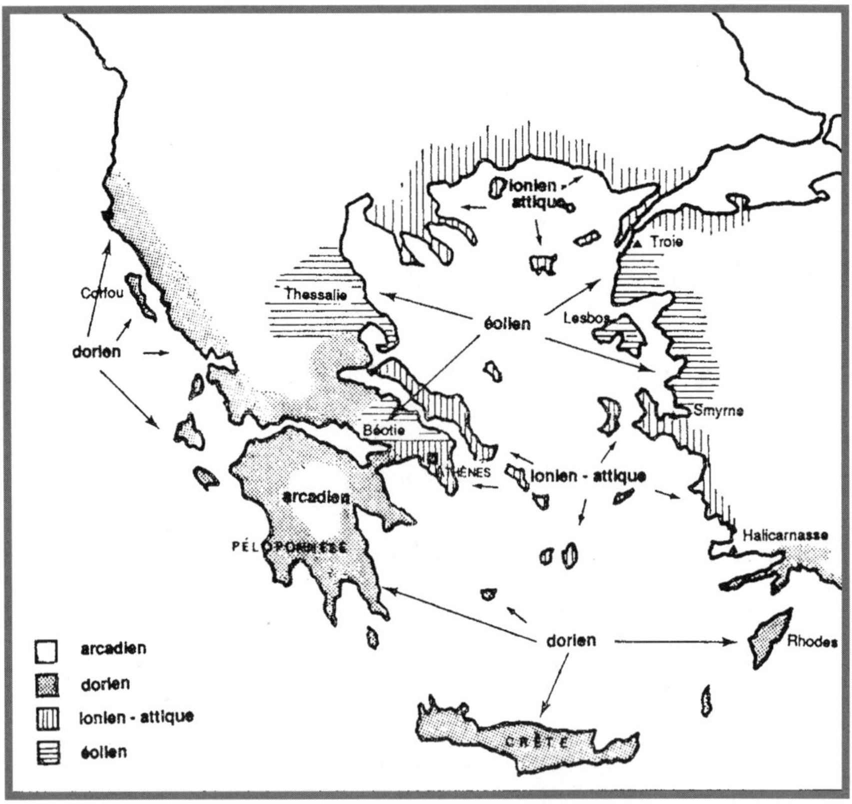

arcadien 아르카디아어 Athènes 아테네 Béotie 보이오티아 Corfou 케르키라 Crète 크레타 dorien 도리아어 éolien 아이올로스어 Halicarnasse 할리카르나소스 ionien-attique 이오니아-아티카어 Lesbos 레스보스 Péloponnèse 펠로폰네소스 반도 Rhodes 로도스 Smyrne 스미르나 Thessalie 테살리아 Troie 트로이

통일은 아마도 서기 6세기까지 유지된 것으로 보인다.

세 번째 시기: '비잔티움, 다시 다양화를 향해'

(서기 330년에 시작된) 동로마제국의 지배하에서 어느 정도 세월이 흐른 후 새로운 다양화 과정이 진행되었고 그 과정이 수 세기 동안 지속되었다. 그리스에 어떤 주도적 중심지가 없는 상황에서 아테네의 영향력이 제국의 새 수도가 된 비잔티움의 영향력 앞에서 쇠퇴함에 따라 언어는 다시 지역 방언들로 분열되었다. 슬라브족(4세기), 아랍인(10세기), 노르만인(12세기), 베네치아인(15세기에서 18세기)의 연속되는 침략들과 특히 4세기(일부 지방에는 심지어 6세기) 동안 지속된 터키의 지배는 19세기 중반까지 그리스 언어의 통일을 가로막는 요인이 되었다.

네 번째 시기: '독립, 다시 통일을 향해'

새로운 수렴의 과정이 일어나게 된 것은 그리스의 독립(1830년) 이후이며 그 수렴의 과정이 현재의 공통 언어로 귀착되었다.

두 개의 경쟁 언어

위에서 본 간략한 사회 언어학적 역사는 연속된 수렴과 분화의 주요 시기들을 더 잘 드러내기 위해 의도적으로 단순화시킨 것이기는 하지만, 2천 년 이상 이중적 운명을 경험한 언어의 역사에서 핵심적인 한 요소가 언급되지 않았다. 실제로는 그리스에서 '민용어'(démotique)라고 불리는 구어가 다양한 모습으로 변하며 발달하였다. 그 언어는 영광스러운 과거를 의도적으로 되돌아보면서 표준화된, 이른바 '정화된' 언어 변이체인 '카타레부사 그리스어'(katharevousa)와 경쟁하며 사용자들의 필요에 따라 변화하였다.

그 두 형태의 언어 사이의 구별은 기원전 1세기에 나타났다. 그 시기에 문학을 사랑하던 문법가들이 언어의 변화를 참을 수 없는 쇠퇴의 표시로 간주하고 언어가 온전한 순수성을 되찾기 바라면서, 고대 문장가들, 즉 아테네 지배 체제의 황금기에 글을 쓰던 문장가들의 모범적 어법 이외에는 더 이상 수용하지 않았다. 그 언어는 이미

진정한 고대 그리스어가 아니었고 그 시대의 요구에 따라 손질하고 개조한 형태의 고어풍 언어였다.[57]

그로 인하여 그 다음 세대들의 시대에는 한편으로 자신들이 일상적으로 사용하고 듣는 — 그러나 비난받는 — 어형(語形)들이 존재하고, 다른 한편으로 페리클레스 시대의 멋진 어형들을 본떠서 개조되어 문서나 대단히 공식적인 일부 어법에서만 사용되는 이상적 언어의 어형들이 존재하면서 끊임없는 갈등이 야기되었다. 그렇게 여러 세대가 지나가면서 그리스인들에게는 이 불편한 이중적 상황을 살아가는 것이 습관이 되었다.[58]

그러나 그 두 언어들 중 하나는 현학적이고 엘리트적이고 다소 우상화된 것이고, 다른 하나는 대중적이고 평범하지만 역동적이라서 공존이 언제나 평화적이지는 않았다.

자신의 언어를 위해 죽다

실제로 대립 상황이 심각했다. 19세기 내내 그리고 20세기 대부분 기간 동안에 식자어[langue savante, 일상에서 사용되는 통속어 내지 민중어에 대립되는 말로서 책이나 문서에서만 사용되는 문어 내지 학술어를 가리킨다]의 극렬 지지자들과 통속어를 기필코 수호하려는 사람들이 매우 심각하게 대결하였다. 유럽의 다른 국가들도 말로만 이루어지는 다툼은 경험하였지만, 그와 달리 그리스에서는 다툼으로 인해 심지어 사람들이 죽기도 하였다.

유혈 사태들이 실제로 1901년 발생하였는데, 신약성서의 민용어 번역에 대해 항의하는 학생 소요 사태에서 비롯되었다. 1911년 헌법은 공식적으로 '정화된' 언어만을 인정함으로써 잠정적으로 그 다툼들을 해결하였다. 그렇지만 누구도 그 언어를 실제로 사용하지는 않았다. 정부는 이러한 모순적인 상황을 끝내기 위해서 1917년 초등학교에 민용어 교육을 도입하는 법을 채택하였다. 그러나 그 법은 1920년에 폐기되었다.

1964년부터 1967년까지 새로운 개혁안이 한 차례 시행된 이후 1976년이 되어서야 새로운 법이 새로운 기준을 확정하였다. 그때부터 민용어가 새로운 기준이 되었다. 약 2천 년 전부터 비난받았고 1911년 헌법에서 인정받지 못했던 그 민용어였다.

다음 두 개의 공식 법조문은 방향의 선회를 보여주는데 1976년 법조문은 특히 명확하다.

1911 헌법 107조	1976 4월 30일 법, 2조
국가의 공식어는 헌법과 그리스의 법조문들 작성에 사용된 이 언어이다. 이 언어를 파괴하기 위한 모든 개입은 금지된다.	1. 1976–1977 학년도부터 [...] 교육의 대상인 언어이자 교과서들의 언어는 현대 그리스어이다. 2. 현대 그리스어란 그리스 민족 및 국가의 인정받은(dokimoi) 문필가들에 의해 범그리스적 표현 도구로 발달해 왔고 또한 지역성이나 특수성 없이 형성된 언어인 민용어를 뜻한다.

때로는 두 단어 때로는 한 단어

그러므로 1976년부터 법은 명확하게 민중어 쪽으로 결론을 지었다. 그렇지만 입법부의 결정에도 불구하고 모든 그리스인들의 일상적 어법에는 원칙상 과거의 용법인 카타레부사어(katharevousa)의 요소들이 여전히 많이 남아 있다. 민용어가 그때부터 이론적으로는 유일한 공식어가 된 것도 사실이다. 이러한 현상은 그리스인들이 자신들의 어법에서 한 언어에 속하는 것과 다른 언어에 속하는 것을 분간하려고 애쓰지 않으면서 오늘날 오히려 두 어법의 '선택적 통합'이 일어나고 있다는 것을 증명하고 있다. 오늘날에는 '민용어와 카타레부사어'라는 이분법이 시대에 맞지 않게 된 듯하다.[60].

하지만 그리스어 어휘의 모든 것이 이중으로 존재하지는 않는다. 일부 단어들에 있어서만 두 개의 다른 어형 사이의 선택이 제공될 뿐이다. 예를 들면, 물은 오늘날 식자적 용법에서는 hydor로, 그리고 대중적 용법에서는 nero로 지칭된다. 반면에 피부를 지칭하기 위한 것으로는 derma라는 하나의 어형만 존재한다. 다음은 그리스인들이 두 가지 어형 사이에서 선택을 할 수 있는 예들이다.

식자어		민중어
oon	'달걀'	avgo
odous	'이빨'	donti
hydor	'물'	nero
lithos	'돌'	petra
agathos	'좋은'	kalos
erythros	'빨간'	kokkinos
leukos	'흰'	aspros
khrimata	'돈'	lephta

반면에 식자어 단어와 민중어 단어가 일치하고 있어서 오직 하나의 단어만 사용할 수 있는 경우들도 많으며 다음은 그러한 예들이다.

식자어이면서 민중어	
polloi	다수의'
duo	'둘'
mikros	'작은'
anthropos	'인간'
derma	'피부'
glossa	'혀'

식자어 단어와 민중어 단어가 두 가지 모두 유지될 때는 항상 구분없이 사용되지는 않고 전문화되었다. 예를 들면, 동일한 사람이 빵집으로 psomi(빵을 지칭하는 민중어 단어)를 사러 가지만 성찬식의 빵에 대해서는 별도로 식자어 어휘에 속하는 artos라는 단어를 사용한다. 마찬가지로 자신의 집은 언제나 spiti로 지칭하지만 출판사(ekodotikos oikos)를 지칭할 때는 oikos라는 단어를 사용한다. 또한 'to aspro spiti'라는 말은 모든 '하얀 집들'을 가리키는 반면에 워싱턴의 '백악관'은 'o Leukos Oikos'로 지칭된다.[61]

그냥 사라지는 것은 없다

그러므로 교육에 민용어가 도입됨으로 인해 식자어가 없어진 것은 아니었다. 기본 어휘에서 선택된 100개의 단어를 대상으로 한 최근 조사에서 그 가운데 65개는 오직 민용어에만 속하지만 나머지 35개는 카타레부사어와 민용어에서 동일하게 나타난다는 것이 밝혀졌다. 그러나 민용어 단어가 식자어 단어를 밀어내었을 경우에도 조금 전에 보았듯이 식자어 단어가 대체로 관용구 안에서 유물처럼 생존하고 있다. 일반적으로 카타레부사어 어휘를 유지하면 특히 과학 담론과 정제된 언어의 특징이 드러나는 반면에 문학에서는 오히려 민용어가 지배하고 있는 듯하다.[62]

그리스어의 어휘적 풍요성

긴 역사가 흐르는 동안 그리스어에는 수많은 어휘가 축적되었는데 그 속에서 연속된 시대의 층들을 알아볼 수 있다. 고대 그리스어라는 중요한 유산(pateras '아버지', adelphos '형제' 등)을 제외하면 그리스어 어휘에 먼저 나타난 것은 히브리어(sabbato '토요일' 등), 페르시아어(paradeisos '천국' 등), 라틴어(fava '잠두(콩)', karvouno '석탄', kastro '요새', skoupa '빗자루' 등) 등에서 차용한 단어들이다.

발칸 언어들로부터 그리스어로 차용이 일어난 것은 더 나중의 일이었다.[63]

- 슬라브 언어로부터 차용: kotetsi '닭장', papia '오리' 등.
- 알바니아어로부터 차용: phousta '치마', phlogera '피리' 등.
- 아로마니아어로부터 차용: mpraska '두꺼비', stournari '부싯돌' 등.
- 터키어로부터 차용: kafés '커피', kapaki '덮개', karpoúzi '수박', mezés '오르되브르', minarés '첨탑', ntoulapi '가구', papoutsi '구두', sougiás '주머니 칼', tenekés '양철(통)'.

이탈리아어 차용어들에 관해서는 약간의 문제가 있는데, 왜냐하면 그것들의 진정한 기원에 의혹이 남아 있는 경우가 매우 많기 때문이다. kanali('운하')가 이탈리아어 canale에서 유래한 것인지, 아니면 프랑스어 canal이 그리스어화한 것인지 불분명하다. ntelikatos('미묘한', 프, délicat), karafa('물병', 프, carafe), propaganda('프로파간다', 프, propaganda), koultoura('문화', 프, culture), serviro('봉사하다', 프, servir), kopiaro('복사하다, 프, copier) 등에 대해서도 똑같은 질문이 제기된다.[64]

또한 상세한 설명 없이 차용어를 이탈리아어에서 왔다고 하는 것은 적절하지 않은 경우가 많다. 그 이유는 토스카나어에서 온 차용어들(kapélo '모자', kouféto '당과의 일종', petsetta '냅킨', phráoula '딸기', phréskos '시원한', spággos '가는 끈', tavérna '조그만 카페')만이 아니라 베네토어(mparmpoúni '노랑 촉수') 또는 제노바어(vapori '배')에서 빌려온 차용어들도 있기 때문이다.[65]

1970년대부터는 영어 차용어들이 대종을 이루고 있지만(rekór '기록', tourismós '관광', trám '전차', vagoni '객차', kompiouter '컴퓨터' 등),[66] 19세기 초부터 20세기의 대부분 기간 동안에는 프랑스어 차용어가 1위를 차지하고 있었다. 1978년에 출판된 어떤 책에는 프랑스어에서 유래한 약 1700개의 단어들이 조사되어 있다.[67]

프랑스어 차용어

프랑스어의 유입은 특히 다음 분야에서 두드러졌다.

- 과학 기술: kalorifér('중앙 난방'), phíltro('필터', 프, filtre), poúntra('가루, 프, poudre) 등.
- 요리: koniak('코냑, 프, cognac), krokéta('크로켓', 프, croquette), menoú('메뉴', 프, menu), ntekafeïné('카페인을 제거한 커피', 프, décaféiné), omeléta('오믈렛', 프, omelette), orntévr('오르되브르, 프, hors-d'œuvre), pourés('퓨레', 프, purée), zampón('햄', 프, jambon) 등.
- 패션: magío('수영복, 프, maillot), ntekolté('옷깃을 넓게 튼', 프, décolleté), phoulár('머플러', 프, foulard), soutién('브래지어', 프, soutien-gorge) 등.
- 영화: ntokumantaír('다큐멘터리', 프, documentaire), operatér('촬영 기사', 프, opérateur), zenerik('영화 첫머리 자막', 프, générique) 등.
- 그리고 몇몇 색깔명에서도: gkrí('회색', 프, gris), kaphé('짙은 밤색', 프, café), mov('엷은 보라색', 프, mauve), mpéz('베이지색', 프, beige), mple('파란색', 프, bleu), róz('장미빛', 프, rose) 등.

프랑스 학자들은 고대 그리스어라는 원천으로부터 용어를 만드는 경우가 많다. 그리스어가 프랑스어에서 차용한 어휘에는 프랑스 학자들이 만든 그러한 용어들도 매우 많이 포함되어 있다. 따라서 그러한 용어에 속하는 다음 단어들은 단순히 고향으로 돌아간 셈이다: kinêmatográphos('영화', 프, cinématographe), khlórion('염소', 프, chlore), lithographía('석판화', 프, lithographie), mikróvio('세균', 프, microbe), neologizmós('신조어 (사용)', 프, néologisme), phonógraphos('전축', 프, phonographe), phovía('공포증', 프, phobie), thermómetro('온도계', 프, thermomètre), ypertrophía('과도한 팽창', 프, hypertrophie), tiléphono('전화', 프, téléphone).[68]

고대 그리스어는 아직도 번식을 할 수 있다

서구 세계의 모든 언어에서 일어나고 있는 일들을 보면 마치 그리스어 어근들이 그 언어들의 공동 재산인 것 같다. 예를 들면, 프랑스인 외과 의사 샤를 엠마뉘엘 세디요(1804–1882)는 먼저 프랑스어에 그리고 그 다음에는 많은 다른 언어에 수명이 짧은 매우 작은 생물을 지칭하도록 그리스어 단어 bios('생명')과 mikros('작은')로부터 microbe라는 말을 만들어주었다. 기세등등하던 1789년 혁명가들은 그리스어 접미사 –cratie('정부, 통치')를 사용하여 calotinocratie, 즉 '교단 사람들, 성직자(프, calotin)들에 의한 통치'라는 말을 만들어냈고 그들의 상대편들은 '기립'이나 '착석'으로 의견을 표명하던 초대 국민의회를 조롱하기 위해 culocratie[프랑스어 cul가 '엉덩이'를 뜻하므로 이 단어는 '엉덩이에 의한 지배'라는 의미를 가짐]라는 단어를 만들었다.[69]

조금 전에 보았듯이 그리스어 밖에서 만들어진 단어들이 간혹 그것들의 원천으로 되돌아갈 때 여러 단계를 거치게 된다. 어떤 단어가 그리스어를 기반으로 다른 언어에서 만들어지고, 그 다음에 현대 그리스어로 옮겨갈 때는 실제로 적응하는 데 일정 기간이 소요된다. 최근 그리스에서 liposome('리포좀', lipo–('유지')와 –some('기관')으로 구성됨)이라는 단어가 화장품 광고로 현지 적응하는 것이 목격된 바 있다. 먼저 프랑스어 형태 liposome에서 시작하여 그 다음에 liposom(발음만 복제함)으로 바뀌고, 최종적으로 그리스어 중성 복수형 어미를 갖춘 — 완전한 동화를 보여주는 구조인 — liposomata라는 형태로 변화했다.[70]

그리스어 어근들의 '정원'

우리는 유럽의 대부분 언어에서 식자어 단어들을 구성하는 데 사용될 수 있는 기본 요소인 그리스어 어근들을 알아볼 수 있다(아래 상자 글 '주요 그리스어 어근' 참조). [《그리스어 어근들의 정원》(프랑스어, Le jardin des racines grecques...)은 17세기 클로드 랑슬로의 저작으로서, 그 책에는 그리스어 어근을 이용한 조어법 등이 설명되어 있다]

주요 그리스어 어근

ana- '아래에서 위로'
cata- '위에서 아래로'
palino- '거꾸로'

callo- '아름다운'
-trope '~를 향해 있는'
-phile '좋아하는'
-lâtre '숭배하는'

théo- '신'
pan- '전체'
chrono- '시간'

hydro- '물'
pyro- '불'
thermo- '더운'
cryo- '차가운'
hélio- '태양'
séléno- '달'
astéro- '별'
thalasso- '바다'

potano- '하천'
oro- '산'
litho- '돌'

chryso- '금'
xylo- '목재'
dendro- '나무'
phyllo- '잎'
-coque '낟알'

caco- '나쁜'
pseudo- '거짓'
strepto- '비틀어진'
dino- '무서운'
térato- '괴물'
thanato- '죽음'
-phobe '두려워하는'
-machie '전투'

chloro- '초록'
cyano- '파랑'
leuco- '하얀색'

myos- '생쥐'
-pythèque '원숭이'
-saure '도마뱀'
-derme '피부'
céphalo- '머리'
rhino- '코'
glotto- '혀'
sterno- '가슴'

-pode '발'
dactylo- '손가락'
narco- '마비'

oniro- '꿈'
-iatre '의사'
hypno- '잠'
démo- '민중'
xéno- '이방인'

micro- '작은'
nano- '난장이'
brachy- '짧은'
lepto- '날씬한'
macro- '큰'
dolico- '긴'
pachy- '두꺼운'
tachy- '빠른'
-morphe '~형태의'
idio- '~에 고유한'

-phone '소리를 내는'
-phage '먹는'
-phore '가지고 있는'
-nome '해결하는'
-crate '지배하는'
-scope '관찰하는'
-bole '던지는'
-graphie '문자'
-glyphe '새김글'
logo- '담화'
-logie '과학'

-pole '도시'
tribo- '마찰'
-tomie '재단(하기)'
-thèque '저장소'

고대 그리스어도 놀이가 될 수 있다

고대 그리스어를 죽은 언어로 간주하는 대신에 그 언어의 몇몇 어근에 대한 기초적인 지식을 이용하여 신조어 놀이를 할 수도 있다.

예를 들어, 네스 호의 괴물을 지칭하기 위해 hippopotame('하마')[그리스어 hippos('말')와 potamos('강')로 구성됨]을 본떠서 tératopotame('강의 괴물', térato('괴물') + potamos)라는 단어를 만들어낼 수도 있을 것이다. 더 재미있고자 한다면, statue chryséléphantine('금과 상아로 된 조각상')은 금('khrysos')과 상아('elephas')로 만들어진다는 것을 기억하여 돈을 헤프게 쓰는 사람에 대해 (discobole('투원반 선수')을 모델로 하여) chrysobole('금을 던지는 사람')이라고 말할 수 있을 것이다. 같은 방식을 적용하면 자크 형제가 부른 '5자 모양의 배꼽'은 pentamorphe('5자 형태')가 되고 자신의 말에 도취하는 사람은 logophile('말을 좋아하는 사람')이 되며, 외국어로 말하는 사람은 xénophone('외국어를 말하는 사람')이 될 것이다. 이 길로 계속 가보고 싶다면 아래의 상자 글 '왜 단순한 것을 유식하게 생각할까?'[프랑스어의 Pourquoi faire simple quand on peut faire compliqué?(직역하면 '왜 복잡한 것을 단순하게 생각할까?'라는 의미로서 불필요하게 복잡하게 생각하는 사람을 가리키는 말)라는 반어적 표현을 패러디함]를 참조하기 바란다.

휴식 시간

왜 단순한 것을 유식하게 생각할까?

몇십 개의 그리스어 기원의 어휘 요소들의 도움을 받으면 식자어처럼 보이는 새로운 단어들을 많이 만드는 것이 가능하다. 다음은 몇 가지 프랑스어 신조어 제안들이다. 놀이를 하기 원한다면 먼저 우측 란을 감추어야 한다.

몇몇 가공의 신조어

anabole*	'밑에서 위로 던지는'	logolâtre	'말씀을 숭상하는'
astériocoque	'별 모양의 열매'(붓순나무처럼)	myolâtre	'생쥐를 사랑하는'
cacothée	'악의 신'	nanomachie	'난장이 전투'
catagraphie*	'위에서 아래로 쓰기'	pachyphylle	'두꺼운 잎의'
chlorocéphale	'머리가 녹색인'(외계인처럼)	pantiatre	'일반의'
chronotomie	'시대 구분'	phyllophile	'잎을 좋아하는'
cryopode	'발이 차가운'	phyllophore	'잎이 생기는'

cyananthe	'파란 꽃'	pithécodrome	'원숭이 경주'
démocide	'민족 말살자'	pyrocrate	'불로 다스리는'
dendroscope	'나무를 관찰하는'	streptorhine	'코가 비뚤어진'
dinopole	'공포감을 주는 도시'	sélénotrope	'달에 매료된'
hypnoglotte	'자면서 말하는'	tachydactyle*	'손가락이 민첩한'
leptoderme	'얇은 피부의'	thanatophobe	'죽음을 피하는'
leucosterne	'하얀 가슴의'	tribophile	'마찰을 좋아하는'
logochrononome	'발언 시간을 통제하는'(TV의 게임 진행자처럼)	xylologue	'목재 전문가'

* 나는 신조어를 만든다고 믿었는데도 세 차례 현대 그리스어에 이미 존재하는 결합을 만들고 말았다. 그리스어에 '연기'를 뜻하는 anabolè, '기록'을 뜻하는 catagraphè, 그리고 또한 '마법사'를 뜻하는 tachydactylourgos가 존재한다. 그러므로 그리스어에 기반을 둔 그 세 개의 신조어는 그리스어에서는 신조어가 아니다.

그리스어에서 영어로

영어로 연설을 하면서도 그리스어를 말하기, 그것이 바로 그리스 은행 총재 크세노폰 졸로타스가 1957년 9월 26일과 1959년 10월 2일 두 차례에 걸쳐 재건과 발전을 위한 IMF 총회의 폐막 연설에서 도전하여 성공한 것이었다. 다음은 그가 절묘하게 실행한 화법의 단편으로서, 여기서 그리스어에서 유래한 말이 아닌 것은 문법적 형태들뿐이다.

"It is not my *idiosyncrasy* to be *ironic* or *sarcastic* but my *diagnosis* would be that *politicians* are rather *cryptoplethorists*. Although they *emphatically stigmatize numismatic plethora*, they *energize* it through their *tactics* and *practises*."[71]

"비꼬거나 빈정대는 것이 나의 독특한 버릇은 아니지만, 내 진단은 정치인들이 좀 과도한 위선자라는 것입니다. 비록 그들은 강력하게 인플레이션을 비난하지만 자신들의 전략과 실천을 통해 그것을 북돋우고 있습니다."

독자들은 이탤릭체로 표시된 영어 단어들을 보면서 프랑스어 어형들과 거의 다르지 않고 많은 다른 언어들에서도 나타나는 것들임을 알아차렸을 것이다. 신조어인 cryptoplethorist만이 약간 설명할 가치가 있긴 하지만, 그것도 crypto-('숨긴')와

pléthore('과잉')로 상당히 쉽게 분석된다. 이 단어는 프랑스어에서 '과도한 위선자'라는 의미를 가진 cryptopléthoriste라는 형태로 사용될 수도 있을 것이다.

존재하지 않는 단어들의 사전

정신과와 정신분석학 전문의인 두 그리스 의사들은 그리스어 기반의 신조어 탐구는 훨씬 더 앞으로 나아갈 수 있다는 것을 보여주었다. 그들은 과학과 문학 분야와 일상생활에서 프랑스어 어휘를 체계적인 방식으로 풍부하게 만들 것을 제안하였다. 그들이 만든 《존재하지 않는 단어들의 사전》은 지금까지 존재하지 않은 프랑스어 어형들에 대한 흥미로운 선택 가능성을 제공하고 있다. 저자들에 따르면 그러한 어형들은 유추를 통해 쉽게 이해될 수 있다고 한다.[72] 아닌 게 아니라 bibliophage('책을 먹어치우는 사람')는 이해하는 데에 전혀 어려움이 없을 것이다. 그러나 artophage('빵 먹는 사람')나 éphéméridophage('신문을 먹어치우는 사람')는 이미 그리스어에 대한 일정한 소양을 요구하고 있다.

이러한 소양은 그들의 사전을 하나의 책처럼 읽으면서 얻어지거나 개선될 수 있다. 그 사전에서 '프랑스어와 영어를 잘하는' 사람에 대해 그가 gallomathe 또는 anglomathe라고 말하는 법을 배우게 될 것이며, 그들처럼 glossoplastes('단어 발명가') 또는 onomaturges('이름 창조자')가 될 수 있겠지만 hémimathes('사이비 학자')로 간주될 위험성도 있다. 그래서 philomathe('배우고 싶어하는 사람')라도 외관상 자명한 것으로 보이는 단어들을 조심해야 한다. 'idiographe'한 유언은 어떤 바보에 의해 쓰인 게 아니라[idio-('~에 고유한')가 프랑스어에서 idiot('바보')와 형태가 유사하므로 그런 해석의 가능성을 언급하고 있음] '유언 작성인의 손으로 직접' 쓰였다는 것을 알아야 하고, hystérophémie는 '사후의 명성'을 뜻하는데도 그것을 hystérie('히스테리')의 식자어 단어라고 생각해서는 안된다. 마지막으로, 간결함을 좋아하는 사람들을 위한 예를 들자면 travail secondaire('부차적인 작업')보다 더 짧은 표현으로 parergon이라는 말이 있으며[접두사 para-('~ 옆에)와 고대 그리스어 érgon('작업, 저작물')으로 구성됨], 그리고 '말수가 적은 사람'을 한 단어로 지칭하는 oligologue[oligo-('소수의', 그리스어 oligos에서 유래함) + logos('담론 형태에 관련된', 그리스어 logos에서 유래함)]가 있다.

여행으로 인한 형태의 변화

때로는 어휘의 왕래로 인해 예상치 못한 일이 일어난다. 예를 들면, 사람들은 터키어로부터 그리스어에 '헤이즐넛'을 가리키는 단어가 전해졌다고 생각한다. 그러나 이 단어의 더 이전 기원은 사실 고대 그리스어로 거슬러간다. 고대 그리스어에서는 그 열매를 가리키기 위해 그것이 전래된 곳인 '(외생) 다리의 호두'라는 뜻으로 karyon pontikon이라고 불렀었다. 그것이 터키어 fındık로 된 이후에 pontikon이라는 단어가 phountouki로 되어 알아보기 어려운 모습으로 그리스어에 되돌아왔다.[73]

훨씬 더 기묘한 일은 고대 그리스어 단어 balanos에게 일어났다. 이것은 '도토리'를 가리키던 말로서 myron('향기')과 결합하여 향이 나는 호두의 이름인 myrobalanos가 되었다. 이것이 라틴어로 가서 myrobalanus라는 형태로 되었다가, 그 뒤에 myrobolanus로 되었고, 그 이후에 중세 프랑스어의 myrobolan이 되었다. 그 시대에는 이 말이 치유 효능이 있는 과일들에 대한 이름으로 사용되었다. 이 myrobolan이 이룬 경이로운 일들을 보았기 때문에 민중들의 지혜와 상상력이 그 말을 miraculeux(프, '경이로운'), mirifique(프, '굉장한') 등과 연결시켜서 우리가 프랑스어에서 알고 있는 mirobolant('너무나 거창한')이라는 형용사를 만든 것은 너무나 자연스러운 일이었다. 바로 그 myrobalanos으로부터 mirabelle(프, '자두의 일종')이라는 명칭도 나왔다.[74]

지역별 분화

지금까지 지리적인 차원에서 다양한 용법들에 관한 문제들을 다루지 않은 것은 의도적이었다. 예를 들어, 이탈리아나 프랑스에서는 그러한 문제들이 중요하지만 현대 그리스에서는 더 이상 그만큼의 중요성을 가지고 있지 않기 때문이다. 그렇게 된 이유는 1세기 넘게 지속되고 있는 언어통일 운동으로 인해 그 나라에서 다음 5개의 예외만 빼고 과거 방언들이 거의 완전히 제거되었기 때문이다.

- 차코니아어: 펠레폰네소스 반도의 동부 해안, 나플리오 남쪽 지역의 목동들이 아직도 사용하고 있다. 오랫동안 이 방언은 도리아어의 직계 후손이라고 생각되었지만 그리스계가 아닌, 아마도 소아시아 출신의 종족들이 이주해온 결과일 수도 있다.[75]
- 폰토스 그리스어: 아테네와 피레아스 사이의 교외지역에서 오늘날까지 확인되고 있다. 이 방언은 흑해(고대인들은 폰토스라고 부름)에서 온 이주자들에 의해 1920년 그곳으로 도입되었다. 그들은 오늘날 그리스 곳곳에 산재해 있는데, 특히 북동부와 서부에 많다. 최근에는 구소련의 남부 지역들에서 온 다른 이주자들이 그들과 합류하였다.

나머지 세 방언은 그리스 외부에 존속하고 있다. 그것들은 키프로스섬의 키프로스어,[76] 터키의 카파도키아어, 그리고 이탈리아 남부의 칼라브리아와[77] 풀리아의 그리스어 방언이다.[78]

공동의 유산과 지방 정체성

거의 모든 고대 방언들이 그리스에서 사라졌지만 그렇다고 그것이 나라 전체의 공통 언어인 현대 그리스어가 어떠한 변이도 허용하지 않는다는 것을 의미하지는 않는다.

과거에 분화된 방언들로부터 눈에 띄는 흔적들이 남아서 오늘날의 어법에 어떤 색깔을 입히고 있다. 특히 북부지방과 남부지방 간의 발음상 차이점들은 쉽게 식별할 수 있는 것들이다(구분선이 서쪽에서는 아티카 주 북쪽으로, 그리고 동쪽에서는 키오스섬 북쪽으로 지난다). 예를 들면, 그 선의 남쪽에는 과거의 공통 언어인 코이네의 모음들이 더 잘 유지되고 있는 것이 확인되는 반면에,[79] 북부지방의 사람들은 비강세모음인 /e/와 /o/를 각각 /i/와 /u/로 대체하는 사람들과 그 비강세모음들을 전혀 발음하지 않는 사람들로 나누어진다.[80]

그와 달리, 의문대명사 ti 또는 inta('무엇')의 사용과 같은 문법적 기준들을 근거로 삼는다면, 다른 방식으로 구분될 수 있다. 즉, 북부지방과 남부지방이 아니라 대륙

쪽 그리스와 섬 지역 그리스로 구분될 수 있다.[81]

그렇지만 발음이나 문법과 어휘에서 나타나는 이러한 분명한 차이점들이 있음에도 불구하고 모든 방언학자는 바로 위에서 언급한 예외들 이외에는 그리스어 방언들이 더 이상 존재하지 않는다는 점에 대해 의견이 일치되고 있다. 오늘날의 공통어는 어느 중요한 남부의 유산으로부터 만들어졌지만 수 세기가 지나가는 동안에 많은 지역적 특성들도 풍부하게 흡수하였다.[82]

이러한 사실은 코이네 생성의 역사 자체로 설명된다. 위에서 보았듯이 유럽의 다른 국가들과 달리 공통 그리스어는 어떤 유일한 전파 중심지로부터 형성되지 않았다. 아테네가 담당하던 정치적 역할은 지속 기간이 짧았고 비잔티움이 동로마 제국의 수도로 정해지기도 전에 중단되었다. 그 다음에는 비잔티움이 수 세기 동안 지적 활동의 중심지였기 때문에 당시 그리스어는 주로 그리스 밖에서 매우 다양한 기여들을 받아들이면서 발달하였다.

아마도 언어의 근원이 이처럼 다양하다는 점 때문에 화자들이 때로는 자신들의 어법에서 지역어 형태, 공통어 형태 그리고 식자어 형태 등을 분간하는 데 어려움을 겪는 것 같다.

지금 진행 중인 어떤 조사 프로젝트에서 공통적 어법들 및 이탈적 어법들에 대한 일차적 조사가 있었다. 거기에서 학교 생활이나 현대적 삶과 관련된 모든 것, 그리고 많은 일상적인 동사들과 수 형용사들은 모든 사람에 의해 완전히 일률적인 방식으로 표현된다는 것이 확인되었다. 달, 해, 눈, 사과, 종이, 생선, 어부, 마음, 비 등도 마찬가지이다. 반대로 개구리, 달팽이, 도마뱀, 암퇘지, 수탉, 해바라기, 먼지 그리고 또한 할머니를 지칭할 때는 지역에 따라 다른 단어들이 발견되었다.[83] 그러나 이 목록은 전체의 작은 부분일 뿐이고 수집된 전체 자료가 더 널리 알려져서 어휘의 변화 경향들을 나타내는 결과들을 체계적으로 활용할 수 있게 되기를 바란다.

Mirabeau가 Mirampo가 된다

음운론적 차원에서 오늘날 발음들의 변화 과정에 대해 몇 가지 설명을 제시할 수 있다. 이러한 설명들은 비록 좀 전문적이긴 하지만 비전문가에게도 접근 가능하다. 왜냐하면 비전문가가 현대 그리스어를 알지 못한다 해도 그 언어의 일부 특성들을 이해할 방법은 있기 때문이다. 그리스어로 차용어나 고유 명사들을 쓰는 방식을 관찰하면 된다.

[b], [d], [g]를 예로 들어보자. 그것들은 프랑스어에서 bière('맥주')라는 단어와 고유 명사인 Dior('디오르'), Galilée('갈릴레이')의 첫 글자나, [b]의 경우 고유 명사 Mirabeau('미라보') 안에 나타나는 자음이다. 그것들을 그리스어로 옮겨적은 글에서는 등가적 표기인 베타, 델타, 감마가 나타날 것으로 생각하기 쉽다. 그런데 그리스어 텍스트에서 프랑스어 자음 b, d, g에 상응하는 것은 mp, nt, gk에 해당하는 자음 연속들의 그리스어 표기이다. 그래서 bière, Dior, Galilée, Mirabeau의 그리스어의 등가적 표기는 각각 mpira, Ntior, Gkalile, Mirampo가 되며, 마찬가지로 Mac Donald는 Mak Ntonalnt가 된다.

이러한 표기상의 기묘함이 프랑스인, 이탈리아인, 영국인 등을 놀라게 하거나 심지어 웃게 만들 수도 있지만, 이것은 그리스어와 옮겨적는 대상이 되는 언어 사이의 발음 체계 차이를 문자 차원에서 반영한 것에 지나지 않는다. 문자어에서 이렇게 복잡해지는 것을 이해하기 위해서는 그리스어 자음 베타, 델타, 감마가 프랑스어 [b], [d], [g]이 아니라, [v], [δ](영어 관사 the의 th), [ɣ](혀의 뒷부분으로 조음되는 매우 약한 자음[혀가 연구개 쪽으로 접근하면서 발음되는 마찰음으로 /g/보다 약한 발음이다]) 처럼 발음된다는 것을 알아야 한다. 그래서 그리스인들은 외국어 단어에서 [b], [d], [g] 유형의 자음들을 표시할 때 그리스어의 다른 단어들에서 존재하면서 실제로 [b], [d], [g]로 발음되는, mp, nt, gk에 해당하는 이중 글자 표기를 사용하는 것이다.

어법의 다양성

지금까지 위의 전문적인 설명에 대한 알레르기 반응으로 인해 페이지를 아직 넘겨버리지 않은 비전문가라면 외국어 단어들의 그리스어 표기를 정당화해주는 논증을 따라올 수 있었을 것이다. 이제 그 비전문가에게는 문제의 가장 흥미로운 점, 즉 글 형태들이 아니라 그 형태들에 대한 그리스인들의 발음에 관련되는 점을 알아볼 일이 남았다.

현대 그리스어 공동체에서는 두 모음 사이의 자음 그룹에 대한 발음이 개인에 따라 다르다. 이미 언급한 Mirabeau에 대하여는 [mirabo]만큼 [mirambo]도 들을 수 있고 때로는 표기법에 맞춘 [mirampo]도 들을 수 있다. 이는 어법이 아직 확정되지 않았음을 뜻한다. 게다가 일부 사람들에게는 m이나 n으로 시작하는 변이음, 즉 [mb], [mp]는 식자어 어휘에서만 나타나고 단순 변이음, 즉 [b]는 대중어 어휘에 한정된다[다소 다르게 실현되는 발음들이 사용되어도 단어의 의미에 변화가 없는 경우에 그 발음들을 변이음이라고 하며 여기서는 [b], [mb], [mp] 중 어느 것이 실현되어도 결국 동일한 단어인 Mirabeau를 가리킨다는 점에서 그것들을 변이음이라고 지칭하고 있다]. 또한 크레타섬, 키클라데스 제도나 레스보스섬의 주민들처럼 거의 언제나 ([mb]나 [mp]와 같이) 비음으로 시작하는 변이음으로 발음하는 사람들도 있다.[84]

이처럼 일치하지 않는 발음들이 있다는 사실은 어떤 변화 과정이 현재 진행 중임을 보여주는 것이다.[85] 그 변화에는 여러 조건들이 복잡하게 얽혀 있으며 나이, 교육 수준, 출신 지역 등 많은 요인들이 개입되고 있다.[86] 50세 이상에게 매우 뚜렷한 현상인 비음으로 시작하는 발음 방식은 오늘날 젊은 세대에서는 — 특히 아테네에서는 — 점점 사라지는 경향이 있다. 이러한 관찰들에 대해 국가에서 대규모 조사들을 통해 확인할 수 있어야 할 것이다. 그러한 방향으로 진행된 연구 프로젝트가 1980년대 말에 살로니크에서 발표된 적이 있다.[87] 지금 준비 중인 다른 프로젝트들이 변화의 방향과 양태를 밝혀줄 수 있을 것이다.[88]

세계 속의 그리스어

키프로스, **이탈리아**(칼라브리아와 풀리아), **코르시카**(카르제즈), **구소련**(크림반도와 아조프 해), **알바니아**(남부), **이집트**, **터키**(이스탄불과 아나톨리아)에서 사용되고 있다.

최근 이주 국가: **미국**, **호주**, **브라질**, **독일**.

제3부

켈트 어파

제3부
켈트 어파

켈트어들의 위축

오늘날 광대한 지역에 퍼져있는 이웃의 로망스 어파나 게르만 어파와 비교하면 켈트 어파는 가장 후미진 구석, 즉 서유럽의 끝자락에 유배된 냉대받는 대상처럼 보인다. 그러므로 기원전 제3 밀레니엄 중엽에 켈트족이 유럽 대륙의 3분의 2를 점령하고 있었고, 또한 두 세기 동안 그들이 유럽에서 가장 위대한 종족이었다는 것을 상상하기 힘들다.[89] 그들의 지배권 밖에 남아 있던 곳은 북쪽 끝과 남쪽 끝뿐이었다. 심지어 그들은 발칸 반도를 넘어서 소아시아에 이르기도 했었다.

그들 문명의 발상지는 중부 유럽, 오늘날 보헤미아와 독일 바이에른 주에 해당하는 지역에 있었으며 그들이 그곳에서 3000여 년 전에 거주한 것이 입증되었다.[90] 기원전 제1 밀레니엄 중엽까지는, 즉 '철기 시대'의 전반기(오스트리아의 할슈타트)에는 그들의 지배권의 범위에 대한 상세한 자료가 거의 없다. 그러나 라텐(스위스) 시기라고도 불리는 기원전 6세기부터 로마에 의한 정복[율리우스 카이사르가 갈리아를 정복한 기원전 50년 무렵을 가리킴]까지의 철기 시대 후반기에는 기원전 5세기 말 무렵에 그들이 이미 서쪽과 북해 쪽으로 이동하였다는 것이 알려져 있다.[91]

기원전 4세기 초에 그들은 이탈리아로 들어갔고, 그리고 다뉴브강을 따라 동쪽으로 나아간 다음, 기원전 300년 무렵에 최대 확장기에 도달하였다. 갈리아 나르보넨시스[현재의 프랑스 남부지역에 해당함]의 켈트족과 같은 부류에 속하는 갈라디아족은 소아시아까지 진출하여 현 터키의 일부분에 해당하는 지역을 점령하였다.

그러나 그들이 확장하던 시기가 지나가고 켈트족의 공간은 다른 종족들의 압박을 받으며 줄어들게 되었다. 오직 서쪽에서만 더 오래 저항하게 되지만 나중에는 결국 로마의 팽창에 따른 결과를 받아들일 수 밖에 없었다. 아래의 두 지도는 2000년 이상의 간격이 있는 두 상황의 대조를 뚜렷하게 보여준다(아래의 두 지도 '기원전 300년 무렵 켈트족의 유럽'과 '오늘날 유럽의 켈트어들' 참조).

기원전 300년 무렵 켈트족의 유럽

켈트족은 처음에 중부 유럽, 보헤미아와 바이에른 주 사이에서 기원전 첫째와 둘째 밀레니엄 동안에 머물러 있다가 점진적으로 비스와강에서 흑해로 이어지는 선의 서쪽에 있는 유럽의 절반을 차지하였다. 그들은 확장을 지속하면서 유럽 밖, 오늘날 터키 중부에 있는 소아시아에 정착하기까지 하였다. 그들은 브르타뉴족, 갈리아족, 켈티베리아족, 갈라디아족 등 상이한 이름들로 알려져 있다.[92]

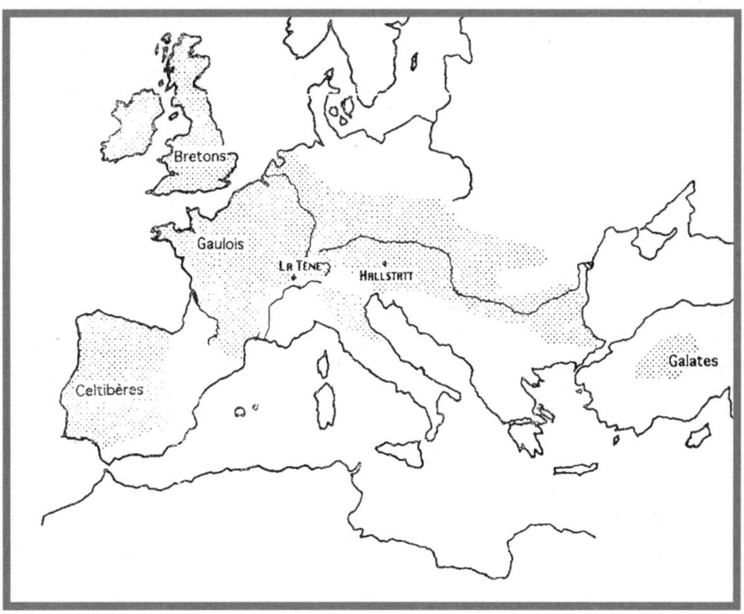

Bretons 브르타뉴족 Gaulois 갈리아족 La Tène 라텐(스위스) Hallstatt 할슈타트(오스트리아) Celtibères 켈티베리아족 Galates 갈라디아족

오늘날 유럽의 켈트어들

수 세기에 걸쳐 유럽의 서쪽 끝 지역들로 쫓겨났지만 켈트어들은 아직 아일랜드, 맨섬(l'île de Man), 스코틀랜드, 웨일스, 콘월 그리고 브르타뉴에서 사용되고 있다. 스페인에서 켈트족이 정착한 지는 매우 오래되었고(기원전 첫 밀레니엄) 켈트어가 서기 7세기까지 갈리시아에서 유지되었지만, 그 나라에서는 어떠한 켈트어도 생존하지 못했다.[93] 아일랜드에서는 전 국민이 게일어를 배우지만 아래 지도에서 검은색으로 표시된 지역에서만 그 언어가 일상적으로 사용된다.

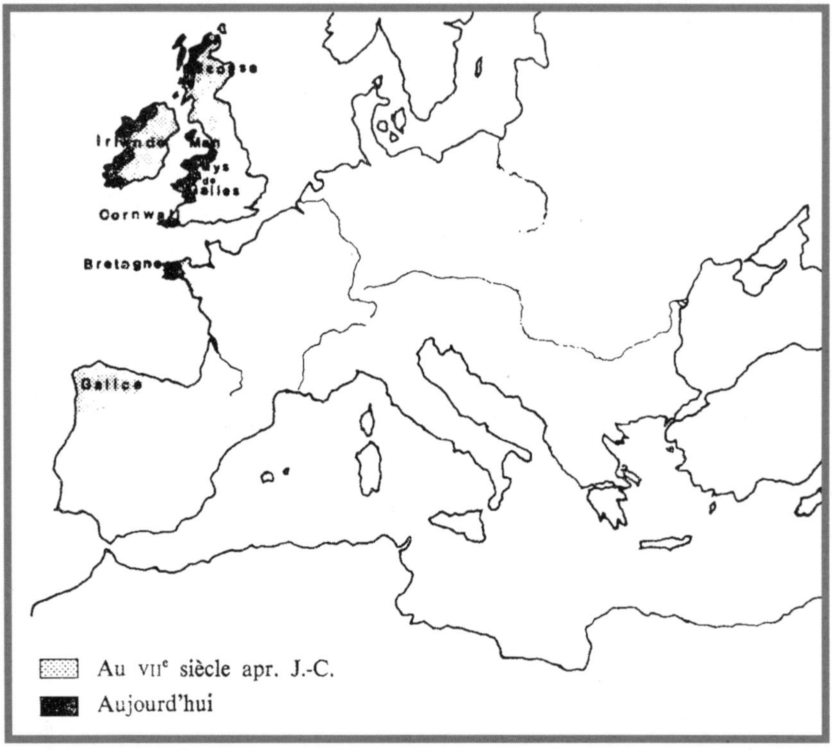

Au VIIe siècle apr. J.−C. 서기 7세기에 Aujourd'hui 오늘날 Bretagne 브르타뉴 Cornwall 콘월 Écosse 스코틀랜드 Galice 갈리시아 Irlande 아일랜드 Man 맨섬 Pays de Galles 웨일스 지방

켈트족의 세계

비록 고대에 그 어떤 켈트족 왕국이 결성되었다고 추정하게 만드는 자료는 전혀 없지만 켈트어 변이체들을 사용하던 종족들이 유럽의 대부분 지역에서 오랫동안 나란히 살았다고 생각할 근거는 충분히 있다. 왜냐하면 그들은 수많은 유적들 외에도

수만 개의 지명을 남김으로써 그들이 그 지역에서 오래 거주했다는 증거를 오늘날까지도 제공해 주고 있기 때문이다.

현재의 지명들 형태는 매우 변질된 것이므로 불행히도 거기서 본래의 켈트어 단어들을 알아보는 것은 어려움이 있다. 그러나 지명에서 가장 많이 찾아내는 켈트어 단어들의 뜻에 관한 정보들을 통해 그들 세계의 근간이 되는 것들을 알아낼 수 있다. 그들의 세계에서는 방어를 위한 장소 또는 종교적 장소의 이름들이 지배적이며 자연이 중요한 위치를 차지하고 있다.

방어를 위한 장소

briga '높은 곳, 요새', durum '요새, 마을', dunum '높은 요새, 구릉', rate '요새화된 장소'.

종교적 장소

nemeton '성소, 종교적 장소', lanum '평원, 신성한 숲 속의 빈 터'.

통행 장소

briva '다리', rito '(냇물의) 걸어서 건너는 곳'.

집합 장소

–ialo '노출된 공간, 숲 속의 빈 터', magos '들판, 시장', bona '설립, 도시(대개의 경우 물가에 있는)'.

나무와 숲

ardenna '숲', salice '버드나무', cetum '숲', cassano, dervo '참나무', jura '숲이 우거진 산', eburo '주목', verno '오리나무'.

물

dubro, lindo, esca, vara '물', abona '강', reno, rino '샘', onna '하천', condate '합류점', ambe '냇물, 강', more '바다'.

동물

artos, matu '곰', epo '말', banvo '돼지', gabro '염소', beber, bebros '비버'.

역사는 지명에서도 읽혀질 수 있다

유럽 지도에서 켈트어에 기원을 둔 지명들의 분포를 주의깊게 검토하면 오래전에 그 장소들을 누가 차지하고 있었는지, 그리고 시간의 흐름 속에서 사람들이 어떤 활동들을 이어갔는지에 대하여 몇 가지 가설을 설정할 수 있다. 예를 들면, 오늘날 독일 남부와 스위스에 해당하는 곳에 가장 많은 수의 켈트어 기원의 강이름이 집중되어 있다는 것이 확인되어 있다. 그런데 하천명들은 일반적으로 가장 오래된 증거이므로 그 지역들은 켈트족이 갈리아로 이주하기 전 그들의 본래 거주 지역이었을 것이라는 가설이 힘을 얻게 된다. 갈리아에서는 이와 반대로 강이름들 대다수가 켈트어 이전 언어로 되어 있다('프랑스어를 중심으로' 챕터의 272쪽 지도 '켈트족 이전 하천명과 켈트어식 하천명' 참조).[94]

또한 '요새'를 의미하는 -durum, -dunum으로 이루어진 합성어들은 특히 독일 남부에서 프랑스 중앙 산지의 북쪽까지 많이 나타난다는 점이 주목된다. 반면에 '숲 속의 빈 터'를 가리키는 -italo로 된 합성어들은 그 지역들에는 없고, 보르도와 몽펠리에까지 포함하여 거의 오늘날 프랑스 중부 지역 전체를 덮고 있으며, 파리 지역에서는 특별히 높은 밀도를 보인다. 이는 군사적 방어가 가장 중요하여 도시들을 요새화했던 시대 이후에 최초의 개간 중심지들의 시대가 도래했다는 것을 보여준다.[95]

마지막으로, 특히 갈리아에서는 -magos로 된 이름들이 발견되는데 그것들은 방어를 위한 장소가 아니라 시장들을 가리킨다. 이것은 전쟁의 시대 다음에 평화로운 상업적 교역의 시대가 정착되고 있었음을 뜻한다.[96] 프랑스 중부 지역에서 이루어진 최근의 발굴(1986)로 인해 아르장통쉬르크뢰즈(Argenton-sur-Creuse)에서 몇 킬로 떨어진 곳에 있는 아르겐토마구스(Argentomagus)라는 갈로로망[로마 지배하의 갈리아] 유적의 중요성이 부각되었다. 아르겐토마구스는 비튀리주족[프랑스 베리 지역에 살던 켈트족]의 수도인 아바리쿰(Acaricum, 오늘날 부르주)에 비하면 다소 작은 인구밀집지역이었지만 알레지아 함락[기원전 1세기 중엽 로마의 갈리아 정복을 상징하는 사건] 이후 서기력으로 첫 200년 동안 갈로로망인들에게 일종의 제2 수도였던 것으로 보인다. 도시가 불탄 3세기 말까지 아르겐토마구스는 장터로서 주로 론강 유역 전 지역을 상대로 한 활발한 교역의 중심지였던 것 같다. 이 지역에서 출토된 다량의 화폐가 그 사실을 입증하고 있다.[97]

리옹, 빈, 밀라노, 요크는 켈트어 이름들이다

오늘날 지명이 첫 눈에 알아볼 만큼 충분하게 명확한 경우는 드물지만, 우리는 특히 라틴어 문필가들 덕분에 리옹(Lyon)이라는 도시명의 옛 형태가 Lugdunum('Lug 신의 요새')이었고 유럽에 26개의 다른 Lugdunum이 존재한다는 것을 알고 있다.[98]

밀라노(이탈리아)는 기원전 396년에 건설된 도시로서,[99] 알려진 Mediolanum 중 가장 오래된 곳이라는 것과(Mediolanum에서 medio는 '가운데에'를, 그리고 lanum은 '평원'을, 나중에는 '신성한 숲 속의 빈 터'를 가리킨다) 유럽에는 바로 그 Mediolanum에 기원을 둔 54개의 다른 지명들이 존재한다는 것도 알려져 있다. 이 이름은 프랑스에 많으며(예를 들면, 묄랑(Meulan), 메이앙(Meillant)), 영국, 독일 그리고 세르비아에서도 발견된다.[100]

주목(갈리아어로 eburo)도 켈트족에게 성스러운 나무였기 때문에 지명에서 매우 광범위하게 사용되었다. 이 켈트어 단어는 다양한 지역 발음과 추가된 접미사에 따라 다른 어형들을 가지게 되었다. Eburacum은 영국에서 요크(York)로, 프랑스에서는 에브뢰(Évreux)와 앙브룅(Embrun)으로, 그리고 포르투갈에서는 에보라(Évora)로 되었다. 스위스에는 이베르동(Yverdon)이라는 지명이 있다. 그 형태는 Eburacum이 아니라 Eburodunum('주목 요새')에 기원을 두고 있는데, Eburodunum에서는 마지막에서 두 번째 음절에 강세가 주어지므로 그 음절이 -don이라는 형태로 유지될 수 있었다.

아래 상자 글의 소사전은 지명에 포함된 켈트어 단어들로 어휘 표본을 구성하고 그 맞은 편에 지명을 명시한 것으로서 그것을 훑어보면 유럽 땅에 켈트어 흔적이 풍부함을 인정할 수 있을 것이다. 그렇게 하면 우리가 흔히 명확한 의미를 가질 것으로 짐작하지 못한 채 듣게 되는 지명들의 숨은 의미와 친숙해질 것이다. 예를 들면, 빈(Vienne)은 '흰 도시'(vindobona), 그리고 베로나(Vérona)는 '오리나무'(vernomago)라는 의미이다(아래 상자 글 '켈트어 소사전' 참조).

켈트어 소사전

켈트어 어형들은 일반적으로 어간의 형태 또는 (갈리아어 어형인 duno, duro, rito가 아닌) dunum, durum, ritum 등과 같이 나중에 자료에 표기된 라틴어 형태로 인용된다. 이 어휘 목록을 설명하기 위해 주어진 예들은 모두 지명이다. 어떤 경우에는 음성적 변화 과정에 의해 많은 음절들이 사라졌기 때문에 옛날 어형이 드러나지 않는다. 예: Autesiodurum이 Auxerre로, Iciodurum이 Issoire로, Bricciodurum이 Bressuire로, 그리고 Nemetodurum이 Nanterre로 변함. [아래 지명들은 원문대로 모두 프랑스어로 표기하고 한국어 표기를 병기함]

ambe– '강'. 예: Amboise(앙부아즈), Amiens(아미엥)(이상 프랑스).

ande– 확대를 나타내는 접두사. 예: Angers(앙제, 프랑스).

avallo– '사과'. 예: Avallon(아발롱, 프랑스)

beal– '하구(河口)' 예: Belfast(벨파스트, 아일랜드).

–bona '건설, 도시'. 예: Lillebonne(릴본, 프랑스), Bologne(볼로냐, 이탈리아), Bonn(본, 독일).

Borvo '온천의 신'. 예: Bourbon–l'Archambault(부르봉라르샹보), La Bourboule(라부르불)(이상 프랑스).

briga '고지, 요새'. 예: Brest(브레스트), Briançon(브리앙송)(이상 프랑스), Bragance(브라간사), Coimbra(코임브라)(이상 포르투갈), Bregenz(브레겐츠, 오스트리아).

briva '다리'. 예: Brive(브리브, 프랑스).

cambo– '하천의 굽이'. 예: Chambéry(샹베리), Chambord(샹보르)(이상 프랑스), Cambridge(케임브리지, 영국).

condate '합류점'. 예: Condé(콩데), Cosne(콘느)(이상 프랑스).

cumba '계곡'. 예: Come(코모, 이탈리아).

dubi– '검은, 어두운'. 예: Doubs(두, 프랑스), Dublin(더블린, 아일랜드).

dubron '흐르는 물'. 예: Douvres(도버, 영국).

–dunum '높은 요새, 고지대'. 예: Autun(오툉), Dinard(디나르), Issoudun(이수됭), Laon(랑), Loudun(루됭), Lyon(리옹), Melun(믈룅), Meudon(뫼동), Verdun(베르됭)(이상 프랑스), Down(다운, 아일랜드), Dundee(던디, 영국), Leyde(레이던, 네덜란드), Zarten(자르텐, 독일), Liegnitz(리그니츠, 실레지아).

–durum '요새, 마을'. 예: Auxerre(오세르), Bressuire(브레쉬르), Issoire(이수아르), Évreux(에브뢰), Nanterre(낭레르)(이상 프랑스)

eburo– '주목(신성한 나무)'. 예: Embrun(앙브룅), Évreux(에브뢰), Ivry(이브리)(이상 프랑스), York(영국), Ypres(이퍼르, 벨기에), Yverdon(이베르동, 스위스)

–ialo '숲 속의 빈 터, 마을'. 예: Argenteuil(아르장퇴유), Auteuil(오퇴유), Creil(크레

이), Créteil(크레테유)(이상 프랑스)

-lano	'평원, 신성한 숲 속의 빈 터'. 예: Meillant(메이앙), Meulan(묄랑)(이상 프랑스), Milan(밀라노, 이탈리아)
-late	'편평한 땅, 늪지'. 예: Arles(아를, 프랑스)
-lindo	'물, 연못'. 예: Dublin(더블린, 아일랜드)
magos	'평원, 시장'. 예: Gien(지앙), Meung(묑), Noyon(누아용), Rouen(루앙)(이상 프랑스), Nimègue(네이메헨, 네덜란드)
nanto-	'골짜기'. 예: Dinan(디낭), Nantes(낭트), Nantua(낭튀아)(이상 프랑스)
nemeto-	'성소, 성스러운 숲'. 예: Nanterre(낭테르, 프랑스)
petro-	'4'. 예: Périgueux(페리괴, 프랑스)
-rate	'성벽'. 예: Argentré(아르장트레), Carpentras(카르팡트라), Tonnerre(토네르)(이상 프랑스)
-ritum	'냇가의 걸어서 건너는 곳'. 예: Chambord(샹보르), Niort(니오르)(이상 프랑스)
senon-	'오래된'. 예: Sens(상스, 프랑스)
verno-	'오리나무'. 예: Vernon(베르농, 프랑스), Vérone(베로나, 이탈리아)
vindo-	'흰'. 예: Guingamp(갱강), Vendôme(방돔)(이상 프랑스), Vienne(빈, 오스트리아)

이제부터는 공부가 잘 되었으므로 아래 상자 글의 '답을 찾으시오'에서 제기된 질문에 대한 답을 찾아 보면서 즐길 수 있을 것이다.

휴식 시간

답을 찾으시오

I. 다음 6개 지명 중에서 오직 하나는 켈트어에 기원을 두지 않는다. 어느 것인가?

1. Belfast(아일랜드)
2. Brive(프랑스)
3. Chester(영국)
4. Coimbra(포르투갈)
5. Vérone(이탈리아)
6. Yverdon(스위스)

II. 다음 6개 지명 중에서 하나만이 켈트어에 기원을 두고 있다. 어느 것인가?

1. Tarascon
2. Gibralta
3. Munich
4. Naples
5. Paris
6. Rugby

III. 나머지 이름들의 어원은 무엇인가? (모든 챕터를 다 읽은 후에 이 챕터로 돌아올 수 있는, 지명에 열정을 가진 사람들만을 위한 질문.)

정답: I: 3 - II: 5 - III: 1. 리구리아어 어원('프랑스어를 중심으로' 챕터 참조), 2. 아랍어 어원('스페인어를 중심으로' 챕터 참조), 3. 그리스어-라틴어 어원(제5부 '게르만 어파', I 분화 이전의 '라틴어의 유산' 부분 참조), 4. 그리스어 어원(제2부 '그리스어' 참조), 5. 켈트어 어원(77쪽 '켈트어 확장의 두 물결' 부분 참조), 6. 스칸디나비아어 어원('영어를 중심으로' 챕터 참조).

거의 글을 쓰지 않았던 재능 있는 달변가들

지명에 남겨진 흔적들 외에는 고대 켈트족의 언어는 잘 알려지지 않았다. 왜냐하면 그들은 글을 경계하였고 중요하지 않은 것만 글로 적었다. 그러한 이유로 그들의 종교와 드루이드승들의 모든 지식, 음유 시인의 긴 서사시들과 그들 조상들의 공적 이야기들이 오로지 구전으로 전해졌다. 율리우스 카이사르에 따르면, 종교적 금기사항으로 인해 글로 보관하는 것이 금지되었기 때문에 일부 예비 드루이드승들은 20세까지 학교에 다니면서 수만 개의 종교적 주문을 암기하기도 했다고 한다.[101]

그럼에도 불구하고 고대 켈트족의 기록 흔적들이 존재한다. 동전이나 상인의 회계 장부에 있는 기원적 새김글이나 표어들 및 조금 더 내용이 많은 글인 콜리니의 달력(앵 도) 등이다. 그러나 갈리아에서 발견되었건 브리튼 제도에서 발견되었건 간에 이러한 글들은 매우 짧고 항상 하잖은 내용이다. 그것들은 대개 로마자로 작성되었고 간혹 그리스 문자로(알프스 건너편 갈리아[이탈리아인의 관점에서 보는 알프스 건너편이므로 오늘날 프랑스 쪽의 갈리아를 말함]의 남부에서), 또는 에트루리아 문자로(이탈리아 북부, 알프스 이편 갈리아에서) 작성되기도 하였다.

더 기이한 것은 몇백 개의 순수한 켈트어 새김글은 오감 문자라는 신비한 이름을 가진 완전히 독창적인 표기법으로 새겨져 있다는 것이다.

수수께끼 같은 오감 문자

그 새김글들은 연대를 추정하기 어렵지만 대부분 기원전 5세기까지 거슬러 올라가는 것으로 보이며, 브리튼 제도에서만 발견되었다.[102] 웨일스 지방에서 발견되었던 것들은 특별히 흥미롭다. 그 글들은 로마자로 된 라틴어 번역이 동반되어 있어서 해독될 수 있었다. 그것들은 모두 돌이나 나무에 새겨진 주술적 성격의 짧은 장례용 글들로서 드루이드승들만이 그것들을 해석할 수 있었다.[103]

기본 알파벳은 아마도 수 세기 이전에 발명되었던 것으로 보이는데 돌들의 모서리에 만든 홈들로 구성되었다.[104] 모서리의 오른쪽 면을 사용하는지 왼쪽 면을 사용하는지, 아니면 두 면을 모두 사용하는지를 구별하고, 하나에서 다섯 개의 홈을 파서 이 알파벳의 15개 자음을 나타내었다. 반면에 5개의 모음들은 모서리 자체에 훨씬 더 작은 홈들로 표시되었다(아래의 상자 글 '켈트족도 자신들의 문자를 가지고 있었다' 참조).

켈트족도 자신들의 문자를 가지고 있었다

오감 문자라고 하는 어떤 특별한 문자로 작성된 약 360개의 켈트어 새김글이 돌덩이 모서리에 새겨진 상태로 브리튼 제도에서 발견되었다. 자음들은 한 면에서, 또는 양면으로 이어지면서, 모서리와 직각으로 교차하거나 간혹 비스듬하게 교차하는 긴 홈들로 표시되어 있다. 모서리 자체에 있는 더 작은 홈들은 이 알파벳의 5개 모음들을 나타낸다.[105]

눈에 띄는 점은 고대 켈트어에서는 필요가 없었던 글자 P가 없다는 것과 N 및 G와 구별되는 Ng를 나타내는 특별한 기호가 존재한다는 것이다.

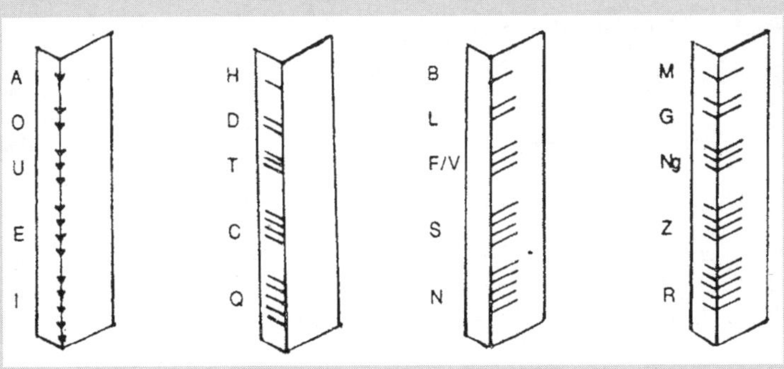

이처럼 비경제적인 방법으로는 아주 짧은 문장 하나를 쓰기 위해서 수 톤의 돌이 필요했을 것이다. 이 알파벳이 왜 짧은 장례용 새김글에만 사용되었는지 이해할 수 있을 것이다.

이 새김글들은 일반적으로 inigena('~의 딸') 또는 그것보다도 더 흔히 maqqi나 maqi('~의 아들')가 뒤에 오는 고유 명사이다. 이처럼 글들이 짧음에도 불구하고 오감 문자 글들을 해독하면 얻는 것이 있다. 무엇보다 해독을 통해서 그 정보를 아일랜드나 스코틀랜드에서 매우 흔한 Mac으로 시작하는 가족명과 연결시킬 수 있다. 글자가 새겨진 돌들은 2세기 이상의 기간에 걸쳐 분산되어 있으므로 거기서 언어의 음성적 변화 과정을 추적할 수도 있다. 같은 단어라도 오래된 묘비에서는 덜 오래된 묘비에서보다 형태가 훨씬 더 길다. 따라서 그 동안에 언어의 마지막 음절들이 없어졌다는 것을 알 수 있다.[106]

이 알파벳은 아마 비밀스러운 목적으로 사용되었던 것 같으며, 서기 7세기에 버려졌고 결국 초기 켈트어 원전들은 오로지 로마 문자로만 작성되었다.[107]

켈트어의 특수성

다른 인도-유럽어들 중에서 고대 켈트어를 구별할 수 있게 해주는 것은 특히 오감 문자에서 확인할 수 있듯이 본래의 인도-유럽어 어휘에 들어 있는 자음 /p/가 없다는 사실이다.

오늘날에도 아직 사용되고 있는 일부 지명들은 그러한 특성을 확인할 수 있게 해준다. 그리스어에서는 '~ 앞에, ~ 곁에'를 뜻하는 전치사가 첫 글자가 /p/인 para인데 고대 켈트어에서는 /p/가 없는 are로 표현된다. Armorique = are-moricum('바다에 가까운 (지방)')에서 그 전치사를 알아볼 수 있다. /p/의 부재는 Arles의 옛날 형태인 Arelate('평원에 가까운 (도시)')에서도 확인되는데, 거기서 are는 그리스어 para에, 그리고 late는 '평평한 것, 펼쳐진 것'을 나타내는 인도-유럽어 어근 pla-에 해당한다.[108]

-rito(또는 rito의 라틴어화한 형태인 -ritum)로 이루어져 있는 수많은 켈트어 지명들을 살펴볼 때도 역시 첫 글자 /p/의 부재를 상기해야 한다. '냇가의 걸어서 건너는 곳'을 뜻하는 이 단어의 라틴어 상응어는 /p/가 있는 portus로서 처음에는 '통로'를, 나중에는 '항구'를 의미하였다. 오드(Aude) 도에 있는 Niort의 옛날 형태는 Anderitum이다. ande는 의미를 강화하는 요소이고 ritum은 '냇가에서 걸어서 건너는 곳'이므로 결국 이 형태는 '규모가 큰 걸어서 건너는 곳'을 의미한다. 반면에 되 세브르(Deux-Sèvres) 도에 있는 Niort의 옛날 형태는 Novioritum('새로운 걸어서 건너는 곳')인 것 같다. 이와 유사하게 Chambord(루아르에셰르 도)는 'cambo+rito'('굽이치는 곳의 걸어서 건너는 곳')에서 유래하였다. 그 동일한 rito가 리모주(Limoges)의 옛 이름인 Augustoritum('아우구스투스 황제의 걸어서 건너는 곳')에서는 그것이 라틴화

한 형태인 ritum으로 나타난다(아래 상자 글 '공통 켈트어는 /p/가 없는 언어이다' 참조).[110]

공통 켈트어는 /p/가 없는 언어이다

몇몇 인도-유럽어들의 음성적 변화 과정의 결과들을 비교하면, **라틴어**에서 /p/가 나타나고 **게르만어**들에서 /f/가 나타나는 위치에 **고대 켈트어**에서는 아무것도 없다는 것을 확인하게 된다.

라틴어: /p/	게르만어: /f/	켈트어: (없음)
pater '아버지'	영어 father '아버지'	고 아일랜드어 athir '아버지'
portus '통로'	영어 *ford '걸어서 건너는 곳' [*는 입증되지 않았지만 추정으로 복원된 형태를 뜻한다]	갈리아어 rito '걸어서 건너는 곳'
pellis '피부'	영어 film '막' (접미사가 부가됨)[109]	고 아일랜드어 lethar '피부'

아일랜드어에는 이러한 고대 켈트어적 특성의 흔적이 보존되어 있다. 즉, 다음 단어들의 첫 글자에 /p/가 없다: iasc(프, poisson, '물고기'), athair(프, père, '아버지'), lán(프, plein, '가득').

브르타뉴어와 웨일스어에서는 /k^w/의 변화 과정에서 /p/가 생겼다.

/q/가 사용되는 켈트어와 /p/가 사용되는 켈트어

사실은 사안이 그렇게 단순하지는 않다. 왜냐하면 고대 공통 켈트어에서 분기된 변이체들을 관찰해 보면 동일한 단어에 대해 동일한 첫 자음이 나타나지 않는다는 것을 확인할 수 있기 때문이다. 프랑스어 quatre('4')가 현대 아일랜드어에서는 (/p/ 없이) ceathair로 되지만 웨일스어의 상응하는 어형(pedwar)이나 브르타뉴어의 상응하는 어형(pevar)은 /p/로 시작한다. 이러한 상응 관계는 많은 다른 단어들에서도 확인된다. 프랑스어 cinq('5')는 아일랜드어에서 cúig이지만 웨일스어에서는 pump, 브르타뉴어에서는 pemp이다. 갈리아어 petro-('4')에도 동일한 /p/가 나타나는데, 그 단어는 Petrocorii('네 개의 군대')에서 유래한 페리고르(Périgord, 프랑스의 도르도뉴도에 해당하는 옛 지방 이름)나 페리괴(Périgueux, 페리고르 지방의 중심 도시)에 들어 있는 것으로 추측된다. 요컨대 오늘날 /p/가 사용되는 켈트어(웨일스어, 브르타뉴어, 콘월어)도 있고, (아일랜드어에서 c로 표기하는) /q/가 사용되는 켈트어도 있다.

이러한 상응 관계에 대하여 비교 문법 및 언어 재구성 분야의 전문가들은 인도-유럽어에 /k^w/ 발음이 있었을 것으로 추정하였는데, 그 추정에는 위에서 언급한 단어들에 대하여 라틴어가 quattuor(프, quatre '4'), quinque(프, cinq '5')와 같이 /k^w/ 발음을 가지고 있었던 점이 감안되었다.[111] 바로 그 /k^w/가 한편에서는 /k/로 다른 한편에서는 /p/로 변화한 것이다.

성 패트릭, 아일랜드인들의 수호성인

성 패트릭(Saint Patrick)의 소설적인 이야기는 잘 알려져 있다. 서기 390년 무렵 웨일스 지방에서 태어난 그는 16세에 해적들에 의해 납치되었다가 6년 후에 풀려났고 432년에 아일랜드로 포교하러 떠나기 직전에 주교로 서임되었다. 일반적으로 사람들이 알지 못하고 있는 것은 아일랜드에서는 그를 Patrick이 아니라 Cothraige라고 부른다는 사실이다. 아일랜드섬의 주민들은 웨일스어의 /p/를 아일랜드어의 /k/로 너무나 자연스럽게 대체한 것이다. 그만큼 그들은 이러한 유형의 전환에 익숙해 있었던 것이다(웨일스어의 pump(프, cinq '5') = 아일랜드어의 cúig, 웨일스어의 pedwar(프, quatre '4') = 아일랜드어 ceathair 등). 그들은 라틴어에서 Pascha(프, Pâques '부활절')를 차용하면서 그것을 가지고 아일랜드어 단어 cásc를 만들었다. clann('아이들, 가족')이라는 단어는 나중에 프랑스어에 clan('부족, 파벌')이라는 형태로 차용되었는데, 아일랜드인들은 그 단어를 라틴어 planta('식물')에서 차용하였다.

이러한 차이들을 어떻게 설명해야 할까?

'5'(프랑스어 cinq)를 뜻하는 브르타뉴어의 pemp와 아일랜드어의 cúig가 모두 동일한 어근에서 유래하였다고 하면, 달리 말해서 /p/와 /k/가 인도-유럽어의 동일한 자음에서 생겼다고 하면 전문가가 아닌 사람들은 당연히 믿기 어려울 것이다. 그러나 그 자음이 본래 /k^w/였다는 설명을 들으면 비전문가들도 그러한 차이에 대해 어느 정도 이해할 수 있을 것이다. 왜냐하면 (프랑스어 équateur, 이탈리아어 quaderno

또는 스페인어 cuando에서처럼) /k^w/를 발음하려면 조음이 까다롭기 때문이다. 그 조음은 성도[성대에서 입술 또는 콧구멍까지 발음 기관들로 이루어진 통로]의 두 지점에서 이루어지는데, 그 첫 지점은 프랑스어 cahier [kaje]의 첫 발음에 사용되는 입천장이고, 두 번째 지점은 프랑스어 oui [wi]에서처럼 둥근 모양으로 가까워지는 양 입술이다. 그러므로 켈트어를 사용하는 사람들의 일부, 특히 아일랜드인의 조상들이 그 발음 대신에 연구개 조음인 /k/를 선택함으로써('머리'를 가리키는 단어가 아일랜드어에서 ceann임) 어려운 조음인 /k^w/를 단순한 조음으로 바꾼 것은 수긍이 가는 일이다. 한편 켈트어를 사용하는 나머지 사람들, 예를 들어 대륙 브르타뉴 사람들의 조상들은 순음화 조음을 선택하였다. 입술을 더욱 둥글게 만들어 입술이 서로 닿게 하여 /p/가 실현되게 한 것이다('머리'를 뜻하는 말이 브르타뉴어에서는 penn임).

켈트어 확장의 두 물결

확실히 조음적 설명은 설득력이 있지만, 그럼에도 불구하고 다른 하나의 질문이 남는다. 즉, 어떻게 같은 켈트족이 그렇게 다른 음성적 변화 과정을 겪을 수 있었을까? 라는 의문을 품을 수 있을 것이다. 이에 대한 대답은 그들이 사실은 같은 사람들이 아니라는 것이다. 실제로 켈트어의 확장은 여러 세기의 간격를 두고 두 단계로 이루어졌다는 것을 상기해야 한다. 그래서 처음 이동한 사람들은 제자리에 남았던 사람들이 나중에 겪은 변화 과정을 경험하지 않았던 것이다.

처음에는 모든 켈트족이 아마도 인도-유럽어의 /p/를 매우 약하게 발음하였고, 그래서 그 발음이 단순한 호흡, 즉 /h/로만 느껴졌을 것으로 보인다. 이 중간 단계의 흔적들은 켈트족의 발상지인 독일 중부에 있는, hercynienne라고 하는 참나무 숲의 이름에서 나타난다. 이 단어 어간의 고대 인도-유럽어 형태는 아마도 (라틴어 형태 quercus('참나무')로부터 추정되는) *perk^{w}us였을 것이다[*는 입증되지 않았지만 추정으로 복원된 형태를 뜻한다]. 그 매우 약한 /h/는 결국 켈트족에게서 완전히 사라지게 되었고, 따라서 서쪽으로 향해 갔던 1차 물결의 켈트족이 사용한 언어에서는 /p/가 없었다. 오늘날 그 언어는 아일랜드, 스코틀랜드 그리고 맨섬의 게일어로 계승되고 있다.

몇 세기 뒤에 제자리에 남았던 켈트족들도 이동하게 되지만 그 사이에 그들의 언어가 변화 과정을 겪었다. 그들의 언어에 인도-유럽어 /k^w/에서 유래한 /p/가 생긴 것이다. 브르타뉴어, 웨일스어, 콘월어에서 보게 되는 것은 이 /p/이다.

갈리아어에 대해 말하자면, 켈트족의 두 물결이 갈리아를 가로지르면서 그곳에 중첩된 어형들을 남겼다. 그래서 갈리아어에는 인도-유럽어의 /k^w/가 유지된(1차 물결) Sequana('센강')와 같은 형태들이 있는가 하면, 다음과 같이 /k^w/가 /p/로 변화한 형태들도 발견된다.[112]

- 에포나(Epona): 항상 말을 탄 채로 그려지는 갈리아 여신을 가리키는 말로서, 이 단어는 라틴어 equus('말')의 상응어라는 것을 알아볼 수 있다.
- 파리시족(Parisii): 파리라는 이름의 기원이 된 갈리아 부족의 이름으로서, 더 과거의 이름은 Quarisii였던 것이 변화한 형태이다.

인도-유럽어까지 거슬러 올라갈 때 그 모든 음성적 변화 과정은 다음과 같이 요약될 수 있다.

인도-유럽어의 /p/는 **그리스어**에 /p/로 남음.	예: para '~ 가까이'(프, près de)
고대 켈트어에서 없어짐.	예: are '~ 가까이'
(**현대 아일랜드어**:	athir '아버지'(프, père))
인도-유럽어의 /k^w/는 **라틴어**에서 /k^w/로 남음.	예: quinque '5'(프, cinq)
아일랜드어에서 /k/로 변함.	예: cúig '5'
웨일스어에서 /p/로 변함.	예: pump '5'
브르타뉴어에서 /p/로 변함.	예: pemp '5'

영불 해협 양쪽 편의 켈트어들

켈트어들의 전통적 구분은 바로 그러한 발음 특성에 기초하는 것으로서, 오래전 옛날의 /p/가 유지되었느냐 유지되지 않았느냐에 따라 두 그룹으로 나눈다.

- 한 그룹은 /p/가 없는 게일어이다. 오늘날 아일랜드, 맨섬, 헤브리디스 제도, 스

코틀랜드 산악 지역에서 사용되는 변이체들이 이 그룹에 해당한다.

– 다른 그룹은 브리타닉어로 불리며 웨일스 지방, 콘월 그리고 오늘날 브르타뉴의 언어들을 포함한다. 처음에는 브리타닉어가 잉글랜드 남동부 전역에서도 사용되었다. 수많은 산이름, 강이름, 숲이름들이 그 사실을 증명하고 있다(81쪽 지도 '섬 지역과 대륙의 켈트어들' 참조).[113]

게일어, 갈리아어, 웨일스어...

고대 켈트어들에 대해 말하는지 현대 켈트어들에 대해 말하는지에 따라 사용되는 용어들이 달라진다.

〈고대 언어들〉

켈트어는 다음과 같이 세분된다.

게일어: 아일랜드와 스코틀랜드의 방언들에 해당함

켈티베리아어: 생존하지 못함

브리타닉어: 갈리아어가 이 그룹에 속함

〈현대 언어들〉

섬 지역 켈트어

아일랜드어(아일랜드)

게일어*(스코트랜드)

맹크스어(맨섬)

콘월어(콘월)

웨일스어(웨일스 지방)

대륙 켈트어

브르타뉴어(프랑스)

브르타뉴어를 **코르누아이유어**, **레옹어**, **트레고르어** 및 **반느어**로 세분하는 전통적 구분은 사실 바스브르타뉴 지역에 대한 교회의 구분 내지는 봉건적 구분과 대체로 일치하는데, 고지 반느어를 제외하면 언어학적으로 정당화하기 어렵다.[114]

* 게일어는 본래 총괄적 용어였지만, 오늘날에는 아일랜드어나 맹크스어도 게일어의 변이체들임에도 불구하고 우선적으로 스코틀랜드 켈트어만을 지칭한다

켈트어들과 자음들

위에서 언급된 매우 뚜렷한 발음상의 차이는 있었지만 켈트어들은 오랫동안 서로

매우 비슷했다. 그 언어들은 나중에 지역적 변이체들로 세분화되었고, 그래서 오늘날 아일랜드어는 스코틀랜드 게일어와 매우 다르고, 스코틀랜드 게일어는 또한 맨섬의 언어와 동일시되지 않으며, 웨일스어, 콘월어 또는 브르타뉴어와는 더욱 다르다.

그러나 그 언어들을 모두 연결시키고, 또한 현대 켈트어들에게 완전히 독특한 특징을 제공하는 문법적 특이점이 존재한다. 그것은 자음변이 또는 연음화(軟音化)라는 이름을 가지고 있다. 다소 난해한 이 용어는 일부 자음들이 선행 단어에 따라, 또는 더 정확하게 말하자면 그 단어의 현재 형태가 아니라 옛날 발음 형태에 따라 약화될 수 있다는 것을 나타낸다.

모든 언어에서 단어들이 의미를 바꾸지 않은 채 문맥에 따라 형태를 바꾸는 것은 예상 가능한 현상이지만(프랑스어의 je peux('내가 할 수 있다')와 puis–je?('내가 할 수 있나?'))[프랑스어에서는 pouvoir 동사의 1인칭 단수 현재형이 평서문에서는 주로 peux로 되지만 도치 의문문에서는 puis로 됨], 일반적으로 그러한 변화는 첫 자음에 영향을 주지 않는다. 프랑스어에서 mille('천')은 언제나 m으로 시작하고 영어에서 thousand은 언제나 th로 시작한다. 켈트어들은 그렇지가 않다. 예를 들어, 브르타뉴어에서는 mil('천')이라는 단어가 daou('둘') 뒤에서는 vil로 되어, daou vil('이천')과 같이 된다. 그런데 특이한 점은 ou로 끝나는 모든 단어가 m으로 시작하는 모든 단어를 v로 변화시키는 변이를 야기하지는 않는다는 것이다. 뒤에 오는 자음의 변이를 결정하는 것은 현재의 발음상의 맥락이 아니라 선행 단어의 문법 범주이다.

계속 브르타뉴어 예를 들면, '머리'를 뜻하는 단어는 선행 단어가 소유 형용사일 때 2인칭 복수형인지 2인칭 단수형인지, 아니면 3인칭 복수형인지에 따라 penn, benn, fenn의 세 가지 다른 형태를 취할 수 있다. 즉, '너희들의 머리'는 ho penn(p 포함), '너의 머리'는 da benn(b 포함), '그들의 머리'는 o fenn(f 포함)이 된다.

이와 유사하게, '집'을 가리키는 단어는 ti, zi 또는 di 형태로 나타날 수 있다. 단어 앞에 아무 것도 없을 때는 형태가 ti이다(예: ti kozh('오래된 집'). 그러나 1인칭 단수 소유사와 함께 쓰이면 첫 자음이 z가 되어 ma zi('내 집')와 같이 되고, daou di('두 집')에서처럼 d로 변하기도 한다.

섬 지역과 대륙의 켈트어들

검은색으로 표시된 부분들은 켈트어들이 주민의 일부에 의해 아직도 일상적으로 사용되고 있는 지역을 나타내지만, 아일랜드 공화국에서는 아일랜드어가 모든 사람에게 교육되고 있다. 바둑판 무늬로 표시된 부분들은 언어의 직접 계승이 한 번 중단된 이후에 교육으로 계승이 이루어진 곳들이다(맨섬과 콘월).[115]

Angleterre 잉글랜드 Bretagne 브르타뉴 Cornwall 콘월 Écosse 스코틀랜드 Hébrides 헤브리디스 제도 I. de Man 맨섬 Irlande du Nord 북아일랜드 Pays de Galles 웨일스 지방 République d'Irlande 아일랜드 공화국

뒤에 오는 단어에 변이를 불러일으키는 것은 언제나 선행 단어이다. 그러나 옛날에 특정 발음을 포함하고 있던 일부 유형의 단어들만이 그 변이를 야기하며 또한 특정한 조건하에서만 변이가 이루어진다. 예를 들어, 부가 형용사의 자음에는 변이가 적용되지만 오직 그 형용사가 여성인 명사를 수식할 때만 그렇게 된다. ar mor bras('커다란 바다, 대양')[ar는 관사]에서는 mor가 남성이기 때문에 bras('큰')가 형태를 유지한다. 반면에 bras가 여성 moger('벽')를 수식하기 위해서는 vras로 된다. '(어떤) 큰 벽'은 'ur voger vras'로 표현되는데, 이것은 관사 뒤의 명사와 여성 명사 뒤의 부가 형용사에 동시에 변이가 일어난 형태이다.

사전에서 단어를 찾으려면

그러므로 사전을 성공적으로 참조할 수 있기 위해서는 브르타뉴어 문법에 대해 약간의 기초지식을 이미 가지고 있어야 한다. 특히 penn('머리')의 경우처럼 단어의 첫머리에 있는 f나 b가 실제로는 p를 가리킬 수 있다는 것을 알아야 한다. 변이형 fenn과 benn을 찾으면 헛수고가 될 것이다. 그것들은 브르타뉴어 사전에 실려 있지 않기 때문이다. 마찬가지로 '집'를 나타내는 말은 di나 zi가 아니라 오로지 ti 형태로만 찾을 수 있다. 마지막으로 v로 시작하는 단어들을 조심해야 한다. 그 v가 변장한 m에 불과한 경우가 많으므로 vil과 같은 단어는 mil에서 찾아야 한다.

그러한 사항들이 아마추어 조사자들이 재능을 발휘할 부분이다. 브르타뉴어에서 p, t, k, b, d, g, m 등 7개 자음만이 그러한 변이 현상의 적용을 받는다는 것을 알면 아마추어 조사자들의 부담은 줄어들 것이다. 그 다음에는 뒷 단어에 변이를 발생시키는 단어들의 목록, 변이가 중요한 문법적 역할을 하는 경우와 변이가 연음 현상[두 단어를 연결하여 읽을 때 발음에 변화가 생기는 현상]에 불과한 경우의 구별 등만 공부하면 될 것이다.

아일랜드어

아일랜드 제1공식어인 아일랜드어

아직 사용되고 있는 켈트어들 가운데 아일랜드어는 오늘날 특권적 지위를 누리는 유일한 언어이다. 이 언어는 심지어 아일랜드 공화국 헌법에 따라 '제1' 공식어이다. 그러나 인구 전체의 일상적 언어는 제2공식어 영어인 반면에 아일랜드어는 대개 학교에서 배운 제2언어라는 것을 확인하게 되면 이러한 특권이 별것 아닌 것으로 보일 것이다.

그렇지만, 12세기 말 잉글랜드에 의해 합병된 이래로 아일랜드가 7세기가 넘는 기간 동안에 고유어를 살아있도록 유지했던 것은 사실이다(아래 상자 글 '아일랜드 공화국의 언어 상황' 참조).

아일랜드 공화국의 언어 상황

인구: 3,790,000명[2021년 통계로는 4,982,904명]

공식 언어

- **아일랜드어**: 켈트어. 헌법 8조: "민족의 언어 아일랜드어는 제1공식어이다".[116] 공식적으로 아일랜드어가 일상적으로 사용되고 있는 아일랜드의 북서부, 서부 및 남서부 의 7개 주는 '게일어 지구'(Gaeltacht)라고 불린다.
- **영어**: 서게르만어의 앵글로프리지아어 그룹에 속하며 인구 전체가 사용함.

아일랜드어의 시련과 회복

노르만인들의 잉글랜드 정복 후 1세기가 지나서 플랜태저넷 왕가의 헨리 2세는 아일랜드 침략을 계획하여 1171년에 막무가내로 아일랜드를 합병함으로써 그 섬을 노르만인들의 관리하에 두었다. 그러나 이후 3세기 동안에 아일랜드인들에게 토지를 몰수하는 벌을 내세워 영어를 채택하도록 강제하였음에도 불구하고 오히려 아일랜드어는 번성하였고 영어를 해안 동쪽 끝으로 밀어내면서 권역을 확대하였다. 16세기에도 사람들이 영어를 너무 못해서 헨리 3세가 1541년 아일랜드 왕으로 선포될 때 그의 연설은 사람들이 알아들을 수 있도록 아일랜드어로 번역되어야 했다.[117]

아일랜드

방위 지도

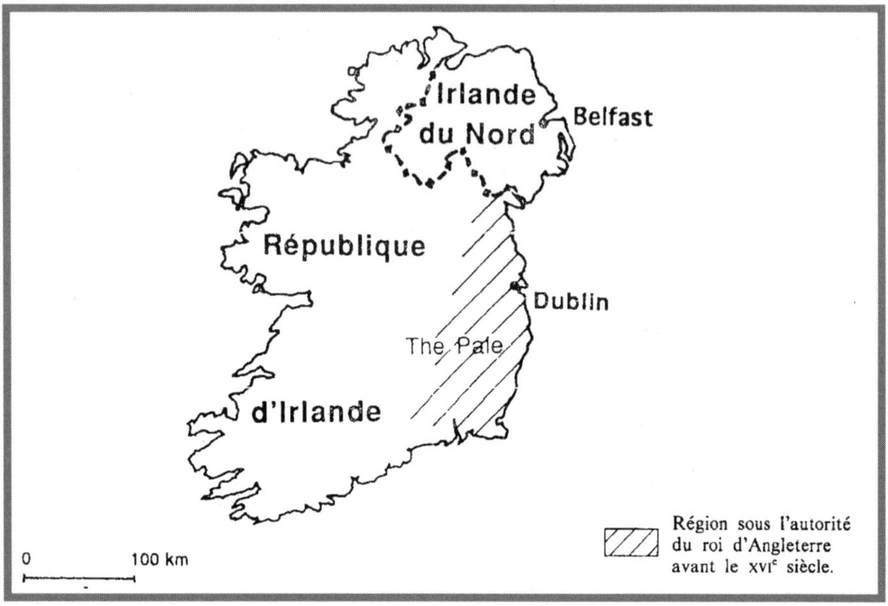

Belfast 벨파스트 Dublin 더블린 Irlande du Nord 북아일랜드 République d'Irlande 아일랜드 공화국 The Pale 페일 지역 Région sous l'autorité du roi d'Angleterre avant XVIe siècle 16세기 이전에 잉글랜드 왕의 지배하에 있던 지역

그렇지만 영어에 유리한 쪽으로 흐름이 곧 바뀌게 되는데, 처음에는 느리게 진행되었다. 1600년에도 여전히 영어가 소수의 아일랜드인에 의해서만 사용되었다. 두 세기가 더 지난 후에야 영어가 인구 절반의 일상어가 되었다.[118]

19세기 전반기 동안에 아일랜드의 옛 귀족들의 땅에 잉글랜드 지주들이 도래하면서 아일랜드어의 퇴조가 가속화되었고, 이어서 아일랜드어가 모든 법문서나 행정문서에서 축출되었다. 동부와 북서부부터 시작하여 사회적으로 성공한 모든 사람들이 점차적으로 아일랜드어의 사용을 포기하였고, 아일랜드어는 농민들, 가난한 사람들 그리고 문맹자들의 일상어로 남았다. 이러한 것이 19세기 중엽까지 지속된 아일랜드의 상황이었다.

아일랜드어 화자들

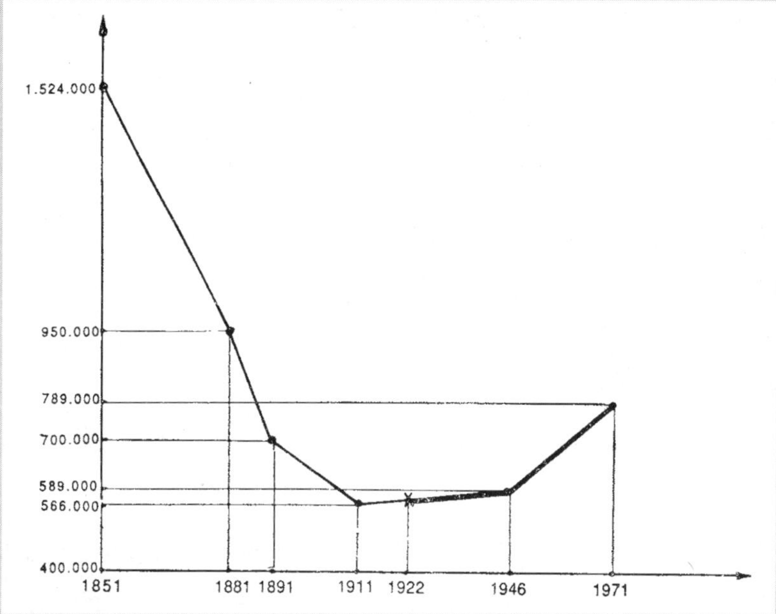

19세기 중반부터 급격한 하락이 있었고 20세기 초반에는 하락이 완만하게 지속된 것을 확인할 수 있다.

1922년은 독립된 해로서(그래프에 X로 표시됨), 그 이후에는 아일랜드어 교육을 위한 노력이 배가되었다. 그것이 곡선의 상승에 대한 설명은 되지만 그 시점부터는 제시된 수치가 태생적 아일랜드어 화자들과 아일랜드어를 학교에서 배운 사람들을 구분하지 않고 있다는 것을 의미하기도 한다(그래프에서 굵게 표시된 선).[119]

그 시기부터는 아일랜드어에 대한 애착 없애기 과정이 실제로 진행되었다. 그 과정은 아일랜드 전역에 많은 수의 영어 학교들이 건립됨에 따라 촉진되었는데, 그 학교들에서는 아이들이 아일랜드어를 사용하는 것을 공식적으로 금지하였다. 방식은 가혹하였다. 모든 학생은 scoreen이라고 불린 일종의 판을 목에 걸었고 학생이 아일랜드어 단어를 입 밖으로 낼 때마다 교사가 그 판 위에 홈을 하나씩 새겼다. 일정 수의 홈이 생기게 되면 학생은 처벌을 받았다. 같은 시기에 유사한 방식들이 다른 곳에서도 사용되었다. 웨일스 지방에서는 웨일스어를 완전히 제거하기 위해 'Welsh not'이라고 불린 유사한 방식을 사용했다. 그리고 모든 지방어들을 퇴치하려던 프랑스의 학교들에서도 유사한 방식이 사용되었다. 브르타뉴에서는 대체로 혐오스러운 어떤 물건을 '상징'이라고 부르면서 학생 중 한 명이 브르타뉴어로 단어를 말할 때마다 그 물건을 학생이 물려받게 하였다, 그래서 불운하게도 쉬는 시간 종이 울리는 시점에 '상징'을 마지막으로 받아서 가지고 있던 학생이 벌을 받았다.

아일랜드어에게 특히 비극적인 사건이 하나 더 있다. 그것은 1845년 대기근이다. 그 기간 동안에 150만 명이 희생되었다고 추산된다. 가장 가난한 생존자들은 아일랜드어를 계속 사용하던 사람들이기도 한데, 그들 중 100만 명은 달리 희망을 찾을 수가 없어서 미국으로 이주하였다.[120] 일단 미국에 도착하자 그들은 아일랜드어를 한 세대 만에 포기하였지만 영어에 phoney라는 새로운 단어를 하나 만들어 주었다. 이 형용사는 '가짜의, 인조의, 모조의'라는 의미를 가지는데 아일랜드어 fáinne('반지들')의 변형이다. 그 가난한 이민자들이 저당물로 내놓아야 했던 유일한 보석이 자신들의 값싼 반지였던 것이다.[121]

19세기 중반 이후로 아일랜드어를 사용하는, 더 정확하게 말하면, 사용할 줄 아는 사람들의 수가 좀 더 상세하게 알려져 있다. 제1공식어로서 아일랜드어는 현재 모든 국립학교에서 교육되고 있는데, 학교에서는 더 표준화된 언어를 가르치기 위해 많은 노력을 기울여야 했다. 왜냐하면 얼마 전까지도 교과서들이 코노트, 먼스터 그리고 얼스트의 아일랜드어에 기반하여 세 가지 다른 판으로 출간되었기 때문이다.

1971년도 조사에 따르면, 790,000명이 아일랜드어를 사용할 수 있다고 말한 것으로 알려졌지만, 거기에는 일상적 사용자만이 아니라 가끔 사용하는 사람들도 포함되었다는 것을 고려해야 한다.[122] [2016년 통계로는 아일랜드어를 사용할 수 있는 사람의 수가 1,761,420명으로 늘었음] 1971년의 같은 조사에서 실제로 일상생활에서 아일랜드어를 사용하는 사람의 수는 120,000명으로 집계되었다(85쪽 상자 글 '아일랜드어 화자들' 참조).[123]

공식적인 발표에 따르면, 아일랜드어를 일상적으로 사용하는 사람들은 모두 오늘날 이 나라 서부와 남서부의 작은 시군들에 흩어져 있다. 그 지역들은 공식적으로 '게일어 지구'(Gaeltacht)로 지명된 서부와 남서부의 7개 행정 구역에 있으며, 그곳에서는 20,000명의 주민 중 17,000명이 아일랜드어 화자이나 모두 이중 언어 사용자이다.[124] [2016년 통계로는 이 지역 인구 96,090명 중 63,664명이 아일랜드어 화자임]

실제로는 상황이 더 복잡하다. 그 이유는 최근의 조사에 따르면 100만 명이 아일랜드어를 말할 수 있지만 그들의 구사 능력이 다양하기 때문이다.

국가에서 실행하고 있는 수단들에 힘입어 아일랜드 공화국의 제1언어가 대다수의 아일랜드인에게 상징적 제도로만 남아 있기를 멈추고 언젠가 모든 아일랜드인들의 일상어로 되돌아갈 수 있을까?

스코틀랜드 게일어

서기 6세기부터 아일랜드 북부에서 전해진 켈트어의 한 변이체로부터 스코틀랜드 북부에서 오늘날도 여전히 사용되고 있는 켈트어가 탄생하였다. 아일랜드에서 온 정복자들은 그 당시에 영국의 대부분 지역에 정착하였고 9세기 중엽까지 광대한 영토를 계속 통치하였다.

처음에는 켈트족 전체가 같은 언어를 사용하였지만 나중에는 언어가 지역에 따라 다양하게 변화하였다. 13세기에 한편으로는 아일랜드어, 다른 한편으로는 영국의 게일어로, 그리고 단 두 세기 후에는 스코틀랜드 게일어와 맹크스어(맨섬의 언어)로 나누어졌다. 그러나 18세기까지 유일한 문학어로 사용된 것은 애초의 게일어이다. 바로 그 언어를 사용하여 손 글씨로 작성한 최초의 필사본들이 아이오나섬이나 뱅거의 큰 수도원들에서 만들어졌다.[125]

되살아난 문학적 유산

이 켈트어 문학이 나중에는 그야말로 유럽 낭만주의 문학을 매료시키게 되지만 수 세기 동안 세계의 다른 지역에 전혀 알려지지 않은 상태로 있었다. 이 문학은 아일랜드의 신화적 기원들에서 시작하여, 그 다음에는 서기 2세기와 3세기의 (핀걸과 그의 아들 오시안이라는 이름들로 더 잘 알려진) 핀(Finn)과 오시안(Ossin)이라는 떠돌이 기사들에 대해 이야기하였으며, 마지막에는 서기 8세기 말에서 11세기 초에 노르웨이에서 온 스칸디나비아 종족들에 대항하는 아일랜드인들의 투쟁을 그렸다.

그 이야기들은 시적이고 야생적 분위기 속에서 역사와 전설을 뒤섞고 있는데, 만약 18세기 말에 제임스 맥퍼슨이라는 농민 출신의 젊은 스코틀랜드 교사가 스코트랜드 북부의 산악 지역에서 발견된 매우 오래된 게일어 민요시들의 영어 번역이라고 주장한 것을 출판하지 않았더라면 영원히 잊혀졌을 것이다. 1760년에 《스코틀랜드 산악 지대에서 수집된 고대 시가 단편》(Fragments of Ancient poetry collected in the Highlands of Scotland)이 출판되었고, 그 다음 해에 《핑갈, 6개의 책에 들어 있는 서사시 및 핑갈의 아들인 오시안이 쓴 몇몇 다른 시가들. 제임스 맥퍼슨 번역.》(Fingal, an epic poem in six books together with several other poems composed by Ossian, the son of Fingal, translated from the Gaelic language by James Macpherson)이 나왔으며, 마지막으로 2년 뒤에 《테모라》(Temora)라는 제목의 세 번째 모음집이 출판되었다. 그 시들의 저자는 3세기의 꽤 전설적인 전사인 오시안으로 추정되는데, 맥퍼슨이 그를 늙고 눈도 멀어서 자기 아버지 핑갈과 그의 선조들의 공적들을 노래하면서 마음을 달래는 시인으로 만들었다.

과감한 응축을 통해 맥퍼슨은 10세기 동안의 역사를 압착하여 자신의 영웅들을 서로 동시대 사람들로 만들었다. 그는 거기에 자신의 개인적 천재성을 보여주는 표현들을 아낌없이 추가하였고, 그렇게 함으로써 자신의 출판물들로 문학계에 18세기의 가장 아름다운 폭풍을 불러일으켰다.[126]

사기인가 천재성 발휘인가?

실제로, 번역이라고 주장되는 것들의 출판 직후부터 그 작품들의 진실성에 대한 논란이 벌어졌다. 비평계의 일부와 특히 당시 영국의 문학계를 좌지우지하던 유명한 사전학자인 사뮤엘 존슨이 그 작품들의 진실성에 의혹을 제기한 것이다.

사기는 사실이었지만 감탄할 만하였다. 왜냐하면 맥퍼슨은 자신의 사이비 번역에서, 잊혀졌지만 실제로 존재했던 옛날 켈트어 민요시들을 각색하고, 완성하고, 편집함으로써 시 작업을 하였기 때문이다. 그는 옛날 수사본의 부분들을 실제로 찾아내기도 했지만 주로 하일랜드를 두루 돌아다니면서 먼 옛날부터 대대로 구전으로 전해오던 역사 이야기, 설화, 전설, 시, 노래를 주민들의 입을 통해 수집하였다.[127] 그리고 그는 그것들의 모든 야생적 매력을 열정적으로 표현하였던 것이다.

이 안개와 폭풍의 시들은 아마도 당시의 감성에 잘 들어맞았기 때문에 스캔들로 인해 그 시들의 성공이 방해되지는 않았다. 영국만이 아니라 프랑스, 독일에서 즉각적인 성공을 거두었으며, 그리고 좀 뒤에 미국에서도 성공을 거두었다. 결국 오시안의 시들의 영향력이 대단히 커져서 사람들이 그의 작품들을 19세기 낭만주의 운동의 가장 풍부한 원천의 하나로 간주할 수 있게 되었다(아래의 상자 글 '오시안과 그의 숭배자들' 참조).[128]

그의 생전에 책이 10개 외국어로 번역되었고 부유하고 유명해진 맥퍼슨은 정치적 역할도 하였다. 그는 영국 하원의원이 되었고, 나중에 웨스트민스터 사원에 왕들과 시인들 가운데 안장되었다.

오시안과 그의 숭배자들

오시안의 시들의 출판은 아마도 모든 시대를 통틀어 가장 성공적이고 가장 유쾌한 문학적 사기였을 것이다. **맥퍼슨**이라는 이름을 가지고 있으면서도 **오시안**이라는 이름을 내세운 어느 진정한 스코틀랜드 시인이 가장 오래된 켈트족 전설들을 망각에서 끌어내어 정성을 기울여 영어로 번역하였는데, 그것들이 18세기 말과 19세기 초의 가장 저명한 인물들에게 영감의 원천이 되었다.

- **바이런, 윌리엄 블레이크, 콜리지**와 심지어 (그를 결코 좋아하지 않았던) 워즈워스도 오시안의 시들에 의해 영향을 받았다.
- **튀르고와 디드로**는 그 시들이 영어로 출판된 직후에 프랑스어로 번역하였다.
- **괴테, 실러, 레싱, 클로프슈토크**도 그 시들에서 영감을 받았다. **앙드레 셰니에, 샤토브리앙, 스탈, 뮈세, 라마르틴**은 그 시들을 자신들의 모델로 삼았다. **스탕달**도 그의 시들을 읽

었지만 시들에 대해 어떤 생각을 했는지는 알려지지 않았다.
- **앵그르**, **제라르**, **그로**, **지로데** 등의 프랑스 화가들은 그 시들에서 그림의 테마를 끌어왔다. **베토벤**, **브람스**, **하이든**, **멘델스존**, **슈베르트** 등은 작곡을 함에 있어서 그 시들에서 영감을 받았다.

그러나 오시안을 가장 많이 예찬한 사람은 아마도 **나폴레옹**일 것이다. 그는 원정을 떠날 때 언제나 그 시들의 이탈리아어 번역본을 가져갔으며 "나는 바람의 속삭임과 바다의 파도를 좋아하는 것과 동일한 이유로 오시안을 좋아한다"라고 말하곤 하였다.

스코틀랜드 게일어의 삶과 쇠퇴

스코틀랜드에서는 아일랜드에서만큼 게일어가 오래 버티지 못하였다. 그 이유는 11세기부터 영어가 왕국의 귀족 사회에 도입되었기 때문이다. 모국어가 게일어이던 스코틀랜드의 마지막 왕은 1093년에 사망했다. 국민들에게는 게일어의 위축이 13세기에 저지 지역부터 시작되었는데, 그곳에서는 1300년에 인구의 대부분이 이미 영어 화자가 되었다. 게일어를 사용하는 사람의 비율이 그 뒤로 수백 년 동안에 점진적으로 줄어들어서 근대 초기에는 서쪽 섬들과 하일랜드가 스코틀랜드 게일어의 마지막 보루가 되었다. 그러나 1773년에 하일랜드의 수많은 스코틀랜드인들이 캐나다 노바스코샤 주의 케이프브레턴섬으로 이주하였다. 그들은 대부분 여전히 게일어를 사용하고 있던 사람들이었으며, 1931년에는 이역만리 섬에서 그 언어를 여전히 사용할 수 있었던 사람들의 수가 3만 명에 달했다. 그러나 20년 후에는 그 수가 7천 명밖에 되지 않았고 그 후로도 수가 계속하여 줄었다[2016년 조사에 의하면 노바스코샤 주 전체에서 게일어를 모국어로 사용하는 사람의 수는 240명임].[129]

아일랜드어와 유사하게, 19세기 초 이후 유럽의 스코틀랜드 게일어 사용자 수의 하강 곡선을 그리는 것이 어렵지는 않다, 여기서는 단지 그 수가 1801년 335,000명에서 100년 뒤 231,000으로 되었고 19세기 중엽부터 대부분의 스코틀랜드인이 이중언어 사용자가 되었다는 것을 밝히는 것으로 만족하고자 한다. 1961년에는 게일어로 생각을 표현할 수 있는 사람이 81,000명 밖에 남지 않았는데, 그 가운데 단일 언어 사용자는 1,000명 미만이었다.[130] [2011년 통계에 의하면 이중 언어 사용자를 포함한 스코틀랜드 게일어 화자의 수는 57,602명이다]

콘월어

콘월어는 켈트어들 가운데서 독자적 위치를 차지하고 있는데, 그 이유는 오늘날 콘월에서 사용되는 언어가 그 지방에서 전통적으로 사용되던 언어가 직접적으로 이어온 결과물이 아니기 때문이다. 실제로 모국어로 콘월어를 사용한 마지막 화자들은 19세기 초 이전에 사망했다고 생각된다. 사람들은 1780년에 사망한 돌리 펜트레스가 마지막 화자였다고 믿기도 하였으나, 그 시기에 그녀는 단순히 마지막 화자들 중의 한 명일 뿐이었다.[131] 19세기 초 1808년에 바스의 어느 수도사가 콘월어 마지막 화자들을 찾아서 떠났지만 한 명도 찾지 못했다.[132]

영국의 서쪽 끝 지점에 고립되어 있는 상태에서 콘월은 점점 더 커져가는 영어의 위세에 더 오랫동안 버틸 수는 없었던 것이다.

아서왕 전설 시리즈의 기원

콘월은 옛날에 데번 주와 서머셋 주의 일부도 포함하는 훨씬 더 광대한 영토에 속하던 지역이었다. 그러나 로마에 의한 정복 이후에는 동부 지역 전체가 색슨족에 의해 점령되었다.

아서왕, 원탁의 기사들, 호수의 란슬롯, 트리스탄과 이졸데 등의 전설들은 7세기부터 색슨족의 지배에 맞서 투쟁하는 가운데 탄생하였다. 그 전설들은 '아서왕 전설 시리즈'라고 불렸고, 나중에 전 세계에 알려졌다. 전통적으로 이 전설들은 모든 켈트어 권역에서 구전으로 전해진 긴 시들의 소재였다. 13세기부터 그 전설들은 영어와 프랑스어로 번안되었는데, 본래 켈트족 전설이었던 것이 오늘날까지 널리 전파될 수 있었던 것은 전적으로 그 새로운 버전들 덕분이다(아래 상자 글 '트리스탄과 이졸데' 참조).

트리스탄과 이졸데

마크왕의 조카인 트리스탄과 왕의 아내인 금발의 이졸데 사이의 사랑 이야기는 세계적으로 가장 유명한 사랑 이야기 중 하나로서 잉글랜드 남서 쪽에 있는 콘월에서 탄생하였다. 그 이야기는 옛 켈트족 전설에 기원을 두고 있지만 거기서는 트리스탄이 Diarmaid로 이졸데는 Grainmé로 불렸다.

이 전설은 켈트어 사용 지방에서 탄생했지만 오늘날 영어 및 프랑스어 번안물 덕분에 보편적 유산이 되었다. 그것들이 이야기하는 것은...

... De Tristan et de la Roïne	... 트리스탄과 왕비의
De lor amor qui tant fut fine	그토록 순수한 그들의 사랑 이야기
Dont ils orent mainte dolor	그들에게 그토록 아픔을 가져다 주고
Puis en mourent en un jor	그리고 같은 날 그들을 죽게 만든 이야기

마리 드 프랑스('인동덩굴의 시')

콘월어: 가르쳐진 언어

콘월 지방이 잉글랜드의 지배하에 들어간 것은 10세기 말이다. 그때부터 섬 지역 브르타뉴인들은 엑스터에서 쫓겨나서 타마르강 서쪽, 오늘날 콘월에 봉쇄되었다. 그 다음 세기에는 노르만인들의 지배하에서 위세가 똑같지 않은 세 언어가 이 지방에 공존하였다. 노르만인 지주들이 사용한 프랑스어는 최고 지위를 누렸고, 영어는 중간층의 언어였으며, 콘월어는 서민의 언어였다. 5세기 동안 지배 계층의 사용어로 영어가 프랑스어를 대체한 이후에도 하층민의 언어로 남은 것은 그 언어였다.

그러나 영어는 매일 더 한층 모든 사람에게 강요되었고, 그러다 보니 17세기 초에는 콘월어 단일어 사용자가 이미 드물었고,[133] 18세기 말에는 그 언어가 소멸되었다.[134]

그렇지만 오늘날에는 콘월어를 읽을 줄 아는 상당히 많은 수의 콘월어 애호가들을 볼 수 있다. 그 언어를 말하는 사람의 수는 몇백 명이 된다. 그들은 사람들이 제2 언어를 배우듯이 그 언어를 배웠다. 이 새로운 상황은 콘월어 르네상스를 위해 20세기 초반에 창설된 어떤 단체의 노력에서 기인하였다. 1988년부터는 '참나무 잎'을 뜻하는 《Delyow derow》라는 잡지가 연 3회 젠킨 교수의 감수하에 출간되고 있다[이 잡지는 1996년 폐간됨]. 잡지의 기사들은 대부분 통합된 전통적 정서법을 사용하며 중세의 언어를 기반으로 하는 콘월어 형태로 작성되었다. 책, 교과서, 사전 등이 콘월어를 배울 수 있게 해주면서 1세기 전부터 더 이상 사용되지 않은 그 언어를 되살아나게 만들었다. 그러나 그 언어는 글을 쓸 때 사용하는 어형들의 다양함으로 인해 어려움을 겪는다. 최근에 켄 조지가 완성한 새로운 표기법이 발표되었다. 그 표기법은 15세기와 16세기의 콘월어에서 복원된 발음에 입각하고 있다. 반면에 매우 영어화되어 있는 제3의 표기법도 있는데, 18세기 말에 마지막 화자들이 사용하던 콘월어 형태에서 만든 것으로서 그것도 역시 인정받으려고 애쓰고 있다.

마지막으로, 2개 언어로 방송하는 라디오 프로를 일주일에 15분씩 진행하며, 1년에 한 번, 예를 들어 크리스마스 때에, 콘월어로 된 노래, 춤 또는 짧은 시 작품을 소개하는 30분짜리 텔레비전 프로도 있다는 것을 지적하고자 한다.

1세기 동안의 침묵 이후에 콘월어가 조금씩 모습을 드러내고 있다.[135]

맹크스어

아일랜드해 가운데, 스코틀랜드, 웨일스 지방 그리고 아일랜드 사이에 위치한 맨섬은 혼종적 정치적 지위를 가지고 있다. 맨섬은 내치의 차원에서는 독립 국가이지만 대외 정책의 차원에서는 영국에 소속되어 있다. 언어적 차원에서 그 지역의 역사는 우여곡절이 많았다. 스코틀랜드와 같은 시기에, 즉 서기력 초기 몇백 년 동안 켈트화되었고, 서기 9세기에는 이 섬이 게르만어를 사용하던 바이킹족의 지배를 겪었다. 그러나 두 세기 뒤에 이 섬은 다시 켈트화되었는데, 그 때는 켈트족이 아니라 아일랜드에서 온 다른 바이킹족에 의해 켈트화되었다. 그 바이킹족은 여러 세기 전부터 아일랜드에 정착해 있었고 그곳의 언어와 전통들을 따르고 있었다.[136]

맨섬은 13세기 중엽까지 노르웨이의 지배하에 있었다. 그러나 그 스칸디나비아인들은 그들의 관습대로 여자 없이 홀로 왔기 때문에 그들 자신의 게르만어가 아니라 켈트어가 켈트족 엄마들에 의해 그들의 아이들에게 가르쳐지는 상황이 18세기까지 계속되었다. 그 언어는 글로도 쓰였는데 정서법이 대체로 영어 정서법의 원칙들을 따랐고 아일랜드어나 웨일스어의 정서법과는 매우 달랐다. 그런 점이 섬나라라는 특성에 더해져서 그 언어를 다른 자매 켈트어들에 비해 훨씬 더 심한 고립 상태에 놓이게 만들었다.

18세기에는 맹크스어가 여전히 활발하게 사용되었지만 19세기 초에 상황이 악화되기 시작했다. 1871년에 배포되었던 질문지를 통해 인구의 30%가 맹크스어를 일상적으로 사용하고 있다는 것이 확인되었는데, 1901년에는 그 언어를 사용할 수 있는 사람이 970명 밖에 남아 있지 않았다. 1957년에는 맹크스어 화자의 수가 한 손으로 꼽을 수 있었고 맹크스어를 모국어로 사용하던 마지막 섬 주민인 네드 마드렐은 97세의 나이로 1974년에 사망했다.

그러나 맹크스어는 그 섬에서 어떤 의미에서 생존하고 있다. 왜냐하면 맹크스어 발전을 위한 협회가 몇 년 전부터 1955년과 1970년 사이에 현장에서 채집한 20시간 분량의 녹음 자료를 가지고 교육 과정을 만들었기 때문이다.[137] 지켜봐야 할 실험이다.

그러므로 콘월어와 똑같이 맹크스어도 20세기 말에 부흥기를 경험하지만 적용된 원칙이나 수단이 매우 다르다. 복원된 콘월어는 여러 세대 전부터 사용되지 않던 중세풍의 콘월어인 반면에 재활성화된 맹크스어는 불과 몇십 년 전에 말해지던 언어를 모델로 삼고 있다.

웨일스어

웨일스어가 현존하는 켈트어들 가운데서 특권적 위상을 가지고 있다면, 그 이유는 그 언어가 16세기 중엽 이래 보편적으로 받아들여지는 어떤 표준 형식을 갖추었기 때문이다. 그 형식은 헨리 8세가 로마 교회로부터의 확정적 분리를 결정하면서(1534년) 탄생한 성공회의 성경과 '일반 기도서'가 번역될 때 기준이 되었던 것이다. 그 언어가 선택된 것은 그것이 이미 오랜 문학적 전통을 가지고 있었기 때문이다. 그 문학적 전통은 6세기까지 거슬러 올라가는 것으로서 10세기의 수사본들로 전해지고 있다.

이러한 오랜 영예 때문에, 그리고 곧바로 성공회의 언어가 되었기 때문에, 웨일스어는 영어의 지배에 맞설 수 있었다. 영어가 16세기 중엽부터 모든 공적 활동에 요구되었지만 약 300년 동안 웨일스어는 모든 웨일스인들의 일상어였을 뿐만 아니라 법정의 언어로 남아 있었다.

지리적인 관점에서는 웨일스어의 위축이 매우 오래되었다. 그것은 13세기로 거슬러 올라가는데, 1282년 잉글랜드의 왕이 이 나라를 정복한 이후 웨일스어가 남부와 남동부 쪽에서 영어로 대체되기 시작하였다. 16세기에 튜더 왕가는 공식적으로 영어를 웨일스 지방에 도입하고 모든 공직자들에게 그 언어를 이해할 수 있게 되도록 요구하였다. 그럼에도 불구하고 1750년까지 웨일스어는 여전히 성공회 교회에서 사용되는 유일한 언어였고 성공회의 종교 교육 교재들도 16세기 중엽 이래 웨일스어로 인쇄되었다. 그러나 한 세기 후에는 영어가 특히 남부 지역에서 확산되었다. 그 시기에 웨일스어가 위축된 이유 중 하나는 산업과 관광의 발달과 함께 영어를 사용하는 새로운 사람들이 유입되었다는 것이다.

19세기 말에는 상황이 더 악화되었고 20세기 초부터는 절대적 수치로 보나 전체 주민에서의 비율로 보나 웨일스어의 위축이 가속화되었다. 1901년에는 930,000명, 즉 주민의 반이 여전히 웨일스어를 사용하고 있었다. 1981년에는 508,000명, 즉 겨우 주민의 5분의 1밖에 남아 있지 않았고 웨일스어 단일어 사용자는 그 사람들의 1% 이하였다[2011년 조사에서 웨일스 지방의 웨일스어 화자는 562,000명이며 그 이후로 증가 추세가 관찰되고 있음].

1967년부터 '웨일스어 법'에 의해 웨일스어는 영국의 공식어들 중 하나로 인정되었으며 이것은 모든 공적 문서가 그 언어로 작성될 수 있다는 것을 의미한다. 그렇지만 입법자가 법조문에서 사용한 것은 영어 동사 may('경우에 따라 할 수 있다')이고, shall('의무적으로 해야 한다')이 아니었다. 이러한 제약에도 불구하고 웨일스인들은 1974년에 2개 언어로 된 도로 표지판 설치와 웨일스어로 진행하는 많은 일상적 라디오 및 텔레비전 프로그램의 편성이라는 성과를 얻어내었다.[138]

1982년 이후로 한 웨일스어 TV 채널이 'Sianel Pedwar Cymru'라는 이름의 4번 채널과 연계하여 교육 방송과 재방송 포함 하루 평균 5시간의 방송을 시청률이 높은 시간대에 편성하고 있다.[139] 초등학교에서는 현재 영어를 제2언어로 하는 웨일스어 교육을 받는 것과, 반대로 웨일스어를 제2언어로 하는 영어 교육을 받는 것 사이에서 선택할 수 있다.

전형적인 웨일스어 자음

앞에서 살펴보았듯이 웨일스어는 브르타뉴어나 콘월어처럼 /p/가 있는 언어이다. 그러나 옛날의 웨일스어는 옛날 브르타뉴어와 매우 가까웠지만 이후의 변화 과정이 달랐다. 예를 들면 웨일스어는 어떠한 다른 켈트어에서도 존재하지 않는 특별한 자음을 하나 가지고 있었다. 그것은 두 개의 철자 LL로 표기되며 약간 자음 L처럼 발음되지만 혀의 양쪽 중 한 쪽으로 세차게 지나가는 공기의 강한 마찰 소리가 난다. 자신들의 언어에 그 자음이 없는 영국인들은 thl로 발음하면서 그것을 (불완전하게) 흉내내어 보려고 한다. 웨일스어에서 '교회'나 '마을'을 뜻하는 llán이라는 단어에 그 자음이 나타난다. 독자들은 어쩌면 그 형태에서 밀라노 시의 이름(Mediolanum)과 관련하여 이미 언급되었던 옛 켈트어 단어인 lanum을 알아보았을 수도 있을 것이다. 보험 회사 이름인 로이드(Lloyd, 웨일스어 llwyd('회색의')에서 따옴)의 첫머리에 나타나는 것도 동일한 자음이다.

숫자 세기: 웨일스어의 진정한 골치거리

10까지는 너무 복잡하지는 않다.

1. un, 2. dau, 3. tri, 4. pedwar, 5. pump, 6. chwech, 7. saith, 8. wyth, 9. naw, 10. deg

15. pumtheg(pump 뒤에 deg이 온 것이지만, 자음변이 규칙에 따라 pump 다음에서 d가 th로 변화함), 이것은 5.10, 달리 말해서 5+10을 나타낸다.
그 다음에는 15가 기준이 된다(/p/에서 /b/로의 변이가 반영됨).

16. un ar bymtheg(1과 15)

17. dau ar bymtheg(2와 15)
18. tri ar bymtheg(3과 15), 그러나 18은 deunaw(2x9)로도 말해진다.
19. pedwar ar bymtheg(4와 15)
그 다음은 20. 즉 ugain이 시스템의 기초가 된다.
21. un ar hugain(1과 20)
22. dau ar hugain(2와 20) 등
30. deg ar hugain(10과 20) 등
40. deugain(2x20)과 함께 곱하기로 넘어간다.
60. trigain(3x20)
70. 그러나 70에 대해서는 다시 더하기를 적용하여 deg a thrigain(10과 60)이 된다. 이것은 프랑스어의 soixante-dix(60+10)를 상기시킨다.
80. pedwar ugain(4x20). 여기서는 프랑스어의 quatre-vingts(4x20)과 똑같다.
90. deg a pedwar ugain(10과 4x20).
마지막으로 100은 cant라고 하고, 50은 100의 절반이므로 hanner cant라고 한다.[140]

참고로, 만약 당신이 숫자를 가지고 놀기 좋아한다면, '덴마크어를 중심으로' 챕터(372쪽 '그들은 수를 셀 때도 축약을 한다' 부분)에서 당신의 열정을 만족시킬 거리를 또 보게 될 것이다.

몇몇 어휘적 특성

어휘의 영역에서는 브르타뉴어가 주로 프랑스어에 의해 영향을 받았던 것과 달리 웨일스어는 여러 원천에서 자양분을 취했다. 그 원천들은 색슨어, 노르웨이어, 덴마크어, 아일랜드어, 영어, 그리고… 프랑스어다. 어떤 웨일스어 단어는 국제적 단어가 되었다. 영어에서 flannel('플란넬 (모직물의 일종)')로 적고 프랑스어에서는 flanelle로 적지만 그것들의 모델이 된 단어는 gwlân('양털')에서 만들어진 웨일스어 단어 gwlanen이다.[141]

라틴어 차용어들은 매우 오래되었는데 간혹 의외의 현상을 보여준다. 라틴어 monumenta('기념물들')는 웨일스어에서 mynwent로 되었지만 '공동 묘지'의 의미를 가지게 되었고, 라틴어 planta('식물')는 '아이들'을 뜻하는 plant로 되었다.[142]

좀 지엽적인 사실이지만, 다음은 웨일스 지방의 어느 마을 이름인데 58글자로 되어 있으므로 세계에서 가장 긴 지명 중 하나일 것이다: LLANFAIRPWLLGWYNGYLLGOGERYCHWYRNDROBWLLLLANTYSILIOGOGOGOCH이다(아래 상자글 '여러 요소들이 덧붙은 어떤 이름' 참조).

여러 요소들이 덧붙은 어떤 이름

웨일스에 신기한 것이 하나 있다. 한없이 긴 도시명이다. 본래는 그 이름이 20개 글자로만 되어 있었다. 즉, LLANFAIRPWLLGWYNGYLL이었는데, 여기에서는 5개 의미 단위를 식별할 수 있다.

LLAN: '교회, 마을'
FAIR: MAIR(마리)의 변이형
PWLL: '연못'
GWYN: '흰'
GYLL: '개암나무'

19세기 말에는 이미 긴 그 이름에 추가적인 20개 가량의 글자를 덧붙임으로써 관광객들을 끌어올 것으로 생각하였다. '격렬한 소용돌이가 있는 곳에 상당히 가까운'이라는 의미의 다음 표현을 추가하였다.

GOGERYCHWYRNDROBWLL

좀 더 나중에 '붉은 동굴(에 가까운) 성 티실리오(Saint Tysilio) 교회'라는 뜻의 다음 표현을 또 덧붙였다.

LLANTYSILIOGOGOGOCH

이렇게 완성된 이름은 처음보다 세 배로 더 길어져서 다음과 같이 되었다(58글자).

LLANFAIRPWLLGWYNGYLLGOGERYCHWYRNDROBWLLLLANTYSILIOGOGOGOCH

('물살 빠른 소용돌이 근처의 흰 개암나무 분지의 성모 마리아 성당과 붉은 동굴 근처의 성 티실리오 교회')

오늘날 이 우스운 일은 더 이상 계속되지 않으며, 매우 축약된 채 사용되는 LLANFAIR P.G.라는 명칭의 끝에 있는 P.G.라는 약자만이 과거의 무절제를 상기시키고 있는 듯하다.[143]

브르타뉴어

'작은' 브르타뉴

이미 보았듯이 갈리아족은 자신들의 지배권 서쪽 끝 반도인 아르모리크를 '바다에 가까운'(Aremorica) 지방으로 불렀고, 그 당시에 브르타뉴/브리타니아(Britannia)는 오늘날의 영국(Grande-Bretagne)을 가리키는 말이었다. 그 뒤로 여러 세기가 지나고 나서 사람들이 아르모리크 지역에 브르타뉴(Bretagne)라는 이름을 부여하였고, 오늘날까지 그 이름이 사용되고 있다. 갈리아의 모든 지역에서 갈리아어는 라틴어로 대체되었지만 섬 지역 브르타뉴의 사람들이 이곳으로 다시 유입된 덕분에 (대륙의) 브르타뉴어는 생존할 수 있었다.

브르타뉴어와 갈리아어

실제로 기원전 1세기 중엽 율리우스 카이사르에 의한 갈리아의 정복 이후에 오랜 기간 동안에 — 아마도 여러 세기에 걸쳐 — 갈리아 사람들은 점진적으로 라틴어를 배웠다. 서기 1세기 초부터 갈리아 귀족들이 자신들의 아이들을 로마 학교에 보냈던 것은 사실이지만 372년에도 갈리아어가 아직 잘 살아 있었다는 증거가 있다. 왜냐하면 그 시기에 성 마틴이 투르의 주변에 Marmoutier라는 큰 수도원을 세웠는데, 그 이름에는 mar('큰')라는 갈리아어 표현이 포함되어 있기 때문이다(뒷부분 moutier('수도원')는 라틴어에서 유래한 말이다).[144] 투르의 그레고리 주교(Grégoire de Tours)의 증언에 따르면 6세기에는 갈리아어가 완전히 사라졌다.

브르타뉴는 당시에 몇천 명이 살 정도로 인구가 매우 적었는데, 5세기까지 갈리아어가 충분한 수준으로 사용되고 있었기 때문에 영불 해협 건너편에서 온 비슷한 언어를 말하는 사람들의 영향을 받아 옛날 켈트어가 새로운 활력을 가지고 다시 태어날 수 있었다. 그 이주는 서기 450년과 650년 사이에 이루어졌다. 그러나 브리타니아의 브르타뉴인들 중에 로마인들이 오기 전에도 대륙 브르타뉴의 남쪽에 와서 정착한 사람들도 있었고, 영불 해협의 양쪽 편 사이에는 수 세기 동안의 끊임없는 교류가 있었으므로 이주를 위한 준비는 이전부터 갖추어져 있었다. 이주는 10세기까지도 이어졌는데, 이로 인해 영국의 켈트족과 갈리아의 켈트족 사이의 상호 이해를 위한 조건들이 오랫동안 유지될 수 있었다.[145]

라틴어와 마주한 브르타뉴어

브르타뉴어가 견고하게 그리고 지속적으로 갈리아 북서부 지역에서 정착할 수 있었던 것은 두 가지 중요한 이유 때문이다. 많은 수의 섬 지역 브르타뉴인들이 이 지역에 정착한 것과 그들의 로마화 정도가 낮았다는 점이다. 렌느, 낭트, 반느, 코르쉴 등 큰 도시에서는 라틴어가 지배적이었고 주변 농촌들에서는 아마도 두 언어를 사용했던 것 같지만, 서쪽 지역에서는 큰 주거 밀집 지역의 주변에 있는 몇몇 한정된 지점들에서만 라틴어를 배웠다. 그리고 이 갈리아 북서부 지방에서는 극소수의 라틴어 새김글만이 발견되었다는 사실은 주목할 만하다.

프랑스어와 마주한 브르타뉴어

노르만인들의 침략으로 인해 9세기 말부터 브르타뉴어의 위축이 시작되었다. 10세기에 브르타뉴의 지도자들과 수도사들은 베리, 파리 지역, 피카르디 등지로 피신하였고, 그들이 돌아갈 때는 프랑스어 화자가 되어 있었다.[146]

그렇지만 12세기 중엽까지 나라를 통치한 것은 브르타뉴어를 사용하는 왕조였다. 그 시기 이후로는 모든 브르타뉴의 군주가 프랑스어 사용자였다. 그러나 9세기부터 12세기까지의 기간 동안에는 브르타뉴에 이중 언어를 사용하는 중간 지대가 있었다(아래 지도 '세 개의 브르타뉴' 참조).

아마도 그 혼합 지대에서 브르타뉴 지도층의 프랑스어화가 시작되었을 것이다. 12세기 말에는 '혼합 지대'에서 브르타뉴어가 사용되지 않게 되었지만 서쪽에서는 그 언어가 살아 있었다. 일관된 형식의 문학어가 고수되고 있던 음유 시인 학교에서는 그 당시에 라틴어를 가르쳤지만 브르타뉴어를 매개로 한 교육이었다.

세 개의 '브르타뉴'

브르타뉴어는 오늘날 브르타뉴 전통을 간직한 브르타뉴 지역에서 4개의 방언 형태로 사용되는데, 옛날에는 렌느 주변까지 확산되어 있었다. 9세기부터 19세기 사이에 경계선이 서쪽으로 상당히 후퇴했지만 100여 년 전부터는 경계선이 거의 변하지 않았다. 그래서 가는 선 음영으로 표시된 가운데 지역은 오랫동안 이중 언어 지대로 남아 있었다. 그 동쪽 지역에서는 브르타뉴어가 사용된 적이 전혀 없었다.

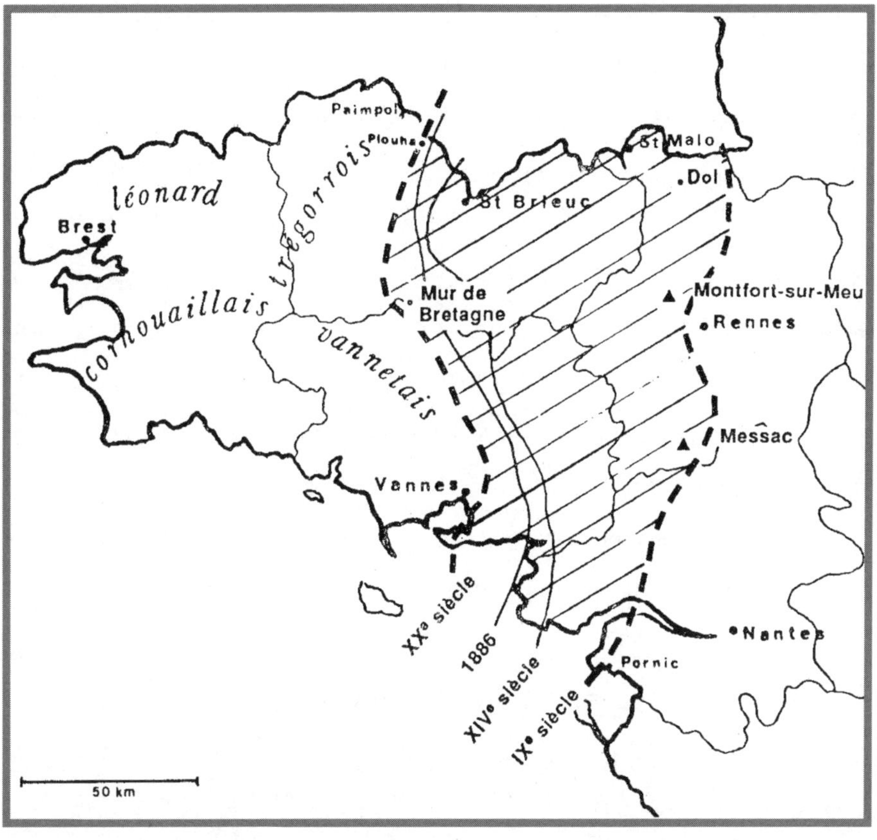

Brest 브레스트 cornouaillais 코르누아이유 방언 Dol 돌 léonard 레옹 방언 Mur de Bretagne 뮈르드브르타뉴 Messac 메삭 Montfort-sur-Meu 몽포르쉬르뫼 Nantes 낭트 Paimpol 팽폴 Plouha 플루아 Pornic 포르닉 Rennes 렌느 St Brieux 생브리외 St Malo 생말로 trégorrois 트레고르 방언 Vannes 반느 vannetais 반느 방언 IXe siècle 9세기 XIVe siècle 14세기 XXe siècle 20세기

브르타뉴어 권역의 어제와 오늘

가장 크게 확산된 시기, 즉 10세기에는 브르타뉴어가 생말로에서 몽포르쉬르뫼와 메삭을 거쳐 게랑드 반도를 연결하는 선의 서쪽 지역에서 사용되었다. 8세기 만에 그 언어적 경계선은 북쪽에서는 약 100킬로미터, 남쪽에서는 약 50킬로미터 후퇴하였고, 오늘날에는 그 경계선이 팽폴에서 뮈르드브르타뉴를 거쳐 반느로 이어지고 있다.

17세기까지는 브르타뉴어가 적어도 서부 지역에서는 모든 사회 계층에서 영예로운 언어로 남아 있었는데, 특히 프랑스 대혁명 이후에는 그 명예가 약해지기 시작하였다.[147] 그 시기의 브르타뉴어의 언어적 경계선에 대한 자세한 내용은 1806년 코크베르 드 몽브레의 의해 이루어진 조사를 통해 알려져 있다. 경계선은 14세기 이래로 거의 후퇴하지 않았고, 1886년에도 14세기의 한계선이 대체로 유지되고 있었다. 더 최근의 조사들(1981년)에서도 그 경계선들이 확인되었다. 현재는 경계선이 더 이상 후퇴하지 않지만 브르타뉴어 화자의 수는 줄어들고 있다(아래 상자 글 '브르타뉴어에 관한 몇몇 수치' 참조)[20세기에는 브르타뉴어 화자의 수가 계속 줄어들었지만 2000년 이후 조금씩 회복되고 있으며 2018년 통계에 따르면 바스브르타뉴 지역에 207,000명의 브르타뉴어 사용자가 존재한다].

오트브르타뉴 대학교의 페르 드네 교수에 따르면 오늘날 '농촌에서 사용되는 언어는 현장에서 질식사할 치명적 위험에 처해 있다'.[148]

브르타뉴어에 관한 몇몇 수치들

팡슈 브루딕(Fanch Broudig, FR3 언론인)이 바스브르타뉴의 150만 주민 중 선정된 1000명의 표본에 대해 실시한 조사에 따르면, 1991년에는 브르타뉴어를 이해하는 사람이 650,000명이었고 그중에 250,000명은 그 언어를 구사할 수도 있었다. 주민의 77%는 브르타뉴어 교육에 대해 찬성하였다.

라디오 방송(1991년)

– Raio Bretagne–Ouest: 하루 약 2시간 (1만에서 2만 명의 청취자?)

- Radio **Kreiz Breizh**(지역 방송국): 하루 약 2.5시간
- Radio **Bro Gwened**(모르비앙 일대에 방송하는 지역 방송국): 하루 2시간

텔레비전 방송(브르타뉴 및 페이드루아르 지역 FR3)

- 뉴스: 하루 5분, 매주 5일
- 정기 프로그램 등: 매주 토요일 1시간, 즉 1년에 도합 약 75시간의 브르타뉴어 TV 방송을 함.[149]

Barzaz-Breiz는 사기가 아니었다

그렇지만 유구한 시적 전통을 가진 이 언어를 되살리기 위한 운동이 시작되었다. 1839년에 에르상 드 라빌마르케 자작이 아르모리크 지역 민속 노래 모음집 'Barzaz-Breiz'('브르타뉴어 시 모음집')를 출판함으로써 브르타뉴어 단어를 말하는 아이들을 벌주던 교사들에 의해 버림받은 그 언어에 새로운 활기를 주었다.[150]

라빌마르케의 모음집은 커다란 감동을 불러일으켰고 브르타뉴 지식인들 사이에서 큰 호응을 받았다. 지식인들은 그 모음집을 높이 평가되는 시들의 오래된 표현 도구인 브르타뉴어로 글을 쓰라는 부추김으로 받아들였다. 반세기 전 맥퍼슨의 방식으로 저자는 다시 발견된 수 세기 전 이름없는 저자들의 작품들이라고 소개하면서 브르타뉴어 시가들을 알렸다. 다만 맥퍼슨과 달리 그는 그것들을 번역본이 아니라 브르타뉴어로 출판하였다. 라빌마르케는 자기 출판물의 근거가 된다고 말한 자료들을 제시하는 것을 항상 거부하였으므로 그를 헐뜯는 사람들이 많았다. 그 가운데 일부는 그의 브르타뉴어 지식이 상당히 빈약하다고 생각했고, 심지어 그 자신이 그 글들을 프랑스어로 쓴 다음에 브르타뉴어로 번역했으며, 그것도 상당히 잘못 번역했다고 비난하였다.[151]

실제로는 그가 18세부터 77세까지 그의 전 생애 동안 진정한 수집 활동을 지속하였다는 것이 최근 한 서적에서 입증되었다. 그 책은 1964년 그의 후손들 중 한 명에 의해 발견된 그의 현장 수첩 세 권을 분석하고 있는데, 그 수첩들에서는 라빌마르케가 실제로 브르타뉴어를 일상적으로 사용한 것으로 보인다.[152]

언어적 세분화

브르타뉴어가 오늘날 생존하는 데 어려움을 겪는 이유 중 하나는 틀림없이 그 언어의 세분화이다. 전통적으로 브르타뉴 방언으로는 다음 4가지가 있다고 본다.

코르누아이유 방언(브르타뉴어로 Kerne): 피니스테르 남부, 코트다르모르와 모르비앙의 일부.
레옹어: 피니스테르 북부.
트레고르어: 코트다르모르.
반느어: 반느 지방.

앞쪽의 세 방언을 KLT(Kerne–Leon–Treger)이라는 약자로 묶고, 반느 방언은 그 방언들과 따로 분류한다. 그렇게 분류하는 데는 다음과 같은 두 가지 주요한 이유가 있다.

- KLT에서 [z]로 발음되는 것이 반느어에서는 [h]로 발음된다(영어나 독일어의 h처럼)
- KLT에서는 강세가 마지막에서 두 번째 음절에 위치하지만 반느어에서는 마지막 음절에 주어진다(아래 상자 글 '누구도 불만을 품지 않게 하기 위한 BZH' 참조).

반느어의 문법과 어휘는 다른 세 방언들의 문법 및 어휘와 분명하게 구별된다는 점도 추가할 수 있다. 이 모든 이유로 반느어는 대륙 갈리아어의 잔재인 반면에 나머지 세 방언들은 섬 지역 켈트어와의 뚜렷한 유사점들을 보존하고 있다는 가설이 제시된 바 있다.

누구도 불만을 품지 않도록 하기 위한 BZH

일부 자동차나 광고물에서 보게 되는 Bzh[브르타뉴를 가리키는 약자]라는 약자는 행인을 의아하게 만든다. 마지막 두 글자의 이상한 연속은 사실은 다양한 브르타뉴 방언들 사이에 존재하는 대립에 대한 화해 시도의 결과물이다. 브르타뉴라는 이름이 코르누아이유, 레옹 및 트레고르 지방에서는 Breiz이지만 반느 방언에서는 Breth로 발음된다.

Breizh라는 표기는 앞서 언급한 세 지역 방언의 z와 반느 방언의 h를 동시에 고려하기 위해 만들어진 것인데, 그럼에도 불구하고 모든 관련자들을 만족시키지 못했고 브르타뉴어 정서법 전쟁은 계속되고 있다.

정서법 전쟁

브르타뉴어의 현대 정서법의 기초는 1659년 예수회 신부 쥘리앙 모누아르가 새로운 정서법을 사용한 문법서와 브르타뉴어-프랑스어 사전을 출판함으로써 확립되었다. 그 덕분에 c'h라는 표기가 생기게 되어 ch가 프랑스어처럼 발음되는 ar chik('턱') [프랑스어에서 ch는 [ʃ]로 발음됨]와 c'h가 스페인어 호타(jota)[스페인어 문자 j의 이름으로 [r]과 비슷하지만 목에서 긁듯이 발음됨]나 독일어 아흘라우트(Achlaut)[독일어에서 모음 a, o, u 다음에 오는 ch 발음으로 [x]로 표기됨]처럼 발음되는 ar c'hik('고기') 사이의 차이를 나타낼 수 있게 되었다. 선행 모음의 비음화를 표시하기 위한 이중 철자 ff를 포기하기로 결정한 것도 모누아르 신부이다. 그래서 가문 이름인 Hénaff는 옛날 표기를 보존하였지만 그것의 본래 발음은 Hénan인 것이다.

비교적 비슷한 세 변이체들, 즉 코르누아이유, 레옹 및 트레고르의 방언들을 통일할 목적으로 19세기에 많은 노력들이 기울여진 바 있다. 그로 인해 이미 언급한 것처럼 반느어를 고려하지 않은 KLT라는 약자가 생긴 것이다. 1941년에는 어느 작가 단체에서 KLTG라는 약자 아래 네 개의 변이체들을 결집시켰다. 그 약자는 세 브르타뉴어의 이름인 Kerne, Leon, Treger와 반느 브르타뉴어의 이름인 Gwened의 첫 글자들로 이루어져 있다. 통합 지지자들은 그것을 brezhoneg peurunvan('완전히 통합된 브르타뉴어')이라고 명명하였지만 모든 사람들이 그것을 'zh 브르타뉴어'라고 불렀는데, 그 이유는 그것의 가장 분명한 특징이 일부 방언에서의 [z] 발음과 다른 방언에서의 [h] 발음을 고려하는 zh 표기이기 때문이었다.

1956년에 대성당 참사회원인 프랑수아 팔크는 이른바 '대학 정서법'이라는 새로운 정서법을 제안하였고, 이로써 오늘날 네 개의 공식 정서법이 존재하게 되었다. KLT 정서법, KLTG(또는 zh) 정서법, 대학 정서법 또는 팔크 정서법, 그리고 반느어 정서법이다.

현재 두 개의 경쟁하는 브르타뉴어 문학 단체가 존재하는데 그것들은 무엇보다 채택하고 있는 정서법에 따라 구별된다.

– Emgleo Breiz('브르타뉴 문화 재단'): 대학 정서법을 권장함(브레스트 대학교).
– Kuzul ar Brezhoneg('브르타뉴어 평의회'): zh 정서법을 선호함(렌느 대학교).[153]

오늘날의 켈트어들

오늘날의 켈트어들은 유럽의 서쪽과 북서쪽 끝에 격리된 채 아일랜드어, 스코틀랜드 게일어, 맹크스어 그룹과 웨일스어, 콘월어, 브르타뉴어 그룹이라는 두 가지 기원의 그룹을 존속시키고 있다.

그러나 그 변이체들 각각은 자신의 역사가 있었고 독자적 특징을 가지고 있다. 아일랜드어가 제1공식어의 지위에 올랐다면, 웨일스어는 가장 많은 활력을 유지하였고 고통없는 표준화를 이루었으며, 맹크스어는 섬이라는 특성 덕분에 아마도 켈트어 어법을 가장 잘 보존하였다. 그러나 맹크스어는 1974년 마지막 모국어 화자와 함께 소멸되었고, 오늘날은 현장에서 녹취된 자료들 덕분에 교육이 이루어지고 있다. 콘월어는 약 2세기 전부터 더 이상 일상어가 아니지만 일종의 회생을 경험하고 있으며, 심지어 젊은 층에서도 호응하고 있으나, 전반적으로 글로만 전해진 옛날 언어 상태에 바탕을 두는, 좀 더 문학적인 방식으로 교육이 이루어지고 있다.

브르타뉴에서는 언어의 세분화 때문에 또 다른 상황이 전개되어 있다. 브르타뉴어는 수 세기 동안 라틴어의 영향력에 맞서고, 그 다음에는 프랑스어의 영향력에 저항하면서 살아남을 수 있었지만, 웨일스어와 반대로 브르타뉴어는 변이체들 중 어느 것도 권위 있는 어법으로 인정받는 데 성공하지 못하여 어려움을 겪고 있다. 브르타뉴 전통을 지켜가는 사람들 가운데는 오늘날 자신들의 '켈트적 고유성'을 다른 방식으로 실천하는 두 그룹이 존재한다.

첫 번째 그룹은 2만 명 가량의 크지 않은 고학력자 집단으로서 브르타뉴어의 표준화에 대한 필요성을 인식하고 있다. 그들은 청소년기가 되어서야 브르타뉴어를 배웠고 그 언어의 인정과 교육 그리고 보급을 위해 활동하고 있다. 두 번째 그룹은 5만 명이라는 주장이 제시될 정도로 훨씬 더 수가 많지만 그 수는 빠르게 줄어들고 있다. 그 그룹은 지역에 따른 차이점들이 더 두드러져 있는 고연령대 농민층으로 이루어져 있다.[154] 첫 번째 그룹 사람들의 활발한 활동이 임박한 브르타뉴어 해체 과정에 제동을 거는 데 성공할 수 있을까?

브르타뉴어 교육

초등 및 중등교육

- 1978년에 창립된 디완(Diwan) 학교에서 브르타뉴어 조기 교육이 시행되고 있다. 1991년에는 현재 22개 학교에 822명의 학생이 있다[2019년 디완 학교에 다니는 학생들의 수는 4,307명임].
- 이중 언어 교육: 1991년에는 유치원생 300명을 포함하여 545명의 학생들이 13개의 이중 언어 학교에 나누어져 있었다[현재 이중 언어 교육 학교의 수는 400개 이상이며 2015년 재학생 수는 16,000명을 넘어섰다].
- 브르타뉴어는 파리, 크레테이유 그리고 베르사이유의 여러 고등학교에서 교육되고 있다.

고등교육

1991년 현재 약 400명의 학생들이 정규 교육과정이 있는 렌느의 오트브르타뉴 대학교에 등록되어 있다, 이곳에는 1981년부터 브르타뉴어 학사 과정, 1986년부터 CAPES('중등 교원 자격증') 과정, 1989년부터 DEUG('대학 교양 과정 수료증') 과정이 개설되어 있다.

몇십 명의 학생들이 서 브르타뉴 대학교(브레스트) 및 파리3 대학교와 파리8 대학교에도 등록되어 있다.

제4부

라틴어에서 분기한 언어들

제4부

라틴어에서 분기한 언어들

라틴어를 중심으로

라틴어, 다양하게 발달한 언어

켈트어들의 말소리들은 과거에 유럽 전역에 울려 퍼졌지만 오늘날 대서양 연안을 벗어나면 더 이상 울리지 않고 있다. 반면에 로마인들의 언어가 경험한 운명은 그와 달라서 오늘날에도 여전히 그 운명의 결과들이 체감되고 있다.

그렇지만 기원전 8세기 중엽에 테베레강의 늪지 유역이며 라티움 한 가운데의 보잘것없는 통행지에 불과한 마을들에 정착한 농경 민족의 언어에 대해 어떤 특별한 운명을 예견하게 해주는 것은 아무것도 없었다. 그것은 모순으로 가득찬 운명이었다. 식자어 및 문어 형태로서의 라틴어는 수 세기 동안에 서구 문화의 언어가 되지만, 그것은 키케로 시대에 가지고 있던 형태 속에 영원히 고정된 언어였으며, 따라서 이미 거의 죽은 언어였다. 반면에 일상적이고 무엇보다 순수한 구어 형태로서의 라틴어는 변화 과정을 겪고 다양화되어 로망스 어파라는 큰 언어 집단을 탄생시키게 되었다. 거기에는 이탈리아어, 스페인어, 포르투갈어, 프랑스어, 루마니아어 외에도 카탈로니아어, 프로방스어, 랑그독어, 레토로망어, 코르시카어 및 발론어, 베네토어, 시실리아어 등도 포함된다.

그러나 그 이전에 라틴어는 파란 많은 수백 년의 역사를 헤쳐 나왔는데, 그 역사가 초기에는 로마 역사와 구분되지 않는다.

지리적, 역사적 상황들

역사학자들은 로마의 건국이 기원전 753년까지 거슬러 올라간다고 보는 데 이견이 없다. 그런데 그 시기에 로마의 상황은 매우 위태로웠고 이탈리아 반도를 당시에 지배하던 두 강국들 사이에서 압박을 받았다. 한쪽에는 찬란한 에트루리아 문명이 있었고, 다른 쪽에는 위세가 덜하지 않은 그리스 식민지가 남부에 있었다(112쪽 지도 '로마 이전의 이탈리아' 참조).

긴밀한 상업적 관계를 유지하고 있던 두 강국들 사이에서 불편한 지리적 상황에 직면하여 로마는 사라지거나 아니면 힘을 더 키울 수밖에 없었다. 테베레강이 통행지의 가능성을 제공하는 장소라는 위험하면서도 이점이 있는 상황을 활용하여 로마는 결국 방해되는 이웃들을 복속시키는 데 성공하였다.

로마, 전설과 역사 사이

로마의 역사는 왕자와 여신이 나오는 동화처럼 시작되었고 전설적인 사건들과 역사적 사실들이 뒤섞이면서 이어졌다.

- 아에네아스: 트로이 왕자와 사랑의 여신 비너스의 아들로서 그리스를 떠나 이탈리아에 와서 정착함.
- 테베레 강변에 버려진 두 갓난아이(로물루스와 레무스): 기적적으로 늑대가 그 아이들을 구하여 젖을 먹여 키움.
- 형제를 죽이는 사건(로물루스가 레무스을 죽임).
- 로마의 건국(로물루스가 기원전 753년 로마 최초의 왕이 됨).

로마 이전의 이탈리아

로마의 건립(기원전 753년) 이전에 이탈리아의 땅에는 매우 다양한 기원의 종족들이 모여 있었는데, 그들은 점진적으로 로마의 지배에 복속되었다. 기원전 8세기 중에 에트루리아인들이 먼저 테베레강과 아르노강 사이에 정착했고 그리스인들은 이탈리아 반도 남부와 시칠리아에 식민지를 건설하였다.[155]

Capoue 카푸아 Cumes 쿠마에 Étrusques 에트루리아족 Extension étrusque au VIe siècle avant J.-C. 기원전 6세기 에트루리아의 지배 범위 Gaulois 갈리아족 Grecs 그리스인 Latins 라틴족 Ligures 리구리아족 Ombriens 움브리아족 Osques 오스크족 Régions de colonisation grecque 그리스 식민지 지역들 Rhètes 라이티아족 Rome 로마 Sabins 사비니족 Vénètes 베네티족

- 도시의 인구를 늘리기 위한 처녀들의 유괴(사비니 여인들의 납치).
- 대규모 배수로 공사(클로아카 막시마 '대형 하수구'): 로마의 공적 활동의 중심지인 포룸의 습한 평야에 물이 빠지도록 해줌.
- 공화정을 확립하는 혁명(기원전 509년).

진정한 로마의 부상이 시작된 것은 기원전 6세기부터이며 뒤이어 정복된 영토의 대부분에 로마의 언어가 전파되었다.

공화정은 5세기 동안 지속되었다(기원전 6세기에서 1세기까지). 공화정은 제정으로 이어졌으며, 제정 역시 서로마 제국의 몰락까지(서기 476년) 5세기 동안 지속되었다. 동로마 제국은 천 년 가량 더 지속되었으며, 동로마 제국의 붕괴(1450년)는 중세의 종료를 나타내는 사건이 되었다(아래 상자 글 '로마의 확장: 주요 연도들' 참조).

로마의 확장: 주요 연도들

-753	팔라티누스 언덕에서 로마가 건국되고, 이어서 사비니 여인들을 납치함.
-616~-509	에트루리아계 왕들인 타르퀴니우스 부자의 통치. 클로아카 막시마의 건설.
-509	교만왕 타르퀴니우스의 추방. 공화정의 탄생.
-390	갈리아족의 침입. 그들은 로마를 불태웠지만 격퇴됨.
-312	로마 최초의 도로인 아피아 가도가 로마에서 카푸아 사이에 건설됨.
-241~-238	시칠리아, 사르디니아, 코르시카를 차례로 정복하여 로마 속주로 편입시킴.
-197	스페인 정복.
-191	알프스 이편 갈리아(이탈리아 북부) 정복.
-167	일리리아(아드리아해 북부 해안) 정복.
-148~-146	마케도니아와 그리스 정복.
-146	아프리카 원정(튀니지).
-120	알프스 건너편 갈리아(나르보넨시스 속주) 정복.
-58~-50	갈리아 북부 정복.
-15	라이티아(그리종, 티롤, 롬바르디아) 정복.
+43~+49	최초의 잉글랜드 원정.
+106~+124	다키아(오늘날의 루마니아) 정복.[156]

농민들의 언어

라틴어가 식자어의 원형 자체가 된 지 수 세기가 지난 오늘날에는 라틴어가 기원전 3세기까지도 농민, 상인 그리고 병사들의 언어에 불과하였고, 그때까지는 법적 또는 실생활용 서식들만을 기록하는 용도로 사용되었다는 것을 상상하기 어렵다.

그렇지만 주의깊게 라틴어 어휘를 검토해 보면 농사가 그들의 주된 활동이었음을 비유적으로 보여주는 특징들이 그 언어에 풍부하다는 것을 알아낼 수 있다. 예를 들어 CERNERE('구별하다') 동사는 최초의 의미가 '체로 거르다'이고, AGRICOLA('경작자')에서 알아볼 수 있는 COLERE는 '경작하다'와 '살다'를 동시에 나타내며, PUTARE는 처음에 '쓸데없는 가지를 잘라내다'는 의미였다가 나중에 '추정하다, 세다'를 뜻하게 되었다.[157]

DELIRARE라는 동사, RIVALIS, FELIX, PAUPER 등의 형용사, LUXUS라는 명사처럼 첫눈에는 시골적이지 않은 단어들에서도 농촌의 삶을 알아볼 수 있다.

DELIRARE는 '밭고랑'을 가리키던 LIRA를 기초로 구성되었으며, 엄밀하게 말하자면 '밭고랑에서 나오다'는 의미였다. 나중에 이 동사가 '직선에서 벗어나다'라는 더 추상적 의미를 얻었고, 거기서 '탈선하다', 그리고 '흥분하다'라는 뜻이 생겼다.

형용사 RIVALIS는 라틴어에서 동일한 RIVUS('강)를 사용하여 자신의 밭에 물을 보낼 권리가 있는 사람을 가리키는 완전히 실제적인 의미를 가지고 있었다. 이 말은 처음에는 법적인 영역에서만 사용되었고 나중에 오늘날 우리가 로망스어들에서 알고 있는 의미, 즉 '경쟁자'라는 확장된 의미를 가지고 일반적 언어로 들어왔다.[158]

형용사 PAUPER('가난한')는 처음에는 '소출이 적은'이라는 의미로 농작물에 한정되어 사용되었다. 이 형용사의 반대말은 형용사 FELIX('풍요한, 행복한')인데, 그것은 FECUNDUS('비옥한, 다산(多産)의')와 가까운 말이다. FELIX는 유방을 가리키는 옛 단어를 기반으로 만들어졌으며, 그래서 그 단어의 최초 의미는 '생산하는'이었다. 그 다음에 그 말은 '신들의 총애를 받는, 행복한'이라는 의미로 특화되었다.[159] 그러한 의미의 FELIX를 이탈리아어 felice 또는 스페인어 feliz에서 찾아볼 수 있다.

마찬가지로, LUXUS는 본래 과도하게 자라고, 또한 그 때문에 수확에 해로운 식물에 적용되는 말이었다. 그 다음에 식물의 '무성함'으로부터 '사치'라는 더 일반적인 개념으로 옮아갔으며 라틴어에서는 그 의미의 경멸적 뉘앙스가 항상 유지되었다.

책과 시에 관련된 어휘에 대하여도 역시 농촌을 떠올려야 하는데, 왜냐하면 페이지(page), 시(vers), (신문의) 난(欄, rubrique), 책(livre) 자체 등을 가리키는 말들이 처음에는 농촌 사회에 적용되던 것들이었기 때문이다. 프랑스어 page가 생기게 해준 PAGINA라는 단어는 처음에는 포도나무 그늘막, 즉 장방형을 이루는 포도나무 정렬체를 가리키는 농업 용어로 시작되었다. 그것이 그 다음에 파피루스의 면, 더 정확하게는 한 장에 한 단의 글만 포함하고 있는 면을 가리키게 되었다.[160] VERSUS('시, 행, 밭고랑')라는 단어는 본래 매우 평범한 의미로서 반대 방향으로 밭고랑을 만들 수 있도록 '밭의 끝에서 쟁기를 되돌리는 것'을 뜻하였다. 이렇게 이 말이 그 뒤에 은유를 통해 밭의 고랑처럼 페이지에서 나란하게 반복되는 모든 글의 행을 가리키고, 그리고 결국에는 시(詩)를 가리킬 수 있었는지 쉽게 짐작할 수 있을 것이다. 그 말의 시골스러운 어원은 오늘날에는 잊혀졌지만 로마인들의 시대만 해도 명백하게 인식되었다.[161]

LEGERE 동사의 본래 의미인 '따다, 채취하다'에서 어떻게 '읽다'라는 의미가 생기게 되었는지를 상상하는 것은 더 어렵다. 아마도 '읽다'까지 도달한 이유를 이해하려면 LEGERE OCULIS, 달리 말해서 '눈으로 따다'와 같은 표현을 거쳐온 것으로 보아야 할 것이다.[162]

프랑스어 rubrique('(신문의) 난')이 생기게 한 RUBRICA도 땅에 매우 가까이 있는 말이다. 그것은 국법의 제목이나 조항들을 적는 데 사용되던 붉은 흙이었으며, 그렇게 하여 흰색으로 칠해진 판(ALBUM)에 기록되던 법원 판결들과 구별할 수 있었다.[163] 마지막으로, 라틴어에서는 책(프, 'livre') 자체가 어떻게 보면 나무에 근원을 두고 있다(아래 상자 글 '나무와 껍질 사이, 책' 참조).

나무와 껍질 사이, 책

라틴어에서 LIBER라는 단어는 처음에 '책'이 아니라 나무와 나무의 외부 껍질 사이에 있는 식물 조직을 가리켰다. 이집트에서 수입된 파피루스를 채택하기 전에는 그 목질 층 위에 글을 썼다. 그 다음에는 조각들을 서로 붙여서 하나의 긴 종잇장을 만들어 썼으며, 사람들이 그 종잇장을 둘둘 말아서 사용하면서 VOLUMEN('수사본 두루

말이')이라는 것이 만들어졌는데, 그 단어는 VOLVERE('감다')라는 동사로부터 형성된 것이다.

페르가몬에서 여러 세기 전부터 사용하던 양피지 내지 페르가몬 종이(PERGAMENA)라는 새로운 재질이 로마 세계에 널리 퍼진 것은 기원전 3세기 무렵이다.[164] 염소, 양, 심지어 송아지 가죽으로 만들어지는(그래서 '독피지'(vélin)라는 말이 생김) 양피지는 훨씬 더 튼튼하여 둘둘 마는 대신에 책을 낱장들로 엮을 수 있게 되었다.[165]

이러한 과정을 거쳐서 말던 것, 즉 '두루말이 책'(volume)에서 낱장들이 넘겨지는 것, 즉 '책'(livre)으로 옮겨갔다.

로마 숫자, 목동들의 발명품

라틴어 수 표시법도 농촌 기원을 가지고 있다. 로마 숫자는 I, V, X, L, C, D, M 등의 글자들과 혼동되어 한눈에 드러나지는 않는다. 실제로 로마인들은 숫자들을 가리키는 단어의 첫 자음들을 사용하면서 숫자들을 자신들의 알파벳에서 따온 듯한 느낌이 드는데, 이는 다음 경우에 분명해 보인다.

C = CENTUM(100)
M = MILLE(1000)

그러나 V(5), X(10), L(50) 그리고 D(500)를 첫 자음으로 갖는 라틴어 단어들이 무엇이었는지 알아내기는 매우 어려울 것이다. 왜냐하면 그런 단어들이 존재한 적이 없었기 때문이다.

이 숫자 표시 체계의 아주 오래된 기원으로는 나무 막대에 홈을 파서 자신의 염소들의 수를 기록하던 로마 목동을 상상해야 한다. 첫 염소에 대해 한 개, 두 번째 염소에 대해 또 한 개, 이렇게 계속되었다. 그러나 사람 눈의 직접적 지각은 일반적으로 네 개의 분리된 요소들을 넘지 않으므로 5에 해당하는 홈은 좀 달라야 할 필요가 있었다. 그것이 5를 나타내는 V, 그리고 10을 나타내는 X(두 개의 V로서, 하나가 다른 것 위쪽에 있고 아래에 있는 것은 뒤집혀 있음)의 기원으로 보인다.[166]

로마 숫자 L, C, D, M 등의 기원은 더 많은 고려가 포함된 훨씬 더 복잡한 것이다. 그 숫자들은 라틴어 알파벳에 사용되지 않았던 세 개의 그리스어 글자의 연속된 변형의 결과로 설명된다. L은 프시(Ψ)에서, C는 세타(Θ)에서, 그리고 M은 파이(Φ)에서 나왔다. D(500)는 M(1000)의 절반 값을 나타내는데, 이 글자가 실제로 그리스어 Φ 기호의 오른쪽 반으로 이루어져 있다는 것을 상기하면 그 숫자의 기원이 이해될 수 있을 것이다.[167]

하나의 연도에 대한 12개 숫자

로마인들은 0을 알지 못했고, 따라서 그들의 수 체계는 전혀 경제적이지 않았다. 고전 라틴어 수는 다음과 같이 I, V, X, L, C, D, M 등 7개의 다른 글자들을 더하는 방식으로 만들어졌다.

I	II	III	IIII	V	VI…	X…	XX…	L…	C…	CC…	D…	M
1	2	3	4	5	6…	10…	20…	50…	100…	200…	500…	1000

크리스토프 콜럼버스가 미국을 발견한 연도인 1492를 표시하려면 다음과 같이 써야 한다.

M CCCC LXXXX II

그 뒤에 빼기를 도입한 더 경제적인 체계에서 IIII(4)가 IV(5−1)로 되었고, LXXXX(90)는 XC(100−10)라는 축약된 형태를 취하였다.

이처럼 부담이 덜어진 표기 방식으로는 1492가 로마 숫자로 다음과 같이 된다.

M		= 1000
CD	(500−100)	= 400
XC	(100−10)	= 90
II	(1+1)	= 2
X CD XC II		= 1492

이와 같이 12개 숫자에서 7개 숫자로 바뀌게 되었다. 진보가 뚜렷하게 보이지만 현재 우리가 사용하는 네 자리 숫자와는 아직 차이가 크다.

여러 요소가 붙는 이름

로마인들의 이름도 언제나 매우 길었다. 에트루리아인들에게서 물려받은 것으로 보이는 관습에 따라 모든 로마 시민은 다음과 같은 세 개의 (때로는 네 개의) 이름을 가지고 있었다.[169]

1. **praenomen**('개인 이름')은 태어날 때 받은 이름이다. 이 이름은 20개 가량만 알려져 있으며 일반적으로 단순히 첫 글자 형태로 기록된다.[170]

A.	= AULUS	N.	= NUMERUS
AP(P).	= APPIUS	P.	= PUBLIUS
C.	= CAIUS	Q.	= QUINTUS
CN.	= CNAEUS	S(EX).	= SEXTUS
D.	= DECIMUS	SER.	= SERVIUS
L.	= LUCIUS	SP.	= SPURIUS
M.	= MARCUS	T.	= TITUS
M.	= MANIUS	TI(B).	= TIBERIUS

다섯째 아이부터는 로마인들의 상상력이 더 이상 가동되지 못했던 것은 주목되는 점이다. QUINTUS('다섯째'), SEXTUS('여섯째'), 마찬가지로 SEPTIMUS('일곱째'), OCTAVUS('여덟쩨'), DECIMUS('열째') 등은 결국 자신의 자손에게 번호를 매기는 방식에 불과하다.

2. **nomen**('가문 이름')은 가족의 이름을 나타내었다. 이 이름은 일반적으로 JULIUS, CORNELIUS, TULLIUS 등과 같이 -ius로 끝난다.

3. **cognomen**('별명')은 본래 신체적 또는 직업적 특성을 나타내는 별명이었다. 이 이름은 한 개인을 더 정확하게 알아보게 해 주었으며, TORQUATUS('목걸이를 한 사람', 공훈이 있는 병사를 위한 훈장을 가리킴)처럼 명예로운 구별, 직업적 특징(RECENSIOR '감찰관'), 나이 표시(MAJOR '연장자'), 출신 지역(EMILIANUS '에밀리아 사람')이거나 신체적 또는 지적 특성에 대한 냉소적 빗댐일 수도 있었다.

BRUTUS	어리석은 사람	FLACCUS	귀가 축 늘어진
CAPITO	머리가 큰	NASO	코가 큰
CALVUS	대머리	PLAUTUS	평발의
CLAUDIUS	절름발이	STRABO	사팔뜨기
COCLES	애꾸눈이	VARUS	다리가 안쪽으로 휜 사람

별명들도 가족의 농민적 기원을 상기시키는 경우가 많다. 예를 들면 FABIUS (이 이름에서 FABA('잠두콩')를 알아볼 수 있다), LENTULUS(LENS, LENTIS('렌즈콩')에서 만들어진 이름), PORCIUS(PORCUS('돼지')에서 만들어짐), VITELLIUS (VITELLUS('어린 송아지')에서 만들어짐),[170]

4. 간혹 **두 번째 cognomen**을 덧붙였다. 예를 들면 CUNCTATOR('기회를 기다리는 사람') 또는 AFRICANUS('아프리카 사람') 등이 있다. 이러한 추가는 첫 번째 COGNOMEN이 가문의 분파 전체를 가리키게 된 경우에 필요할 수도 있었다.

다음은 고전기 라틴어 문필가 이름의 몇몇 예들이다.

PUBLIUS OVIDIUS NASO: 틀림없이 관심을 받을 만한 코를 가졌을 오비디우스의 풀네임[NASO: '큰코를 가진 자'].

QUINTUS HORATIUS FLACCUS: 호라시우스의 풀네임(그가 실제로 축 처진 귀를 가졌었을까?)[FLACCUS: '귀가 축 늘어진 자'].

CAIUS SUETONIUS TRANQUILLUS SILENTIUS: (평온하고도(프, tranquille) 조용한(프, silencieux)) 역사가 수에토니우스의 풀네임.

CAIUS PLINIUS SECUNDUS MAJOR: 대 플리니우스(그의 조카 소 플리니우스가 같은 이름을 가졌지만 그 이름은 MINOR('나이가 더 어린')로 끝남)의 풀네임.

MARCUS TULLIUS CICERO: 키케로의 풀네임으로서 아마도 자기 가족의 농민적 기원을 상기시키는 것 같다. 그의 이름은 MARCUS였고 TULLIA 가문에 속하였는데, 조상 중 한 사람이 얼굴에 무사마귀가 있지 않았다면, 가문의 한 분파가 이집트콩(CICERO) 재배에서 탁월하였을 것이다[CICERO는 '이집트콩'만이 아니라 그것과 형태가 닮은 '무사마귀'도 가리킨다].

상호적 정복

작은 농촌 촌락이었던 로마는 특히 기원전 6세기 에트루리아 출신 왕인 타르키니우스의 통치하에서 북쪽의 에트루리아 시장과 이탈리아 남부의 마그나그라이키아 시장 사이의 활발한 통행지가 되었다.[171]

로마는 이후 몇 세기 동안에 연이어 에트루리아인과 그리스인으로부터 자유롭게 되었고, 마찬가지로 현재의 이탈리아 북부 지방에 정착한 갈리아족, 그리고 이탈리아 반도의 다른 종족들로부터도 자유로워졌다. 기원전 3세기부터는 이탈리아 전역이 로마가 되었고, 기원전 2세기 중엽에는 로마의 지배권이 대단히 넓어지고 동쪽으로 크게 확장되었다. 그리스도 정복되어 로마의 속주가 되었지만 그리스는 그 과정에서 나름의 방식으로 저항하였다. 시인 호라시우스는 나중에 다음과 같이 말하였다.[172]

> GRAECIA CAPTA FERUM VICTOREM CEPIT, ET ARTES INTULIT AGRESTI LATIO...

쉽게 말하자면, "복속된 그리스는 거친 정복자를 지배하였고 시골스러운 라티움에 학예를 들여놓았다..." 이처럼 그리스인들의 학교에서 본보기를 배우며 교육을 받은 로마인들은 세련됨을 알게 되었고, 그들의 언어인 라틴어는 그 후로 생긴 그리스-로마 문화의 보편적 전달 도구가 되었다.

라틴어와 그리스어

그러나 라틴어가 지중해 세계의 나머지 지역에서 받아들여지기 전에는, 기원전 3세기와 특히 2세기 내내 로마 어디에서나, 서민 계층에서나 교양인 계층에서나, 그리스어를 말하는 소리가 들렸다. 이미 여러 세기 전부터 로마인들과 교역을 하기 위해 이탈리아 남부에서 온 그리스 상인들은 거래에서 그리스어를 사용했다. 이 습관은 그리스 정복 이후에도 지속되었고 그리스인 노예들이 로마에 오면서 더 강화되었다. 다른 차원에서 그리스 철학자들과 수사학자들은 사회의 가장 지적인 계층들에게 지배적인 영향력을 가지고 있었는데, 그 계층들에서는 라틴어가 아직 문화어가 아니

었다. 초기의 로마 산문 작가들은 그리스어로 글을 썼다.[173]

그렇지만 가장 오래된 그리스어 단어들은 그 교양있는 귀족층이 아니라 서민층에 의해 라틴어에 도입되었다. 그 단어들은 일상생활에 관련되는 것들이다.[174]

AER	'공기'
AMPHORA	'항아리'
AMPULLA	'가운데가 불룩한 작은 유리병', AMPHORA의 지소사
BAL(I)NEUM	'목욕'
CAMERA	'궁륭형 천장', 나중에는 '방'
CRAPULA	'취기'
SPAT(H)ULA	'숟가락의 일종', 나중에는 '견갑골'. 동일한 단어인 SPATULA에서 프랑스어 épaule('어깨')와 이탈리아어 spalla('어깨')가 나왔다.
ANC(H)ORA	'닻'
GUBERNARE	'배를 조종하다'

음식 어휘로는 다음과 같은 단어들이 있다.

CASTANEA	'밤'	MALUM	'사과'
OLIVA	'올리브'	CERASEUS	'체리'
OLEUM	'기름'	CAEREFOLIUM	'파슬리류'

더 추상적인 단어도 몇 개 있다.

POENA '몸값'
PUNIRE '벌주다, 복수하다'

플라우투스(기원전 254-184)의 희극에서는 그리스어 어휘를 가장 잘 사용하는 사람이 노예들과 하인들이다. 그것은 기원전 3세기와 2세기에 로마에서는 그리스어가 활발히 사용되었고, 또 사람들이 그 언어를 잘 알았음을 확인해 주는 증거가 된다. 왜냐하면 만약 어떤 희극 시인이 그리스어로부터 말장난의 익살스런 효과들을 이끌어낼 수도 있었다면, 그것은 일반 대중이 그 효과들을 이해하는 데 어려움이 없었다는 것을 전제로 하기 때문이다.

실제로 서기 2세기 말까지는 로마에서 진지한 활동을 할 때는 라틴어 어휘가 사용되고, 일상적 삶, 유흥, 그리고 상업 활동을 할 때는 그리스어 어휘가 사용되었다.

굴복한 종족들의 언어들

서기 2세기 전성기 시점에 로마 제국은 대서양에서 카스피해까지 확장되었다(123쪽 지도 '전성기의 로마 세계(서기 2세기)' 참조). 그리고 라틴어가 그 당시에 로마화된 세계 전역에 전파되었다. 그렇지만 로마는 팽창하는 동안에 결코 자신의 언어를 강요하거나 굴복한 종족의 언어를 배척하는 행동을 하지 않았다.

이베리아어: 기원전 1세기 말까지 사용되었을 가능성이 높다.

오스크어: 적어도 서기 1세기 말까지는 사용되었다고 추정된다. 폼페이에서 오스크어로 된 새김글이 서기 79년 베수비오 화산 폭발로 인해 화산재로 뒤덮힌 상태로 발견되었기 때문이다.

갈리아어: 포강 유역에서 서기 3세기 무렵까지 사용되었다.

페니키아어: 아프리카 북부에서 성 아우구스티누스 시대(서기 4세기–5세기)까지 사용되었다.[175]

라틴어 어휘에는 지역적 기원을 드러내는 요소들이 많다.

GUBIA('둥근 정, 끌')는 이베리아어에서 차용된 것으로 보인다.

BOS, BOVIS('황소') 및 POPINA('주점'), PERTICA('장대') 등은 오스크–움브리아어에서 차용된 것으로 보인다.[176]

MULTA('벌금'), ASINUS('당나귀'), CASEUS('치즈') 및 CONSUL 등은 사비니어에서 유래하였다.

INFERIOR('아래의')와 CASA('오두막집')는 로마가 아닌 시골의 어법에서 유래하였다. ANAS와 ANATIS('오리'), ANSER와 ANSERIS('거위'), LUPUS('늑대'), FENUM('건초'), FURCA('쇠스랑') 등도 마찬가지이다.[177]

전성기의 로마 세계(서기 2세기)

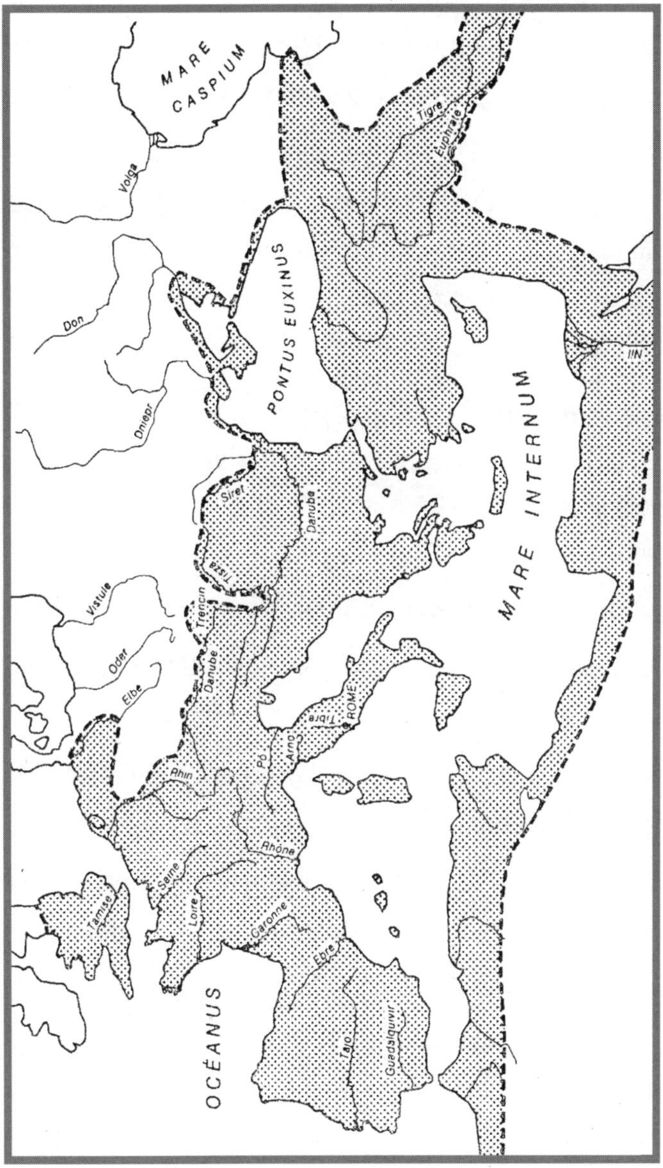

최대로 확장된 시기에(서기 2세기) 로마 제국은 지중해를 완전히 둘러싸고 있으며, 로마인들 지중해를 Mare internum 또는 Mare intestinum('내해(內海)'), 아니면 Mare nostrum('우리 바다')이라고 불렀다. Mare Mediterraneum('땅 가운데의 바다')라는 표현은 서기 3세기, 로마 지리학자인 솔리누스의 저서에 처음 등장하였다.

Arno 아르노강 Danube 다뉴브강 Dniepr 드네프르강 Don 돈강 Ebre 에브로강 Elbe 엘베강 Euphrate 유프라테스강 Garonne 가론강 Guadalquivir 과달키비르강 Loire 루아르강 MARE CASPIUM 카스피해 MARE INTERNUM 지중해 Nil 나일강 OCÉANUS 대서양 Oder 오데르강 Pô 포강 PONTUS EUXINUS 흑해 Rhin 라인강 Rhône 론강 Rome 로마 Seine 센강 Siret 시레트 Tajo 타호강 Tamise 템스강 Tibre 테베레강 Tigre 티그리스강 Tisza 티서강 Trencin 트렌친 Vistule 비스와강 Volga 볼가강

라틴어가 에트루리아어에 빚진 것

에트루리아어는 나름대로 공화정 말까지(기원전 2세기) 저항하였다. 위에서 보았듯이(32쪽, 제2부 '그리스어', '§ 글자 A는 자음이었다' 부분), 에트루리아인들을 통해서 그리스어 알파벳이 로마인에게 채택되었을 뿐만 아니라 그들의 언어가 라틴어에 흔적도 남겼다. 특히 접미사 –NA의 존재 덕분에 우리는 에트루리아에서 유래한 어휘를 알아볼 수 있다.

CATENA('사슬')
CISTERNA('저수통', 그리스어 차용어의 에트루리아어 형태)
LANTERNA('초롱', 또 다른 그리스어 차용어의 에트루리아어 형태)
PERSONA('연극 가면', 나중에는 '등장 인물' 그리고 '사람')
SAGINA('동물들을 살찌게 함', 나중에는 '비계'). 이 단어는 매우 왜곡된 채 프랑스어 단어 saindoux('돼지 기름')의 앞 부분에 나타난다.

SUBULO('피리 부는 사람'), HISTORIO('희극 배우, 배우'), SERVUS('노예'), NEPOS('손주'), CALCEUS('신발'), PUTEUS('우물') 등도 에트루리아어에서 차용되었다고 생각된다.

에트루리아어의 영향은 로마인의 고유 명사에서도 매우 뚜렷하게 나타났다. RAVENNA('라벤나 시')는 에트루리아 이름이며, CAECINA는 에트루리아 가문의 이름이었는데 오늘날에도 토스카나 지방의 CECINA라는 도시의 이름으로 남아 있다. 아우구스투스, 베르길리우스 그리고 호라시오의 친구이자 문학과 예술의 후원자였던 MAECENAS는 로마의 기사였지만 에트루리아 귀족 가문의 후손이었다. MAECENAS는 프랑스어에서 Mécène로 표기되는 그 인물이다[소문자로 표기하는 mécène은 보통명사로서 '문화 예술의 후원자'를 뜻한다].

라틴어와 갈리아어

갈리아어는 아마도 알프스 건너편의 갈리아보다 알프스 이편의 갈리아(이탈리아 북부)에서 더 일찍 사라졌을 것이다. 이탈리아에서는 서기 1세기부터 갈리아어가 아마도 주 교통로에서 먼 몇몇 지방에서만 실제로 유지되었던 것 같지만, 알프스 건너편의 갈리아에서는 서기 5세기 무렵까지 적어도 농촌에서는 틀림없이 갈리아어가 여전히 말해졌던 것 같다.[178] 그 두 지역 사람들의 이중 언어 사용이 여러 세기 동안 지속되었기 때문에 라틴어 자체에 켈트어에서 유래한 요소들이 많이 존재한다.

이러한 켈트어 잔재는 특히 교통 수단 분야에서 두드러지게 나타난다. 로마인들은 본래 정주하는 농경 민족으로서 갈리아족이 자신들의 짐을 수송하고, 또 밤에는 자신들의 진영을 둘러싸는 데 사용하던 것과 같은 커다란 사륜 수레들을 소유하지 않았다. 그 사실을 떠올린다면 라틴어에서는 그러한 탈것들의 이름이 거의 모두 켈트어에서 유래한 이유가 이해될 것이다.

CARRUS('사륜 짐수레'): 이 말에서 이탈리아어, 스페인어, 포르투갈어의 CARRO, 프랑스어의 char가 유래하였다(옛날 라틴어 단어는 CURRUS로서 예전의 전투용 이륜마차를 가리켰다).[179]
BENNA('사륜마차의 일종'): 이것은 프랑스어 benne('(광산용) 운반차')에서 알아볼 수 있다.
PETORITUM('사륜 짐수레')
CARPENTUM('이륜마차'): 덮개가 갖추어진 마차.

다른 갈리아어 차용어들은 농촌에서의 생활과 관련된다.

ALAUDA('종달새')
BECCUS('부리')
BETULLA('자작나무')
CUMBA('협곡, 골짜기')
CAMBIARE('교환하다, 바꾸다')
BRISARE('(땅을) 밟아 다지다'): 이 동사는 본래 '(포도를) 밟아 압착하다'는 의미로만 사용되었는데, 프랑스어에서는 좀 포괄적인 의미로 살아남았다[프랑스어 단어 briser는 '부수다, 꺾다'의 의미로 사용됨].

그 차용어들 중에는 옷을 가리키는 말도 몇 개 있다.

BRACAE('헐렁한 바지, 바지'): 이 말에서 이탈리아어의 brache, 스페인어의 bragas, 프랑스어의 braies가 유래되었다.

SAGA('거친 양모 외투'): 포르투갈어의 saia는 오늘날 '치마'를 가리킨다.

로망스어들에서 아직도 살아있는 일부 갈리아어 단어들은 마치 어휘가 기적같이 라틴어를 거치지 않은 채 갈리아어에서 직접 현대어들로 옮아간 듯이 문어 라틴어에 흔적을 남기지 않았다. 사실상 이것은 라틴어 문학의 라틴어가 정확히 로망스어들을 탄생시킨 라틴어가 아니라는 것을 가리키는 많은 증거들 중 하나이다. 그 이유는...

... 두 개의 라틴어가 있었으며...

... 그리고 명백한 다음 사실을 인정해야 하기 때문이다. 로망스어들은 변화한 라틴어의 현대적 형태를 보여주고 있다고 여겨지지만 로망스어를 여러 개 말할 줄 알아도 라틴어 이해에 별로 도움이 되지 않는다. 아무리 그래 봤자, APERTO LIBRO, 프랑스어로는 'à livre ouvert'[라틴어와 프랑스어 표현의 직역은 '책을 편 상태로'이나 실제 의미는 '막힘없이'이다], 즉 (이상하지만) 사전을 펴지 않은 채, 키케로의 단 한 문장이나 베르길리우스의 가장 가벼운 시구도 번역할 수 없다는 건 변함이 없다. 이 수수께끼를 이해하기 위해서는 위대한 저술가들의 원전들을 통해 우리에게 도달한 변하지 않고 정확한 **고전 라틴어** 옆에 변덕스럽고 변화가 많은 보통의 라틴어, 일상적 대화의 라틴어가 존재했었다는 것을 인정해야 한다. 그것은 문학어의 영광은 물론 어떠한 다른 영예도 결코 누리지 못했던 또 다른 라틴어였다. 그런데 현재 로망스어들의 대다수 어형의 기원으로 거슬러 올라가면 주로 **통속 라틴어**로 불리는 그 다른 라틴어에 도달하게 된다.

고전 라틴어, 획일적 라틴어

고전 라틴어의 가장 놀라운 특성 중 하나는 여러 세기 동안 완벽하게 일관된 모습을 보여준다는 것이다. 최초의 글들(기원전 3세기)의 언어는 고전기(기원전 1세기)나

심지어 제국의 말기(서기 5세기 중엽)의 글들의 언어와 별반 다르지 않다. 실제로 문어 라틴어는 한번에 영원히 고정된 것 같은 느낌을 받게 되지만, 모든 점을 고려하면 복속된 종족들이 모두 다양화 요인들을 내놓았을 것으로 생각된다. 그러므로 어떻게 그리고 왜 라틴어의 통일성이 지켜질 수 있었는지 의문이 생기게 된다.[180]

강력해졌지만 매우 다양한 종족들을 통합하는 국가의 입장에서는 제도들의 안정성을 얻고 또 유지하기 위해서 모호하지 않은 언어로 작성된 명확한 법에 의해 통제되는 견고한 행정 조직이 필요하였다. 라틴어로 쓰인 최초의 글들이 바로 법조문들이었다는 것은 시사하는 바가 있다. 처음에는 농민들의 언어였던 라틴어는 그것이 확장되는 시기에 법, 정치 그리고 공적 생활의 조직 등을 모두에게 동일한 문서 형태로 모호하지 않게 표현해야 했으므로 법률적 언어의 엄밀성을 갖추게 된 것이다.

이렇게 하여 수 세기 동안에 그대로 영속될 고전 라틴어의 모습이 확립되었다.

체계화된 '좋은 용법'

카이사르와 키케로의 시대에는 RUSTICITAS, 즉 '시골 어법'에 대립되는 URBANITAS, 달리 말해서 '로마 시(市)의 고상한 어법'을 표방하는 일종의 순수주의가 실제로 세력을 떨쳤다. 그 어법에는 엄격한 규칙들에 의해 세세한 사항까지도 고정되어 있었다. 예를 들면, HOMO, HORA 등의 /h/ 발음을 버리지 않을 것, 단어의 마지막 /s/를 항상 발음할 것, 격들을 혼동하지 말 것, 지소사[원래의 뜻보다 더 작은 개념을 나타내는 접사 또는 그것으로 파생된 말]를 남용하지 말 것 등이다.

URBANITAS의 기준에서는 그리스어 단어들을 사용하는 것도 경계해야 했다. 키케로는 자신의 편지에서만 그것들을 사용하였다. 그는 자신의 연설에서는 그리스어 단어들을 피했지만 그리스어 모델에서 영감을 받아서 PROVIDENTIA('섭리'), QUALITAS('특성, 신분'), MEDIETAS('중앙, 반') 등의 추상적 신조어들을 만들었다.[181]

라틴어와 초기 기독교인들

라틴어는 행정, 법, 문학과 학교의 언어였으므로 매우 다양한 지역 출신의 사람들의 공통 언어가 되었고, 그 다음에는 기독교의 전파에 힘입어 서기력 초기 몇백 년부터 새로운 확장기를 맞이하였다. 교회의 언어로서 라틴어는 신도들이 결집하는 지점이자 '복음'(EVANGELIUM)을 전달하는 도구로 사용되었다. 성경의 라틴어 번역본

휴식 시간

마법 네모표 또는 숨겨진 기도문

S	A	T	O	R
A	R	E	P	O
T	E	N	E	T
O	P	E	R	A
R	O	T	A	S

이 네모표는 두 가지 점에서 신기하다. 이것은 배열된 그대로 모든 방향으로 똑같이 읽혀질 수 있다. 그러나 이 표는 글자들을 다르게 조합하면 나타나는 비밀 메시지도 담고 있다. 이 암호문은 초기 몇 세기 동안 기독교도들에게 식별 기호로 사용되었다. 그들은 이 표에서 어느 그리스식 십자가에 새겨진 새 종교의 기본 기도문 제목에 채워 넣을 모든 것, 즉 알파(A)에서 오메가(O)까지("내가 모든 것의 시작이자 끝이다") 찾아내었다.

아래 그림에서 A와 O만이 십자가 그림 위와 네 구석에 배열되어 있고 글자 N은 두 차례 사용되므로 십자가 그림의 교차점에 놓여 있다. 네모 칸에 모든 다른 글자들을 넣어서 두 차례, 수직으로 한 번 그리고 수평으로 한 번, 기독교 기도의 제목이 나타나도록 해야 한다.

마법 네모표의 번역:

씨 뿌리는 사람인
아레포가
고정시킨다
힘겹게
(수레의) 바퀴들을

수수께끼 풀이:
PATER NOSTER('주기도문')

은 4세기에 출판되었는데, 바로 성 히에로니무스의 불가타 역본이다. 그러나 새로운 종교의 신봉자들은 서기 1세기부터 박해를 피하고 자신들끼리 알아보기 위하여 라틴어 단어들을 가지고 입문한 사람들만이 이해할 수 있었던 비밀 메시지들을 만들어 내기까지 하였다(위의 상자 글 '마법 네모표 또는 숨겨진 기도문' 참조).

구어 라틴어와 어휘

고전 라틴어는 통일된, 완벽하게 체계화된, 또한 모든 사람들에 의해 엄격하게 지켜지던 언어였다. 문어는 그런 고전 라틴어 형태로 널리 전파되었다. 반면에 구어는 변화에 열려 있는 채 나름대로 발달을 계속하여 많은 수의 언어들로 분화되었는데, 그 언어들의 어법에는 고전 라틴어 어휘의 일부만이 보존되었다(아래 상자 글 '로망스어들의 선택' 참조).

로망스어들의 선택

고전 라틴어에는 동일한 개념을 표현하기 위해 흔히 두 가지 어형이 있었다. 로망스어들에서는 그중 하나가 버려지고 더 일상적인 어형으로 완전히 대체되었다. 예를 들면, LOQUI('말하다')라는 동사는 로망스어들에서 계속 사용되지 못하고 PARABOLARE에게 자리를 내줘서 그것으로부터 프랑스어의 parler, 이탈리아어의 parlare가 생기기도 하였고, FABULARE로 대체되어서 그것으로부터 포르투갈어의 falar와 스페인어의 hablar가 나오기도 하였다.[182]

그리스어 이름		라틴어 이름	
ÆQUOR	평평한 면, 평원, 바다	MARE	바다
AGER	경작지	CAMPUS	평원, 허허벌판
ALVUS	배, 창자	VENTER	배
CRUOR	흐르는 피	SANGUIS	피, 정력, 인종
EQUUS	말	CABALLUS	수레 끄는 말, 쓸모없는 말
FORMIDO	두려움, 공포	PAVOR	감동, 감동적인
LETUM	죽음, 파괴	MORS	죽음
LORUM	띠	CORRIGIA	띠
SIDUS	별자리, 별	STELLA	별
TELLUS	지구, 토양, 땅	TERRA	지구, 토양, 땅
TERGUM	등	DORSUM	등, 뒤쪽

VULNUS	부상, 상처	PLAGA	타격, 부상
EDERE, ESSE	먹다	MANDUCARE	씹다
POTARE	마시다	BIBERE	마시다
FERRE	데려가다, 운반하다	PORTARE	데려가다, 운반하다
LUDERE	놀다	JOCARI	농담하다
VINCIRE	연결하다, 묶다	LIGARE	묶다, 모으다
MAGNUS	큰	GRANDIS	큰
OMNIS	모든, 각각의	TOTUS	전체의
PULCHER	아름다운	FORMOSUS	(형태가) 아름다운
		BELLUS	예쁜, 매력적인
VALIDUS	튼튼한, 건강한	FORTIS	원기왕성한, 씩씩한
ALIUS	(여럿 중) 다른 것	ALTER	(둘 중) 다른 것

'집'을 가리킬 때 로마인들은 적어도 네 개의 단어를 사용하였다.

- DOMUS('집'): 물건과 사람 등 연관되는 모든 것이 포함된다.
- AEDES: 오로지 건물만 가리킨다.[183]
- VILLA('농가, 농장')
- CASA('오두막집, 초가집')

그 단어들 중 로망스어들에서 가장 잘 생존한 것은 가장 보잘것없는 말인 casa이다. 이탈리아어, 스페인어, 포르투갈어에 casa가 있고, 그리고 프랑스어에 chez('~의 집에, ~에게 있어')가 있다.

'입'(프랑스어로 bouche)을 나타내는 두 어형 OS와 BUCCA가 모두 고전 라틴어에서 사용되었는데, 구어적 어법에서는 그중 두 번째 형태가 더 많이 나타나게 되었다. 마찬가지로 '말(馬)'(프, cheval)을 나타내는 말로 CABALLUS가 EQUUS보다 선호되었고, '등'(프, dos)을 가리킬 때는 DORSUM이 TERGUM보다 선호되었다.

구어에서 그러한 병존 어형들이 있었다는 것은 그것들이 현 로망스 언어들에 많이 존속하고 있다는 사실로 확인된다. 또한 고대 라틴어 문학과 그 뒤에 나온 작품이나 가정에서 사용하고자 만든 글들 안에도 증거들이 산재해 있다(아래 상자 글 '거위 간과 아피키우스의 어깨' 참조).

아피키우스의 거위 간과 어깨 고기

모든 로망스어 학자들은 **FICATUM**이라는 단어가 프랑스어로 **foie**, 이탈리아어로 **fegato**, 스페인어로 **hígado**를 생기게 해 주었지만 처음에는 모든 간이 아니라 '말린 무화과를 억지로 먹인 거위의 지방간'이었다는 것을 알고 있다.[184]

라틴어에 그 말이 전파되는 데 아피키우스가 큰 역할을 한 사실은 덜 알려져 있다. 그는 그리스인들이 아마도 기원전 4세기부터 거위에 대해 이미 사용하고 있던 무화과를 이용한 강제 사육 방법을 암퇘지에게도 확대 적용했던 사람이다.

마르쿠스 가비우스 아피키우스는 기원전 25년 무렵에 태어난 부유한 미식가로서 기상천외의 요리법들로 유명하였다. 최고의 섬세함을 가진 사람인 그는 거위들에게 꿀이 든 와인을 마시게 함으로써 그것들을 죽이곤 하였다.[185]

돼지의 '어깨 고기'를 은유적으로 부르는, **SPATHA**('작은 삽')의 지소사인 **SPATULA**라는 단어도 그의 요리책에서 처음으로 발견되었다. 옛날에는 **HUMERUS**('어깨') 또는 **UMERUS**라는 말이 사용되었지만 프랑스어의 **épaule**('어깨'), 이탈리아어의 **spalla**('어깨'), 또한 스페인어의 **espalda**('등')에서도 **SPATULA**라는 형태가 살아남아 있다. 아피키우스는 이미 요리에 있어서 기발한 상상력으로도 명성이 높지만 **foie**('간')와 **épaule**('어깨')의 전파에 기여한 역할이 있으므로 언어적 공훈으로 표창될 자격도 있는 듯하다.

마지막으로, 잘못된 것으로 간주되던 이러한 어형들을 경고하는 규범적 저서들이 존재한다는 것을 지적하고자 한다(아래 상자 글 '무엇무엇은 말하고 무엇무엇은 말하지 마시오' 참조).

무엇무엇은 말하고 무엇무엇은 말하지 마시오

순수주의자들은 고전 라틴어를 복원하고자 시도하면서 의도치 않게 언어사 연구가들에게 도움을 주었다. 현대 로망스어들에 살아남은 어형들이 주로 그들이 비판한 잘못된 형태들이기 때문이다. 아래에 제시된 것은 3세기에 만들어진《APPENDIX PROBI》라는 227개 어형의 목록에서 발췌된 것으로, 저자는 그 어형들을 잘못된 것으로 간주하고 있으며 상응하는 올바른 어형을 사용할 것을 권고하고 있다.[186] 그 내용을 보면 당시의 구어에는 지소사를 만들고, 마지막 -m을 발음하지 않고, 모음들의 음가를 혼동하고, 음절의 수를 줄이고, 또 일부 자음을 삭제하는 경향이 있었음을 알 수 있다.

말하시오	말하지 마시오	
AURIS	ORICLA	'귀'
OLIM	OLI	'예전에'
IDEM	IDE	'같은 것'
VINEA	VINIA	'포도밭'
FRIGIDA	FRICDA	'차가운'
MASCULUS	MASCLUS	'남성의'
CALIDA	CALDA	'더운'
VETULUS	VETLUS	'늙은'
VIRIDIS	VIRDIS	'초록의'
MENSA	MESA	'식탁'
PAVOR	PAOR	'무서움'
AUCTOR	AUTOR	'자신감을 높이는'
PERSICA	PESSICA	'복숭아'

구어와 문법

또한 라틴어에서 분기된 언어들은 표현성이 좋은 어형들, 지소사들, 조합적이고 비유적인 어형들, 더 직접적으로 이해되는 분석적 표현들, 강조된 어형들 등을 풍부하게 가지고 있다는 점에서 고전 라틴어와 분명하게 구별된다. 오늘날의 로망스어들은 그러한 경향들을 보여주고 있다. 예를 들어 지소사들은 그 언어들에서 괄목할 만큼 발달하였다.

AURICULA('작은 귀'): 이탈리아어 orecchio 또는 프랑스어 oreille에 들어 있는 것은 AURIS('귀')가 아니라 AURICULA이다.

GENUCULUS: 이탈리아어 ginocchio와 프랑스어 genou(처음에는 genouil 형태로 사용된 예가 있음)에 들어 있는 것은 GENUS('무릎')가 아니라 GENUCULUS이다.

SOLICULUM: 프랑스어 soleil에 들어 있는 것은 SOL('태양')이 아니라 SOLICULUM이다.

AGNELLUS: 프랑스어 agneau('어린 양')에 들어 있는 것은 AGNUS('어린 양')가 아니라 AGNELLUS이다.

EDERE 또는 ESSE는 '먹다'는 의미의 고전 라틴어에서 유래한 것으로서 합성어 형태인 COMEDERE('먹다')로 대체되어 스페인어와 포르투갈어에 comer가 생겼고, 또한 구어적 형태인 MANDUCARE('씹다, 먹다')로 대체되어서 프랑스어 manger와 이탈리아어 mangiare가 나타났다.

DOCTUS('박식한'), DOCTIOR('더 박식한'), FORTIS('용감한'), FORTIOR('더 용감한')처럼 –IOR로 된 비교급의 합성적 형태들은 MAGIS('더') 또는 PLUS('더')(이베리아 반도와 동유럽에서 각각 más 또는 mais로, 갈리아에서는 plus로, 이탈리아에서는 più로 됨)를 사용해 조합되는 분석적 형태들로 대체되면서 점진적으로 사라졌다.

마지막으로, 부사에 있어서는 전치사들의 중첩으로 강화된 어형들이 많아졌다.[187] IN SUMUL, AB ANTE, DE EX 등이 프랑스어 어형 ensemble('함께'), avant('~ 이전에'), dès('~에서') 등의 기원이 되었다.

이러한 몇몇 예들은 고전 라틴어와 통속 라틴어 사이에 있는 거리를 더 잘 가늠해 볼 수 있게 해주고, 얼마나 로망스어에 대한 지식이 고전 라틴어 원전을 어려움 없이 번역하기에 불충분한지 이해할 수 있게 해주며...

rosa, rosa, rosam의 종말

... 더구나 구어 라틴어가 격 체계의 점진적 붕괴를 겪게 됨에 따라 그러한 거리는 더 멀어졌다. 알려진 바와 같이 고전 라틴어에서는 단어가 문장에서 갖는 기능이 격으로 표시되었다. 장미를 나타내는 단어가 주어일 경우에 취하는 형태는 ROSA(ROSA PULCHER EST '장미가 아름답다')이고, 직접 목적보어일 경우에는 ROSAM(ROSAM LEGO '나는 장미를 꺾는다')이며, 그것이 복수 명사의 보어일 경우에는 ROSARUM(ODOR ROSARUM '장미들의 향기')이 되는 식이었다. 그런데 마지막 음절들이 사실상 전혀 강세를 받지 않게 되었고, 또한 마지막 자음들이 점점 덜 발음되었다. 따라서 자신의 말이 이해되기를 원할 경우에는 전치사를 사용하

는 것이 이전에는 선택 사항이었지만 이제 필수 사항으로 되었다. 예를 들면, IN('~ 안에'), SUPER('~ 위에') 등의 전치사가 사용되었다. '나는 로마에 간다'라고 말하려면, 마지막 자음이 더 이상 발음되지 않았기 때문에 고전 라틴어 EO ROMAM 대신에 EO AD ROMA라고 말하는 습관이 생겼다. 또한 마지막 자음이 약화되어 주격(흔히 PAULUS('Paul')처럼 -s로 되어 있음)이 더 이상 목적격(PAULUM처럼 -m로 되어 있음)과 구별되지 않았고, 그로 인해 어순에 새로운 제약이 야기되었다. 고전 라틴어에서 PAULUS PETRUM VERBERAT('Paul이 Pierre를 때린다')는 PETRUM PAULUS VERBERAT나 PETRUM VERBERAT PAULUS와 같은 의미였다. 그러나 발음이 PAULU와 PETRU가 되었을 때는 주어의 위치를 동사 앞에, 그리고 목적보어의 위치를 동사 뒤에 고정해야 했다. 이 새로운 어순이 로망스어들에서 우세하게 되었다. 예를 들어, 프랑스어에서 Paul frappe Pierre('Paul이 Pierre를 때린다')라고 하는 대신에 Pierre frappe Paul('Pierre가 Paul를 때린다')이라고 말하면 모든 게 달라진다.

이중어의 변덕

통속 라틴어가 모든 로망스어들의 뿌리이지만 그렇다고 해서 고전 라틴어가 완전히 없어져버린 것은 아니었다. 왜냐하면 매우 일찍부터 고전 라틴어는 로망스어들이 식자어 어형들을 끌어오는 원천이었기 때문이다. 많은 수의 라틴어 단어들은 이처럼 로망스어에 도달하기 위해 두 개의 길을 이용했다. 그것은 구어에서 자연스럽게 변화 과정을 겪은 민중어의 길과 고전 라틴어로부터의 직접 차용이라는 식자어의 길이었다(291쪽 '프랑스어를 중심으로' 챕터 '두 개의 병존하는 원천' 부분과 292쪽 상자글 '카이사르에게 돌려주자...' 참조).

웃기 위해 또는 부지불식 중에 되는 라틴어 전문가들

이천 년의 역사가 지났지만 라틴어는 이중적 삶을 지속하고 있다. 한편으로 로망스어로 변신한 모습으로 살고 있으며, 다른 한편으로는 진지하게 보이기 위해서이건, 웃기기 위해서이건(아래 상자 글 '엉터리 라틴어' 참조), 아니면 누가 가장 재치 있는지 가리는 놀이를 하기 위해서이건(136쪽 상자 글 '가장 짧은 답장' 참조), 교양인들이 도움을 청하고 싶은 식자어로서 살고 있는 것이다.

휴식 시간

엉터리 라틴어

라틴어를 가지고 노는 것은 프랑스인들의 — 또한 아마도 추정컨대 유럽인들의 — 오래된 습관이다. 프랑스어로 furax[프랑스어 furieux('화난')에 의미 없는 라틴어식 접미사를 붙여 만든 구어적 표현]나 rasibus[프랑스어 ras('짧은')에 라틴어 탈격 어미 -ibus를 붙여 만든 표현]라는 단어들은 웃으려고 만들어낸 것들이다. 몰리에르, 쥘 로맹, 레몽 크노 그리고 많은 다른 사람들이 라틴어를 언어유희에 사용하였다. 이러한 글들의 일반적 수준? 그것들을 이해하려면 사전이 굳이 필요하지 않다.

몰리에르 [원문에 라틴어식 어형과 프랑스어가 뒤섞여 있음]

Praeses (le président)	**회장**
Juras...	맹세하나요...
... De non jamais te servire	... 우리학교의 박식한 사람들의 처방 이
De remediis aucunis	외에는
Quam de ceux seulement doctæ Facultatis	어떤 것도 결코
Maladus dût-il crevare	사용하지 않기로,
Et mori de suo malo?	환자가 병으로 죽어가더라도?
Bachelierus (le candidat)	**의사 후보자**
Juro*.	맹세합니다
(*Le malade imaginaire*)	(《상상병 환자》[188])

쥘 로맹

– Merdam! merdam! hurla Bénin, exaspéré.
– Salut! salut! cria le traducteur.
– Utinam aves super caput tuum cacent!
– Que les oiseaux du ciel répandent leur bénédiction sur votre tête!
Bénin se tut. Broudier fit un signe. Et la fanfar attaqua l'hymen russe qui se défendit bien.

(*Les copains*)

– Merdam[프랑스어 Merde('똥, 빌어먹을')를 라틴어처럼 변형한 형태]! merdam! 하며 격노한 베냉이 고함쳤다.

– 안녕! 안녕! 하고 통역자가 외쳤다.
– [라틴어로]새들이 네 머리 위로 똥을 싸기를!
– 하늘의 새들이 당신의 머리 위로 축복을 베풀기를!
베냉은 침묵하였다. 브루디에가 손짓을 하였다. 그러자 군악대가 러시아 국가를 연주하였고, 잘 연주되었다.

(《친구들》[189])

레몽 크노 [원문은 프랑스어식 가짜 라틴어로 되어 있음]
Sol erat in regionem zenithi et calor atmospheri magnissima. Senatus populusque parisiensis sudebant. Autobi passebant (sic) completi...

(*Exercices de style*)

태양은 정점에 있었고 대기의 열기는 매우 강했다. 파리 서민들은 땀으로 젖었다. 버스들은 만원 상태로 지나갔다...

(《문체 연습》[190])

* 이 대답을 말하던 순간, 즉 1673년 2월 17일에 몰리에르는 자신의 병으로 인한 첫 발작으로 고통스러워했다. 그는 집으로 돌아가서 1시간 후에 사망하였다.

가장 짧은 답장

단순한 연도 하나를 적는 데 12개의 기호를 사용하는 등 로마 숫자 표기법은 과도한 측면이 있지만 라틴어는 극단적으로 간결한 표현에 적합할 수도 있다. 볼테르와 프러시아의 프리드리히 2세 사이에 라틴어로 가장 짧은 편지를 쓰는 내기가 있었는데, 다음은 그것에 대한 간략한 요약이다.

첫 번째 편지: *Eo rus* '나는 시골에 가오' [eo '나는 간다', rus '시골']
답장: *I* '가시오' ['가다'를 뜻하는 ĕō의 명령법]

그뿐만 아니라 자신은 라틴어를 모른다고 생각하는 사람들조차도 부지불식 중에 라틴어를 매일 많이 사용하고 있다. 아래의 첫째 목록은 매우 잘 알려진 라틴어 단어들 모음이므로 그것으로 판단해 볼 수 있을 것이다. 이 단어들은 다양한 시기에 프랑스어에 들어왔으며, 간혹 album, duo, villa, tandem 등과 같이 다른 언어들을 매개로 해서 들어오기도 하였다. 결코 들어보지 못한 단어가 있는지 확인하기 바란다.

agenda	album	alibi	aquarium	as
‘수첩’	‘앨범’	‘알리바이’	‘수족관’	‘에이스’
auditorium	bis	bonus	campus	curriculum vitae (CV)
‘강당’	‘앵코르’	‘보너스’	‘캠퍼스’	‘이력(서)’
duo	duplex	et caetera	ex aequo	extra
‘이중주곡’	‘이중의’	‘기타 등등’	‘동점’	‘최상품의’
forum	gratis	idem	in extremis	index
‘토론회’	‘무료의’	‘마찬가지로’	‘임종시에’	‘색인’
intérim	junior	lapsus	lavabo	magnum
‘대행’	‘연소자’	‘실수’	‘세면대’	‘큰 병’
malus	maximum	médias	memento	minimum
‘보험료 할증’	‘최고치’	‘미디어’	‘기억’	‘최소(의)’
motus	nota bene (NB)	omnibus	opium	palmarès
‘쉿!’	‘주의’	‘완행열차’	‘아편’	‘수상자 명부’
pollen	post-scriptum (PS)	prospectus	quiproquo	rébus
‘꽃가루’	‘추신’	‘팸플릿’	‘오해’	‘수수께끼’
référendum	rictus	senior	sérum	silex
‘국민투표’	‘강박 웃음’	‘시니어’	‘혈청’	‘부싯돌’
sponsor	super	tandem	ultra	veto
‘후원자’	‘훌륭한’	‘2인조’	‘과격론의’	‘거부(권)’
vice-versa	villa	visa		
‘거꾸로’	‘호화 별장’	‘허가’		

다음 목록은 아마도 조금 더 제한적으로 사용되지만 역시 거의 일상적인 담론에 사용되는 단어들이다.

a fortiori	a posteriori	a priori	addenda	aléa
‘하물며’	‘귀납적으로’	‘선험적으로’	‘추가’	‘불확실함’
alias	alter ego	confer (cf.)	consensus	corpus
‘일명’	‘분신’	‘참조할 것’	‘합의’	‘자료(집)’
cumulus	cursus	desiderata	duplicata	errata
‘뭉게구름’	학업과정‘	‘요구 사항’	‘사본’	‘정오표’
ex-libris	fac-similé	factotum	grosso modo	hiatus
‘장서(표)’	‘복사, 팩스’	‘집사’	‘대체로’	‘모음충돌’
homo sapiens	humus	in-folio	in vitro	ipso facto
‘호모 사피엔스’	‘부식토’	‘2절판의’	‘시험관 내에서’	‘필연적 결과로’
lapis-lazuli	libido	médium	mémorandum	mentor
‘청금석’	‘리비도’	‘영매’	‘각서’	‘조언자’
minus habens	muséum	nec plus ultra	nimbus	opus incertum
‘멍청이’	‘박물관’	‘극치’	‘비구름’	‘몰타르 위에 뜬돌 쌓기’

passim	pater familias	plénum	pro forma	processus
'여기저기에'	'가장'	'총회'	'견적의'	'과정'
prorata	quasi	quid	quidam	quorum
'할당량'	'거의'	'어떻게 생각합니까'	'어떤 남자'	'정족수'
radium	sic	sine die	sine qua non	statu quo
'라듐'	'원문대로'	'무기한으로'	'필요불가결한'	'현상(유지)'
stratus	sui generis	symposium	ultimatum	vade-mecum
'층운'	'고유한'	'심포지움'	'최후 통첩'	'요람'

학문어 라틴어와 교회어 라틴어

식물학, 화학, 의학 그리고 교회와 같은 일부 분야에서 라틴어는 전통적으로 지배적인 지위를 차지하고 있다.

18세기 린네의 분류의 결과로 사실상 모든 식물들에 대해 라틴어 이름으로 목록이 작성되었기 때문에 라틴어 이름이 통속적 이름과 함께 존재하는 경우가 매우 흔하다. TAXUS AUREA는 if doré('황금색 주목')의, 그리고 FAGUS ATROPURPUREA는 hêtre pourpre('자주색 너도밤나무')의 학명이다. 그러나 hibiscus('하이비스커스(무궁화과)')나 lotus('연꽃')에 대하여는 프랑스어에 라틴어 이름밖에 없다.

멘델레이예프의 분류에서는 원소들의 3분의 2가 -ium으로 된 라틴어 이름을 가지고 있다. sodium('소듐'), calcium('칼슘'), strontium('스트론튬') 등이다.

다음 라틴어 단어들은 의학 분야에서 만들어진 것들이다.

anus	coïtus interruptus	cubitus	cunnilingus	duodénum
'항문'	'질외 사정'	'팔꿈치'	'오랄 섹스'	'십이지장'
fémur	fœtus	herpès	humérus	impétigo
'대퇴골'	'태아'	'포진'	'상박골'	'농가진'
index	lumbago	macula	médius	pénis
'검지'	'요통'	'망막의 황반'	'가운뎃손가락'	'남근'
phallus	placenta	placebo	plexus	pubis
'발기한 남근'	'태반'	'가짜 약'	'신경총'	'치골'
radius	sérum	sinus	thorax	tibia
'요골'	'혈청'	'부비강'	'흉곽'	'넓적다리뼈'
utérus	virus			
'자궁'	'바이러스'			

마지막으로, 처음에는 종교 활동에서만 사용되었던 많은 라틴어 표현들이 다른 상황에서 나타나는 경우도 있다.

agnus dei '어린 양이 새겨진 축성받은 메달'	angélus '삼종기도'	amen '동의'	Ave Maria '성모에게 드리는 기도'	confiteor '고해의 기도'
deo gratias '하나님께 감사'	de profundis '애도가'	ex cathedra '설교 단상에서'	ex-voto '봉헌물'	imprimatur '인쇄 허가'
in memoriam '고인을 추모하는 물건'	ite missa est '미사 종료'	magnificat '마그니피캇의 곡'	mea culpa '죄의 고백'	miserere '미제레레'
pater noster '주기도문'	refugium peccatorum '특정 죄의 사면권 유보'	requiem '진혼곡'	te deum '감사의 노래'	urbi et orbi '도처에'

원전 속의 라틴어로

긴 삶을 산 (그리고 끝나지 않은) 몇몇 라틴어 인용문들이다.

ad libitum '마음대로'	vox populi '민중의 소리'	hic et nunc '당장에'
carpe diem '카르페 디엠'	ad usum delphini '점잖치 못한 표현을 삭제한'	alea jacta est '주사위는 던져졌다'
de cujus '피상속인'	casus belli '전쟁 발발의 원인'	cogito, ergo sum 나는 생각한다, 고로 존재한다'
de minimis non curat praetor '집정관은 사소한 일을 처리하지 않는다'	de facto '사실상'	de jure '정당하게'
fluctuat nec mergitur '흔들리지만 가라앉지 않는다'	de visu '보고 나서'	deus ex machina '갑자기 나타나 상황을 해결하는 인물'
margaritas ante porcos '돼지에게 진주를 주지마라'	in cauda venenum '온건하게 시작하다 갑자기 거칠게 끝나는 말이나 글'	doctus cum libro '스스로 연구하기보다는 남의 이론에 의지하는 학자'
mutatis mutandis '고칠 것은 고치고'	manu militari '무력으로'	in vino veritas '포도주 안에 진실이 있다'
primus inter pares '동등한 사람들 중의 대표자'	numerus clausus '입학자 수의 제한'	modus vivendi '삶의 방식'
veni, vidi, vici '왔노라, 보았노라, 이겼노라'	vade retro, Satana '사탄아 물러가라'	panem et circenses '빵과 서커스'

'환생한' 죽은 언어

이와 같이 프랑스어에는 다른 로망스어들처럼 라틴어가 많이 들어 있다. '죽은' 언어가 이미 자신이 탈바꿈해 있던 언어에 깊숙하게 섞여서 이렇게 신기하게 생존하고 있는 사실이 자연의 기괴함으로 보일 수도 있을 것이다. 그러나 문화사를 보면 로마 제국의 붕괴 이래 8세기까지는 고전 라틴어가 수도원 깊숙한 곳에 잠들어 있었다는 것을 알 수 있다. 그 시기에 고전 라틴어가 생명력을 되찾게 되었으며 유럽에서 모델 언어의 역할을 맡으면서 더욱 중요한 언어로 되었고 그 역할을 오늘날까지 중단 없이 맡고 있다. 고전 라틴어는 그리스어와 함께 '문화'의 상징이 되어 19세기 말까지 특권적 문어로 생존하였다(상자 글 '다른 언어들로 말을 했지만 라틴어로 글을 썼다' 참조).

라틴어 발음의 우여곡절

카롤링거 왕조의 개혁[8세기 말 카롤링거 왕조의 샤를마뉴 대제가 무질서하게 변하는 라틴어에 대해 정확히 알고, 또 보존하고자 국내외 학자들을 초빙하고 학교를 세우는 등 일련의 조치를 취한 것을 가리킴]은 발음에 거의 영향을 주지 않았다. 르네상스 시기까지는 라틴어가 마치 프랑스어인 듯이 발음되었다. 예를 들어, -UM으로 된 활용어미는 -on[프랑스어에서는 비모음이므로 '옹'과 유사하게 발음됨]으로 발음되었다. dicton(프, '격언, 속담')이라는 단어의 기원은 그렇게 설명된다. 즉, 그것은 DICTUM('말해 진 바')의 프랑스어식 발음인 것이다. rogaton이라는 단어는 또 다른 옛 발음의 증거로서, ROGATUM('요구, 기도')의 프랑스어식 발음이다. 오늘날의 (잔치의) '음식 찌꺼기'라는 경멸적 의미는 18세기에 생겼다.

16세기에 네덜란드의 에라스무스나 프랑스의 샤를 에스티엔과 같은 학자들은 자신들이 옛 발음이라고 생각했던 것을 복원하고자 시도하였지만 실패하였는데, 실패하게 된 이유 중 하나는 메나주[17세기 프랑스의 작가이자 문법가]가 여전히 QUISQUIS('누구이든')를 '키스키스'처럼, QUAMQUAM('비록 ~할지라도')을 '캉캉'처럼 발음하도록 권장하였기 때문이다.

20세기까지 프랑스어의 발음을 많이 적용한 발음이 보존되었지만 -UM을 '옴'으로 발음하는 등 몇몇 예외도 있었다. 즉, DOMINUM('주인을'), TEMPLUM('성역,

성전')은 '도미놈', '탕플롬'으로 발음되었다. 또한 QUAMQUAM에 대해 '쿠앙쿠암'이 권장되기도 하였다.

가스통 파리스와 미셸 브레알과 같은 학자들이 반발하고 교육에서 '진짜' 라틴어 발음을 도입하고자 시도한 것은 19세기 말이다.

다른 언어들로 말을 했지만 라틴어로 글을 썼다

로마 제국이 붕괴된 후 오랫동안 로망스어들이 구어적 의사소통의 도구가 되었던 반면에 라틴어는 로망스어 국가들 및 게르만어 국가들, 심지어 슬라브어 국가들에서도 대표적인 문어로 남았다. 다음 저자들은 적어도 저서의 일부는 라틴어로 썼다.

성 아우구스투스(354-430), 가장 유명한 교부로서 북아프리카 출신이다.

로저 베이컨(1214-1294), 영국의 철학자이자 과학자로서 실험적 방법론의 선구자 중 한 명이다.

단테 알리기에리(1265-1321), 이탈리아 작가이자 시인이다. 그는 《속어론》(*De vulgari eloquentia*)을 라틴어로 썼으며, 그 책을 통해 그는 처음으로 로망스어들 사이의 역사적 관계를 알아본 사람이 되었다. 반면에 《신곡》과 모든 시 작품은 토스카나어로 작성되었다.

에라스무스(1467-1536), 네덜란드의 인문주의자이다. 그는 Desiderius Erasmus Roterodamus['로테르담의 갈망하는 자 에라스무스'라는 뜻의 라틴어]라는 이름으로 자신의 저서를 라틴어로 출판하였다.

니콜라스 코페르니쿠스(1473-1543), 폴란드의 천문학자이다. 그는 행성들의 자전과 공전이라는 이중 움직임 이론을 제시하여 17세기 과학 혁명의 기원이 되었다.

이냐시오 데 로욜라(1491-1556), 스페인의 귀족으로서 예수회의 창립자이다.

프랜시스 베이컨(1561-1626), 영국의 철학자로서 그의 저서 《Novum organum》('신기관') 덕분에 흔히 현대 과학의 진정한 선구자로 간주되고 있다.

요하네스 케플러(1571-1630), 독일의 천문학자로서 현대 천문학의 창시자들 중 한 명이다.

르네 데카르트(1596-1650), 프랑스의 철학자이자 수학자이다. 그는 초기 저서들을 라틴어로 집필하였다. 반면에 《방법 서설》은 처음에 1637년 레이던에서 프랑스어로 출판되었다. 그러나 그 프랑스어판에 뒤이어 1644년에 라틴어 번역본이 나왔다.

바뤼흐 스피노자(1632-1677), 네덜란드의 철학자로서 그의 라틴어 이름은 베네딕투스(Benedictus)이다.

에마뉘엘 스베덴보리(1688-1772), 스웨덴의 철학자이다.

칼 폰 린네(1707-1778), 스웨덴의 박물학자로서 저서 《Systema naturae》('자연의 체계')를 통해 식물학에서 종들의 분류법을 만들었다.

칼 폰 린네(1707–1778), 스웨덴의 박물학자로서 저서 《Systema naturae》('자연의 체계')를 통해 식물학에서 종들의 분류법을 만들었다.

앙투안 로랑 드 쥐시외(1748–1836), 프랑스의 식물학자로서 1788년에 자신의 주저인 《Genera plantarum secundum ordines naturales disposita》('자연 질서에 따라 정리한 식물의 속')를 출판하였다.

장 조레스(1859–1914), 정치인이다. 그는 1892년 소르본 대학에서 라틴어로 'De primis socialismi germanici lineamentis apud Lutherum, Kant, Fichte et Hegel'('루터, 칸트, 피히테 그리고 헤겔에 있어서 독일 사회주의의 초기 양상에 대하여')라는 제목의 보조 논문을 발표하였다. 그의 주 논문은 감각 세계의 현실에 관한 것으로 프랑스어로 작성되었다[당시에는 박사학위 취득을 위해서 프랑스어로 작성된 주 논문과 라틴어로 작성된 보조 논문을 발표하도록 되어 있었다].[191]

이 저자들에 모든 **교황**을 추가해야 할 것이다. 그들은 일반적으로 로마 가톨릭교회의 공식 언어인 라틴어로 교서와 회칙(回勅)들을 작성하였다.

마지막으로, 최근에 프랑스 철학자 **자크 데리다**가 전통에 따라 옥스포드 대학의 명예 박사학위 수락 연설을 라틴어로 작성했다.

복원된 고전 라틴어 발음

고전 라틴어가 어떻게 발음되었는지 알 수 있는 것은 로마인 자신들의 일치되는 증언과 로망스어들의 비교로 얻은 결과이다.

자음들

자음들은 뒤에 오는 모음이 무엇이냐에 상관없이 항상 동일하게 발음되었다.

c는 CENA('저녁식사')에서나 CANO('나는 노래한다')에서나 [k]로 발음되었다.

g는 GENU('무릎')에서나 GULA('목구멍')에서나 프랑스어 단어 gare('역')에서처럼 [g]로 발음되었다.

s는 두 모음 사이에서도 항상 [s]로 발음되었다. s의 발음은 rosa('장미'), sal('소금') 또는 lapis('돌')에서 동일하였다.

모음 뒤에서 m과 n은 항상 발음되었다. CENTUM('100')이 '켄툼'처럼 발음되었다.

h는 처음에는 진정한 자음으로서 영어의 house나 독일어의 Hund의 h 방식으로 날숨처럼 발음되었지만, h를 발음하지 않는 현상이 기원전 1세기부터 널리 퍼졌다.

모음들

단모음과 장모음이 있었다.

글자 u는 v라는 형태도 있었으며 trou('구멍')나 zouave('알제리 보병')에서처럼 '우'로 발음되었다.

철자 i와 j는 ici('여기에')의 i 또는 foyer('화덕')의 y처럼 동일하게 발음되었다. JUS('법, 정의')의 j는 MEDIUS('중앙의')의 i처럼 발음되었다. [모음 [i]나 반모음 [j]로 발음됨]

철자 y는 그리스어에서 차용된 단어들에만 나타났는데(OLYMPUS('올림푸스 산')), 그리스어에서처럼, 즉 프랑스어 lune('달')의 u처럼, 발음되었다. [대체로 한국어의 '위'와 유사함]

강세

마지막으로, 2음절 이상의 모든 단어는 하나의 강세를 갖는 특징이 있는데, 그 위치는 다음과 같다.

– 마지막에서 두 번째 음절의 모음이 장모음이거나(장모음 Ī가 포함된 COQUĪNA('요리')), 또는 '하나의 모음 더하기 하나의 자음'을 포함하면서(LICENTIA('인가, 학사')) 음절이 길어질 경우에는, 그 마지막에서 두 번째 음절에 강세가 주어지고,

– 마지막에서 두 번째 음절이 짧을 경우에는 그 음절에 선행하는 모음에 주어졌다(예를 들면 i가 단모음인 ASINUS('당나귀')에서).

실패한 시도들

이러한 복원된 발음을 강제하려는 시도가 있었는데, 그것은 로마 가톨릭교회와

'프랑스어 방식의' 전통적 발음의 맹목적 추종자들이라는 두 지평에서 동시에 오는 저항을 계산하지 않은 것이었다. 1910년부터 복원된 라틴어 발음을 위한 개혁이 정부 부서 차원에서 준비되었다. 그러나 1차 세계 대전(1914–1918) 이후에 그 개혁이 결실을 맺으려 하던 바로 그 시점에 다른 개혁이 로마 가톨릭교회 안에서 시행되어 다음과 같은 '이탈리아어 방식의' 발음을 권장하였다.

– u는 '우'로 발음된다.
– ti는 '치'로 발음된다(indulgentia('관용, 사면')와 같은 단어들에서).
– ci, ce, cae는 '치', '체'로 발음된다.
– gi, ge는 '지', '제'로 발음된다.

그때부터 교회에서는 INDULGENTIA와 IN CAELO가 이탈리아어 방식으로, 즉 '인둘젠치아' 그리고 '인 첼로'로 발음되었다.

1930년 무렵에는 '이탈리아어 방식의' 발음이 모든 프랑스의 교회에서 보편적이었던 반면에 교육계에서는 전통적인 '프랑스어 방식의' 발음에 대한 완강한 신봉자들도 있었는데, 그들은 라틴어의 프랑스어식 발음의 지지자 협회를 건립하기까지 하였다.

프랑스어식 발음, 라틴어식 발음 또는 이탈리아어식 발음 사이의 수십 년간의 논쟁과 토론이 있은 후, 1950년대에 대학이 마침내 승리를 거두었던 것으로 보였다. 대학에서는 복원된 옛 라틴어 발음을 점점 더 많이 권장하였기 때문이다.[192]

그러나 전통의 힘이 있으므로 프랑스에서는 아직도 프랑스어 방식의 발음을 좋아하는 사람들이 존재한다.

라틴어에서 분기한 언어들

위에서 확인했듯이 불변의 규칙들을 가진 고전 라틴어는 서구 세계에서 식자어라는 명예를 실제로 내려놓았던 적이 결코 없었다. 그러는 동안에 더 유연한 구어 라틴어는 변화하였고 또 나누어져서 다양한 로망스어들을 탄생시켰다. 아래 지도는 지리적으로 유럽 로망스어들의 현재 영토가 라틴어의 요람인 로마가 확장되어 만들어진

오늘날 유럽의 로망스어들

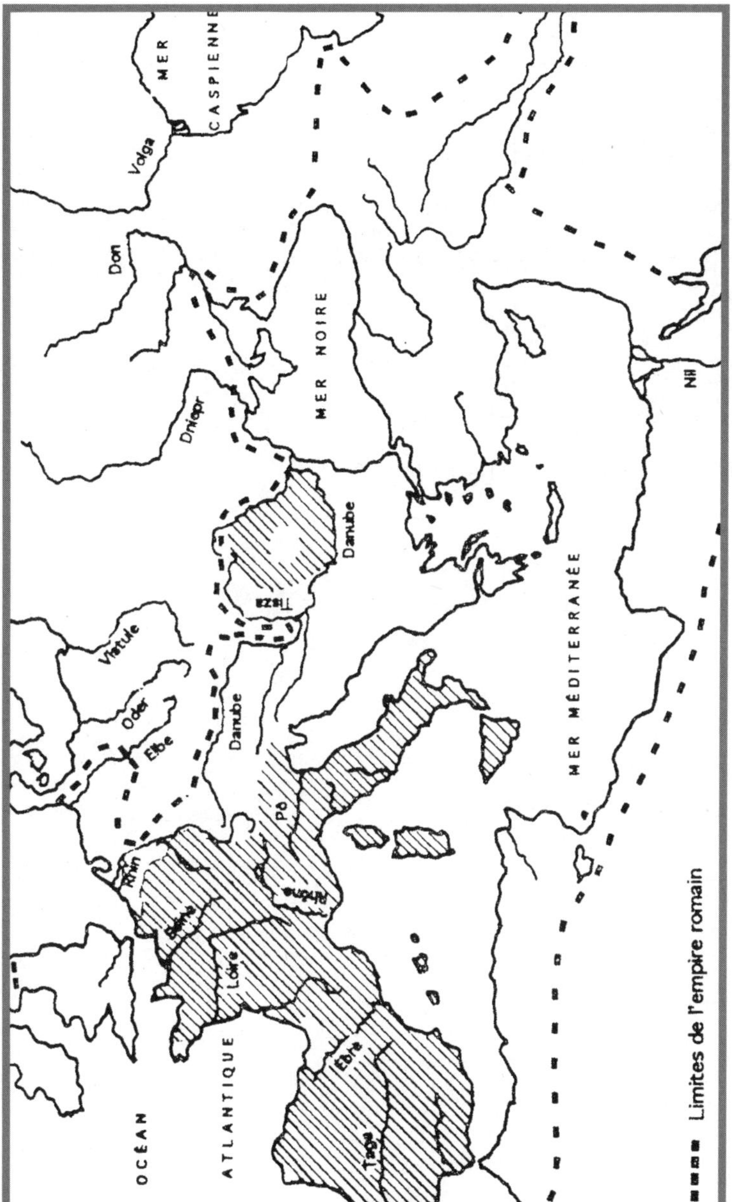

이 지도에는 옛날 로마 제국의 내부에 있는 로망스어들의 현재 사용 지역이 나타나 있다. 지도 '전성기의 로마 세계(서기 2세기)'와 비교를 해보면 라틴어 명칭이 현대적으로(프랑스어로) 바뀐 것을 알 수 있다. 즉, Oceanus에서 Océan Atlantique('대서양')으로, Mare Internum에서 Mer Méditerranée('지중해')로, Pontus Euxinus에서 Mer Noire('흑해')로, Mare Caspium에서 Mer Caspienne('카스피해')으로 바뀌었다.

Danube 다뉴브강 Dniepr 드네프르강 Don 돈강 Ebre 에브로강 Elbe 엘베강 Limites de l'empire romain 로마 제국의 경계선 Loire 루아르강 Mer Caspienne 카스피해 Mer Méditerranée 지중해 Mer Noire 흑해 Nil 나일강 Océan Atlantique 대서양 Oder 오데르강 Pô 포강 Rhin 라인강 Rhône 론강 Seine 센강 Tage 타호강 Tisza 티서강 Vistule 비스와강 Volga 볼가강

광대한 제국의 내부로 한정되어 있음을 보여주고 있다(지도 '오늘날 유럽의 로망스어들' 참조).

루마니아어, 유배된 로망스어

트라야누스에 의해 서기 106년에 점령된 옛 다키아는 단지 115년 동안 로마의 땅이었는데 6세기와 7세기의 슬라브족 침략으로 인해 언어의 구조가 슬라브어의 특징들을 얻게 되면서도 라틴어 형태로 남았다.

루마니아어는 처음에는 키릴 문자로 기록되었지만 1868년에 로마자가 채택되었다.

터키어와 그리스어, 헝가리어, 그리고 특히 프랑스어의 기여로 루마니아어는 혼성적이고 다채로운 어휘를 가진 언어로 되었다.[193]

이탈리아어를 중심으로

이탈리아어 이전

로마의 언어와 접촉하는 민족들의 역사를 통해 어떻게 통속 라틴어로부터 이탈리아어를 포함한 많은 다른 언어들이 탄생될 수 있었는지 알 수 있는 것은 사실이지만, 그러한 일이 언제 일어났는지 명확하게 말하는 것은 거의 불가능하다. 로마 제국의 붕괴 직후 5세기 말에는 구어 '라틴어'가 이미 더 이상 라틴어가 아니었을 가능성은 매우 높다. 그러나 300년 이상 더 지난 후에야 사람들이 실제로 분화된 로망스어들이 나타난 여러 지역에서 그 사실을 인식하였다. 예를 들어, 프랑스에서는 813년 투르 공의회에서 사제들에게 설교를 '시골 로망스어로'(in rusticam romanam linguam) [로마 제국 시대가 끝난 후 갈리아 지역에서 민중들이 사용하던 통속 라틴어를 시골 로망스어라고 불렀음] 하도록 권장하였는데, 이것은 오래전부터 신자들이 더 이상 라틴어를 이해하지 못하였고 이미 매우 변질된 언어를 사용하고 있었다는 것을 보여주는 증거이다.

모든 로망스어 권역에서 가장 오래된 자료가 발견된 곳은 이탈리아이다. 그것은 짧은 글인 '베로나의 수수께끼'(이탈리아어, Indovinello veronese)로서 이 수수께끼의 번역은 아직도 몇 가지 문제를 안고 있지만 해답은 의심의 여지가 없다. 이 글은 arabant(라틴어, '경작하고 있었다'), tenebant(라, '붙잡고 있었다'), seminabant(라, '씨를 뿌리고 있었다') 대신에 araba, teneba, seminaba와 같은 동사 형태들, album(라, '흰') 대신에 albo, nigrum(라, '검은') 대신에 negro와 같은 형용사들을 포함하고 있다.

그것은 이미 더 이상 라틴어가 아니었지만 아직 이탈리아어도 아니었다(상자 글 'L'INDOVINELLO VERONESE' 참조).

L'INDOVINELLO VERONESE (9세기)
베로나의 수수께끼

이 글은 수수께끼의 형태를 띠고 있는데 로망스어로 쓰여진 가장 오래된 기록 자료이다.

Se pareba boves	이것들은 소와 닮았었고
alba pratalia araba,	이것들은 하얀 밭을 갈았으며,
albo versorio teneba,	이것들은 하얀 쟁기를 잡고 있었으며,
negro semen seminaba	이것들은 검은 종자를 뿌렸다.

수수께끼의 해답: '글쓰는 손'이다. 이유는 다음과 같다.

소 = 손가락

하얀 밭 = 양피지

하얀 쟁기 = 거위 깃털 펜

검은 종자 = 검은 잉크로 쓴 글의 행들[194]

이탈리아의 언어 상황

인구: 57,700,000명[2021년 통계로는 60,367,471명]

공식어: 이탈리아어, 이탈리아국의 공식어(토스카나 문어)

지방 공식어

- **프랑스어**: 로망스어(발레다오스타)
- **독일어**: 게르만어(알토아디제, 남티롤)
- **사르디니아어**: 로망스어(사르디니아)

그 밖의 언어들

〈로망스어〉195

- **피에몬테어, 롬바르디아어, 제노바어, 베네치아어, 에밀리아로마냐어, 마르케어, 움브리아어, 토스카나어, 로마어, 아브루초어, 나폴리어, 살렌티노어, 칼라브리아어, 시칠리아어, 사르디니아어**
- **라딘어**(볼차노)
- **프리울리어**(우디네)
- **프랑코프로방스어**(발레다오스타, 아풀리아)
- **오크어**(피에몬테)
- **카탈로니아어**(사르디니아)

〈게르만어〉[195]

- **독일어 및 게르만 방언들**(볼차노)

〈슬라브어〉

- **슬로베니아어**(트리에스테, 고리치아)
- **크로아티아어**(몰리세)

〈기타어〉
- **알바니아어**(이탈리아 남부, 시칠이아)
- **그리스어**(이탈리아 남부)
- **집시어**(북부의 신티어, 나머지 지역의 롬어)

최초의 '이탈리아어' 글

그 후로도 100년 이상이 지나서야 고대 이탈리아어로 인정될 수 있는 최초의 글이 나타났다. 이번에는 카푸아 지방에 있는 몬테카시노 수도원들 소유의 재산에 관한 네 개의 짧은 서약 증언이다(I placiti cassinesi 960-963). 이것들은 이탈리아 중부의 통속 라틴어 형태로 작성되었는데, 당시 그 지역은 정치적으로도 분열되어 있었고 언어적으로도 분열되어 있었다. 로마 제국의 해체 이후에 많은 작은 국가들로 나뉘어진 채 그 지역에서는 수 세기 동안 이례적으로 다양한 방언들을 가지게 되었다. 보카치오의 어느 소설을 700개 가량의 방언으로 번역하려고 시도할 수 있었을 정도였다(상자 글 '방언이 곧 언어이다' 참조).[196]

방언이 곧 언어이다

방언(dialecte)이나 사투리(patois)를 '잘못 말해지는' 언어라고 생각해서는 안 된다. 그것들도 고유의 문법과 어휘를 가진 완전한 언어임이 분명하다. 그런데도 오늘날 이탈리아어, 스페인어, 프랑스어 등을 언어(langue)라고 말하는 것은 그것들이 레온어, 나폴리어나 피카르디어보다 더 풍부하고, 더 아름답거나 더 구조가 좋기 때문이 아니라, 그것들은 헌법적 국가의 문학어이자 공식어로 됨으로써 더 큰 영예를 얻었기 때문이다. 그 세 언어들의 출발점이었던 말들, 즉 피렌체어, 카스틸라어 그리고 일드프랑스어[일드프랑스는 파리와 주변 지역을 포함한 프랑스 지방의 이름이다] 자체도 처음에는 지리적으로 제한된 지역에서 말해지던 사투리에 불과했었다.

분열된 이탈리아

제국과 교황권 사이의 투쟁에 밀접하게 연루된 이 지역은 19세기 중엽이 되어서야 정치적 통일을 이룰 수 있었고, 중세 동안에는 민중들이 남부의 시칠리아 왕국, 중부의 교황령들, 점점 더 세력을 얻어가던 북부의 도시들(피렌체, 제노바, 밀라노, 베네치아...) 등으로 나누어져 지배받았다. 이처럼 작은 경쟁 국가들로 나누어진 상황에서 민중들이 연속된 침략으로 영향을 받았기 때문에 수 세기 동안에 다양한 방언이 발달하였다.

게르만어의 영향

이탈리아에서 말해지던 라틴어는 실제로 서기력 초기 몇 세기부터 다양한 게르만 종족의 영향을 먼저 받았다. 5세기 말에는 고트족, 특히 동고트족의 영향을 받았고, 6세기 말에는 가장 크게 랑고바르드족에 의해 영향을 받았으며, 8세기 말에는 300년 전부터 갈리아에 정착하여 이미 매우 로마화되어 있던 프랑크족의 영향을 받았다.[197]

가장 오래된 게르만어 차용어들 중에는 arpa('하프'), bragia(오늘날에는 brace)('숯(불)'), tasso('오소리') 또는 sapone('비누') 등이 있다. sapone는 프리슬란트어에서 유래한 것으로 당시에는 비누가 아니라 머리카락에 붉은색을 만들어주는 제품을 가리켰다.[198] 그 밖에도 이탈리아어에서는 색깔 명사가 대부분 게르만어에서 왔다. bianco('흰색'), biondo('황금색'), falbo('진노랑, 다갈색'), bruno('갈색'), grigio('회색'), biavo(문학어, '연한 청색') 등이다. 그중 대부분은 프랑스어나 다른 로망스어에서도 나타난다.[199]

다음 단어들도 다른 로망스어들에 나타난다.

anca	'도끼'(프, hanche)
orgoglio	'자존심'(프, orgueil)
panca	'긴 의자'(프, banc)
schiena	'등'(프, dos, cf. 프랑스어 단어 échine '등뼈')

다음 동사들도 마찬가지이다.

guardare	'쳐다보다, 지키다'(프, regarder, garder)
guarire	'낫다, 지키다'(프, guérir, défendre)
guarnire	'보강하다'(프, garnir)

게르만어에서 유래한 단어 guerra('싸움판')는 라틴어 단어 bellum('전투')을 대체했는데, 그 이유는 아마도 전투가 새로운 형태를 가지게 되었기 때문일 것이다. 즉, 로마인들의 전열이 정비된 전투로부터 게르만족의 혼란스러운 교전으로 바뀌었기 때문일 것이다.[200] bellum이 bellus('아름다운')라는 형용사와 동음이의어라는 점도 guerra에게 유리한 쪽으로 작용하였을 것이다[bellus의 단수 중성 주격 및 단수 남성 대격 변화형이 bellum임].

게르만 종족들 가운데서 이탈리아어 어휘에 가장 많은 흔적을 남긴 것은 랑고바르드족이다. 그들은 568년부터 이탈리아 북부에서 세력을 확장하였고 로마 남부까지 밀고가서 오늘날 움브리아, 토스카나, 풀리아, 캄파니아 등을 포함하는 광대한 왕국을 건설하여 2세기 동안 유지하였다.[201]

그러므로 다음 예들처럼 일상적 이탈리아어에서 그들 언어의 수많은 흔적을 발견하게 되는 것은 놀라운 일이 아니다.

baruffa	'싸움, 분쟁'
ricco	'부유한', '강력한'을 뜻하는 게르만어 형용사에서 유래함.
scaffale	'선반', *skaf('판자')에서 파생됨. [*는 입증되지 않았지만 추정으로 복원된 형태를 뜻한다]
scherzo	'농담'
spaccare	'쪼개(지)다'
stracco	'피곤한'
zaino	'배낭'
zazzera	'더부룩한 머리', '색깔이 다른 머리 타래'를 뜻하는 게르만어 단어에서 유래함.

롬바르디아와 로마냐, 두 개의 비정상

오랫동안 적이었던 이 두 이탈리아 주들의 이름은 얼핏 보아서는 완전히 정상적으로 보인다. 그렇지만 그것들의 발음은 어떤 역설을 보여준다. 롬바르디아(Lombardia)는 그리스어 식으로 i 위에 강세가 주어지며 발음되고, 로마냐(Romagna)는 라틴어 식으로 첫 번째 a 위에 강세가 주어지며 발음된다. 그런데 중세 내내 로마냐에서는 동로마 제국의 그리스어가 지배적이었다. 동로마 교회가 라벤나 총독령에 자리잡고 있었기 때문이다. 또한 롬바르디아인들은 그처럼 오늘날 롬바르디아의 이름, Lombardia의 i에 그리스어 식으로 강세를 부여하여 발음함으로써 생각지도 못한 채 과거 자신들의 적들의 발음을 존속시키고 있다.[202]

그러나 774년 프랑크족은 롬바르디아 왕국을 멸망시켰고, 그때 새로운 도래자들의 언어가 이탈리아 로망스어들과 접촉하였다. 프랑크족은 카롤링거 왕조 시기에 이탈리아에 도착할 때 이미 매우 로마화되어 있었기 때문에 이탈리아어 단어가 프랑크어에서 유래했는지 '프랑스어'에서 유래했는지 명확하게 밝히는 것이 어려운 경우가 많다. 본래는 '풀을 뜯어먹다'는 의미였던 guadagnare('이기다'), guanto('장갑'), trappola('함정') 등은 프랑크족의 언어에서 직접 차용된 단어들이고, schiera('군대, 줄')는 프로방스어에서, spiedo('브로치, 수렵용 창')와 schifo('혐오')는 고대 프랑스어에서 이탈리아어로 전해진 것으로 보인다. 마지막으로, truppa('군대', 프, troupe)라는 단어와 troppo('너무', 프, trop)라는 부사는 어원이 같다. 그 두 단어들은 모두 '다량, 쌓기'를 뜻하는 게르만어 단어에서 차용되었다. 그것들은 프랑스어를 매개로 하여 이탈리아어에 도입되지만, 고대 프랑스어에서처럼 troppo가 처음에는 '너무'가 아니라 '많이'를 의미하였다.

동로마 제국의 영향

동로마 제국의 군대는 6세기 중반부터 이탈리아 남부를 차지하고 있던 동고트족을 격퇴하였으며, 동로마 제국의 영향, 즉 언어에 있어서 그리스어의 영향도 여러 세기 동안 지속되었다. 많은 단어가 형태와 때로는 의미의 변화 과정을 겪은 채 오늘날에도 여전히 살아 있다는 것이 그 증거이다.

duca	'우두머리', dux(라틴어, '지도자')의 그리스어화된 형태.
gondola	'곤돌라', 추정컨대 그리스어 kondy('단지')에서 유래함.
metro	'측량, 치수', 그리스어 metron('측량')에서 유래함.
scala	'기항(지)'. 이 단어는 라틴어에 기원을 두고 있으나(SCALA '단계'), '상륙 지점'라는 새로운 의미가 콘스탄티노플에서 유래함.
falò	'장작불', 그리스어 phanos('횃불, 각등')에서 유래함.
ganascia	'턱', 그리스어 gnathos('턱')에서 유래함.
androne	'통로', 그리스어 andron('남자들의 방')에서 유래함.[203]

아랍어의 영향

근동(Orient)의 언어들, 특히 아랍어는 이탈리아의 언어들을 매우 풍요롭게 만들었다. 그 이유는 아랍인들의 지배가 시칠리아에서 2세기 반 동안(827–1091) 지속되었기 때문만이 아니라, 무엇보다 중세 내내 그들이 지중해 무역에서 영향력을 가지고 있었고 당시에 천문학, 수학, 의학 등 일부 과학 분야에서 그들이 우월하였기 때문이었다.

azimut	'방위'	alcali	알칼리'	'nucca	'목덜미'
nadir	'천저(天底)'	alcool	'알콜'	talco	'활석'
zenit	'천정점'	sciroppo	'시럽'		
algoritmo	'연산'	elisir	'묘약'		

더 일상적으로 사용되는 무역과 식품에 관련된 많은 단어가 아주 일찍부터 아랍어에서 차용되었다.

carciofo	'아티초크'	zucchero	'설탕'
melanzana	'가지'	zafferano	'사프란'
zibibbo	'건포도'	magazzino	'가게'
spinaci	'시금치'	tariffa	'요금'
ribes	'까치밥나무 열매'(그러나 이 단어는 본래 '대황'을 지칭하였다)		

이러한 아랍어 또는 아랍-페르시아어 차용어들은(azzurro '담청색', lapis-lazuli '청금석' 등) 흔히 우회로를 이용하여 이탈리아어에 정착하였다. 예를 들어 병기창을 가리키는 말은 방언에 따라 형태가 달랐지만 베네토 방언 형태인 arzaná가 결국 우위를 차지한 후 (이탈리아 문학어에서는 arsenale가 되었고) 유럽의 다른 언어들에 널리 퍼지게 되었다. 제노바는 cotone('면')라는 단어의 확산 중심지가 되었고, 그 단어도 유럽의 단어가 되었다. 이와 달리 taccuino('수첩')는 살레르노 방언의 형태로 전파되어 이탈리아 국경 내부에 머물렀다. 마지막으로, algebra('대수학'), alambicco('증류기'), albicocca('살구') 등의 단어들은 정관사 al을 보존한 아랍어 어휘 대부분이 그렇듯이 스페인어를 경유하여 이탈리아어에 들어갔다(209쪽 '스페인어를 중심으로' 챕터, '§ 관사의 포함 여부' 부분 참조).

반면에 zero라는 이탈리아어 단어는 아라비아 숫자를 유럽에 도입한 이탈리아인 학자인 레오나르도 피보나치(1175-1240)의 창조물이다. 그는 먼저 '허공'을 뜻하는 형용사인 sifr라는 아랍어 단어(그 단어는 또한 cifra('숫자')라는 말도 생기게 해 주었다)로부터 아랍어 형태 sifr를 zephirum으로 라틴어화하였는데, 그 말이 나중에 이탈리아어 글들에서 zefiro, 그 다음에는 zefro, 마지막에는 zero 형태로 사용된 것으로 확인되었다.[204]

이탈리아어 단어가 되면서 assassino('자객')도 의미가 변했다. 그 말은 처음에는 아사신족(Assassins)이라는 시아파 교도들만을 지칭하였는데, 그들은 11세기에 (마르코 폴로가 나중에 '산중의 노인'라고 부르게 되는 인물인) 하산 알사바를 추종하던 사람들이었다. 이 말의 현대적 의미는 13세기에 이탈리아어에서 나타났고, 그 다음에 '의도적 살인범'이라는 그 새로운 의미를 가지고 이 단어가 프랑스어로 넘어갔다.[205]

그러나 가장 기묘한 의미적 변화 과정을 경험한 것은 facchino('짐꾼')라는 단어이다. 이것은 본래 신학자나 법률가를 지칭하였는데 나중에 세관원이라는 의미로 변화하였다. 15세기 무렵에 이 단어의 의미가 '짐 운반자'로 옮아가는데, 이것은 아랍 세계의 심각한 경제 위기의 결과이다. 경제 위기로 인해 공무원들이 직물 장사를 하게 되어, 직물을 어깨에 메고 운반하면서 시장들을 돌아다녔기 때문이다.[206]

이웃의 자매 언어들

11세기부터 알프스 건너편의 이웃들과의 상호적 교역 방식이 확립되었고, 그것은 수 세기 동안 지속되었다. 알비파[12-13세기에 알비를 중심지로 발달한 기독교 이단 종파]를 상대로 하는 십자군에 의해 쫓겨난 많은 프로방스의 음유 시인들이 당시에 이탈리아의 도시 국가들로 피난을 갔고, 같은 시기에 프랑스에서 온 베네딕트파 수도자, 성 도미니크회 수도자 그리고 샤르트르회 수도자들이 이탈리아에 수도원을 세우기 시작하였다. 이탈리아 남부는 아랍의 패권을 종식시킨 후 기독교 왕국을 건설한 노르만인들에게 11세기와 12세기에 지배를 받았으므로, 그곳의 궁정에서는 프랑스어를 아는 것이 필수적이었다.[207] 단테의 스승인 브루네토 라티니(1220-1295)는 당시의 지식에 대한 일종의 백과사전인 자신의 저서 《만물의 보고》(Livres dou Tresor)를 저술할 때 프랑스어를 선택하였고, 1298년에 마르코폴로가 감옥 깊은 곳에서 극동 지역 여행기를 받아쓰게 할 때도 프랑스어를 사용하였다.[208]

마지막으로, 이탈리아 음유 시인 중 가장 유명한 사람인 소르델로(1270년 사망)는 만토바의 방언이 아니라 프로방스어로 글을 썼다.

12세기 말이 되어서야 기록문들에서 이탈리아 방언들의 흔적이 나타나기 시작한다. 이탈리아 북부의 어느 궁정에 피신한 프로방스 음유 시인인 랭보 드 바케라는 자신의 프로방스어 글 가운데에 제노바어 대사를 혼합하는 데 주저하지 않았다.

시칠리아의 찬란한 시

시칠리아 왕인 호엔슈타우펜 왕가의 프리드리히 2세 황제의 화려한 궁정에서 고품격 시가 탄생한 것도 같은 시기였다. 시칠리아는 이탈리아의 나머지 지역보다 앞서서 이탈리아 문학으로 가는 길을 열었다.

이탈리아어가 독창적인 문학을 통해 완성될 수 있도록 해줄 불씨가 바로 시칠리아에서 출발했던 것이다. 이탈리아 북부의 시인들은 알프스 너머에서 온 문학에 대해 감탄하여 오직 그것을 열정적으로 흉내내며 자신들의 모델이 되는 작품들의 언어를 사용하기까지 하였던 반면에, 시칠리아 시인들은 그러한 것에 충분히 거리를 두고 자신들의 언어로 창작을 하였다. 그래서 나타난 것이 시칠리아의 시인데, 이것은 세련되고, 현학적이고, 귀족적이며 음유 시인들 방식으로 궁정풍의 사랑을 노래하는 것으로 프로방스의 시와 같이 섬세한 시였다.

시칠리아의 프리드리히 2세의 궁정에서 탄생한 이 시 운동은 황제의 사망 직후에 사라질 상황에 처하였다. 그러나 그것이 볼로냐와 토스카나의 큰 도시들에서 이탈리아 중부의 다른 예술가 모임을 매료시키게 되었다. 그때 탄생한 것이 'dolce stil nuovo', 즉 매우 부드럽게 글쓰는 새로운 기법이다. 이것은 일군의 교양있는 부르주아들에 의해 만들어졌는데, 그 가운데는 구이토네 다레초, 구이도 귀니젤리, 그리고 좀 나중에 치노 다 피스토이아와 그의 친구 단테가 있었다.

(2x4) + (2x3)

이 수학 공식은 시와 정반대 위치에 있는 것으로 보이지만 장래가 유망하던 어떤 시 장르의 공식이었다. 바로 소네트의 공식이다. 이 공식은 소네트라는 것이 형식적으로는 두 개의 4행 시에 두 개의 3행 시가 뒤이어 오는 것이기도 하다는 것을 상기시킨다.

이 시 장르는 흔히 페트라르카와 연결된다. 그러나 이것은 공증인이자 시인이기도 했던 자코모 다 렌티니가 발명한 것으로 보아야 한다. 그는 13세기에 시칠리아의 프리드리히 2세의 궁정에 드나들었던 사람이다.[209]

그 이후로 수백 편의 소네트가 다음과 같은 다양한 언어로 유럽 문학을 풍성하게 만들었다.

이탈리아어: 자코모 다 렌티니, 페트라르카, 토르콰토 타소, 미켈란젤로 등
프랑스어: 뒤 벨레, 롱사르, 뮈세, 베를렌, 드 에레디아 등
스페인어: 로페 데 베가, 프란시스코 데 퀘베도 등
포르투갈어: 카모엔스 등
영어: 셰익스피어, 밀턴, 워즈워스, 엘리자베스 브라우닝 등
독일어: 괴테, 릴케 등
스웨덴어: 프란츠 폰 프란짐 등

문학의 영향 속에서

프랑스어의 역사가 프랑스의 정치적 역사와 연결되어 있었고 스페인의 역사는 그 민족의 종교적 삶의 영향하에 발전하였다면 이탈리아어의 역사는 문학을 통해 설명할 수 있다. 왜냐하면 토스카나 이외 지역에서는 그 언어가 중세 이후 오랫동안 오로지 문어이자 문학어였기 때문이다.

이탈리아 문학의 몇몇 알려진 이름들은 언어의 역사를 이해하도록 돕는 기준점으로 사용될 수 있다. 먼저 이탈리아인들이 Trecento('1300년대'), 즉 14세기의 3대 피렌체인이라고 부르는 사람들이 있다. 신곡의 단테(1265–1321), 소네트로 유명한 페트라르카(1304–1374), 그리고 단편소설로 유명한 보카치오(1313–1375)이다. 그 뒤로는 다른 위대한 작가들이 훌륭한 작품들에서 토스카나 방언에 기반을 둔 이탈리아어를 빛나게 했다. 소설가 만조니(1785–1873)는 19세기에 토스카나어에 대한 무조건적 순종으로 비판을 불러일으켰지만, 실제 어법에 입각하였기 때문에 틀에 박힌 문어에서 벗어나기 위한 새로운 추진력을 제공했다. 마지막으로 작가이자 영화인이었던 피에르 파올로 파솔리니(1922–1975)가 아래의 표를 완성하는 데 선택된 것은 단지 그가 1960년대 초에 이탈리아 언어 상황의 현실에 대한 예민한 감각을 가지고 이탈리아어의 미래가 이제는 북 이탈리아의 삼각 산업지대에서의 어법 속에 있다고 처음으로 선언한 사람이었기 때문이다. 오늘날 이탈리아어의 역학 구도를 보면 그가 옳았던 것 같다(상자 글 '이탈리아어 역사에서의 몇몇 기준점들' 참조).[210]

이탈리아어 역사의 몇몇 기준점들

문학에 배정된 세로칸은 매우 공백이 많아 보일 수 있는데, 그 이유는 여기서 위대한 이탈리아 작가들의 목록을 작성하려는 것이 아니고, 어떤 방식으로든 이탈리아어의 역사에 특별히 흔적을 남긴 작가들을 언급하고자 하기 때문이다.

문학	학회	정치	언어들
14세기 단테 페트라르카 보카치오		**14세기 → 19세기** 이탈리아는 많은 경쟁 도시 국가로 분할됨	**14세기 → 20세기** 각 지방에서 자기 방언을 사용하지만 피렌체의 토스카나 방언이 문어 이탈리아어가 됨

	16세기 문사(文史) 크루스카 학회[이탈리아어 순화를 위해 창립된 학회]		**16세기 → 19세기** questione della lingua('언어의 문제')에 대한 토론
19세기 만조니가 자신의 소설을 다시 씀		**19세기** 이탈리아 통일 (1861)	**20세기** 구어 이탈리아어가 보편화됨
20세기(후반부) 파솔리니가 옳았음		**20세기(후반부)** 밀라노-토리노-제노바 삼각 산업지대의 중요성이 커짐	**20세기(후반부)** 북부의 어법이 토스카나어를 대신하게 될까?

방언학자 단테

단테는 산문의 보카치오, 시의 페트라르카와 더불어 토스카나 방언이 피렌체와 토스카나 지방 밖에서 빠른 성공을 거두게 한 원동력이었다. 그의 《신곡》은 14세기 초부터 대중 앞에서 낭송되고 해설되면서 이탈리아 전역에 널리 퍼져나갔다. 그러나 단테가 대단한 걸작으로 얻은 영예 때문에 사람들은 그가 자신의 주변에서 말해지는 언어들에 대한 세심한 관찰자이며 동시에 언어정책 수립과 시 기법에 대한 이론가이기도 했다는 것을 좀 잊어버리게 된다.

라틴어로 쓴 미완성 소책자인 《속어론》(De Vulgari Eloquentia)에서 단테는 '예'라고 대답하는 방식에 기반하여 서유럽의 언어들을 구분하였다. 북부의 언어들은 yò라고 하는데, 남부의 언어들은 세 그룹으로 나누어진다는 것이다. 그렇게 구분한 '오크어'(프, langue d'oc), '오일어'(프, langue d'oïl) 및 '시어'(프, langue de si)라는 용어들이 수 세기 동안 사용되었다. 그는 미완의 사회 언어학자로서 어법의 변이성을 언어의 자연스러운 사실로 간주한 최초의 인물이기도 하다. 그는 볼로냐 안에서도 산 펠리체 지구의 주민들은 번화가의 주민들처럼 말하지 않는다는 점을 명확하게 지적하였다.

그의 말을 따르자면 이탈리아에 천 개가 넘는 '시'(si) 사용 통속어가 있었다. 그는 그 가운데서 아펜니노 산맥으로 분리된 14개의 방언군을 열거하고, 거기서 공통 문학어가 될 자격이 있는 언어를 찾아볼 목적으로 그것들을 검토하였지만, 모든 방언을 차례로 배제하였다.[211] 로마 방언부터 시작하면서 그것을 '모든 방언 중 가장 추한 것'(turpissimum)이라고 하였고, 북부와 토스카나의 어법들을 단호하게 비난하였다. 그는 포를리와 로마냐 전역의 방언들은 너무 '부드럽고' 너무 '여성적'이며, 브레시아, 베로나, 비첸차, 파도바, 트레비즈 그리고 베네치아의 방언들은 너무 '투박하고', 트렌토와 토리노의 방언들은 너무 '변두리 말'이라고 평가하였다. 볼로냐 말은 '감미로움'을 가지고 있는데도 불구하고 언급되지 않았다. 그는 사르디니아 방언에 대하여 volgare('통속어')가 아닌 grammatica('문법'), 달리 말하면 라틴어를 '원숭이 같이' 모방한 것이라고 평가하였는데, 그 평가에는 그 섬의 주민들이 라틴어와 똑같이 domus nova('새 집') 그리고 dominus meus('내 주인')라고 말한다는 타당한 이유가 있었다.[212] 마지막으로 시칠리아 방언은 세련된 시로 명성을 떨쳤음에도 불구하고 그가 보기에는 역시 마음에 들지 않았다. 그가 찾고 있던 빛나는 통속어를 위한 모든 기준에는 부합되지 않았기 때문이다.

이탈리아의 언어들 중 하나가 그러한 이상형에 도달할 수 있기 위해서는 큰 가치가 있는 작품들의 언어로 사용되었어야 했고, 또한 고상함, 우아함 그리고 세련됨의 규칙에 부합하면서도 다른 언어들이 그것을 중심으로 어우러지는 중심핵이 될 수 있어야 했던 듯하다.[213] 그런데 그의 눈에는 기술된 어법들 중 어느 것도 그 모든 자질을 갖추지 못했다.

문어이므로 발음은 따르지 않는다

그렇지만 단테가 14세기 초에 헛되이 바라 마지않았던 그 '빛나는 통속어'가 교양 있는 이탈리아인들 생각 속에서 점차적으로 형체를 드러내었다. 그러한 이탈리아인들 중에는 그 언어가 곧 '트레첸토'의 3대 피렌체인, 즉 단테를 비롯하여 보카치오 그리고 페트라르카의 문어라고 보는 사람이 점점 더 많아졌다.

그러나 그 문어 토스카나어가 최고의 영예를 누렸던 반면에 아무도 토스카나 사람들의 발음을 모델로 삼는 것을 받아들이지는 않았다. 토스카나어 발음에는 마치 '입에 계란을 넣은 채' 말하는 듯한 약한 자음들과 목구멍 안쪽에서 긁히는 듯한 글자 c의 발음('토스카나어의 후두음')이 포함되어 있다.[214] 오늘날에도 여전히 이탈리아인들이 토스카나어 발음을 조롱하기 위한 짧은 문장이 있다. la coca-cola colla cannuccia('빨대가 있는 코카콜라')를 그들은 대략 '라 호하 홀라 홀라 하누차'로 발음한다.

나중에 이탈리아어가 될 그 언어는 주로 시와 문학에 사용되었고, 행정 및 공식 문서에도 사용되었다. 그렇게 하여 그 언어는 거의 5세기 동안 구어에게는 상상도 못할 안정성 있는 삶을 사는 보기 드문 특권을 누렸다. 그러한 외형적 부동 상태가 유지된 것은 틀림없이 그 언어가 오로지 글 형태로만 전파되었다는 사실 때문에 생긴 일이다. 그래서 모든 언어들이 경험하는, 또 토스카나 방언 자신을 포함한 여러 이탈리아의 방언들이 매우 자연스럽게 겪었던 정상적인 변화 과정에서 그 언어는 벗어나 있었던 것이다.

'언어의 문제'

그러나 피렌체의 토스카나 방언이 실제로 문어 이탈리아어로서의 입지를 공고히 하는 동안에도 이탈리아인들은 수 세기 동안 끊임없이 스스로에게 '언어의 문제'(questione della lingua)를 제기하였다.[215] '트레첸토' 피렌체인들의 토스카나어를 글자 그대로 따라야만 했을까? 살아있는 토스카나어를 모델로 삼는 것이 더 나았을까? 왜 라틴어에서 분기된 다른 방언을 선택하지 않는가? 아니면 오히려 여러 언어들의 혼합을 실행해야 하지 않을까? 등의 질문이었다.

이탈리아어가 유럽어로서의 운명도 경험하게 되는 16세기부터는(상자 글 '이탈리아어와 유럽' 참조) 고어 애호자들과 근대주의자들 사이에서, 그리고 가장 순수한 토스카나어를 완강히 지지하는 사람들과 더 절충적인 이탈리아어의 지지자들 사이에서 격렬한 논쟁들이 어어졌다.[216]

이탈리아어와 유럽

16세기에 이탈리아 문화는 유럽의 문화가 되었다. 리옹에서, 런던에서, 이탈리아어로 된 책들이 인쇄되었다. 도처에서 페트라르카를 모방하고, 이탈리아 방식을 모델로 삼아 소네트를 썼고, 밀턴은 소네트를 이탈리아어로 쓰기까지 하였다. 이탈리아어를 안다는 것은 세련됨과 기품의 표시였다. 카를 5세는 이탈리아어로 말하고, 글을 읽고 또 쓰기도 하였다. 프랑수아 1세는 피렌체의 조각가 벤베누토 첼리니와 이탈리아어로 대화를 지속하였고, 잉글랜드의 엘리자베스 여왕은 그 언어로 편지를 쓸 수 있었으며, 몽테뉴는 자신의 바니 디 루카 여행 일기를 이탈리아어로 썼다.[217]

고어 애호주의자들은 14세기의 문어 피렌체어를 모델로 삼을 것을 권장하였으며, 16세기에는 피에트로 벰보가 그러한 입장을 대변하였는데, 정작 그 자신은 베네치아 사람이었다.[218]

고전 피렌체어를 위해 투쟁한 '문사(文史) 크루스카 학회'(이탈리아어, Academia della Crusca)는 1583년에 창립되어 방앗간 주인이 밀기울(crusca)에서 밀가루를 분리하듯이 어휘를 엄격하게 검토하여 그 가운데 최상의 것을 추출하였다. 그 학회 사전의 최초 간행본은 1612년에 출판되었다.

마키아벨리(1469–1527)와 카스틸리오네(1478–1529)는 학회의 편에서 피렌체어를 역시 선택하였지만 그들은 그것이 다른 언어들의 기여로 더 풍요롭게 되기를 원하였다.[219]

그 뒤로 수 세기 동안에 언어의 문제는 여전히 토론과 논쟁을 지속시켰는데 18세기에는 다른 주목받는 주장들이 토스카나어의 보존에 위협이 되었다. 그때는 r를 프랑스어식으로, 즉 목구멍 안쪽에서 발음하는 것이 유행이던 시기였으므로 프랑스어 찬양자들은 프랑스어를 모델로 삼았다, 반면에 순수주의자들은 모든 외국어 모방을 거부하였고, 다른 비판자들도 떠들썩하게 크루스카 학회의 사전을 거부하였다.[220] purista('순수주의자')와 neologismo('신조어')라는 말들이 바로 이 시기에 나타났다.[221]

그는 자신의 소설을 '토스카나어화'하려고 다시 썼다

그 모든 논쟁들은 19세기 중엽이 되어서야 만조니의 소설 《약혼자들》(I promessi sposi)과 관련하여 두 차례 거듭된 문학적 사건이 있은 이후에 진정되었다. 그것은 그 분야에서 유일무이한 실험이었다. 밀라노에서 태어나고 교육받은 작가는 소설적 기법이 뛰어나고, 웃기고, 또 역사 소설이기도 한 걸작 연애 소설을 막 발표하고 나서 1827년 피렌체로 여행을 갔는데, 그 여행이 그의 마음을 뒤흔들었다. 그는 항상 책 속에서 문학어를 찾고자 했었는데 학식있는 피렌체인들에게서 풍요롭고, 유연하고, 생기있는 문학어를 발견한 것이었다. 속담이 된 그 자신의 표현에 따르면 '아르노 강물에 자신의 옷을 헹군 다음에' 그는 소설을 완전히 새로운 버전으로 쓰기로 결심하였다. 그는 너무 밀라노적인 표현들 그리고 피렌체의 실제 용법과 대조하지 않은 채 그가 그 때까지 수용했었던, 전통적 문학의 모든 고어적, 상투적 표현들을 자신의 소설에서 없애고자 하였다. 예를 들면, 그는 다음과 같은 교체를 실행하였다.

- 북부에서 일상적인 어형인 adesso를 더 전형적인 토스카나어 어형 ora('지금')로
- 라틴어풍이며 너무 식자적인 ambedue, ambo 또는 entrambi를 더 구어적인 tutt'e due('둘 모두')로
- confabulare를 chiacchierare('수다를 떨다')로
- dimandare를 domandare('요구하다, 묻다')로
- sofferire를 soffrire('참다, 고통을 겪다')로

그래서 형식적 차원에서 대폭 고친 소설이 1842년에 다시 출판되었다. 그 출판으로 인해 이탈리아어 역사와 이탈리아 산문의 역사에 하나의 뜻깊은 연도가 기록되었다. 그 출판으로 인해 이탈리아어 산문에서 그 때까지 무겁게 느껴졌던 수사법이 없어지게 되었다. 이로서 만조니는 문어를 구어에 접근시키는 데 성공하였다.[222]

권위있는 사람들은 목소리를 높여 오직 한 지방의 어법에만 지나치게 의존하는 공통어를 구상하는 것에 반대하였다. 그러나 문사(文史) 크루스카 학회는 1883년 《약혼자들》을 학회 사전의 예문을 인용할 원전에 포함시켰다.[223] 19세기 말이 되어서야 이탈리아어에 관한 400년 동안의 논쟁이 마침내 끝났고, 20세기에는 이탈리아어가 점진적으로 모든 이탈리아인들의 언어로 되었다.

방언의 나라 이탈리아

비교적 엄격한 토스카나어를 중심으로 거의 합의된 문어적 어법에 대해 그러한 문학적 논쟁이 전개되는 동안에도 모든 이탈리아인들은 라틴어에서 분기된 방언들을 중세 이래로 계속하여 사용하였다. 그 방언들은 대부분 오늘도 여전히 살아있다.

먼저 이탈리아어와 연관되는 방언들은 같은 로망스어권의 다른 지역들과 연관되는 방언들, 즉 사르디니아의 카탈로니아어, 주로 발레다오스타에서 사용하는 프랑코프로방스어, 남알프스 몇몇 골짜기의 프로방스어, 중부 알프스의 라딘어나 프리울리어 등과 구별되어야 한다.

이탈리아어와 연관되는 방언들은 세 개의 주요 그룹으로 분류될 수 있다. 중부 그룹은 토스카나어를 중심으로 이루어져 있으며, 남쪽으로 중간 지대까지 이어진다. 중간 지대는 라티움에서 시작하여 페사로와 안코나 사이의 아드리아해 해변으로 이어지며, 남부 그룹과 닿아 있다. 반면에, 북부 그룹은 제노바 근처의 라스페지아에서 아드리아해의 리미니로 이어지는 선에 의해 훨씬 더 분명하게 중부 그룹과 구별된다(지도 '이탈리아의 로망스어 방언들' 참조).

이 단순화한 세 그룹으로의 소개는 훨씬 더 뒤얽혀 있는 현실을 반영하지 못하며, 실제로 이탈리아의 방언 상황은 프랑스나 스페인의 방언 상황보다 훨씬 더 복잡하다. 동일한 개념이나 사물에 대한 다양한 어휘 형태들을 구분하는 선이 스페인에서는 50%가 카탈로니아어의 경계선과 일치하고, 프랑스에서는 3분의 1이 오크어의 경계선과 일치하지만, 이탈리아에서는 다른 분할선들보다 뚜렷이 우세한 어떠한 분할선도 없다.[224]

그럼에도 불구하고 몇 가지 공유되는 특성들은 세 개의 주요 그룹들로의 포괄적 구분을 정당화해 준다.

중부 그룹

중부 그룹의 특징을 보여주는 것은 이탈리아어의 기초가 된 문어 토스카나어 변

이탈리아의 로망스어 방언들

이 지도에는 로망스어 변이체들만 기록되어 있다. 괄호로 표시된 것들은 로망스어들이지만, 이탈리아 로망스어들이 아님을 나타낸다. 프랑스어는 발레다오스타에서 공식어이기 때문에 밑줄로 표시하였다.[225]

abruzzain 아브루초어 Agrigente 아그리젠토 Ancona 안코나 apulien 풀리아어 Bolzano 볼차노 calabrais 칼라브리아어 DIALECTES MERIDIONAUX 남부 방언들 DIALECTES SEPTENTRIONAUX 북부 방언들 Florence 피렌체 français 프랑스어 francoprovençal 프랑코프로방스어 frioulan 프리울리어 Gênes 제노바 génois 제노바어 La Spezia 라스페치아 ladin 라딘어 lombard 롬바르디아어 lucanien 루카니아어 marchois 마르케어 Milan 밀라노 Naples 나폴리 napolitain 나폴리어 ombrien 움브리아어 Pesaro 페사로 piémontais 피에몬테어 provençal 프로방스어 Rimini 리미니 romanesco 로마어 Rome 로마 salentin 살렌토어 Segeste 세게스타 Selinonte 셀리논테 sicilien 시칠리아어 Syracuse 시라쿠사 toscan 토스카나어 Trente 트렌토 Turin 토리노 Vénise 베네치아 vénitien 베네토어

이체에서 특히 라틴어의 모음 간 무성 자음들(p, t, k)이 유지되었다는 점이다. 이와 달리 북부 그룹에서는 같은 자음들이 유성음(b나 v, d, g)으로 변화하였다.

라틴어	토스카나어	이탈리아 북부	
RIPA	ripa	riba 또는 riva	'연안'
VITA	vita	vida	'삶'
ROTA	ruota	roda	'바퀴'
SECURU(M)	sicuro	sogur(o)	'확실한'

동일한 단어들의 프랑스어 형태는 이탈리아 북부와 같은 변화를 보여주지만, 프랑스어에서는 라틴어의 모음 간 자음이 vie('삶'), roue('바퀴') 그리고 sûr('확실한')에서 어떠한 흔적도 남기지 않았을 정도로 그 변화가 훨씬 더 많이 진행되었다.

토스카나어의 다른 특성으로 'i+모음' 앞에 오는 r의 삭제를 들 수 있다. 라틴어 접미사인 -ARIUS가 토스카나어에서 -aio로 되었다는 사실에서 그러한 변화를 확인할 수 있다. 예를 들면, FORNARIUS('빵집 주인')가 fornaio로 되었고 cuoio('가죽'), notaio('공증인'), muoio('나는 죽는다') 등도 마찬가지이다. 동일한 어미가 남부 방언들이나 로마 방언에서는 -aro라는 형태로 나타나고 있다.

로마 방언

로마 방언 또는 로마말(romanesco)은 토스카나어와 나폴리어의 중간이다. 왜냐하면 그 방언은 토스카나어와 몇 가지 특성을 공유하고(예를 들면 라틴어의 비강세 모음들이 유지되었다: lactem이 latte('우유')로 됨) 나폴리어와도 다른 특성들을 공유하기 때문이다(예를 들면, -mb-가 -mm-으로 변하고 -nd-가 -nn-으로 변하였다. 토스카나어의 ambasciatore('대사')가 ammasciatore로 되고, grande('큰')가 granne로 됨).

로마말은 15세기부터 토스카나어에 밀리기 시작하였다. 이것은 부분적으로 1527년 카를 5세의 군대에 의한 로마의 약탈[신성 로마 제국의 군대가 로마에 진입하여 약탈과 파괴를 자행한 사건]에 이은 인구 감소, 그리고 뒤이어 다른 지방에서 온 새로운 도래자들의 쇄도 때문이었다. 로마말의 위축은 교황청의 존재와도 관련이 있다. 교황청의 구성원들이 로마가 아니라 이탈리아 전역에서 선발되었는데, 특히 토스카나에서 많이 선발되었기 때문이다. 그래서 로마의 지도층들은 이탈리아의 나머지 지역보다 4세기 앞서서 토스카나어를 채택하였다.[226]

로마말은 더 이상 로마인들의 일상어가 아니다. 몇몇 라디오나 TV 프로그램만이 다소 향수에 젖어 오늘날 로마말이 계속 존재하도록 만들고 있다.

남부 그룹과 시칠리아

이제 막 보았듯이 남부 방언들의 특성 중 하나는 라틴어 자음군 -ND-와 -MB-가 -nn-과 -mm-으로 바뀌는 것이다.[227]

토스카나어	이탈리아 북부	
quando	quanno	'언제'
mondo	monno	'세계'
piombo	piommo	'납'
colomba	colomma	'비둘기'

다양한 외부 세력의 지배를 경험한 시칠리아의 방언들은 남부 방언들과 연관되어 있다. 기원전 9세기부터 시칠리아는 페니키아인에 의해, 그리고 그 다음에 그리스인에 의해 식민지 지배를 받았는데, 그리스인들은 기원전 8세기에 시칠리아인들을 완전히 그리스화시켰다. 시칠리아는 로마에 의해 정복된(기원전 212년) 후에 반달족에 의해, 또 그 다음에는 아랍인들에 의해(9세기에서 11세기까지) 연속적으로 점령되었다. 노르만인들의 시대(11세기에서 12세기) 이후에 왕국은 결혼을 통해 호엔슈타우펜 왕가의 통치를 받게 되었다. 그 당시에 프리드리히 2세의 궁정에서 세련된 시가 탄생하였고, 그것이 나중에 토스카나 시인들에게 많은 영감을 주었다. 그러나 시칠리아는 또 다시 4세기 반 동안(1282-1713) 스페인의 지배, 그리고 짧은 기간 동안 사부아의 지배, 오스트리아의 지배, 그리고 마지막으로 부르봉 왕가의 지배를 받았다. 1861년이 되어서야 시칠리아는 이탈리아 왕국에, 그리고 그 다음에는 이탈리아 공화국에 속하게 되었다.

그 각각의 지배는 언어에 흔적을 남겼다. 시칠리아어는 남부 방언들과 여러 특성을 공유하고 있다('내려가다'를 시칠리아 방언에서는 이탈리아 반도의 남부에서처럼 -nn-이 포함된 scinniri라고 하는데 이탈리아어에서는 -nd-가 포함된 scendere라고 한다). 그러나 그 방언들과 구별되는 점도 있다. 예를 들면, 두 모음 사이에 -LL-이 나타나는 라틴어 단어들에 반전음(反轉音) 또는 반설음(反舌音)이라고 부르는 자음들, 즉 혀끝이 완전히 올려진 채로 조음되는 자음들이 존재한다.

이탈리아어	시칠리아 방언	
bello, bella	beḍḍu,	'아름다운'
stella	stiḍḍa	'별'

어휘에서는 프랑스어가 남긴 흔적들이 많지만 때로는 그 흔적들을 즉시 알아보기 어렵다. 예를 들어 ammuari라는 단어는 프랑스어 단어인 armoire('옷장')의 변환이고, albaciù는 abat-jour('차양')의 변환이다. gattò di risu 또는 gattò de patati는 gâteau de riz('쌀로 만든 케이크')와 gâteau de pomme de terre('감자 케이크')의 모방으로 만들어졌다. 시칠리아 방언에서는 di scianza라는 표현이 '최고급의, 매우 우아한, 일류의'라는 의미를 나타낸다. 그 표현은 '행운'이라는 의미의 프랑스어 단어 chance에서 왔다. 마지막으로, tianu라는 단어는 프로방스어 tian('테라코타 접시')에서 차용되었다.[228]

북부 그룹

뒤에서 따로 살펴볼 서부 및 중부 알프스의 말들을 고려하지 않는다면 북부 방언들은 두 개의 그룹으로 세분화된다. 한편에는 베네토 방언이 있고, 다른 한편에는 피에몬테, 롬바르디아, 제노바, 에밀리아, 로마냐의 방언들이 있는데, 그것들은 대체로 갈리아족이 오랫동안 지배한 지역을 차지하고 있으므로 갈로-이탈리아 방언들이라고 불린다.

그 두 그룹의 방언들을 구별해 주는 특성들 중 하나는 베네토 방언에서는 토스카나어에서처럼 라틴어의 마지막 비강세 모음들(a 제외)이 유지된 반면에(라틴어 LACTEM('우유')에서 베네토어의 late와 토스카나어의 latte가 생겼다), 북부의 다른 방언들에서는 그 모음들이 사라졌다는 것이다. '우유'가 에밀리아어에서는 [lat]로, 롬바르디아어에서는 [latʃ]로, 그리고 피에몬테어에서는 [lajt]라고 말해지는데, 이것은 프랑스어의 lait를 떠올리게 한다.[229]

알프스의 방언들

중부 알프스의 언어적 상황은 훨씬 더 다양화되어 있다. 서기 4세기에 중부 알프스로 알라만족이 밀고 왔을 때 라틴어를 사용하던 사람들이 산악 지대로 피신해야 했다. 그곳에서 오늘날 독특한 로망스어들을 볼 수 있다. 지리적으로 분리된 세 개의 소그룹이 있는데, 그중 하나는 스위스에 있고(레토로망어), 나머지 두 그룹은 이탈리아에 있다(라딘어와 프리울리어)(상자 글 '두 개의 라딘어' 참조).

두 개의 라딘어

ladino('라딘어')라는 용어는 이탈리아 언어학자들에게는 돌로미티 산맥의 몇몇 로망스어 변이체들을 지칭하지만, 다른 지역에서는 라틴어에서 분기된 다른 언어들을 가리킬 수도 있다. 그 단어의 기원이 latinu(m)('라틴어')이기 때문이다.

실제로 이 말은 일종의 스페인어이지만 매우 고어적인 어떤 스페인어를 가리킨다. 그 언어는 랍비들이 중세에 히브리어 원전들을 글자 그대로 번역하는 데 사용한 것으로, 1492년에 스페인에서 추방된 유대인들의 유대 스페인어와 함께 전례서들 속에 영원히 존속하고 있다.[230]

첫 번째 그룹은 롬바르디아 방언들과 직접 연관되어 있으며, 스위스의 그리종 주에서 사용된다. 그곳에서 약 40,000명이 그 방언들을 사용하고 있다. 이 방언들, 즉 레토로망어와 앙가딘어에 대한 최초 입증 자료는 12세기의 것이며, 최초의 기록문은 1611년에 작성된 것이다. 1980년에는 통합 문어인 루만치 그리춘어(rumantsch grischun)가 만들어져서 레토로망어 5개 변이체를 글로 쓸 수 있도록 해 주었다.[231]

알프스 방언의 두 번째 그룹은 돌로미티 알프스라고 불리는 이탈리아의 티롤 알프스 산맥에서 볼 수 있다. 그곳의 주민들은(약 12,000명) 아디제강의 양쪽 유역에 분산되어 있으며, 독일어나 이탈리아어를 사용하는 주민들과는 분리되어 있다. 1차 세계 대전이 끝날 때까지는 그곳에서 세 개의 언어 공동체가 비교적 좋은 관계를 유지하며 지냈다. 그 공동체들이란 독일어 사용자들, 이탈리아어 사용자들 그리고 '돌로미티 라딘어'를 사용하던 사람들이었다. 현재 그 돌로미티의 다섯 골짜기들은 언어적으로 매우 세분화된 상황이며, 이것은 부분적으로 파시스트 시대의 정책의 결과이다. 그러한 정책으로 인해 라딘어 공동체가 볼차노, 트렌토 그리고 벨루노라는 세 개의 주로 분산되었고 라딘어의 통일성이 훼손되었다. 다섯 개의 방언 변이체로 분열된 돌로미티 라딘어는 오늘날 스위스의 루만치 그리춘어를 모델로 만들어진 통합 표기법을 가지고 있으며 볼차노 주의 골짜기에서는 도로 표지판이 현재 세 언어로 되어 있다.

세 번째 그룹은 이탈리아 우디네 주의 프리울리에 있으며(인구 400,000명[2017년 통계로는 약 10만으로 감소함]) 다른 두 그룹과 더 분명하게 구별된다. 프리울리 방언의 최초 입증 자료는 14세기 것으로서 그 방언이 베네토어의 영향을 강하게 받았다는 것을 보여주고 있다. 그러나 독일어가 3세기 동안(10–13세기) 이 지방의 공식어였기 때문에 어휘에는 독일어 흔적이 많이 남아 있다.[232] 이 로망스어 방언들은 슬라브어의 영향도 받았는데, 특히 슬로베니아 사람들과 접촉하는 지역에서 그렇다. 이 모든 요인으로 인해 프리울리어 그룹은 이 지역의 다른 로망스어 방언들에 비해 매우 독특한 특징을 가지게 되었다.

이탈리아의 프랑코프로방스어와 프로방스어

알프스의 다른 쪽 끝, 프랑스와 스위스의 경계에 있는 발레다오스타에는 그와 반대로 프랑스어권 스위스와 프랑스 사부아의 방언들과 매우 가까운 프랑코프로방스어 방언들이 있다. 발레다오스타어는 중세 초기부터 그곳에서 말로 많이 사용되었지만 글로 쓰여지기 시작한 것은 19세기부터이다. 수 세기 동안에 발레다오스타는 사부아 왕가의 소유였으며, 그곳에서 프랑스어가 16세기부터 행정 문서에서 라틴어를 대체하였고 조금씩 조금씩 행정, 종교, 학교에서, 그리고 부르주아 계층에서 구어로 사용되었다. 1948년부터 프랑스어는 이 지방에서 공식어 지위까지 얻었으나, 1940년대 이후로 학교, 미디어 그리고 공적 활동에서 지속적으로 이탈리아어에 밀려 위축되고 있다.[233]

언어학적으로 프랑코프로방스어는 이탈리아 로망스어 방언이 아니라 프로방스어나 프랑스어처럼 갈로로망어 방언에 연계되어 있다.[234]

더 남쪽으로 가면 피에몬테의 서부에서 프랑코프로방스어 사용자들을 볼 수 있으며, 베네벤토 주에도 그 방언을 사용하는 방언섬[주변 지역과 다른 방언을 사용하는 고립 지역] 지역이 존재한다(파에토와 첼레 디 산 비토). 그곳은 13세기에 이탈리아 남부에 정착한 프랑코프로방스어 사용자들의 옛날 집단 거주 지역이다. 그러한 인구의 이동들은 '무슬림 용병들의 난동을 저지하려는 앙주 왕가의 바램'에 따른 것으로 보인다. 무슬림 용병들은 호엔슈타우펜 왕가에서 고용되었던 사람들로서 그 지역에서 먼저 살고 있었다.[235]

마지막으로, 프로방스어 방언들은 알프스의 프랑스 쪽 사면에서 말해지는 방언들과 가까우며 토레 펠리체와 그 주변에서 아직도 존속하고 있다.

사르디니아어

사르디니아어는 이탈리아의 언어들 중에서만이 아니라 전체 로망스어들 중에서도 특권적 위상을 가지고 있는데, 그 이유는 이곳이 가장 먼저 로마화된 지방 중 하나였으므로(기원전 238년), 적어도 섬 중앙부에서는 라틴어에 가장 가까운 언어가 남아 있는 지방이기도 하기 때문이다.

최초의 거주민 흔적은 신석기 시대 말기의 것이다. 그들은 지중해 인종으로서 틀림없이 북아프리카 거주민들과 연관이 있었던 것으로 보인다. 거대한 돌덩이들로 이루어진 건축물인 '누라게'(nuraghe)는 기원전 제2 밀레니엄 중에 만들어진 것으로 추정된다. 그것들은 섬 전역에 있는데, 요새이자 피신처였던 것으로 보인다.

이 섬에 다양한 어법들이 존재하고 있는 것은 연속된 여러 지배의 역사로 설명된다. 카르타고인들은 페니키아인들을 이 섬에서 쫓아낸 후 기원전 3세기 중엽에 이

섬을 점령하였고 리비아에서 노예들을 데려와서 밀밭을 경작하게 하였다. 반면에 원주민들은 고지대로 피신하였기 때문에 오늘날까지도 가장 고어적인 방언들은 그런 곳에서 찾아볼 수 있다. 섬 전체의 로마화는 천천히 이루어졌지만, 반달족과 동로마 제국의 연속된 침략을 받았음에도 불구하고 하나의 통속어가 탄생되었다. 그 언어에 대한 최초의 기록 흔적들은 12세기부터 남아 있다.[236]

섬의 북부는 질병들과 바르바리아[모로코, 알제리, 튀니지, 트리폴리타니아에 걸친 북아프리카 지역을 가리킴]의 침략으로 인해 15세기와 16세기에는 버려져 있었는데 16세기 말부터, 특히 18세기 중에 코르시카에서 온 사람들에 의해 주민 수가 많아졌다. 사사리 지역에는 피사 사람들과 제노바 사람들이 16세기에 정착하여 그곳에 토스카나어와 리구리아어의 요소들이 있는 혼종 방언을 남겼다.[237] 섬 남부의 방언들은 중세 때 피사의 지배로 인해 크게 영향을 받았으며, 그 이후에 섬의 수도인 칼리아리에서 시작된 변화 과정들을 겪었다.

거의 4세기(1327–1720) 동안 지속된 스페인의 지배의 흔적으로서, 알게로 지방(16세기에 만들어진 식민지)에는 아직도 카탈로니아어 사용자들이 사는 방언섬 지역이 있으며, 사르디니아어 어휘에는 스페인어에 기원을 둔 말들이 많이 들어 있다(예를 들면 ventana '창문', kalentura '열' 등이 있다).[238]

사르디니아어의 고어적 성격이 가장 명백하게 드러나는 것도 어휘에서이다. 예를 들면 오래된 원전들에서는 라틴어 단어 ALBUS('흰')만이 확인되는데, 그것은 중부 지역에서는 살아남았지만 거의 모든 다른 곳에서는 게르만어 기원의 단어(blank '빛나는')로 대체된 단어이다(이탈리아어로는 bianco, 프랑스어로는 blanc임을 참조할 것). 그리고 랑고바르드족이나 프랑크족이 사르디니아를 한번도 정복하지 못했다는 것은 주목할 점이다.[239]

금요일 또는 정결한 식사

사르디니아어 어휘는 더 먼 과거, 즉 서기 1세기부터 이곳에 존재하였던 유대인 공동체들의 흔적을 보존하고 있다. 기독교인 공동체들은 2세기 말에야 나타났는데,

사르디니아어로 '금요일'을 아직도 kenaβura(또는 cenaβura)라고 하는 것을 보면 유대인들과 기독교인들은 이 섬에서 매우 우호적 관계를 유지하며 살았던 것 같다. 그 말은 '정결한 식사'를 뜻하는 라틴어 coena pura에서 변화된 형태로서 북아프리카의 유대인들이 금요일을 바로 그렇게 불렀는데, 그들의 경건한 날인 토요일의 식사를 준비하는 날이기 때문이었다.[240] 오늘날 그 단어를 사용하는 사르디니아 사람들은 성스러운 식사를 생각하지 않은 채 그 말을 사용하고 있을 가능성이 많다. 이는 라틴어에서 유래한 이탈리아어 단어를 사용하는 사람들이 venerdí('금요일')가 비너스의 날이라는 것을 더 이상 알지 못하고 있는 것과 마찬가지이다.

로망스어가 아닌 방언섬 지역들[241]

이탈리아의 중부 전역에서는 옛 라틴어 어법들이 존속하고 있지만 알바니아어, 그리스어, 슬라브어, 게르만어 등의 소수 언어 공동체들도 수 세기 동안 이탈리아의 남부 해안 지역과 북부 국경 지역에서 유지되었다. 그 가운데 일부는 오늘날 소멸 위기에 처해 있다.

그리스어 방언들은 아마도 동로마제국의 지배로 인해 많이 변한 것으로 보이지만, 어쨌든 먼 옛날 마그나그라이키아의 유물이며, 그 방언들이 후대의 연속된 침략에서 살아남은 곳은 장화의 양쪽 극단인 칼라브리아와 오트란토이다. 최근에는 매우 나이든 사람들 외에는 더 이상 그 방언들을 사용하지 않게 되었다[2017년 통계로 그리스어 방언 사용자는 칼라브리아에 약 500명 그리고 오트란토에 약 10,000명이 존재한다].

슬라브 언어들은 양차 세계 대전 사이에 이탈리아에서 가장 비중이 높은 외국어들이었다. 아드리아해 연안(몰리세)과 아브루초 주에서는 5세기와 6세기의 난민들의 자손들이 크로아티아어를 사용하며, 1차 세계 대전 이전 오스트리아–헝가리 제국에 속하던 트리에스테 주변 지역에서는 슬로베니아어가 사용되고 있다.

이탈리아 남부에는 소규모 알바니아어 공동체들이 존재하고 있다. 그 공동체들의 존재는 아라곤의 알폰소 1세의 요청으로 칼라브리아의 반란을 진압하기 위해 용병들이 왔던 사실에 대해 증언해주고 있다. 그 용병들은 도움을 준 것에 대한 보상으로

이탈리아에서 로망스어가 아닌 방언을 사용하는 방언섬 지역들

이탈리아어와 그밖의 라틴어에서 유래한 방언들 외에도 다른 언어들이 아직도 이탈리아에서 사용되고 있다. 그 언어들은 그리스어, 알바니아어, 독일어 그리고 슬라브 언어들(북동부 끝 쪽의 슬로베니아어와 몰리세 주의 크로아티아어)이다.[242]

albanais 알바니아어 allemand 독일어 croate 크로아티아어 grec 그리스어 mocheno 모케노어 parler germanique 게르만어 방언 slovène 슬로베니아어 tietsch 티에츄어

토지를 부여받았다. 이탈리아 반도의 남부에 있던 그들 후손의 일부는 나중에 시칠리아로 옮겨갔는데, 그곳에서 1948년에 알바니아 이주민 집단 거주지 건립 500주년 기념식이 열렸다. 그 집단 거주지에서는 오래전부터 두 가지 언어를 사용했지만 아마도 오늘날은 대부분 이탈리아어를 사용하는 것으로 보인다.

게르만어들은 볼차노 주(알토아디제)와 우디네 주에 남아 있지만 발레다오스타 지방이나 트렌토 지방에서도 몇몇 독일어 방언섬 지역을 볼 수 있다. 프리울리에 있는 작은 마을에서는 700여 년 전부터 프리울리어, 이탈리아어와 더불어 바이에른 게르만 방언을 사용한다(위의 지도 '이탈리아에서 로망스어가 아닌 방언을 사용하는 방언섬 지역들' 참조).[243]

매우 수용적인 공통 이탈리아어

많은 방언들이 독립적으로 발달하고 있었지만 가장 교양있는 계층에서는 14세기부터 피렌체어에 기반한 일종의 '범이탈리아어'를 — 처음에는 문어 형태로 — 사용하기 시작하였다. 이러한 변화를 가장 먼저 따라간 곳은 베네치아, 나폴리, 시칠리아 그리고 특히 로마 등의 도시들이었다. 로마에서는 메디치 가문의 영향으로 토스카나어가 매우 자연스럽게 교황청의 언어이자 지도층의 언어로 남아 있었는데, 16세기에 도처에서 오는 새로운 인구의 대량 유입으로 인해 사회의 다른 계층들에서도 사용하는 언어가 되었다.[244]

이 이탈리아어는 어떤 의미에서 지역을 초월한 언어였지만, 그럼에도 불구하고 획일적이지는 않았다. 왜냐하면 프랑스에서 일어났던 일, 즉 언제나 단일한 규범을 강제하였던 것과 반대로 이탈리아에서는 일반적으로 하나의 규범만을 위해 변이형들을 없애지 않고 유지하였기 때문이다. 그래서 다음 단어들이 차별없이 수용되었다.

fo와 faccion '나는 ~ 한다'
devo와 debbo '나는 ~ 해야 한다'
sponda, riva, ripa '연안'

lito와 lido '기슭'
padre, papà, babbo '아빠'

남자 아이는 여러 가지 이름이 있다

'남자 아이'를 가리키는 보편적인 이탈리아어 단어는 raggazzo나 bambino이지만 다음과 같이 말하기도 한다.[245]

cit	피에몬테에서
bagai	롬바르디아에서
toso 또는 putelo	베네치아에서
frut	프리울리에서
burdel	에밀리아에서
bimbo	토스카나에서
quatraro	아브루초에서
guaglione	나폴리에서
picciotto 또는 caruso	시칠리아에서

전통적으로 이탈리아에서는 어형들이 다양했기 때문에 오늘날에도 그러한 다양성은 단지 용인되는 것이 아니라 정상적인 현상으로 간주된다. 그래서 예를 들어 '수박'을 가리키기 위해 다음과 같이 다양하게 말한다.

남부: melone d'acqua 또는 cetriolo
토스카나와 중부 지방: popone zatta 또는 cocomere
북부: anguria
리구리아(제노바): pateca 또는 zucca pateca

'사발'을 지칭하는 말로는 토스카나어 단어가 ciotola인 반면에 북부에서는 scodella, 남부에서는 tazza이다.[246]

이탈리아어에서 토스카나어 어형이 다른 곳에서 온 어형에게 결국 양보를 하는 것은 종종 일어나는 일이었다. 예를 들면,[247]

rena('모래')는 sabbia로,
balocco('장난감')는 giocattolo로,
gota('뺨')는 guancia로,

gruccia('목발')는 stampella로,
acquaio('개수대')는 lavandino로 점차 대체되었다.

오늘날 고어적이고 지방색 있는 느낌을 주는 것은 오히려 토스카나어 어법으로서 porta('문') 대신에 uscio, formaggio('치즈') 대신에 cacio, pesante('무거운')라는 의미로 형용사 grave 등을 사용하고 있다.[248]

방언들이 풍요화의 원천이 되다

공통 이탈리아어의 어휘는 물론 주로 토스카나어의 자산에서 끌어왔지만 이탈리아 반도의 다양한 방언들에서 수백 개의 단어를 과감히 받아들여서 풍요로워진 측면도 있다. 다음 목록은 오늘날 공통 어휘에 속하는 단어들에서 고른 것이다.[249] 이탈리아인들은 이 단어들을 일상적으로 사용하면서 그것들이 어디에서 왔는지 항상 알고 있지는 않다.

피에몬테에서 온 말

gianduiotti 설탕에 졸인 헤이즐넛이 든 초콜릿으로 형태는 길며, 고운 반죽으로 만들고 토리노에서 생산된다. 이 단어는 희극의 등장인물의 이름인 Gianduja(피에몬테어로 Gioan d'la duja '술병을 든 장'[이 인물이 술을 좋아하여 술병을 들고 다녔기 때문에 생긴 이름])에서 유래하였다.[250]

bocciare '(시험에) 떨어뜨리다'. 토스카나어 형태는 schiacciare이다.

arrangiarsi '(분쟁 등이) 해결되다'(프, s'arranger).[251]

grissini 바삭바삭하고 가는 바게트. 이 말은 오래전부터 이탈리아 국경을 넘었고, 장 자크 루소가 이미 grisses라는 형태로 언급한 바 있다.[252]

리구리아(제노바)에서 온 말

pesto 바질, 파르마산 치즈, 마늘, 올리브유 등의 혼합체로서 프로방스어

	의 pistou와 유사함.
vernaccia	일종의 드라이한 맛의 백포도주로서 본래는 베르나차(라스페지아주) 지방의 포도주였으나 오늘날은 다른 곳에서도 생산된다. 토스카나의 산 지미냐노의 베르나차와 사르디니아의 베르나차가 매우 유명하다.

롬바르디아에서 온 말

risotto	쌀을 주성분으로 하는 요리로서 이것의 가장 정통적인 요리법은 사프란을 사용한다.
minestrone	일종의 야채 수프로서 파스타나 쌀을 첨가할 수 있다(롬바르디아).
mica male	'괜찮다, 결코 나쁘지 않다'.

베네토에서 온 말

grazie	'고맙습니다'.
arsenale	'병기창', 아랍어에서 온 단어.
gazzetta	2수짜리 동전으로 작은 까치(gazza)가 그려져 있어서 그 이름이 부여되었다. 이 말은 나중에 가격이 2수인 신문을 지칭하게 되었다.
ghetto	'게토, 유대인 거류지'. 16세기 유대인들이 거주하도록 지정된 베네치아의 작은 섬의 이름에서 유래함.
fondi di carciofo	'어린 아티초크의 밑부분'.
giocattolo	'장난감'(토스카나어 단어는 balocco임)
ciao!	'안녕!', 옛날의 정중한 인사 표현이었던 schiavo('노예')의 베네토식 발음.
vestaglia	'(목욕) 가운'.

볼로냐에서 온 말

birichino	이 단어는 19세기 초에는 여전히 '불량소년, 부랑자'라는 경멸적 의

미를 가지고 있었다. 그 후에 순화되어 19세기 말에는 '장난꾸러기, 개구장이'를 뜻하게 되었다.

로마에서 온 말

stracciatella	계란, 빵가루 그리고 치즈의 혼합물을 넣고 끓이는 가금류 수프.
saltimbocca	얇게 썬 송아지 고기로 감싼 햄 슬라이스.
abbacchio	'젖먹이 어린 양'.
me ne frego	'나는 그 일에 관심없다'.
caso mai	'어쩌면'
lasciar perdere	'그만두다'[253]
paparazzo	스타를 사진찍기 위해 무슨 일이든 할 준비가 되어 있는 세속적 사진기자. 펠리니의 영화 《La dolce vita》('달콤한 인생', 1960)로 유행하게 된 말로서, 영화에서 사진사의 성이 이것이었다.[254]

나폴리에서 온 말

largo	불규칙한 형태의 작은 광장
mozzarella	모차렐라 치즈. 물소 젖 치즈이나 소 젖으로도 만듬.
vongole	'조개, 대합'
cafone	'상스러운 놈'. 이 단어는 본래 어떠한 경멸적 의미도 없었고 단순히 '농부'를 의미하였다. 오늘날에도 간혹 이것을 '시골뜨기'로 번역할 수 있을 듯하다.
camorra	비밀 악당 모임(나폴리의)
omertà	'침묵의 계율'(비밀결사에서)
pizza	'피자'. 처음에는 나폴리에서만 인기가 있었으나 2차 세계 대전 이후에야 먼저 북이탈리아에서 알려지기 시작했고 그 다음에 외국에 알려졌다.[255]

시칠리아에서 온 말

mafia	비밀 악당 모임(시칠리아의). 이 단어는 기원이 알려져 있지 않으며 처음에는 '가치, 탁월함'을 의미하였다. 현재의 의미는 19세기 중엽부터 자료에 나타난다.[256]
cassata	'(설탕에 절인 과일과 향료가 들어간) 아이스크림', 일종의 아이스크림으로서 프랑스에서 '투티 프루티'(tutti frutti)라고 부르는 것과 비슷하다. 그러나 이상하게도 투티 프루티라는 표현을 이탈리아에서는 모른다.[257]
calamaro	'오징어'. 토스카나어가 아닌 접미사 -aro의 또 다른 예이다(토스카나어에서 같은 기능을 하는 것은 -aio이다). calamaro라는 어형은 calamaio('잉크병')와 구별하기 위해 18세기에 확산되었다. 오징어가 그렇게 명명된 것은 그것이 위험에 처했을 때 먹물을 분사하기 때문이다.[258]

이탈리아의 다양한 방언에서 온 단어들의 일부는 180쪽 지도 '이탈리아 방언들이 세계 일주를 하다'에서 확인할 수 있듯이 국제적으로 사용되었다.

수많은 종류의 파스타

어떤 분야에서 어휘가 풍부한 경우를 예시할 때 언어학자들은 일반적으로 눈(雪)을 가리키는 단어를 9개 가진 에스키모들이나 낙타를 가리키는 단어가 그만큼 있는 사막의 사람들을 인용한다. 드골 장군도 350 종류의 치즈가 있는 프랑스와 같은 나라를 통치하기가 얼마나 어렵겠냐고 말하곤 했다. 그러나 그런 것은 수많은(모차르트의 돈 지오바니라면 mille e tre('1003')라고 말했을 것이다) 종류의 이탈리아 파스타에 비하면 아무것도 아니다. 그 파스타 각각은 형태, 크기, 원산지, 조리 방식, 때로는 소스나 곁들이는 재료에 따라서도 다른 이름을 갖는다.

이탈리아 방언들이 세계 일주를 하다

이탈리아어는 많은 양의 단어를 다른 언어들에 제공했다. 예를 들면, 데생(프, dessin), 캐리커쳐(프, carricature), 마스크(프, masque), 로톤다(프, rotonde), 발레(프, ballet), 바이올린(프, violon) 등이 있다. 아래의 지도에는 한 지역 방언에서 출발하여 그 다음에 이탈리아어로 옮아가고 그 후에 국제어로 편입되면서 미세한 변화만 보인 몇몇 단어들만 표시되어 있다.

calamaro 오징어 cassata 아이스크림의 일종 ciao 안녕 gondola 곤돌라 grissini 바게트의 일종 mafia 마피아 ossobuco 오소부코 paparazzi 파파라치 piano(forte) 약하게(강하게) pizza 피자 ravioli 라비올리 regata 보트 경기 risotto 리조토 spaghetti 스파게티 tagliatelle 리본 파스타

이탈리아 미식법을 매우 잘 아는 사람들만이 스파게티(sphaghetti), 탈리아텔레(tagliatelle), 페투치네(fettuccine) 등의 뒤엉킨 면발을 보며 제대로 분간을 하고, 펜네(penne), 푸질리(fusilli), 콘킬리에(conchiglie), 파르팔레(farfalle) 등을 구분하는 미묘한 형태적 차이들을 알아보는 단계로 들어갈 수 있겠지만, 그것도 라비올리(ravioli), 카펠레티(cappelletti), 토르텔리니(tortellini), 카넬로니(cannelloni) 등 항상 속을 채워 넣는 파스타들을 구별하는 단계로 가기 위한 서곡일 뿐이다.

독자가 미식에 관심이 있다면 뒤에 오는 백 개 가까이 되는 파스타 이름들을 살펴보면서 이탈리아 미식의 비밀 세계로 들어가는 노력을 해보기 바란다. 나중에 더 나은 분별력을 가지고 이탈리아 식당의 메뉴판에서 평평한 것, 속이 비었거나 혹은 가득찬 통 모양의 것, 길거나 짧은 것, 친숙한 사물의 형태로 오려낸 것, 수프용의 아주 작은 것, 또는 반대로 다진 속을 넣을 만큼 충분한 크기의 것 등의 파스타 가운데서 선택할 수 있을 것이다.

긴 파스타들

먼저 아래에 제시된 것들은 사람들이 상상하는 그대로의 이탈리아 파스타들이다. 이 파스타들은 길기 때문에 사람들은 포크로 그것들을 능숙하게 감으려고 애를 쓴다. 이것들은 아래에 가장 굵은 것부터 시작하여 가장 가는 것으로 가는 순서로 분류되어 있다.

〈평평한 띠 모양〉

라자녜(lasagne): 2cm~30cm
라자녜 리체(lasagne ricce): 끝이 곱슬거림
라자녜테(lasagnette): 작은 라자녜
빈치스그라씨(Vincisgrassi): 안코나의 식당 주인인 파세토의 최고급 라자녜 요리로서, 그가 요리사로서 모셨던 오스트리아 왕자 빈디슈그래츠를 기리며 만들었다(19세기)[259]
라가넬레 루카네(raganelle lucane): 넓은 탈리아텔레
탈리아텔레(tagliatelle): 최대 1cm
라가네(lagane): 이탈리아 남부에서 탈리아텔레를 부르는 말
탈리에리니(taglierini)
탈리오리니(tagliolini)

파파르델레(papparelle):
폭이 넓고 끝이 꽃줄로 장식되어 있음
페투치네(fettuccine)
피카제 베르디 제노베지(picagge verdi genovesi): 페투치네의 일종
팔리아 에 피에노(paglia e fieno):
'짚과 건초', (시금치가 든) 노란색과 녹색의 파스타
타야린(tajarin)
마팔디네(mafaldine)
트레네테(trenette):
제노바 지역의 탈리아텔레
바벳테(bavette)
링귀네(linguine)
필리단젤로(fili d'angelo):
폭이 약 1mm임

이 평평한 띠 모양의 파스타들은 간혹 실뭉치('matassa') 형태 또는 둥지('nido') 형태로 판매된다.

matassa

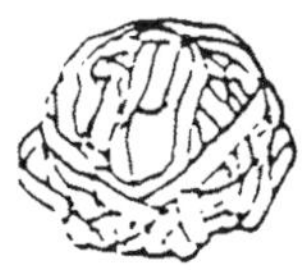

nido

〈통 모양〉

속이 참	속이 빔	
베르미첼로니(vermicelloni)	치토니(zitoni)	마케론치니(maccheroncini)
베르미첼리(vermicelli)	치티(ziti) 또는 치테(zite)	마카론첼리(maccaroncelli)
스파게티(spaghetti)	메차니(mezzani)	페르차텔리(perciatelli)
스파게티니(spaghettini)	메차넬리(mezzanelli)	부카티니(bucatini)
카펠리니(capellini)	마케로니(maccheroni, 비교적 짧음)	

짧은 파스타들

짧은 파스타들은 더 다양한 형태들을 가지고 있다. 그것들은 다소간 가공된 단순한 관들인 경우도 있다.

〈통 모양이며, 속이 빔〉

세다니(sedani)

펜네(penne)

키페리(chifferi)

그라미냐(gramigna)

리가토니(rigatoni)

토르틸리오니(tortiglioni)

아넬리(anelli)
아넬리 리치(anelli ricci)
아넬로니(anelloni)
브리케티(brichetti)
카나로니 리치(cannaroni ricci)
키페리(chifferi): chifel('크라상')과 같은 어원
키페리니(chifferini)
덴티 디 엘레판테(denti di elefante)
디탈리(ditali): 주사위 모양
디탈리 리가티(ditali rigati)
디탈로니 리시(ditaloni lisci)
디탈로니 콰드리(ditaloni quadri)
피스키에티(fischietti)
피스키에티 리가티(fischietti rigati)
젠틸리 리가티(gentili rigati)
그라미냐(gramigna)
마케로니 리시(maccheroni lisci)
마케로니 콰드리(maccheroni quadri)
밀레리게(millerighe)
모스타촐리(mostaccioli)
노촐레 그로세(nocciole grosse)
오키 디 루포(occhi di lupo)
오토리게(ottorighe)
펜네(penne): 끝이 비스듬히 잘림
펜네테(pennette)
리가토니(rigatoni)
로텔로니(rotelloni)
세다니(sedani): 셀러리(sedano)처럼 줄이 있음
토르틸리오니(tortiglioni)

〈'기발한' 파스타들〉

'기발한' 파스타들도 있다. 굵은 것들은 곁들이는 요리나 소스와 함께 내놓는다.

콘킬리(conchiglie)

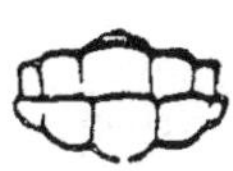

뇨키(gnocchi)

루마케(lumache)

루오테(ruote)

푸질리(fusilli)

말탈리아티(maltagliati)

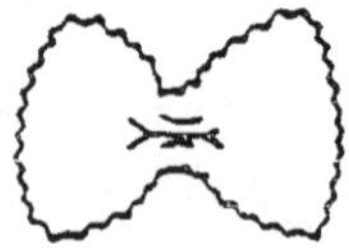

파르팔레(farfalle)

카바타피(cavatappi, '병마개 따개')
카바텔리(cavatelli)
콘킬리에(conchiglie, '조개류')
크라바테(cravatte)
파르팔레(farfalle, '나비')
파르팔로니(farfalloni)
푸질리(fusilli): 나선형
제멜리(gemelli): 이중 장식술 모양
뇨키(gnocchi)
루마케(lumache, '달팽이')
말탈리아티(maltagliati)
오레키에테(orecchiette)
피페 리가테(pipe rigate)
콰드루치(quadrucci)
라디아토리(radiatori)
로티니(rotini): 톱니바퀴 모양
루오테(ruote, '바퀴들')
탈리아르디(tagliardi)
토로피에(trofie)

가장 가는 것들은 수프 속에서 익힌다.

아넬리니(anellini)

디탈리니(ditalini)

란체테(lancette)

페페리니(peperini)

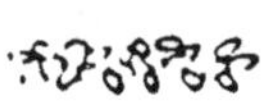

세미(semi)

스텔리네(stelline)

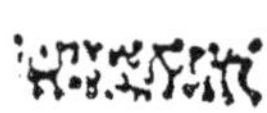

템페스타(tempesta)

세미 디 그라노
(semi di grano)

파르팔리네(farfalline)

소르프레지네(sorpresine)

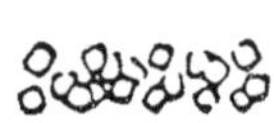

콰드레티(quadretti)

아치니 페페
(acini pepe)
알파베토
(alfabeto)
아넬리
(anelli)
아넬리니
(anellini)
아넬리니 리치
(anellini ricci)
아넬로니
(anelloni)
아르멜레테
(armelette)
아베마리아
(avemaria)
코르세티
(corsetti)
덴텔라테
(dentellate)
디탈리니
(ditalini)
파르팔리네
(farfalline)
란체테
(lancette)
렌티키에
(lenticchie)
오키알리니
(occhialini)
오키 디 페르니체
(occhi di pernice)
오르초
(orzo)
파사텔리 움브리
(passatelli umbri)
파테르 노스테르
(pater noster)
페페리니
(peperini)
피젤리
(piselli)
피젤리니
(pisellini)
푼테테
(puntette)
푼테다고
(punte d'ago)
푼티네
(puntine)
콰드레티
(quadretti)
콰드루치
(quadrucci)
리제토
(risetto)
리조네
(risone)
로스마리노
(rosmarino)
세메 치코리아
(seme cicoria)
세메 멜로네
(seme melone)
세메 페페로니
(seme peperoni)
세멘체
(semenze)
세미
(semi)
세미 디 그라노
(semi di grano)
소르프레지네
(sorpresine)
스텔레
(stelle)
스텔레테
(stellette)
스텔리네
(stelline)
스티발레티
(stivaletti)
스티발레티니
(stivalettini)
템페스타
(tempesta)
트레부키
(trebuchi)
투베티
(tubetti)
투베티니
(tubettini)
비안디나
(viandina)

속을 채운 파스타들

그러나 각 지방마다 전통적 요리법이 있지만 요리사가 자신의 개인적 솜씨를 내세울 수 있게 해주는 것은 무엇보다 속이 찬 파스타들이다.

agnolotti

아뇰로티(agnolotti)	쇠고기나 돼지고기로 가득찬 사각형 모양(피에몬테)
아놀리니(anolini)	쇠고기와 파르마산 치즈로 채워진 파스타로 상현달 모양(파르마)
아뇰리(agnoli)	쇠고기와 돼지고기로 채워진 아주 작은 삼각형(몬토바)

ravioli

라비올리(ravioli)	리코타 치즈와 시금치로 가득찬 사각형 모양. 아마도 라비올리 데 가비라는 가문의 이름에서 유래함(피에몬테)

tortellini

토르텔리니 (tortellini)	작은 원반형으로, 일반적으로 익히지 않은 햄과 파르마산 치즈로 채워지고 구멍 주위로 반달 모양으로 접힘. 전설에 의하면 이것의 형태는 비너스의 배꼽을 연상시킨다.
토르텔리(tortelli) 또는 토르텔로니 (tortelloni)	토르텔리니보다 더 굵지만 흔히 리코타 치즈로 채워지며, 토르텔리 디마그로(tortelli di magro)라고도 불림
토르텔리 데만토바 (tortelli de Mantova)	(좋아하는 사람은) 호박을 넣은 달콤한 속이 들어감

cappelletti

카펠레티 (cappelletti)	정확히 '작은 모자'라는 뜻. 고기나 치즈(모데나, 브레시아)로 채워짐. 이 말을 이탈리아 문학에서 처음으로 사용한 사람은 시인 레오파르디이다.[260]
카존세이 (casonsei)	사탕 모양으로 고기, 빵가루 그리고 치즈로 만든 속이 있음.
봄보니니 (bombonini)	포장된 사탕 모양.
판소티(pansoti)	삼각형 모양으로서 리코타 치즈와 식용 야생초로 가득차 있다. 전통적으로 호두 소스와 함께 먹음.

cannelloni

카넬로니 (cannelloni)	고기가 가득찬 작은 원통 모양으로 일반적으로 그라탱으로 만든 베샤멜 소스와 함께 먹음.
말파티(malfatti)	불규칙한 모양으로 리코타 치즈, 시금치, 파르마산 치즈 그리고 계란으로 만든 속으로 채워지며, 녹은 버터 및 치즈와 함께 먹음.[261]

볼타의 뇨키

이 영양학적 주제를 끝내기 전에 뇨키와 관련되는 한 가지 설명을 하고자 한다. 사실은 뇨키 형태의 파스타('기발한' 파스타 목록 참조)와 엄밀한 의미의 뇨키 사이에 구별을 해야 한다. 엄밀한 의미의 뇨키는 전통적으로 '굵은 밀가루'(semoule)가 아니라 감자로 만들어지기 때문에 따로 다루어야 한다. 이 단어는 15세기부터 자료에 등장하며 당시에는 둥근 작은 빵들을 가리켰는데, 아마도 그 빵들의 형태는 오늘날 뇨키의 형태였을 것이다. 엄밀한 의미의 뇨키를 발명한 사람은 이탈리아 물리학자 알레산드로 볼타(1745–1827)인 것으로 보인다. 감자가 아메리카에서 막 건너왔을 때 그것의 덩이줄기가 환각을 일으키는 위험한 물질을 함유하고 있다는 믿음(잎은 실제로 그러했지만 뿌리는 그렇지 않았다)이 퍼져 있었다. 그럼에도 불구하고, 기아와 싸우기 위해 그 위대한 과학자는 전지(電池)에 관한 두 차례 실험 사이의 기간에 농민들에게 삶은 감자를 밀가루에 혼합함으로써 영양 섭취를 개선할 수 있다고 설득하는 데 성공하였다. 말하자면, 프랑스인들에게 파르망티에[프랑스 농학자, 학사원 회원(1737–1813)으로서 감자 섭취를 증대시키기 위해 노력하였다]가 있었던 것처럼 이탈리아인들에게는 볼타가 있었다. 요컨대 그는 감자 섭취 주창자였다.[262]

다시 한마디 추가하자면, '진짜' 뇨키는 '감자 뇨키'(gnocchi di patate)인 반면에 '로마식 뇨키'(gnocchi alla romana)는 굵은 밀가루로 만들어지며, 프랑스인들이 파리식 뇨키라고 부르는 것은 그런 것과 아무 관계가 없고 오히려 작은 치즈 파이와 비슷하다.

이탈리아어는 모두를 위한 것, 개인들은 자신의 방언을 지킨다

토스카나어에 기반을 둔 이탈리아어가 인구의 모든 계층에 더 폭넓게 전파되기 시작한 것은 19세기 말 무렵이다.

토스카나인들에 의해 쓰여진 인기있던 두 권의 책이 이탈리아어의 전파에 기여하였다. 프랑스에서 세귀르 부인의 책들이 아이들에게 유명했던 만큼 이탈리아에서는 콜로디의 '피노키오'(1880)와 에드몬도 데 아미치스의 '쿠오레'(1886)가 아이들에게 유명했다.

그 시기에 당시까지는 엄격히 토스카나어였던 어휘의 일부가 점진적으로 공통 이탈리아어에 채택되었다. 1월(gennaio)과 2월(febbraio)의 이름의 경우가 그러한데, 그것들이 gennaro와 febbraro 대신 사용되었다. 형용사 perbene('훌륭한, 품위있는')도 마찬가지이다. 이것은 당시에 피노키오의 마지막 부분(Come sono contento di essere diventato un ragazzino perbene '나는 착한 아이가 되었다는 것에 매우 기뻤다')에서 하나의 신조어 같은 느낌을 주었으며, 그 이후로 모든 지방에서 일상적으로 사용되었다.

20세기가 되면서 신문 그리고 그 후에 나온 라디오와 TV의 발전과 함께(최초의 텔레비전들이 1954년부터 나왔다) 변화가 서서히 증폭되었다. 일상적으로 이탈리아어를 말하는 이탈리아인들의 수치가 1891년에 2.5%(또는 토스카나 사람들을 포함한다면 8.5%)였는데 20세기 중엽에 19%로 변하였다. 한 세대 더 뒤에는(1988년) 어느 여론 조사에서 응답자의 60.4%가 가정에서 이탈리아어를 전적으로 사용하거나 언어를 바꿔가면서 사용한다고 밝혔다.[263]

그럼에도 불구하고 방언 사용은 지속되고 있는데, 지방에 따라 양상은 다르다. 아직도 방언을 가정에서 가장 많이 사용하는 곳은 베네토 주이다(1982년에 74.6%). 그 다음으로 시칠리아(73%), 캄파냐와 아브루초 주(59%) 그리고 사르디니아(54%[264])의 순이다.

비록 더 최근의 어느 조사(1991)에 의하면 응답자의 85%가 방언을 포기했다고 하지만, 이탈리아에서는 방언들이 아직도 어떤 영예를 누리고 있는 것이 분명하다. 오늘날에도 지식인들이 베네치아, 트레비조, 브리안차, 또는 롬바르디아에서 방언으로 철학과 문학을 토론하는 것은 흔한 일이다.[265] 특히 롬바르디아에서는 롬바르디아 방언을 말하는 것이 지식인들 계층에서 어떤 상징적인 가치를 가진다.[266]

젊은이들이 새로운 말들을 만든다

이탈리아에서는 방언들과 공통어가 언제나 우호적 관계를 유지하면서 다양한 어법들 간의 교류가 조장되었으므로 토스카나어의 오래된 위엄으로 인해 더 폭넓은 변화에 제동이 걸리는 일은 없었다.

그 증거로서 '신부르주아를 동경하며 유행을 좇는 도시의 젊은이'를 가리키는 paninaro라는 말이 있다. 이 단어는 panino('작은 빵, 샌드위치')에서 파생되었는데, 그것은 1980년대에 '유행을 좇는' 젊은이들이 모이기 시작한 밀라노의 어느 바의 이름이었다. 그 단어에서 토스카나어가 아닌 접미사 -aro(앞서 이미 보았듯이 토스카나어라면 형태가 -aio라야 한다)를 볼 수 있는데, 그것은 최근 일련의 단어 형성에서 나타난다.

rockettaro '록 뮤지션 또는 댄서'
graffitaro '그라피티 그리는 사람'
zanaro '볼로냐의 유행 좇는 젊은이'. 이 단어는 볼로냐의 멋진 술집의 이름인 Zanarini에서 파생되었다.
metallaro '패거리에 소속된 교외 지역의 젊은이'
casinaro '무질서를 도발하는 젊은이'. 이 단어는 '혼란, 소란'을 뜻하는 은어적 말인 casino에서 파생되었다.[267]

교외 지역의 젊은이인 metallaro들과 반대로 paninaro들은 일반적으로 대도시의 역사 지구에 거주한다. 밀라노의 paninaro에 해당하는 유형을 로마에서는 (남자 아이인 경우) tozzo라고 하였고, (여자 아이인 경우) squinzia 또는 밀라노에서처럼 sfitinzia라고도 불렀다.[268]

이러한 새로운 단어들은 이탈리아어에 고유한 것으로서 흔히 지역 방언들에 뿌리를 두고 있음을 알 수 있다.

이탈리아어와 외국어들

그러한 것과 동시에 영어 차용어들도 대량으로 들어왔다. flash('속보, (주입된) 마약효과'), flippato('(술이나 마약에) 취한'), freak('히피족, 이상한 사람'), roba(stuff('물건')를 직역한 것으로 마약을 가리킨다), 그리고 sniffare('마약을 코로 흡입하다'),

flashare(때로는 fleshare, '번개같이 하다'), stressare('스트레스를 주다') 등은 젊은이들의 어휘에 속한다. 한편, computer, check up 또는 killer, self-service, drink, sexy 또는 sponsorizzare('후원하다') 등은 미디어에서 통용되는 말들이다. 영어의 North Atalantic Treaty Organisation('북대서양 조약 기구')과 Acquired Immune Deficiency Syndrome('후천성 면역 결핍증')의 약자인 NATO와 AIDS가 이탈리아어의 상응 표현이 있음에도 불구하고 이탈리아에 널리 퍼진 것도 주목할 점이다. 그러나 유럽의 다른 언어들 전체에 영향을 주는 이러한 영어식 표현의 물결은 비교적 근래의 현상으로서, 거대한 범람의 시기가 지나면서 최근에는 기술, 정보, 스포츠 분야 외에는 이탈리아 언론에서 전방위적 존재감이 덜해지고 있는 듯하다.[269]

오래된 영향력

반면에 프랑스어 차용어들은 오래되었고 또한 오래전부터 이탈리아어의 구조에 통합되었다. 20세기 중엽까지는 이탈리아어가 가장 많이 차용한 언어가 단연 프랑스어였고,[270] 마찬가지로 그 시기에 프랑스어 어휘를 가장 풍요롭게 만든 것이 이탈리아어였다.[271]

프랑스와 이탈리아 사이의 접촉은 음유 시인들의 궁정풍 시의 인기가 높던(물론 그들의 언어는 프로방스어였음을 상기하자) 중세까지 거슬러 올라가는 것이 사실이다. 11세기와 12세기에는 시칠리아와 이탈리아 남부를 노르만인들이 점유하고 있었고 13세기 중엽부터는 앙주 왕가가 지배하였다. 예를 들어 12세기에 이탈리아어는 프랑스어에서 mangiare(프, manger '먹다') 동사를 차용하였는데, 그 단어가 단테의 작품에서 여전히 사용되던 manducare와 manicare를 점차로 대체하게 되었다.[272] giorno(프, jour, journée '날, ~일')도 역시 프랑스어 차용어인 것으로 보인다.[273]

19세기 초에는 프랑스에서 온 단어들의 유입이 모든 분야에서 절정에 이르렀다. 그 이유는 문화적 영향에 더하여 프랑스가 점령을 하고 이탈리아의 3분의 1 이상을 합병한 효과가 나타났기 때문이었다. ambulanza('구급차', 프, ambulance), appello('호소, 점호', 프, appel), avamposto('전초', 프, avant-poste), controllare('통제하다', 프,

contrôler), paraffare('인증하다', 프, parfaire), cassazione('(판결의) 파기', 프, cassation), metro('지하철', 프, métro), litro('리터', 프, litre), grammo('그램', 프, gramme), chilo('킬로그램', 프, kilo) 등이 그 시기에 생겼다. chilo는 때때로 chilò로 마지막 음절에 강세가 주어지면서 발음되고 또 표기되었는데, 시에나와 리보르노에서는 아직도 그렇게 하고 있다. 다음과 같은 말들도 19세기에 차용된 것들이다: comò('서랍장', 프, commode), casseruola('스튜용 냄비', 프, casserole), paltò('겨울 외투', 프, paletot), vetrina('진열창', 프, vitrine), domestico('하인', 프, domestique), giurato('심사원, 심사단 구성원', 프, juré) 등.[274] sabotaggio('태업, 사보타주', 프, sabotage) 또는 색깔 이름인 marrone('갈색', 프, marron)와 더불어 단것인 marron glacé('설탕 등에 절인 바닐라 향의 밤'), ristorante('식당', 프, restaurant), menù('메뉴', 프, menu), coperto('식기', 프, couvert), garage('차고', 프 garage), automobile('자동차', 프, automobile), soubrette('쇼걸', cf. 프, soubrette '하녀'), ascensore('승강기', 프, ascenseur), élite('정예', 프, élite), dettaglio('상세, 세목', 프, détail) 등과 같은 단어들이 스며든 것은 19세기 중엽이다.[275]

닮은 모양이 때로는 착각을 일으킨다. 예를 들면, soubrette는 이탈리아어에서 싹싹한 하녀가 아니라 극장이나 뮤직홀의 간판 여배우이고, chiffon(프, '헌옷, 걸레')은 이탈리아어에서 낡거나 헤진 것이 아니고 속이 비치는 고급 천을 가리키며 프랑스어의 mousseline('무슬린')에 해당한다. 그런데 요리 분야에서는 특히 가짜 동의어들을 조심해야 한다. 식당에서 menù는 주문 가능한 모든 음식들의 차림표, 즉 프랑스어로 carte('메뉴판')라고 부르는 것이며[프랑스어 menu는 일반적으로 값이 정해진 코스 요리를 뜻함], paillard는 구운 송아지 고기의 얇은 슬라이스이고[프랑스어로 paillard는 '호색가'를 뜻함], bigné는 beignet(프, '튀김 요리')와 무관하며 프랑스어로 chou à la crème('슈크림')이라고 부르는 것을 가리킨다. 마지막으로, 당신이 빵집에서 크라상(croissant, 이탈리아어 단어이기도 함)을 주문하면 브리오슈 맛이 있음을 확인하고 놀랄 것이다. 프랑스어로 크라상이라고 부르는 것은 이탈리아어로 chifel이다.

가장 최근의 프랑스어 차용어로는 blouson('점퍼'), bricolage('목공일'), eau

de Cologne('오데코롱'), osé('과감한, 노골적인'), 그리고 심지어 혼성적 조어인 scaldabiberon(프, chauffe-biberon '젖병 데우는 기구', biberon('젖병') 자체도 오래된 차용어이다) 등이 있다.[276]

내일의 이탈리아어는 어떤 모습일까?

로마 제국의 멸망 이래 이탈리아어의 역사를 회고적으로 살펴보면, 대규모 침략들 이후에 하나의 문학어가 피렌체 방언으로부터 만들어져서 거의 6세기 동안 오로지 글로만 모든 지방의 교양인 계층에 전달되었지만, 그럼에도 불구하고 그것이 방언들에게 해가 되지는 않았다는 것을 확인할 수 있다. 이탈리아가 통일된 이후에야 토스카나어 기반의 그 언어가 이탈리아어가 되어 인구의 다른 계층들에도 확산되었고 점차로 구어적 용법에서도 방언들과 경쟁하였다. 이러한 새로운 사용 여건이 조성되면서 이탈리아어는 오래된 보수주의에서 해방되었고 전파 중심지의 이동과 결합되어 빠르게 진화할 수 있었다.

공통 이탈리아어는 오랜 문학적 전통을 가진 토스카나어 그리고 교황청이 있고 언론 기관과 TV 방송국이 집중되어 있음으로 인해 영예를 누리는 로마 사이에서 이끌려 왔지만 오늘날은 새로운 인구 집중 지역에 순종하는 것처럼 보인다. 1940년대부터는 다른 지방 출신 노동자들의 유입을 유발하는 '삼각 산업지대' 밀라노-토리노-제노바의 발전과 함께 북부의 어법이 실제적으로 변화를 이끌고 있는 것으로 보인다.[277, 278] 아마도 중세에 파리가 프랑스어에 대해 언어적 용광로 역할을 하였던 것처럼 밀라노가 20세기 말에 이탈리아어에 대해 그 역할을 맡고 있는 듯하다.

스위스에서의 이탈리아어

그리종의 몇몇 골짜기에 분산되어 있는 몇 개 그룹을 제외하면 스위스의 소수 언어인 이탈리아어는 주로 테생에 집중되어 있는데, 그곳은 경제적으로 독일어권 스위

스에 의존하고 있다.[279]

그 지역에서 사용되는 이탈리아어는 이탈리아 북부에서 사용되는 것과 가까우며, 롬바르디아 그룹에 속하는 몇몇 방언들이 아직도 존속하고 있으면서 격식없는 상황이나 가족끼리의 상황에 한정되어 사용되고 있다. 그렇지만 모든 사람들에게 '이탈리아어가 가슴의 언어라면 독일어(schwyzerdütsch '스위스에서 사용하는 독일어')는 빵의 언어이다.'[280]

세계 속의 이탈리아어

독립 공화국인 산마리노와 이탈리아어가 공식어 지위를 가지고 있는 스위스의 그리종 주 외에도, 대규모의 이주민 집단들이 미국, 특히 뉴욕(이탈리아 남부 출신들)과 캘리포니아(이탈리아 북부 및 중부 출신들), 캐나다, 남아메리카(특히 아르헨티나), 그리고 호주에 정착하였다.

스페인어를 중심으로

3억 명의 스페인어 사용자들

라틴어에서 분기된 언어들 가운데 스페인어가 오늘날 세계에 가장 널리 전파된 언어이지만 대부분의 스페인어 사용자들은 유럽 밖, 주로 남아메리카에 있다.[281] 스페인어를 공식어로 사용하는 전체 인구 3억 명 가운데 14% 미만만 스페인에 살고 있다[2018년 통계에 따르면 세계적으로 스페인어를 모국어로 하는 인구는 480,229,642명이며 그 가운데 42,890,437명이 스페인에 살고 있으므로, 그 비율은 8.9%에 지나지 않는다].

자신이 태어난 곳에서 그렇게 멀리 확산될 운명을 가진 이 로망스어도 처음에는 라틴어에서 분기된 방언들 중 하나에 불과하였다. 그것은 다양한 언어의 종족들이 머물고 지나가는 장소였던 이베리아 반도 북부의 작은 지방의 방언이었다.

스페인의 언어 상황

인구: 40,360,000명[2019년 통계로는 46,934,632명]

공식어

- **카스틸라어**: 스페인국 공식어.

지방 공식어

- **카탈로니아어**: 로망스어로서 약 4백 5십만 명의 화자가 있으며 그 가운데 48%는 카탈로니아어가 모국어임(카탈로니아, 발레아레스 제도, 발렌시아, 아란 계곡). [2018년 통계로는 제1언어로 사용하는 사람이 4,079,420명, 제2언어로 사용하는 사람이 5,150,000명임]
- **갈리시아어**: 로망스어. 약 2백 5십만 명의 화자가 있음(갈리시아와 산 마르틴 데 트레예보).
- **바스크어**: 인도-유럽어가 아닌 언어로서 약 70만 명의 화자가 있으며 그 가운데 3분의 2는 바스크어를 유창하게 구사함(바스크 지방과 나바라).[282] [2016년 통계에 따르면 바스크어를 제1언어로 사용하는 사람은 스페인에 700,300명, 프랑스에 51,202명이 있으며 그 가운데 바스크어만을 사용하는 사람은 만 명 정도임]
- **아란어**: 로망스어, 가스코뉴어의 변이체(아란 계곡).

기타 언어

〈로망스어〉

- **안달루시아어**: 남부 전역.

- **아라곤어**: 북부 전역.
- **아스투리아스레온어**: 서부지역에 있는 갈리시아와 포르투갈 인접지.
- **포르투갈어**: 알라메디야, 엘하스, 발베르데 델 프레스노, 에레라 데 알칸타라 그리고 올리벤자의 언어적 고립 지역.[283]

〈기타어〉
- **칼로어**: 인도-이란어 기원인 집시어의 변이체로서 사용지역이 일정하지 않음.

오래전 기원들

이 유럽의 서쪽 끝 지역은 매우 오래된 거주의 흔적들을 많이 간직하고 있지만, 기원전 7세기 무렵 켈트족의 도래 이전에 이 지역을 차지하고 있던 종족들에 대해서는 알려진 바가 별로 없다. 켈트족에 앞서 있었던 세 종족, 즉 아키텐족, 이베리아족 그리고 타르테소스족 가운데 아키텐족만이 그 후손인 바스크인들 덕분에 존속할 수 있었다. 역사적 자료, 새김글, 지명 그리고 이 지방의 방언들은 로마 시대의 아키텐족이 오늘날 바스크인들의 선조라고 보는 가설을 지지하는 방향으로 수렴된다.[284]

동어 반복인 아란 계곡

피레네 산맥에서는 많은 지명이 바스크어 기원을 가지고 있다. 그러한 기원은 berri('새로운'), gorri('붉은'), erri('장소'), iri, ili 또는 uri, uli('도시'), 아니면 itur('샘')와 같은 몇몇 어형들의 존재를 통해 알아볼 수 있다. 가장 기묘한 이름 중 하나는 '아란 계곡'이라는 이름인데 스페인어로는 '발레 데 아란'(Valle de Arán)이다. 바스크로 Arán은 바로 '계곡'을 뜻하므로 아란 계곡은 매우 '중복적으로' 계곡의 계곡이 된다.[285]

율리우스 카이사르는 당시에 아키텐족이 가론강, 피레네 산맥 그리고 대서양 사이에 포함된 전 지역을 차지하고 있었다고 명확하게 기술하였다. 달리 말하면 그들은 오늘날의 가스코뉴 전 지역과 프랑스 바스크 지방을 차지하고 있었다는 것이다. 게다가 아키텐 유형의 지명이 바스크 지방의 현재 경계선으로부터 매우 멀리까지 퍼져 있기 때문에 아키텐족의 영향이 옛날에는 그 경계선보다 훨씬 넘는 곳까지 미쳤다고 생각할 수도 있다. Ilmberri(s)('새 도시')라는 지명이 그러한 예인데, 그 흔적들은 프랑스에도 있지만(가스코뉴 지방, 제르스 도, 피레네조리앙탈 도) 스페인에서도 지중해 연안을 따라 안달루시아까지 이르는 지역에서 발견된다. 오슈(Auch)의 옛 이름은 Elimberrum이었고 엘느(Elne, 피레네조리앙탈 도)의 옛 이름은 Iliberis였다.

이베리아족과 그들의 언어에 대하여는 신석기 시대인 기원전 제6 밀레니엄 무렵부터 그들이 서유럽 곳곳에 정착해 있었다는 것 외에는 거의 알려진 것이 없다. 인도-유럽 어족에 속하지 않는 그들의 언어는 어떤 특이한 문자 또는 그리스 알파벳을 사용한 새김글들에서 존재가 입증되었다. 이베리아어로 된 새김글들(천 개 이상의 단어)은 브레지에부터 사라고사까지, 또는 지중해 연안을 따라 무르시아까지 이어지는 지역에서 발견되었지만 아직도 해독되지 않았다. 사람들이 그 새김글들을 읽기는 하지만 의미를 파악하지 못하는 상황이다.[286]

카르타고 사람들과 마요네즈

마요네즈(프, mayonnaise)라는 소스의 이름은 미노르카 지방의 수도인 '마온 항'((Port) Mahón)으로부터 만들어진 단어인 **mahonnaise**('마온의')의 변형이라고 생각된다. **Mahón** 자체도 그곳을 건립한 카르타고인 **Magon**의 이름이 변형된 것인데, 그는 한니발의 동생이자 포에니 전쟁 동안에 그의 동반자였다.

사람들은 1756년 리슐리외 공작의 군대가 영국인들을 쫓아내며 도시를 막 점령하였던 시점에 그의 요리사가 계란, 올리브유 그리고 식초를 혼합하여 이 새로운 소스의 제조법을 발명하였다고 생각한다. 이 단어에 대한 최초 기록 자료는 1807년에야 나타나지만 하나의 단어가 구어에서 문어로 옮겨가기 위해서 반세기가 소요되는 것은 드물지 않은 일이다.[287]

타르테소스 문명으로 말하자면 과달키비르강의 하구에 살던 종족의 이름을 딴 것으로 기원전 500년 무렵에 카르타고인에 의해 소멸될 때까지 융성하였다. 최근의 한 가설에서는 스페인 남부 해안과 토스카나에서 사실상 동일한 지명 및 강 이름들(Tubur, Tarasco, Arnus)을 볼 수 있으므로 타르테소스 문명이 에트루리아 문명과 연관되었을 수도 있다고 한다. 이탈리아 중부의 토스카나 지방은 에트루리아 문명이 기원전 8세기부터 나타났던 곳이기 때문이다.

해안 지역에서는, 페니키아인들이 카디스와 말라가에, 그리고 카르타고인들이 카르타헤나('새로운 카르타고'), 마온(미노르카) 그리고 이비자에 정착하였고, 그리스인들은 암푸리아스와 알리칸테에 작은 식민지를 건설하였다.

아마 리구리아족도 이베리아 반도를 차지하고 있었을 것이다. 왜냐하면 리구리아어 접미사인 -asco, -osco(프랑스의 마노스크(Manosque), 베나스크(Vénasque), 타라스콩(Tarascon) 등 참조) 등이 스페인 지명에 빈번하게 발견되기 때문이다(베나스코스(Benascos), 베나스케(Benasque), 벨라스코(Velasco), 타라스콘(Tarascón))(269쪽 '§ 갈리아족의 도래 이전' 부분도 참조).[288]

켈티베리아인들은 켈트족이다

켈트족은 독일에서 출발하여 아마 갈리아에 정착하지도 않고 이동을 계속하여 이스파니아(이베리아 반도의 옛 이름)까지 간 것으로 생각된다. 그들은 아키텐족이 차지하고 있던 지역의 서쪽에 있는 에브로강 유역에 자리를 잡고 이베리아족과 교류하였는데, 바로 그들이 켈티베리아인이라는 이름으로 알려져 있다. 그들은 갈리아어와 상당히 다른 고어식 켈트어를 사용하였으며 포르투갈의 Conimbriga(현재의 코임브라)와 스페인의 베르둔(Berdún), 나바르둔(Navardún), 베르두(Verdú), 살라르두(Salardú) 등 많은 지명에 그들 언어의 몇몇 흔적을 남겼다. 그러한 지명들에는 briga와 duno라는 단어들을 알아볼 수 있는데, 그것들은 둘 다 갈리아어로 '요새화된 곳'을 가리키는 말이었다. 라코루냐(La Coruña), 브라가(Braga), 에보라(Evora), 세고비아(Segovia) 등도 켈트어에 기원을 둔 이름들이다.

로마 시대의 이스파니아

제국의 전성기(서기 2세기)

처음에는 (에브로강 이편의) 가까운 스페인 또는 **Hispania citerior**('이편에 있는 이스파이나')와 (에브로강 건너편의) 먼 스페인 또는 **Hispania ulterior**('건너편에 있는 이스파니아')로 구분되었고, 그 이후 서기 27년에는 북부의 **타라코넨시스(Tarraconensis)**, 남부의 **바이티카(Baetica)** 그리고 중부의 **루시타니아(Lusitania)**라는 세 개의 속주로 분할되었다. 카라칼라 황제의 통치 시기(3세기)에는 갈리시아-아스투리아스 지역이 **갈레키아-아스투리카(Gallaecia-Asturica)**라는 분리된 속주로 승격하였다.

휴식 시간

지도 전문가들은 아마도 이러한 현대어로의 번역 목록이 불필요하다고 생각하겠지만, 다른 일반인들은 스페인의 지리에 대한 자신의 지식을 테스트하며 즐긴 후에 이 목록을 참조하면 될 것이다.

ASTURICA AUGUSTA 〉 Astorga
CAESAR AUGUSTA 〉 Zaragoza(사라고사)
CARTHAGO NOVA 〉 Cartagena(카르타헤나)
CORDUBA 〉 Córdoba(코르도바)
DERTOSA 〉 (JULIA AUGUSTA) 〉 Tortosa
DURIUS 〉 Douro(도루강), 스페인어로는 Duero
EMERITA AUGUSTA 〉 Mérida
GADES 〉 Cádiz(카디스)
IBERUS 〉 Ebro(에브로강)

ILICI 〉 Elche
LEGIO (SEPTIMA GEMINA) 〉 León
MALACA 〉 Málaga
SAGUNTUM 〉 Sagunto(사군토)
SALAMANTICA 〉 Salamanca(살라망카)
SEGOVIA 〉 Segovia(세고비아)
TAGUS 〉 Tajo(타호강)
TARRACO 〉 Tarragona
TOLETUM 〉 Toledo(톨레도)
VALENTIA 〉 Valencia(발렌시아)

ANAS → Guadiana(강), BAETIS → Guadalquivir(강), HISPALIS → Sevilla(세비야)[289]

로마에 의한 정복

로마에 의한 정복은 기원전 218년에 시작되었지만, 곧 그것이 진척이 느리고 힘든 일이라는 것이 드러났다. 2차 포에니 전쟁 중 스키피오의 암푸리아스 상륙과 함께 시작된 이스파니아 정복은 두 세기 동안에 계속되었다. 지금의 안달루시아인 바이티카 속주에서는 로마화가 빠르게 진행되었다. 그 수도인 코르도바는 기원전 169년부터 특별 식민지로 선포되었고, 그 주민들은 점차적으로 자신들의 언어를 포기하고 라틴어를 배웠다.[290]

반면에 북부의 사람들은 격렬하게 저항하였다. 가장 완강한 사람들은 바스크 지방 거주자들이었는데, 그들은 로마 지배로 압력을 받으면서도 자신들의 언어를 계속하여 사용하였다. 바스크족은 언제나 바스크어를 사용하지 않는 사람을 erdaldun, 즉 '불완전한 언어를 사용하는 사람'(그 단어는 바스크어 erdi('절반')를 기초로 만들어졌다)이라고 하고, 바스크어를 사용하는 사람은 eskualdun이라고 불렀다.[291]

스페인의 라틴어

제국의 끝에 위치하며 알려진 세계의 한계선에 있던 스페인은 다른 로마 식민지들과 교류가 거의 없었다. 그로 인해 스페인은 로마에서 시작된 나중의 변화들을 일부 받아들이지 못했고, 라틴어가 그곳에서는 옛날 어형들을 보존하였다.

MAGNUS가 곳곳에서 GRANDIS로 대체되어 사라졌지만 이베리아 반도에서는 TAM MAGNUS('이처럼 큰'(손짓이 동반됨))라는 표현이 유지되었고 (스페인어로) tamaño와 (포르투갈어로) tamanho('크기')에 남아 있다. 스페인어와 포르투갈어는 밀을 지칭하는 단어에서도 다른 로망스어들과 구별된다. 그 두 언어들에서는 라틴어 TRITICUM에서 유래한 trigo라는 말을 쓰는 반면에, 다른 로망스어들에서는 FRUMENTUM이 존속하여, 예를 들면, 프랑스어의 froment이나 이탈리아어의 frumento의 형태로 남아 있다.

이스파니아, 고어식 표현의 땅

스페인어와 포르투갈어에는 보존되어 있지만 다른 서유럽 로망스어들에서는 버려진 옛날 라틴어 어형들의 예는 한없이 열거할 수 있다. 다음은 그중 몇몇 예들이다.

고전 라틴어	>	스페인어	포르투갈어
COMEDER '먹다'	>	comer	comer
MENSA '식탁'	>	mesa	mesa
FORMOSUS '아름다운'	>	hermoso	formoso
CAPUT '머리'	>	cabeza	cabeça
HUMERUS '어깨'	>	hombro	ombro
ARENA '모래'	>	arena	areia
FERVERE '끓이다'	>	hervir	ferver

이러한 의미들을 나타낼 때 프랑스어와 이탈리아어는 고전 라틴어 단어들을 버리고 더 일상적이거나 더 비유적인 표현들을 취하였다. 예를 들면, 머리를 지칭하는 TESTA('(도자기 등의) 깨진 조각')라는 말이나, 본래 희극에서만 사용되던 말인 MANDUCARE('탐욕스럽게 먹다', 희극에서 무섭고도 기괴한 일종의 식인귀인 Manduco('대식가')가 등장하였음)와 같이 때로는 유머스런 은유가 들어 있는 말들이 사용되었다.[292]

고전 라틴어	후기 라틴어	>	프랑스어	이탈리아어
(COMEDER)	MANDUCARE '진탕 먹다'	>	manger	mangiare
(MENSA)	TABULA '바닥, 마루'	>	table	tavola
(FORMOSUS)	BELLUS '예쁜'	>	beau	bello
(CAPUT)	TESTA '도자기 파편'	>	tête	testa
(HUMERUS)	SPATULA '주걱'	>	épaule	spalla
(ARENA)	SABULUM '모래'	>	sable	sabbia
(FERVERE)	BULLIRE '거품을 내다'	>	bouillir	bollire

bello가 스페인어에 존재하는 것은 사실이지만 그 형용사는 적어도 유럽 스페인어 어법에서는 항상 문학적 표현으로 남아 있고, 마찬가지로 formoso가 이탈리아어에 존재하지만 거기서 가장 많이 사용되는 어형은 bello이다.

이스파니아, 혁신의 땅

다른 지역들에서는 옛날 단어들이 보존되었는데 이베리아 반도에서 변화가 일어나기도 했었다. 예를 들면, 고전 라틴어 EXTINGUERE('(불을) 끄다')가 프랑스어에서는 éteindre로 유지되었지만, 동일한 의미로 스페인어와 포르투갈어에서는 APPACARE('진정시키다')에서 만들어진 apagar를 사용하는 큰 변화가 있었다. '침묵하다'라는 의미로 프랑스어와 이탈리아어는 TACERE 동사를 보존하였고, 그것이 프랑스어에서 '(se) taire'로, 이탈리아어에서 'tacere'로 된 반면에 스페인어와 포르투갈어는 라틴어 동사 *CALLARE('내려가게 하다')를 사용하였고, 오늘날 그 단어는 스페인어에서 callar, 포르투갈어에서 calar-se로 되었다. 라틴어 부사 TARDE('늦게')는 프랑스어(tard)와 이탈리아어(tardi)에서는 오로지 부사로만 남았는데, 스페인어와 포르투갈어에서는 명사적 용법으로 확장되어 tarde가 '오후'의 의미를 가진 명사로 사용될 수도 있다. 마지막으로, GALBINUS('노란')에서 유래한 노란색의 명칭이 프랑스어에서는 jaune으로 되고 이탈리아어에서는 giallo로 된 반면에, 스페인어 amarillo와 포르투갈어 amarelo는 AMARUS('담즙')의 지소사에서 만들어졌으며, 그로 인해 그 말들은 담즙의 쓴맛과 그것의 노란색을 모두 나타낸다.

다른 예들도 많이 있지만 이 몇몇 예들만으로도 키케로가 원로원에서 스페인 출신 연사들의 연설을 들었을 때, 왜 그에게 이스파니아 라틴어가 카르타고의 라틴어 못지 않게 당황스럽게 느껴졌는지 그 이유를 알 수 있을 것이다.

비교적 늦은 라틴어화 과정

실제로 남부의 지방들과 나머지 지역들은 커다란 대조를 보였다. 서기 6세기까지도 서부와 북부의 지방들에서는 라틴어를 알지 못하는 사람들이 있었던 반면에 코르도바에서는 기원전 2세기 중엽에 그 도시가 건설될 때부터 번창하는 로마 시설들이 설립되어 큰 명성을 얻었다. 두 세네카(아버지는 역사학자, 아들은 네로의 가정교사였음)와 시인 루카누스가 그 도시에서 태어났고 트라야누스 황제는 세비야에서 가까운 이탈리카 출신이었다.[293]

게르만족의 침략

서기 3세기 말부터 그리고 특히 5세기 무렵에 게르만 종족들이 침략해 왔을 때(반달족은 안달루시아로, 수에비족은 서부 지역으로, 나머지 지역에는 서고트족이 침략하였다) 현지의 사람들은 대부분 이미 라틴어 사용자가 되어 있었다.

반달족의 영향은 거의 없었던 듯하다. 그들은 바이티카 속주에 짧게 머문 후에 아프리카로 옮겨갔는데, 아마도 그들이 통과한 흔적을 안달루시아의 이름, 즉 Andalucía에 남긴 것 같다. 간혹 반박되기도 하는 가설에 따르면, 그 이름이 Portu Wandalusiu(라틴어, '반달족의 항구')에서 유래하였다고 한다.[294]

서고트족 왕국은 수에비족이 점령한 바스크 지방과 갈리시아를 제외한 현재의 스페인 전역을 포함하였고, 심지어 피레네 산맥 너머 나르본까지 확장되기도 하였다. 서고트족의 지배는 300년(409–711) 동안 지속되었으며 제도와 법에서 그리고 서사시의 내용 속에도 중요한 흔적들을 남겼다. 언어에서는 흔적들을 밝히기가 더 어렵다. 왜냐하면 스페인어에 들어 있는 대부분의 게르만어적 요소들은 통속 라틴어에서 이미 가지고 있던 형태, 아니면 좀 더 나중에 프랑스에서 유래한 어휘에서 가지고 있던 형태로 스페인어에 스며들 수 있었기 때문이다. 예를 들면 robar('훔치다'), sala('거실'), rico('부유한'), guisa('방식') 등의 단어들이 그런 것들이다[상응하는 프랑스어 단어는 각각 dérober, salle, riche, guise)이다]. 참고로, 스페인어는 guisa에서 guisar라는 동사도 파생시켰는데, 그것의 의미는 '일정한 방식으로 준비하다'라는 것이었는데, 나중에는 '식사를 준비하다, 요리하다'로 되었다.[295] 그럼에도 불구하고 tregua('휴전, 중지')는 순수하게 서고트어라는 것을 알아볼 수 있는데, 프랑스어 형태 trève에는 –v–가 포함되어 있지만 스페인어 형태에는 –g–가 있기 때문이다(345쪽, '제5부 게르만 어파', I. 분화 이전, '§ 동쪽을 향한 전진' 부분 참조).

589년 서고트족의 기독교 개종과 함께 지배받는 종족들과 침략자들 사이에 평화와 융합의 시기가 시작되었다. 그 시기는 한 세기 이상 지속되는데, 그 동안에 서고트 왕국은 예술과 문학, 특히 문법과 수사학 연구를 장려하였다.[296] 세비야, 사라고사 그리고 톨레도의 학교에서 당대 최고의 석학으로 인정되던 세비야의 이시도르

(560–636)와 같은 학자들이 교육을 담당하였다. 고유 명사 부여는 더 이상 로마식으로 이루어지지 않았는데, 그 부분에 있어서 변화가 시작된 것도 이 종족 간 동화의 시기부터였다(118쪽 '라틴어를 중심으로' 챕터, '§ 여러 요소가 붙는 이름' 부분 참조). 또한 로드리고(Rodrigo)나 페르난도(Fernando)와 같은 스페인 이름들에 많은 게르만어 흔적들이 남아 있다(아래 상자 글 '서고트족도 여러 이름을 남겼다' 참조).

서고트족도 여러 이름을 남겼다

스페인의 많은 성과 이름이 게르만어, 더 구체적으로는 서고트어에 기원을 두고 있다. 그것들의 본래 의미는 다음 예들이 보여주듯 흔히 정신적 또는 육체적 힘의 특성과 연관되어 있다.[297]

Adolfo	<	adal '귀족의' + wulf '늑대'
Alfonso	<	all '모두' + funs '준비된'
Alvaro	<	all '모두' + varo '예고를 받은, 자각하는'
Argimiro	<	hargis '군대' + meris '유명한'
Fernando	<	frithu '평화' + nanth '과감한'
Rodrigo	<	hroth '영광' + ric '강력한'
Rosendo	<	hroth '영광' + sinths '지휘'

일상생활의 어휘는 훨씬 영향이 적었다. 그렇지만 falda('치마')나 ganso('거위')는 이베리아 반도 특유의 게르만어 차용어들인 것 같다. 그런데 이베리아 반도는 색깔 이름과 관련하여 저항한 점이 특이하다. 일반적으로 로망스어들에서 라틴어 색깔 이름들이 게르만어 단어들에게 자리를 내주었다는 것은 이미 살펴본 바와 같다(150쪽 '이탈리아어를 중심으로' 챕터, '§ 게르만어의 영향' 부분 참조). 그러나 blanco('흰')나 gris('회색의') 등의 스페인어 어형들은 실제로 게르만어에 기원을 두고 있지만, 스페인어는 파랑, 황금색 그리고 갈색과 같은 일부 색깔 이름들은 받아들이지 않았다. 스페인어로 '파랑'은 azul(페르시아어에서 유래한 아랍어 단어)이라고 하고, '황금색'은 rubio(라틴어 RUBEUS('다갈색')에서 유래함)라고 하며, '갈색'은 moreno, bazo(라틴어 BADIUS('적갈색')에서 유래함), 아니면 pardo(그리스어 기원의 라틴어 PARDUS('짙은 갈색')에서 유래함)라고 한다. 형용사 bruno는 게르만어에서 차용한 것으로 스페인어에 존재하지만 드물게 사용되고 문학어로 남아 있다.[298]

긴 아랍 시대

게르만어의 기여가 몇몇 특정 영역에 제한되었다면, 그와 반대로 아랍어는 스페인어 어휘에 깊고도 오래가는 흔적들을 남겼으며 그로 인해 스페인어에 매우 독특한 측면이 생기게 되었다.

711년 지브롤타 근처로 상륙한 아랍인들은 7년도 채 되지 않아 거의 이베리아 반도 전체를 정복하였는데, 다만 북부에 위치한 작은 지방 하나는 정복되지 않았고, 그곳에서 '국토회복운동'이 시작되는 저항 진지가 구축되었다. '로망스어-아랍어'의 이중 언어 사용 또는 때로는 '로망스어-스페인 아랍어-고전 아랍어'의 삼중 언어 사용의 상황이 수 세기 동안 지속된 후에 스페인어는 침략자들 언어의 흔적을 셀 수 없이 많이 간직하게 되었다. 13세기부터는 이슬람교의 스페인이 마지막 남은 그라나다 왕국으로 축소되었지만, 11세기부터 아랍어는 스페인의 대부분 지역에서 문화어가 되어 있었던 것이 강조되어야 할 사실이다. 기독교인 원주민들은 아랍어 환경 속에서 살면서 그 자신들은 어떤 혼합된 로망스어를 사용했다. 그것은 '라틴어 주변의 로망스어'(romanicum circa latinum)라고 지칭되었던, 아랍어 색채가 실제로 폭넓게 배어 있는 언어였다.[299]

모자랍인들은 기독교도들이었다

모자랍인들(Mozarabes)이라고 불렸던 그 사람들은 로망스어를 사용하면서 아랍인들이 통치하던 지역에 살던 기독교도들이었다.[300] 이 단어는 아랍어로 '아랍인에게 복종하는'이라는 의미를 가진 과거분사로부터 만들어진 말이다. 아랍어가 행정과 문화의 언어였던 반면에 옛날식 단어들을 사용하는 그들의 언어 모자랍어는 오로지 일상적인 어법에서만 명맥을 유지하고 있었다. 그 뒤에 국토회복운동이 진행됨에 따라 모자랍인들은 다시 기독교화된 지역으로 이주하기도 하고 모자랍어를 자발적으로 포기하고 카스틸라어를 채택하기도 하였기 때문에 모자랍어의 존재가 희미해졌다.

불행히도 그 모자랍어, 즉 'romanicum circa latinum'으로 쓰여진 기록물은 존재하지 않는다. 사람들이 가진 많지 않은 정보는 아랍어로 되어 있으며, 그리고 그것들은 이슬람 자료들에서 나왔는데, 거기에는 라틴어-아랍어 어휘 사전들도 포함되어 있다. 그러나 아랍 문자는 라틴어에서 생긴 모음들과 몇몇 자음들의 표기에 적합하지 않았기 때문에, 국토회복운동으로 북부의 어법이 전해지면서 사라진 그 언어의 어형들을 복원하는 것이 어려워졌다. 오늘날 포르투갈 영토인 미란다 두 두오로라는 두에로강 북쪽에 위치한 지방만이 아마도 모자랍어의 오래된 특성 몇 가지를 간직할 수 있었던 것 같지만, 반면에 바로 인접한 살라망카에서는 나중에 받은 영향들로 인해 그러한 특성들이 모두 없어져 버렸다.[301]

아랍어에서 유래한 1500여 개의 지명

아랍어에서 만들어진 말들:

ALCALÁ: al-qal?a('요새')로부터

ALCÁZAR: (세비야에서) al-qasar('궁전')로부터

ALHAMBRA: (그라나다에서) al-hamra('붉은 것')로부터

ALGECIRAS(Algésiras): al-djazira(al-hadra)('(녹색) 섬')로부터

ALMERÍA: al-miraya('파수대')로부터

GUADALAJARA('돌이 많은 강'): wad('하천')와 hajar('돌')로부터, 아마도 타호강에 인접하기 때문에 만들어진 말로 보인다.

GIBRALTAR: Djabal al-Târiq('타릭 산')으로부터, 711년에 스페인에 처음으로 상륙한 베르베르족 수장의 이름.

GUADALQUIVIR: 로마인들이 바이티스강이라고 부르던 이 강은 그 규모로서 아랍인들에게 깊은 인상을 주었으므로, 그들은 그것을 wad('강')와 kebir('큰')로 만들어진 wad al-kebir('큰 강')라고 명명했다.

GUADIANA: 옛날의 Anas 강이 wadi anas('아나스 강')가 되었다.

MURCIA: 과거분사 mursah('요새화된')로부터

RAMBLA: 바르셀로나의 유명한 거리 이름인 람블라스 거리(Las Ramblas)는 아랍어 ar-ramla('모래사장, 강변의 띠모양 모래밭')로부터 유래하였다.

ZARAGOZA(사라고사): 라틴어 Caesarea Augusta[아우구스투스 황제를 기리는 도시명]가 아랍어 형태로 된 것이다.

아랍어와 **라틴어**가 섞인 혼종적 구성:

GUADALUPE('늑대의 강'): 아랍어 wad('강')와 라틴어 lupus('늑대')로부터 만들어짐.

GUADALCANAL('운하의 강')

라틴어 명사 앞에 **아랍어 관사**가 있는 구성:

ALMONASTER, ALMONTE 또는 ALFUENTE: 이러한 단어들에서 monasterio ('수도원'), monte('산'), fuente('샘') 등 라틴어에서 유래한 스페인어 단어들을 알아볼 수 있다.

아랍화된 스페인

지방에 따라 3세기 내지 8세기 동안 지속된 아랍 지배는 모든 관점에서, 특히 지적 활동과 관련하여 중대한 결과를 가져왔다.

무엇보다 코르도바는 매우 일찍 이슬람 문화 중심지로 변신하였는데, 그곳에는 화려한 도서관들과 아랍 학자들이 인도에서 유래한 자신들의 수학 지식이나 그리스 철학을 전수하던 연구 시설들이 갖추어져 있었다. 이븐 시나(980-1037), 이븐 루시드(1126년 코르도바에서 출생) 그리고 아랍 식물학자들의 매개 역할로 유럽 중세의 부흥이 이루어졌다. 국토회복운동이 진척되면서 톨레도(1085년) 그리고 그 다음에 사라고사(1118년)가 기독교인들의 지배하에 되돌아왔을 때, 그곳에는 모자랍인들이 매우 아랍화되어 있었고 아랍인들이 여전히 매우 많았다. 12세기에 라이문도 대주교는 톨레도에 유명한 번역 학교를 창립하였고 13세기에는 현왕(賢王) 알폰소가 자신의 궁정에 아랍의 언어와 과학을 잘 알고 있는 유대인 학자들을 오게 하여 기독교 지식인들과 함께 있도록 하였다. 유대인 학자들은 코르도바의 이슬람 지도자들이 가장 먼저 아랍어로 번역하게 하였던 모든 그리스-라틴 지식을 아랍어에서 카스틸라어로 번역하는 데 기여하였다. 프랑스, 잉글랜드, 독일의 사람들이 톨레도에 가서 아리스토텔레스와 프톨레마이오스를 번역하였다.

수천 개의 아랍 단어들

스페인어의 어휘에 반영된 아랍어 영향은 우선 양적인 차원에서 매우 놀랍다. 대략적인 추산으로 아랍어식 단어의 수는 4000개 이상에 이르며, 그 가운데 지명이 1500개이다.[303] 파생어를 모두 배제하고 단순 형태들로 한정한다면, 그래도 여전히

850개의 단어가 남는다. 이 수치는 프랑스어의 아랍어식 단어들은 420개 밖에 되지 않는 것과 비교하면 그 두 배 이상에 해당한다.[304]

더 자세히 스페인어의 아랍어식 표현들을 살펴보면 글자 a로 시작하는 단어들의 수가 매우 많다는 사실을 알 수 있다. 거기에는 관사 al이 차용어의 일부로 포함되어 있다는 것을 알게 되면, 그런 단어들이 많은 것이 놀랍지는 않을 것이다. 그러나 왜 /l/가 almíbar('시럽')에서는 유지되었고 azúcar('설탕')에서는 사라졌는지에 대해 의문을 가질 수는 있을 것이다. 아랍어에서 자음 /l/ 뒤에 오는 단어의 첫 자음이 혀 끝으로 조음되는 자음일 경우에는 자음 /l/가 그 자음과 동화되기 위해 사라진다는 것을 알면 모든 것이 설명된다. al-zúcar에서 만들어진 azúcar가 그 경우에 해당하며 아랍어에서는 az-zúcar로 발음된다. 반면에 almíbar에서는 /m/가 혀끝이 아니라 입술로 발음되므로 관사의 /l/가 유지된다. 아랍어 문법학자들은 입 앞쪽에서 발음되는 그 자음들을 시적으로 '태양의 자음들'이라고 부르는데, 그 이유는 태양을 가리키는 말이 아랍어에서 이 유형의 자음으로 시작하기 때문이다. 모든 다른 자음들은 '달의 자음'으로 불리는데 아랍어에서 달을 가리키는 단어가 혀끝으로 발음되지 않는 자음 q로 시작하기 때문이다.

아랍어식 단어 넷 중 하나

코로미나스[(1905–1997) 스페인 언어학자]의 어원 사전에 의거해 이루어진 조사에서 아랍어식 단어 넷 중 하나는 a로 시작한다는 것이 드러났다.[305]

그 단어들의 목록은 길고 아마도 읽기에 좀 지루할 것이다. 그러나 다른 언어들, 특히 프랑스어나 이탈리아어에서 상응하는 차용어들이 어떻게 만들어졌는지 이해하려고 노력하면서 그 목록을 훑어본다면, 읽는 것이 일종의 보물찾기 놀이가 될 수 있을 것이다. 그리고 마지막 행까지 집중할 정도로 놀이에 몰두한다면 아마도 표면적으로는 고증착오인 15개 가량의 단어가 목록에 존재한다는 것에 놀라게 될 것이다.

abalorio '유리 세공품'
aceite '기름'
acemite '밀기울, 걸쭉한 죽'
acerola '산사나무 열매'
abelmosco '사향아욱'
acelga '[식물] 근대'
aceña '물레방아'
achacar '전가하다'
acebuche '야생 올리브'
acémila '(짐을 나르는) 노새'
acequia '수로'
achaque '가벼운 병'

acíbar '알로에'
acimut '방위각'
adarme '최소량'
adelfa '[식물] 협죽도'
adoquín '포석'
ajedrea '박하의 일종'
ajimez '아치형의 쌍둥이 창문'
ajorca '팔찌'
alacrán '전갈'
alarde '검열, 사열'
albahaca '바질'
albanega '머리 그물'
albarazo '(말의) 흰 피부병'
albarraz '비명초'
alberca '인공 저수지'
albornoz '두건 달린 겉옷'
alborozo '환희'
albur '황어'
alcachofa '엉겅퀴'
alcaide '성주, 행정 담당관'
alcancía '저금통'
alcaraván '[조류] 알카라반'
alcatraz '펠리컨'
alcoba '침실'
alcotán '매의 일종'
alcuzcuz '쿠스쿠스'
alerce '낙엽송'
alfanje '신월도'
alfar '옹기장이'
alféizar '물매'
alférez '소위'
alfombra '양탄자'
alforja '배낭'
algalia '사향'
algazara '소음'
algorfa '(곡물 보관용) 다락방'
alhaja '보석'
alheli '비단향꽃무'
alhóndiga '곡물 가게'
alicates '펜치'
alimara '봉화'
aljamía '스페인의 로망스어'
almacén '가게'
almádena '쇠망치'
almagre '적토'
almazara '유착기'
almez '팽나무의 일종'
acicalar '닦다, 광내다'
adalid '지도자'
adarve '순찰로'
adivas '이하선염'
aduana '세관'
ajedrez '체스'
ajomate '담수 해초'
ajuar '가구'
alafia '용서'
alazán '밤색'
albaida '콩과식물'
albañal '하수구'
albarda '길마'
albayalde '백연'
albogue '피리의 일종'
alboronía '야채 요리'
albricias '축의금, 답례'
alcabala '세금, 매상세'
alcahuete '뚜쟁이'
alcalde '시장, 읍장'
alcanfor '장뇌'
alcaravea '미나리과의 식물'
alcazaba '성채'
alcohol '알콜'
alcurnia '가계, 혈통'
aldaba '노커, 고리'
alfajor '빵의 일종, 알파호르'
alfaque '모래톱'
alfarda '용수세, 세금의 일종'
alfeñique '꽈배기 과자'
alfil '(장기의) 말'
alfombrilla '풍진'
alforza '단, 가로 주름'
algarabía '아랍어'
álgebra '대수'
algoritmo '계산법'
alharaca '생난리, 홧김'
alheña '쥐똥나무'
alhorre '배내똥'
alidada '조준의(照準儀)'
aljaba '전동'
aljibe '탱커'
almáciga '못자리'
almadía '뗏목'
almanaque '달력'
almea '가무를 하는 여인'
almíbar '시럽'
acicate '박차'
adarga '방패'
adehala '수당'
adobe '볕에 말린 벽돌'
aduar '(아라비아의) 천막촌'
ajenuz '미나리아재빗과 식물'
ajonjolí '참깨'
alacena '식료 선반'
alambique '증류기'
albacea '유언 집행인'
albalá '특허증'
albañil '석공'
albaricoque '살구'
albéitar '수의사'
albóndiga '[요리] 알본디가'
alboroque '사례금'
albufera '연안의 늪'
alcacer '풋보리'
alcaicería '상가 지역'
álcali '알칼리'
alcantarilla '하수구'
alcarraza '질그릇, 항아리'
alcázar '궁전'
alcorza '과자'
alcuza '기름병'
aldea '마을'
alfalfa '자주개자리'
alfaquí '법률 박사'
alfarje '착유장의 낮은 돌'
alferecía '간질'
alfiler '핀'
alfóncigo '옻나무의 일종'
alfoz '협곡'
algarroba '[식물] 알가로바'
algodón '목화'
alguacil '경찰관, 집행관'
alharma '운향'
alholva '[식물] 홀로바'
alhucema '라벤더'
alifafe '만성병'
aljama '유대교 교회, 모스크'
aljófar '모양이 불규칙한 진주'
almadén '광산'
almadraba '다랑어잡이 그물'
almarada '비수'
almenara '봉화'
alminar '첨탑'

almirante '제독'
almocafre '호미의 일종'
almohada '베개'
almojarife '왕실 세리'
almotacén '도량형기 검사관'
almuédano '기도 시간을 알리는 이슬람교도'
alquería '농가'
alquimia '연금술'
altramuz '층층이부채꽃'
anaquel '선반'
añagaza "미끼용 새'
arancel '요금표'
arraclán '오리나무의 일종'
arrecife '암초'
arroba '(중량의 단위) 아로바'
artanita '[식물] 시클라멘'
ataharre '밀치끈'
atarazana '조선소'
atún '참치'
azacán '잔심부름꾼'
azafrán '사프란'
azarcón '연단'
azote '채찍'
azucena '백합'
azul '푸른, 하늘'

almirez '절구통'
almocárabe '나선형 조각 장식'
almohade '마그렙 왕조 이름'
almoneda '경매'
almud '곡식 분량의 단위'
almunia '채소밭'
alquibla '메카 쪽 방향'
alquitara '증류기'
alubia '강낭콩'
anea '부들과의 식물'
añil '남빛의'
arcaduz '수도관'
arráez '아랍 선박의 선장'
arrequives '몸치장'
arrope '농축한 시럽'
asesino '살인자'
atalaya '감시탑'
atarjea '하수관'
auge '절정'
azafata* '여자 승무원'
azahar '오렌지의 꽃'
azófar '놋쇠'
azotea '옥상'
azud(a) '댐, 수차(水車)'
azulejo '도기 타일'

almizcle '사향'
almogávar '선발 병사'
almohaza '철제 말 빗'
almorávid '베르베르 왕가의 이름'
almudena '성채'
aloque '연분홍의'
alquiler '임대'
alquitrán '타르'
ámbar '호박(琥珀)'
ante '큰사슴'
arambel '(천으로 된) 벽 장식'
arrabal '변두리'
arrayán '[식물] 도금양'
arriate '화단'
arroz '쌀'
atabal '작은 북'
atambor '북'
atracar '기슭에 닿게 하다'
azabache '흑옥'
azafate '광주리'
azar '우연'
azogue '수은'
azúcar '설탕'
azufaifa '대추'
azumbre '용량의 단위'

* 아랍인들이 중세에 항공 서비스를 예상할 수는 없었으므로 이 목록에 '여자 승무원'이 있는 것이 엉뚱하게 보일 수도 있을 것이다. azafata가 본래는 단순히 여왕의 치장 담당 시녀로서 납작한 광주리에 담은 옷과 보석을 여왕에게 보여주는 일을 맡은 사람이었다는 것을 알면 모든 것이 설명된다.

관사의 포함 여부

스페인어를 다른 로망스어들과 비교해보면 스페인어가 반박의 여지 없이 아랍어 차용어에 가장 많이 관사를 포함시키고 있는 언어라는 것도 확인할 수 있다. 이탈리아어나 프랑스어에서도 다음 예들처럼 통합된 관사 al-로 된 형태들을 찾을 수 있는 것은 사실이다.

이탈리아어	프랑스어
alchimia	alchimie '연금술'
algebra	algèbre '대수(학)'
almanacco	almanach '달력'
ammiraglio	amiral '제독'
arsenale	arsenal '해군 조선소, 병기창'
azimut	azimut '방위'

그러나 이탈리아어나 프랑스어에서는 그러한 것들의 수가 스페인어나 포르투갈어에 비해 훨씬 적다(246쪽 '포르투갈어를 중심으로' 챕터, 상자 글 '아랍어 기원의 포르투갈어 단어들' 참조). 《외국어 기원의 단어 사전》의 자료에 입각해서 간단한 계산을 해 보니, 프랑스어에는 아랍어 차용어들 중에서 관사 al-이 있는 단어는 12분의 1이 약간 넘는 것으로 나타나는 반면에 스페인어에서는 그런 단어의 비중이 4분의 1이다.[306]

상당히 일상적으로 사용되는 다음 몇몇 예들은 그 점과 관련하여 스페인어를 프랑스어 및 이탈리아와 비교할 수 있게 해준다.

스페인어 (아랍어 관사 통합됨)	이탈리아어	프랑스어 (관사 없음)
aduana '세관'	dogana	douane
albornoz '두건 달린 겉옷'	burnus	burnous
alcanfor '장뇌'	canfora	camphre
alcaparra '풍접초 꽃봉오리'	cappero	câpre
alcaravea '미나리과의 식물'	carvi	carvi
alcuzcuz '쿠스쿠스'	cuscus, cuscussu	couscous
algarroba '[식물] 알가로바'	carruba	caroube
algodón '목화'	cotone	coton
alminar '첨탑'	minareto	minaret
almizcle '사향'	muschio	musc
almuedano '기도 시간을 알리는 승려'	muezzino	muezzin
alquitrán '타르'	catrame	goudron

arroz '쌀'	riso	riz
atabal '작은 북'	timballo	timbale
atún '참치'	tonno	thon
azafrán '사프란'	zafferano	safran
azúcar '설탕'	zucchero	sucre

비교를 통해 지적할 수 있는 점이 또 한 가지 있다. 아랍어의 s는 대체로 이탈리아어나 프랑스어에서 글자 s로 옮겨지지만 스페인어에서는 결코 s로 옮겨지지 않으며, a, o, u 앞에서는 z로 옮겨지고(azúcar '설탕', azul '푸른', azafrán '사프란'), e, i 앞에서는 c로 옮겨진다(cenit '절정' 또는 aceite '기름'). 그 자음들은 카스틸라어에서 영어의 thick이나 thin의 th와 가까운 치간 자음으로 발음된다.

세 가지 종교의 나라

거의 8세기(711–1492) 동안 스페인은 세 개의 유일신 종교, 즉 기독교, 이슬람교 및 유대교를 수용하였는데, 그 종교들은, 그곳에 살던 사람들에 따라 입장이 달랐지만, 대체로 우호적인 관계를 유지하였다. 스페인어 용어로는 다음과 같이 세 그룹이 구별되었다.[307]

Cristianos: 기독교인들
Mozárabes: 아랍인 영토에 사는 기독교인들
Elches: 이슬람으로 개종한 기독교인들('변절자'를 뜻하는 아랍어 단어에서 유래)

Moros: 이슬람교도들
Moriscos: 기독교로 개종한 이슬람교도들.
Mudéjares: 기독교 영토에서 살면서, 세금 납부를 조건으로 자신들의 종교에 따라 살도록 허가 받은 이슬람교도들.

Judios: 유대인들.
Conversos: 기독교로 개종한 유대인들. 12세기 말부터는 그들이 개종하도록 강제하였다.
Marranos: 기독교로 개종하고도 자신들의 본래 종교를 계속 실천한 유대인들이나 이슬람교도들을 지칭하던 경멸적 용어. 이 말은 '금지된 (사람이나 사물)'이란 의미의 아랍어 단어에서 유래한 것으로 본래는 유대인이나 이슬람교도에게 금지된 고기인 돼지를 가리켰다.[308]

국토회복운동 과정을 나타내는 지도들[309]

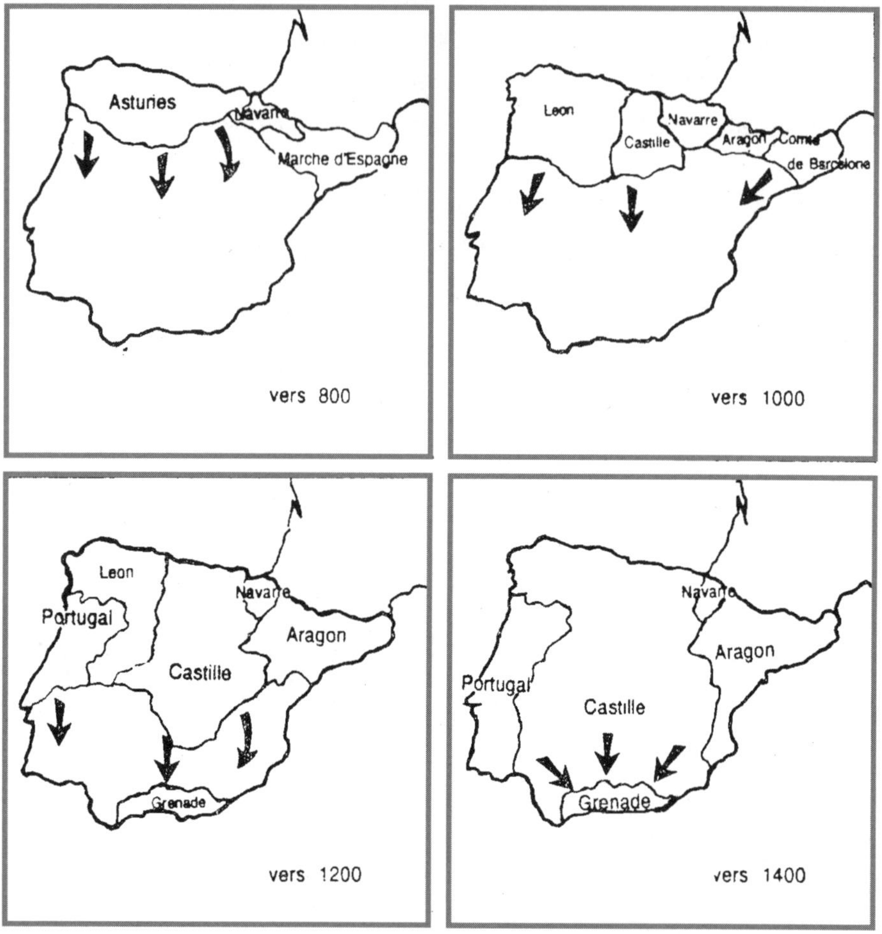

Aragon 아라곤 Asturies 아스투리아스 Castille 카스틸라 Comté de Barcelone 바르셀로나 백작령 Grenade 그라나다 Leon 레온 Navarre 나바르 Portugal 포르투갈 vers 무렵

국토회복운동

8세기 초에 전 국토가 아랍인들에 의해 거의 완전히 점령되었을 때, 스페인은 그에 앞서 과거 로마 제국의 영토였던 다른 지역들과 똑같이 언어적 변화를 겪은 상태였다. 즉, 여러 작은 나라들로 분열됨에 따른 방언적 분화가 있었다.

각 나라는 제각기 언어를 가지고 있었고, 10세기 중반까지 카스틸라어는 이베리아 반도의 북부, 레온 동쪽의 칸타브리아 산맥에 있는 일종의 요새화된 '군사 지역'에서 사용되던 미미한 방언들 중 하나에 불과하였다. 이러한 기원은 카스틸라(Castilla)라는 지명 자체에서 드러난다. 그것은 라틴어 CASTELLUM('요새화된 성, 성관')에서 유래한 이름이기 때문이다.

그때까지 보잘것 없던 이 왕국의 영향력이 연속적인 동맹과 정복을 통해 점진적으로 커지게 되었다. 국토회복운동 과정에서 이슬람교도들이 버리고 간 땅들을 북부에서 온 사람들이 차지하였고, 해방된 모자랍인들은 북부 사람들의 언어를 채택하였다. 국토회복운동이 새로운 진행 속도를 가지게 된 것은 1212년 라스 나바스 데 톨로사(Las Navas de Tolosa)에서 기독교도들이 승리를 거둔 때부터이다. 나라의 절반을 되찾기 위해 4세기가 소요되었지만 남부의 대부분 지역을 탈환하는 일은 반 세기도 안 되는 기간에 이루어지게 되었다. 그라나다 왕국만 예외로서 1492년까지 저항하였다. 기독교인들이 그 도시를 함락하면서 거의 8세기 동안 스페인에서 존재하였던 아랍이 없어지게 되었다(212쪽 '국토회복운동 과정을 나타내는 지도들' 참조).

방언의 상황

현재 이베리아 반도의 언어 지도의 모습은 국토회복운동의 산물로 설명된다. 중부에는 카스틸라어화한 광대한 지역이 있고, 그 양쪽으로는, 동쪽의 카탈로니아어와 서쪽의 갈리시아어가 비슷한 넓이의 언어 사용 지역을 확보하고 있다. 갈리시아어는 남쪽으로 내려가면서 포르투갈어를 탄생시켰다. 갈리시아어와 카스틸라어의 중간적 방언인 레온어 그리고 카스틸라어와 카탈로니아어의 중간적 방언인 아라곤어는 아랍인들에 의해 점령당한 적이 없는 지방들에서 라틴어로부터 분화된 언어들이 잔존한 것이다. 반면에 남부의 안달루시아 방언은 그곳에 도입된 카스틸라어로부터 분화된 것이다. 바스크어는 사용 지역이 프랑스까지 이어져 있는데 가장 오래되고 가장 '낯선' 언어이면서 동시에 가장 많은 질문을 불러일으킨 언어라는 특이성을 가지고 있다(아래 지도 '오늘날 스페인의 언어들' 참조).

오늘날 스페인의 언어들

스페인 공식 공통어의 기초가 되는 카스틸라어의 보급에도 불구하고 여러 다른 언어들이 스페인에서 유지되었다. 그 언어들은 인도-유럽어가 아닌 하나의 언어(바스크어)와 로망스어 변이체들이다. 갈리시아어, 포르투갈어, 레온어, 아라곤어, 아란어, 카탈로니아어 등은 카스틸라어와 같은 라틴어 방언들이다. 반면에 안달루시아어는 13세기, 14세기에 북부의 사람들로 인해 안달루시아의 인구가 재증가하면서 탄생한 카스틸라어의 변이체이다.[310]

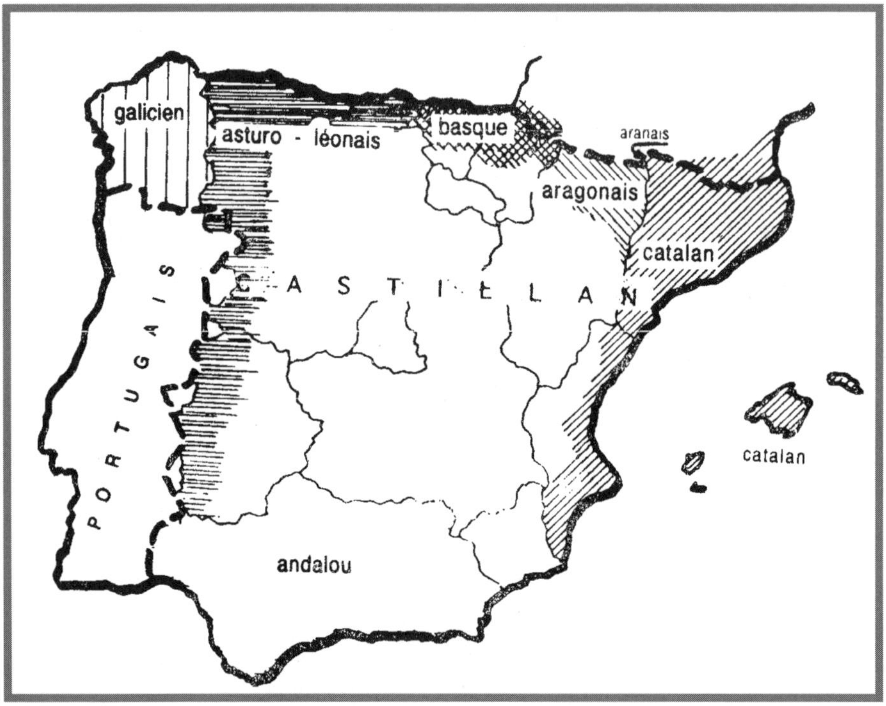

andalou 안달루시아어 aragonais 아라곤어 aranais 아란어 asturo-léonais 아스투리아스레온어 basque 바스크어 castillan 카스틸라어 catalan 카탈로니아어 galicien 갈리시아어 portugais 포르투갈어

바스크어

사용자 수의 5분의 4가 스페인에 있고 5분의 1이 프랑스에 있는[2016년 통계로는 스페인에 700,300명, 프랑스에 51,202명의 바스크어 화자가 있다] 이 언어의 기원에 대하여는 수수께끼가 아직도 풀리지 않았다. 사람들은 오랫동안 그것이 이베리아족 언어

의 마지막 흔적이라고 믿었다. 베르베르어와 같은 햄–셈 언어들, 여러 아메리카 인디언 언어들, 일본어 또는 코카서스의 언어들과의 연관 관계가 제시되기도 하였다. 오늘날 코카서스 언어들과의 연계성에 대한 가설이 가장 널리 퍼져 있다.[311]

바스크인들이 euskara 또는 eskuara라고 부르는 이 언어는 스페인에서는 비스카야, 알라바, 기푸스코아, 나바라와 같은 도들의 일부 지역에서 사용되며, 프랑스에서는 바이온 지역과 올로롱 지역의 일부에서 사용되고 있다(274쪽 '프랑스어를 중심으로' 챕터, '§ 프랑스의 바스크어' 부분 참조). 19세기와 20세기 초의 대규모 이민으로 인해 남아메리카와 미국(특히 네바다 주의 리노와 캘리포니아 주)에는 바스크어 공동체들이 형성되었다.[312]

바스크어는 인도–유럽어의 침략이 일어나기 훨씬 전에 이베리아 반도에서 사용되던 언어이지만 최초 기록 자료는 10세기 이후의 것들이며 해석하기 어려운 몇몇 문장이나 지명으로만 되어 있다. 바스크어로 된 최초의 책은 1545년이 되어서야 나왔다.[313]

바스크어와 라틴어

기독교의 전파는 이 지역의 철저한 라틴어화에 크게 기여하였다. 그래서 바스크어 어휘는 다음 예들이 보여주듯이 라틴어 표현들을 많이 포함하고 있다.

aboztu: 라틴어 AUGUSTUM에서 유래, '8월'.
bake: PACEM에서 유래, '평화'.
kipula 또는 tipula: CEPULLA에서 유래, '양파'.
errota: ROTA('바퀴')에서 유래, '제분기, 방앗간'.
gurutz: CRUX에서 유래, '십자가'.
atxeter: 그리스어에서 차용된 ARCHIATER('의사')에서 유래, '의사'.

오늘날의 바스크어

오늘날 바스크어는 여러 변이체들을 가지고 있지만 일종의 '통합 바스크어'(Euskara batua)가 형성되어 가고 있다. 이것은 프랑스의 나바로-라부르어와 스페인의 기푸스코아어 사이의 절충안을 기반으로 하고 있다.[314] 나바로-라부르어는 프랑스 바스크 지방에서 통상적으로 기준이 되는 언어이며 기푸스코아어는 스페인에서 가장 널리 표준으로 간주되는 바스크어 형태이다. 18세기까지는 바스크어가 프랑스에서는 프랑스어 규칙들을 따르고 스페인에서는 카스틸라어 규칙을 따라 표기되었지만, 1919년에 창립된 바스크어 학술원 'Eskualtzaindia'는 바스크어의 표기 체계를 확정하였다.[315]

스페인의 바스크어

바스크어, 즉 euskara는 오늘날 프랑스(약 8만 명[2016년 통계로는 51,202명])와 스페인(약 40만 명[2016년 통계로는 700,300명])에 불균등하게 나누어져 있는 가로 170km(서쪽에서 동쪽으로)에 세로 60km(북쪽에서 남쪽으로)의 작은 지방에서 사용되고 있다(274쪽 '프랑스어를 중심으로' 챕터, '§ 프랑스의 바스크어' 부분 참조). 스페인에서는 바스크어가 1975년에 공식어의 지위를 얻었고 각급 학교에서의 바스크어 교육을 확산시키기 위해 많은 노력이 이루어졌다. 오늘날 바스크어는 비스카야와 기푸스코아 그리고 나바라와 알라바의 일부 지역에서 사용되고 있지만 바스크어 사용 지역들의 경계선이 그러한 도들의 경계선과 일치하지는 않는다(지도 '바스크 지방' 참조). 예를 들면, 특히 바스크 광역자치주의 주도이며 알라바 도에 위치한 비토리아(바스크어로 가스테즈)는 16세기 이래로 바스크어권이 아니다.[316]

스페인 바스크 지방에는 약 2,600,000명의 전체 인구 중 40만 이상의 바스크어 화자들이 있다. 바스크 지방 정부의 1983년 조사에 따르면 바스크어 사용 지역 주민들의 3분의 1이 바스크어를 구사할 수 있는데, 이 수치는 태생적 바스크어 화자와 학교에서 바스크어를 학습한 사람들을 동시에 포함하고 있다. 2000명을 표본으로 한 확인 조사에서 이중 언어 사용자의 비율이 주민의 4분의 1에 가깝다는 것이 드러났다.[317] [2016년 통계에 따르면, 스페인 바스크 광역자치주에서 주민의 33.9%는 바스크어를 유창하게 구사하고, 주민의 19.1%는 수동적 화자인 것으로 나타나며, 지속적으로 바스크어

화자의 비율이 증가하는 것으로 관찰되고 있다.]

바스크 지방

이 지도는 스페인과 프랑스에서 사용되는 바스크어의 여러 변이체들을 보여주고 있다.

Alava 알라바 도 bas−navarrais 저지 나바르어 biscaïen 비스카야어 Espagne 스페인 France 프랑스 guipuzcoan 기푸스코아어 haut−navarrais 고지 나바르어 labourdin 라부르어 Navarre 나바르 도 souletin 술어 Vitoria/Gasteiz 비토리아−가스테이스

주민들이 바스크어를 사용하는 곳은 무엇보다 가정이며, 특히 인구 20만 명 미만의 도시에서는 상점에서도 사용된다. 20세기 초부터는 ikastola, 즉 스페인어와 외국어 수업을 제외하고 모든 교육이 바스크어로 이루어지는 학교들이 존재한다. 이러한 사립 학교들이 1960년을 기점으로 크게 발전하였고, 그 이후에 그러한 학교들의 수가 많이 증가하였다.

스페인어에 있는 약간의 바스크어

매우 오래전에 유럽에 뿌리를 내린 바스크어는 인도−유럽어들보다 그곳에 앞서 있으면서 스페인의 지명이나 일상적 어휘에 흔적을 남겼다.

지명

– Ilimberri '새로운 도시'

일상적 어휘

– pizarra '청석돌(판)'

– izquierdo '왼쪽': 이 말은 '반쪽 손', 즉 '서투른 손'을 뜻하는 바스크어 ezker에서 유래하였는데, 접미사 –erd는 바스크어에서 '불완전한'이라는 의미를 나타낸다. 이 바스크어 단어는 스페인에서 오랫동안 그것과 경쟁하며 존재했던 라틴어 기원의 단어 siniestro를 몰아내었다.

애칭어를 만드는 바스크어 방식

이 '오래된' 언어는 여러 주목할 만한 특징들로 관심을 끌고 있다. 인도–유럽어들에서는 흔히 나타나는 일부 통사적 형태들이 바스크어에서는 불가능하다. 예를 들면, '아이가 방을 청소한다'라고 말하려고 할 때, 바스크어로는 '아이에 의한 방청소가 있다'에 해당하는 형태가 된다. 바스크어는 코카서스의 언어들과 그러한 특성을 공유하고 있다.

반면에 바스크어는 매우 독창적인 애정 표현 방식을 가지고 있으므로 그러한 언어들과 구별된다. 바스크어에서는 일련의 지소적 접미사(스페인어의 –ito, 이탈리아어의 –ino, –etto, –iccino, –uccio 등)를 사용하는 대신에 일부 자음의 조음에 변화를 가함으로써 그 언어의 모든 단어에 감정적 느낌을 실어줄 수 있다. 예를 들면, 자음 s나 z는 x로 바뀌어 '습음' **ch**[습음이란 혀의 안쪽이 입천장 쪽으로 올라간 상태로 만들어지는 발음으로서 여기서는 국제 음성 기호 [ʃ]에 해당하는 발음을 가리킨다]로 발음된다. 자음 t는 tx로 바뀌어 **tch**[국제 음성 기호 [tʃ]에 해당함]로 발음된다. 자음 d는 di(프랑스어 diète [djɛt]에서처럼) 또는 tx로 변화한다. 그래서 seme('아들')은 xeme('소중한 아이, 아들내미')로 그리고 tipi('작은')는 txipi('아주 작은, 귀여운')로 된다. 몇몇 예를 추가로 들면 다음과 같다.[318]

기본 단어	**애칭어**
sagu '생쥐'	xagu '착한 조그만 생쥐'

zilo '구멍'	xilo '귀여운 조그만 구멍'
gizon '사람'	gixon '소중한 작은 사람'
uli '파리'	ulli '조그만 파리'
polit '예쁜'	pollit '귀여운'
Madalen '마들렌(여자 이름)'	Majalein, Matxalen '마들롱, 마도'[마들렌의 애칭들]

이와 같이 하여 수천 개의 기본 어형으로부터 식자어로 hypocorstiques(프, '애칭어들')라고 부르는 것을 얻게 되는데, 애정 담긴 말로 사용되는 애칭어들은 모든 언어에 존재한다(431쪽 '네덜란드어를 중심으로' 챕터, '§ 수많은 지소사들' 부분 참조). 그런데 바스크어의 특별한 점은 다정함이 지소사로 표현되는 것이 아니라 특정한 자음들, 즉 '습음화'로 단어를 '부드럽게 만드는' 자음들이 체계적으로 사용되면서 다정함이 표현된다는 것이다.

카스틸라어

이베리아 반도의 모든 로망스어 방언들 가운데서 가장 큰 변화를 보인 것이 카스틸라어이다. 예를 들면, 모든 다른 방언들은 라틴어의 단어 첫 글자 f-를 고스란히 유지하였던 반면에 카스틸라의 주민들은 아마도 주변의 바스크인들의 영향으로 그것을 성문음 /h/처럼 발음하였고, 나중에는 그 발음이 완전히 사라져버릴 정도로 약화되었다. 그래서 FARINA는 harina('밀가루')가 되었는데, 거기서 h가 처음에는 영어나 독일어에서처럼 발음되었지만 오늘날 공식 스페인어에서는 단지 표기만 되고 전혀 발음되지 않는다.[319] 이 발음은 매우 일찍(11세기부터) 리오하(Rioja) 지방에 전파되었다. 강 이름 Oja는 라틴어 FOLIA의 f-가 더 이상 발음되지 않던 형태로서, 그것에서 만들어진 이 지방의 이름(Rioja) 자체를 보면 그러한 사실을 확인할 수 있다.[320]

이 발음은 그 후에 널리 퍼졌지만 문학적 글들은 오랫동안 첫 글자 f-를 보존했다. 그러한 사실이 12세기 카스티야라비에하의 메디나셀리 지방에서 쓰여진 《르 시드의 시》(Cantar del mio Cid)에서 확인된다. 15세기 말에는 최초의 카스틸라어 문법서가 여전히 h-로 된 어형들만을 문학적인 형태로 제시하였다. 반면에 16세기 후반부에는 성녀 테레사 다빌라가 라틴어의 f-가 없이, 또한 h-도 없이, açer-('하다'), echo('사실'), yja('소녀') 등의 표기법을 사용하였다(이 단어들은 오늘날 h-로 표기된다: hacer, hecho, hija).[321] 이것은 적어도 카스티야라비에하에서는 첫 자음을 삭제하는 변화가 그 시기에 완료되었다는 것을 보여준다[성녀 테레사 다빌라의 출생지가 카스티야라비에하임을 참고할 것]. 오늘날은 산탄데르와 오비에도 사이의 작은 지역과 포르투갈 국경 방면의 스페인 남서부 반쪽의 일부 지역에서 옛 발음인 성문음 /h/의 흔적들이 남아 있다.[322]

프랑스어와 오크어의 영향

카스틸라어의 확산이 시작된 11세기부터 13세기 사이에 그 언어는 피레네 산맥 너머로부터 영향을 받았다. 롱스보 고개를 지난 후 더 이상 산이 아니라 평원을 거쳐 가는 새로운 산티아고 순례길이 그러한 영향이 확산되는 통로가 되었다. 클뤼니 수도원의 분원들이 그곳에 설립되어 프랑스어나 프로방스어 용어들의 사용을 부추겼다. 예를 들면, 순례자들이 mesones('식당', cf. 프, maison '집')로 내려와서 vinagre('식초', 프, vinaigre '식초')로 manjares('요리', cf. 프, manger '먹다')와 viandas('음식물', cf. 프, viande '고기')를 조미하여 먹는다는 식으로 말하게 되었다.[324] monjes('수도자들', 프, moines)는 자신들의 pitanza('양식', 프, pitance)를 받는다고 하였고, 교회 참사회를 주재하는 사람은 deán('교회참사회장', 프, doyen)으로 불렸다.

스페인의 왕들과 프랑스의 공주들 사이의 결혼은 프랑스어와의 접촉을 촉진하였다. 그 과정에서 프랑스어는 스페인어에 homenaje('경의', 프, hommage)나 mensaje('메시지', 프, message)와 같은 흔적들을 남겼다.

이러한 프랑스어의 영향은 중세 내내 지속되었다.

수 세기에 걸친 카스틸라어의 확장

카스틸라어는 10세기 중엽까지는 이베리아 반도의 북부의 작은 지방에서만 사용되었다. 그 언어의 확산은 처음에는 주로 남쪽으로 진행되었고 그 다음에는 부채 모양으로 서쪽으로 포르투갈어 경계선까지, 동쪽으로 카탈로니아어 경계선까지 나아갔다.[323]

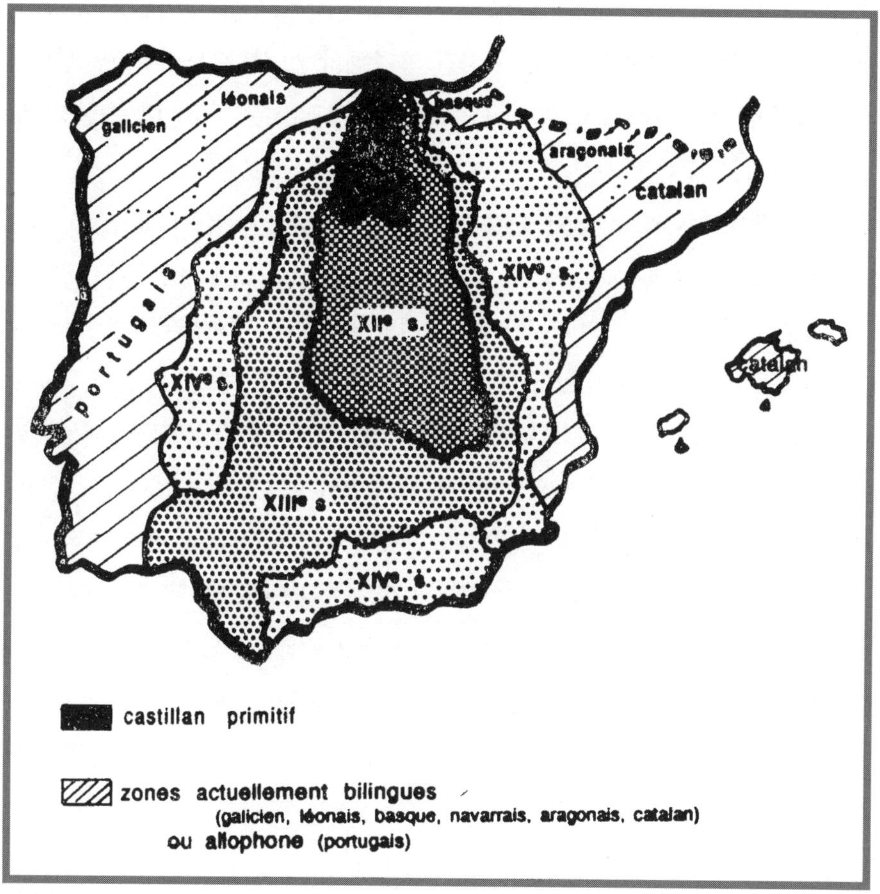

allophone 외국어를 사용하는 (사람) argonais 아라곤어 basque 바스크어 catalan 카탈로니아 castillan primitif 초기 카스틸라어 galicien 갈리시아어 léonais 레온어 navarrais 나바르어 portugais 포르투갈어 zones actuellement bilingues 현재 이중 언어 사용 지역들

최초의 기록문들

카스틸라의 방언은 나중에 이베리아 반도 대부분 지역의 언어가 될 운명이었지만 기록 자료는 늦게 나타난다. 반면에 나바라어와 아라곤어의 최초 기록 자료들은 10세기의 것이다. 그것들은 라틴어 글인 (리오하 지방에 있는 산미얀 데라코고야 수도원의) 《산미얀 수도원의 어휘 소사전》과 (부르고스의 남동부에 있는 실로스 수도원에서 만든) 《실로스 수도원의 어휘 소사전》의 주해서들로서, 필사자가 몇몇 단어들을 나바라어와 아라곤어로 (그리고 그중 두 단어에 대해서는 바스크어로) 설명하면서 주해를 하고 있다.

카스틸라어로 된 최초의 글은 11세기의 공증 문서이다. 아마도 1140년에 쓰여진 것으로 보이는 최초의 문학적 글인 《르 시드의 시》는 오직 13세기에 수기된 전사본을 통해서, 그것도 14세기의 복사본에 의해서만 알려졌다. 카스틸라의 현왕으로 불린 알폰소 10세는 13세기에 카스틸라어가 문학어로 성공할 수 있게 만들어 주었다. 그의 덕분에 카스틸라어는 주로 부르고스의 어법에 의거하면서 톨레도와 레온의 어법에 몇몇 양보를 하는 하나의 표준 어법을 채택하였다. 그것이 그가 '올바른 카스틸라어'(castellano drecho)라고 부른 것이며, 그것이 나중에 서사시의 언어가 되었다. 그러나 15세기까지 이베리아 반도의 모든 서정 문학을 지배하게 된 것은 갈리시아 주에서 형성되어 있던 다른 언어였다. 알폰소 현왕은 산문에 있어서 카스틸라어에 혜택을 주고 특별 지위를 부여하였지만 그 자신도 운문으로 된 저작은 갈리시아어로 쓰는 것을 선호하였다(247쪽 '포르투갈어를 중심으로' 챕터, '§ 위엄있는 문학어' 부분 참조).

갈리시아어, 공백기를 겪은 언어

최초의 문서 자료가 1227년에 나타나는 갈리시아어는 명암이 교차된 운명을 겪었다. 현왕 알폰소 10세(1221–1284) 치하에서 카스틸라어가 갈리시아에 뿌리를 내리기 시작했지만 두 세기 동안에 시와 서정적 표현의 언어로 남아 있었던 것은 갈리시아어와 포르투갈어의 선조인 갈리시아-포르투갈어였다. 그 언어는 갈리시아와 포르투갈에서만 그렇게 사용되었던 것이 아니고 스페인, 프로방스, 이탈리아 북부 등 대부분의 로망스어 사용 지역에도 그 언어에 대한 애호가들이 있었다. 그 후에 15세기 중엽부터 시작하여 3세기 이상의 기간 동안에 갈리시아어가 모든 기록 문서에서 사라졌고, 18세기 말 무렵까지 오로지 하층민에 의해서만 사용되었다. 3세기의 침묵이 흘렀을 때 교양인 모임들에서 자각이 일어나게 되었고, 그 모임들이 중세 시에 관한 연구의 부흥을 불러일으키면서 구전 시에서 영감을 얻으며 활동하였다. 차츰 연극이나 소설과 같은 다른 분야에서 창작물들이 나오면서 19세기에는 갈리시아어가 활력을 되찾게 되었다.

오늘날 갈리시아어는 갈리시아 광역자치주에서 사용되고 있지만 아스투리아스, 레온 도 및 사모라 도 등의 몇몇 인접 지대에서도 사용되고 있다. 1900년과 1960년 사이의 우려스러운 위축이 있었지만, 1978년에 스페인 헌법에서 갈리시아어를 카스틸라어와 동일한 자격을 가진 갈리시아 주의 공식어로 정한 이후에 갈리시아어는 새로운 활기를 얻은 것 같다. 공식 통계에 따르면 갈리시아의 주민들의 80%, 약 250만 명이 갈리시아어를 사용한다고 추정된다.[325] [2012년 통계로는 갈리시아어 사용자 수는 240만 명이며 그중 156만 명은 갈리시아어를 제1언어로 사용한다] 통합 표기법을 위한 기준들이 설정되었으나 몇몇 반대하는 주장들이 없지는 않으며, 갈리시아어는 오늘날 산티아고데콤포스텔라 대학교의 공식 언어이다. 국영 텔레비전 방송은 매일 갈리시아 지역을 위한 갈리시아어 특별 프로그램을 방송하고 있으며, 1985년 7월 25일부터는 갈리시아 라디오-텔레비전 방송사가 완전히 갈리시아어로 방송하고 있다.[326]

스페인의 카탈로니아어

카탈로니아어는 본래 프랑크 왕국과 이슬람 시대의 스페인을 분리해주던 스페인 국경 지역의 언어인데, 프랑스의 루시옹 지방도 그 지역에 포함되어 있었다. 오늘날 그 언어는 좁은 의미의 카탈로니아, 즉 '공국'(Principat)[중세 및 근세에 존재한 카탈로니아 공국을 가리킴]을 넘어 발렌시아 지방, 안도라 공국과 스페인의 발레아레스 제도, 1659년에 프랑스에 합병된 루시옹 지방(대체로 피레네조리앙탈 도에 해당함) 그리고 사르디니아에 있는 알게로의 작은 언어적 고립 지역을 포함하는 광대한 지역에서 사용되고 있다.

스페인과 프랑스의 카탈로니아어[327]

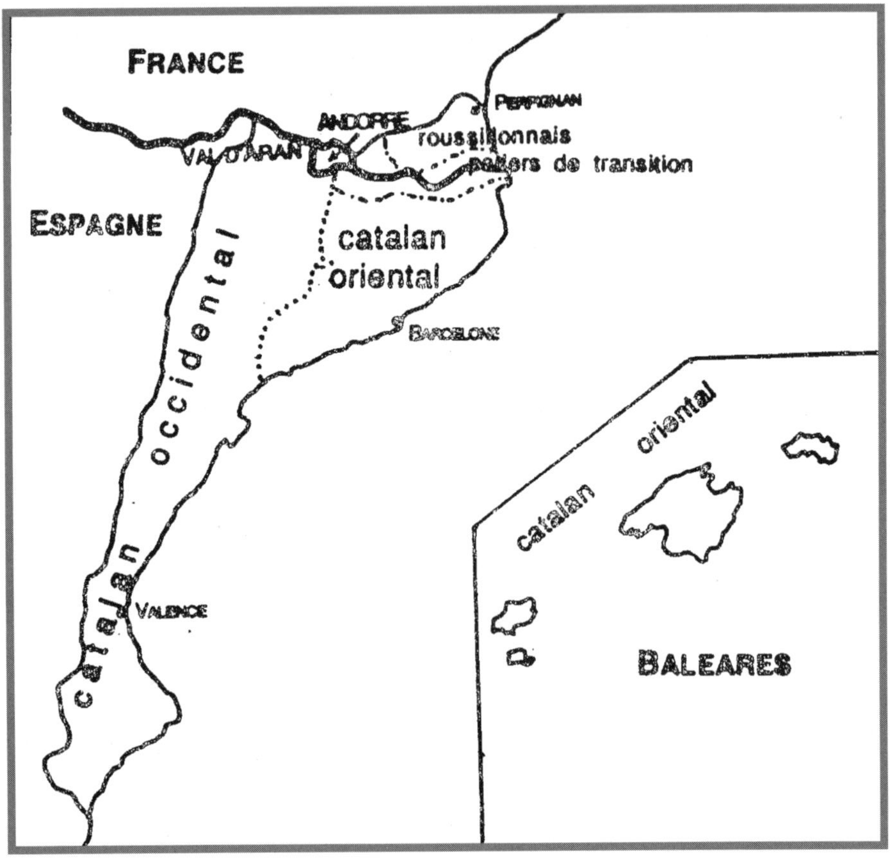

Andorre 안도라 Baleares 발레아레스 제도 Barcelone 바르셀로나 catalan occidental 서카탈로니아어 catalan oriental 동카탈로니아어 parlers de transition 중간 방언들 Perpignan 페르피냥 roussillonnais 루시옹어 Val d'Aran 아란 계곡 Valence 발렌시아

스페인의 카탈로니아어는 매우 일찍이 국토회복운동 과정에서 해안선을 따라 남쪽으로 확산되어 알리칸테까지 도달하였다. 발레아레스 제도는 13세기부터 카탈로

니아에 속하게 되었고, 사르디니아가 알게로 근처에 카탈로니아 식민지를 유지하게 된 것은 13세기 이후이다(298쪽 '프랑스어를 중심으로' 챕터, '§ 프랑스의 카탈로니아어' 부분도 참조).[328]

가장 오래된 카탈로니아어 글은 1171년에 쓰여진 것이지만 카탈로니아어가 문학어로 인정된 시기는 특히 레이몬드 룰(1233–1315)의 기념비적 저작이 나온 13세기이다.[329] 이 언어는 오늘날 스페인에서 450만 명의 화자에 의해 사용되고 있고(1975년 카탈로니아의 공식어로 됨) 프랑스 쪽에는 루시옹 지방에 몇십 만 명의 카탈로니아어 사용자가 있다.[330] [2010년 통계에 따르면(cf. 《Informe sobre la situació de la llengua catalan》) 알게로(24,000명), 안도라(61,000명)와 스페인의 카탈로니아어 화자의 수가 9,604,000명에 이른다]

카탈로니아어는 해안 쪽에서 카스틸라어에 의해 위협을 받고 있다. 카스틸라어가 '발렌시아 지방'(País Velenciá)에서 알리칸테 및 다른 해변 휴양지들로 영향권을 넓혀 가고 있기 때문이다, 그러나 바르셀로나 주변에서는 카탈로니아어가 놀랄 만큼 번성하고 있는 상태이다. 바르셀로나 남쪽에 있는 타라고나 도에서는 주민의 70%가 카탈로니아어를 사용하고 있으며 바르셀로나 북쪽에서는 그 비율이 80%에 이르는 것으로 추정된다.

카스틸라어 화자들의 유입 비율이 높음에도 불구하고 카탈로니아어는 무엇보다 바르셀로나 주민들의 자신들의 언어에 대한 한결같은 애착에 힘입어 스페인 방언들 가운데 이례적으로 활기찬 모습을 보여주고 있다.

아란어는 카탈로니아어가 아니다

카탈로니아에는 바스크어에서 유래한 이름을 가진 언어적 고립 지역도 있다. 그곳은 아란 계곡으로서(195쪽 상자 글 '동어 반복인 아란 계곡' 참조), 그곳에서는 카탈로니아어도 아니고 바스크어도 아닌 오크어 방언으로서 가스코뉴어 변이체인 아란어가 사용되고 있다. 이 언어는 1990년 6월 28일 아란 계곡의 공식어가 되었다(카탈로니아어 및 카스틸라어와 공동 공식어이다).

아스투리아스레온어

카스틸라어 서쪽(옛 레온 왕국)에 있던 방언들은 중세가 끝난 후 점차적으로 위축되었고 지방 중심 도시들은 매우 빠르게 카스틸라어 사용 지역으로 오늘날 산탄데르의 서쪽 지역에서는 레온이나 카세레스 지방의 일부에서 옛 레온 방언의 흔적을 아직도 볼 수 있다. 때로는 갈리시아어 및 포르투갈어와의 경계선을 설정하기가 매우 어렵다. 사모라와 살라망카 지역의 일부 마을들은 포르투갈어을 사용하고 있는 반면에 포르투갈에 위치한 미란다 두 도루, 리오노르 그리고 구아드라밀 지구는 레온 방언들을 사용한다(254쪽 '포르투갈어를 중심으로' 챕터, '포르투갈 방위 지도' 참조).[331] 한편, 옛 레온 왕국의 동부는 몇몇 어휘적 흔적만 남아 있을 정도로 카스틸라어 지역으로 되었다.

레온어의 특성으로 서쪽 지역에서는 farina('밀가루'), facer('하다'), fornu('화덕')의 f–가 카스틸라어(harina, hacer, horno)의 영향에서 벗어난 채 존재하고 있다는 사실을 언급할 수 있다.[332]

지역의 동부, 즉 카스틸라에 더 가까운 곳에는 그 자음이 유지되었지만 다양한 방식으로 발음되고 있다. 진정한 [h]처럼 발음되거나, 아니면 jame('배고픔'), jaba('잠두'), filu('줄')와 같은 단어에서 카스틸라어의 호타(jota)[스페인어 알파벳의 11번째 글자]와 혼동될 정도로 강하게 발음된다.[333]

아라곤어

옛 카스틸라의 동쪽에서는 아라곤어가 더 심각한 영토의 축소를 겪었다. 아라곤어는 레온어와 마찬가지로 라틴어 자음 f–(faba('잠두'), farina('밀가루'))를 유지하고 있다(214쪽 이 챕터의 지도 '오늘날 스페인의 언어들' 참조).

아라곤 왕국은 중세 내내 f–를 유지하였고, 15세기 말 카스틸라의 이자벨과 아라곤의 페르난도의 결혼으로 인해 두 왕국이 통합되었던 시점에도 위에서 언급한 단어들의 발음이 아라곤에서는 f–로 시작하였고 카스틸라에서는 자음 없이 모음으로 시작하였다(상자 글 '회향이 이자벨과 페르난도를 갈라놓았다' 참조).

회향이 이자벨과 페르난도를 갈라놓았다

가톨릭 왕들의 공식 시인인 아라곤 사람 페드로 마르쿠엘로는 회향을 가리키는 단어를(현대 스페인어로는 hinojo) 이자벨과 페르난도가 다르게 발음하던 것을 상징적으로 표현하였다.[334]

Llámaia Castilla *ynojo*	카스틸라에서는 ynojo라고 하네
qu'est su letra de Ysabel	이자벨이 그렇게 하듯이
llámala Aragon *fenojo*	아라곤에서는 fenojo라고 하네
qu'est su letra de Fernando	페르난도가 그렇게 하듯이

그러나 카스틸라어가 곧 왕의 주위에서 우위를 점하게 되었다. 결혼 후 5년이 지나서 페르난도 자신은 아마도 이자벨이 말하고 쓰는 방식을 따르기로 이미 결심하였던 것 같다. 자신의 아버지에게 보낸 편지에 f- 없이 쓴 azer('하다, 만들다', 라틴어 FACERE에서 유래), ablar('말하다', 라틴어 FABULARE에서 유래) 등이 나타나기 때문이다. 그것은 카스틸라어의 커져가는 위세를 보여주는 징후였다. 그렇지만 왕이 자신의 편지 말미에 아라곤어의 f-가 포함된 obediente fijo('순종하는 아들')라는 말을 자신의 서명 앞에 썼듯이 주저함이 없지는 않았다.[335]

안달루시아어

스페인 남부의 이 언어적 변이체는 독자적인 위치를 차지하고 있는데, 그 이유는 다른 말들과 달리 이것은 라틴어의 변형이 아니고 더 나중에 만들어진 것이기 때문이다. 북부에서 온 사람들이 다시 거주하게 되면서 모자랍인들이 살고 있던 안달루시아는 13세기부터 16세기까지 카스틸라와 레온으로부터 동시에 영향을 받았다. 그러나 안달루시아에서 생긴 어법은 매우 다른 형태를 취하였다. 특히 안달루시아어를 특징짓는 것은 카스틸라어와 달리 cena('저녁')나 cocer('익히다')의 c(카스틸라어에서는 영어 thick의 th로 발음됨)와 sangre('피')나 coser('꿰매다')의 s를 혼동한다는 것이다. 두 발음이 혼동되어 s로 될 때는 'seseo'[Z나 C를 S로 발음하기]라고 하고(우엘바, 세비야, 코르도바), 혼동되는 발음이 혀짧은 소리로 될 때는 'ceceo'[S를 C로, 즉 [θ]로 발음하기]라고 한다(포르투갈 국경부터 알메라아까지 거의 안달루시아 남부 전역).[336]

이러한 현상에 대한 최초 자료들은 16세기 초 세비야에서 기록된 것들이다.

15세기에 정복이 완료된 카나리아 제도의 방언은 안달루시아어 특성들을 많이 포함하고 있다. 그 이유는 식민지 원정대들이 출발한 곳이 주로 안달루시아의 항구들이었기 때문이다.[337] 그 방언에서는 다음과 같은 라틴 아메리카의 스페인어 어휘의 특성이 많이 나타난다.

guagua (스페인어로는 autobus '버스')
carro (스페인어로는 coche '자동차')
papas (스페인어로는 patatas '감자')

1492년, 세 가지 점에서 기억해야 할 연도

15세기 말은 스페인어의 역사에서 한 획을 그은 시기이며, 특히 1492년이 그렇다. 거기에는 세 가지 이유가 있는데, 이러한 이유들로 인해 매우 중대한 결과들이 초래되었다.

– 1492년은 안토니오 데 네브리하가 자신은 안달루시아 사람인데도 최초의 카스틸라어 문법서를 출판한 연도이다. 그 출판을 통해 카스틸라어는 스페인의 언어로서 확고하게 인정되었다고 보아야 한다.

– 1492년은 그라나다가 함락된 연도이면서 가톨릭 여왕 이자벨에 의해 유대인들이 추방된 연도이고, 따라서 유대 스페인어가 표류하기 시작한 연도이기도 하다. 그리하여 유대 스페인어는 15세기 말에 말해지던 카스틸라어를 가장 정확하게 증언해주는 역할을 하게 되었다.

– 마지막으로 1492년은 크리스토프 콜럼버스가 아메리카 대륙을 발견한 연도이다. 달리 말해서 스페인어가 신세계 정복을 위해 떠난 연도이다.

15세기 말의 카스틸라어

앞서 말한 내용의 중요성을 이해하기 위해서는 스페인어가 된 이 카스틸라의 방언이 15세기에는 오늘날 모습과 매우 달랐다는 것을 알아야 한다. 특히 발음의 차원에서 달랐는데, 안토니오 데 네브리하(1442–1522)는 자신의 문법서에서 발음에 대해 매우 자세하게 기술하였다.[338]

예를 들어 당시에는 몇몇 자음들이 프랑스어나 다른 로망스어들의 자음들과 매우 유사하였다는 것을 그 책에서 알 수 있다.[339]

15세기의 표기	15세기의 발음	17세기부터의 발음
siglo 등	[ś] 혀 끝으로	[ś] 혀 끝으로
queso 등	[ź] 혀 끝으로	
cielo, laço, luz 등	[ts]	[θ] 치간음
zapato 등	[dz]	
xarabe	[ʃ] = 프랑스어의 ch	[x] 목구멍 안쪽에서('호타')
hijo, general	[ž] 또는 [dž]	

특히 주목되는 점은 오늘날 스페인어의 어법에서 매우 특징적인 발음인 호타(jota)가 15세기에는 없었다는 것이다.

17세기 초의 전면적 변화

이처럼 6개 자음에서 3개 자음으로 줄어든 것은 16세기 중에 일어난 현상이다. 17세기 초에는 이미 하나의 s 밖에 없었고(queso의 s가 siglo의 s처럼 발음되었다), 두 개의 새로운 발음이 나머지 4개의 발음을 대체하였다. 하나는 치아 사이로 발음되는 [θ]였고 다른 하나는 목구멍 안쪽에서 발음되는 호타(jota)였다.

그러나 이것이 전부가 아니었다. 새로운 문법서들에서는 모든 라틴어의 f–가 규칙적으로 h–로 대체되었고 b는 더 이상 v와 구별되지 않았다.

이러한 변화는 단 한 세기라는 기간에 언어의 음운론적 체계의 구조를 완전히 뒤

없었으며 너무나 혁명적이어서 일반적인 음성적 변화 과정으로 설명될 수 없다. 이러한 규모의 음성적 변화는 몇 세대 만에 이루어지지 않기 때문이다. 그보다는 새로운 사회 계층들이 증가한 것을 고려해야 할 듯하다. 그 계층들의 말하는 방식이 이전에는 거친 것으로 간주되었는데, 그것이 새롭게 호감을 얻게 되면서 17세기의 3분의 1이 지나는 시기부터는 유일하게 권장되는 발음으로 인정받게 된 듯하다. 그리고 바스크어의 음운론적 체계를 감안한다면 그 언어가 이중 언어 사용자들에게 영향을 주었을 가능성을 생각하지 않을 수 없다.[340]

스페인어와 유럽의 언어들

그러한 사회적, 언어적 변동의 세기는 스페인어 확장의 세기이기도 했다. 로페 데 베가[(1562–1635) 스페인의 극작가이자 시인]의 작품이 프랑스과 이탈리아에서 공연되었고, 세련된 부류의 사람들은 카스틸라어를 배웠으며, 스페인어 어법이 유럽의 언어들에 대량으로 유입되었다. 예를 들면, brave('용감한, 친절한'), fanfaron('허풍떠는'), désinvolture('버릇없음, 경쾌한 태도'), grandiose('장엄한'), compliment('칭찬'), sieste('낮잠'), sarabande('야단법석'), chaconne('샤콘, 3박자의 느린 춤(곡)'), armada('대함대'), embargo('(선박의) 억류, 판매 금지'), camarade('동료') 등의 단어들 외에도 스페인어 표기법에서 기호 및 이름이 차용된 cédille('세디유, 기호 ç')나 loca de la casa의 직역어인 folle du logis('공상, 상상력')라는 표현까지도 이 시기에 프랑스어에 도입되었다.[341]

스페인어는 이처럼 유럽에서 언어적 정복을 시작하였고 그와 동시에 그 언어의 통일도 진행되었다.

카를 5세와 스페인어

카를 5세가 남긴 유명한 말이 있다. 그것에 대해 다양한 버전이 있으며 버전에 따라 다소 차이가 있다. 다음은 그 가운데 하나이다. 그는 이렇게 말하는 것을 선호한다고 했다.[342]

부인들에게는 이탈리아어로,
남자들에게는 프랑스어로,
그리고 하나님에게는 스페인어로.

언어 통일의 가속화

16세기 내내 계속하여 미확정 어법들이 사용되면서 표준이 모색되던 시기가 지난 후 바야돌리드에서 마드리드로 궁정이 옮겨갔다. 1560년에는 마드리드가 아직 작은 도시에 불과하였지만 주민의 수가 빠르게 증가하였다. 새로운 도래자들은 북부에서 온 사람들이였으며, 그로 인해 발음에서 성문음 /h/의 생략, /b/와 /v/의 혼동, 그리고 새로운 자음들인 치간음 /θ/와 호타(jota) /x/의 수용이 보편화되었다.[343]

그러나 오랫동안 호타의 발음은 다른 언어들이 차용한 단어들에서 확인되듯이 오락가락하였다(아래 상자 글 참조).

세르반테스는 돈키호테를 x로 표기하였다

1605년에 세르반테스는 돈키호테를 x를 사용하여 표기하였는데(Don Quixote), 그 x는 당시에 일반적으로 프랑스어의 ch처럼, 즉 [ʃ]로 발음되었다. 그래서 발음을 고려하여 작품명이 프랑스어에서는 Quichotte, 이탈리아어에서는 Chisciotto가 되었고, 영어에서는 원전의 표기를 따라 Quixote가 된 것이다.

1713년에 창립된 스페인 왕립 학술원(Real Academia Española)에서는 1815년 《정서법》(Ortografía) 8차 판에서 최종적으로 정서법 기준을 확정하였고, 그 기준이 오늘날까지 유지되고 있다. 그 기준에 따르면, 글자 x가 (examen('시험')에서처럼) 자음군 ks에 한정되어 사용되어야 하고, 옛날에 x로 썼던 모든 다른 단어들에서 x를 j로 대체하여 caja('상자'), lejos('먼'), Quijote, Mejico('멕시코') 등으로 표기해야 한다.[344]

유대 스페인어, 전통에 대한 증인

네브리하가 1492년에 기술하였던 발음은 가톨릭 여왕 이자벨에 의해 같은 해에 추방된 유대인들의 발음이기도 하였다. 이자벨 여왕은 1492년 3월 31일 그들에게 개종하거나 아니면 4개월 내에 떠나도록 강요하였다. 그들 집단에는 통역사, 의사, 금융가, 수공업자 심지어 농부 등이 포함되어 있었으며, 약 20만 명이 떠나서 그리스, 터키, 시리아, 이집트에까지 이르는 지중해의 연안 전 지역에 분산되었다. 그래서 그들이 가져간 언어는 스페인에 남아 있던 그 언어가 나중에 겪은 변화 과정을 겪지 않게 되었다. 그 언어는 옛 어법을 그대로 사용하였지만, 나중에는 그것 자체도 다른 언어들과 접촉하게 되면서 히브리어, 아랍어, 이탈리아어, 터키어, 그리고 훨씬 뒤에는(1870년) 프랑스어에 의해 영향을 받았다.[345]

유대 스페인어와 라딘어

1492년에 스페인에서 추방당한 유대인들은 그 옛 카스틸라어를 계속하여 사용하였지만 스페인에서는 그 언어가 커다란 변화들을 겪었다. 그 언어는 모로코에서 haketiya로, 오랑 지방에서 **titauni**로 불리면서 아랍어화하였고, 그 뒤 19세기에 다시 카스틸라어화하였다. 근동지역에서는 그 언어를 **djudezmo**라고 불렀다.

1620년 이래 존재하는 유대 스페인어를 라딘어와 혼동해서는 안된다. 라딘어는 더 오래된 어떤 언어의 이름으로서 율법학자들이 히브리어 원전에 가장 가까운 곳에 있으면서 히브리어 성서들을 카스틸라어로 번역하기 위해서 사용한 일종의 직역어를 가리킨다. 라딘어는 말로 사용되지 않으며 **djudezmo**의 형성 이전에 있었다.[346]

스페인에서 쫓겨난 유대인들이 가장 나은 대접을 받았던 곳은 이탈리아였다. 그들은 베네치아, 로마, 나폴리, 특히 리보르노와 페라라에서 받아들여졌는데, 페라라에서는 1553년에 유대 스페인어로 번역된 최초의 성경이 출간되었다.[347] 당시에 옛 오스만 제국에 속해 있던 테살로니키에서는 유대인들이 특정 시대에는 주민의 절반 이상이 되었고 유대인 집회소가 30개가 있었다. 오늘날에는 그 유대인 공동체가 사실상 사라졌다.[348]

모든 나라들에서 유대 스페인어 화자의 수는 2차 세계 대전의 비극적 상황 속에서 급격하게 줄어들었고, 그 언어는 오늘날 소수의 이중 언어 사용자들에게만 그리

고 몇몇 사람들의 의지에 힘입어 겨우 존속하고 있다.[349]

약간의 유대 스페인어[350]

Karo Antonyo,

Kero eskrivirte en djudyo
antes ke no kede nada
del avlar de mis padres.
No saves, Antonyo,
lo ke es morirse una lingua.
Es komo kedarse soliko en el silensyo
kada diya ke el Dyo da,
komo estar sikileozo
sin saver porke.

사랑하는 안토니오,

나는 네게 유대 스페인어로 편지를 쓰고자 한다.
더 이상 내 부모님의 언어에서
아무것도 남지 않게 되기 전에.
너는 모른다, 안토니오.
언어의 죽음이 어떤 것인지를.
그것은 하느님이 우리에게 주는 매일매일에
침묵 속에 홀로 남는 것과 같다.
그것은 왜 그런지도 모른 채,
쓸쓸해지는 것과 같다.

Marcel Cohen, 《Letras a un pintor》
('어느 화가에게 보내는 편지들'), Madrid, Almarabu, 1985

카스틸라어가 대서양을 건너다

몇 세기만에 스페인 전역에서 받아들여진 이 언어는 아메리카 대륙에서도 뿌리를 내리게 되었다. 1492년 10월 12일 크리스토프 콜럼버스는 카스틸라 왕국을 위해 먼저 바하마 제도(당시에는 루카이언 제도)에 도착하였고 그 다음에 쿠바와 아이티(그 당시에는 이스파니올라(Hispaniola) 또는 라 에스파뇰라(La Española)라고 불리었다)에 도달하였다. 최초의 요새와 최초의 상관들은 1494년에 건설되었지만 대륙의 정복은 실질적으로 1519년에야 시작되었다(아래의 상자 글 참조).

아메리카 대륙의 정복에 나선 스페인어

오늘날 스페인어는 멕시코에서 남아메리카 남부까지 이르는 거대한 신대륙의 영토에서 군림하고 있다. 반 세기만에(15세기 말부터 16세기 중엽까지) 정복이 거의 완전하게 이루어졌지만 오늘날 파라과이, 우루과이 그리고 아르헨티나에 해당하는 지역들에서는 어려움이 더 많았고 일정한 지체가 있었다. 칠레는 극단적인 경우로서 그곳에서는 정복 전쟁이 1535년에 시작되어 17세기 말에 종료되었다.

주요 연도들

1492년 10월 12일	크리스토프 콜럼버스의 1차 항해(바하마).
1493	교황의 교서 《inter coeteras》는 발견된 땅들과 발견할 땅들을 카스틸라와 포르투갈에 나누어줌.[351]
1494	토르데시아스 조약. 구분선을 더 서쪽으로 옮겨가게 하여 브라질 북서부의 일부를 포르투갈이 갖도록 수정함(258쪽 '포르투갈어를 중심으로' 챕터, '§ 왜 브라질에서 포르투갈어를 사용하는가' 부분 참조).
1519–1521	코르테스가 아즈테크인들의 항복을 받음(멕시코).
1532	페루를 정복함.
1536–1538	베네수엘라와 콜롬비아를 정복함.
1535	칠레 정복을 시작함.
1537	스페인 원정대가 리오 데 라 플라타(아르헨티나)와 파라과이를 향해 떠남.

아메리카의 스페인어와 안달루시아어

안달루시아어와 아메리카 스페인어에 동시에 발견되는 많은 음성학적 특성들, 예를 들어 치찰음 /s/와 치간음 [θ]를 구별하지 않는 점(coser '꿰매다' vs. cocer '익히다')과 (España나 ninos처럼) 음절의 마지막 /s/ 발음이 약화된 점 등은 아메리카 스페인어가 안달루시아어에서 유래했다는 가설에 힘을 실어준다.[352] 그러나 안달루시아에서는 언급된 혼동이 지역에 따라서 보편화된 ceceo나 보편화된 seseo로 귀착되었던 것에 반해 라틴 아메리카에서 보게 되는 것은 주로 후자의 발음, 특히 세비야 시의 발음이다. 어떤 다른 가설에 따르면 최초의 식민지 개척자들은 스페인의 모든 지방에서 왔다고 한다. 전문가들 사이에서 논란이 계속되고 있다.[353]

아메리카 인디언 언어들의 기여

스페인에서 수입된 그 언어는 수백 개의 토착 언어들과 접촉하면서 그 언어들로부터 어휘의 일부를 얻었다. 그러나 토착 단어들이 즉각적으로 받아들여지지는 않았다. 초기 정복자들은 이국적 과일들이나 야생 동물들과 같은 새로운 존재들을 보며 처음에는 자신들이 이미 알고 있던 단어들을 사용하여 그것들을 명명했다. 예를 들면 그들은 케추아족이 퓨마라고 부르던 동물에 léon('사자')라는 이름을 붙여주었고, 과라니족이 aguarete라고 불렀던, 실제로는 '재규어'였던 동물에게 tigre('호랑이')라는 이름을 붙여주었다.

앤틸리스 제도, 플로리다, 베네수엘라와 콜롬비아의 해안에서 사용되다가 지금은 소멸된 언어들인 아라와크어와 카리브어는 스페인어가 처음으로 접촉하게 된 언어들이다. 스페인어는 그 언어들에서 많은 수의 단어들을 차용하였다. 다음은 그러한 단어의 몇몇 예이다.

canoa	'카누'(이미 1492년 네브리하에 의해 언급됨)
sabana	'사바나, 대초원'
huracán	'허리케인'
tabaco	'담배'
maíz	'옥수수'
colibrí	'벌새'
caníbal	'식인종(의)'
butaca	'좌석, 안락의자'
tiburón	'상어'

나우아틀어는 미국 남부에서 오늘날 니카라구아까지 이르는 지역에서 아즈테크인들이 사용한 언어이다. 나우아틀어에서 스페인어로 옮겨간 단어들로는 aguacate '아보카도', tomate '토마토', chocolate '초콜릿', cacao '코코아나무, 카카오', cacahuete '땅콩' 등이 있다.

그 단어들은 그 다음에 스페인어를 통해서 유럽의 언어들에 전해졌다. cacahuète로 쓰고 항상 cacaouète로 발음하는 프랑스어 단어의 기묘한 정서법도 스페인어 cacahuete에서 차용되었다는 사실로 설명된다[프랑스어 표기 cacahuète는 정상적인 프랑스어 발음 규칙에 따르면 [kakaɥɛt]로 발음되어야 하지만, 실제로는 [kakawɛt]로 발음되는 것을 지적하고 있음]. 나우아틀어는 현재 멕시코에서 백만 명 이상에 의해 사용되고 있다.[354]

케추아어는 잉카 제국의 언어였고 오늘날에도 여전히 라틴 아메리카에서 가장 많이 사용되는 언어로 남아 있다. 1968년부터 그 언어를 공식어로 지정한 볼리비아를 비롯하여 페루와 에콰도르에 약 400만 명의 화자가 있다[현재는 페루와 에콰도르에서도 (준)공식어로 지정되어 있으며, 케추아어 화자는 800만에서 1000만 명 사이로 추정된다]. cóndor('콘도르'), pampa('팜파, 초원'), alpaca('알파카'), vicuña('야생 라마'), papa('감자'), guano('(동물의) 똥') 등의 단어들은 케추아어에 기원을 두고 있으며, 같은 기원의 choclo('옥수수의 연한 이삭')는 히스패닉 아메리카 전역에 퍼져있지만 스페인에서는 생소한 말이다.[356]

대서양 양쪽의 스페인어 단어들

이 단어들은 멕시코에서 채집된 것들이지만, 그 가운데 일부는 라틴 아메리카의 다른 나라들에서도 나타난다.[355]

멕시코에서 사용	스페인에서 사용	
guajolote	pavo	'칠면조'
tecolote	búho	'부엉이'
elote	mazorca	'옥수수 이삭'
molcajete	mortero	'박격포'
escuincle	niño	'아이'
cuate	amigo	'친구'
saco	chaqueta	'상의'
chamarra	cazadora	'점퍼'
playera	camiseta	'티셔츠'
papa	patata	'감자'
durazno	melocotón	'복숭아'
chícharo	guisante	'완두콩'
carne de res	carne de vaca	'쇠고기'
frijol	judía	'강낭콩'
toronja	pomelo	'자몽'
chabacano	albaricoque	'살구'
rebueno	muy bueno	'매우 좋은'
refeo	muy feo	'매우 추한'

접미사 -ito에 중요성이 부여된 점도 주목된다.

tantito '아주 조금'

ahorita mismito voy '즉시 갑니다'.

유럽 언어들에서 차용한 단어들

유럽 언어들로부터 차용된 단어들 가운데 게르만어들에서 유래한 것은 많지 않지만 일상적 어휘에 그 언어들의 흔적이 있다. 예를 들어, bigote('콧수염')이라는 단어는 가톨릭 왕들 시대에 콧수염을 기른 스위스 용병들이 그라나다 전쟁을 할 때 내뱉던 'Bî gott!'(스위스 독일어로 '맹세코!'에 해당하는 말)라는 말의 변형이다. 한편 escaparate('진열창')라는 단어는 플랑드르어 schaparade('옷장')에서 유래하였는데, 스페인에서 vidriera라는 단어를 대체하였다(아메리카에서는 vidriera가 그 의미로 계속하여 사용됨).[357] 스페인에서는 vidriera가 '채색 유리'의 의미로 한정되어 사용된다.

로망스어 차용어들은 16세기 중엽부터 매우 많아졌다. 그 시기에 다음과 같은 이탈리아어 단어들이 흘러들었다.

escopeta	'엽총, 산탄총'
diseño	'데생'
modelo	'모델'
balcón	'발코니'
novela	'소설'
manejar	'조작하다'
bisoño	'신병'. 이탈리아어 단어 bisogno는 '필요'의 의미를 가지고 있었는데 16세기에 복장 상태가 불량하고 이탈리아에 막 도착한 스페인 병사들에 대해 사용되었다.

프랑스어도 이 시기에 상당한 수의 단어를 제공하였다. 그중에서 몇몇 예를 들면 다음과 같다.

servieta(오늘날은 servilleta임): serviette('넵킨')에서 유래함
sumiller: sommelier('소믈리에')에서 유래함
batallón: bataillon('대대')에서 유래함
bayoneta: bayonnette('총검')에서 유래함
xefe(나중에 jefe로 표기됨): chef('우두머리')에서 유래함

17세기에 유행하던 포르투갈어는 mermelada('마말레이드, 설탕에 졸인 과일') 또

는 echar de menos('그리워하다')를 남겼다.

18세기에는 detalle('세부내역', cf. 프, détail), modista('복식 디자이너', cf. 프, modiste), rango('등급', cf. 프, rang), coqueta('교태를 부리는', cf. 프, coquette), pantalón('바지', cf. 프, patalon), hotel('호텔', cf. 프, hôtel), chalet('별장', cf. 프, chalet), croqueta('크로켓', cf. 프, croquette), merengue('메렝게', cf. 프, meringue), avalancha('눈사태', cf. 프, avalanche), burocracia('관료(제)', cf. 프, bureaucratie), hacerse ilusiones('환상을 품다', cf. 프, se faire des illusions') 등과 같은 프랑스어 어휘의 유입이 증가하였다.

프랑스어 차용어에서는 정서법과 발음이 간혹 변덕스러운 방향으로 갔다. bijouterie('보석(가게)')는 bisutería가 되었고, pigeon('비둘기')은 pichón으로, béchamel('베샤멜 소스')은 besamel로 표기되었고, cliché('상투적 (표현)'), garaje('차고') 그리고 chófer('운전수')는 (tch와 호타가 사용되면서) 스페인어 방식으로 발음되었다는 점을 주목해야 할 것이다.

프랑스어에서 변화없이 그대로 스페인어로 옮겨간 수많은 단어들 중에서 몇몇 예를 들면 다음과 같다: toilette('화장실'), trousseau('(열쇠 따위의) 꾸러미'), soirée('야회'), buffet('부페'), bibelot('자질구레한 실내 장식품'), beige('베이지색'), remarcable('주목할 만한', 프, remarquable, 스페인어에는 notable이 있음) 등과 함께 프랑스어 'coup d'œil'('일별, 힐끗 보기')의 직역어인 'golpe de ojo'(스페인어에는 mirada가 있음)가 있다.

가장 늦게 왔지만 영향력이 큰 영어

마지막으로, 영어는 16세기와 17세기 동안에 완전히 잊혀졌는데 18세기에는 먼저 문학에서 흔히 프랑스어를 매개로 하여 스페인어에 침투하기 시작하였다. 그렇게 유입된 단어로는 vagón('차량, 화차'), tranvía('전차'), túnel('지하도, 굴'), lider('리더'), mitin('모임, 회의'), turista('관광객') 등이 있다. 그 뒤로 오늘날까지 그러한 침투가 증가하고 있는데, 그런 단어들로는 jersey('스웨터'), esnobismo('속물 근성'), party('파티'),

marqueting('마케팅'), gangster('갱'), esmoquin('턱시도'), supermercado('슈퍼마켓') 등의 예를 들 수 있다.[358]

20세기 중반부터는 미국발 영어가 유럽의 모든 다른 언어들과 마찬가지로 스페인어에도 대량으로 도입되었다. 많은 예들이 있지만 그 가운데 몇 개만 보면 다음과 같다.

aire acondicionado '에어컨'
cao 'K.O.'
flash '강한 쾌락의 느낌' 또는 '깜짝 효과'
grupi '열광적인 팬'
jipi '히피'
jol '홀, 넓은 방'
mousse 또는 ratón '(컴퓨터의) 마우스'
software '소프트웨어'

이 단어들의 정서법은 확정된 것이 아니다. K.O.와 cao가 모두 사용되며 hall은 jol과 경쟁하고 있다.

젊은이들이 어휘를 뒤흔들다

더 최근에는 더 혼합된 기원들을 가진 어휘로 인해 큰 변화가 있었는데, 변화는 젊은이들에게서 시작되었다.[359] 이것은 1970년대 말 무렵에 크게 전파된 표현 방식으로서 '첼리'(cheli), '파소타 말'(pasota), '롤로 언어'(lenguaje del rollo) 등으로 불린다. '활동 언어'(lenguaje de la movida) 혹은 '멋있는 말'(enrollado)이라고 부르기도 한다.

첼리는 마드리드의 범죄자 집단들에서 시작된 것으로 마약 은어와 칼로어(스페인 집시 언어)를 본받은 것이다. 칼로어는 영어에서 온 단어들을 카스틸라어화하지만 옛 카스틸라어의 잊혀진 말뜻들을 소생시키기도 한다. 반대로 젊은 파소타들(pasotas, '현실 문제에 무관심한 사람들')은 비교적 세련된 어휘를 사용하지만 종종 본래의 의미에서 벗어난 단어들을 쓰며, 언제나 부모들의 전통적 문화에 반대하면서 자신을 자리매김하려는 의지, 그리고 자신이 같은 또래 그룹에 속하는 것을 입증

파소타 소사전

이른바 '유행을 좇는' 어휘와 비교적 일치하는 파소타 어휘는 젊은이들 사이에서 공감 언어로 작동하며 일반 사전들에는 실려 있지 않다. 다음의 몇몇 표현들이 carrozas('무능한 사람들')가 완전히 '따돌려지지' 않도록 도움을 줄 수 있을 것이다.[360]

al loro!	조심해!
estar al loro	사정에 정통하다
basca	특히 마드리드의 (젊은이들) 무리. 이 단어는 일반 언어에서는 '구토'를 뜻한다.
bocata	샌드위치. cubata, drogata 그리고 negrata에서처럼 활용어미가 -ata(-ada가 아님)임을 주목할 것.
bofia	경찰
dar el cante	어울리지 않다, (예의 등에) 어긋나다
chachi!	아주 좋아! 멋지다!
chungo	나쁜
comerse el coco	애쓰다, 생각하다
cubata	'자유 쿠바'(럼주와 콜라로 만든 칵테일)
currante	노동자(이미 1950년대에 유행함)
drogata	(마약) 중독자
fardar	자기 자랑을 하다
guapo	좋은, 흥미로운
guiri	외국인, 관광객
kilo	백만 페세타[스페인의 옛 화폐단위]
madero	경찰관
molar	다른 사람들의 질투를 유발하다, 허세 부리다
como mola!	정말 좋다, 정말 멋지다!
montárselo	자신의 활동을 계획하다
negrata	검은색
pelas (여성복수)	페세타
pelas (남성단수)	택시
rioja libre	와인과 콜라로 만든 칵테일
sábana	1000페세타 지폐(이미 좀 구식 표현)
sábana verde	1000페세타 지폐(이미 좀 구식 표현)
verde	1000페세타 지폐(이미 좀 구식 표현)
saco	1000페세타
talego	1000페세타(처음에는 1000페세타로 살 수 있던 대마초 분량)
ir al talego	감옥에 가다
taco	년(오로지 나이를 나타낼 때)
tío!	친구!
titi!	친구!
titi	여자, 정부
tronco!	친구!

하려는 욕구를 가지고 있었다. 그로 인해 입문자들만이 알아보는 다소 비밀스런 언어가 생긴 것이다. 이 파소타 어휘는 바르셀로나와 세비야 등지에서 태어났지만 마드리드를 거침으로써 사회 현상으로 인정받게 되었다. 롤로(rollo, 아마도 'rock and roll'로부터 만들어진 단어) 언어에 대해 말하자면, 그것은 세비야에서 1969년에 로커들 그룹 안에서 태어났고, 그 다음에 라디오와 텔레비전에서 'Mundo Pop'('팝 음악의 세계')과 같은 프로그램들로 널리 전파되었다.

단어가 의미를 바꾸다

그 새로운 말하는 방식을 특징짓는 것은 단어들의 의미의 이동성으로서, 그것이 첫눈에는 무질서해 보이지만 거기에서 일반적 경향들을 엿볼 수도 있다. 이 어휘의 대부분이 처음에는 마약에 한정되었는데, 지금은 아무것도 배제하지 않고 적용된다. 예를 들면 colocarse 또는 estar colocado는 본래 '날다', 즉 '마약의 쾌락 효과 속에 있다'는 뜻이었는데 오늘날은 음주나 모든 행복한 기분을 지칭할 수 있다. alucinar('환각을 일으키다')와 alucinante('황홀한, 환상적인')도 마찬가지로서, 이 말들은 일상적으로 흔히 말해지는 과장된 표현들이며 더 이상 환각 현상과 아무런 관련이 없다. '대단히 훌륭하다'는 의미로 es de alucine가 일상적으로 사용된다.

flip('홱 젖히다')이라는 영어 단어를 차용하면서 매우 특별한 의미를 부여하여, 처음에는 마약의 흥분 효과를 묘사하기 위해 flipado나 flipante라는 말을 사용하였는데, 그 다음에 모든 자극적인 사건에 대해 그 말들을 사용하였다. 프랑스어 상응 표현들인 flippé와 flippant도 역시 영어에서 차용되었지만 그것들은 결코 '열광시키는'이라는 의미로 사용되지 않고 '불안해 하는' 그리고 '몹시 걱정스러운'이라는 의미로만 사용된다는 것은 주목할 점이다.

muermo와 같은 단어는 일상어에서 어떤 동물의 전염병을 가리켰는데, '마약 복용의 결과로 나타나는 의기소침한 상태', 그 다음에 단순히 '의기소침한 상태'라는 뜻을 연속적으로 가지게 되었다.

마약 중독자의 암호화된 어휘

마리화나	perejil 또는 rama 또는 hierba	코카인	burro 또는 perica
해시시	chocolate 또는 costo 또는 mierda	1회 복용량, 코로 흡입하는 용	ray
중독성 마약, 헤로인	caballo 또는 jaco 또는 jamelgo	헤로인 주사	pico

마약 밀매꾼, 딜러 camello[361]

그러나 파소타의 모든 말들이 마약 세계에 기원을 두고 있지는 않다. 파소타라는 말의 기원인 pasar 동사는 '무관심하다'는 의미를 가지고 있다. movida라는 말이 많이 언급되는데, 그것의 본래 의미는 mover('움직이다') 동사와 연관되어 있고, 그 의미가 없어지지 않았다. 그 말은 오늘날 좁은 의미로 '마드리드의 유행 좇는 젊은이들이 특히 말라사냐 지구에서 서로 만나는 장소나 행사'를 가리키며, 그 말의 넓은 의미는 '시대 분위기, 시류(時流)' 정도일 것이다. 마지막으로, 파소타가 프랑스어 jeunes branchés('유행 좇는 젊은이들')의 상응어라면 carrozas는 비유적으로 '무능한 사람' 또는 단순히 '연장자'를 가리킬 수 있으며, 이것이 꼭 '노인'을 뜻하지는 않는다(예를 들어, 남동생보다 연장자인 30세일 수도 있다).

이 새로운 언어에 대해 더 폭넓게 살펴보려면 240쪽 상자 글 '파소타 소사전'를 참조하기 바란다.

세계 속의 스페인어

이베리아 반도의 스페인, 발레아레스 제도, 카나리아 제도 그리고 모로코의 두 도시 멜리야와 세우타에 4000만 명의 화자가 있고, 그 지역 밖에서도 스페인어가 2억 6000만 명에 의해 사용되고 있으며, 그 가운데 4분의 3은 아메리카 대륙에 있다[2016년 통계로는 스페인어가 공식어인 국가는 21개국이며, 그 국가들의 스페인어 화자 수는 440,500,667명이다].

스페인 밖에서는 스페인어가 21개 나라의 공식어이다[362] [벨리즈에 비록 많은 스페인어 화자들이 있지만 그 나라의 유일한 공식어는 영어이며, 스페인어는 공식어가 아니다].

아르헨티나	벨리즈	볼리비아	칠레	
콜롬비아	코스타리카	쿠바	에콰도르	
과테말라	적도 기니	온두라스	멕시코	
니카라과	파나마	파라과이	페루	
푸에르토리코	도미니카 공화국	산살바도르	우루과이	베네수엘라

스페인에서 태어난 다른 언어들 중 하나인 유대 스페인어는 유럽의 몇몇 국가, 이스라엘 그리고 뉴욕에서 아직도 사용되고 있다.

포르투갈어를 중심으로

'육지가 끝나고 바다가 시작되는 곳'

카몽이스가 '육지가 끝나고 바다가 시작되는 곳'이라고 말한 그 유럽 남서부의 끝자락에서 옛 로마 속주 루시타니아가 건립된 지 오랜 시간이 지난 후에 포르투갈어가 태어났다. 로마 시대의 루시타니아 지도를 보면 루시타니아의 경계선이 현재 포르투갈의 경계선과 일치되지 않음을 알 수 있다. 루시타니아는 도루강(DURIUS) 북쪽의 지역은 포함하지 않았고 동쪽으로 더 넓게 펼쳐져 있었다. 살라망카(옛 이름은 SALAMANTICA)와 옛 주도로서 EMERITA AUGUSTA로 불렸던 메리다 등의 도시들이 루시타니아에 포함되었던 것도 볼 수 있는데, 오늘날 그 도시들은 모두 스페인 영토이다. 또한 OLISIPPO(오늘날의 리스본) 항구는 당시에 루시타니아 제2의 도시에 불과하였다.[363]

포르투갈이라는 단어 자체는 로마 제국의 붕괴 이전에는 나타나지 않았다. 서기 8세기 이후에야 옛 형태인 Portucale가 자료에서 확인되는데, 그 말은 본래 도루강의 하구에 있는 두 마

로마 시대의 루시타니아

Anas 아나스강(오늘날의 과디아나강) BAETICA 바이티카 속주 Baetis 바이티스강 Durius 도루강 EMERITA AUGUSTA 에메리타 아우구스타 LUSITANIA 루시타니아 속주 Mondego 몬데고강 OLISIPPO 올리시포 SALAMANTICA 살라망카 Tagus 타호강 TARRACONENSIS 타라코넨시스 속주

을, 즉 오늘날 포르투(Porto)인 PORTU와 오늘날 빌라노바드가이아(Vila Nova de Gaia)인 CALE를 가리켰다.[364]

로마 속주였던 루시타니아와 포르투갈 왕국의 탄생 사이에는 7세기의 시간이 흘렀다. 그 기간 동안에 5세기부터 시작된 게르만족의 침략들과 8세기부터 시작된 아랍인의 지배가 이어졌다. 포르투갈어는 그러한 사건들의 이런저런 흔적들을 간직하고 있다.

포르투갈의 언어 상황

인구: 10,700,000명. [2021년 통계로는 10,167,923명]

공식어
– **포르투갈어**: 로망스어로서 포르투갈국과 아소르스 제도 및 마데이라 제도의 공식어.

그 밖의 언어들
– **레온어**: 로망스어(미란다 두 도루, 리우도노르, 구아드라밀 그리고 센징).[365]
– **칼로어**: 인도-이란어, 집시어의 변이체로서 사용 지역을 특정할 수 없음.

많지 않은 게르만어 흔적

이베리아 반도의 나머지 지역과 동시에 로마인들에 의해 점령되었던 장차 포르투갈이 될 땅은 주로 두 그룹의 게르만족에 의한 침략도 경험하였다. 수에비족은 서기 411년부터 갈리시아에 정착하였다. 그곳에서 그들은 브라카라(오늘날의 브라가)를 수도로 삼고 포르토칼레(오늘날의 포르투)를 최고의 요새로 가진 평화로운 국가를 건설하였다. 그들 다음에는 서고트족이 585년에 침입하여 711년 아랍인들이 도래할 때까지 그곳을 지배하였다. 그러므로 게르만어들과의 접촉은 3세기 동안 지속되었지만 포르투갈어에는 게르만어에서 유래한 어휘의 흔적이 일상적으로 사용되는 말에 남아 있기는 해도 그 수가 많지는 않다. 다음 예들은 그러한 점을 보여주고 있다: luva('장갑'), estaca('말뚝'), ganso('거위'), gana('욕구'), fato('남자 옷'), 그리고 본래는 '약탈하다'를 뜻하던 게르만어 동사에서 유래한 roubar('훔치다').

아랍어의 어휘적 비중

아랍어의 기여는 훨씬 더 많았다. 2년(711–713) 만에 옛 루시타니아와 옛 갈라에키아는 아랍인들에게 정복되었다. 그러나 코임브라가 1064년부터 탈환되었듯이 북부에서는 국토회복운동이 일찍 시작되었기 때문에 아랍인들의 지배가 정말로 큰 영향을 준 곳은 남부뿐이었다. 그 지역에서는 이베리아 반도의 나머지 지역과 마찬가지로 피정복자들이 더 오랫동안 아랍인들에 의해 지배를 받았다. 알라가르브의 남부에 있는 파루의 함락 후 1249년에 아랍의 지배가 종료되었다. 이것은 그라나다의 함락보다 2세기 이상 앞서 일어난 일이다. 포르투갈어는 오늘날에도 여전히 그 5세기 이상의 점령기(711–1249) 중에, 특히 12세기와 13세기 사이에 유입된 많은 아랍어 단어들에 대해 증언하고 있다.[366]

포르투갈어에서 조사된 수많은 아랍어 어형들 가운데 대다수는 오늘날에도 매우 활발하게 사용되고 있다.[367] 다음 목록에서는 예시로 몇몇 아랍어식 표현들만을 보여주고 있지만, 아랍어 관사 al이 단어에 교착된 것을 표시하는 al–이나 a–로 시작하는 단어가 매우 많다는 것을 볼 수 있을 것이다. 이러한 교착은 포르투갈어와 스페

아랍어 기원의 포르투갈어 단어들

스페인어에서처럼 아랍어 기원의 포르투갈어 단어 대부분은 관사가 통합된 것들이다. 차용어들이 주로 명사라는 것을 알 수 있을 것이다.

acepipes	'오르되브르, 전식'	anil	'인디고, 쪽빛'
açougue	'정육점'	arrabalde	'변두리'
açúcar	'설탕'	arroz	'쌀'
açucena	'백합'	atalaia	'보초'
alcofa	'바구니'	azeite	'올리브유'
aldeia	'마을'	azeitona	'올리브'
alface	'상추'	azêmola	'짐 나르는 동물'
alfaias	'농기구'	azenha	'물레방아'
alfaiate	'재단사'	azulejo	'도기 타일'
alfarrábio	'고서, 헌책'	baldio	'불모의'
alfarrabista	'고서적 장수'	javali	'멧돼지'
alfinete	'핀'	mesquinho	'가난한'
algodão	'목화, 면'	oxalá	'신의 뜻대로'
almofada	'쿠션, 방석'	refém	'인질'

인어가 공통적으로 즐겨하던 방식이었다(207쪽 '스페인어를 중심으로' 챕터. 상자 글 '아랍어식 단어 넷 중 하나' 참조).

위엄있는 문학어

그러는 동안에 이베리아 반도의 북서부에서 사용되던 라틴어가 레온이나 카스틸라의 이웃들이 사용하던 언어나 남부의 모자랍인들의 언어와 구별되는 모습을 띠게 되었다. 그렇게 갈리시아-포르투갈어라는 — 식자어 표현으로는 gallaïco-portugais 라고 부르는 — 문학어가 탄생하였는데, 그 이름은 16세기까지 갈리시아어와 포르투갈어가 동일한 언어였다는 것을 상기시킨다. 그 공통어로부터 나중에 포르투갈어가 분기되었다.

그 옛날 문학어는 문어의 형태로서는 이베리아 반도 전역에서 좋아하는 시 언어가 될 정도로 세련됨을 갖추고 있었다. 카스틸라의 왕이던 현왕 알폰소 10세는 때때로 시를 썼던 사람으로서, 가장 높이 평가되는 시의 선구자들 중 한 명이었다. 그 문필가 왕은 한편으로는 산문을 위해서 카스틸라어를 확고하게 장려하였지만 자신의 시는 갈리시아-포르투갈어로 쓰는 것을 선호했다. 1279년부터 1325년까지 포르투갈의 왕이었던 그의 아들 동 디니스도 시인 왕이었는데, 그는 더 나아가 매우 중요한 결정을 내렸다. 그때까지 라틴어로 작성되었던 모든 법률 문서를 포르투갈어로 작성하게 하는 결정이었다. 동 디니스 왕의 두 아들은 아마도 라틴어에 가까운 문학어이자 프랑스 언어들의 흔적이 점점 더 많이 나타났던 갈리시아-포르투갈어에 대한 마지막 예찬자들이었다.

프로방스어, 프랑스어 및 라틴어의 기여

산티아고 순례가 계속되면서 실제로 13세기부터 프랑스에서 온 여러 수도회들이 이베리아 반도에 정착하였다. 클루니 수도회, 시토회, 클레르보 수도원에서 포르투갈에 수도원들을 세웠고 그것들은 수도자들이 원본 저서들을 필사하고, 장식하고, 번역하거나 생산하는 문화의 진원지가 되었다. 아우코바사에서는 1269년부터 문법,

포르투갈 영토 회복 지도

국토가 탈환됨에 따라 카스틸라와 레온 사람들이 장차 스페인이 될 지역에 정착한 것처럼 북부 사람들은 이베리아 반도의 서부에 대거 정착하였다.[368]

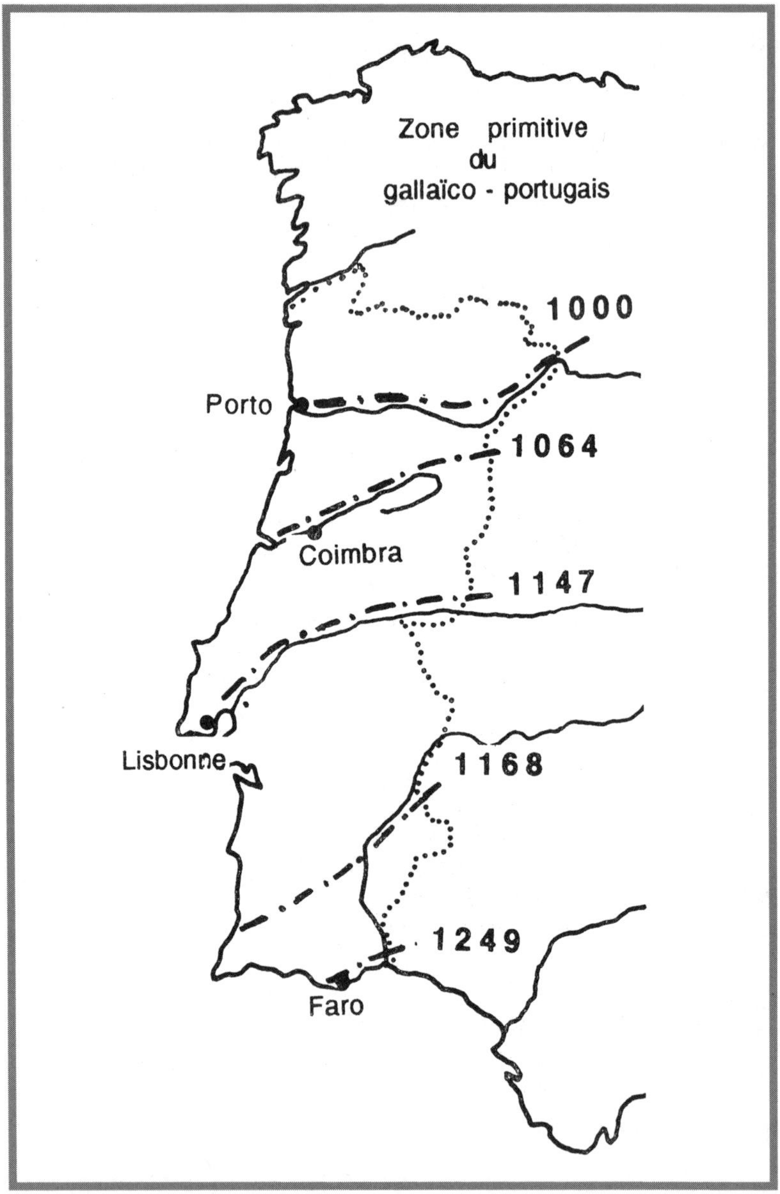

Coimbra 코임브라 Faro 파루 Lisbonne 리스본 Porto 포르투 Zone primitive du gallaïco–portugais 초기 갈리시아–포르투갈어 지역

논리학 그리고 신학의 공개 강의가 시행되기까지 하였다.

그 책들의 언어는 주로 라틴 어법을 사용하였지만 프로방스어와 프랑스어에서 차용된 어형들도 많이 존재한다는 것을 확인할 수 있다. 이 시기에 trovar('시를 짓다'), trovador('음유 시인'), alegre('기쁜'), lebréu('그레이 하운드(사냥개)'), freire('수도자') 등과 같은 프로방스어에서 온 단어들이 수용되었으며, dama(프, dame '부인'), chapel 나중에는 chapéu(프, chapeau '모자'), vianda(프, viande '요리, 음식') 등의 단어들 및 접미사 －age(linhage '혈통', message '전하는 말', selvage '미개인' 등 오늘날에는 －agem으로 끝나는 단어들) 등은 프랑스어에서 차용되었다.[369]

갈리시아–포르투갈어가 당시에 라틴어에서 직접 차용한 식자어 또는 준(準)식자어인 단어들은 훨씬 더 많다. 다음은 그러한 단어들 중 현대 포르투갈어에 남아 있는 몇몇 예들이다: escola('학교'), pensar('생각하다', 통속어 변이형은 pesar), ciência('과학'), físico('의사').

라틴어에서 포르투갈어로: -l-과 －n-의 탈락

발음의 차원에서는 오늘날에도 포르투갈어의 독특한 특징이 되는 음성적 변화들이 9세기와 10세기에 일어났다. 즉, 라틴어 자음들인 －l–과 －n–이 두 모음 사이에 위치했을 때 탈락하였다. COLOR('색깔')나 CORONA('(왕)관') 등에 있는 라틴어의 l과 n이 다른 로망스어들에서는 나타나는 반면에 포르투갈어에서는 '색깔'을 l 없이 cor라고 하고, '(왕)관'을 n 없이 coroa라고 한다.

여기 몇몇 예들이 한편으로 라틴어와, 다른 한편으로 카스틸라어와 비교되어 있으므로 그 현상이 뚜렷한 규칙성을 보인다는 것과 또한 현대 포르투갈어의 일부 단어들에서 그 현상이 지속되고 있다는 것을 확인할 수 있을 것이다.

라틴어	현대 포르투갈어	카스틸라어	프랑스어
DIABOLU(M)	diabo	diablo	diable '악마'
DOLOR(EM)	dor	dolor	douleur '고통'
LUNA	lua	luna	lune '달'

PALOMA	pomba	paloma	palombe '염주비둘기'
TENERE	ter	tener	tenir '잡다'
VOLARE	voar	volar	voler '날다'

이 예시 목록은 여러 페이지로 늘어날 수 있으며, 그렇게 하여 라틴어나 다른 로망스어를 조금 아는 사람들을 위한 포르투갈어의 체계적 교육에 기초 자료로 사용할 수 있을 것이다. 아마도 교육적 효과가 있겠지만 그것이 한계가 있다는 것도 금세 알게 될 것이다. 왜냐하면 오늘날 포르투갈어는 분명히 -l이나 -n-이 없는 언어가 아니기 때문이다.

라틴어에서 온 다른 -l-과 -n-

실제로 현대 포르투갈어에는 많은 -l-과 -n-이 있으며, 그러한 것들의 존재는 지금 막 설명한 것에 비추어보면 엉뚱하게 보일 수도 있을 것이다. 그러나 라틴어 발음으로 거슬러 올라가면 이 외형적 모순이 더 이상 모순이 아니게 된다. 이탈리아어에서 간직하고 있는 라틴어 발음의 특징 중 하나는 VALE('구원, 안녕')나 PALA('부삽')에서 나타나는 단순 자음들 외에 VALLE(M)('계곡')이나 PALLA('외투')에서 나타나는 이른바 '중자음' 내지 이중 자음들이 있다는 것이다. 그래서 라틴어의 단순 자음인 -l-과 -n-만이 포르투갈어에서 삭제되었고 라틴어의 중자음인 -ll-과 -nn-은 그대로가 아니라 단순 자음인 -l과 -n-의 형태로 보존되었던 것이다.[370]

라틴어 단순 자음	→	**포르투갈어에 자음 없음**
-L-	→	—
예: VOLARE	→	voar '날다'
-N-	→	—
예: LUNA	→	lua '달'
라틴어 이중 자음	→	**포르투갈어에 단순 자음**
-LL-	→	-L-
예: PELLE(M)	→	pele '피부'
-NN-	→	-N-
예: PENNA	→	pena '깃털, 펜'

이 일반 원리는 다음 예들에서 확인된다. 이 예들로 -l-과 -n-은 라틴어 -LL-과 -NN-이 포르투갈어에서 변화 과정을 겪은 결과라는 것을 분명하게 알 수 있다.

라틴어	포르투갈어
BULLA	bola '공'
MOLLE(M)	mole '무른'
PELLE(M)	pele '피부'
SIGILLU(M)	selo '인장, 우표'
STELLA	estrela '별'
ANNU(M)	ano '년, 해'
CANNA	cana '(대나무 등의) 줄기'
PENNA	pena '깃털, 펜'

다른 곳에서 유래한 -l-과 -n-

그러한 -l-과 -n-의 오래된 원천 외에도 차용이라는 또 다른 원천이 있다. 기본적으로 포르투갈어는 모든 로망스어들과 같은 운명을 겪었다. 끊임없이 라틴어의 도움을 받았기 때문에 그 결과로 한편으로는 대대로 내려오는 유산의 변화한 어형들이 있고 다른 한편으로는 본래의 자음이 들어 있는 식자어 또는 준식자어 어형을 수천 개 얻었다. 예를 들면, 라틴어 CALENTE(M)에서 생긴 통속어 형태로서 -l-이 탈락한 quente('더운, 뜨거운')가 있지만, 그 옆에는 라틴어 CALORE(M)에서 유래한 식자어 형태인 calor('열, 더위')에 -l-이 보존되고 있다. pleno('가득 찬, 완전한')에 대해서도 똑같은 설명을 할 수 있다. plenos poderes('전권')와 같은 예에서 보듯이 pleno는 식자어 형태이며, 그것과 나란히 통속어 형태 cheio('가득 찬')가 있다. 식자어 형태인 palácio('왕궁')도 통속어 형태 paço와 나란히 존재한다.

마지막으로, 나중에 외국어들에서 차용된 모든 단어도 본래의 -l-과 -n-을 유지하였다는 점을 지적하고자 한다. 매우 일찍이 아랍어에서 차용한 azulejo('자기 타일'), 13세기에 카스틸라어에서 차용한 pelota('공', 오늘날은 bola임), 14세기에 프랑스어 salle에서 차용한 sala('방, 실'), 또는 20세기에 영어에서 차용한 televisão('텔레비전'), 이탈리아어에서 차용한 salame('살라미 소시지') 등에서 그 점을 확인할 수 있다.[371]

지나간 시대의 자취들

-l-이나 -n-의 소멸을 확인시켜주는 voo('날기', 프, vol)나 lua('달', 프, lune)와 같은 단어들은 단지 오래전의 변화 과정을 증언하는, 그 변화 과정의 많지 않은 잔존어라는 것을 이제는 이해할 수 있을 것이다. 그 단어들은 오늘날 -l-과 -n-이 실제로 나타나는 많은 단어들 가운데 묻혀져 있다.

그렇지만 알려진 어떤 어형과도 비슷하지 않은 포르투갈어 단어를 만나게 될 때 그 단어에 빠져 있을 -l-이나 -n-을 찾아보는 것이 유용한 경우가 종종 있다. 그 -l-이나 -n-은 식자어 파생어, 예를 들어, lua('달')와 연관된 lunar('달의'), dor('고통')과 연관된 doloroso('아픈'), voo('날기')와 연관된 volante('나르는') 등에서 나타난다(아래 상자 글 '-L-이나 -N-을 찾으시오' 참조)

휴식 시간

-L-이나 -N-을 찾으시오

다음은 포르투갈어 단어들의 목록이다. 그 단어들에 대하여 각 단어에서 올바른 위치에 -l-이나 -n-을 동반 모음과 함께 삽입할 때 본래의 형태(와 흔히 의미)를 되찾을 수 있다. 빠져 있는 자음을 찾으시오.

coador	miúdo	sair
cardeal	paço	soar
doar	pau	vir
dor	povoação	voo
geral	rã	

정답과 해설

〈-l-이 빠진 경우〉

coador('여과기'), 라틴어 COLARE('거르다')에서 유래 cf. 스페인어 colador

dor('고통'), 라틴어 DOLOR('고통')에서 유래 cf. 스페인어 dolor, 이탈리아어 dolore

paço('궁전'), 라틴어 PALATIUM('궁전')에서 유래	그러나 포르투갈어에 palácio(일상어)가 있음
povoação('마을'), 라틴어 POPULATIONEM ('인구')에서 유래	cf. 스페인어 palo
sair('나가다'), 라틴어 SALIRE('나오다')에서 유래	cf. 스페인어 salir
voo('날기'), voar(<VOLARE, '날다')에서 유래	cf. 이탈리아어 volo, 프랑스어 vol
〈-*n*-이 빠진 경우〉	
cardeal('추기경') 라틴어 CARDINALEM('추기경')에서 유래	그러나 포르투갈어에 cardinal(형용사)이 있음
doar('기부하다') 라틴어 DONARE('선사하다')에서 유래	cf. 이탈리아어 donare
geral('일반적') 라틴어 GENERALIS('일반적')에서 유래	그러나 포르투갈어에 general(명사)이 있음
miúdo('작은, 가는') 라틴어 MINUTUM('작은 것')에서 유래	cf. 스페인어 menudo
rã('개구리') 라틴어 RANA('개구리')에서 유래	cf. 이탈리아어, 스페인어 rana
soar('소리 나다, 울리다') 라틴어 SONARE('소리나다')에서 유래	그러나 포르투갈어에 altissonante('과장하는, 고상한 (스타일)')가 있음
vir('오다') 라틴어 VENIRE('오다')에서 유래	cf. 이탈리아어 venire, 스페인어 venir

포르투갈의 탄생

갈리시아-포르투갈어로 쓰여진 최초의 기록물들이 나타나는 시기인 13세기 초에 포르투갈어는 아직 갈리시아어에서 분리되지 않았지만 독립된 포르투갈 왕국은 1세기 전부터 존재하고 있었다. 그 왕국은 국토회복운동을 계기로 프랑스에서 온 군주들의 주도하에 세워졌다. 1085년 톨레도의 탈환 이후에 카스틸라의 왕 알폰소 6세는 실제로 자신의 두 딸을 부르고뉴 귀족의 두 형제에게 시집 보냈다. 레이몽 드 부르고뉴에게는 북부의 영지(현재의 갈리시아)를 양도하였고, 앙리 드 부르고뉴에게는 미뉴강 너머에 있는 남부의 영지를 양도하였는데, 미뉴강은 아직도 스페인과 포르투갈 사이의 실제 국경이다. 1139년에 앙리의 아들 아폰수 엔히케스는 아랍인들을 물리치며 영토의 대부분 지역을 재탈환하고 자신의 사촌인 카스틸라와 레온의 왕 알폰소 7세로부터 독립한 다음에 포르투갈의 초대 왕이 되었다.[372]

왕들의 최초 거주지는 북부에 있는 기마랑이스였지만 그 뒤에 코임브라로 옮겨졌고, 또다시 리스본 근처에 있는 신트라로 옮겨졌는데, 그곳은 모자랍 지역 한복판이었다. 이러한 상황은 장차 포르투갈어가 될, 잉태 중인 언어에 영향을 주었다.

포르투갈[373]

방위 지도

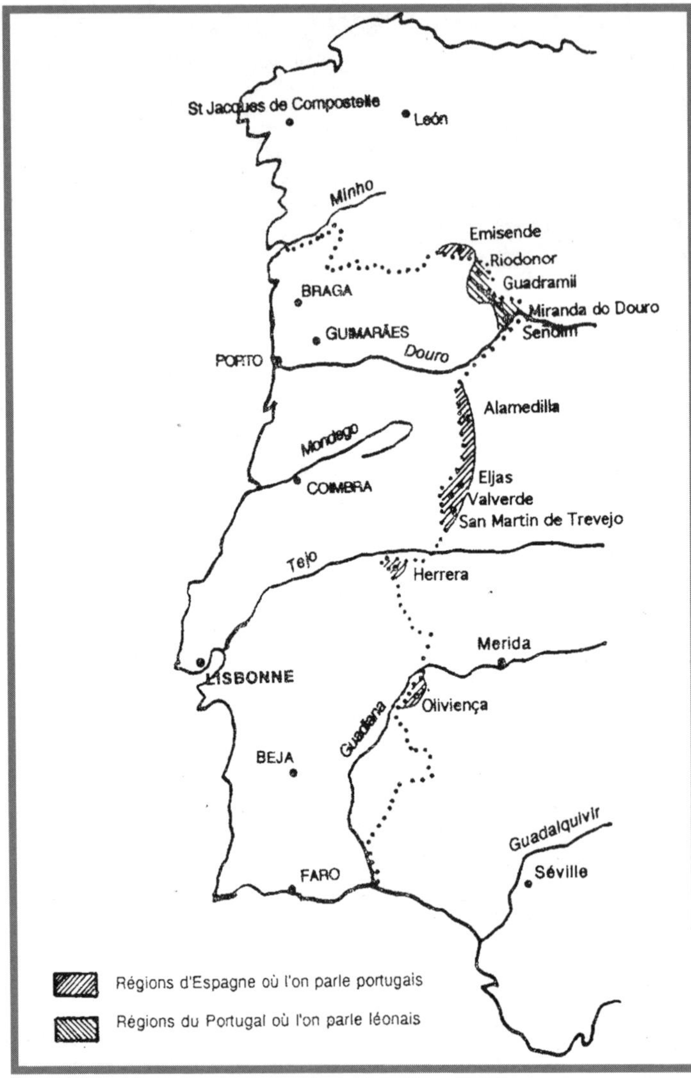

Alamedilla 알메이다 Braga 브라가 Beja 베자 Coimbra 코임브라 Douro 도루강 Eljas 엘하스 Emisende 에미센데 Faro 파루 Guadalquivir 과달키비르강 Guadiana 과디아나강 Guadramil 과드라밀 Guimarães 기마랑이스 Herrera 에레라 León 레온 Lisbonne 리스본 Merida 메리다 Minho 미뉴강 Miranda do Douro 미란다 두 도루 Mondego 몬데고강 Olivença 올리벤사 Régions d'Espagne où l'on parle portugais 포르투갈어를 사용하는 스페인 지방들 Régions du Portugal où l'on parle léonais 레온어를 사용하는 포르투갈 지방들 Riodonor 리우도노르 San Martin de Trevejo 산마르틴 데트레베호 Sendim 센징 Séville 세비야 St Jacques de Compostelle 산티아고데콤포스텔라 Tejo 타호강 Valverde 발베르데

포르투갈어의 탄생

왜냐하면 북부에서 온 언어가 먼저 재탈환된 지방들의 방언들을 흡수하고 사실상 대체했는데, 그러자 그 언어에 북부의 방언들에서 나타나지 않는 특성들이 풍부하게 되었기 때문이다. 문어 포르투갈어는 결국 초반기의 갈리시아-포르투갈어와 코임브라와 리스본 지방의 어법 사이에서 미묘한 혼합이 이루어진 결과물이었다. 그 지역에서 시작된 언어적 변화들이 14세기부터 점차적으로 포르투갈어의 표준이 되었으며, 그 언어는 15세기부터 해외에서 오는 영향들을 폭넓게 받아들이게 된다.

15세기, 대발견의 시대

왜냐하면 15세기는 무엇보다도 대발견의 세기이며 대발견은 주로 포르투갈 항해자들의 공적이었기 때문이다.[374]

이 시대를 가장 잘 상징하는 이름은 주앙 1세의 셋째 아들인 항해 왕자 엔히크(1394-1460)이다. 그 자신은 항해자가 아니면서 대항해를 부추기고, 촉진하고, 후원하였던 사람이다. 대항해는 세계의 지리를 더 잘 알게 해 주었고, 더 정확한 지도들을 만들어냄으로써 그러한 지식들을 구체화해 주었다. 그렇게 하여 포르투갈의 무역과 경제는 함께 혜택을 받았고 포르투갈의 명성은 국경 훨씬 너머까지 뻗어가게 되었다(아래의 상자 글 참조).

해양 진출

15세기 내내 위대한 항해자들의 발견이 이어진 덕분에 포르투갈의 해양 진출이 두드러졌다.

바르톨로메우 **디아스**(1450-1500) (희망봉),
페드로 알바르스 **카브랄**(1460-1526) (브라질)
바스쿠 다가마(1469-1524) (인도 항로)
페르디난드 **마젤란**(1480-1524) (태평양), 최초의 세계 일주가 그의 배들 중 하나로 수행되었지만, 그것은 스페인 왕이 후원한 것이었다.

이렇게 하여 아스르스 제도, 카나리아 제도 그리고 세우타(1485)에서 희망봉(1487)까지 이르는 아프리카의 서쪽 해안이 발견되었다(정확히 말하자면, 고대의 뱃사람들 이후에 재발견된 것이다). 그 다음에 포르투갈인들은 아프리카 동부 해안을 따라 호르무즈 해협(1515)과 인도(고아, 1510)까지 진출하여 해외 상관들을 설치하였다.

그러는 동안에 항해자 **카브랄**은 토르데시야스 조약(1494)의 조항들을 활용하기 위해 포르투갈 왕의 이름으로 브라질 해안에 근거지를 구축하였다. 본래 1493년 교황의 교서는 대서양 중간에 스페인과 포르투갈의 세력권 경계선을 예정해 두었지만 그 조약으로 인해 경계선이 여유 있게 브라질 내륙 안쪽으로 이동되었기 때문이다.

세계의 그 모든 지역에서 포르투갈어는 자취를 남기게 되는데, 주민들의 공통어가 되는 경우가 매우 많았다.

크레올어의 기원, 포르투갈어인가?

포르투갈의 식민지 개발의 결과들 중 하나는 카보베르데와 상투메 프린시페의 섬들과 기니만에 크레올어들이 탄생한 것이다.[375] 일반적으로 크레올어들은 아프리카어나 아시아어에 기원을 둔 기본 문법 구조와 유럽어(여기서는 포르투갈어)에 기원을 둔 어휘를 가진 언어들로 정의된다.

그런데 동양의 마카오 크레올어는 포르투갈어가 아프리카 언어들이 아니라 중국어와 접촉하면서 탄생하였지만 아프리카의 포르투갈어 크레올어들과 많은 유사점들을 보이고 있다. 그러한 유사점들은 그러한 크레올어들의 발생에 관한 다음 가설을 강화해 준다. 즉, 어떤 단순화된 공통 언어가 변화 과정을 겪으면서 그 크레올어들이 만들어졌다는 것이다. 그 공통 언어란 포르투갈어에서 파생한 일종의 피진[pidgin, 두 언어가 섞여서 된 보조적 언어]을 가리키며, 16세기부터 18세기까지 포르투갈, 아프리카 그리고 동양 간에 정기 무역을 하던 선박들로 그 피진이 전파되고, 또 그것이 변화 과정을 겪으면서 그 크레올어들이 생겼다는 것이다.[376]

둘로 분할된 세계

15세기 말 무렵에 어떤 정치적 사건이 아메리카에서의 포르투갈어 확산을 촉진하게 되었다. 포르투갈 항해자들이 해외에서 거둔 성공들로 아프리카와 극동에서 포르투갈의 지배력이 확대되었으나, 1492년 크리스토프 콜럼버스의 신세계로의 최초 항해는 카스틸라의 왕을 위한 것이었으므로 포르투갈인들을 불안하게 만들었다. 이에 그들은 교황 알렉산데르 6세에게 중재를 요청하였다. 교황은 당시에 신의 위임을 받은 지상의 재화에 대한 분배자로 간주되었기에 1493년에 세계를 카스틸라와 포르투갈로 분할하는 교서를 공포하였다. 교서의 내용은 남극과 북극을 이으면서 아소르스 앞바다에서 약 100레구아[약 480km] 거리에 있는 지점을 지나는 경계선을 설정하여, 그 선의 동쪽에서 땅이 발견되면 포르투갈의 소유지가 되고 그 선의 서쪽에서 땅이 발견되면 카스틸라에 귀속된다는 것이었다(259쪽 지도 '포르투갈어권 세계 지도' 참조).

마젤란, 태평양의 명명자

스페인 궁정을 위해 일하게 된 포르투갈 항해자 마젤란이 대서양 남부의 파도가 격렬한 바다에서 3개월 이상을 항해한 다음에 미래의 마젤란 해협이 되는 곳을 통해 새로운 대양에 들어간 것은 1520년이었다. 그는 대서양 쪽과 비교를 하면 그곳의 바다가 매우 고요하다고 생각해서 그곳에 태평양이라는 이름을 부여하였다. 그는 인도를 향한 여정을 계속하여 필리핀까지 나아갔으나 여행 도중에 세상을 떠났다. 그의 선박 중 하나는 최초의 세계 일주를 완료하고 스페인으로 귀환하였다.

이 정보를 확인하기 위해 대발견에 관한 포르투갈 서적을 뒤적일 때 마젤란(Magellan)을 찾지 못한다고 놀라서는 안 된다. 그의 포르투갈어 진짜 이름인 마갈랑이스(Magalhães)로 그를 찾아야 한다.

똑같은 문제가 스페인 사람들에게 제기된다. 그들은 Magallanes라고 쓰고 '마가야네스'라고 읽기 때문이다. 이탈리아인들도 마찬가지로 이름을 마젤라노(Magellano)로 변형시켰고, 반면에 영국인들과 독일인들은 마젤란(Magellan)이라는 형태를 사용함에 있어서 프랑스인들과 의견이 일치하고 있다.

왜 브라질에서 포르투갈어를 사용하는가

만약 상황이 거기서 머물렀더라면 오늘날 브라질에서 포르투갈어를 사용하지 않을 가능성이 높다. 그러나 그 다음 해에 카스틸라와 포르투갈은 교황의 교서의 적용 방식을 재협상하기 원하였고, 1494년에 수정 합의, 즉 토르데시야스 조약에 서명하였다. 이 조약에 따라 경계선이 서쪽으로 — 서경 35도에서 50도로 — 옮겨졌다.[377] 경계선이 그때부터는 넉넉하게 페드루 알바르스 카브랄이 공식적으로 곧 발견하게 될(1500년) 영토의 안쪽으로 지나게 되었다. 카브랄에 의한 브라질의 발견은 우연의 결과가 아니었고, 그 영토의 위치 정보가 이미 비교적 정확하게 그에게 알려져 있었다. 포르투갈의 왕 주앙 2세는 단지 가톨릭 두 왕[아라곤의 페르난도 2세와 카스틸라의 이사벨 1세]과 토르데시야스 조약과 관련한 밀고 당기기 때문에 비밀을 유지하는 편이 유리하였을 것이다. 그 조약에 따라 그는 극동의 일부 지역에 대한 지배권을 포기하고, 그 대신에 대서양에서 자신의 영향력을 확대한 것이다.[378]

포르투갈어가 처음에는 식민지 개척자들만의 언어였지만 나중에는 원주민들이 점차적으로 포르투갈어를 배웠다. 원주민들의 주 언어는 오랫동안 그 지역의 매개언어[상이한 언어를 사용하는 종족들 사이에서 공통어로 사용되는 언어]로 남아 있던 투피어였다. 그러나 특히 예수회에서 현지에 설립한 학교들을 통해 곧 포르투갈어에 대해 집중적인 교육이 이루어졌다. 포르투갈어를 교육하기 위한 이러한 발 빠른 노력이 아마도 브라질에서 크레올어들이 발달하는 것을 막았을 것이다. 게다가 나중에 나폴레옹의 포르투갈 침략을 피해서 왕의 가족이 모든 궁정 사람들과 함께 브라질에 정착한 것도 포르투갈어가 더 튼튼하게 뿌리를 내릴 수 있게 해 주었다. 그들은 그곳에서 1808년부터 브라질이 독립한 연도인 1822년까지 거주하였다.

브라질의 포르투갈어

포르투갈어에 대한 두 가지 쓰기 표준, 즉 포르투갈 표준과 브라질 표준이 존재하지만, 두 나라는 얼마 전부터 자신들의 정서법을 근접시켰고, 그에 따라 오늘날 이

포르투갈어권 세계 지도

검게 칠해진 부분들이 포르투갈어가 국가의 공식어인 지역들이다. 포르투갈어의 영토는 1494년 토르데시야스 조약 이후에 매우 확대되었으며, 그 조약 덕분에 포르투갈어가 브라질에 정착할 수 있었다.

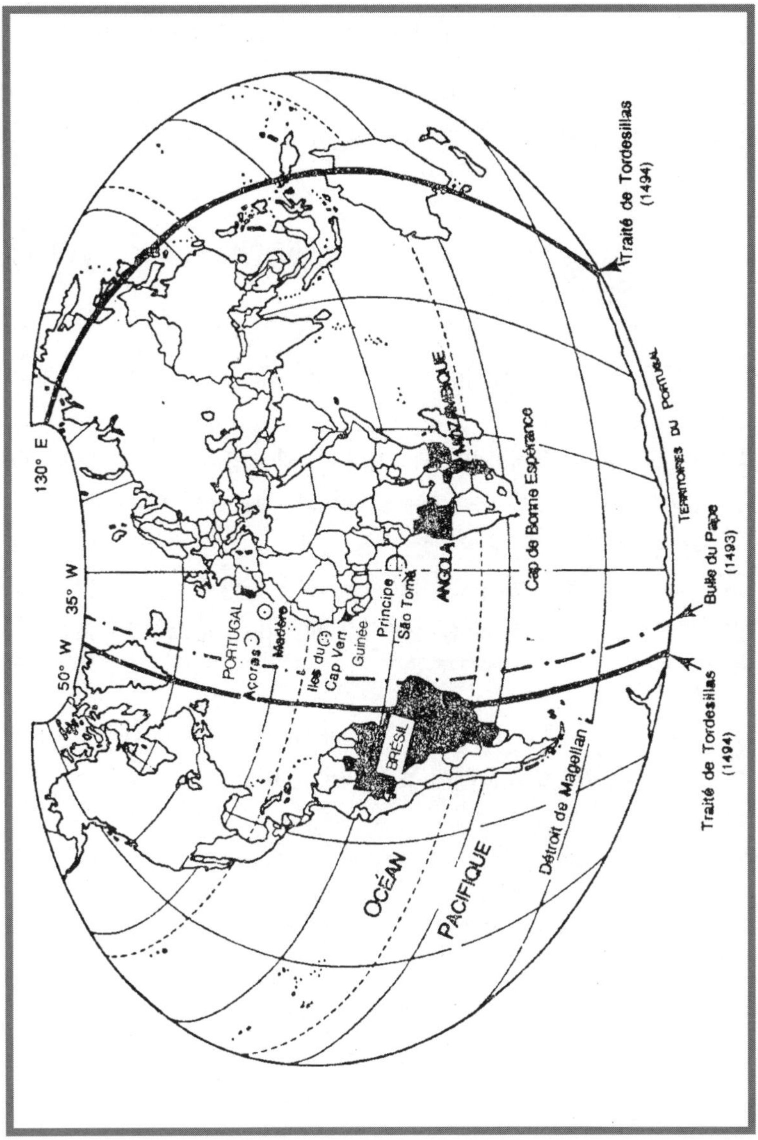

Açores 아소르스 제도 ANGOLA 앙골라 BRÉSIL 브라질 Iles du Cap de Bonne Espérance 희망봉 Bulle du Pape 교황의 교서 Cap Vert 카보베르데 제도 Guinée 기니 Madère 마데이라 섬 MOZAMBIQUE 모잠비크 OCÉAN PACIFIQUE 태평양 PORTUGAL 포르투갈 Principe São Tomè 상투메 프린시페 Territoires du Portugal 포르투갈의 영토들 Traité de Tordesillas 토르데시아스 조약

언어의 통일 문제가 부각되고 있다['포르투갈어 정서법 합의'라는 단일화 안이 1990년 준비되어 포르투갈(1991), 브라질(1995), 카보베르데(1998), 상투메 프린시페(2006). 동티모르(2009) 그리고 기니비사우(2009)의 순으로 비준되었으며, 이후에 나온 수정안은 브라질, 카보베르데, 상투메 프린시페와 포르투갈에 의해 비준되었고 2007년부터 발효되었다].[379]

구어적 어법에 있어서는 사정이 다르다. 브라질에서는 구어적 어법이 세 가지 흐름을 반영하고 있다. 식민지 지배 초반기의 포르투갈어, 토착민들의 투피어 그리고 1515년과 1888년 사이에 대규모로 이주된 노예들의 아프리카 언어들이 그 흐름들이다.[380]

브라질의 포르투갈어는 훈련되지 않은 귀에도 감지되는 여러 특성 때문에 식별이 가능하다. 예를 들면 다음과 같은 특성들이 있다.

- l을 '우'처럼 발음함: sol('태양')에 대해 '소우'로, mal('나쁘게, 서투르게')에 대해 '마우'로 발음함.
- i와 e 앞의 t나 d를 **'츄'**와 **'쥬'**처럼 발음함: **'치비우'**처럼 발음되는 tibio('미지근한'), **'쟈부'**로 발음되는 diabo('악마') 또는 **'덴취'**로 발음되는 dente('치아') 등.
- 비강세 모음들을 감지할 수 있게 발음함: 예를 들면 disse('그는 말한다')의 마지막 모음, péssego('복숭아')의 두 번째 모음 또는 pessoa('사람')의 첫 번째 모음 등의 비강세모음에 대한 것으로서, 리스본에서는 각각 **diss'**, **pes'gou** 그리고 **p'ssoa**로 들린다.[381]

포르투갈과 브라질에서 뜻이 다른 단어들[382]

	포르투갈에서	브라질에서
'버스'	autocarro	ônibus
'기차'	comboio	trem
'철도'	caminho de ferro	estrada de ferro
'시가 전차'	eléctrico	bonde
'스튜어디스'	hospedeira de bordo	aeromoça
'만년필, 펜대'	caneta(de tinta permanente)	caneta - tinteiro
'페이퍼 나이프'	corta-papel	espátula
'신사복'	fato	terno

숫자 '6'을 표현할 때 브라질인들은 포르투갈인들처럼 seis라고 할 수 있지만, 그들은 매우 흔히 meia dúzia('12의 절반')의 줄임말인 meia를 사용하기도 한다.

먼 곳에서 온 말들

15세기와 16세기는 무엇보다 위대한 포르투갈 항해자들의 시대로서 언어에 중요한 흔적들을 남겼다. 당시에는 인구가 많지도 않았는데 모든 계층에서 해외 모험에 가담하였다. 가정마다 이런 저런 식민지에 친척들을 두고 있었고 리스본은 진정한 이국적 시장이 되어, 매일같이 향신료, 상아, 진주, 고급 목재, 약용 식물, 열대 동물들이 그곳으로 하역되었다. 심지어 문법서, 교과서 그리고 수학 개론까지도 해외 지역의 예들을 끌어왔고, 설탕, 후추 또는 차를 사고 파는 문제들을 제시하였다. 그러므로 그 시대의 언어에 다른 곳에서 온 단어들이 대량으로 포함되어 있는 것은 놀라운 일이 아니며 그 단어들 중 상당수는 오늘날의 포르투갈어에 여전히 존재하고 있다.[383]

동양에서 온 단어들

bengala	'막대기, 지팡이'	leque	'부채'
biombo	'병풍, 칸막이'	mandarim	'중국의 고관'
bule	'다기'	pagode	'탑, 파고다'
chá	'차'	paria	'인도의 하급민'
caril	'카레'	pires	'받침 접시'
chávena	'잔'	tufão	'태풍'
canja	'쌀과 닭고기로 만든 수프'	paxá	'군사령관'
lacre	'(봉인하는) 밀초'	xaile	'숄'

chávena라는 단어는 중국어에서 차용된 chá('차')에서 만들어졌다. 그것은 본래 찻잔만을 가리켰지만 오늘날은 모든 잔을 가리킨다(이탈리아어에서 유래한 xícara와 비슷한데, 그것은 chávena보다 활용도가 훨씬 적다).

아프리카에서 온 단어들

banana	'바나나'	macaco	'원숭이'
cachaça	'사탕수수로 만든 술'	mandioca	'카사이바'
cachimbo	'파이프, 담뱃대'	quitanda	'시장, 소란'

candonga	'밀수(품)'	sanzala	'마을'
quindim	'어려움'(브라질에서는 '계란과 설탕으로 만든 잼')		

브라질에서 온 단어들

ananás	파인애플
amendoim	땅콩
carioca	리오데자네이로의 주민
jacaré	악어
jibóia	보아뱀[384]

몇몇 발음상 특성

포르투갈어는 16세기부터 해외로 전파되었는데, 당시의 언어는 두 세기 전 갈리시아어와 분리된 이후에 제대로 형체가 갖추어진 상태였다. 그것은 여러 특성에서 이웃 언어인 카스틸랴어와는 이미 구분되어 있었다. 특히 옛날의 /b/와 /v/ 사이의 구별을 유지한다는 점에서 차이가 있었다. 카스틸랴어에서는 그 구별이 사라진 상태였기 때문이다. 리스본과 포르투갈의 중부 및 남부 전 지역에서는, 예를 들어, bala('총알, 포탄')와 vala('배수구')가 다르게 발음된다.[385]

포르투갈어를 다른 로망스어들 가운데서 알아보게 해주는 또 다른 발음상 특성이 있다. 그것은 PLUVIA('비')나 CLAVEM('열쇠')처럼 라틴어에서 –L– 앞에 p, t, k 자음이 오는 경우, 즉 pl, tl, kl 등의 자음들에 대한 처리 방식이다. 그 자음들이 프랑스어에서는 보존되었고 스페인어에서는 습음 ll로 된 반면에 포르투갈어에서는 ch로 귀착되었다.

라틴어	프랑스어	스페인어	포르투갈어
PLUVIA	pluie '비'	lluvia	chuva
CLAMARE	(clamer) '외치다'	llamar '부르다'	chamar '부르다'
CLAVEM	clef '열쇠'	llave	chave
PLORARE	pleurer '울다'	llorar	chorar

PLENUS	plein '가득 찬'	lleno	cheio
FLAMMA	flamme '불꽃'	llama	chama

물론 이것은 라틴어로부터의 변화 과정을 거친 어형들에 적용되는 설명이다. 왜냐하면 오늘날 포르투갈어에는 라틴어에서 나중에 차용된 많은 어형들에서 자음 연속체 pl−, cl−, fl− 등이 나타날 수 있기 때문이다. 예를 들면, pluviómetro('우량계'), clamar('외치다, 고함 지르다'), flama('불꽃', 시적 형태) 등이 있다.

정서법, 옛 발음들의 증거

ch 표기가 16세기 이전에는 [tʃ] 발음을 나타냈는데 16세기 중에 첫 음 [t]가 탈락하는 방향으로 변화가 이루어졌다. 이 새로운 발음 [ʃ]는 중부와 남부의 지방들에서 생겨났으며, 그곳에서 본래 [ts]로 발음되던 c. 그리고 [dz]로 발음되던 z에 대해서도 같은 현상이 일어났다. censo('인구 조사')와 senso('감각'), 그리고 cozer('요리하다, 익히다')와 coser('꿰매다')에서 표기상의 차이가 있는 것은 옛날 발음들이 다음과 같았다는 것을 보여주는 증거이다.

c는 [ts]로 발음되었고,
s는 [s]로 발음되었고,
그리고 z는 [dz]로 발음되었다.

이 복합 자음들 /ts/와 /dz/의 첫 부분이 탈락한 17세기의 상황이 오늘날까지 이어지고 있다. 오늘날 censo와 senso가 둘 다 /s/로만 발음되고, 마찬가지로 coser와 cozer가 둘 다 /z/로 발음된다. 그렇지만 두 모음 사이에서 [s]로 발음되는 caçar('사냥하다')와 /z/로 발음되는 casar('결혼하다')는 구별되고 있으므로 /s/와 /z/ 사이의 대립이 사라진 것은 아니다.[386]

이 현상들과 관련하여 이베리아 반도 전체를 살펴보면, 공통 포르투갈어에서는 오늘날 스페인에서 seseo라고 부르는 것이 실행되고 있는데, 다만 /s/의 조음이 혀끝이 아래로 향한 채 이루어진다는 차이점이 있다는 것을 알 수 있다. 북부에서도 /s/

로 합쳐지는 현상이 존재하지만 카스틸라에서처럼 혀끝이 위로 향한 채 발음된다. 그것은 포르투갈인들이 베이라[포르투갈의 지방 이름]식 s라고 부르는 것으로 포르투의 남동쪽에 위치한 비제우 지방에서 관찰된다.[387]

포르투갈어를 읽기 위한 몇 가지 정보

ch 표기는 프랑스어에서 유래한 것으로 13세기에 기원을 두고 있다. 그것은 당시에 [tʃ] 발음에 해당하는 것인데, 그 발음이 오늘날에는 [ʃ]로 되었다.

lh와 nh 표기는 1250년 이후에 velho('늙은')['벨류'처럼 발음됨]와 같은 습음 조음을 표시하기 위해 나타났다. 그 표기들은 프로방스어에서 유래한 것이다.

모음 위의 틸드 부호 [~]는 13세기 무렵에 자음 n과 마찬가지로 비모음을 표시하기 위해 사용되었다. 즉, razon 또는 razõ으로 표기되었다가 오늘날은 razão이 되었다.[388]

r의 발음과 그것의 변화 과정

자음 r의 새로운 발음이 나타난 것은 불과 19세기 말이었다. 그때까지는 포르투갈어가 두 종류의 r을 구별했었는데, 둘 다 '혀끝을 굴린 발음들'이었다. 하나는 caro('비싼, 귀중한')에서처럼 '한 차례의 짧은 두들김(프, battement[혀끝이나 목젖과 같은 조음 기관의 빠른 움직임])이 있는' /r/이고, 다른 것은 carro('자동차, 마차')에서처럼 '여러 차례의 두들김이 있는', 늘어난 /r/이었다. 1883년 무렵에 리스본에서는 (carro, perro, terra와 같은 단어들에 있는) –rr– 표기에 해당하는 것과 단어의 첫 번째 음으로 오면서 단순 r로 표기된 것(rua '길', rapaz '소년' 등)에 대하여 파리식 프랑스어에서처럼 목구멍 안쪽에서 나오는 새로운 발음이 나타났다. 20세기 초에는 여전히 올바르지 않은 발음으로 간주되었지만, 그럼에도 불구하고 그 발음은 빠르게 대도시들에서 젊은이들부터 시작하여 퍼졌고, 오늘날에는 리스본에서 보편적인 발음으로 되었다.[389]

포르투갈어의 동질성은 겉보기로만 그렇다

포르투갈어는 상당한 동질성이 있어서 방언적 다양성은 포르투갈에서 사실상 생소한 일이라고 말해지기도 한다. 그러나 위의 몇몇 예들을 통해 알 수 있듯이 포르투갈어의 통일성은 표면적인 현상일 뿐이다. 차이점들이 존재하고 있으며, 다만 경계선들은 선택된 기준에 따라 달라진다. 예를 들면, 북동부에서는 4개의 치찰음을 보존하는 고풍적 어법의 지대를 찾아볼 수 있는 반면에 코임브라의 북쪽에 있는 몇몇 지점에서는 주민들이 /b/와 /v/를 구별하지 않는다.

어휘적 근거에 기반하여 설정된 경계선들에 대하여는 의견이 더 일치되고 있다. 그 경계선들로 주민의 이동이 한번도 없었던 북부와 북동부 지방들, 그리고 중부와 남부에서 12세기와 13세기에 심한 인구 감소와 전체적 인구 재증가가 있었던 지방들(무어인들에 의해 점령되고, 식민지화되었던 알가르브 지방의 연안 지대는 예외로 함) 사이의 차이가 확인된다.[390]

고전 포르투갈어

1572년 카몽이스의 《우스 루지아다스》가 발표되면서 고전 포르투갈어가 탄생하였다. 그 시대에는 포르투갈이 스페인의 지배하에 있었기 때문에(1580–1640) 카스틸라어를 제2언어로 받아들이려는 교양있는 포르투갈인들의 오래된 경향이 더욱 강화되었다. 예를 들면 포르투갈 연극의 창시자인 질 비센트(1470–1537)가 그런 입장이었는데, 카몽이스 자신도 그 입장을 취했다.

고전 포르투갈어에서는 이탈리아 르네상스의 흔적(arpejo '아르페지오', soneto '소네트', bússola '나침반')과 특히 라틴어에서 직접 취한 어형들의 이례적인 증가를 확인할 수 있다. 이러한 경향은 16세기 중엽에 뚜렷해지고 오늘날까지 지속되어 현대 포르투갈어에 adornar('장식하다'), ameno('쾌적한'), apto('적합한, 자격 있는'), áureo('금의, 금으로 만든'), austero('엄한') 등의 라틴어식 어형들이 풍부하게 들어 있다.

포르투갈 어휘의 풍요로움

이처럼 문학적 포르투갈어 어휘는 라틴어식 표현의 풍부함, 앞서 보았듯이 이국적 언어들의 기여, 그리고 마지막으로 많은 수의 프랑스어 차용어로 특징지을 수 있다. élite('엘리트'), fantoche('꼭두각시') 또는 nuance('뉘앙스')와 같은 프랑스어 차용어들이 18세기와 19세기에 크게 증가하였다.

다른 단어들은 포르투갈어 구조에 맞춰져서 쉽게 전통적 어휘에 통합되었다.

atelier 또는 atelié '작업장'(프, atelier)
bibelô '자질구레한 실내 장식품(프, bibelot)
blindar '철판을 덧입히다'(프, blinder)
blusa '블라우스'(프, blouse)
boné '테두리 없는 모자'(프, bonnet)
camião '트럭' (프, camion)
camuflagem '위장'(프, camouflage)
chefe '우두머리'(프, chef)
chique '멋지게 입은'(프, chic)
chofer '운전수' (프, chauffeur)
coquete 또는 coqueta '교태를 부리는' (프, coquette)
deboche '방탕'(프, débauche)
duche '샤워'(프, douche)
gafe '큰 실수'(프, gaffe)
garagem '차고'(프, garage)
guiché '창구'(프, guichet)
matinê '낮 공연'(프, matinée)
restaurante '식당'(프, restaurant)
ruge '붉은'(프, rouge)
sutiã 또는 soutien '브래지어' (프, soutien-gorge)
toalete '화장실'(프, toilette)
vitrina '진열창'(프, vitrine)

마지막으로, 직역어, 즉 포르투갈어 단어로 프랑스어 표현을 그대로 나타내는 경우도 많이 있다. 예를 들면, pequeno-almoço(직역, '작은 점심')는 petit déjeuner('아침 식사', 직역 '작은 점심')의 직역어이고, máquina a vapor는 machine à vapeur('증기기관')의 직역어이다.

프랑스어의 영향을 받은 말들이 20세기에 큰 비중을 차지하게 되자 순수주의자들은 오랫동안 프랑스어식 표현과의 투쟁을 주장하였다.

오늘날 그들은 과학 기술 및 스포츠 분야에서, 그리고 일상생활의 표현에서 영어의 침략에도 맞서 싸워야 하는 상황이다.[391] 몇몇 예를 들면 다음과 같다.

bar '선술집, 바'
livre-serviço '셀프 서비스'

bife '비프스테이크'
clube '클럽'
computador '컴퓨터'
futebol '축구'
lanche '간식'
meeting '모임'
ráguebi '럭비'
sanduíche 또는 sande '샌드위치'
stress '스트레스'

그 밖에도 다음과 같은 차용어들이 있다. sleeper(영, '침목')에서 차용한 chulipa('갱목') 또는 coquetel('칵테일'), 그리고 더 최근에는 briefing, mailing, performance, software, jogging 등도 있다.

어제의 표현들과 오늘의 표현들

일부 옛날 표현들이 최근에 빈번하게 사용되고 있다.

- pescar: '이해하다' (본래 의미는 '고기를 잡다')
- contra isso batatas: '그것에 맞서서 할 수 있는 게 없다'(batata = 감자)
- canja: '쉬운 일'(본래 의미는 '닭고기 수프')
- boa como o milho: '매우 아름다운'(직역하면, '옥수수처럼 좋은')
- chumbar: '시험에 떨어뜨리다'(학교 어휘)
- toma lá para um fato: '교훈이 될 거야, 잘됐군'(직역하면, '이것을 옷으로 여겨라')
- estar com rafia: '배가 고프다'(rafia = 라피아 야자수)
- andar na lua (com os pès de fora): '주의가 산만하다'(직역하면, '팔자걸음으로 달 위를 걷는다')

텔레비전에 브라질 제작물들이 일상적으로 방영됨에 따라 브라질에서 유래된 표현들이 빠르게 포르투갈에 퍼지고 있다.

- azucrinar: '몹시 귀찮게 하다'
- curtir: '사랑하다'(그러나 이 동사의 본래 의미는 '(가죽을) 무두질하다'이다)
- estar numa boa: '모든 일이 순조롭다'
- estar na fossa: '모든 게 잘 안돼'(직역하면, '시궁창에 있다').

마지막으로, 프랑스어, 이탈리아어 그리고 스페인어에서 이미 확인된 바와 같이 젊은이들이 반어적 표현들을 쓰는 경향이 포르투갈의 젊은이들에게도 나타난다. '가공하지 않은'의 의미를 가진 bruto를 '매우 좋다'는 뜻으로, 예를 들어 'bruto carro'와 같이 말한다. 프랑스 젊은이들은 그 표현을 매우 자연스럽게 une méchante voiture('훌륭한 자동차', 직역하면 '고약한 자동차')로 번역할 것이다.[392]

세계 속의 포르투갈어

포르투갈어는 **브라질**(인구 150,000,000명[2021년 통계로는 213,993,441명]) 및 다음과 같은 아프리카의 다섯 개 공화국에서 공식어이다.

- **카보베르데 제도**(369,000명[2021년 통계로 561,901명])
- **기니비사우**(980,000명[2021년 통계로 2,015,490명])
- **상투메 프린시페** 제도(116,000명[2021년 통계로 223,364명])
- **앙골라**(9,747,000명[2021년 통계로 33,933,611명])
- **모잠비크**(16,000,000명[2021년 통계로 32,163,045명]))

또한 스페인-포르투갈 국경을 따라 포르투갈어를 사용하는 언어적 고립 지역들이 있다. **알라마디야, 엘하스, 발베르데 델 프레스노, 에레라 델 알칸타라, 올리벤사** 등이다.

프랑스어를 중심으로

프랑스 이전의 프랑스어

한마디로 프랑스어를 특징짓는다면 로망스어들 가운데서 가장 게르만적인 언어라는 것이다. 이름 자체가 프랑크족 침략자들에서 물려받은 것이므로 그 말을 확인해 주고 있다. 그럼에도 불구하고 프랑스어 사용자들에게 물어보면 그들은 오히려 자신들 언어의 기원을 갈리아어에서 찾는 경향이 있는데, 그것은 물론 중대한 오류이다.

사실 프랑스어의 역사는 갈리아에서 말해지던 라틴어의 변화의 역사이자 이웃 언어들과의 접촉으로 끊임없이 풍부해진 역사이기도 하다. '여러 언어들이 함께 한' 그 이야기는 여러 종족들에 의해 먼저 점유되고 있다가 켈트족의 땅이 된 그곳에서 펼쳐졌다.

갈리아족의 도래 이전

갈리아족은 분명히 갈리아의 최초 거주자들이 아니었다. 장차 프랑스가 될 이 땅에서 그들보다 앞서 살았던 종족들에 대하여는 아키텐족, 이베리아족, 리구리아족과 같은 몇몇 종족 이름 외에는 알려진 것이 거의 없다. 그 종족들의 흔적은 특히 강이나 산의 이름, 그리고 단순히 켈트족 이전의 것이라고만 규정할 수 있는 몇 안 되는 단어들에서 찾아볼 수 있다.

마노스크(알프드오트프로방스), 타라스콩(부슈뒤론과 아리에주) 또는 브나스크(보클뤼즈)가 리구리아어에 기원을 두고 있고, 뤼숑(오트가론)과 콜리우르(피레네조리앙탈)는 이베리아어에서 유래했을 가능성이 높지만 계승 언어가 없는 그 언어들에 대하여 알려진 바가 거의 없어서 대부분의 경우 가설들을 세우는 것에 그칠 뿐이다. 리구리아어 접미사들로 확인된 -asque, -osque가 가장 도움이 되는 경우에 해당한다고 할 수 있다. 그 접미사들은 프랑스와 이탈리아의 많은 지명에서 나타나고 있다(271쪽 상자 글 '리구리아어 기원의 지명들' 참조).

프랑스의 언어 상황

인구: 57,200,000명(1992)[2021년 통계 65,426,177명]

공식어

프랑스어: 로망스어로서 프랑스국의 공식어임.

다른 언어들

〈로망스어〉

– 오일어 권역

북부(**피카르디어, 발론어, 오트노르망디어**)

동부(**로렌어, 부르고뉴어, 부르보네어, 프랑슈 콩테어**)

중부(**프랑시앵어, 오를레앙어, 베리어, 샹파뉴어**)

서부(**바스노르망디어, 앵글로노르만어, 갈로어, 마이엔어, 맹크스어**)

앙주(**푸아투어, 투렌어, 생통주어**)

– 프랑코프로방스어 권역: 포레즈에서 사부아까지

– 오크어 권역

북오크어(**리모주어, 오베르뉴어, 프로방스어, 알프스어**)

남오크어(**랑그도크어, 해안 프로방스어, 니스어**)

가스코뉴어

베아른어

– 기타 권역

카탈로니아어(루시옹)

코르시카어(코르시카)

〈게르만어〉

플랑드르어: 후기 프랑크어(노르 도의 북부)

알자스어: 알레마니아어 방언(오랭 및 바랭)

로렌 프랑크어(모젤 도의 북부)

〈켈트어〉

브르타뉴어: 4개의 변이체, 코르누아이유어, 레옹어, 트레기에어, 반어(피니스테르 북부와 남부, 코트다르모르와 모르비앙의 서쪽 부분)

〈기타어〉

바스크어: 인도-유럽어가 아닌 언어(피레네자틀랑티크 도)

집시어: 인도-이란어, 사용지역을 특정할 수 없음.

지명 외에도 avalanche('눈사태')와 chalet('오두막'), joue('뺨')와 jabot('가슴 장식'), marelle('돌차기')과 marron('밤(색)'), motte('(흙)덩어리')와 pot('단지, 항아리') 등 몇몇 단어들은 세월의 시련 속에서 잘 생존하였지만, 불행히도 그 단어들은 모두 기원이 알려져 있지 않다. 그럼에도 불구하고 몇몇 가설들이 만들어지기도 한다. avalanche와 chalet는 리구리아어에서 유래한 것으로 사부아어를 통해 프랑스어에 도입되었고, 마찬가지로 marron('밤')은 리옹 방언을 통해 전달되었다는 가설이 있다. 또한 jabot는 오베르뉴 방언을 통해, motte는 옛 프로방스어를 통해 옮겨왔다고 추측을 하기도 한다.[393]

리구리아어 기원의 지명들

프랑스

Albiosc(알프드오트프로방스)	Magagnosc(알프마리팀)
Artignosc(바르)	Manosque(알프드오트프로방스)
Aubignosc(알프드오트프로방스)	Pelasque(알프마리팀)
Blausasc(알프마리팀)	Tarascon(부슈뒤론, 아리에주)
Flayosc(바르)	Venasque(보클뤼즈)
Gréasque(부슈뒤론)	Venosc(이제르)
Lantosque(알프마리팀)	Vilhosc(알프드오트프로방스)

이탈리아

Airasca(토리노)	Isasca(쿠네오)
Bernasco(토리노)	Lagnasco(쿠네오)
Brossasco(쿠네오)	Piasco(쿠네오)
Buriasco(토리노)	Piossasco(토리노)
Cercenasco	Tarantasca
Cervasca	Venasca
Frossasco(토리노)	Vottignasco[394]

휴식 시간

망통 주민들을 어떻게 부를까?

망통(Menton)의 주민들은 오늘날 '망토네'(Mentonnais)라고 불리지만 옛 명칭은 '망토나스크'(Mentonasques)였는데, 이 이름은 리구리아어에서 유래한 접미사 -asque를 이용해 만들어진 것이다.

아래 여섯 도시 중에 4개는 주민들의 이름이 그 접미사로 구성되어 있다. 그 도시들은 어느 것인가?

1. Cambo-les-Bains
2. Èze
3. La Turbie
4. Monaco
5. Tende
6. Sallanches

정답: 1. Cambo-les-Bains: Camboards, 2. Èze: Ézasques, 3. La Turbie: Turbiasques, 4. Monaco: Monégasques, 5. Tende: Tendasques, 6. Sallanches: Sallanchards 또는 Sallanchais. 접미사 -ard는 '사부아야르'(Savoyards)처럼 사부아(Savoie)의 주민 이름을 구성하는 데도 사용되지만 리구리아어에서 유래하지는 않았다.

켈트족 이전 하천명과 켈트어식 하천명

Adour 아두르 Ain 앵 Allier 알리에 Aube 오브 Aude 오드 Authie 오티 Aveyron 아베롱 Charente 샤랑트 Cher 셰르 Clain 클랭 Couesnon 쿠에스논 Corrèze 코레즈 Creuse 크뢰즈 Dordogne 도르도뉴 Drac 드라크 Drôme 드롬 Dronne 드론 Durance 뒤랑스 Eure 외르 GARONNE 가론 Gave de Pau 가브드포 Gave d'Oloron 가브돌로롱 Gers 제르스 Gironde 지롱드 Hérault 에로 Indre 앵드르 Isère 이제르 Isle 일르 LOIRE 루아르 Meuse 뫼즈 Moselle 모젤 Oise 우아즈 Orb 오르브 Rance 랑스 RHÔNE 론 Saône 손 Sarre 자르 Sarthe 사르트 Sauldre 솔드르 Save 사브 SEINE 센 Sèvre Nantaise 세브르낭테즈 Tarn 타른 Var 바르 Verdon 베르동 Vézère 베제르 Vienne 비엔 Vire 비르

휴식 시간

하천 이름 덕분에 갈리아족 도래 이전에 갈리아에서 말해지던 언어들의 먼 옛날의 형태가 보존되고 있다. 위의 지도에서 켈트족 이전의 하천 명칭들만 완전하게 기재되어 있다.[395] 첫 글자 뒤에 말줄임표가 오는 하천들은 켈트어 기원의 이름들이다. 지리에 약간의 지식이 있으면 아마도 이 수수께끼의 정답을 참조할 필요가 없을 것이다.

수수께끼 정답

켈트어 기원의 하천명

R... Rhin('라인')	M... Mayenne('마옌')	D... Doubs('두')
S... Somme('솜')	V... Vilaine('빌렌')	L... Lot('로')
M... Marne('마른')	L... Loir('루아르')	A... Ariège('아리에주')
O... Orne('오른	Y... Yonne('욘')	

가장 오래된 단어들

갈리아족의 도래 이전에 갈리아에서 말해지던 언어들의 흔적을 찾게 해주는 것은 강과 산의 이름들, 식자어로 달리 말하면 hydronymie('하천 지명학')와 oronymie('산악 지명학')이다.

현재 프랑스의 하천망 지도는 프랑스에서 켈트족 이전의 이름들이 대다수를 차지하고 있다는 것을 보여준다.

모든 큰 강의 이름(센, 루아르, 가론, 론)과 그것들의 주요 지류 이름은 대부분 갈리아족의 도래 이전의 것들이다. 한 가지 신기한 점이 있다. 루아르(Loire, 옛날에는 LIGER로서 기원이 불분명함)라는 이름은 켈트족 이전의 것인 반면에 루아르(Loir)

라는 이름은 켈트어 ledo('물 흐름, 물살')에서 유래한 듯하다(위의 지도 '켈트족 이전 하천명과 켈트어식 하천명' 참조).

바스크족, 자신들의 언어를 지키는 사람들

이베리아족과 리구리아족은 미지의 종족들로 남아 있지만 조금은 더 잘 알려진 옛날 종족이 하나 있다. 먼 후손인 바스크족 덕분에 알려진 아키텐족이다.

유럽의 모든 민족들 가운데서 바스크족은 침략자들에 대한 저항 능력에 있어서 아마도 가장 놀라운 사람들일 것이다. 수많은 역경에도 불구하고 매우 오래된 그들의 언어는 살아남지 않았는가. 그 언어는 먼저 켈트어에 저항하였다. 갈리아족은 아키텐족 영토에 단지 몇몇 교두보만을 설치했을 뿐이다. 그 다음에는 로마와 게르만 침략자들에 저항하였다. 아랍인들의 정복은 그들에게 도달하지는 못했고, 그 다음에는 한편으로 카스틸라어의 압박 다른 한편으로 프랑스어의 압박이 있었음에도 불구하고 견디어냈다. 그렇게 하여 바스크어는 오늘날 유럽에서 가장 오래된 언어들 중 하나가 된 것이다(216쪽 '스페인어를 중심으로' 챕터, '§ 스페인의 바스크어' 부분 참조). 바스크어가 최근 스페인에서 지방 공식어의 지위를 얻은 것에 비하면 공식어 지위를 얻지 못한 프랑스의 상황은 덜 영예롭지만, 그와 동시에 시골 가정에서는 스페인에서보다 더 일상적 언어로 남아 있기 때문에 더 긍정적인 측면도 있다.

프랑스의 바스크어

바스크어 아카데미 회장인 장 아릿슐라르(Jean Haritschelhar)의 표현에 의하면, 바스크어는 '저항어'이며, 프랑스에서 수 세기 동안 위축이 계속되었음에도 불구하고 시장에서, 친구들 사이에서, 또한 휴가지에서 아직도 놀라운 활기를 보이고 있는 언어이다.[396]

1991년에 15세 이상 1200명의 표본에 대해 실시된 조사에서 아래 지도 '프랑스의 바스크어'에 표시된 지역에서, 지방에 따라 차이가 있지만, 237,000명의 인구 가운데 55%가 바스크어 화자라는 것이 밝혀졌다[2016년도 통계에 의하면 프랑스 바스크 지방에 51,200명의 유창한 바스크어 화자들(전체 주민의 20.5%)과 23,300명의 수동적 화자들(전체 주민의 9.3%)가 있다]. 유창하게 바스크어를 말하는 사람의 수가 많은 지방은 저지 나바르, 라부르 내륙 그리고 술 지방이며 해안 쪽에서는 바스크어 화자의 비율이 매우 낮다.[397]

프랑스의 바스크어

바스크어는 피레네자틀랑티크 도의 서쪽 절반 지역에서 말해지고 있는데, 이는 스페인 바스크 사용 지역의 약 3분의 1에 해당한다.

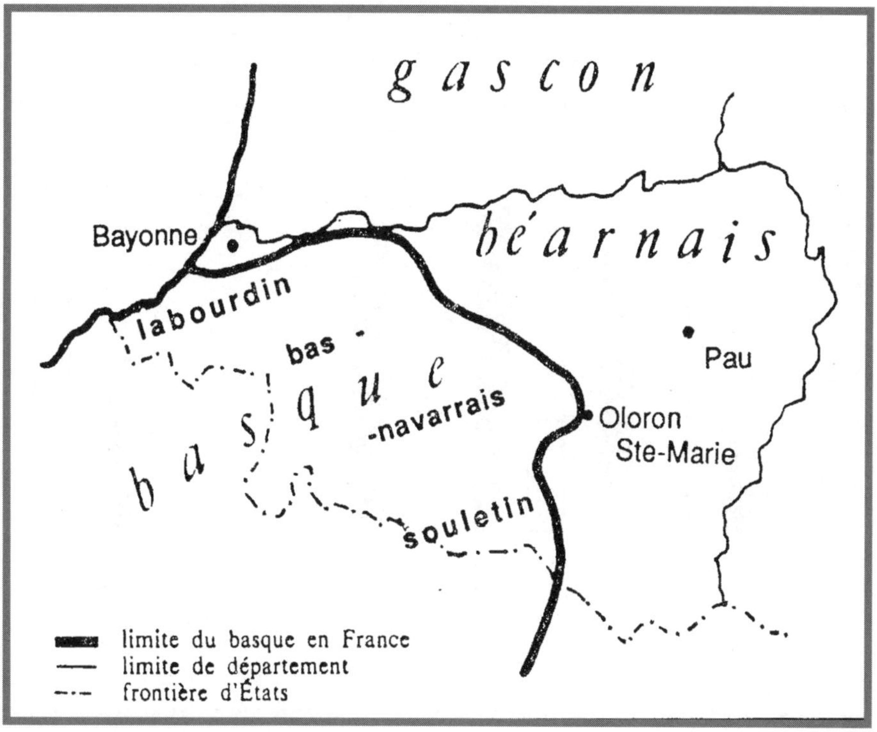

bas-navarrais 저지 나바르어 basque 바스크어 Bayonne 바이온 béarnais 베아른어 frontière d'États 국경선 gascon 가스코뉴어 labourdin 라부르어 limite de département 도 경계선 limite du basque en France 프랑스의 바스크어 경계선 Oloron Ste-Marie 올로롱 생트마리 Pau 포 souletin 술어

	주민 수	좋은 구사력	불완전한 구사력	전체 바스크어 화자 수	전체 바스크어 비사용자 수
라보르 해안	154,500	27,500	38,500	66,000	88,500
라보르 내륙	32,000	17,500	7,500	25,000	7,000
저지 나바르	34,500	22,500	4,500	27,000	7,500
술 지방	16,000	8,700	3,800	12,500	3,500
바스크 지방	**237,000**	**76,200**	**54,300**	**130,500**	**106,500**
	100%	32%	23%	55%	45%

이러한 결과는 스페인 바스크 지방의 바스크어 화자가 25%라는 추정치와 비교된다(216쪽 '스페인어를 중심으로' 챕터, '§ 스페인의 바스크어' 부분 참조).

프랑스의 바스크어 구사력 수준

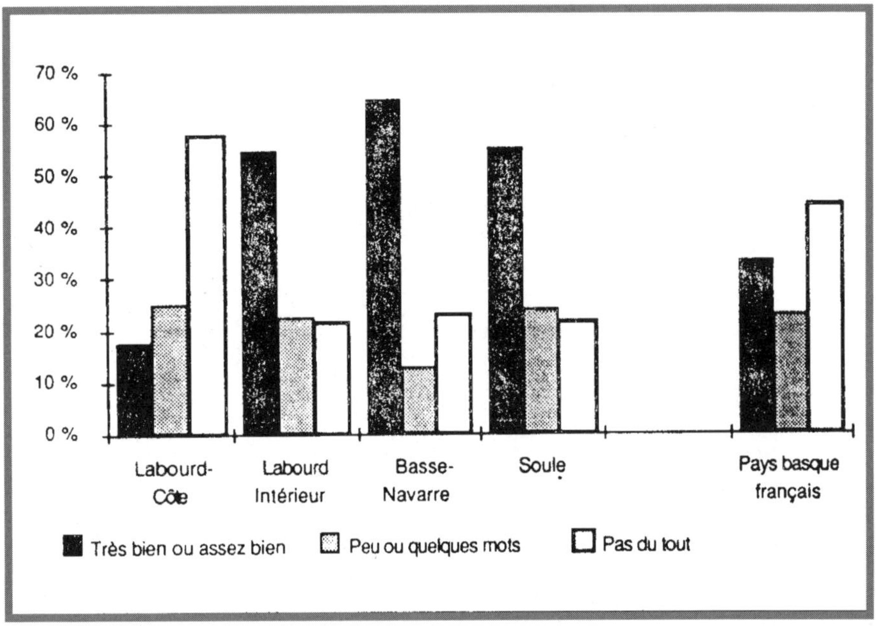

Basse-Navarre 저지 나바르 Labourd-Côte 라부르 해안 Labourd Intérieur 라부르 내륙 Pas du tout 전혀 못함 Pays basque français 프랑스 바스크 지방 Peu ou quelques mots 거의 못함 또는 몇 마디 함 Soule 술 지방 Très bien ou assez bien 아주 잘함 또는 상당히 잘함

'Pays basque français'('프랑스 바스크 지방')로 이름 붙여진 그래프의 오른쪽 부분은 프랑스 바스크 지방 4개 지역의 가중치가 적용된 평균을 나타낸다.

갈리아족이 자신들의 언어를 포기하다

바스크족은 계속 이어진 침략자들의 언어에 맞서 자신들의 언어를 보존하였던 반면에 갈리아족은 자신들의 언어를 점차적으로 버리고 사회적 지위 상승의 도구인 라틴어를 받아들였다. 이중 언어 사용 기간은 적어도 500년 동안 지속되었으며, 그 기간 동안에 틀림없이 어휘의 교환이 양 방향으로 일어났을 것이다.[398] 그러나 우리에게 잘 알려진 것은 라틴어와 전반적인 켈트어 사이에서 일어난 일들뿐이다. 왜냐하면 그 시대의 갈리아어에 대해서는 아직도 잘 보존된 지명 흔적들 외에는 알려진 바가 거의 없기 때문이다(72쪽. 제3부 켈트 어파, '§ 거의 글을 쓰지 않았던 재능 있는 달변가들' 부분 참조).

왜 브르타뉴에는 -ac가 포함된 이름들이 많을까?

지명은 옛날의 언어적 형태들을 변함없이 지켜주므로, 앞서 보았듯이 특정 지역에 있는 지명들의 분포를 이용하여 이주의 진행 과정들을 설명할 수 있다. 프랑스에서 지명을 만들 때 가장 많이 사용되는 접미사 중 하나는 라틴어 접미사 -ACUM인데, 그것은 갈리아어 -acos에서 차용한 것이다. 농지 가운데에 일군의 건축물이 포함된 갈로로망 시대의 '장원'을 가리킬 때 대개의 경우 사람 이름 뒤에 그 접미사를 덧붙였다.

그 접미사는 프랑스의 지방별로 다르게 변화하였다. 모든 남부 방언들에서는 -ac(또는 -at) 형태로 나타나지만(예를 들면, 도르도뉴 도의 Vitrac), 프랑스의 나머지 지역에서는 마지막 자음이 없이, 그리고 매우 다양한 모음들과 함께 나타난다.

- -y와 -ay(또는 -ai): 파리 분지, 중부 및 북부에서(발드마른 도의 Vitry, 알리에 도의 Vitrey, 오른 도의 Vitrai)
- -ey: 동부에서(오트손 도의 Vitrey)
- -eu, -ieu: 론알프 지방에서. 그 곳에서는 -y도 발견됨.
- -é: 서부에서(일레빌렌 도의 Vitré)

그러므로 루아르강 이북에서는 -ac 형태가 발견되지 않을 것으로 예상하게 된다. 그렇지만 브르타뉴에 -ac 형태가 많이 존재하며, 그것들은 모두 몽생미셸에서 게를랑드 반도로 이어지는 선의 서쪽에 위치하고 있다.[399] 이러한 외형상의 비정상적 현상은 이 지방이 오랫동안 브르타뉴어를 사용하였기 때문에 켈트어 영향을 받은 것으로 설명될 수 있다. 주변 지역의 로망스어에서는 -ACUM이 -é으로 정상적인 변화 과정을 겪었지만, 그 지방에서는 접미사 -ac를 보존한 브르타뉴어가 사용되었으므로 그러한 변화가 일어나지 못한 것이다(279쪽 지도 '매우 형태가 다양한 어떤 갈리아어 접미사' 참조).[400]

섬 지역에서 온 다른 켈트족

갈리아족과 로마인들 사이의 첫 접촉 이후 6세기가 지난 후에는 틀림없이 갈리아어가 외부 영향에서 매우 차단된 시골들을 제외하면 더 이상 갈리아에서 남아있지 않았을 것이다. 그 시점에 맞은 편의 큰 섬인 브리타니아에서 쫓겨난 새로운 켈트 종족들이 프랑스의 북서부에 와서 정착을 하였다. 다행히 그들의 언어는 로마인들이 오기 전에 널리 사용되었고 그 프랑스의 서부 끝 지점에서 아마도 아직 완전히 사라지지는 않고 있던 언어와 가까운 것이었다. 그 언어가 오늘날 브르타뉴어가 되었다. 그러므로 브르타뉴어는 라틴어에 이은 프랑스어의 쇄도에도 살아남은 켈트어 유물이라고 할 수 있다(99쪽, 제3부 켈트 어파, '§ '작은' 브르타뉴' 부분 참조).

그러한 이유로 인해 켈트어에 기원을 두고 있는 프랑스어 어휘는 연대적으로 여러 세기의 거리가 있는 두 개의 지층, 즉 기원전의 갈리아어, 그리고 서기 5세기 이후의 브르타뉴어에 속하는 것이다.[401]

갈리아어 단어와 브르타뉴어 단어

매우 오래전에 갈리아어에서 유래한 단어들 가운데 bièvre('비버')나 bouge('가죽 주머니')와 같은 일부 단어는 평범한 프랑스인에게 거의 반응을 불러일으키지 않는다. 파리에는 Bièvre가(街)가 실제로 있으며, 프랑수아 미테랑 대통령의 자택이 그

매우 형태가 다양한 어떤 갈리아어 접미사

갈리아어 접미사 -acos는 프랑스의 수많은 지명을 만드는 데 사용되었고, 지방에 따라 -ac, -y, -ay(또는 -ai), -ey, -é, -eu, -ieu 등으로 다양하게 변화하였다. 동일한 본래의 이름에서 변화한 형태들을 지도에 나타내면 그 다양성이 더 명백하게 드러난다. 아래의 예는 'Victorius(또는 Victor) + acum'이 Vitry, Vitray, Vitrac 등으로 변한 것이다.[402]

점선으로 둘러싸인 지방에 -ac가 포함된 단어들이 있다는 것은 역사적 상황으로 설명된다. 브르타뉴[St-Briac이 포함되어 있는 점선 표시 지역]에서는 브르타뉴어의 영향으로 -é로의 변화가 방해받은 것이고, 생통주[Cognac이 포함되어 있는 점선 표시 지역]에서는 그 지역이 옛날에 오크어 지대에 속했기 때문이다.[403]

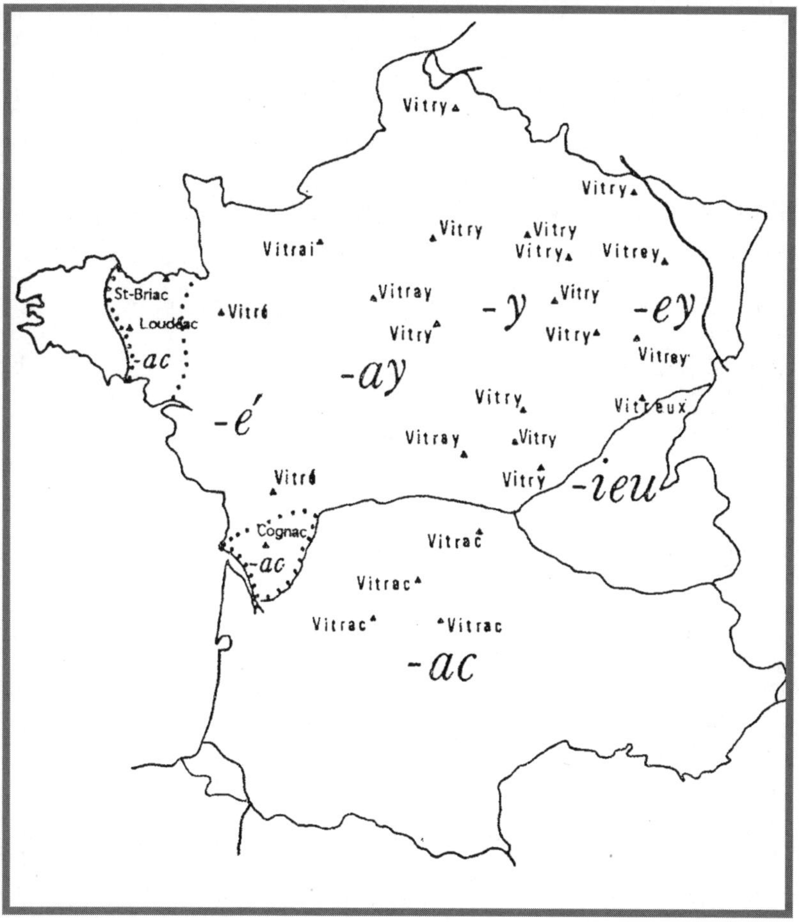

St-Briac 생브리악 Loudéac 루데악 Cognac 코냑(샤랑트 도)

곳에 있어서 유명하다. 그런데 bouge는 어떤가? 이 단어는 거의 유럽 차원의 운명을 경험하였다. bougette('작은 가방')가 되어서 영어에 차용되었다가 대혁명 시대에 budget('예산')라는 완전히 영어식 형태로 프랑스어에 다시 돌아왔다.[404]

오래된 차용어들(124쪽 '라틴어를 중심으로' 챕터, '§ 라틴어와 갈리아어' 부분 참조) 중에는 braies('헐렁한 바지'), braguette('반바지 앞 쪽의 튼 곳')와 débraillé('옷차림이 단정치 않은') 등 일련의 단어들이 있는데, 이것들의 공통적 기원은 라틴어 BRACAE를 거쳐서 켈트어까지 거슬러 올라간다.

브르타뉴어 차용은 훨씬 더 최근에 이루어졌다. 가장 잘 알려진 것이 아마도 bara('빵')와 gwin('와인')으로 구성된 baragouiner일 것이다. 틀림없이 이것은 브르타뉴 사람들이 자신들의 고향 브르타뉴를 벗어난 곳에서 빵과 와인을 달라고 요구해도 아무도 이해하지 못하는 것을 보고 그 사람들을 흉내내어 만든 말일 것이다. 그래서 프랑스어로 '이해하지 못하는 방식으로 말하다'라는 새로운 의미가 생겼을 것이다. 그 밖에 bijou('보석'), darne('(생선) 토막'), plouc('시골뜨기(의)') 등도 있다. plouc는 구어적으로 시골 사람을 좀 조롱하는 식으로 규정하는 말인데, 시골이 아니라 교구 또는 본당을 가리키는 브르타뉴어 단어에서 온 것이다. 그 단어는 많은 지명에서 나타나는데, 예를 들면 Plougastel(피니스테르 도), Plouharnel(모르비앙 도), Ploubalay, Plouha(코트다르모르 도) 등이 있다.

라틴어가 갈리아어를 대체하다

로마의 갈리아 정복은 기원전 120년 무렵에 나르보넨시스 속주(Provincia Narbonensis)의 설치로 시작되었다. 그것이 오늘날 프랑스의 프로방스(Provence)의 기원이 되는데, 그곳에서는 갈리아어의 침투가 피상적이고 또 일정하지 않았던 만큼 라틴어의 영향력이 더 강했다[당시에 나르보넨시스 속주에는 갈리아족, 리구리아족, 그리스인 등이 함께 살고 있었다]. 50여 년이 지난 후, 기원전 58–50년에 갈리아 전역이 로마의 영향권 안에 들어가게 되었고, 갈로로망인들은 결국 자신들의 켈트어를 포기하고 곳곳에서 라틴어를 수용하였다. 그 라틴어는 이미 독특한 것이었으며 나중에 또 다시 변화를 겪게 되었다. 또 다른 침략들로 인해 다른 언어들과 접촉이 생기고, 그에 따라 사람들의 말하는 방식에도 흔적이 남게 되었기 때문이다.

기독교와 침략들

서기 3세기부터 게르만어를 사용하는 다양한 종족들이 실제로 갈리아에 들어가 있었다. 처음에는 용병으로 로마 군대에 고용되었던 프랑크족은 갈리아의 북쪽 끝에 정착하였으며, 그 프랑크족의 세력은 이어지는 수 세기 동안 계속하여 강화되었다. 5세기에는 다른 게르만 종족인 알라만족이 갈리아의 동부를 점령하였고, 거기에서 그들의 언어는 오늘날까지 알자스어의 형태로 유지되고 있는 반면에 부르군트족은 사부아 및 그 이웃 지방들에서 자신들의 언어를 버리고 라틴어를 채택하였다. 5세기 초에 갈리아의 남부에 도달한 서고트족의 영향은 매우 약했다.

5세기 말에는 나중에 프랑스어가 될 언어와 관련되는 결정적인 사건이 일어났다. 프랑크족의 수장인 클로비스와 그의 뒤를 이어 모든 프랑크족이 가톨릭으로 개종한 것이다. 그 일로 인해 정복자들이 피정복자들의 언어를 배우게 되었다. 라틴어를 종교 활동의 전달 수단으로 삼으면서 새로운 이중 언어 사용, 즉 게르만어와 라틴어 사용이 일반화되었고, 그것이 태동 중인 프랑스어에 매우 뚜렷한 영향을 주게 되었다.

프랑크족의 채색된 세계

게르만어의 기여에 의해 특히 영향을 받게 된 의미 영역이 있다. 그것은 색깔의 영역으로서, 색깔의 명칭들이 완전히 쇄신되었다.

라틴어로는 흐릿한 색과 반짝이는 색 사이의 차이를 구분할 수는 있었지만, 그것들의 색채 값이 제대로 명시되지 않았다는 것은 알려진 바이다.[405] 예를 들면 '흰색'에 대하여 하나의 공통 단어가 아니라 여러 단어가 있었으며, 그중에 ALBUS('흐릿한 흰색')와 CANDIDUS('빛나는 흰색')가 있었다. 게르만어 형태인 blank의 영향으로 프랑스어에서는 그 두 말이 버려졌고 blanc이라는 단어가 채택되었다.

게다가 라틴어로는 단순히 파란색을 가리키는 데 어려움이 있었는데, 단어들이 많기도 하였고 흔히 파란색, 녹색 그리고 회색을 동시에 나타냈기 때문이다.

CAERULEUS: '푸른 하늘색, 쪽빛'. 구름 없는 하늘의 색.
CYANEUS: '짙은 청색'.
CAESIUS: '회청색'. 그러나 '녹색 기운이 있는 청색'이나 '회녹색'도 가리킴. 이 형용사는 특히 눈의 색깔에 적용되는데, 다음 단어들도 마찬가지다.
GLAUCUS: '녹색과 연한 청색의 중간' 또는 '밝은 회색'.
VIOLACEUS: '보라색에 가까운 파란색'.

이러한 혼돈에 대한 해결책은 결국 게르만어에서 차용한 어형들을 이용한 축소 단순화, 즉 bleu('파란색')와 gris('회색')로 단순화하는 것이었다. 그렇지만 약간의 주저함이 없지는 않았다. 중세에는 bleu가 연한 청색이나 회색 또는 심지어 황금색을 가리키는 데 사용될 수 있었다.[406] 게르만어 *blao의 차용어인 BLAVUS의 최초 용례는 서기 7세기에 나타나는데, 그 단어가 프랑스어 bleu로 귀착되었다.[407]

gris라는 말도 특별한 의미적 변화를 겪었다. 이 단어가 처음에는 게르만어들에서처럼 노인을 지칭하였기 때문이다. 동일한 의미가 현대 독일어 Greis('노인')에서 나타나고, 더 우회적인 의미가 덴마크어 gris('돼지')에서 나타나는데, 이는 돼지의 털색도 노인들의 회색 머리카락의 색깔을 연상시키기 때문이다.

마지막으로, 옛 라틴어 단어인 FLAVUS는 머리카락에 적용되는 노란 금색을 가리켰는데, 매우 일찍부터 게르만어 기원인 blond라는 형용사에 의해 퇴출된 것 같다.[408] 참고로, 로마인들은 실제로 황금색 머리카락을 매우 높이 평가하였고 로마 제국 시대에는 그것을 게르마니아에서 대량으로 구입하였다.

매우 많은 게르만어 단어들

그러한 색깔 이름들은 모든 다른 로망스어에서 많이 나타나지만, 그중 어떤 언어에서도 프랑스어처럼 게르만어 차용어가 많지는 않았다. 프랑스어는 게르만어에 기원을 둔 수백 개의 명사만이 아니라 수십 개의 동사, 몇몇 형용사 그리고 두 개의 부사도 가지고 있다는 사실은 주목할 만하다.

수많은 명사들 중에서 다양한 영역의 명사들을 몇 개씩 정리해 보면 다음과 같다.

– 전쟁과 건설

arquebuse '소총'	espion '스파이'	lucarne '천창(天窓)'
bourg '큰 마을'	estafette '전령'	maçon '석공'
brèche '돌파구, 틈'	flèche '화살'	salle '방, 홀'
burin '끌, 금속 절단기'	guerre '전쟁'	taudis '누추한 집'
butin '노획물'	hache '도끼'	trêve '휴전'
escarmouche '전초전'	hangar '헛간, 격납고'	troupe '무리, 부대'

– 바다

bouée '튜브, 부표'	écume '거품'	grappin '쇠갈고리'
chaloupe '작은 배'	esquif '쪽배'	hareng '청어'
écoutille '승강구'	esturgeon '철갑상어'	houle '거친 물결'
écrevisse '가재'	gaffe '작살'	mât '돛대'

– 의복과 가정 생활

bonnet '챙 없는 모자'	canif '주머니 칼'	fauteuil '안락의자'
gant '장갑'	robe '드레스, 법의'	botte '장화'
écharpe '목도리'	feutre '펠트 모자'	guêtre ' 각반'
toque '요리사 모자'	bretelle '걸빵'	étoffe '옷감'
froc '후드'	poche '주머니'	

– 요리

escalope '에스칼로프'	flan '플랑'(과자의 일종)	gâteau '케이크, 과자'
gaufre '와플'	gigot '넓적다리 고기'	louche '국자(의 양)'
soupe '수프'		

– 농촌 생활

aulne '오리나무'	bocage '전원'	blé '밀'
bosquet '작은 숲'	bûche '장작'	cresson '물냉이'

fourrage '꼴, 사료' framboise '나무딸기' gazon '잔디(밭)'
grappe '다발, 송이' groseille '구즈베리' guêpe '말벌'
gui '겨우살이' haie '울타리' hanneton '풍뎅이'
hêtre '너도밤나무' houx '호랑가시나무' jardin '정원'
mare '늪, 못' marécage '늪지, 수렁' parc '공원, 목장'
roseau '갈대' saule '버드나무' troène '쥐똥나무'

– 동물

baudet '당나귀' chouette '올빼미' esturgeon 철갑상어'
laie '멧돼지의 암컷' bison '들소' crapaud '두꺼비'
étalon '종마' mésange '깨새' blaireau '오소리'
épervier '새매' héron '왜가리' mouette '갈매기'
renard '여우'

구체적 의미의 단어들은 이 긴 목록들에 제시되고 있는데 반해 추상적 단어들은 놀라울 정도로 미미하게 존재한다. 그러한 말로는 besoin('필요'), besogne('임무, 작업'), harangue('지루한 연설, 장광설'), hâte('신속, 서두름'), honte('부끄러움') 등이 있다.

형용사, 동사 그리고 부사

이미 언급한 색깔 형용사들 외에도 brun('갈색의'), fauve('엷은 황갈색의'), garance ('붉그스름한'), saur('황갈색의') 등이 있으며, 다른 형용사들도 지속적으로 받아 들여졌다. 예를 들면, blafard('생기없는'), fourbe('위선적인'), frais('신선한'), gai('즐거운'), hagard('사나운'), hardi('과감한'), laid('못생긴'), leste('재빠른'), morne('침울한'), rêche ('까다로운'), riche('부유한'), sale('더러운') 그리고 당연히 franc('솔직한') 등이 있다.

그리고 오늘날 매우 일상적으로 사용되는 많은 동사들이 그 먼 옛날의 게르만어에 기원을 두고 있다.

attacher '매달다' bâtir '짓다' blesser '상처를 입히다'
(se) blottir '은신하다' braconner '밀렵하다' brandir '흔들다'
broder '수를 놓다' broyer '망가뜨리다' choisir '선택하다'

danser '춤추다' déchirer '찢다' déraper '탈선하다'
dérober '훔치다' épargner '아끼다' équiper '(장비를) 갖추다'
esquiver '사라지다' flatter '아첨하다' flétrir '말라죽다'
fournir '공급하다' gagner '얻다, 이기다' garder '지키다, 돌보다'
garnir '보강하다' gâter '상하다, 썩다' glisser '미끄러지다'
gratter '긁다' gravir '(~에) 오르다' griffer '할퀴다'
guérir '치료하다' haïr '싫어하다' heurter '충돌하다'
jongler '손재주를 부리다' lécher '핥다' marcher '걷다'
ramper '기어오르다' ricaner '비웃다' rôtir '굽다'
souhaiter '원하다' tanguer '움직이다' trébucher '비틀거리다'
trépigner '짓밟다' tricoter '뜨게질하다' trotter '속보로 달리다'
voguer '표류하다'

마지막으로, 외국어에서 유래한 40개 가량의 프랑스어 부사들 중에서 두 개의 게르만어 부사 guère('거의 ...이 없다, (옛) 많이')와 trop('지나치게, 몹시')가 그 시기에 들어왔는데, 외국어에서 차용된 부사로서 프랑스어에 정말로 잘 통합된 것은 그 두 개뿐이다. 이탈리아어에서 차용된 franco('솔직하게')나 fortissimo('아주 세게'), 영어 기원의 fifty–fifty('절반씩') 등 다른 부사들은 다소 이국적 분위기를 유지한 것과 대조를 보인다. 그 두 개의 부사 guère와 trop는 둘 다 많은 양을 떠올리지만 guère는 'ne... guère'처럼 부정문에서만 사용되어 '거의 ...이 없다'라는 의미를 가진다. 부사 trop에 대해 말하자면, 그것은 본래 명사였는데 중세 라틴어 TROPPUS('떼, 무리')가 되었고, 그것으로부터 프랑스어 명사 troupe('일행, 부대')와 troupeau('떼, 무리')도 만들어졌다. 그 부사는 오늘날 형용사로 사용되면서 새로운 활기를 보이고 있다(326쪽 이 챕터의 '§ 문법이 관련되는 변화' 부분 참조).

게르만어 어순의 영향

이처럼 침략 시기에 들어온 대부분의 어휘가 오늘날까지 살아남았다. 그런데 주목해야 할 또 다른 게르만어적 특성이 있는데, 또 다시 지명들을 살펴보아야만 과거에 그 특성이 얼마나 중요한 것이었는지 이해할 수 있다. 그것은 부가 형용사의 위치에 관한 문법적 특성이다. 오늘날 부가 형용사는 la cuisine française('프랑스식 요리')나 les yeux bleus('파란 눈')처럼 되도록이면 명사 뒤에 나타나는 반면에 게르만 언어들에서는 부가 형용사가 명사 앞에 위치한다. 그러므로 만약 지명에서 Rougemont[rouge('붉은')+mont('산')]이나 Clairvaux[clair('(숲 등이) 성긴')+vaux('골짜기')]에서처럼 형용사가 그것이 수식하는 명사 앞에 위치하면 그 형태는 게르만어의 영향 때문이라고 추정할 수 있다.

그 가설을 검증하고자 하면 Montrouge와 Rougemont, Châteauneuf [château('성')+neuf('새로운')]와 Neufchâteau, 또는 Villefranche[ville('도시')+franche('세금이 면제된')]와 Francheville처럼 동일한 형용사와 동일한 명사가 반대 위치를 차지하며 짝을 이루고 있는 일련의 프랑스 지명들을 찾아낼 수 있어야 한다. 음성적 변화로 인해 모든 예들이 지금 막 언급된 예들만큼 명확하지는 않기 때문에 이러한 연구는 시간이 좀 많이 걸리고 까다로워질 위험성이 있다. 예를 들면 Châteauneuf는 Châtelneuf, Castelnau 또는 Castelneu 형태로 존재하기도 하고, Neufchâteau는 Neufchâtel(프랑스) 또는 Neuchâtel(스위스) 형태로 존재하기도 한다.

그럼에도 불구하고 그와 같은 연구가 실행되었고, 46개 쌍의 '거울 모양' 지명이 보고되었다.[409] 다음은 그 지명들의 일부이다.

명사+형용사	**형용사+명사**
Aiguebelle(가르, 사부아)	Bellaigue(파드칼레)
Aigues-Mortes(가르)	Mortaigue(비엔)
Champlong(이제르)	Longchamp(코트도르, 뫼즈, 보주, 오트마른)
Eauxchaudes(피레네자틀랑티크)	Chaudes-Aigues(캉탈)
Montclar(알프드오트프로방스, 도르도뉴) – Montclard(오트가론, 오트루아르) – Monclar(로테가론, 타르네가론) – Monclarat(아베롱)	Clermont(오트마른, 에로, 오트가론, 우아즈, 랑드, 도르도뉴, 뫼즈, 퓌드돔)
Montrouge(오드센, 발두아즈)	Rougemont(앵, 두, 코트도르, 오랭)
Valbonne(알프마리팀)	Bonneval(외레루아르, 사부아, 보주)

Vauclaire(오트마른)
 – Vauclerc(엔)
Boisvert(이제르)
Villelongue(오드)

 – Bonnevau(루아르에셰르)
 – Bonnevaux(센에마른, 비엔)
Clairvaux(오드, 아베롱, 쥐라)
 – Clerval(두)
Verbosc(센마리팀)
Longueville(칼바도스, 파드칼레, 센에마른, 센마리팀)
 – Longeville(두, 모젤, 뫼즈, 오트마른)

그 46개 쌍은 실제로 400개 이상의 장소를 나타내고 있으며, 각 지명은 종종 위의 목록에서 보았듯이 여러 변이형으로, 그리고 다양한 지방에서 나타나고 있다.

288쪽 지도를 살펴보면(지도 '게르만어 어순의 영향' 참조) 프랑크족의 첫 번째 이주(440년, 솜강까지)의 경계선 북쪽에는 형용사가 첫 번째 위치에 오는 지명의 비율이 100%임을 확인할 수 있다. 솜강의 연안을 멀리 벗어나서 노르망디를 포함하고, 동쪽으로는 알자스, 로렌 그리고 프랑슈콩테를 포함하는 훨씬 더 넓은 지대에 초점을 맞춰 보아도 비율이 크게 내려가지는 않는다.

가장 옛날에 로마화되었고 가장 게르만화가 덜 이루어진 지대(나르보넨시스 속주)에서는 그 비율이 16%로 떨어진다.

그 두 극단 사이를 보면, 507년 클로비스가 서고트족에 승리를 거두기 이전 프랑크 왕국 경계선의 북쪽에 위치한 부분에서도 비율이 여전히 매우 높다(82%). 그 높은 비율은 게르만어 타입 지명의 일부가 9세기에 스칸디나비아에서 온 노르만인들의 영향으로 생겼다는 사실과도 관계가 있다. 브르타뉴는 프랑크족의 침략에서 비켜나 있었다는 점은 유의해야 한다.

마지막으로, 그 프랑크족이 지배한 지역과 속주에 해당하는 지역 사이에는 56%의 게르만어 타입의 지명이 나타나는 지대가 있다. 거기서는 프랑코프로방스어 지역이 특히 밀도가 높다는 것을 주목할 수 있는데, 그것은 아마도 5세기부터 있었던 부르군트족의 영향으로 설명될 수 있을 것이다.

게르만어 어순의 영향

원 속에 기재된 백분율은 (Francheville에서처럼 형용사가 명사 앞에 오는) 게르만어 타입 조어의 비율을 표시하고 있다. 북쪽에 있는 실선들은 프랑크족의 첫 침략(440년까지)과, 그 다음 507년 프랑크족의 지배권 확장의 경계선을 나타낸다. 남쪽의 실선은 나르보넨시스 속주의 경계선을 표시한 것으로, 그곳은 게르만어의 영향이 가장 적게 도달한 지방이다.[410]

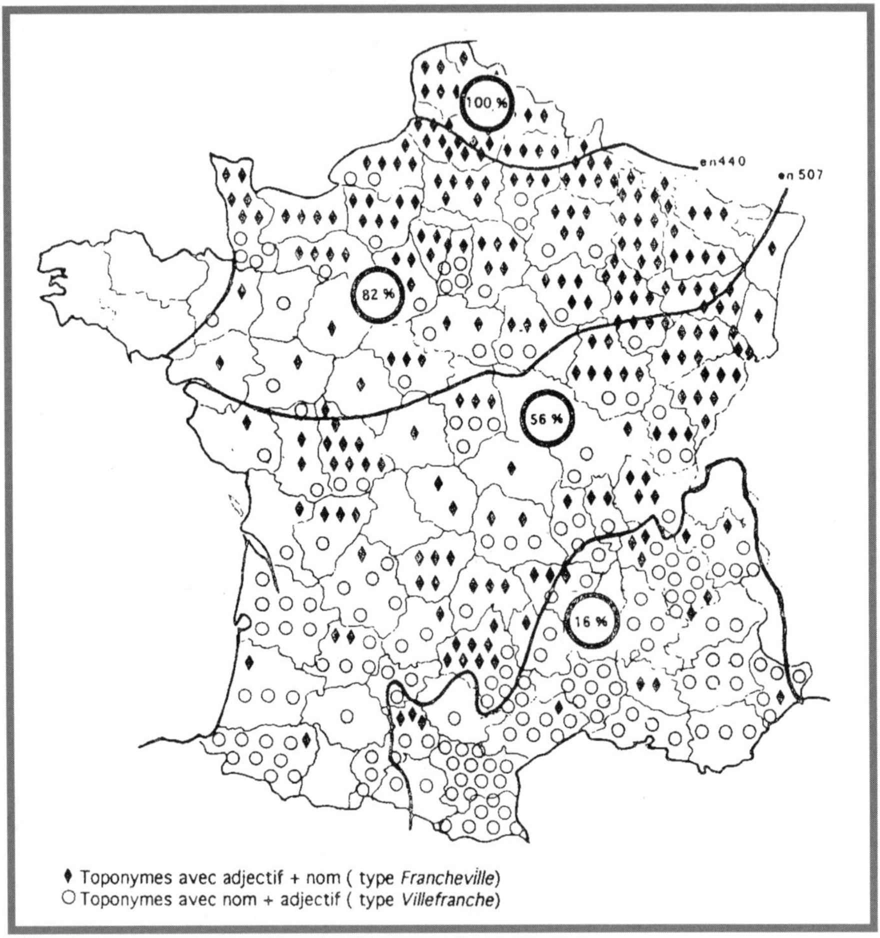

Toponymes avec adjectif + nom (type *Francheville*) '형용사 + 명사'로 이루어진 지명들(Francheville 타입) Toponymes avec nom + adjectif (type *Villefranche*) '명사 + 형용사'로 이루어진 지명들(Villefranche 타입)

어느 사라진 자음의 최종 효과

로마 병사들의 구어 라틴어에는 자음 h가 없었는데, 그것은 키케로 시대에 이미 더 이상 라틴어에서 발음되지 않았기 때문이다(HOMO, HONOR, HORA에서 H는 이미 표기로만 있었다). 반면에 장차 프랑스어가 될 언어는 게르만어의 영향으로 인해 그 자음을 얻게 되어 hache('도끼'), haie('울타리'), halle('시장'), hameau('촌락'), hanche('엉덩이'), harde('(짐승의) 떼'), honte('부끄러움'), housse('덮개, 커버'), hutte('오두막집') 등의 단어들에서 h가 오랫동안 영어의 h처럼 발음되었다. 오늘날은 그 단어들이 모두 마치 모음으로 시작하는 것처럼 발음된다. 그렇지만 그 h는 발음상 존재하지 않아도 연독[liaison, 프랑스어에서 평소에는 발음되지 않는 단어의 마지막 자음이 뒤에 모음 또는 일부 h로 시작하는 단어가 올 때 발음되는 현상]과 모음 축약을 방해하며 자신의 역할을 하고 있다. 프랑스인들은 les hommes에 대해서는 연독을 실행하여 les의 s를 /z/로 발음하지만 les haches에 대해서는 연독을 하지 않으며, 또한 les heures는 연독하지만 les hanches는 연독하지 않는다. 이러한 차이가 생긴 것은 갈리아에 도입된 라틴어 기원 단어들에서는 그 자음이 결코 발음된 적이 없었던 반면에 게르만어 단어들에서는 예전에 자음 h가 발음되었기 때문이다.

프랑스어는 발달 과정에서 진정한 h로 시작하는 다른 단어들도 다양한 언어에서 차용하였다. 예를 들면, 아랍어에서 harem('하렘'), 헝가리어에서 hussard('경기병'), 일본어에서 harakiri('할복 자살'), 아라와어에서 hamac('해먹') 등이 차용되었다. 그러나 이러한 유형으로서 일상적으로 사용되는 단어 121개 가운데 105개가 게르만어에 의해 프랑스어에 공급되었다는 것이 확인되었다.[411]

노르망디의 바이킹족

게르만 언어들과의 새로운 접촉이 9세기와 10세기 사이에 일어났다. 침략이 있었고, 그 다음에 오늘날 노르망디에 해당하는 곳에 스칸디나비아 사람들이 영원히 정착하였다. 그러나 스칸디나비아 언어들의 프랑스어에 대한 영향은 매우 제한적이었고 단지 몇십 개의 단어가 도입되었을 뿐이었다. 그러한 단어들로는 agrès('선구'), carlingue('기체'), cingler('항로를 잡다'), duvet('솜털'), guichet('창구'), joli('예쁜'), homard('바다가재'), turbot('가자미의 일종'), vague('파도') 등이 있다. 노르망디의 지명인 옹플뢰르(Honfleur), 코드벡(Caudebec), 엘뵈프(Elbeuf), 이브토(Yvetot) 등은 바이킹족이 거쳐갔음을 상기시키며, 그 외에 바스노르망디 지방의 프랑스어에도 스칸디나비아어에서 유래한 어휘가 나타난다(314쪽, 이 챕터, 상자 글 '바스노르망디' 참조).

프랑스어는 언제 시작되는가?

로마 제국의 붕괴(476년) 시기부터는 자료의 결여로 인해 프랑스어의 탄생에 이르는 변화의 진행 과정을 추적할 수가 없고 그 탄생의 시점을 밝히기도 어렵다. 글에서의 이행 과정을 기준으로 삼는다면 '스트라스부르 서약'을 프랑스어의 출생 증명서로 간주할 수 있을 것이다. 그 서약은 842년 샤를마뉴의 손자들 중 두 명, 즉 게르만인 루이와 대머리 샤를에 의해 천명되었고, 그들의 사촌 니타르는 로망스어와 게르만어로 되어 있는 서약 내용 몇 줄을 제외하고는 완전히 라틴어로 된 글로 이 사건을 기록하였다.[412] 그러나 813년에 이미 투르 공의회에서는 설교와 성무일과서에 통속어들(로망스어와 게르만어)의 사용을 권장한 바가 있었는데, 이것은 9세기 초에 교회에서 많은 사람들이 더 이상 라틴어를 이해하지 못했다는 것을 보여주는 증거이다.[413] 그런데 그러한 상황은 어느날 갑자기 생긴 것이 아니다.

이미 8세기 말에 게르만어 화자이지만 라틴어에 푹 빠진 샤를마뉴 황제는 프랑스에서 말해지던 언어가 더 이상 책 속의 라틴어가 아니었다는 사실을 인식하였고, 그 언어에 다시 생명력을 불어 넣기 위해 영국에서 학자 앨퀸을 오게 하였다. 그래서 앨퀸은 투르의 생마르탱 수도원에서 5세기 초에 성 히에로니무스가 만든 성서의 라틴어 번역인 불가타 역본의 텍스트를 더 이상 이해하지 못하던 프랑스 수도자들에게 진지한 라틴어 교육을 해 주었다.

그렇게 해서 이른바 '카롤링거 왕조의 르네상스'와 함께 라틴어의 부활도 시작되었다.

두 개의 병존하는 원천

라틴어 교육의 부흥과 함께, 당시 형체가 갖추어지고 있던 프랑스어에는 마치 외국어에서 차용하듯 라틴어에서 직접 차용한 수백 개의 단어들이 그 시기에 나타나게 되었다.

프랑스어의 역사 전체가 그때부터 어지러워졌고, 그 라틴어의 귀환을 고려하지 않으면 프랑스어 어형들의 다양성을 이해할 수가 없게 되었다. AQUA와 같은 라틴어 단어는 수 세기 전부터 변화 과정을 이미 거쳐서 프랑스어 형태 eau('물')로 귀착한 반면에 그 시기에 aquatique('물에 자라는, 수상의'), aqueux('수분이 많은, 수성의') 등의 새로운 형태들이 동일한 라틴어 어근 AQUA으로부터 직접적으로 만들어졌다. œil('눈')와 oculaire('눈의') 또는 frère('형제')와 fraternel('형제의')도 마찬가지 경우이다. 그렇게 되어 프랑스어에는 한편으로 eau나 œil와 같은 통속적 단어 형성이 있고, 다른 한편으로 (moutier라는 통속적 형태 맞은 편에 있는) monastère('수도원')와 같은 식자적 단어 형성, 또는 (라틴어 LINEUS('아마포(로 만든)')에서 유래한) linge('내의류, 세탁물')와 같은 준식자적 단어 형성도 있다.[414]

이중어는 동의어가 아니다

동일한 라틴어 단어가 오늘날 두 개의 다른 형태로 나타났을 때 그것들을 이중어(doublet)라고 한다. 예를 들어 라틴어 FABRICA('(목재, 금속을 가공하는) 공장')는 약간 형태가 변화된 프랑스어 단어 fabrique('공장')로 차용되었지만, 다른 한편으로 구어에서는 동일한 라틴어 단어가 프랑스어 forge('대장간, 제련소')로 알아보기 힘들 정도로 변화하였다. 다음과 같은 것들도 마찬가지이다.

LIBERARE('자유를 주다')에서 libérer('석방하다', 식자적 단어 형성)와 livrer('인도하다, 맡기다', 통속적 단어 형성)가 만들어졌다.

CADENCIA('떨어짐', 더 구체적으로는 '주사위들의 떨어짐')에서 cadence('박자, 리듬')와 chance('가능성, 운')가 만들어졌다.

CALCULU(M)('조약돌', 그리고 '계산판 위의 조약돌'[과거에 조약돌들을 계산판 위에 올려 그 갯수로 수를 나타내었던 것을 가리킴])에서 calcul('계산')과 caillou('조약돌')가 만들어졌다.

이 몇몇 예들은 이중어들 간의 관계가 항상 자명하게 드러나는 것은 아니라는 것을 보여준다. 두 단어가 오늘날 다르게 발음되고 또 다르게 표기될 뿐만 아니라 그것들의 의미도 때로는 매우 변화무쌍하게 파생되어 그것들의 유사성을 알아볼 수가 없기 때문이다.

이중어들을 식별할 수 있기 위해서는, 프랑스어에서 통속어 단어의 음성적 형태는 자음이 탈락하고, 또 흔히 그 영향으로 단어의 음절 수가 줄어들기 때문에 일반적으로 더 축소되어 있다는 것을 알아야 한다. 몇몇 예를 들면 다음과 같다.

- 라틴어 MUSCULUM('근육')에서 프랑스어 moule('홍합')로, HOSPITALEM('여관업자')에서 hôtel('호텔')로, CASTRARE('거세하다')에서 châtrer('거세하다')로, BLASPHEMARE('욕설하다, 하나님을 모독하다')에서 blâmer('비난하다')로 옮겨가면서, 라틴어의 s가 사라지고 단어의 단축이 일어났다.
- MUTARE('변하게 하다')에서 프랑스어 muer('변화시키다')로 변화하면서 라틴어의 t가 더 이상 발음되지 않았다.
- COMPUTARE('계산하다')는 두 개의 동사 compter('계산하다')와 conter('이야기하다')로 귀착되었는데, 그 단어의 p가 이중어 가운데 어느 것에서도 오늘날 더 이상 발음되지 않게 되었다[프랑스어 단어 compter에서 p는 발음되지 않음].
- SOLIDUS('고체의')에서는 프랑스어 sou('동전')로 되면서 l과 d가 사라졌다.
- REDEMPTIONEM('몸값')에서는 자음들의 탈락, 모음의 변화 그리고 음절 수의 축소가 일어나서 rançon('몸값')이라는 단어로 귀착되었다. 그러나 rédemption('속죄, 구원')이 나중에 도입되었다(아래 상자 글 참조).

휴식 시간

카이사르에게 돌려주자...

모든 로망스어처럼 프랑스어에는 라틴어에서 유래한 두 유형의 단어들이 있다. 즉, 정상적 마모 과정을 겪은 단어들(통속어 단어 형성)과 고전 라틴어에서 직접 차용되어 라틴어에 더 가까운 형태를 간직한 단어들(식자어 단어 형성)이 있다.

- 식자어 형태는 라틴어 단어를 훨씬 더 닮았다.
- 통속어 형태는 하나의 자음 또는 하나의 음절 전체의 삭제를 겪었기 때문에 언제나 훨씬 더 짧다.

16번은 두 가지 통속어 단어 형성이 있었는데 두 번째 것을 찾아야 한다.

1	FABRICAM('공장')	forge('대장간')	.....
2	FRAGILEM('깨지기 쉬운')	.....	fragile('깨지기 쉬운')
3	FRIGIDUM(차가운')	froid('추운')	.....
4	.....	grêle('우박')	gracile('가늘고 섬세한')
5	SACRAMENTUM('맹세')	serment('맹세')	.....
6	SECURITATEM('안전')	.....	sécurité('보안, 안전')
7	.....	employer('사용하다')	.....
8	CADENTIAM('떨어짐')	chance('가능성, 운')	.....
9	POTIONEM('물약')	.....	potion('물약')
10	.....	verre('유리, 잔')	vitre('창유리, 차창')
11	MASTICARE('씹다')	mâcher('씹다')	.....
12	MUSCULUM('근육')	..... (여성명사)	muscle('근육')
13	MODULUM('크기, 척도')	moule (남성명사, '거푸집')	.....
14	.....	épaule('어깨')	spatule('주걱')
15	MONASTERIUM('수도원')	.....	monastère('수도원')
16	.....	roide('뻣뻣한')	rigide('경직된')
17	PALMAM('손바닥')	paume('손바닥')	.....
18	.....	porche('현관, 입구')	portique('주랑 (현관)')
19	MINISTERIUM('시중, 근무')	métier('직업')	.....
20	TABULAM('상, 놀이판')	.....	table('탁자, 표')
21	CLAVICULAM('쇄골부')	cheville('쐐기, 발목')	.....
22	AUGUSTUM('위엄있는')	.....	auguste('엄숙한')

정답: 1. fabrique('공장'). 2. frêle('허약한'). 3. frigide('차가운'). 4. GRACILIS('가느다란'). 5. sacrement('성사, 결혼'). 6. sûreté('안전(성)'). 7. IMPLICARE('종사케 하다'). 8. cadence('박자'). 9. poison('독약'). 10. VITRUM('유리'). 11. mastiquer('씹다'). 12. moule('홍합'). 13. module('표준, 구성 단위'). 14. SPATULA('작은 주걱'). 15. moutier('수도원'). 16. RIGIDUS('굳은'), raide('뻣뻣한'). 17. palme('손바닥 쪽으로 재는 길이의 단위'). 18. PORTICUS('주랑'). 19. ministère('장관직, (정부의) 부'). 20. tôle('철판'). 21. clavicule('쇄골'). 22. août('8월')

프랑스어, 국가의 관심사

말하자면 프랑스어의 재라틴어화는 의도된 일이었다. 심지어 그때의 통치 기관들에 의한 언어의 장악은 오늘날까지 계속되는 일련의 개입들 중 첫 번째 것일 뿐이라고 말할 수도 있다. 샤를마뉴 다음에는 프랑수아 1세였는데, 그는 1539년에 빌레르코트레(Villers-Cotterêts) 칙령으로 모든 공식 문서에서 라틴어를 프랑스어로 교체하는 결정을 내렸다.

님이 빌레르코트레보다 먼저였다

1531년 님(Nîmes)에서 랑그도크 삼부회의 건의에 대한 답변에서 프랑수아 1세가 처음에는 방언들을 옹호하는 루이 12세의 칙령을 확인하며 다음과 같이 밝혔다.

"랑그도크 지방의 삼부회가... 짐에게 겸허하게 지적하기를... 전술한 공증인들이 라틴어로 또는 전술한 계약 및 개별 사항들을 체결하는 사람들의 언어와 다른 언어로 문서를 작성한다고 하니... 전술한 공증인들에게 계약자들의 통속어로 모든 계약을 체결하고 작성하도록 엄중히 명하노라..."

8년이 지난 후 1539년에 프랑수아 1세는 빌레르코트레(Villers-Cotterêts) 칙령을 공포함으로써 이전의 칙령들을 무효화하고 행정 문서에서 프랑스어의 사용을 명령하였다(111조).

"...짐은 이제부터 모든 판결 및 모든 다른 절차가, 종심 재판소들에서나 다른 하급 재판소들에서나, 기록부, 심문, 계약, 위임, 법원의 결정과 문서 및 그에 종속되는 것 등, 그 모든 것에 대하여 다른 언어가 아닌 프랑스인의 모국어로 선고되고, 기록되고, 그리고 당사자들에게 통고될 것을 명하노라."[415]

요컨대 프랑스어화 과정은 두 단계로 이루어졌다. 먼저 라틴어를 제거하고 방언들을 채택하였고, 그 다음에 방언들을 제거하고 프랑스어만을 채택하였다.

한 세기 뒤 1635년에 리슐리외는 어휘를 체계화하고 문법을 확립하는 임무를 가지게 될 '아카데미 프랑세즈'를 창립하였다. 1694년에 출간된 《아카데미 프랑세즈 사전》의 초판은 '아름다운 어법', 즉 궁정 및 상위 계층의 어법과 어원을 존중하는 정서법을 공고히 하였다.

한 세기가 더 지난 1794년에 그레구아르 신부는 모든 방언을 없애도록 호소를 하였다. 그것은 공화국의 법률들이 모든 사람에게 이해되도록 만들고, 그와 더불어 자식들의 미래를 보장하기 위해 교육이 프랑스어로 이루어질 것을 요청하던 시민들의 요구에 부응하기 위한 것이었다.

1964년에는 드골 장군이 프랑스어 고등 심의회(Haut Conseil de la langue

française)를 창립하였고, 그것은 나중에 고등 판무국(Haut Commissariat)이 되었다가 지금은 프랑스어 총대표부(Délégation à la langue française)로 되었다[2001년 Délégation à la langue française et aux langues de France('프랑스어 및 프랑스의 제 언어 총대표부')로 명칭이 바뀜].

그러므로 국가는 중세 후기 이래 프랑스어의 변화 과정에 계속해서 영향을 주었다고 할 수 있다.

중세의 상황

그런데 중세에는 '프랑스어'가 우리가 아는 프랑스어와 일치되지 않는다는 점을 인식해야 한다. 라틴어가 각 지방에서 약간씩 다른 형태를 취했고 일드프랑스의 방언이 아직 왕국 전체를 위한 프랑스어로 받아들여지는 데 이르지 못했기 때문이다.

당시의 방언들은 다음과 같이 특징지어지는 오일어, 오크어, 프랑코프로방스어 등 세 집단으로 크게 구분되었다.

- 오크어 지역에는 라틴어에 더 가까운 방언들이 있었다.
- 오일어 지역에서는 부분적으로 게르만어의 영향으로 인해 변화가 더 많이 진행되었다.
- 프랑코프로방스어 지역에서는 오일어 방언들의 영향을 많이 받은 오크어 유형의 방언들이 있었다.

다언어 국가인 프랑스

10세기 말부터 왕의 언어가 된 프랑스어의 영향력이 계속 증대하였음에도 불구하고 방언들은 여전히 프랑스의 언어적 풍경의 일부로 되어 있었다. 방언들의 활력은 지방에 따라 매우 다르기 때문에 그러한 언어들의 지리적 분포를 보여주는 모든 지도는 다소 착각을 불러일으킨다. 지도 '프랑스의 언어들'(296쪽)은 그 방언들을 오늘날에도 들을 수 있는 장소들을 표시할 뿐이며 실제로는 방언이 소멸 위기에 처해 있

프랑스의 언어들

로망스어가 아닌 언어들은 사선으로 된 선영으로 표시되어 있다. 그것들은 브르타뉴어, 플랑드르어, 로렌어, 알자스어 그리고 바스크어이다. 가로선으로 된 선영으로 표시된 부분은 옛날에 타언어가 사용되었던 지역들을 나타낸다. 예전에 갈로어 권역의 일부 지역에서 브르타뉴어가, 생통주에서는 오크어가, 그리고 오늘날보다 더 넓은 지역에서 플랑드르어가 사용되었다.

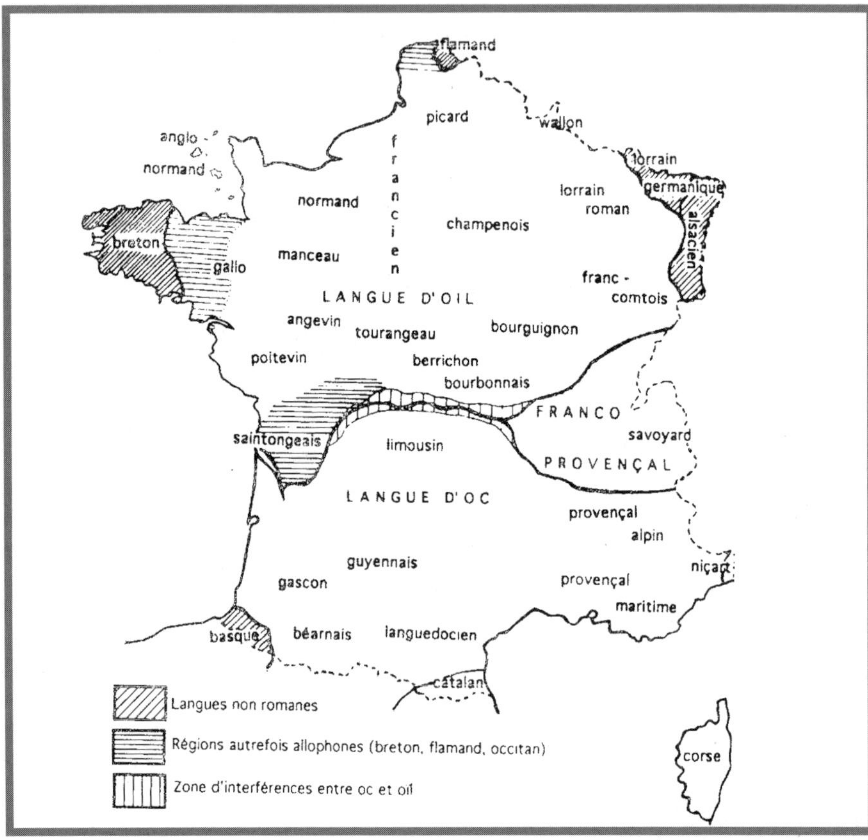

alsacien 알사스어 anglo-normand 앵글로노르만어 basque 바스크어 béarnais 베아른어 breton 브르타뉴어 catalan 카탈로니아어 champenois 샹파뉴어 flamand 플랑드르어 FRANCOPROVENÇAL 프랑코프로방스어 gallo 갈로어 gascon 가스코뉴어 guyennais 기옌어 LANGUE D'OC 오크어 languedocien 랑그도크어 LANGUE D'OIL 오일어 Langues non romanes 로망스어가 아닌 언어들 limousin 리무쟁어 lorrain germanique 로렌 게르만어 lorrain roman 로렌 로망스어 manceau 맨어 niçart 니스어 normand 노르망디어 picard 피카르디어 provençal alpin 산악 프로방스어 provençal maritime 해안 프로방스어 Régions autrefois allophones (breton, flamand, occitan) 과거에 타언어(브르타뉴어, 플랑드르어, 오크어)를 사용한 지방들 saintongeais 생통주어 savoyard 사부아어 wallon 발론어 Zone d'interférences entre oc et oïl 오크어와 오일어의 간섭 지역

는 경우도 있고 방언이 여전히 활발하게 사용되고 있는 경우도 있다.[416]

그 지도에서는 외곽 지방들에 다음과 같이 로망스어가 아닌 언어들이 있음을 알 수 있다.

– 바스크어(피레네자틀랑티크)
– 켈트어(피니스테르, 모르비앙, 코트다르모르)
– 게르만어: 플랑드르어(노르)
  알자스어(오랭과 바랭)
  로렌 프랑크어(모젤)

그러한 언어들은 이 책의 다른 챕터들에서 자세히 설명되어 있다(브르타뉴어에 대해서는 제3부 '켈트 어파'의 '브르타뉴어' 부분(99쪽)을, 플랑드르어, 알자스어, 로렌 프랑크어에 대해서는 제5부 '게르만 어파'를, 바스크어에 대해서는 '스페인어를 중심으로' 챕터를 참조할 것).

로망스어들의 경계선은 더 설정하기 어렵지만 그 언어들은 오일어 지역, 프랑코프로방스어 지역, 오크어 지역, 카탈로니아어 지역(피레네조리앙탈) 그리고 코르시카어 지역(코르시카)으로 구분될 수 있다.

그 언어들은 아래에 오늘날 프랑스에서 그것들이 보여주는 활력의 수준에 따라 제시되어 있다.

코르시카어

코르시카는 시칠리아 바로 다음에 사르디니아와 함께 매우 일찍 로마의 식민지가 되었고(기원전 240년), 연속적으로 피사(11–13세기), 그 다음에 제노바에 의해 5세기 동안 지배되었다. 코르시카는 1769년부터 프랑스의 일부가 되었지만, 그 당시에는 물론 19세기까지 모든 주민이 그곳에서 코르시카어를 사용하였고 교양인 계층에서는 이탈리아어를 사용했다. 오늘날은 프랑스어와 코르시카어의 이중 언어 사용이 보편화되었지만 코르시카어는 시골과 도시 모두에서 매우 활발하게 사용되고 있다. 비록 이 언어에는 매우 다양한 어법들이 존재하지만,[417] 이탈리아어 정서법에 기반을

둔 단일 표기법이 있어서 그것을 따르는 교재들을 개발할 수 있었다.[418]

이탈리아어와 유사한 코르시카어는 이탈리아어에서 사라진 라틴어의 오래전 특성 중 일부를 간직하였다. 마지막 위치에 있는 모음 u('우'로 발음됨)를 예로 들 수 있다.

pastu '식사' (이탈리아어, pasto)
topu '쥐' (이, topo)
ditu '손가락' (이, dito)
sollu '동전' (이, soldo) 등.

프랑스의 카탈로니아어

카탈로니아어 사용 집단은 프랑스(루시옹과 세르다뉴)와 스페인에 나누어져 있지만(223쪽 '스페인어를 중심으로' 챕터, '§ 스페인의 카탈로니아어' 부분 참조), 사르디니아에도 알게로 부근에 작은 카탈로니아어 공동체가 존재한다. 가장 오래된 카탈로니아어 기록물은 12세기의 것이며, 카탈로니아어는 14세기에 뛰어난 시문학으로 명성을 떨쳤다. 15세기 말에 카탈로니아가 카스틸라에 합병되었기 때문에 그 뒤로 카탈로니아 지역 남부에서 카스틸라어의 위세가 커졌으며, 북부(프랑스 피레네조리앙탈 도)에서는 프랑스어의 영향이 19세기부터 뚜렷해졌다.[419] 19세기 말에는 카탈로니아어가 아동들의 4분의 1에 의해 여전히 사용되었지만, 20세기 후반에는 두 개의 이주에 의해 프랑스어화가 가속화되었다. 북아프리카에서 귀환한 사람들의 이주[알제리의 독립과 관련하여 1962년 전후로 그곳에 거주하던 프랑스인들이 대규모로 본국에 귀환한 것을 가리킴]와 루아르강 북쪽에서 온 은퇴자들의 이주가 있었기 때문이다.

오늘날은 카탈로니아어가 시골 지역과 나이든 사람들에게서 생명력을 유지하고 있지만 초등학교부터 그 언어를 가르치는 것을 지지하는 의견이 점점 더 강하게 표명되고 있다. 1976년에 카탈로니아어로 교육하는 최초의 학교인 브레솔라교(Bressola)가 페르피냥에 창립되었고, 1982년 이래로 페르피냥 대학교에 정규 카탈로니아어 교육 과정이 개설되어 있다. 그러나 피레네 산맥 건너편의 상황과 비교하면 프랑스 카탈로니아에서의 카탈로니아어 상황은 상당히 취약하다.[420]

카탈로니아어는 랑그도크어와 유사한 점들이 있지만, 그 언어와 구별되는 여러 특성을 가지고 있다. 다음은 그중의 몇몇 예이다.[421]

– 라틴어 u('우'로 발음됨)의 유지

MADURU(M)	→	madur('마두르'로 발음)	'익은, 성숙한'(프, mûr)
LUNA	→	lluna	'달'(프, lune)

– 비자음[n, m 등]이 마지막 자음이 되었을 때 탈락함

MANUS	→	mà	'손'(프, main)
BENE	→	bé	'잘'(프, bien)
CAPITANEUS	→	capità	'선장'(프, capitaine)

오크어 지역

11세기 중엽, 프랑스어로는 아직 어떠한 글로 쓰여진 중요한 작품도 나오지 않았을 때, 오크어 지역의 언어는 이미 시(詩) 작품들을 만들어내었고, 12세기부터는 서유럽 최초의 품격있는 서정시의 전달 도구로 간주되었다.[422]

트루바두르[중세 남프랑스의 음유 시인]의 시와 그것의 세련된 기법들은 프랑스어와 다른 로망스어들, 즉 포르투갈어의 조상인 갈리시아-포르투갈어(247쪽 '포르투갈어를 중심으로' 챕터, '§ 위엄있는 문학어' 참조), 카탈로니아어 또는 이탈리아어(155쪽 '이탈리아어를 중심으로' 챕터, '§ 이웃의 자매 언어들' 부분 참조) 등의 발전에 중요한 역할을 하였다. 나중에는, 13세기 알비 종파를 상대하는 십자군 원정 이후로 퇴조를 겪기도 하였지만, 오크어가 일상적인 생활에서 사용되는 언어로 남음으로써 프랑스 국왕의 언어의 위세에 오랫동안 맞서 버텼다. 오크어는 19세기에 '펠리브리주 연합'(Félibrige)[1854년 프로방스어와 기타 남프랑스 방언의 보존과 부흥을 위해 결성된 문학 단체] 및 프로방스 시인인 프레데릭 미스트랄의 공헌으로 프로방스의 눈부신 문학적 르네상스를 맞이하였고, 20세기에는 오크어 운동에 대한 더 포괄적인 구상이 오크어 연구소에 의해 제안되었다. 오늘날 오크어는 주로 50세 이상이 말하거나 이해하는 언어로서, 대규모 주거 밀집 지역에서 벗어난 지역에서 사용되며, 일부

청년 그룹과 지식인 그룹에게는 오크어가 정체성 숭배[특정 민족이나 문화를 중심으로 모인 집단의 과격한 주장]의 대상이 되고 있다.

296쪽의 지도에서 볼 수 있듯이 많은 오크어 변이체들이 발달하였으나 이 책에서 그것들을 설명하는 것은 불가능하다. 다만 라틴어의 모음 사이의 자음들은 오크어 변이체 어디에서도 프랑스어에서처럼 삭제되지 않았다는 점을 지적하고자 한다. 예를 들면, SUCURU(M)은 segur('확실한', 프, sûr)로, CATENA는 cadena('사슬', 프, chaîne)로 되었다. 비록 형태는 달라졌지만 라틴어의 자음들이 유지되었다.

가스코뉴어

오크어 그룹에서 가스코뉴어는 독자적 위치를 차지하고 있다. 그 언어의 특수성은 바스크인들의 가설적 조상인 아키텐족이 오늘날 가스코뉴어 사용 지역인 가론강 서쪽에 오래전에 거주했다는 것과 연관되어 있는 듯하다.[423]

기억하기 쉬운 가스코뉴어의 한 가지 특성이 있다. 라틴어의 f는 가스코뉴어에서 h(내쉬는 진정한 h)로 발음된다. 예를 들면, haria('밀가루', 라틴어 FARINA에서 유래), hlor('꽃', 라틴어 FLOR에서 유래), hilha('딸', 라틴어 FILIA에서 유래) 등이 있다.

이 언어의 변이체가 스페인에도 있다(225쪽, '스페인어를 중심으로' 챕터, '§ 아란어는 카탈로니아어가 아니다' 부분 참조).

프랑코프로방스어

프랑코프로방스어는 프랑스만이 아니라 이탈리아와 스위스에서도 사용되는데, 오늘날 생존하는 데 어려움을 겪고 있다. 프랑코프로방스어 방언들이 리옹이나 제네바 같은 큰 지방 중심 도시에서 사용되었지만 그 방언들 중 어느 것도 확실한 위세를 얻지 못하였기 때문이다. 그런데 리옹이나 제네바에서는 14세기부터 프랑스어에 대하여 도입부터 확산까지 특별 대우를 해 주었다. 그러므로 프랑코프로방스어가 19세기 말부터 쇠퇴가 지속되고 가속화되어 돌이키기도 어렵게 된 것은 아마도 그 언어가 여러 방언들로 매우 분열되어 있었기 때문일 것이다.

프랑코프로방스어는 라틴어 글자 연속체 'CA'의 독특한 변화 과정을 겪었다는 점에서 오크어나 오일어 방언들과 구별된다. 예를 들어 사부아에서는 다음 예들에서처럼 그 연속체가 th로 변화하였다(치간음으로 발음됨).[424]

CARBONEM → tharbon '숯'
CANTARE → thantò '노래하다'
CAPRAM → thévra '염소'

오일어 방언들

방언들의 생존 문제는 오일어 지역에서 훨씬 더 복잡하고 훨씬 더 심각하게 제기된다. 왜냐하면 그곳에서는 라틴어에서 유래한 단어들의 형태가 프랑스어에서 고착된 형태와 매우 유사한 경우가 흔하기 때문이다. 그래서 지방 언어의 소멸이 처음에는 감지되지 않은 채 조금씩 진행되지만, 그 다음에 프랑스어와의 점진적인 융해로 이어지고, 결국 프랑스어가 지방 언어를 흡수하는 과정으로 이루어지게 된다.[425]

그러한 현상이 갈로어에서 확인되고 있다. 갈로어는 라틴어가 오트브르타뉴에서 변화한 형태인데, 그 언어를 아직 일상적으로 사용하는 사람들에게 그 언어가 프랑스어와 완전히 구별된 채로 유지되고 있지 않다.

노르망디에서는 유사한 현상이 일어나고 있지만, 특히 코탕탱 반도에서는 노르망디어와 프랑스어, 두 언어를 완벽하게 구별하여 사용하면서 보존하고 있는 시골의 주민들을 아직도 찾아볼 수 있다.

지방 언어들에 대한 우호적 결정들

프랑수아 1세가 모든 행정문서를 '다른 언어가 아닌 프랑스어로' 작성하는 것을 의무화한 빌레르코트레 칙령과 그레구아르 신부의 방언 폐지 필요성에 관한 연설은 매우 잘 알려져 있지만, 지방 언어들에 대해 우호적인 공식 결정들은 잘 알려져 있지 않다.

다음은 그러한 결정들의 역사에서 중요한 의미가 있는 연도들이다.

813년	**투르 공의회**: "…et ut easdem omelias quisque aperte tranferre studeat **in rusticam Romanam linguam aut Thiotiscam**, quo facilius cuncti possint intellegere quae dicuntur." [라틴어] "…그리고 (각 주교는) 신자들이 그 내용을 더 쉽게 이해할 수 있도록 이러한 강론들을 **시골 로망스어나 튜튼어로** 번역하는 데 전념해야 할 것이다'"
1510년 6월	**루이 12세의 칙령**: "짐은 이제부터 모든 형사 재판과 전술한 조사들이 어떻게 해서든지 **통속어와 지방 언어로** 이루어질 것을 명하며 […] 그렇지 않으면 어떠한 효력이나 가치도 없을 것이다."
1531년	랑그도크 지방을 대상으로 **프랑수아 1세가** 루이 12세의 칙령을 확인함. 이 결정은 8년 후 빌레르코트레 칙령의 공포에 의해 무효화되었다.
1951년 1월	**데익손 법**: "[…] 브르타뉴어, 바스크어, 카탈로니아어 그리고 오크어의 영향권 지대에서 **지방의 언어 및 방언들의 연구**를 촉진하는 최선의 수단을 모색함." 퐁타네 법으로 코르시카어에 확대 적용됨(1974년 1월).
1981 5월	**프랑수아 미테랑의 제안**: 자신의 대통령 선거 후보자 공약(110개 제안 중 56번째)에서: "[…] **소수 언어 및 문화들**은 존중되고 교육의 대상이 될 것이다." 이 제안은 1982년 6월 21일의 사바리 공문으로 구체화되었는데, 그 공문은 지방 언어와 문화 교육을 위한 추진 계획을 공지하면서 과목들의 목록은 주지 않음으로써 모든 과목을 가르칠 가능성을 열어두었다. 1983년 5월 26일 관보에는 바칼로레아 시험에서 인정되는 언어들의 목록이 발표되었다. 목록에는 브르타뉴어, 카탈로니아어, 오크어, 코르시카어, 갈로어 등이 들어 있었고, 1988년 이후로는 알자스어가 포함되었다.[426]

저지(Jersey)와 그 밖의 채널 제도 방언들은 영어가 전체 주민에게 전파되기 시작한 18세기까지는 잘 유지되었다. 프랑스어는 영어와 함께 공식어이나 저지에서 더 이상 거의 들려지지 않는 반면에 '저지어'는 그곳에서 몇천 명(1991년 조사에 따르면 5,720명, 즉 인구의 6.9%)에 의해 아직도 사용되고 있다. 그 가운데 90%는 40세 이상이다[저지어는 2019년 지방 공식어로 지정되었으며, 2011년 조사에 따르면 지역 전체 주민 97,857명 가운데 1.7%에 해당하는 1,700명이 저지어를 일상적으로 또는 때때로 사용하고 있다]. 그 언어의 모음 체계는 장모음과 단모음만이 아니라 이중 모음들과 5개의 비모음을 포함하는데, 이러한 모음의 풍부함은 16세기 프랑스어의 풍부한 모음들을 떠올리게 만든다.[427]

반면에, 멘에루아르(Maine-et-Loire)에서는 주민들이 말하는 방식이 매우 특별하여 그것을 '보통의' 프랑스어라고 말할 수 없는데도 그들은 오직 그 언어만을 사용한다. 그것은 소멸된 방언에 의해 강하게 물든 프랑스어의 변이체이다.

북부, 중부 및 동부의 지방들에서는 상황이 일정하지 않다. 피카르디어는 프랑스어와 비교할 때 쉽게 구별되며, 일정한 독립성을 유지해 왔다. 이와 달리 오늘날 샹파뉴어와 부르고뉴어, 그리고 베리어는 지방색을 띤 프랑스어 속으로 사실상 용해되어 버렸다.[428]

16세기와 이탈리아어의 영향

이 시기에 두 명의 이탈리아 출신 왕비가 있었다. 1533년 앙리 2세와 결혼하고 1560년에서 1580년까지 섭정을 한 카트린 드메디시스, 그리고 1600년 앙리 4세와 결혼하고 1610년에서 1630년까지 섭정을 한 마리 드메디시스였다. 그녀들의 존재로 프랑스 궁정에는 이탈리아어 억양이 울려 퍼졌고, 전쟁 분야와 예술 분야 및 일상생활과 요리 분야와 관련되는 어휘가 프랑스어에 대량 유입되었다. 식탁 예절이 더 세련되어졌으며, 더 이상 자신의 손가락이 아니라 포크로 음식을 먹게 되었고, 소금 간이 된 음식들을 단 음식들과 분리하였다. 격식 차리지 않는 푸짐한 식사는 사라졌다. 식사가 하나의 의식 행위가 된 것이다.[429]

다음은 그 시대부터 프랑스어에 들어온 매우 많은 단어들의 작은 표본인데, 단어들의 형태가 순수한 프랑스어 어휘와 다르지 않다.

alerte('경보')
bisbille('작은 갈등'
représailles('보복')
soldat('병사')

dessin('데생')
filigrane('투명 무늬')
figurine('인형')
gouache('고무수채화법')

caleçon('팬츠')
capeline('여성용 모자')
costume('의상, 정장')
escarpin('무도화')
pantoufle('실내화')
perruque('가발')

agrumes('감귤류')
frangipane('향료')
gélatine('아교')
semoule('굵은 밀가루')
vermicelle('버미첼리')

그러나 기원을 매우 뚜렷하게 드러내고 있는 단어들도 많다. 예를 들면, adagio('느리게')와 allegro('경쾌하게'), forte('세게')와 fortissimo('아주 세게'), osso-buco(오소부코, 북이탈리아 고기 요리')와 pizza, spaghetti와 gorgonzola('고르곤졸라 치즈') 등이 있다. 한마디로 네 세기 전부터 이탈리아어는 프랑스어에 많은 것을 주었으며, 프랑스의 이탈리아 사랑에 필적할 만한 것은 이탈리아의 프랑스 사랑 밖에 없었다(190쪽 '이탈리아어를 중심으로' 챕터, '§ 오래된 영향력' 부분 참조).

이국적 어휘의 분할선

얼마 후에 피레네 산맥 너머에서부터 영향을 받게 되었다. 루이 13세와 스페인 왕 필리페 3세의 딸 안 도트리슈의 결혼, 그 다음에 루이 14세와 스페인 왕 필리페 4세의 딸인 마리 테레즈와의 결혼으로 인해 스페인어의 영향이 뚜렷해졌다. 대규모 해양 원정들에서 가져온 이국적 어휘가 프랑스어에 침투한 것은 대개의 경우 스페인어를 통해 이루어졌다.

cacao('코코아 (열매)'), chocolat, cacahuète('땅콩'), tomate('토마토'), ocelot('큰 살쾡이'): 나우아틀어(멕시코)에서 유래함.

alpaga('알파카'), caoutchouc('고무'), pampa('대초원'), vigogne('야생 라마'): 케츄아어(페루)에서 유래함.

iguane('이구아나'), maïs('옥수수'), ouragan('폭풍우'), savane('사바나'): 아라와크어(앤틸리스 제도)에서 유래함.

먼 곳에서 온 다른 단어들이 더 나중에 포르투갈어를 통해 프랑스어에 도달한 것은 1494년 토르데시야스 조약 때문이다(257쪽, '포르투갈어를 중심으로' 챕터, '§ 둘로 분할된 세계' 부분 참조). 몇몇 예를 들면 다음과 같다.[430]

acajou('마호가니'), ananas('파인애플'), tapioca('타피오카'): 브라질의 인디오 언어인 투피어에서 유래함.

cachou('[화학] 카테큐'), cari('카레'), mangue('망고 열매'): 인도의 언어인 타밀어에서 유래함.

cangue('쇠고리, 목걸이'), typhon('태풍'): 중국어에서 유래함.

bambou('대나무'), jonque('[해양] 정크'): 말레이시아어에서 유래함.

토르데시야스 조약의 구분선이 어떤 면에서는 이 두 목록 사이로 지나고 있다.

프랑스어가 대서양을 횡단하다

17세기에는 프랑스어가 해외에서 온 단어들을 받아들였지만, 그 시대에 프랑스어도 아메리카에 뿌리를 내리기 시작하였다.

1534년 생말로에서 출발한 자크 카르티에는 프랑스 왕 프랑수아 1세의 이름으로 캐나다를 점령하였지만 식민지 개발과 그에 따른 프랑스어의 정착은 18세기 초에야 제대로 시작되었다. 프랑스와 잉글랜드 간의 대결에서 잉글랜드가 승리하고 프랑스 식민지 제국의 소멸로 결론이 났으므로(1763년 파리 조약) 프랑스어는 캐나다의 일부에서만 유지될 수 있었다. 오늘날 프랑스어 화자들은 퀘벡에서 크게 다수를 점하고 있지만(86%) 아카디아 지역에서는 소수어일 뿐이며, 뉴브런즈윅에서 36%, 그리고 노바스코샤에서는 3% 미만의 비율을 보인다 [2016년도 통계로는 퀘벡 85.4%, 뉴브런즈윅 31.8%, 노바스코샤 3.2%의 프랑스어 화자 비율이 유지되고 있다]. 온타리오 주에서는 프랑스어권 집단이 주로 퀘벡과의 경계선을 따라 북쪽에 상당히 존재하는 반면에 서부의 주들에서는 프랑스어 화자들이 어디서나 소수 집단에 속한다.

캐나다의 프랑스어

퀘벡의 말이거나 아카디아의 말이거나 아니면 다른 주의 말이거나 간에 캐나다의 프랑스어는 발음이나 지방마다 달라지는 어휘로 알아볼 수 있다. 예를 들면 주전자를 가리키는 세 가지 단어가 있다. coquemar는 18세기까지 도처에서 사용되었지만 이제는 아카디아 지방에서만 사용되는 옛 프랑스어 단어이고, bombe는 특히 퀘벡의 북부에서 퍼져 있으며, canard는 서부에 퍼져 있다.

몇몇 표현들은 프랑스, 벨기에 또는 스위스의 일부 지방에서도 찾아볼 수 있는데, 예를 들면, il fait cru('날씨가 춥고 습하다', cru는 본래 '날것의, 노골적인'이라는 뜻), couverte('담요', couvert('덮힌')의 여성형), 점심 식사를 나타내는 dîner[프랑스에서는 '저녁 식사'를 가리킴], 저녁 식사를 나타내는 souper[프랑스에서는 '밤참'을 가리킴] 등이 있다. 더 특이하게 보이는 표현들도 있다. placoter('수다를 떨다'), maganer('학대하다'), garocher('던지다'), achaler('성가시게 하다'), trâlée('다량'), parler à travers son chapeau('어리석은 말을 하다', 직역하면 '자신의 모자를 통해 말하다') 등이 있는데, 이 마지막 표현은 영어의 직역이며[영어에 'talk through one's hat'이라는 표현이 있음], tomber en amour('사랑에 빠지다', 직역하면 '사랑에 떨어지다')나 être dans l'eau bouillante('난처한 입장이다', 직역하면 '끓는 물에 들어 있다')도 마찬가지이다[영어 표현 'fall in love'와 'be in hot water'의 직역임].

그렇지만 영어에 대한 저항이 프랑스에서보다 훨씬 더 분명하게 나타나는 경우가 매우 많다. 예를 들어 퀘벡인들은 체계적으로 영어 어미 -er을 -eur로 프랑스어화하며(mixer '믹서', supporteur '서포터' 등) 이웃 영어 화자들의 단어들을 다음과 같이 주저없이 번역한다.

프랑스의 영어 차용어	**→**	**퀘벡 프랑스어**
ferry		traversier '도선, 페리'
living		vivoir '거실, 리빙룸'
square		carré '광장'
week-end		fin de semaine '주말'
parking		parc de stationnement '주차장'
pop-corn		maïs soufflé '팝콘, 튀긴 옥수수'
vol charter		vol nolisé '전세 비행기'

일부 단어들은 캐나다에서 일상적이지만 프랑스에서는 완전히 생소하다. 그러한 단어들은 캐나다 특유의 생활 모습을 가리키는 경우가 많다. 예를 들면 dépanneur '일반적 폐점 시간 이후에도 늦은 시간의 영업을 위해 열려 있는 작은 식품점', sous-marin '돼지고기류, 치즈 및 상추가 들어 있는 샌드위치', beigne '고리 모양의 밀가루 반죽 튀김, 미국의 도넛에 해당함' 또는 tuque '폼폼이나 장식끈이 달린 원뿔 모양의 양모 모자' 등이 있다.

때로는 혼동을 유발할 여지가 있는 다른 단어들도 있는데, 일부 사물들의 명칭이 다음과 같이 대서양의 양쪽 편에서 다르기 때문이다.

캐나다식 표현	**프랑스식 표현**	
lumières	feux de signalisation	'교통 신호등'
pamphlet	brochure	'팜플렛'
efface	gomme	'지우개'
cadran	réveille-matin	'자명종'
blé d'Inde	maïs	'옥수수'
clip	trombone	'클립'
brassière	soutien-gorge	'브래지어'
aiguisoir	taille-crayon	'연필깎기'

마지막으로, 다음과 같이 시적인 느낌이 들어 있는 완곡 어법들은 높이 평가될 수 있을 것이다. l'âge d'or[직역하면 '황금기']는 프랑스에서 서글프게 le troisième âge('노년기', 직역하면 '제3의 연령대')라고 부르는 것을 가리키며, personne exceptionnelle(직역하면 '예외적인 사람')이라는 말이 handicapé('장애인')라는 말을 대체하였다.[431]

미국의 프랑스어

18세기와 19세기에 프랑스어는 미국에서도 먼저 루이지아나, 그 다음에 뉴잉글랜드의 순서로 정착하였다.

1755년과 1763년에 아카디아인들은 '대혼란'[18세기 영국인들에 의한 아카디아인들의 추방을 가리킴] 중에 캐나다에서 쫓겨나서 당시 프랑스 식민지였던 루이지아나로 피난을 갔다. 그 도래자들의 명칭(Acadien)이 영어식으로 발음되면서 '케이준'(Cajun)으로 되었다. 1968년 이후 프랑스어는 루이지아나의 공식어로 지정되어 있고 학교와 미디어에서 프랑스어를 장려하기 위해 많은 노력을 기울였음에도 불구하고 그 프랑스어 변이체를 아직 말하고 있는 것은 나이든 사람들뿐이다. 루이지아나 프랑스어에서는 도시의 구획을 îlet(본래 의미는 '작은 섬')라고 하고, travailler dans l'huile(직역하면 '기름 속에서 일하다')이 '석유 업계에서 일하다'를 뜻하며 lacher la patate(직역하면 '고구마를 놓다')가 '자신의 노력을 늦추다'는 의미이다.

뉴잉글랜드의 6개 주(메인, 버몬트, 뉴햄프셔, 매사추세츠, 로드아일랜드, 코넥티컷)에는 프랑코(Francos) 또는 프랑코–아메리칸(Franco–Americans)이라고 불리는 사람들이 살고 있다. 그들은 19세기 중엽부터 퀘벡이나 아카디아를 떠나 미국에 정착한 100만 명 정도 되는 사람들이다. 그러나 그들은 도시 공동체에 살기 때문에 영어의 위세에 저항하는 데 어려움이 있었기에 오늘날은 영어가 그들이 가장 자연스럽게 사용하는 언어로 되었다.[432]

프랑스 대혁명은 방언들을 폐지하는 데 성공하지 못했다

그러는 동안 프랑스에서는 지방 언어들이 일상생활에서 가장 자연스러운 의사소통 수단으로 남아 있었다. 대혁명의 시대에 프랑스어는 프랑스인 10명 중 한 명에 의해서만 제대로 사용되었을 뿐이었고 프랑스인 네 명 중 한 명은 프랑스어를 전혀 사용할 줄 몰랐다. 1790년 그레구아르 신부가 추진한 조사에서 당시 인구의 대부분이 이중 언어 사용자이며, 파리를 제외하면 단일 언어 사용자들은 자신의 방언을 사용한다는 것이 밝혀졌다. 그는 1794년에 '방언들을 폐지할 필요성'에 대해 연설도 하였지만 기대한 결과를 얻지 못하였다.

그렇지만 모든 프랑스 아이들이 프랑스어를 더 잘 구사하게 만들 목적으로 각 학교에 프랑스어를 가르칠 교사를 한 명씩 배치하는 결정이 이루어졌다. 그러나 프랑스어를 충분히 잘 하는 교원들을 충분히 구할 수가 없었다. 그래서 교사들 자신이 학생들에게 프랑스어를 가르칠 수 있도록 그들에게 프랑스어를 교육할 목적으로 '사범학교'들이 창설되었다.

단어들의 부글거림

18세기 말은 정치적 혼란의 시기였을 뿐만 아니라 어휘적 쇄신과 용어 발명의 시기이기도 하였다. 솜씨 있게 단어를 만들도록 요구하는 사건이 많았기 때문이다.

과학 분야에서는 라부아지에, 기통 드 모르보, 베르톨레와 푸르크루아의 연구에 힘입어 엄밀한 의미의 화학이 탄생되면서 질료를 구성하는 요소들을 지칭하는 치밀한 명명법이 채택되었다.

옛 용어들을 내버려 두고 새로운 용어들을 채택하면서 물론 시적인 연상에 있어서 다소 손실이 있었다. 예를 들면 다음과 같다.

연소가 제거된 바다의 산(酸)	→	염소(chlore)
비너스의 수정 유리	→	질산 구리(nitrate de cuivre)
용해성 주석 기름	→	수산화 칼슘(hydroxyde de potassium)
주피터의 꽃	→	산화 주석(oxyde d'étain)
지옥의 돌	→	질산 은(nitrate d'argent)
가재 눈 소금	→	초석(acétate de calcium)
토성의 설탕	→	아세트산 납(acétate de plomb)

반면에, 정밀성에 있어서는 개선되었다. 이때부터 접미사 –ate가 체계적으로 사용되면서 산소 함량이 높은 산(酸)에 해당하는 염(鹽, 소금)이라는 것을 나타내었고, 산(酸) 자체는 항상 –ique로 끝난다는 것을 알게 해주었다(sulfate '황산염' 그리고 acide sulfurique '6가의 황을 함유한 산, 황산').[433]

한편, '비가 오네, 비가 오네, 목동이여...' 노래를 작사한 시인 파브르 에글랑틴은 혁명력의 달들을 지칭하기 위해서 연상 효과가 있는 이름을 짓는 임무를 부여받았다. 그는 세 달씩 운을 맞추어 이름을 짓기로 결정하였다. 가을에 대해서는 –aire로, 겨울에 대해서는 –ôse로, 봄은 –al로, 그리고 여름은 –or로 운을 맞추었다.

가을	vendémiaire ('포도월, 제1월')	brumaire ('무월, 제2월')	frimaire('상월, 제3월') ['froid(추위)'로부터 만들어짐]
겨울	nivôse ('설월, 제4월')	pluviôse ('우월, 제5월')	ventôse ('풍월, 제6월')
봄	germinal ('맹월, 파종의 달, 제7월')	floréal ('화월, 제8월')	prairial ('목월, 제9월')
여름	messidor ('맥월, 수확의 달, 제10월')	thermidor ('열월, 제11월')	fructidor ('과월, 결실의 달, 제12월')

amatrice[amateur('애호가')의 여성형], autrice[auteur('작가')의 여성형], librairesse [libraire('서점 주인')의 여성형], assassine[assassin('살인자')의 여성형] 등과 같은 여성형의 정당성에 관한 끝없고 격렬한 논쟁도 있었으며, 또한 자유스럽게 다음과 같은 단어들을 만들었다.

républicole('공화국을 떠받드는'): agricole('농업의')을 모델로 함.
célère('신속한'): célérité('신속, 재빠름')으로부터.
impatriote('비애국적인'), infragile('부서지지 않는'), incitoyen('시민이 아닌'): 각각 patriote('애국적인'), fragile('부서지기 쉬운'), citoyen('시민의')으로부터.
loyaume('법이 지배하는 나라'): royaume('왕국')을 모델로 함.
sanguinocratie('피비린내 나는 체제') [sanguinaire('피비린내 나는')와 −cratie('지배'를 뜻하는 접미사)에서 만들어짐]
calotinocratie('성직자에 의한 지배') [calotin('성직자')와 −cratie('지배'를 뜻하는 접미사)에서 만들어짐]
culocratie(직역하면 '엉덩이에 의한 지배', cul('엉덩이')+−cratie): 대혁명 반대자들의 입장에서 볼 때 '착석과 기립으로 의견을 말하던 초대 국민의회 정부'를 가리키던 말.[434]

이 모든 발상들은 일시적으로만 사용되다 사라졌지만, 이 시대의 많은 다른 조어들은 다음 예들처럼 오늘날에도 일상적으로 쓰이고 있다.

bureaucratie '관료(주의)'	droits d'auteur '저작권'	inculture '교양 없음'
cataloguer '분류하다'	enfant naturel '혼외자'	révolutionner '혁신하다'
discutable '따져볼 만한'	incohérent '일관성이 없는'	suppléant '대리하는'

영어 차용어에 대해 말하자면, 그것들은 이미 아주 많았는데(humoriste '해학가', inchangé '변하지 않은', parlementaire '의회의, 국회의원', sentimental '감정적인', sélection '선택' 등등), 대개의 경우 라틴어로부터 만들어졌고, '프랑스어에서 영어로 갔다가 다시 돌아왔기' 때문에 알아보기가 어려운 경우가 매우 많다.

방언 이후의 지방 프랑스어

그러므로 대혁명 이후에 방언들은 20세기까지 프랑스어와 마주한 채 나란히 삶을 지속했다고 할 수 있는데, 그러나 양차 세계 대전으로 인해 상황이 변했다. 18세기 말에는 단일 언어 화자들이 방언 사용자들이었는데 오늘날에는 단일 언어 화자들이 프랑스어만 사용한다.

구전으로 대대로 전해온 그 문화 유산의 커져 가는 소멸 위협 앞에서 오늘날 각 지방에는 협회나 대학 동호회로 집결하여 그것에 다시 생명력을 주려고 시도하는 동호인들이 존재한다. 결과는 긍정적이다. 지방 언어를 어릴 때부터 말했던 사람은 실제로 찾아보기가 점점 어렵지만 할아버지 할머니의 세계와 다시 관계를 맺기 위해 그 언어를 알고 또 배우기를 원하는 청년들이 점점 더 많아지고 있다. 그들이 배우는 언어는 다소 문학적이고 사실 '만들어진' 것이지만, 어쨌든 그 언어는 완전히 망각 속에 떨어지는 것에 저항할 힘을 되찾고 있다.[435]

지방 언어로 가르치는 학교들

프랑스의 다양화된 언어적 유산을 보존하기 위한 사람들의 확고한 의지가 명확해진 이후로 지방 언어로 교육하고 자연스러운 이중 언어 사용을 준비시키기 위한 학교들이 탄생하였다.

- 브르타뉴어: 디완 학교(Diwan). 1977년에 창립된 유치학교들이다. 거기에서는 교육이 브르타뉴어로 이루어진다.[436] [2021년 현재는 초중고교를 모두 포함하여 47개의 디완 학교가 있음]
- 바스크어: 이카스톨라 학교(Ikastola). 바스크어 유치학교로서 스페인보다 9년 늦은 1969년에 세아스카 연합에 의해 바이온 근처에 건립되었다. 프랑스어의 도입은 초등학교 3학년부터 점진적으로 시행된다.
- 카탈로니아어: 브레솔라 학교(Bressola)와 아렐스 학교(Arrels). 1976년에 건립된 카탈로니아어 유치학교들이다. 카탈로니아어로 이루어지는 최초의 초등학교 과정이 1983년에 개설되었다.[437]
- 베아른어: 칼랑드레타 학교(Calandreta). 포(Pau)에 있는 이중 언어 학교이다.

전통적 언어들을 공통 프랑스어로 연결하는 중간 지점의 역할을 아직도 어떤 면에서는 지방 프랑스어라고 부르는 것이 담당하고 있다. 가스통 튀아이옹의 정의에 따르면, 지방 프랑스어는 '방언이 잊혀졌을 때 그것에서 남는 것'이다.

모주에는 하나의 추가적 모음이 있다

멘에루아르 도, 앙제 남쪽에 위치한 작은 지방인 모주(Mauges)에서 관찰되는 발음들은 매우 흥미로운 지방 프랑스어의 모습을 보여준다.

프랑스어의 가장 보편적인 어법에서는 다음과 같은 단어들의 끝 위치에서 단지 세 개의 모음만이 구별되고 있다: fumeux('연기 나는') – fumé('훈제된'), fumée('연기'), fumer('연기가 나다, 담배를 피우다') – fumait(fumer의 직설법 3인칭 단수 반과거형), fumais(fumer의 직설법 1, 2인칭 단수 반과거형), fumaient(fumer의 직설법 3인칭 복수 반과거형), fumet('냄새'). 그러한 모음들의 정확한 발음은 다음과 같다.

/ø/ fumeux (원순 모음으로)
/e/ fumé (fumée, fumer와 마찬가지이며, 비원순이며 닫힌 모음으로)
/ɛ/ fumait (fumais, fumaient, fumet와 마찬가지로서, 비원순이며 열린 모음으로)

모주의 주민들은 이러한 구별에 더하여 4번째 모음을 가지고 있다. 그것은 /ë/로 표시될 수 있으며, 위의 세 모음 중 어느 것과도 혼동되지 않는다. 그 모음은 더 입 안쪽에서, 입술은 둥글게 되지 않고 발음된다. 모주에서는 그 네 모음을 아주 특별한 분류법으로 구별하고 있다.[438]

/ø/ fumeux에서
/e/ fumée에서
/ɛ/ fumais, fumaient에서
/ë/ fumé, fumer, fumait 그리고 fumet에서

동일한 모음 /ë/는 노르망디까지 이르는 프랑스 서부의 대부분 지역에서도 나타나지만, 그곳에서는 일반적으로 /ë/와 /ø/ 사이의 구별이 존재하지 않는다(fumé, fumer, fumait와 fumet가 그 지역에서는 fumeux처럼 /ø/로 발음된다).

지방 단어들에 대한 취향

발음은 보편적으로 인정되는 '표식'으로서 흔히 지방 '억양'이라고 부르는 것을 즉

시 알아보게 해준다. 그러나 몇 년 전부터는 오히려 어휘적 다양성이 일반 대중의 호기심을 불러일으키고 있다.

예를 들면, 몇 년 전 나는 지역 연구를 통해 '살라드를 섞다'(tourner la salade)라는 의미의 동사가 15개 있으며, 파리에서 serpillière('(바닥 청소용) 마포(麻布) 조각')라고 부르는 것을 가리키는 상이한 단어들이 20개나 존재한다는 것을 알게 되었다.[439] 그 20개 단어들 중 노르 도(le Nord)에서 일상적으로 사용되는 wassingue라는 단어는 서플랑드르어 wasshing에서 유래한 것이다.

노르 지방 프랑스어에는 플랑드르어 표현이 그대로 번역된 것이 많이 있다.[440]

tomber dans le beurre(직역, '버터에 떨어지다')	'운이 좋다'
je ne sais plus ni quoi ni qu'est-ce (직역, '나는 더 이상 뭔지도 그게 뭔지도 몰라')	'뭐가 뭔지 모르겠다'
devenir tout drôle(직역, '매우 이상하게 되다')	'기분이 나쁘다'
pois de sucre(직역, '설탕 완두콩')	'초록 깍지 강낭콩'
acater un enfant(직역, '아이를 사다')	'아이를 출산하다'

잃어버린 빵인가 얻은 빵인가?

이 얘기도 재미있다. 프랑스어로 '팽 페르뒤'(pain perdu, 직역하면 '잃어버린 빵'으로 프렌치 토스트를 가리킨다)라고 부르는 것, 즉 빵 조각을 우유와 계란에 적셔서 프라이팬으로 구운 다음에 흑설탕이나 설탕을 흩뿌린 것을 서플랑드르어로는 **gewonnen brood**, 즉 '팽 가녜'(**pain gagné**, 직역하면 '얻은 빵')라고 부른다.[441]

그 몇몇 예들 외에도 프랑스의 여러 지방들에서 빵, 행주, 종이 봉지, 어떤 생선, 어떤 채소 또는 어떤 행동을 가리키는 데 사용되는 말들을 조사해 볼 필요가 있을 듯하다.

십여 년 전부터 몇백 개의 지방 고유 단어들을 수록한 일반 대중을 위한 사전들이 많아졌다.[442] 아래의 상자 글들에는 특정 지방에서 일상적으로 사용되지만 보편적 프랑스어의 사전에는 들어가지 않거나 '지방어'(régional) 또는 '낡은 표현'(vieilli)이라고 언급되어 있는 몇몇 단어들이 제시되어 있다. pochon('자루, 부대')이나 agassin('티눈')과 같은 일부 단어들, 그리고 cru의 '습하다'라는 의미나 patte의 '행주'라는 의미와 같은 일부 의미들은 여러 지방에서 일상적으로 사용되는데도 불구하고 보편적 어법에 포함되지 못했다는 것은 주목할 점이다.

갈로 지방

다음 어휘는 특히 갈로 지방, 즉 오트브르타뉴에 퍼져 있지만, 이른바 서오일어 지역 전체에서도 알고 있는 경우가 많다.[443]

chiner	'구걸하다'
crouiller	'빗장으로 잠그다'
s'affaler	'앞으로 넘어지다'
serrer	'수거하다, 정리하다'
benaise	'만족한'
bouenner, bouiner	'시간을 허비하다, 주제넘는 일을 하다'
patache	'감자'
blé noir	'메밀'
chinou	'걸인'
pochon	'종이 봉지'
fossé	'경사지'
rendu	1. '도착한' 2. '지친'
asteure, astour	'오늘'
tantôt	'오후'

바스노르망디

barrer, cléver, crouiller	'자물쇠로 잠그다'
mouver	'휘젓다, 돌리다'
verser	'비가 억수같이 오다'
lard	'돼지 고기', un rôti de lard('돼지고기 구이')
pierre (de sucre)	'(설탕) 한 조각'
tuile	'평평하고 무거운 프라이팬'
chique	'행주'
emballage, toile	'마포 조각'
perron	'발코니'
vermine	'쥐들', la vermine, c'est les rats('vermine은 쥐야')
fossé	'경사면'('도랑'(fossé)은 creux('패인 곳') du fossé라고 함)
goûtu	'맛이 있는'

스칸디아비아어에서 유래한 많은 수의 단어들에 대해서는 별도로 살펴보아야 한다. 다음은 그러한 단어들의 일부이다.[444]

super (v.)	'(액체를) 들이마시다'	supa('마시다')에서 유래
se vâtrer	'진흙으로 더러워지다'	vatn('물')에서 유래
houvet	'(대서양에서 잡히는) 큰 게'	hofr('(말 따위의) 발굽')에서 유래
mielle	'모래가 섞인 땅'	melr('모래 언덕')에서 유래
mucre	'곰팡이, 습기'	mygla('곰팡이')에서 유래
viquet	'탈부착 가능한 작은 문'	vik('만, 내포(內浦)')에서 유래

프랑슈콩테[445]

aboutonner	'단추를 채우다'
bourriauder	'뒤엎어 놓다, 혹평하다'
cacher	'정리하다'
devenir	'오다', d'où deviens-tu?('너 어디에서 왔니?')
rapondre	'~을 죽 이어 놓다'
truffe	'감자'
agacin	'발의 티눈'
carré	'베개'
cheni	'먼지, 쓰레기'
cornet	'종이 봉지'
glinglin	'새끼손가락'
patte	'행주'
amitieux	'우정 어린'
cru	'습기가 차고 추운'
fier	'(맛이) 신', une pomme fière('(맛이) 신 사과')
de bisengois	'비스듬히, 측면으로'
au bout le bout	'~에 따라서'

도피네리오네[466]

pétafiner	'망가뜨리다, 악화시키다, 죽다'
siper	'(액체를) 들이마시다'
surlouer	'(가옥의 일부를) 전대하다'
ployer	'(종이로) 싸다, 포장하다'
s'en voir	'견디다, 고통을 겪다'
venir	'되다'
bugne	1. '튀김 요리' 2. '따귀'
carotte	'무우류'
mâchon	'푸짐한 식사'(도피네), '간단한 식사, 또는 연회'(리옹)
racine (jaune)	'당근'
rate	'감자의 품종'
truffe	'감자'
agassin	'발의 티눈'
cuchon	'더미, 다량'

patte	'행주'
tantôt	'오후'
différent	'교만한, 건방진'
enfle	'부푼'
flapi	'무른'
gonfle	'부푼, 불룩한', je me sens tout gonfle('나는 배가 더부룩하다')
à bouchons	'반대 방향으로, 배를 땅에 대고'
à point d'heure	'매우 늦은 시간에', on est rentré à point d'heure('우리는 아주 늦은 시간에 돌아왔다')

프로방스[477]

bader (quelqu'un)	'감탄하다'
crier (quelqu'un)	'질책하다'
déparler	'어리석은 말이나 상스러운 말을 하다'
esquicher	'바짝 다가가다, 으스러뜨리다'
péguer	'붙이다'
venir	'되다', il vient vieux('그는 늙어간다')
venir chèvre	'멍청하게 되다'(직역, '염소가 되다')
bordille	'찌꺼기'
cébettes	'구근(球根)이 없는 어린 양파'
esquinade	'바다게'
favouille	'작은 게'
flûte	'(바게트보다 작은) 가느다란 빵'
grain (de sucre)	'(설탕) 조각'
pastis	'혼합, 혼동'
pile	'개수대'
potager	'식기류를 놓는 개수대의 평평한 부분'
pièce à frotter, toile	'마포 조각'
tapenade	'올리브와 케이퍼로 만든 퓨레', tapeno('케이퍼')에서 유래
tartifle	'감자'
ensuqué	'멍해진'
fatigué	'매우 아픈'

'내 정서법에 손대지 마'

그러한 어휘의 다양성은 상당히 보편적으로 인정되고 또 받아들여지고 있다. 그것의 반대 쪽에는 1세기 이상 전부터 프랑스어가 가지고 있는 부동의 형태 속에서 굳어져가고 있는 듯한 현실이 있다. 그것은 프랑스어 정서법이다(아래의 상자 글 '20세기의 무산된 계획들' 참조).

20세기의 무산된 계획들

두 단어 중 한 개 이상이 16세기 이후로 최소 한 번 정서법이 변경되었고, 5만 단어가 수록된 사전의 다섯 단어 중 한 개는 적어도 두 개의 표기법을 가지고 있는데도(예: lis와 lys '백합' – tanin과 tannin '탄닌' – alèse와 alaise '방수 시트' – mille-feuille와 millefeuille '서양가새풀'),[449] 19세기 말부터 이어진 제안들이 모두 유감스럽게 실패로 돌아갔다. 다음은 그 제안들 중 중요한 것들이다.

1901년 정서법 허용 범위에 관한 교육부령, 폐지된 적은 없지만 적용된 적도 없다.
1905년 메이에르와 브뤼노 법안: 부결됨.
1939년 《Le Français moderne》지에 발표된 도자의 제안: 조치 없음.
1940년 다무레트의 제안: 결과 없음.
1948년 페르노-브뤼노 보고서: 발표되지 않음.
1952년 최초의 베즐레 안. 이것이 시행되었다면 (3만 5천 개 중) 약 2천 개의 단어를 변경시켰을 것이다.
1965년 베즐레가 정부에 제출한 보고서, 그러나 언론의 적대적 캠페인으로 묻힘.
1973년 프랑스어 국제 심의회의 보고서, 티모니에의 연구에 기초함.
1977년 정서법 허용 범위에 관한 교육부령, 1901년의 부령을 계승함.[450]

베즐레 안이 1990년에 시도된 개혁의 기초가 되었지만 1990년 개혁은 매우 축소된 형태였다고 할 수 있다. 베즐레는 그리스어 글자들, 단어의 마지막 x, 발음되지 않던 대다수의 글자들을 없어지게 하고, 또 대부분의 이중 자음들을 단순 자음들로 환원시키려 했었다.[451]

다른 언어들 중 포르투갈어를 예로 들면, 1억 5천만 명 이상을 대변하며 그 언어를 공식어로 지정하고 있는 7개국을 대상으로 하는 정서법 통일 계획(1991년 8월 23일 법)이 최근에 결실을 맺었다.[448] 그 합의 덕분에 포르투갈어 공통 정서법이 1994년 1월 1일 발효되기로 예정되어 있다[1990년 정서법은 물론이고, 그 이후에 만든 2007년 수정안도 관련국들에 의해 비준되어 발효 중이다]. 그러나 프랑스에서는 19세기 말 이후로 모든 개혁이 — 아무리 대수롭지 않은 것이라고 하더라도 — 항상 실패하였다.

정서법 개정안이 매우 가벼운 것이었음에도 불구하고, 그것 때문에 1988년과 1991년 사이에 항의들이 폭풍처럼 거세게 제기되었다. 그 사건은 자신들이 아끼는 정서법에서 가장 불편한 몇 가지 불규칙성과 가장 명백한 몇몇 비논리성에 대해 누군가가 감히 변경할 것을 고려하는 순간부터 일부 프랑스인들이 얼마나 냉정을 잃고, 심지어 모든 상식까지도 도외시할 수 있는지 보여주었다.

어원이 책임을 뒤집어 쓰다

반대자들은 제안된 변경 사항들의 범위가 매우 제한되어 있었다는 것을 잘 모른 채, 종종 어원의 흔적을 상실하게 된다는 것을 명분으로 내세웠다. 그러나 이는 어원이 프랑스어 단어의 표기와 관련이 없는 경우가 매우 많으며, 심지어 정서법이 수백 개의 단어에서 명백하게 어원에 반하고 있다는 사실을 인식하지 못한 것이다.[452] 예를 들면, 라틴어 PENSUM에서 온 poids('무게')의 **d**는 어원과 무관하며, 라틴어 DOMITARE에서 유래한 dompter('길들이다')의 **p**도 어원과 관련이 없다. 마찬가지로, legs('유산, 유증품')의 **g**는 존재 이유가 없다. 그 단어는 léguer('남기다, 물려주다') 동사가 아니라 laisser('내버려두다') 동사에서 파생되었기 때문이다. nez('코')의 **z**에 대해 말하자면, 그것은 본래 손으로 쓰는 글씨체에서 **s**를 행 아래로 늘인 것에 불과하였다.

정서법 전쟁

1988년	1200명의 초등학교 교원에게 여론 조사를 하였고, 그들 중 90%가 제안된 개정안에 대하여 찬성함(《L'École libératrice》 지, 1988년 2월-3월 호).
1989년 10월 24일	당시 수상이던 미셸 로카르는 프랑스어 심의회에 5개의 핵심 사안을 대상으로 하는 수정 보고서를 준비하는 임무를 부여함.
1988년-1990년	온갖 잡다한 루머가 돌고 있는 '개정안'에 반대하는 많은 기사들이 나옴.
1990년 6월 19일	수정 사항들에 대한 전문가 그룹의 보고서가 아카데미 프랑세즈의 동의를 받은 후 프랑스어 고등 심의회에서 채택되었고, 수상의 승인을 얻음.
1990년 12월 6일	보고서가 관보에 행정문서로 발표됨.[453]
90년 12월-91년 1월	개정에 반대하는 많은 신랄한 기사들이 나옴.
1991년 1월 17일	아카데미 프랑세즈에서 다시 추천을 의결함.[454]

1990년에 듣지 못한 것

프랑스어 고등 심의회에서 다음과 같이 명백하게 밝혔는데도 사람들이 귀를 기울이지 않았다.

"이 제안들은 성인 사용자들에게 강요되지는 않을 것이다. 새 표기법들이 지배적으로 사용될 때까지 구 표기법들은 올바른 변이형들로 간주될 것이다."

어떤 사람들은 의미론을 내세우며 격렬히 항의하였다. 악상시르콩플렉스[ê, â, û 등과 같이 모음 위에 표시되는 악센트 부호]가 없으면 faîte('용마루, 꼭대기')가 덜 높아지고, abîme('심연')이 덜 깊어지고, île('섬')이 덜 고립되리라는 것이다(그 기호가 불필요하게 사용되는 점을 비웃을 생각은 하지 않은 채).

nénuphar('수련')에서 **ph** 대신에 **f**를 넣으려고 제안된 새로운 표기법에 대해 많은 글들이 쓰여졌다. 이 단어는 그리스어에 어원을 두고 있지 않고, 페르시아어 nelufar('파란 연꽃')로부터 아랍어를 거쳐서 들어왔다. 그러므로, ph 표기법이 philosophie('철학')나 éléphant('코끼리')에서는 어원적 정당성이 있겠지만 그 단어에서는 전혀 그렇지 않다. 20세기 초까지 **nénuphar**가 **nénufar**로 표기되었던 것과 마찬가지로(이 표기법은 프루스트의 작품에서도 여전히 사용된 예가 있다) 코끼리를 뜻하는 말이 15세기까지 **f**를 가지고 표기되었다는 것도 알아야 한다. 그러나 상상력을 너무 발휘한 나머지, **ph**가 없어지면 수련이 덜 아름다운 꽃이 되고 코끼리가 덜 웅장하게 보일 것이라고 말한 사람들이 많았다(그렇지만 éléphant은 수정하려고 제안된 단어들에 포함되어 있지 않았다)(아래의 상자 글 '수정 사항의 8개 항목' 참조).

그러한 격렬한 반발들은 서로의 말을 들으려 하지 않는 종교 전쟁의 모습을 띠었고, 어쨌든 프랑스어에 대한 큰 사랑을 드러냈지만 동시에 큰 무지를 보여주었다. 정서법과 언어를 혼동해서는 안된다. 정서법은 언어의 옷이며 때로는 장식품일 뿐이다. 그리고 특히 오늘날의 정서법이 그것이 만들어진 이래 우리가 알고 있는 모습 그대로 존재해 왔다고 생각해서는 안될 것이다. 프랑스어 정서법에는 역사가 있다.

수정 사항 8개 항목

1. 일부 하이픈을 붙여쓰기로 대체함. 예: portemonnaie('(동전) 지갑', 이전의 표기법은 porte-monnaie). 특히 외국어 합성어에 적용됨. 예: weekend, covergirl('표지 모델').
2. 일부 합성어의 복수형을 단순화함. 예: des pèse-lettres('우편물 저울')[이전 표기법은 단수형일 때 un pèse-lettre이고 복수형일 때 des pèse-lettre로서 관사만 복수형으로 변하였지만 새 표기법으로는 마지막 단어에 복수형 어미 -s를 추가함].
3. e 위의 악상그라브 관련. -eler나 -eter로 끝나는 동사 또는 céder 타입의 동사와 의문문 형태(1인칭 단수)에 대해 일반 규칙을 적용함. 예: j'allègerais[alléger('경감하다')의 1인칭 단수 조건법 현재형] - il ruissèle[ruisseler('넘쳐 흐르다')의 3인칭 단수 직설법 현재형] - puissè-je[pouvoir('할 수 있다')의 접속법 1인칭 단수 현재형은 puisse이나 의문문에서 주어 대명사 뒤에 나타날 때 puissè, puissé로 됨] (appeler와 jeter는 예외).
4. 악상시르콩플렉스는 i와 u 위에 표기하지 않을 수도 있음. 다만 동사의 활용어미(단순과거와 접속법)와 그 기호를 통해 필요한 구별이 가능해지는 몇몇 단음절 단어에서는 예외로 함. 예: mûr('익은, 성숙한')(mur('벽')라는 단어도 있으므로 구별해야 함).
5. 트레마[ë, ï, ü 등과 같이 모음 위에 나타나는 철자부호]는 발음되어야 하는 모음 위에 위치함. 예: aigüe('날카로운' aigu의 여성형, 이전 표기법은 aiguë), argüer('논증하다', 이전 표기법은 arguer), gageüre('내기', 이전 표기법은 gageure).
6. 차용어에 대한 악센트 기호 부여와 복수형은 프랑스어 단어의 규칙에 따름. 예: des imprésarios('매니저, 기획자'), des jazzmans('재즈 음악가들'), des lieds('(독일의 서정적) 가곡들'), des maximums('최고치들').
7. 모순의 수정: boursouffler('부풀리다', 이전의 표기법은 boursoufler)(souffler('입김을 내불다')처럼), charriot('짐수레', 이전의 표기법은 chariot)(charrete('손수레')처럼), joailler('보석상', 이전의 표기법은 joaillier), interpeler('검문하다', 이전의 표기법은 interpeller), dentelière('레이스 제조공', 이전의 표기법은 dentellière) 등.
8. laisser 뒤에 부정법이 올 때 laisser의 과거분사형은 불변임[이전에는 직접목적어가 laisser의 과거분사형 앞에 나타날 때 성수 일치가 일어났음]. 예: Elle s'est laissé mourir('그녀는 죽어갔다'), je les ai laissé partir('나는 그들을 떠나게 내버려두었다').

정서법에는 역사가 있다

그 역사는 프랑스어를 거의 말하는 대로 표기하던 중세에 시작되었다. 그 뒤로 지식인들이 단어들의 글자 형태에 살을 붙여야 하는 상황이 만들어졌다. 왜냐하면 음성적 형태의 마모로 인해 라틴어의 상이한 단어들이 프랑스어의 동일한 구어적 형태로 귀착되어 있었기 때문이다. 예를 들면, 당시에는 vin('와인'), vingt('20') 그리고 vint(venir('오다')의 3인칭 단수 직설법 단순과거형)에 대해 uin이라고 똑같이 표기하였는데, 그로 인해 글 읽기가 느리고 불분명하게 되었다. 그래서 단어들이 더 잘 구별되도록 어원에 부합되는 자음들이 덧붙여졌다. 즉, VIGINTI라는 어원 때문에 vingt('20')으로, CLERICUS라는 어원를 고려하여 clerc('성직자, 서기')로, TEMPUS라는 어원을 생각하여 temps('시간')으로 표기한 것이다. 그렇게 하여 글로 적은 단어들이 발음되지 않는 여러 글자들을 포함하기 시작하였다.

악용 사례가 있었을까? 독설가들은 필경사들이 한 행에 얼마씩 지불받았으므로 어쨌든 글로 쓴 형태의 길이를 늘이는 것이 이익이었다고 주장하였다.

그러나 무엇보다 가독성을 개선하고자 하는 바램과 필요성도 있었다. 그것이, 예를 들면, uile와 uit의 첫 위치에 **h**를 추가한 이유이다(그래서 각각 huile('기름')과 huit('8')로 됨). 그렇게 하지 않으면 그 단어들을 각각 '도시'(프, ville)를 뜻하는 uile, 그리고 '(그가) 산다'(프, (il) vit)라는 의미의 uit와 구별하기 어렵기 때문이다. 단어를 더 잘 알아보기 위한 용도의 **h**가 포함된 이 표기법은 스페인어에서도 나타난다. 스페인어에서 hueso('뼈')와 huevo('계란')의 **h**는 어원과 관련이 없다(라틴어로 OSSUM와 OVUM임).

단어 마지막 위치의 -**s**를 손 글씨에서 내리그은 획이 행 아래로 내려가는 -**z**로 길게 표기한 것도 똑같이 가독성 개선의 필요에서 생긴 일이며, nez('코', 옛날에는 nes) 또는 2인칭 복수 변화형(예: chantez[chanter('노래하다')의 직설법 현재 변화형])에서 그 예를 찾을 수 있다.

알파벳의 확대

16세기에는 인쇄업자들이 글로 쓰는 언어의 운명을 결정하였다. 그들은 15세기 말에 스페인에서 이미 제안되었던 혁신을 채택함으로써 큰 발전을 이루었다. 그것은 두 개의 글자를 추가하는 것이었는데, 그 추가된 글자들은 **u**와 구별되는 **v**(위에서 '와인'(프, vin)을 뜻하는 형태인 uin 그리고 '기름'(프, huile)과 '도시'(프, ville)을 뜻하는 형태인 uile에 대해 설명한 것을 참조할 것), 그리고 **i**와 구별되는 **j**였다(옛날에는 jambe('다리')와 iambe('단장격(의 시구)')를 동일한 첫 글자로 표기하였다). 스페인에서 온 글자 **ç**가 채택되고, 또한 악상테귀[é처럼 모음 위에 표시되는 부호]와 악상시르콩플렉스를 사용하기 시작한 것도 이 시대이다.[455]

악상그라브는 17세기에 도입되었지만(accès('접근')나 procès('소송')) 보편화된 것은 18세기이다. 마지막으로, 알파벳의 26번째 글자인 **w**는 1878년 《아카데미 사전》에 들어갔다.[456]

몇몇 중요한 개정

정서법이 아카데미 프랑세즈가 정한 모델에 따라 글쓰는 기법이 된 것은 18세기이다. 정확히 말하자면 아카데미 프랑세즈의 임무는 항상 '용법'을 승인하는 것이었으며, 그 용법이란 'ignorans('무지한 사람들', 18세기 말까지 공식 표기가 ignoran이었다[현재의 표기는 ignorant임]) 및 단순한 여인들과 구별되는 문인들의 용법'을 가리키는 것이었다. 따라서 아카데미는 18세기에 인쇄업자들의 표기 관행에 맞추어 중간 자음들을 삭제하는 것과 같은 결정들을 내렸다. 그래서 beste와 maistre가 bête('짐승')와 maître('주인')가 되었고, 마찬가지로 faict와 paschal이 fait('사실')와 pascal('부활절의')로 대체되었다.[457]

《아카데미 사전》 첫 번째 판[1694년에 출간됨]의 17,532개 단어를 기준으로 삼아 계산해 보았더니 3번째 판(1740년)에서 그 단어들 중 6천 개 이상의 정서법이 변경되었다는 것을 확인할 수 있었다.[458]

19세기에는 정서법이 다시 어원을 고려하게 되었고, 아카데미는 그리스어 자음들을 다시 중요시하게 되었다. misantrope가 h를 취하여 misanthrope('인간을 혐오하는')로 되고, analise가 그 당시에 y로 표기되어 오늘날에도 여전히 사용되는 analyse('분석')라는 형태가 되었다. 6번째 판(1835년)에서는 드디어 볼테르가 한 세기 앞서 이미 요청하고 채택한 개정안이 적용되어서 paroître('보이다'), anglois('영어'), françois('프랑스어') 그리고 모든 반과거형과 조건법 형태 등에서 /ɛ/로 발음되고 있던 oi 표기가 ai로 대체되었다.[459]

아카데미 사전의 8번째 판은 1935년에 나왔는데, 또 다시 500개 이상의 정서법을 변경하였다.

20세기에도 정서법이 여전히 현혹시키고 있다

표기법 변경이 때로는 제한적으로(1878년 7번째 판에서는 211개) 때로는 상당한 수준으로(1740년 3번째 판에서는 6177개) 시행되었지만 수 세기 동안 과도한 동요 없이 받아들여졌다. 그 후 20세기에는 정서법에 대한 모든 변화에 완강한 저항이 맞서면서 모든 것이 멈추었다. 어원을 고려하는 것을 지지하는 사람들과 문어의 형태를 구어의 형태에 맞추어 수정하는 것을 지지하는 사람들 사이의 오래된 투쟁에서 — 잠정적일 수도 있지만 — 전자가 승리하였다.

오늘날 가장 합리적인 사람들조차 모든 이성적 사유에 대해 눈멀고 귀닫게 만드는 것은 발음에 가까운 표기법이 현재의 단어들에서 모든 멋진 과거를 지워버리지 않을까 하는 공포인 듯하다. 그러나 유독 프랑스인들만 그러한 걱정을 가지고 있고 로망스어를 사용하는 모든 이웃들은 그렇지 않다. 이웃들은 오래전부터 그리스어에서 온 ph와 th를 f와 t로 대체하였다. 스페인인들, 이탈리아인들 또는 포르투갈인들은 filosofia나 teatro라고 표기할 때 자신들이 교양이 부족하다거나 그리스-라틴 뿌리로부터 자신들이 멀어진다고 생각하지 않는다.

젊은이들이 뒤를 따라간다...

결국 수정을 주장하는 사람들은 자신들의 논거를 인정받는 데 성공하지 못했고, 심지어 이것은 용인의 범위를 넓히는 것일 뿐이고 새 정서법을 채택하는 것이 전혀 의무 사항이 아니라는 점을 알리는 데도 성공하지 못했다. 그들은 새 정서법이 결국에는 더 편한 의사소통으로 연결되고, 따라서 사용자들이 오류를 범하지 않으려는 걱정에서 벗어나서 메시지를 가장 잘 표현하는 데 자신의 창의력을 쓸 수 있을 것이라는 점에서 더 창의적인 의사소통으로 이어질 수 있을 것이라고 설득하는 데도 성공하지 못했다. 젊은이들까지도 반대자들 편에 섰다. 1992년 정서법 대회에서 대부분 50개 이상의 오류를 범한 젊은이들 집단에 대해 실시한 간단한 여론 조사에서 그들은 모두가 그 나쁜 점수에도 불구하고 자신들을 힘들게 한 그 정서법에 대해 설명되지 않는 매력을 느꼈다는 것이 밝혀졌다.[460]

... 그럼에도 불구하고 젊은이들은 혁신을 한다

이해할 수 없게도 젊은이들이 금기 대상인 정서법에 있어서 전통주의자로 남아 있기는 하지만, 그들은 새로운 구어적 표현들을 찾을 때는 언어에 대해 훨씬 더 자유로운 모습을 보인다. 새로운 단어를 만들거나 오래전부터 있는 단어에 추가되는 새로운 의미를 만드는 것은 1980년대부터 매우 많은 출판물에서도 이루어지고 있다. 그러한 일들은 젊은이들의 세계에서 시작되어 조금씩 덜 젊은 사람들의 세계로 스며드는 방식으로 진행된다. 성인들의 세계에서는 주요 언론의 기사들, 다양한 책의 영향으로 생긴 어휘, 일반 사전에 등재된 용어들, 아니면 특정 분야 사전 등의 도움을 부분적으로 받으면서 그러한 것들을 알게 된다.

그 다양한 저작물들에 나타나는 표현들은 다음과 같은 것들이다.

– 축약

à plus 또는 à plut	à plus tard('나중에 보자')
bon ap	bon appétit('맛있게 드세요')
c'est perso	personnel('개인적인')

c'taprem	cette après-midi('오늘 오후')
de la mayo	de la mayonnaise('마요네즈')
intoxe	fausse nouvelle('가짜 뉴스')
dem	démission('사임')
p.b. (pébé로 발음)	problème('문제')
quadra	quadragénaire('40대인 사람')

– 풍자적이거나 단순히 반어법으로 말해진 표현(우측이 의도된 의미)

bonjour le... (la)... ('안녕하세요, ...)	au revoir le... (la)... ('잘 가세요, ...)
ça va faire mal ('아플 것이다')	ce sera un grand succès ('크게 성공할거야')
ça a fait un malheur ('불행한 일이었다')	ça a très bien marché ('참 잘 진행되었어')
c'est la bête, la brute ('그 사람은 짐승이야')	il est très bon ('그 사람은 매우 실력이 좋아')
un méchant matériel ('고약한 장비')	un excellent matériel ('훌륭한 장비')
tu m'étonnes ('너 날 놀라게 해')	tu ne m'étonnes pas ('너 놀랍지 않아')
c'est mortel, c'est bestial ('치명적이다, 야만적이다')	c'est magnifique ('굉장하다')

– 부정적 표현을 선호하는 취향(우측이 의도된 의미)

pas triste('슬프지 않은')	animé('활발한, 생기 있는')
pas évident('확실하지 않은')	pas facile('쉽지 않은')
pas gai-gai('즐겁지 않은')	vraiment ennuyeux('정말 지겨운')
décruter(recruter('충원하다')의 반대)	licencier('해고하다')
déplaner(planer('날다')의 반대)	remettre les pieds sur terre ('다시 땅을 밟다')
débugger 또는 débogguer ('버그를 없애다')	supprimer une erreur dans un ordinateur ('컴퓨터에서 오류를 제거하다')
dévirusser('바이러스를 없애다')	détruire un virus dans un ordinateur ('컴퓨터에서 바이러스를 파괴하다')

– 일부 문학적 어휘의 귀환, 때로는 의미가 변질됨(우측이 의도된 의미)

niais('미숙한 사람')	idiot('바보')
glauque('암울한')	pas net, dont il faut se méfier ('분명하지 않은, 조심해야 하는')
jubilatoire('몹시 기쁜')	réjouissant('즐거운')
torride('뜨거운')	aux allusions quelque peu sexuelles ('다소 성적인 암시가 있는')

– 새롭게 바뀐 은유적 용법(우측이 의도된 의미)

baliser('측량주를 설치하다')	avoir peur('무서워하다')
bétonner('콘크리트로 짓다')	rendre inattaquable('공격할 수 없게 만들다')
cartonner('과녁을 겨누어 쏘다')	réussir au-delà de la normale ('평균 이상으로 성공하다')
se planter('심어지다, 박히다')	échouer('실패하다')
tracer('달리다, 선을 그리다')	faire de la route('장거리 여행을 하다')
y a pas de lézard('도마뱀이 없다')	tout va bien('모든 게 순조롭다')
il disjoncte('그가 현실 감각을 잃었다')	il est un peu fou('그가 제정신이 아니다')
j'hallucine('내가 환각을 일으킨다')	je n'en crois pas mes yeux ('내가 내 눈을 믿지 못하겠다')

문법이 관련되는 변화

부사가 형용사로 옮겨가는 것과 같은 문법적 범주의 변화들도 주목되었다. 가장 널리 사용된 예는 il est trop('그는 너무해')이다. 이 표현은 1980년대 초에 나타났는데 그것의 의미가 이제는 좀 더 안정되었다는 것을 알 수 있다. 당시에는 그 표현이 좋은 쪽인지 반대 쪽인지 알 수는 없이 단순히 특정한 사람이 어떤 분명한 느낌을 준다는 것만 나타내었다.[461] 반면에 1992년 청년 및 청소년들에게 실시된 간단한 조사에서 이제는 의미가 비교적 좋은 쪽으로 기운 상태임이 드러났다. 누군가가 독자에게 vous êtes trop('당신은 너무하세요')라고 한다면 즐거워하면 된다.

또한 형용사가 부사로, 동사가 명사로, 또는 명사가 형용사로 옮아가는 현상이 많아졌다는 것이 확인된다. 예를 들면, il l'a eu facile('그는 그것을 쉽게 얻었다') [facile('쉬운')은 본래 형용사이나 '쉽사리'라는 의미의 부사로 사용됨을 지적하고 있다], il est très prof('그는 선생님의 특성을 많이 가지고 있다')[prof('선생님')는 명사이나 예문에서는 형용사처럼 부사 très('매우')의 수식을 받고 있다], un champion de la glisse('활주 부문의 챔피언')[glisse('활주')는 본래 동사 glisser('미끄러지다')의 활용 형태이나 명사로 사용되기도 한다는 것을 지적하고 있다], le roi de la dépouille('빼앗기의 왕', 소매치기을 뜻함) [dépouille는 dépouiller('빼앗다, 탈취하다')의 활용 형태이나 '빼앗기'의 의미를 가진 명사로도 사용되는 것을 지적하고 있다] 등이 있다. 마지막으로, 많은 동사들이 예전에 타동사였는데 오늘날은 목적어 없이 사용된다. assurer('보장하다')와 craindre('걱정하다')가 가장 먼저 나이 든 사람들을 놀라게 한 동사들이었지만, 오늘날은 그것들이 보어 없이 사용되어도 사람들이 예전과 똑같이 놀라지는 않는다. '유능하다' 또는 '편안해 하다'라는 의미의 assurer는 매우 유명한 광고(Elle assure en Rodier '그녀는 로디에[프랑스 의류 브랜드] 옷를 입고 편안해 한다')에 의해 대중화되었다. craindre는 그것의 반대말로서 똑같은 과정을 겪지는 않았다. 왜냐하면 사회 보장 비용을 절약하도록 유도하는 최근의 광고, "La Sécu, c'est bien – En abuser, ça craint"('사회 보장, 그건 좋아 – 그걸 남용하는 것, 그건 걱정돼')은 국민들이 보편적으로 이해하지 못했기 때문이다.[462] [craindre는 타동사이나 자동사로서 '~이 걱정된다, 별로다'라는 의미로 사용되기도 한다]

새로운 표현들이 젊은이들만의 영역은 아니다

ça craint은 젊은이들만 사용하는 표현으로 남아 있지만, 오늘날에는 모든 연령대에서 새로운 표현들을 만들며, 특히 기업, 광고, 미디어 영역에서 그러하다. 그렇게 탄생한 것이 '자동화'를 뜻하는 접미사를 이용한 productique('자동화 생산'), bureautique('자동 업무 처리'), domotique('홈 오토메이션'), 심지어 traductique('번역에 이용되는 컴퓨터 기술') 등이다. 또한 positiver('사물의 좋은 면을 보다'),

optimiser('더 낫게 만들다'), 또는 relooker un produit('제품의 외관을 변경하여 새롭게 보이게 하다'), briefer le personnel('직원에게 필요한 정보를 제공하다'), 그리고 licencier('해고하다')보다는 나은 décruter('해고하다', 다른 취업 제안을 전제함) 등도 새롭게 만들어진 표현들이다. TV에서는 talk-show('토크 쇼')의 유행이 지나고 prime time('황금 시간대')에 reality-show('리얼리티 쇼')가 지배하고 있다.

영어, 단어의 대량 제공자

위에서 몇몇 영어 차용어들을 알아보았을 텐데, 영어는 오늘날 모든 이웃 언어들에 가장 많은 영향을 주는 언어이다. 프랑스어는 19세기 말부터 영어에서 차용하기 시작했지만 대규모 쇄도는 특히 20세기 후반부 이후로서 주로 기술과 과학 분야, 음악 분야 그리고 마약과 관련된 모든 것에서 차용어가 증가하였다. 일상적으로 듣게 되는 최근 차용어로는 flipper('우울해지다'), speeder('서두르다'), flasher('한눈에 반하다'), stresser('긴장하다'), faire un break('휴식을 하다, 중단을 하다'), short('부족하다'), 그리고 아마도 zapper('리모컨으로 채널을 돌리다') 등이 있다. zapper 동사는 영어에서 본래 '갑자기 사라지게 하다'는 뜻이었고 거기서 '죽이다'는 의미도 나왔는데, 1980년대 후반에 프랑스어에 차용될 때는 '채널을 바꾸다'라는 의미로만 사용되게 되었다. 그 용법은 1986년 미국에 관한 르몽드지 기사에서 실제로 사용되었는데, 미국에서는 zap이라는 동사가 단지 TV에서 광고를 피하기 위한 목적으로 한 채널에서 다른 채널로 옮겨가는 것을 의미하였다.[463]

그런데 이 단어가 그런 의미로 프랑스에서 매우 빨리 일상적으로 사용되는 말이 된 반면에 런던에서 1991년에 출판된 영어 신조어에 관한 책에 그 단어가 '죽이다'라는 의미로만 실려 있고, 1989년과 1991년에 출판된 두 개의 최신 영어 단어 사전에는 아예 실리지도 않은 것은 신기하다.[464] zapper는 리모컨이 널리 판매된 이후 프랑스에서는 일상적인 말이 된 반면에 영어 화자들 사이에서는 상당히 최근에야 zap 동사가 '채널을 바꾸다'라는 의미로 보편화된 것으로 보인다. 프랑스어 단어 zapper는 신종 가짜 영어식 표현의 전형일까? 이 경우는 특정한 의미로 사용되는 단어의 용법을 영어에서 차용한 것인데, 그 용법은 영어에 이미 존재하였지만 제한된 상황에서 사용되던 것으로서, 먼저 프랑스어에 널리 전파되었고 영어에서는 나중에 그것이 보편화된 용법으로 된 것이다.

세계 속의 프랑스어

프랑스어를 일상적 언어로 사용하는 사람들은 5개 대륙에 분포되어 있지만 그들이 프랑스어를 사용하는 정도는 다양하다.[465]

공식어로서의 프랑스어[466]

유럽

벨기에*, 프랑스, 발레다오스타*(이탈리아), 채널 제도, 룩셈부르크*, 모나코, 스위스*.

아프리카

베닌, 부르키나 파소, 부룬디, 카메룬*, 중앙아프리카, 콩고, 코트디부아르, 지부티*, 가봉, 기니, 말리, 모리타니아*, 르완다, 세네갈, 차드*, 토고, 자이레.

아메리카

캐나다(퀘벡 주*와 뉴브런즈윅 주*), 미국(루이지아나*), 아이티, 과들루프(프랑스 해외 영토), 마르티니크(프랑스 해외 영토), 기아나(프랑스 해외 영토), 생피에르 미클롱(프랑스 해외 영토).

인도양

레위니옹(프랑스 해외 영토), 코모로 제도*, 마다가스카르*, 모리셔스*, 세이셸*, 마요트(프랑스 해외 영토).

오세아니아

바나투*, 뉴칼레도니아(프랑스 해외 영토), 왈리스 푸투나(프랑스 해외 영토).

* 별표가 표시되어 있는 지역에서는 프랑스어 이외에 다른 공식어(들)도 있다.

아프리카에서는 프랑스어가 17개 나라에서 공식어이지만 실제로는 주민의 10%를 약간 넘는 사용자가 있을 뿐이다. [현재 아프리카에서 프랑스어를 공식어로 채택한 국가는 21개국이다]

반면에 마그레브 국가들에서는 공식어 성격이 전혀 없지만 프랑스어가 인구의

25% 내지 30%에 의해 사용되고 있다.

인도양에는 마다가스카르와 과거에 프랑스에 속해 있던 몇몇 섬들이 있으며, 그 옆에 있는 레위니옹섬은 프랑스어가 크레올어와 함께 전 지역에서 사용되고 있는 프랑스 해외 영토이다.

안틸레스 제도, 아이티, 기아나 그리고 레위니옹과 모리셔스섬은 특별히 주목되는 지역들이다. 그 지역들에서는 17세기에 프랑스어와 아프리카 언어들 간의 접촉으로 여러 크레올어 변이체들이 태어났으며 프랑스어와 크레올어가 잘 공존하고 있기 때문이다.

오세아니아에서는 뉴칼레도니아, 왈리스 푸투나, 프랑스령 폴리네시아 등의 프랑스 해외 영토와 바나투에서 프랑스어가 잘 유지되고 있다.

마지막으로, 유럽에서는 프랑스어가 발레다오스타(이탈리아)와 채널 제도(영국)에서 지방 공식어이고, 벨기에(333쪽 상자 글 '벨기에의 언어 상황' 부분 참조), 룩셈부르크(402쪽 상자 글 '룩셈부르크의 언어 상황' 부분 참조) 그리고 스위스에서는 국가 공식어이다.

아프리카 프랑스어의 특이한 표현들[467]

enceinter	'임신시키다'[cf. 표준 프랑스어 형용사 enceinte '임신한'](베닌, 부르키나 파소, 카메룬, 중앙아프리카, 코트디부아르, 말리, 니제르, 세네갈, 차드, 토고, 자이레)
fréquenter	'학교에 가다'[표준 프, '(장소에) 자주 드나들다'](위와 같음)
absenter qqn	'누군가를 그리워 하다, 누군가의 부재중에 도착하다'[표준 프랑스어에서는 대명 동사로만 사용됨](위와 같음)
cabiner	'용변을 보다'[cf. 표준 프, 명사 cabine '작은 공간'](베닌, 부르키나 파소, 코트 디부아르, 니레, 세네갈, 토고)
rester	'머물다, 살다'[표준 프, '여전히 ~하다, 존속하다'](부르키나 파소, 카메룬, 코트디부아르, 차드, 코고, 자이레)
à 3 heures de la nuit	'오전 3시에'[표준 프랑스어에서는 오전 시간을 matin('아침')으로 표현하지만 일부 아프리카에서 nuit('밤')로 표현함](베닌, 부르키나 파소, 코트디부아르, 세네갈, 토고)
indexer	'손가락으로 가리키다'[cf. 표준 프랑스 명사 index '검지'](부르키나 파소, 코트디부아르, 말리, 니제르, 세네갈)

doigter	'손가락으로 가리키다'[cf. 표준 프, 명사 doigt '손가락'](부르키나 파소, 니제르, 세네갈)
ménager	'청소를 하다'[cf. 표준 프, 명사 ménage '집안 청소'](베닌, 세네갈, 차드, 토고)
piétiner	'걷다, 걸어가다'[표준 프, '발을 구르다, 오도가도 못하다'](중앙아프리카, 자이레, 코트디부아르)
demander la route	'집주인에게 작별하고자 허락을 구하다'[표준 프, '길을 묻다'](베닌, 코트디부아르, 말리)
boulotter	'일하다'[cf. 표준 프, 명사 boulot '일'](말리, 니제르, 세네갈)
brailler (se)	'셔츠를 바지 속으로 넣다'[표준 프, '큰소리로 말하다'](말리, 세네갈)
coraniser	'수업 내용을 외우다'[cf. 표준 프, 명사 coran '코란'](카메룬)
cigaretter	'담배를 주다'[cf. 표준 프, 명사 cigarette '담배'](자이레)
panner	'고장나다'[cf. 표준 프, 명사 panne '고장'](세네갈)
déplacer	'훔치다'[표준 프, '옮기다'](자이레)
bilaner	'소문을 내다'[cf. 표준 프, 명사 bilan '종합 평가'](부르키나 파소)
pain chargé	'샌드위치'[직역, '채워진 빵'](카메룬, 세네갈)
avocat	'뇌물'[표준 프, '변호사'](자이레)
sac de ciment	'뇌물'[표준 프, '시멘트 부대'](자이레)

섬 지역 프랑스어의 몇 가지 표현들[468]

과들루프와 마르티니크

bomber[cf. 표준 프, 명사 bombe '폭탄'] '빨리 가다'
serrer[표준 프, 명사 '꽉 죄다'] '숨다'
Béké '안틸레스에서 태어난 백인'
argent braguette[표준 프, argent '돈', braguette '반바지 앞 쪽의 튼 곳'] '가족 수당'
comparaison[cf. 표준 프, 명사 comparaison '비교'] '건방진 사람'
couloir[표준 프, '복도, 통로'] '여과기'
matoutou '게'
lolo[표준 프, '우유'] '식료품상'

레위니옹

fariner[표준 프, '밀가루를 뿌리다'] '가는 비가 오다'
casser un contour[직역, '곡선을 부수다'] '(차가) 방향을 틀다'
carreau[표준 프, '타일'] '다리미'
goûter[표준 프, '오후 간식'] '아침 식사'
endormi[표준 프, '잠든 (사람)'] '카멜레온'

모리셔스섬
cocasse[표준 프, '별난, 얄궂은'] '귀여운'
cuscute[표준 프, '새삼'(식물)] '성가신 사람'

아이티
bêtiser[cf. 표준 프, 명사 bêtise '어리석음'] '어리석은 말을 하다'
avoir un coup de soleil[직역, '햇살을 받다'] '첫눈에 반하다'
aller à la commode[직역, '서랍장에 가다'] '용변을 보다'

벨기에의 프랑스어

벨기에의 프랑스어는 프랑스에서 말해지는 프랑스어에 매우 가깝지만 그럼에도 불구하고 몇 가지 발음상의 특성, 몇 가지 문법적인 특성 그리고 몇몇 어휘적 특성으로 알아볼 수 있다.

벨기에 '억양'을 알아보게 해주는 발음상의 특성으로 다음과 같은 것을 들 수 있다.

- 특히 brin('새싹')과 brun('갈색')의 모음 간의 명확한 구별이 포함된 네 개의 비모음이 존속되고 있다[표준 프랑스어에서는 -in[ɛ̃] -un[œ̃] 사이의 구별이 없어졌음].
- baie('만'), fée('요정'), fête('축제'), mie('빵의 속살'), rue('길'), boue('진흙')에서 전반적으로 장모음이 있다[표준 프랑스어에서는 장모음이 사용되지 않는다].
- lion('사자'), avion('비행기') 또는 marié('결혼한')의 i, tuer('죽이다'), nuée('큰 구름')의 u, 그리고 nouer('매다')와 Louis의 ou를 음절로 발음한다. [표준 프랑스어에서는 그 음들이 반모음인 [j], [ɥ], [w]로 발음되어 음절을 구성할 수 없지만, 벨기에 프랑스어에서는 모음인 [i], [y], [u]로 발음됨]
- huit('8')나 buis('회양목')에서 u가 ou로 발음되어 buis가 cambouis('더러워진 기름')의 뒷 부분과 똑같이 발음된다.[469] [표준 프랑스어에서는 huit와 buis의 발음에 반자음 [ɥ]가 포함되어 있지만 벨기에 프랑스어에서는 [w]가 포함되어 있음]

그렇지만 이러한 발음 차이들은 결코 벨기에인과 프랑스인 간의 의사소통에 있어서 어려움의 원인이 되지 않는다.

반면에 두 나라에 존재하지만 의미가 다른 일부 단어들에 대해서는 조심해야 한다.[470]

벨기에	프랑스	벨기에	프랑스
bonbons	biscuits secs('건빵')	vidanges	verres consignés('빈 병 환불')
chiques	bonbons('사탕')	farde (n.f.)	dossier('서류'), chemise('서류 덮개')
chicons	endives('꽃상추')	aubette	kiosque à journaux('신문 가판점')
endive	scarole('풀상치')	sonner	téléphoner('전화하다')
pralines	petits chocolats fourrés('속을 채운 초콜릿')	amigo	prison('감옥'), cachot('지하 감방')
		amitieux	affecteux('다정한')
		pigeonnier	poulailler('(극장의) 맨꼭대기 좌석')
déjeuner	petit déjeuner ('아침 식사')	cru (adj.)	froid et humide('차갑고 습한')
		septante	soixante–dix('70')
dîner	déjeuner ('점심 식사')	nonante	quatre–vingt–dix('90')
		salade de blé	mâche('콘살라드')
souper	dîner('저녁 식사')	veau de mars	giboulée d'avril('4월의 소나기')
liche, lichette	languette de tissu servant à suspendre un vêtement ('옷을 걸어 놓을 때 사용되는 천으로 된 줄)		

벨기에의 언어 상황

인구: 9,870,000명[2021년 통계로는 1,163만 2,334명]

공식어

- **네덜란드어(플랑드르어)**: 게르만어로서 1898년부터 공식어이다. 사용자 수는 약 600만 명(58%, 서플랑드르, 동플랑드르, 안트베르펜, 림뷔르흐, 프랑스어 화자가 다수로서 '특별한 언어적 지위'을 누리고 있는 푸롱, 메냉 및 코민 등 일부 지역을 제외한 브뤼셀 지방)이다('네덜란드어를 중심으로' 챕터 참조).
- **프랑스어**: 로망스어로서 1830년부터 공식어이다. 사용자 수는 약 400만 명(40%, 애노, 브라방, 나뮈르, 리에주, 뤽상부르 주)이다('프랑스어를 중심으로' 챕터 참조). 브뤼셀 시(약 10%)는 1971년 헌법에 따라 공식적으로 이중 언어 지역이지만 80%가 프랑스어 화자로 이루어져 있다.
- **독일어**: 게르만어로서 장크트피트와 오이펜 지역의 공식어이다. 사용자 수는 약 7만 명(0.7%)이다('독일어를 중심으로' 챕터 참조).[471]

그 밖의 언어들

〈로망스어〉

- **발론어**(애노 동부, 브라방 남부, 리에주 주, 나뮈르 주, 뤽상부르 주)
- **피카르디어**(애노 주 남부)

– **샹파뉴어**(나뮈르 주 남부)
– **로렌 로망스어**(곰어)(뤽상부르 주의 남부, 비르통 지역)('프랑스어를 중심으로' 챕터, 지도 '프랑스어권 벨기에의 언어적 다양성' 참조)

〈게르만어〉
– **룩셈부르크어**(아를롱 지방, 뤽상부르 주의 남부)
– **림뷔르흐어**
– **브라반트어**('네덜란드어를 중심으로' 챕터, '벨기에의 플랑드르어' 참조).[472]

벨기에의 프랑스어는 발론어가 아니다

당연히 벨기에의 프랑스어와 발론어를 혼동해서는 안된다. 발론어는 국경 건너편의 프랑스에도 있지만 벨기에에서 훨씬 더 활기찬 모습을 보이고 있는 오일어 방언으로서 리에주 주, 나뮈르 주, 브라반트 남부 및 애노 주와 뤽상부르 주의 일부에서 사용되고 있다. 발론어 문학은 16세기부터 발달하였고 오일어 지역에서 가장 풍요로운 문학으로 간주되고 있으며 지금도 매우 활성화되어 있다.[473]

발론어는 파리의 언어에 의해 가장 덜 영향을 받았으므로 옛날 특성들을 많이 보존한 오일어 방언이다. 보존된 특성으로는 vnou(프, venu '온', VENUTUM에서 유래함)에 있는 라틴어의 u('우'로 발음됨), mèsti('직업')에서처럼 자음 앞에 있는 s, wàder('지키다')에 있는 게르만어의 w 등이 있다.[474]

프랑스어권 벨기에의 언어적 다양성

프랑스어가 공식어인 벨기에의 남부 지방들에서는 다른 방언들도 존재한다. 그 방언들은 **발론어, 피카르디어, 샹파뉴어, 고메어(로렌어)** 등으로서 모두 로망스어 방언이다. 반면에 벨기에 뤽상부르 주의 남동부에는 룩셈부르크 대공국에서 말해지는 **룩셈부르크어**와 가까운 언어가 있다.

독일 국경을 따라 위치한 오이펜과 장크트피트 지역에서는 **독일어**가 공식어이다.

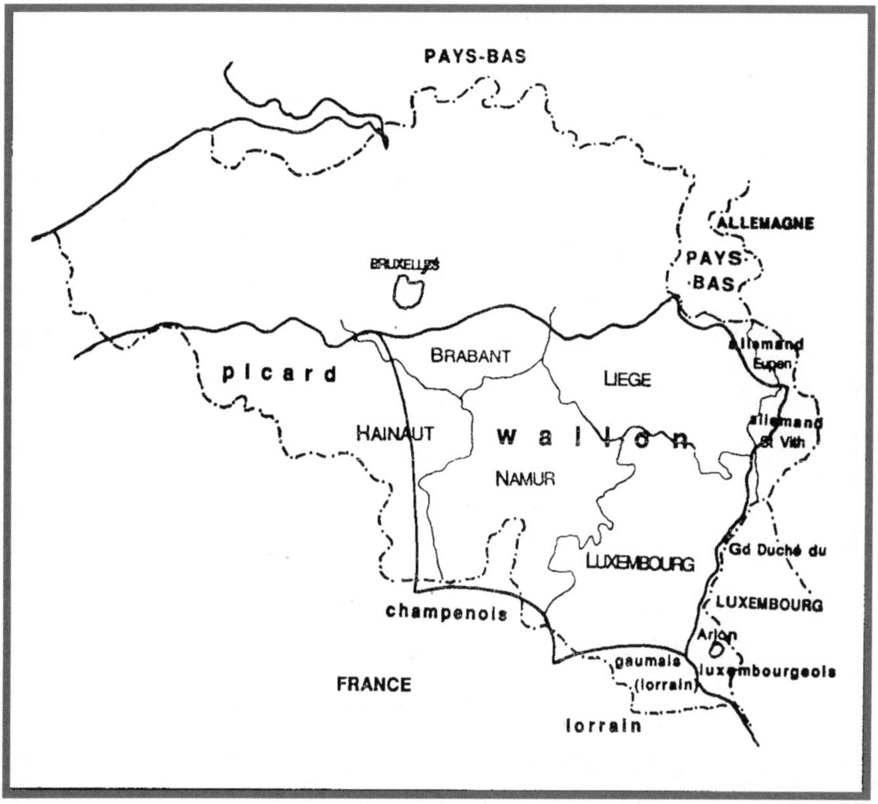

ALLEMAGNE 독일 allemand 독일어 BRABANT 브라반트 주 Bruxelles 브뤼셀 champenois 상파뉴어 Eupen 오이펜 FRANCE 프랑스 gaumais 곰어 Gd Duché du LUXEMBOURG 룩셈부르크 대공국 HAUINAUT 애노 주 LIEGE 리에주 주 lorrain 로렌어 LUXEMBOURG 뤽상부르 주 luxembourgeois 룩셈부르크어 NAMUR 나뮈르 주 PAYS-BAS 네덜란드 picard 피카르디어 St-Vith 장크트피트 wallon 발론어

스위스의 프랑스어

13세기 말 무렵에 프랑스어가 행정과 상업에서 라틴어를 대체하였다. 그 다음에는 프랑스어가 종교 개혁과 함께 먼저 제네바, 로잔 그리고 뇌샤텔에 전파되면서 프랑코프로방스어 방언들은 발레 주, 프리부르 주 그리고 쥐라 주로 밀려나갔다. 스위스에는 아카데미 프랑세즈나 프랑스어 총대표부와 같은 방식으로 프랑스어를 규제하는 기관이 존재하지 않지만 두 개의 민간 단체들이 프랑스어 보호를 위해 감시하는 역할을 맡고 있다. 그 단체들은 론강 지역 작가 연합과 스위스 프랑스어권 문화

연합이다.

발음상의 특성에 있어서는 스위스인들이 벨기에인들과 일부 특성을 공유하고 있다. 예를 들면, pot('단지')이나 sabot('(말 등의) 발굽')에서 모음이 개모음이며(porte('문')과 botte('장화')에서처럼)[pot와 sabot의 표준 프랑스어 발음에는 폐모음 [o]가 나타나는데 반해 스위스 프랑스어에서는 개모음 [ɔ]가 나타남], patte('(동물의) 다리')와 pâte('반죽') 사이의 차이가 음가의 차이가 아니라 장단의 차이이다[이 단어들의 표준 프랑스어 발음에는 각각 전음 [a]와 후음 [ɑ]가 포함되어 있는데 반해 스위스 프랑스어에서는 그 단어들의 모음이 각각 단음과 장음으로 발음된다]. 그렇지만 프랑스어권 스위스 전체에 공통된 프랑스어 변이체는 존재하지 않는다. 예를 들어, 제네바에서는 pot의 o와 peau('피부')의 o 사이의 구별을 하는 사람이 드물다[스위스 프랑스어에서는 흔히 peau와 달리 pot의 모음은 개모음으로 발음되고 있다는 점을 지적하고 있음].[475]

문법과 관련해서 말하자면, 스위스에서는 중복합 시제[프랑스에서는 조동사 avoir나 être와 과거분사를 결합하여 복합 과거형을 만들어 사용하는데, 스위스를 비롯한 일부 지역에서는 'avoir + eu(avoir의 과거분사) + 본동사의 과거분사' 형태의 중복합 과거 시제를 사용하기도 함]가 활발히 사용된다는 것이 특기할 점이다. 중복합 시제는 독립절(Ce couteau, il a eu coupé '그 칼은 간혹 자르는 데 사용되었다')과 종속절(Quand il a eu mangé... '그가 식사를 마쳤을 때...')에서 공통적으로 나타난다.[476]

어휘에 대해서는 다음과 같은 것들을 언급할 수 있다.[477]

guichue	'헝클어진 머리'
pive	'솔방울'
panosser	'걸레질 하다'
bisse	'관개 수로'
gouille	'물 웅덩이'
réduire	'치우다, 제자리에 두다'(예를 들어, 자동차를 제대로 주차하다).

제5부

게르만 어파

제5부

게르만 어파

I. 분화 이전

로망스어와 게르만어 사이

우리는 앞의 챕터들을 통해서 언어적 경계선은 국가들의 국경선과 일치하는 경우가 드물다는 것을 확인할 수 있었다. 국가들과 그 언어들에 관한 상자 글들 및 여러 지도들은 그것들 사이의 편차를 더 잘 어림할 수 있게 해 주었을 것이다. 유럽의 언어적 대분할 전도(4쪽, '서문', 지도 '광역 언어권' 참조)가 로망스어 권역, 게르만어 권역 및 슬라브어 권역 사이의 분리선들이 그려지지 않은 채 제시된 것은 의도적이었다. 이제는 로망스어 세계와 게르만어 세계 사이의 분할선을 분명하게 그릴 수 있다. 그 선은 여러 차례 국가들 사이의 국경선을 가로지르면서 언어들이 인접해 있거나 겹쳐지는 혼합 지대들을 만들고 있다. 프랑스에 있는 플랑드르어, 로렌어 그리고 알자스어 지역들과 마찬가지로 이탈리아에 있는 알토아디제는 로망스어 권역에서 게르만어를 사용하는 작은 언어적 고립 지역이다. 스위스와 벨기에는 법으로 정해진 언어적 경계선들이 관통하고 있지만 룩셈부르크 대공국은 언어적으로는 전 지역이 게르만어 권역이기도 하고 로망스어 권역이기도 하다. 마지막으로, 채널 제도는 영어가 보편화되어 있지만 로망스어 방언들이 오늘날까지 농촌 주민들 가운데서 살아남은 곳이다(아래의 지도 '라틴어와 게르만어가 겹쳐지는 지역들' 참조).

현재의 상황들은 기원전 첫 밀레니엄부터 그 땅들에서 이어가며 살았던 거주자들의 역사로부터 만들어진 것이다.

이동하는 종족들

켈트족이 유럽의 대부분 지역을 지배하던 시기에는(65쪽 '켈트어를 중심으로' 챕터, 지도 '기원전 300년 무렵 켈트족의 유럽' 참조) 게르만 언어들의 전파자들이 유럽 대륙의 북부를 아직 떠나지 않았다. 그들의 가장 오래된 거주 지역으로 알려진 곳은 스칸디나비아반도 남부(스코니), 덴마크(윌란반도와 섬들) 그리고 독일 북부(메클렌부르크)에 있다(343쪽, 이 챕터, '게르만 언어들: 방위 지도' 참조).[478]

어느 시대부터 그 사람들이 거기서 살았는지 정확하게 알려지지는 않았지만 기원전 1000년 무렵에 그들이 그 지역들에 있었던 것은 의심의 여지가 없다. 철기 시대 초기에(기원전 5세기 무렵) 그 사람들은 아마도 이미 켈트족과 상당한 접촉을 가졌을 듯하다. '철'을 뜻하는 게르만어 단어(고트어로는 eisarn, 독일어로는 Eisen, 영어로는 iron)가 틀림없이 켈트어 차용어일 것으로 보이기 때문이다(어형이 아일랜드어에서는 iarann이고 브르타뉴어에서는 houarn이다).

라틴어와 게르만어가 겹쳐지는 지역들

유럽 언어지도 한 가운데로 라틴어에서 유래한 언어들(서부와 남부)과 게르만어에서 유래한 언어들(동부와 북부) 사이의 꾸불꾸불한 대분할선이 지나간다. 굵은 선으로 표시된 그 분할선은 국가들의 경계선과 무관하게 게르만어들과 로망스어들이 각각의 영역에서 삐어져 나오는 띠 모양의 지대가 그 분할선의 양편에 존재한다는 것을 나타내고 있다.

또한 게르만어 권역(독일과 오스트리아)과 로망스어 권역(이탈리아)에서 슬라브어를 사용하는 언어적 고립 지역들도 있다.

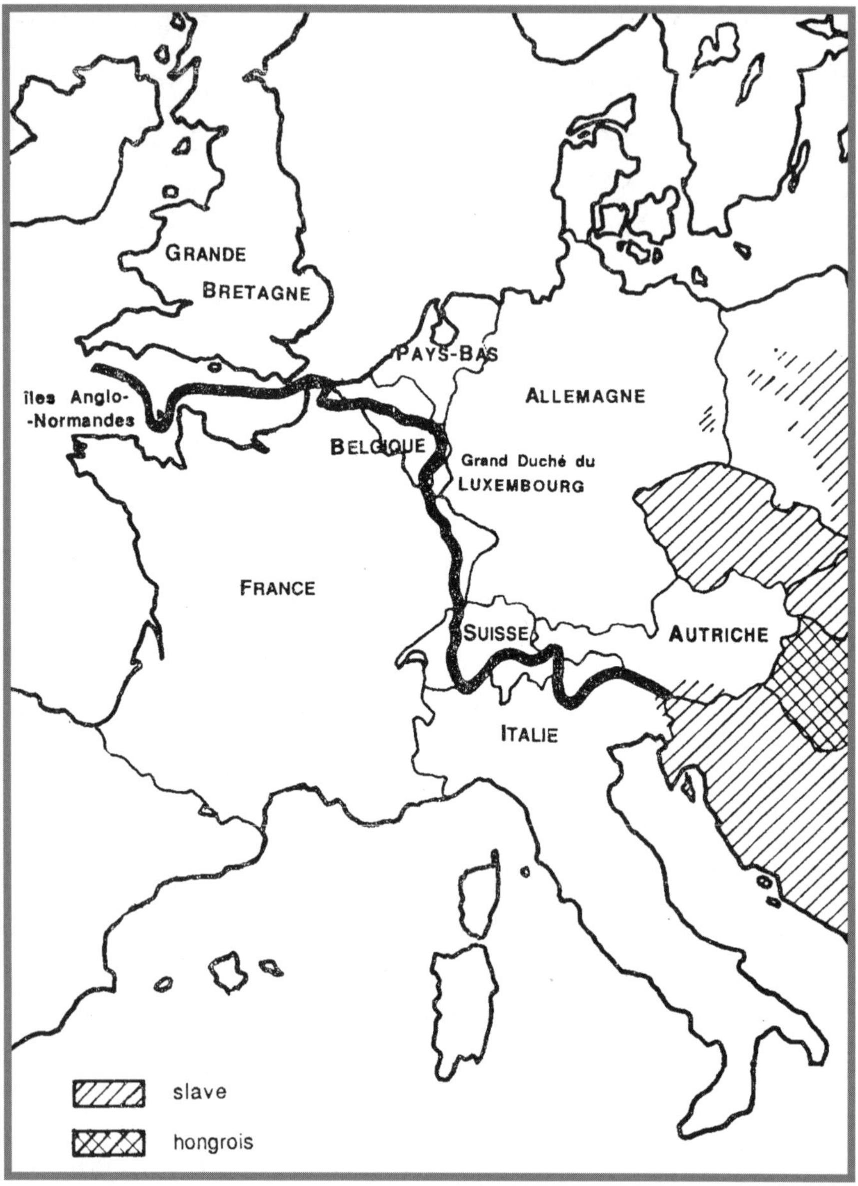

ALLEMAGNE 독일 AUTRICHE 오스트리아 BELGIQUE 벨기에 FRANCE 프랑스 Grand Duché du LUXEMBOURG 룩셈부르크 대공국 GRANDE BRETAGNE 영국 hongrois 헝가리어 Îles Anglo–Normandes 채널 제도 ITALIE 이탈리아 PAYS–BAS 네덜란드 slave 슬라브어 SUISSE 스위스

게르만족은 켈트족처럼 — 그러나 그들보다 나중에 — 자신들의 영역을 본래의 거주 지대 밖으로 확장하게 되었다. 그들은 동쪽을 향해서, 그리고 서쪽과 남쪽을 향해서도 이동하였다. 기원전 500년 전후로 일부 게르만 종족들은 이미 네덜란드를 점령하였고, 다른 종족들은 비스와강(오늘날 폴란드)에 도달하였으며, 또 다른 종족들은 중부 독일에 이르렀다.[479]

그들의 확장은 서기력 초기에도 전 유럽에서 계속되었으나 로마 제국의 힘으로 라인강과 다뉴브강 지역에서 일시적으로 중단되었다. 그렇지만 로마의 요새화된 국경은 접촉과 교류의 장소이기도 하였다(아래의 상자 글 참조).

로마 제국의 경계선들, 신화인가?

잉글랜드와 스코틀랜드 사이에 있는 하드리아누스 장벽이나 라인강과 다뉴브강 사이의 리메스 게르마니쿠스와 같은 로마의 요새 건축물들의 가시적 흔적들이 오늘날에도 남아 있다. 그러한 석조 건축물들은 실제로 넘을 수 없는 장애물이었다고 오랫동안 생각되었다. 최근의 연구들에서 실제로는 그 벽들을 통해 왕래가 매우 정상적으로 이루어졌다는 것이 밝혀졌다. 이 요새화된 경계선들은 아마도 적들의 침입에 대비하여 예방책으로 세워진 듯하지만, 그럼에도 불구하고 상업적이고 문화적인 교류의 지대이기도 했다.[480]

라틴어로부터 차용된 게르만어 단어들이 그러한 사실을 증명하고 있다.

라틴어의 유산

로마인들과 게르만족 사이의 그러한 접촉들이 단지 군 부대들의 접촉만이 아니었다는 증거는 게르만어가 구어 라틴어에서 일찍부터 받아들인 많은 차용어들 안에 분명하게 나타나 있다. 초기 차용어들은 기원전 1세기의 것이다.[481]

다음은 그런 차용어들의 몇몇 예로서 오늘날 독일어에서 취하고 있는 형태로 제시되었다.

Straße	'도로'	STRAT로부터	'포장 도로'
Wall	'성벽'	VALLUM으로부터	'야영지 주위의 말뚝 울타리'
Ziegel	'기와'	TEGULA로부터	'기와'

Kalk	'석회'	CALX, CALCIS로부터	'조약돌, 석회'
Mauer	'벽'	MÛRUS로부터	'벽'
Fenster	'창문'	FENESTRA로부터	'창문'
Pfeil	'화살'	PILUM으로부터	'투창'

Pfeil('화살')을 제외하면 게르만족이 군사 분야에서 차용한 것은 거의 없고 건축 기술을 폭넓게 얻어갔다는 것을 확인할 수 있다.

그들은 부분적으로 로마인들의 생활 방식도 흡수하였다. 예를 들면, 독일어 단어 Tisch('식탁')는 라틴어 DISCUS('(큰) 쟁반')에서 차용되었는데, 이것은 미리 음식을 덜어서 손님들 앞에 갖다주고 식사 후에 내가는 로마의 풍습을 떠올리게 한다. 다음과 같은 것들도 있다.

Schüssel	'접시'	SCUTELLA로부터	'작은 잔'
Kessel	'냄비'	CATILLUS로부터	'작은 접시'
Kelter	'압착기'	CALCATURA로부터	'포도를 압착하는 장소'
Keller	'지하 저장실'	CELLARIUM으로부터	'찬장, 식탁 준비실'
Wein	'와인'	VINUM으로부터	'와인'
Frucht	'과일'	FRUCTUS로부터	'과일'
Birne	'배'	PIRUM으로부터	'배'
Pfirsich	'복숭아'	PERSICUM (MALUM)으로부터	'복숭아'

그리스어가 라틴어를 매개로 게르만 언어들에 전달되기도 했다. 예를 들면, 그리스어 monachos('은자', 나중에는 '수도자')에서 유래한 라틴어 MONACHUS('수도자')는 München('뮌헨')이라는 지명의 기원이다.[482]

라틴어 쪽에서도 일정 수의 단어를 게르만어으로부터 차용하였지만 반대 방향의 차용만큼 많지는 않았다. 그러한 예를 들면, RENO('순록 가죽'), SAPO('비누'), GANTA('거위'), GLAESUM('호박') 등이 있다.[483]

게르만 종족들과 그들의 언어들

서기 1세기에 타키투스는 마치 게르만족이 정치적으로 통일된 단일 국가를 이루

게르만 언어들

방위 지도

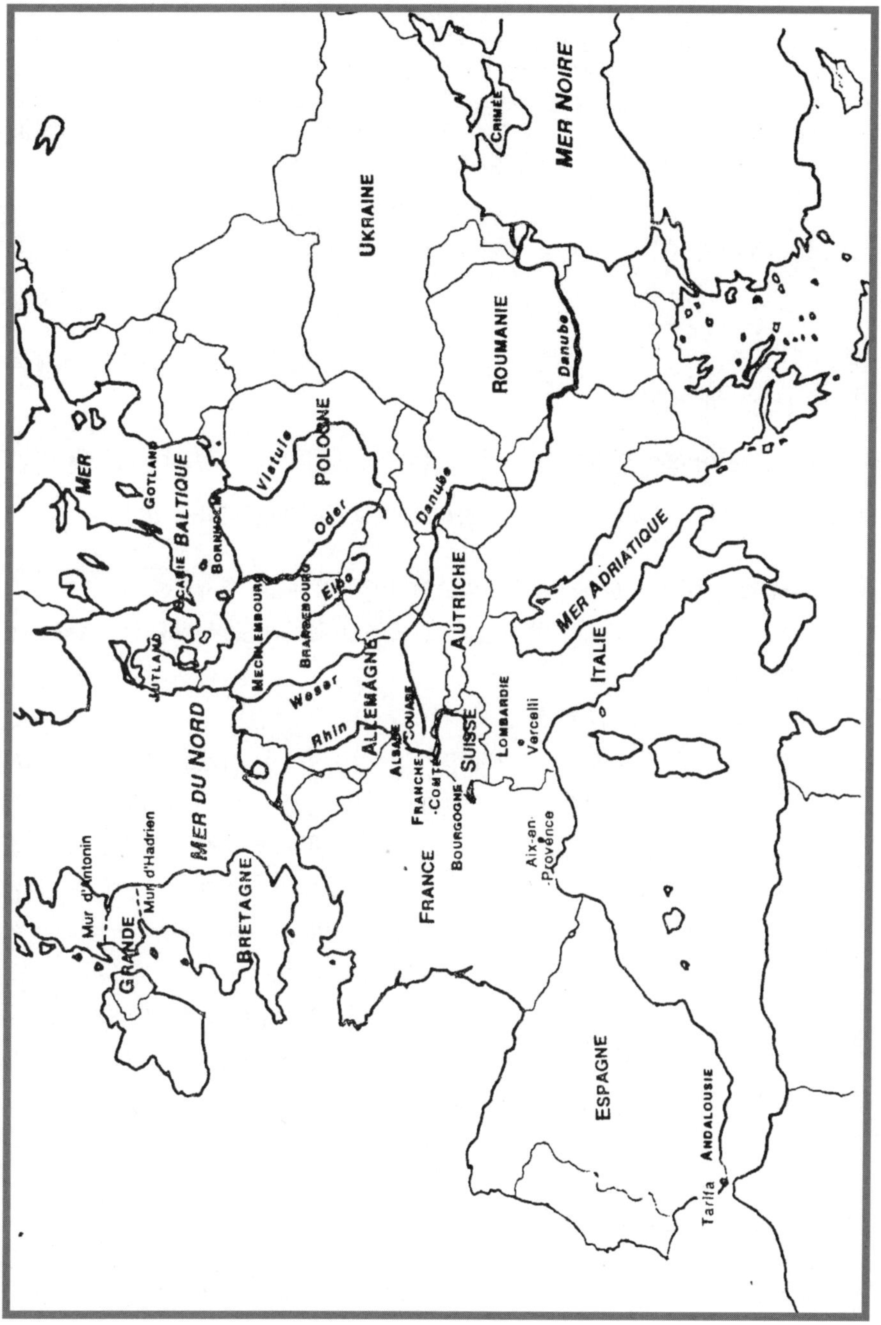
MER NOIRE
CRIMÉE
UKRAINE
ROUMANIE
Danube
POLOGNE
Vistule
MER BALTIQUE
GOTLAND
Oder
Elbe
Danube
AUTRICHE
MER ADRIATIQUE
ITALIE
MECKLEMBOURG
BRANDEBOURG
ALLEMAGNE
Weser
Rhin
JUTLAND
MER DU NORD
SUISSE
LOMBARDIE
Vercelli
ALSACE
FRANCHE-COMTÉ
BOURGOGNE
FRANCE
Aix-en-Provence
GRANDE BRETAGNE
Mur d'Antonin
Mur d'Hadrien
ESPAGNE
ANDALOUSIE
Tarifa

ALLEMAGNE 독일 ALSACE 알자스 Aix-en-Provence 엑상프로방스 ANDALOUS1E 안달루시아 AUTRICHE 오스트리아 BORNHOLM 보른홀름 섬 BOURGOGNE 부르고뉴 BRANDEBOURG 브란덴부르크 CRIMÉE 크림반도 Danube 다뉴브강 Elbe 엘베강 FRANCHE-COMTÉ 프랑슈콩테 GOTLAND 고틀란드 섬 GRANDE BRETAGNE 영국 JUTLAND 윌란반도 LOMBARDIE 롬바르디아 MECKLEMBOURG 메클렌부르크 MER ADRIATIQUE 아드리아해 MER BALTIQUE 발트해 MER DU NORD 북해 MER NOIRE 흑해 Mur d'Antonin 안토니우스 방벽 Mur d'Hadrien 하드리아누스 방벽 Oder 오데르강 POLOGNE 폴란드 ROUMANIE 루마니아 SOUABE 슈바벤 UKRAINE 우크라이나 SCANIE 스코네 Tarifa 타리파 Vercelli 베르첼리 Vistule 비스와강 Weser 베저강

고 있었던 것처럼 자신의 저서 중 하나에 '게르마니아'라는 제목을 부여하고 있다. 실제로는 그와 반대로 기독교로 개종하기 전까지 그들은 인접한 땅들을 차지하고 있던 독립적인 종족들이었으며, 다만 빈번한 접촉으로 인해 오랫동안 그들 사이의 모든 언어적 분화는 방지되었다.

나중에 그들이 흩어짐에 따라 상이한 언어들이 발달하게 되었는데, 그 언어들은 출발 지역에 따라 구분되는 다음 세 그룹의 주요 종족들과 연계되어 있다.

- 북유럽의 종족들: 그들의 후손들은 오늘날 언어학자들이 북게르만 어군으로 지칭하는 여러 스칸디나비아 언어들(덴마크어, 노르웨이어, 스웨덴어, 아이슬랜드어)을 사용하고 있다.
- 북해의 종족들: 프리슬란트족, 앵글족 그리고 일부 색슨족이 이 지역에 거주하였으며, 그들은 오늘날 프리슬란트어와 영어를 사용하는 사람들의 선조에 해당한다. 그 사람들은 엘베강부터 라인강까지의 북독일에서 시작하여 서쪽(프랑크족) 또는 남쪽으로 확장해 간 사람들과 구별되어야 한다. 남쪽으로 간 사람들로는 특히 북이탈리아에 이르게 된 랑고바르드족, 오늘날 알자스와 스위스에 해당하는 곳에 최종적으로 정착한 알라만족, 그리고 끊임없이 유럽에서 옮겨 다니다가 이베리아 반도 서부에서 멈추게 된 수에비족이 있다. 네덜란드어와 저지 독일어(독, Plattdeutsch)의 기원이 되는 (고대) 저지 독일어와 오늘날 독일어의 기원이 되는 고지 독일어가 분화된 것은 훨씬 뒤의 일이다. 언어학자들은 그 모든 언어들을 서게르만어라는 이름으로 지칭한다.
- 오데르강과 비스와강의 종족들: 고트족, 반달족, 부르군트족. 그들의 언어들은 이른바 동게르만 어군에 속하며 오늘날 후손은 없지만, 18세기까지는 크림반도에서 고트어 변이체가 사용되었다.[484]

343쪽 방위 지도는 본문에서 언급된 여러 지명들의 위치를 알 수 있게 해줄 것이다.

게르만족의 이름들

게르만 종족들은 수십 개의 상이한 이름들로 알려져 있는데, 그 가운데 일부는 매우 널리 알려져 있다. 예를 들면, 서고트족, 동고트족과 반달족, 앵글족과 색슨족, 프리슬란트족과 바타비아족, 부르군트족, 알라만족과 프랑크족 등이다. 수에비족, 마르코만니족, 메나피족, 타이팔리족, 카우치족, 카마비족, 브룩테리족 등 자주 인용되지 않는 이름의 종족들도 수십 개 있다. 그 모든 이름들은 일반적으로 그들의 출신 지역이나 오래 거주한 곳을 말해주지만 오늘날 그 이름들 가운데 몇 개만이 그러한 기억을 간직한 게르만 언어 또는 방언을 나타낸다. 그러한 예로 영어, 프리슬란트어, 독일어, 색슨어, 프랑크어 등이 있다.

다소 의외로 일부 게르만 종족들이 자신들의 이름을 라틴어에서 분기된 언어에게 주었다는 것은 이채롭다. 프랑스어, 부르고뉴어, 롬바르디아어, 안달루시아어 등은 게르만어가 아니라 라틴어에 기원을 둔 언어들이다.

동쪽을 향한 전진

서기력 초기 몇 세기부터 로마 제국의 붕괴(476년)까지 게르만 종족들은 계속해서 유럽 전 지역으로 움직이고 있었는데, 아마도 고트족이 최초로 집단에서 분리된 듯하다. 그들은 발트해에 있는 고틀란드섬에서 출발하여 남쪽을 향해 갔고, 그 다음에 동쪽을 향해 간 것으로 생각된다. 서기 3세기 중엽에 그들은 흑해에 도달하였다. 오늘날 그들의 언어를 계승하는 언어는 없으나, 그럼에도 불구하고 그들의 언어는 서기 350년 무렵 아리우스파 주교인 울필라스가 펴낸 성경의 고트어 번역서 덕분에 보존되어 있다.

그 기록물의 존재는 고트어가 스칸디나비아 언어들과 일부 특성들을 — 특히 게르만어의 옛 발음 /ww/가 /g^{w}w/로 변화한 점을 — 공유하고 있다는 것을 확인하게 해 준다. 오늘날 영어의 true는 과거의 /ww/가 변화한 것이지만(중세 영어의 trewe), 덴마크어의 tryg('믿을 수 있는')는 /g^{w}w/가 변화한 것이다. 마찬가지로 프랑스어에는 프랑크족(서게르만어)이 전해준 trève('휴전'), 즉 /g/가 없는 형태가 있지만 동고트족과 서고트족(동게르만어)을 거쳐 (/g/가 들어 있는) 단어가 들어간 이탈리아어와 스페인어에는 tregua가 있다(상자 글 '동게르만어와 북게르만어의 공통된 변화 과정' 참조).[485]

4세기 무렵에 고트족은 두 집단으로 나뉘어서 이번에는 서쪽을 향해 이동하게 되었다. 서고트족은 5세기 초에 아키텐으로 갔다가 그 다음에 스페인으로 갔으며, 그곳에서 그들의 왕국은 711년 아랍인들이 도래할 때까지 유지되었다. 동고트족은 5세기와 6세기 중에 이탈리아에 정착하였다.[486]

보른홀름(Bornholm, 옛 형태는 Burgunderholm)이라는 덴마크의 섬을 떠올리게 하는 이름의 부르군트족은 444년에 부르고뉴와 사부아에 도달하였고, 나중에는 결국 프랑크족에게 흡수되었다. 반달족은 침략을 계속하며 스페인까지 갔다가 그 다음에 북아프리카로 넘어갔다. 그들이 지나가면서 남긴 드문 언어적 흔적은 안달루시아나 부르고뉴와 같은 지명에 나타난다.

5세기에는 북해 게르만어들 사이에 새로운 분화가 일어나서 북독일(베스트팔렌)의 고(古)색슨어, 북해 연안의 고(古)프리슬란트어 그리고 잉글랜드의 고대 영어가 태어났다.[487]

동게르만어와 북게르만어의 공통된 변화 과정

고대 게르만어의 /ww/
- /u:/로 변함
  - 서게르만 어군
  - 예: 영어의 true
- /gww/로 변함
  - 동게르만어로서 후손이 없는 고트어
  - 스칸디나비아 언어들
  - 예: 덴마크어 tryg('믿을 수 있는')

Scandza insula, '종족 제조지'

대(大)플리니우스의 표기 오류로 인하여 스웨덴 남부의 스코니 주의 이름이 스칸디나비아(Scadinauia)의 이름이 되었다.[488] 서기 4세기에 역사가 요르다네스는 그 지방을 "Scandza insula, quasi officina nationum aut certe velut vagina gentium"('인종들이 와글거리는 곳 또는 종족들의 자궁으로서의 스칸드자섬'), 말하자면 종족을 만드

는 공장으로 소개하였다.[489]

비유는 적절하였다. 왜냐하면 실제로 많은 게르만 종족들이 그 지방에서 출발하여 나중에 매우 먼 곳에서 나타났기 때문이다.

인접한 윌란반도에서 출발한 킴브리족과 튜턴족은 가장 혼란스러운 이동을 경험한 종족들이었다(아래 상자 글 참조).

킴브리족과 튜턴족의 유랑

킴브리족과 튜턴족의 역사는 어떤 상황에서 '게르만족의 대이동'이 이루어졌는지를 잘 보여주는 예이다. 아마도 기원전 2세기 말 무렵에 윌란반도를 휩쓴 해일에 의해 쫓겨난 그 게르만 종족들은 유럽을 관통하는 긴 여행을 시작하였다. 기원전 115년에서 101년까지 14년 만에 그들은 먼저 유럽을 북부에서 남부로 관통하고, 그 다음에 동쪽에서 서쪽으로, 즉 슈바르츠발트에서 스페인으로 횡단한 다음에, 반대 방향으로 서쪽에서 동쪽으로 그 길을 다시 갔고, 결국은 마리우스의 로마 군대에 의해 전멸되었다. 튜턴족은 기원전 102년 엑상프로방스에서, 킴브리족은 기원전 101년 피에몬테의 베르첼리에서 멸망하였다.[490]

주트족과 앵글족은 5세기 후에 역시 윌란반도에서 출발하였지만 그들보다는 짧은 여행을 하였다. 독일에서 온 색슨족 한 무리가 그들과 합류하였으며, 그들은 북해만 건너서 로마 군대가 철수한 시기에 영국에 정착하였다(449쪽 지도 '영어의 원천들' 참조).

분리와 재집결들

북독일에는 앵글족과 주트족을 따라가지 않은 색슨족만이 남게 되었다. 그들은 나중에 그들을 복속시키고자 애를 쓴 프랑크족의 황제 샤를마뉴에 맞서 싸웠다.

랑고바르드족은 엘베강 기슭에서 출발하여 서기 4세기 무렵에 오스트리아에 나타났고, 그 다음에 북이탈리아로 갔는데, 그곳에서 607년에 그들 모두가 가톨릭으로 개종하였다.[491] 롬바르디아의 현재 이름은 그들이 그 지역에서 오래전부터 거주한 사실을 오늘날에도 여전히 상기시키고 있다.

알라만족은 서기 3세기 무렵에 브란덴부르크에 나타났는데 사실상 많은 수의 종족들로 이루어져 있었다. 라틴어화된 형태 Alamanni에 아마도 게르만어 어형 alle('모두')와 Männer('사람들')가 들어있다고 볼 수 있을 듯하다. 그들은 서기 5세기부터 알자스, 스위스 그리고 프랑슈콩테에 거주 지역을 건설하였다. 알자스에 수없이 많은 -heim으로 된 지명들과 프랑슈콩테에 매우 많은 (게르만어 -ingen에서 유래한) -ange, -ands, -ans로 된 지명들은 그 지방들이 오래된 게르만족 거주 지역임을 증언하고 있다.[492]

수에비족은 처음에는 북독일에, 그 다음에 오늘날 슈바벤에 해당하는 곳에 정착하였다가, 나중에는 훨씬 더 먼 곳으로 갔다. 서기 5세기 초에는 그들이 유럽의 서쪽 끝, 갈리시아에 나타나는데, 그곳에서 그들의 왕국은 2세기 가량 지속되지만 6세기 말에 서고트족에 의해 멸망하였다.

휴식 시간

게르만족 이름인데 로망스어인가?

게르만 종족들 가운데 일부는 역설적으로 로망스어에 자신들의 이름을 주었다. 어떤 것들인가?

알라만족	앵글족	바타비아족
부르군트족	프랑크족	랑고바르드족
색슨족	튜튼족	반달족

정답. 부르군트족: 부르고뉴어, 프랑스 동부의 오일어 갈로로망 방언 - 프랑크족: 프랑스어 - 랑고바르드족: 롬바르디아어, 이탈리아 북부의 이탈로로망 방언 - 반달족: 안달루시아어, 안달루시아라는 이름은 Portu Wandalu('반달족 항구')에서 유래하였다. Portu Wandalu는 스페인 남부의 안달루시아에 있는, 로마 시대에 Julia Traducta라고 불리던 도시(오늘날 타리파라고 불림)에 대해 새로 도래한 게르만족이 부여한 이름이다.[493]

마지막으로, 프랑크족에 대해 말하자면, 그들에게는 위대한 미래가 약속되어 있었다. 그들은 처음에는 베저강 하류의 종족들 연합이었으며, 얼마 후 라인강에 정착하였다가, 5세기 말에 일제히 라인강을 건넜고, 결국은 많은 수의 다른 게르만 종족들을 흡수하면서 강력한 프랑크 왕국을 건설하게 되었다. 498년 무렵 그들의 수장인 클로비스의 세례는 명목상으로 프랑크족을 로마 가톨릭교회 안에 통합하였고, 그들을 아리우스파 이단자들인 대부분의 다른 게르만족과 구별지어 주었다. 그렇게 하여 침략자들과 갈로로망 사람들 사이의 결정적 융합을 향한 길이 열리면서 유럽 서부와 중부에서 프랑크족의 패권이 확보되었다.

가장 오래된 기록들

최초의 게르만어의 기록 흔적들은 주로 스칸디나비아에서 발견되었지만 독일, 우크라이나, 폴란드, 아드리아해 연안과 루마니아에서도 발견되었다. 그 흔적들은 대개의 경우 창날, 칼 손잡이의 둥근 끝, 브로치, 화살통 등 운반될 수 있었던 물체에 나타난다. 가장 오래된 것은 서기 200년 것으로 추정되며 가장 유명한 것은 4세기의 것으로 황금 뿔에 새겨져 있었으나 지금은 불행히도 없어졌다.

룬 문자

게르만족은 오랫동안 24개 글자로 된 알파벳을 사용하여 기록하였는데, 처음에는 나무토막 위에 새겼고 모든 가로 줄을 피하였다. 이것의 변이형은 여러 개가 알려져 있으며 더 후대의 알파벳은 16개 글자로 축소되었다.[494]

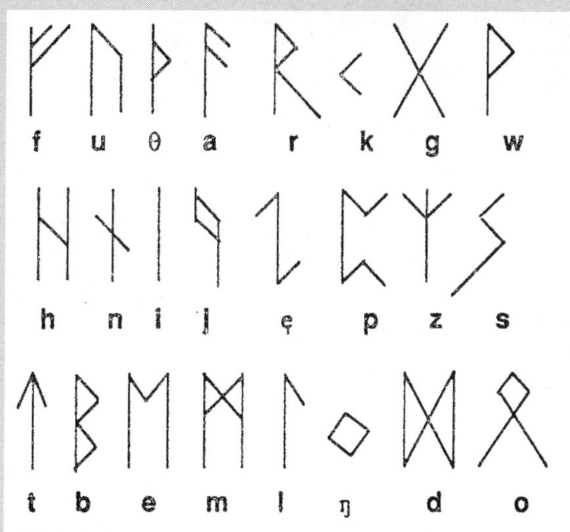

그러한 새김글들은 라틴어 자모가 아니라 룬 문자를 사용하고 있는데, 룬 문자의 첫 여섯 글자는 하나의 단어 futhark처럼 발음된다.

게르만어 룬 문자들

고(古)스칸디나비아어로 '속삭여진 비밀'을 뜻하는 단어에서 이름이 유래한 룬 문자는 처음에는 매우 짧은 추모 글이나 아마도 짧은 주문들, 그 다음에는 시 작품들을 적기 위해 사용되었다. '룬 문자'는 그리스어에서 전해진 북이탈리아의 라틴어 알파벳들을 수정한 옛 알파벳들에서 파생된 글자들을 가리키는 말이다(33쪽 상자 글 '알파벳의 진화' 참조).[495]

룬 문자는 가로 직선은 없이, 수직이거나 사선인 직선들만으로 구성된다는 특징을 가지고 있다. 이 특징은 그 글자들이 나중에는 돌이나 뿔에 새겨졌지만 처음에는 너도밤나무 나무토막 위에 새겨졌다는 것을 감안하면 충분히 이해가 된다. 그 글자들을 그려 넣기 위하여 나무결에 평행한 선들(글자들이 나무결들과 혼동되지 않도록)과 휘어진 선들(너무 새기기 어려움)을 동시에 피해야만 했던 것이다.[496]

너도밤나무에서 책으로

대부분의 게르만어들에서는 책을 가리키는 말이 너도밤나무를 가리키는 단어와 매우 비슷하다. 그럴 수밖에 없다. 룬 문자로 된 최초의 새김글들이 너도밤나무 나무판자에 새겨졌기 때문이다. 오늘날 사용되는 표현들은 다음과 같다.

- '책'을 가리키는 말을 영어에서는 book, 독일어에서는 Buch, 네덜란드어로는 boek, 그리고 덴마크어로는 bog라고 한다.
- '너도밤나무'를 가리키는 말을 영어에서는 beech, 독일어에서는 Buche, 네덜란드어에서는 beuk, 그리고 덴마크어에서는 bøg라고 한다. 그 이전 단계는 고대 영어에서 확인되고 있는데, 그 언어에서는 bōc라는 단어가 '너도밤나무'와 '책'을 모두 가리켰다.

그래서 T자는 수직 막대 위로 뒤집어진 V가 올려진 것으로 구성되었고, H자는 두 개의 수직 막대가 사선과 교차하는 것으로 되어 있으며, S자는 Z자 모양의 3개의 사선으로 이루어져 있다.

이 알파벳의 첫 글자는 faihu('가축')와 같은 단어의 [f]와 관련된다. 그 단어는 현대 영어에 fee('보수')라는 형태로 나타나는데, 이는 모든 보수가 처음에는 가축의 마리 수의 형식으로 치러졌다는 것을 상기시킨다.[497]

휴식 시간

룬 문자 읽기

아래의 세 단어들은 유럽 서부에 위치한 세 국가의 라틴어 이름들이다.

1. ᛒᚱᛁᛏᚨᚾᚾᛁᚨ
2. ᚷᚨᛚᛚᛁᚨ
3. ᚺᛁᛒᛖᚱᚾᛁᚨ

당신이 세 번째 이름을 알아본다면 켈트 국가들을 잘 알고 있는 것이다.

정답. 1. Britannia(오늘날 영국) – 2. Gallia(오늘날 프랑스) – 3. Hibernia(오늘날 아일랜드)

첫 음절 강세

모든 고대 게르만어들을 다른 인도-유럽어들로부터 구별지어주는 특성들 가운데 가장 중요한 것은 아마도 모든 단어의 첫 음절 강세일 것이다.

그 강한 어두의 강세는 현대 게르만어들에서 아직도 쉽게 감지된다. 예를 들어 덴마크어에서는 만약 어떤 단어의 첫 음절이 아닌 위치에 강세가 주어지면 그것은 외국어에서 차용한 단어일 가능성이 매우 높다.[498] 예를 들면, 둘째 음절에 강세가 주어지는 natur('자연')는 게르만어에 기원을 둔 단어가 아니라 라틴어 차용어이다. 동일한 기준이 영어에도 적용될 수 있다(상자 글 '덴마크어와 영어의 차용어 발음' 참조).[499]

가르침이 가득한 황금 뿔

가장 유명한 룬 문자 새김글은 갈레후스의 황금 뿔에 있었다. 그 글에는 다섯 단어만 들어 있지만 그 단어들에는 오래전 옛날의 게르만어들의 형태를 알기 위해 필요한 가르침이 풍부하게 들어 있다.

Ek hlewasgastiz holtingaz horna tawido

이 단어들에 언어 비교 원리들을 적용하면, 먼저 거기에서 다른 인도-유럽어들과의 다음과 같은 유사점들을 알아볼 수 있다.

hlewa-는 그리스어 kle(w)os('영광, 명성')을 상기시킨다.
-**gast**-는 라틴어 HOSTIS('주인' 또는 '적')을 상기시킨다.
holt-는 독일어 Holz('목재')를 상기시킨다.
horna는 라틴어 CORNU('뿔')에 상응하는 말이다.

이러한 것들을 바탕으로 다음과 같은 번역을 제안할 수 있을 것이다: "이 뿔을 마련한 것은 나, Holt의 아들, Hlewasgast이다."[500]

또한 발음 차원에서는 마지막 음절의 모든 모음들이 서기력 초기에는 아직 이 게르만어에 분명히 존재하고 있다는 것을 확인할 수 있다.

게르만어 강세의 영향으로 비강세 음절들이 완전히 제거되거나 적어도 강세 뒤에서는 모음 들의 수가 축소되는 결과로 이어지는 경우가 많았다. 그것이 실제로 모든 현대 게르만어에서 확인되고 있다. 그러나 서기력 초반 세기에는 마지막 음절들의 모음이 아직 다양한 음가를 가지고 있었다. 그에 대한 증거는 갈레후스의 황금 뿔 새김글과 같은 매우 오래된 새김글들에서 찾을 수 있다(위의 상자 글 '가르침이 가득한 황금 뿔' 참조).

덴마크어와 영어의 차용어 발음

첫 번째 음절에 강세 = 게르만어 기원		**다른** 음절에 강세 = 차용어	
덴마크어[502]			
ankel	'쐐기'	abri**kos**	'살구'
fløde	'크림'	al**lé**	'큰 가로'
gade	'길'	fro**mage**	'단 무스'
kage	'케이크, 쿠키'	kanta**rel**	'식용 버섯의 일종'
ladning	'화물'	karbo**na**de	'빵가루 묻힌 패티'
leve	'살다'	la**krids**	'감초'
meget	'많은'	na**tur**	'자연'
skyldig	'유죄의'	no**tits**	'짤막한 기사'
suppe	'수프'	pa**rat**	'준비된'
svale	'제비'	pri**vat**	'사적인'
tyve	'20'	refe**rat**	'보고서'

영어			
barley	'보리'	advice	'충고'
lady	'부인'	affair	'연애 (사건)'
morning	'아침'	brunette	'갈색 머리 백인 여성'
nostril	'콧구멍'	cathedral	'대성당'
oven	'오븐'	dessert	'디저트'
rudder	'방향타'	prestige	'위신, 명망'
stubborn	'완강한'	regime	'정치 제도'
swallow	'제비'	(to) regret	'후회하다'
whisper	'속삭이다'	savannah	'사바나'
wonderful	'놀라운'	superb	'최고의, 훌륭한'

자음들이 변화하다

옛날 게르만어들 전체를 특징짓는 다른 한 가지 특성이 있다. 그 언어들에서는 일련의 자음들에 대한 조음 방식이 변하였다. 그 현상에 대하여 '1차 자음추이'라는 학술적 이름이 주어졌는데, 하나의 예만 가지고 그 현상을 설명하면 다음과 같다. 인도-유럽어의 /d/가 라틴어에서는 /d/로 남았는데 게르만어에서는 /t/로 되었다.

라틴어: /d/ DECEM	영어: /t/ ten	덴마크어: /t/ ti	'10'
/d/ DENS	/t/ tooth	/t/ tand	'치아'

예가 독일어가 아니라 영어와 덴마크어에서 선택된 것은 독일어의 자음들은 그 이후에 '2차 자음추이'라는 이름으로 알려진 새로운 변화 과정을 겪었기 때문이다. 인도-유럽어의 /d/가 /d/(라틴어처럼)나 /t/(영어나 덴마크어처럼)의 형태로 유지되지 않고, 나중에 /ts/(z로 표기됨)로 변화한 것이다. 독일어에서는 '10'(프, dix)을 zehn이라고 하고, '치아'(프, dent)는 Zahn이라고 한다(376쪽 '서게르만어' 챕터, '§ 고지 독일어의 큰 변화들' 부분 참조).[501]

게르만어 고유의 어휘

게르만어들의 이 마지막 특성은 주목될 만한 가치가 있다. 게르만 언어들의 어휘의 많은 부분은 공통 인도-유럽어 유산에 속하는 것이 아니라 그 언어들에게 고유한 것이라는 사실이다.

다음은 그러한 단어들의 영어 형태로 된 표본으로서, 이 어휘는 매우 다양한 분야들에 관련되어 있음을 확인할 수 있다.[503]

- 바다: boat('배'), ebb('썰물'), keel('전복시키다'), mast('돛대'), rudder('방향타'), sail('항해하다'), sea('바다'), ship('배'), strand('좌초시키다')
- 방위: east('동'), north('북'), south('남'), west('서')
- 무기: bow('활'), helmet('철모'), shield('방패'), sword('칼')
- 동물: bear('곰'), calf('송아지'), eel('장어'), lamb('어린 양'), stork('황새')
- 가정 생활: bone('뼈'), bread('빵'), drink('음료'), leap('도약'), wife('아내')
- 제도: king('왕'), knight('기사'), thing(재판)

이 마지막 단어(thing)가 오늘날 단순히 '물건, 사물'을 뜻한다는 것을 생각하면 그것이 제도 분야에 제시된 것이 당황스러울 수도 있을 것이다. 사실은 그것이 본래 '재판, 소송'의 의미를 가지고 있었다.[504]

세 개의 큰 언어 집단

서기 첫 밀레니엄 중에 게르만어들은 여러 변이체들로 분화되는 과정을 겪었는데, 그 변이체들은 이주가 시작된 대략적인 방향들을 기준으로 세 개의 큰 집단으로 분류된다.

- 동게르만어: 언어적 계승이 이루어지지 않았다.
- 북게르만어: 스칸디나비아 언어들을 포괄한다.
- 서게르만어: 가장 규모가 크며 두 개의 소그룹으로 세분화되었다.
  - 독일어: 저지 독일어와 고지 독일어의 두 형태로 구분된다('독일어권').
  - 앵글로프리지아어: 영어(브리튼 제도)와 프리슬란트어(오늘날 주로 네덜란드에서 사용됨)를 탄생시켰다.

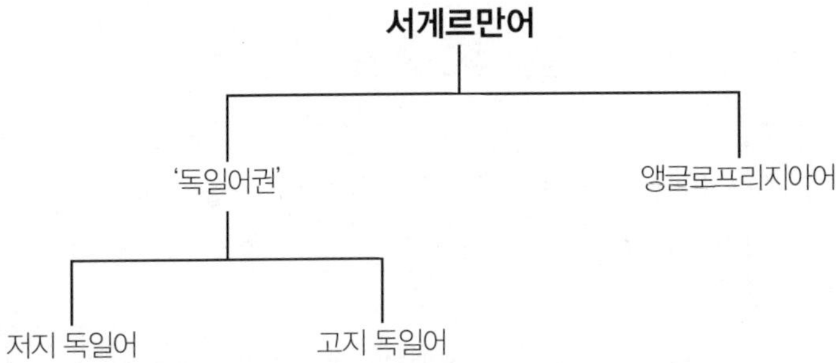

게르만어들 가운데서 방향을 잡기 위해

356쪽 일람표는 뒤에 이어질 현존하는 게르만어들에 관한 챕터들에서 제시될 설명의 뼈대가 되는 내용이다.

스칸디나비아 언어들, 특히 덴마크어로 대표되는 북게르만어들 가운데로 들어가본 다음에, 한편으로 '독일어권'(Teutonia)의 변이체들(고지 및 저지 독일어) 다른 한편으로 영어와 프리슬란트어를 포함하는 이른바 서게르만어들을 살펴볼 것이다.

서게르만어에 대한 설명은 고지 독일어의 변이체들에서 만들어진 공통어인 표준독일어의 역사로부터 시작될 것이다. 그 다음에 고지 독일어의 여러 언어들이 다루어질 것이다(이디시어, 로렌어, 알자스어, 스위스 독일어, 룩셈부르크어).

그 다음 단계는 (고대) 저지 독일어가 변화한 귀착점들에 대한 기술로 이어질 것이다. 네덜란드의 네덜란드어에 독일의 저지 독일어(Plattdeutsch) 및 벨기에와 프랑스에서 사용되는 네덜란드어 변이체들(그 두 나라에서는 플랑드르어라고 불림)이 연관지어 설명될 것이다.

마지막으로, 우리는 애초에는 유사했던 두 게르만어인 프리슬란트어와 영어가 놀랄 만큼 다른 운명을 경험하였다는 것을 확인할 것이다.

오늘날 주요 게르만어 일람표

고(古)프랑크어는 프랑크족의 언어였으므로 **네덜란드어**나 **저지 독일어**(Plattdeutsch)처럼 (고대) 저지 독일어에서 나온 언어들 중의 하나로 분류되어야 하겠지만, 그 언어는 나중에 특히 로렌 지역에서 고지 독일어의 일부 변화 과정을 겪었다.

동게르만어

- 고트어†
- 반달어†
- 부르군트어†

북게르만어(스칸디나비아 언어들)

- 스웨덴어
- 덴마크어
- 덴마크-노르웨이어

- 노르웨이어
- 페로어
- 아이슬랜드어

서게르만어

- '독일어권'
  - 고지 독일어
    - 롬바르디아어†
    - 알라만어
      - 알자스어
      - 슈바벤어
      - 스위스 독일어(Schwyzerdütsch)
    - 로렌어
    - 룩셈부르크어
    - 독일어
    - 이디시어
  - (고대) 저지 독일어
    - 저지 독일어(Plattdeutsch, 북독일)
    - 네덜란드어(플랑드르어도 포함)
    - 아프리칸스어(남아프리카)
- 앵글로프리지아어
  - 영어
  - 프리슬란트어

† : 사어(死語)를 뜻함

II. 북게르만어

스칸디나비아 언어들의 실질적 출현

룬 문자 새김글들로부터 재구성된 언어에는 오늘날 스칸디나비아 언어들의 특징이 된 큰 변화들 중 어느 것도 보이지 않는다. 따라서 그러한 변화들은 바이킹 시대에 일어난 것으로 보인다. 서기력 초반 몇 세기 중에 이른바 서게르만족이 유럽에서 이주를 시작한 때와 동시에 스코네의 스칸디나비아 사람들은 오늘날 덴마크에 해당하는 곳에 정착하였다. 같은 시대에 동쪽에서 온 슬라브계 사람들로 인해 덴마크와 서게르만족 사이에는 단절 지대가 만들어졌다. 이 분리의 결과로 나머지 게르만어들과 구분되는 스칸디나비아 언어들이 출현하게 되었다. 그 구분에는 두 가지 이유가 있다. 스칸디나비아 언어들은 나머지 언어들에 일어난 큰 변화들 중 일부 변화에는 가담되지 않았고, 일정 수의 고유한 변화 과정을 겪었다. 그렇게 하여 오늘날에도 그 언어들은 서로 간에 매우 가까운 언어로 남아 있다.

하나의 언어인가, 여러 언어인가?

덴마크인, 노르웨이인 그리고 스웨덴인이 함께 각자 자신의 언어로 통역사의 도움 없이 유창하게 대화하는 것을 볼 때 외국인은 언제나 매료되고, 반신반의하면서도 감탄하게 된다. 외국인은 심지어 왜 9세기까지 구분되지 않고 있던 공통 스칸디나비아어에서 분기된 그 세 방언들을 동일한 언어의 변이형들로 간주하지 않는지 의아하게 생각한다. 그러나 그렇게 간주한다면 그 언어들 각각에 대해 표기와 발음의 규범을 정하고, 또한 수 세기 전부터 사용자들에게 고유한 소속감을 강화시켰던 여타의 사회적, 정치적 이유들을 전혀 존중하지 않는 셈이 될 것이다.

덴마크어의 규범은 18세기 말에 정해졌지만 그 언어의 독립성에 대한 인정은 종교 개혁의 시점에 이미 이루어졌다. 종교 개혁 당시에 성경의 번역본이 덴마크어, 스웨덴어, 아이슬랜드어 등 세 개의 별개 언어로 출간되었기 때문이다. 노르웨이어는

19세기가 되어서야 덴마크어의 지배에서 해방되었다. 덴마크어는 거의 4세기 동안 이나 노르웨이의 공식어였다.[505] 그래서 노르웨이에서는 덴마크의 교양있는 어휘를 표기 형태로는 받아들이면서도 발음은 자기들 방식대로 계속하는 기이한 상황이 만들어졌다. 그런데 노르웨이어 발음은 스웨덴어 발음에 훨씬 더 가깝다. 반면에 어휘는 스웨덴어와 매우 다르다. 스칸디나비아 사람들은 이 상황을 간결한 문구로 요약하고 있다: "노르웨이어는 스웨덴어식으로 발음되는 덴마크어이다."[506]

'책의 언어'와 '시골말'

4세기 이상 지속된 덴마크의 지배(1380년–1814년)로 인해 노르웨이어는 오늘날 서로 구별되는 두 개의 공식어를 가지고 있다.

공식어 중 하나는 고대 덴마크어에서 이어져 오는 언어로서 노르웨이에 문어 형태로 도입되었으며, 과거에는 **riksmål**('국어')이라고 불렸는데 오늘날은 **boksmål**('책의 언어')라는 이름으로 지칭된다. 이것은 오늘날 노르웨이어 발음에 가까운 정서법으로 표기된다.

다른 하나는 고대 노르웨이어에서 이어져 오는 언어로서 과거에는 서민들이 쓰는 구어를 뜻하는 **landsmål**('시골말')라고 불렸는데, 오늘날에는 '새로운 노르웨이어'를 뜻하는 **nyorsk**라는 이름으로 알려져 있다. 이 언어의 규범은 여러 구어적 방언들에 기반을 두고 있다.

공통 기원과 공동의 변화 과정

오늘날 덴마크, 노르웨이 및 스웨덴의 언어들이 한 나라에서 다른 나라로의 의사소통에 별 장애가 되지 않는다면, 그것은 무엇보다도 그 언어들의 공통 기원과 9세기까지 그것들이 미분화 상태였다는 점 때문이다. 9세기 이후에는 그 언어들이 두 개의 집단을 이루며 변화하였다.

- 동쪽에서는 고대 덴마크어와 고대 스웨덴어로 이어지는 부류가 있었다.
- 서쪽에서는 고대 페로어, 고대 아이슬란드어 그리고 고대 노르웨이어 등의 더 보수적인 부류가 있었다. 고대 노르웨이어는 나중에 덴마크어와 더 밀접하게 접촉하였다.

스칸디나비아 언어들

스칸디나비아 언어들은 두 그룹으로 구분되는데, 그중 첫 번째 그룹이 고대 스칸디나비아어와 더 가까운 형태들을 간직하였다.

아이슬란드어	**덴마크-노르웨이어**(또는 boksmål)
페로어	**덴마크어**
노르웨이어(또는 nyorsk) (옛날 이름은 landsmål)	**스웨덴어**

북쪽에서 온 사람들의 광기로부터...

스칸디나비아 국가들을 생각할 때 즉각적으로 머리에 떠오르는 것은 바이킹족이라는 이름이다. 8세기에는 아직 작은 경쟁 왕국들의 결성체였던 스칸디나비아에서 온 바이킹족은 《베오울프》라는 제목의 장편시 덕분에 유명해졌다. 8세기에 고대 영어로 쓰여진 그 시는 덴마크의 영웅 베오울프에 관한 전설이 섞인 전쟁 이야기로서 그가 동생의 왕국을 유린하던 인간 형상의 괴물들을 결국은 제거한다는 내용이다.

DRAKKAR는 프랑스인들이 지어낸 것이며...

1. 바이킹족은 drakkar를 타고 항해하지 않았다. 그들의 작은 배는 여러 이름으로 불렸는데, 그중에 **knörr**('뱃머리가 강력한 배'), **karfi**('연안 항해용 배'), **langskip**('긴 배'), **kaupskip**('상선') 등이 있으나 **drakkar**는 없었다.
2. 그들 배의 뱃머리 형상이 흔히 용의 머리였고, 용은 고대 스칸디나비아어에서 단수로는 **dreki**, 복수로는 **drekar**로 말해졌으므로, 거기에서 프랑스어 단어 **drakkar**가 유래했다는 설명이 있다. 그렇지만 그것이 문법 오류(복수형으로 단수를 나타내는 것)와 정서법 오류(**drekar**라고 하지 않고 **drakkar**라고 한 것)를 동시에 범해야 하는 이유가 될 수는 없다.[507]

그 바이킹족은 덴마크인들, 노르웨이인들 또는 스웨덴인들로서 793년 6월 8일 스코틀랜드에 있는 린디스판 수도원을 약탈하면서 스칸디나비아 밖에서 유명해지기 시작하였다. 이후 2세기 동안 유럽 전체가 그들의 노략질과 약탈 앞에서 계속하여 불안에 떨었으며, 모든 가톨릭교회에서 중요한 기도는 단 하나밖에 없었을 정도였다: A FURORE NORMANNORUM LIBERA NOS, DOMINE "주님, 북쪽에서 온 사람들의 광기로부터 우리를 벗어나게 해주소서."[508]

노르웨이인들은 8세기부터 스코틀랜드와 아일랜드를 공격하였다. 북쪽에서 온 사람들은 유럽의 모든 해안 지역에 공포를 확산시킨 무자비한 약탈자들이었을 뿐만 아니라, 강을 거슬러 올라가서 내륙 지역으로 침입을 감행하고, 러시아 평원 속으로 깊이 들어가기도 했다. 그들은 그곳에 최초의 러시아국을 건설하였고('러시아'라는 단어는 스웨덴 사람들을 뜻하는 핀란드어 ruotsi에서 유래함),[509] 터키와 그리스를 우회한 후에 최종적으로 시칠리아에 상륙하였다.[510]

그들은 무엇보다 자신들의 견고한 배를 타고 새로운 판로를 찾아 떠났던 훌륭한 상인들이었고, 솜씨 좋은 장인들이기도 했고, 심지어 세련된 시인들이기도 했다.[511] 비범한 활력을 타고난 그들은 9세기 말부터 아이슬란드, 즉 '얼음(과 불)의 나라'도 식민지화하였으며 크리스토프 콜럼버스보다 여러 세기 앞서 아메리카를 발견하였다.[512]

바이킹족은 어떻게 말했나

바이킹족이 사용하던 언어에 대해 가장 잘 추정할 수 있는 곳은 아이슬란드이다. 아이슬란드는 바이킹족이 한창 맹위를 떨치던 시기인 874년에서 940년까지 노르웨이인들에 의해 식민화되었으므로 당시에 스칸디나비아 전역에서 공통으로 사용되었던 게르만어의 가장 오래된 어형들을 보존하였다.[513] 그러나 10세기 이후에는 한편으로 아이슬란드어와 페로어, 다른 한편으로 대륙에 있는 세 나라의 언어들 사이에 차이점이 뚜렷해졌다.

또한 아이슬란드어는 어휘의 대부분이 독일어나 프랑스어 차용어로 구성되지 않은 유일한 스칸디나비아어이다.[514] 이 언어는 모든 단어에서 첫 번째 음절의 강세를 유지한 유일한 게르만어이기도 하다.

마지막으로, 그들은 외국의 통치자가 되기도 하였다. 노르망디 공작들(10세기 초), 더블린의 왕들(869년부터 1000년까지) 그리고 잉글랜드의 덴마크 왕들(9세기 말부터 11세기 중엽까지)은 바이킹족이었다. 바이킹족의 시대는 11세기 중엽에 끝났다 (452쪽 '영어를 중심으로' 챕터, '§ 약탈자들이 결국 정착하다' 부분 참조).

바이킹족의 원정들

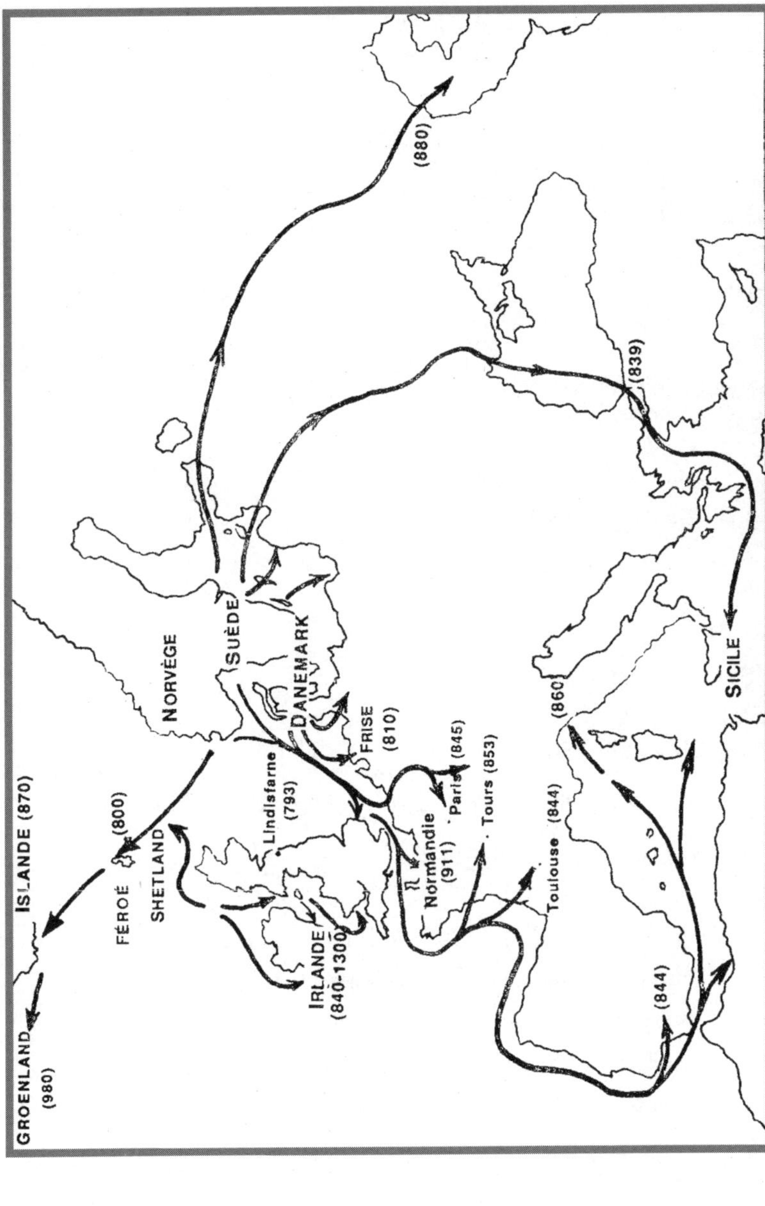

GROENLAND 그린랜드 ISLANDE 아이슬랜드 FÉROÉ 페로 SHETLAND 셰틀랜드 NORVÈGE 노르웨이 SUÈDE 스웨덴 DANEMARK 덴마크 IRLANDE 아일랜드 FRISE 프리슬란트 SICILE 시칠리아 Lindisfarne 린디스판 Normandie 노르망디 Paris 파리 Tours 투르 Toulouse 툴루즈

덴마크어를 중심으로

덴마크의 언어 상황

인구: 5,160,000명[2021년 통계로는 5,813,302명]

공식어

- **덴마크어**: 북게르만어로서 덴마크국의 공식어이다.

지방 공식어

- **독일어**: 서게르만어(쇠네르윌란 주).
- **페로어**: 북게르만어로서 페로 제도의 공식어이다.
- **그린란드어**(이누크티투트어): 에스키모어족의 언어로서 그린란드의 공식어이다.

그 밖의 언어들

- **프리슬란트어**: 서게르만어로서 앵글로프리지아 어족에 속함(북해의 윌란반도 해안 지역에 흔적들이 있음).

참고 사항: 페로 제도와 그린란드는 각각 1948년과 1979년부터 자치 지역으로 지정되어 있지만, 그 지역들은 국방과 외교 분야에서는 덴마크에 종속되어 있다. 그 지역들은 덴마크 의회(총 179명)에 각각 2명의 의원을 보내고 있다.

단어 끝의 관사

스칸디나비아 언어들의 고유한 특성들 중 하나는 후치된 정관사이다. 영어나 독일어 등의 언어에서는 정관사가 항상 단어 앞에 나타나는 반면에 덴마크어에는 정관사(-en 또는 -et)가 단어의 끝에 위치한다.[515]

	덴마크어	영어	독일어
'물'	vandet	**the** water	**das** Wasser
'아이'	barnet	**the** child	**das** Kind
'사람'	manden	**the** man	**der** Mann
'턱수염'	skægget	**the** beard	**der** Bart

이러한 문법적 특성은 다른 스칸디나비아어들에서도 나타나며 그 언어들은 발음과 어휘 차원의 다른 특성들도 공유하고 있다.

한쪽에는 성조가 있고, 다른 쪽에는 성문 파열음이 있다

스칸디나비아 언어들에 공통적이지만 덴마크어에서 성말 독특하게 실현되는 음성적 현상이 하나 있다. 스웨덴어나 노르웨이어 단어는 두 음절만 되어도 그것을 완전하게 분별하려면 어떤 자음들과 모음들이 연결되어 그 단어를 구성하고 있는지 아는 것으로 충분하지 않다. 그 단어가 발음되는 선율에도 주의해야 한다. 왜냐하면, 만약 예를 들어 스웨덴어 단어 buren이 둘째 음절에서 더 높은 성조로 발음된다면, 그 단어는 '우리, 새장'을 뜻하지만, 그것이 둘째 음절에서 더 낮은 성조로 발음된다면, 그때는 과거분사로서 '운반한, (옷을) 착용한'이라는 의미를 가지게 되기 때문이다.

덴마크어는 동일한 종류의 구별을 하지만 상이한 선율 대신에 stød라고 불리는 성문 파열음을 사용한다. 이것은 성문을 좁히는 것으로서, 기침할 때처럼 모음의 조음 중에 목구멍 안에 공기의 흐름이 급작스럽게 중지되는 것처럼 느껴진다. gul('노란')이라는 단어와 guld('황금')라는 단어는 거의 같은 방식으로 발음되지만(guld의 d는 단지 표기에만 나타남) '노란'의 발음은 모음과 마지막 자음 l 사이에서 일종의 딸꾹질처럼 중지된다는 차이가 있다. 익살스럽게 덴마크인들은 그것에 대해 농담을 즐기며, "덴마크어는 말하는 것이 아니라 기침하는 것이다"라고 말한다.[516]

덴마크어는 '콜록'거리지만, 무한한 부드러움이 있다

이처럼 덴마크어에는 선율을 파괴하는 부자연스러운 리듬이 있지만, 그와 함께 그 언어를 거의 어루만지는 듯한 언어로 만들어주는 매우 부드러운 자음들도 있다는 것을 알아야 한다. 외국인이 덴마크어를 배우기 시작할 때면 이러한 역설이 분명한 사실로 드러나게 된다. 외국인에게는 덴마크어가 성문 파열음(stød) 때문에 당김음을 사용하는 언어로 느껴지기도 하고 동시에 경쾌하고 사라져가는 듯한 자음들이 있는 언어로 보이기도 한다.

이러한 부드러운 느낌은 글에서 각각 d, g 그리고 r 형태로 나타나는 몇몇 자음들이 매우 느슨하게 실현되는 데서 생긴다. bade('목욕하다')와 fløde('생크림')에서는 아직 매우 가벼운 d의 낌새가 들린다고 볼 수 있지만 kage('케이크')나 bage('오븐에 익히다')는 거의 마치 a와 e 사이에 g가 없는 것처럼 발음된다. 젊은이들에게는 이 위치에서 g가 완전히 없어졌다.[517]

자음 r은 오늘날 목구멍 깊은 곳에서 매우 느슨하게 조음되는데, 이로 인해 그 자음이 특히 일부 문맥에서 — 예를 들어 bager('빵집 주인'), lære('배우다'), fare('위험') 등에서 — 오히려 모음처럼 들리게 된다.

18세기 중엽까지는 r의 발음이 그렇지 않았다. 그때까지는 모든 국민들이 혀끝으로 굴리는 r를 발음하였고, 목젖에서 이루어지는 발음은 1780년 무렵 코펜하겐에서 최초로 나타난 것으로 확인되었다. 이 새로운 발음은 먼저 도시들에 전파되었고, 그 다음에 시골 지역들로 확산되었다. 오늘날 혀끝으로 강하게 굴리는 r를 사용하는 옛 발음은 윌란반도의 일부 외진 곳에서만 찾아볼 수 있다.[518]

그러나 그것은 정말로 예외이고 덴마크인들은 외국인들에게 어떤 전형적인 덴마크어 디저트 이름을 발음하게 하는 것을 매우 즐긴다. 그 디저트는 생크림과 함께 내놓는 일종의 붉은 과일 젤리로 만들어진 것으로서 rødgrød med fløde로 쓰여지는데, 거기서 모든 자음들 r, d와 g는 실질적으로 존재하지 않는다(그러나 완전히 무음은 아니라는 것이 어려운 점이다). 모국어 화자나 잘 훈련된 음성학자만이 현지인들을 웃게 만들지 않으면서 그 발음을 성공적으로 할 수 있다.

스칸디나비아 언어들과 라틴어

스칸디나비아 언어들은 그 언어들의 역사에서 여러 차례 라틴어와 접촉이 있었다. 매우 일찍이 로마 상인들의 라틴어가 들어왔었는데, 그것에 대한 기억이 일상생활의 두 단어에 특별히 생생하게 남아 있다. 덴마크어 동사 købe('사다')는 라틴어 CAUPO('술집 주인')에서 유래하였고 vin('와인')이라는 단어는 라틴어 VINUM의 오래된 차용어이다. 이것은 술집이 만남과 거래를 위해 인기있는 장소였으리라는 것을 의미한다.

코펜하겐, 절반은 라틴어 단어

스칸디나비아 사람들은 로마 상인들로부터 사고 파는 개념을 표현하던 단어를 차용하였다. 라틴어에서 유래된 덴마크어 동사 **købe**('사다')가 덴마크 수도인 코펜하겐의 이름, 즉 **København**('상인들의 항구') 안에 나타난다. 이 동사는 독일어 **kaufen**('사다') 및 영어 **cheap**('싸다')과 연관성이 있다.[519]

로마 상인들에 뒤이어 기독교 선교사들이 가져온 것으로는 kirke('교회') 또는 præst('신부')와 같은 그리스어 기원의 라틴어 단어들도 있었고, messe('미사', MISSA에서 유래) 또는 provst('수석 사제', PROPOSITUS에서 유래)와 같은 본래 라틴어인 단어들도 있었다.

아이슬란드어를 제외한 모든 스칸디나비아 언어들에서 동일한 라틴어 어휘를 볼 수 있지만 때로는 미묘한 의미적 차이가 관찰된다. 덴마크어 형용사 rar는 라틴어 RARIS에서 '좋은, 세련된'이라는 호의적인 의미로 차용된 반면에 동일한 단어가 스웨덴어에서는 훨씬 덜 긍정적인 어떤 것을 떠올리는, 즉 '이상한, 기묘한'이라는 의미를 가진다.

한마디 덧붙이자면, 라틴어의 기여는 수 세기 동안 계속되었고, 그러한 기여가 종종 프랑스어를 매개로 이루어졌다는 것이다. 유럽 많은 곳에서처럼 라틴어는 스칸디나비아 대학들의 유일한 언어가 되었다. 최초의 대학은 1477년 웁살라(스웨덴)와 1479년 코펜하겐에서 건립되었지만,[520] 1830년이 되어서야 덴마크어로 된 첫 논문이 코펜하겐 대학에서 받아들여졌다.[521]

독일에서 온 수많은 단어들

라틴어가 덴마크어 어휘의 상당한 부분의 기초를 이루고 있지만 중세 말에 북독일에서 온 차용어들은 훨씬 더 많았다. 그 당시 북독일에서는 저지 독일어가 지배하고 있었다(379쪽 '서게르만어' 챕터, '§ 북부와 남부' 부분 참조). 1250년과 1500년 사이에 수천 개 단어들이 차용되었다. 심지어 그 시기 저지 독일어의 덴마크어에 대한 영향력은 중세 때 노르망디어와 프랑스어의 영어에 대한 영향력에 비교될 만한 것으로 여겨지기도 한다(461쪽 '영어를 중심으로', '§ 앵글로노르만어' 부분과 462쪽 '영어의 두 가지 원천' 부분 참조).[522] 저지 독일어가 무엇보다 한자 동맹의 언어였기 때문에 그것은 놀랄 만한 일이 아니다. 이 북유럽 상업 도시들의 연합은 뤼베크와 함부르크의 상인들 사이의 협정으로 시작되었는데 그 다음에 많은 다른 도시들로 확대되었다. 한자 동맹은 상당히 일찍이 스웨덴과 덴마크에 해외 상관(商館)을 설치하였으며, 그로 인해 발트해의 사람들과 북독일의 사람들 사이에 대단히 긴밀한 접촉이 이루어졌다. 저지 독일어는 당시 독일 기원의 왕조가 통치하던 덴마크 궁정의 언어이기도 했다.

저지 독일어는 막대한 어휘적 기여 외에도 덴마크어에 새 단어들을 만들어낼 수 있는 문법 요소들을 남겼다. 몇몇 예를 들면 다음과 같다.

– 접두사 be–, er–, for–
  be–: begribe('이해하다'), befale('지휘하다') 등
  er–: erklære('선언하다'), erindre('회상하다') 등
  for–: forbyde('금지하다'), fornavn('이름') 등
– 접미사 –hed 또는 –isk
  –hed: menneskehed('인류'), skønhed('아름다움') 등
  –isk: dramatisk('극적인'), fantastisk('환상적'), identisk('동일한'), idiotisk('바보 같은'), ironisk('풍자적인') 등 많은 형용사에서.

저지 독일어의 영향력은 16세기부터 종교 개혁과 고지 독일어로 쓰여진 루터 성경의 출판과 함께 상실되었다. 그 시기에 덴마크어는 고지 독일어에서 차용한 새로운 단어들로 풍부해졌다.

공통어와 순수주의

17세기는 중요한 시기였다. 왜냐하면 이 시기에 코펜하겐에서 말해지던 언어가 차츰 위엄 있는 언어가 되어 표준어로 여겨지기 시작하였고, 그와 동시에 순수주의자들이 반발하며 외래어 퇴출을 적극 주장하였기 때문이다. 그러나 그러한 배척이

독일어에서 가져온 오래된 차용어들은 건드리지 않았다. 라틴어나 그리스어 기원의 단어들만 외래어로 간주되었는데, 그중 많은 것들은 국제적 단어가 되어 있었다. 그들은 그 단어들을 번역하여 대체하였다. 예를 들면 adjectivum('형용사')을 tillægsord, 즉 '추가되는 단어'로, numerale('수')를 talord('세는 단어')로 대체하였다.

프랑스어 중독의 시기

그렇지만 18세기에 어떤 다른 언어가 덴마크인들의 호감을 샀다. 패션과 외교를 통해 전파된 프랑스어이다. 프랑스에서 교사들을 초빙하고 교양인들은 편지를 프랑스어로 썼다. 이 언어의 인기가 거의 억제할 수 없게 되었고, 이러한 상황을 본 덴마크의 몰리에르인 루드비그 홀베르(1684–1754)는 자신의 가장 유명한 희극 중 하나에서 확산되는 프랑스어 중독에 대해 따끔한 풍자를 하였다. 그 작품에서 과거에 한스 프란드슨(Hans Frandsen)이었던 장 드프랑스(Jean de France)가 등장하는데, 그는 프랑스에서 돌아와서 프랑스어 문구나 표현법을 섞지 않고는 더 이상 한 문장도 덴마크어로 말하지 못한다.[523]

이러한 희극 장면들은 당시에 큰 성공을 거두었지만 이미 언어에 깊이 스며들어 있던 것을 제거하지는 못했으며, 오늘날 프랑스어에서 유래한 덴마크어 단어는 여전히 많다. 다음은 그러한 단어들에 대한 하나의 간략한 엿보기이지만, 그럼에도 불구하고 이 예들을 통해 일부 프랑스어 단어의 완전히 덴마크어적인 독창적 용법에 대해 평가해 볼 수 있을 것이다.

덴마크어	**프랑스어의 관련 단어**
alle '큰 가로'	**allée** '작은 길'
avis '신문'	**avis** '의견, 공지'
bøf '비프스테이크', 그러나 steg = '구운 고기	**bœuf** '황소, 쇠고기'
millionbøf '크림 소스와 함께 나오는 다진 쇠고기'	**million**('백만') + **bœuf**('황소') (그러나 프랑스어에는 이러한 결합이 없다)

entré '(공연을 보기 위한) 입장, 입장료'	**entrée** '입장'(공연에 한정되지 않는, 더 넓은 의미)
bon (n.) '영수증'	**bon** (adj. et n.) '좋은, 좋은 것, 교환권 등'
toupet '가발'	**toupet** '끝을 올린 머리, 뻔뻔스러움'
lune '변덕'	**lune** '달'
kontor '책상'	**comptoir** '판매대'
parler '회화 교과서'	**parleur** '말하기 좋아하는 (사람)'(사람에게만 적용됨)
citronfromage '레몬 무스'(디저트)	**citron**('레몬') + **fromage**('치즈') (설탕 넣지 않음)
flute '바게트 빵'	**flûte** '플룻', 그러나 '바게트 빵' 의미도 있음 (프랑스 일부 지방에서)
brunet (**smør**) '검은 (버터), 녹인 버터로 만든 소스'	**brunette** '갈색 머리 여자애'(물건에 적용되지 않음)

원문 그대로의 영어로

19세기부터는 영어가 덴마크어를 침략하지만 현대에 가까워짐에 따라 침략의 형태가 달라졌다. 19세기에는, 예를 들어, cakes('케이크')에서 kiks가, strike('파업하다')에서 strejke가, (bi)cycle('자전거')에서 cykel이 차용되었지만, 20세기에는 그러한 단어들의 정서법이 덴마크어의 정서법에 부합되도록 변경되었다. 더 최근에는 computer, design, layout, nylon, sweater, teenager, weekend 등과 같이 영어 정서법을 그대로 유지한 채 차용이 이루어지거나 덴마크어 형태에 맞추는 몇 가지 수정만으로 check('확인하다')가 checke로, drop('내버려 두다')이 droppe로 되었으므로, 오늘날 영어와 덴마크어 사이의 차이는 매우 미미한 것으로 보인다.[524]

그럼에도 불구하고 sky, anger, small 등과 같은 일부 단어들에는 착각을 일으키는 유사성이 있으므로 조심해야 한다. 다음은 그러한 덴마크어 단어들의 몇몇 예이다.[525]

sky는 '구름'이라는 의미이다.	('하늘'을 가리키는 말은 himmel)
stol는 '(등받이 있는) 의자'라는	('등받이 없는 의자'를 가리키는 말은 taburet)

의미이다.

anger는 '후회'라는 의미이다. ('분노'를 가리키는 말은 vrede)
tælle은 '세다'라는 의미이다. ('말하다'라는 의미를 가진 말은 foretælle)
smal은 '좁은'이라는 의미이다. ('작은'이라는 의미를 가진 말은 lille)
blanket은 '서식'이라는 의미이다. ('담요'를 가리키는 말은 tæppe)

그러나 영어가 '가짜 친구들'[프, 'faux-amis'. 비슷해 보이지만 뜻이 다른 단어들을 뜻함]의 유일한 원천은 아니다. 그리스어를 기반으로 만든 일부 식자어처럼 유럽의 다른 언어들에 널리 퍼져있는 어형들에서 혼동이 생기기도 한다. 가장 혼란스러운 경우는 아마도 biograf일 것이다. 그 단어는 '전기(傳記)'(프, biographe)가 아니고 '영화'를 가리킨다.

덴마크의 성(姓)들

중세에는 이름이 누군가의 아들이라거나(황금 뿔의 새김글에서 보았듯이), 특정한 직업을 가졌다거나, 혹은 특정 지역의 주민이라는 특징을 표시했다. 그러나 그 당시에는 귀족들만이 자신들의 이름을 물려줄 권리를 가지고 있었다. 상위 부르주아 계층은 18세기부터 가족 이름을 채택하기 시작했다. 그 다음에 모든 스칸디나비아 국가들에서 이름을 라틴어화(Celsius, Pladius, Montanus)하는 관습이 프랑스어화하는 것으로 대체되었다. 예를 들면, Linnaeus가 Linné로 되었다.

1771년부터 슐레스비히홀슈타인 주에서 시행되던 제도가 확대되어 1828년에 모든 덴마크인들에게 가족 이름을 채택할 의무가 부여되었을 때, 그 결과는 **-sen**('~의 아들')으로 끝나는 이름의 놀라운 증가로 나타났다.[526] 본래의 이름 자체는 수가 많지 않았기 때문에 **Christensen, Rasmussen, Jensen, Andersen** 등이 많이 생겼다. 그래서 새로운 이름들을 선택하도록 국가에서 장려했음에도 불구하고 전화 번호부를 열어 보기만 해도 -sen으로 된 이름들이 그곳에는 여전히 매우 다수임을 확인할 수 있다(상자 글 '단순히 안데르센이라고 하지 않는다' 참조).

단순히 안데르센이라고 하지 않는다

'인어공주'의 저자를 언급할 때 덴마크에서는 결코 안데르센이라고 간략하게 말하지 않고 한스 크리스티안 안데르센(Hans Christian Andersen) 또는 첫 글자들을 써서 H. C. 안데르센이라고 한다. 왜냐하면 덴마크에는 수천 명의 안데르센이 있기 때문이다.

덴마크어로 쓰기

덴마크어는 우리가 프랑스어에서 알고 있는 26개 문자에 더하여 3개의 추가적 모음을 사용하는데, 그것들의 순서는 알파벳 끝에, Z 뒤로 정해져 있다.

æ: 프랑스어 net[nɛt]의 모음과 가깝다. (예) tælle('세다'), æble('사과'), træ('나무'), knæ('무릎').
ø: møde('만나다')에서는 프랑스어 feu[fø]의 eu에 가깝고, dør('문')에서는 프랑스어 peur[pœ:R]의 eu에 가깝다[두 프랑스어 발음은 비슷하여 한국어에서는 '외'로 표기되지만 전자는 후자에 비해 입이 다소 덜 벌어진 상태로 발음된다는 차이가 있다].
å: 영어 water의 a에 가까운 발음으로서 hår('머리카락')와 같은 단어에 나타난다.[527]

그러나 그 세 개의 추가 모음을 도입한 것으로 정서법의 함정을 피하는 데 성공하지는 못했다. 덴마크어 정서법도 프랑스어나 영어의 정서법만큼 착각을 일으킨다. 예를 들면, 글자 y는 skylde('빚지다')에서 프랑스어 pus('고름')의 모음과 같은 값을 나타내지만 skylle('헹구다')에서는 프랑스어 peu('조금')의 모음과 같은 값을 나타낸다. [pus의 모음은 [y]로서 한국어 '위'로 표기되고 peu의 모음은 [ø]로서 한국어 '외'로 표기됨]

3개 언어 통합 정서법을 실현하기 위한 타협점을 찾으려는 목적으로 1869년 덴마크어, 스웨덴어 그리고 노르웨이어 전문가 회의가 개최된 이후로 위원회에서 제안한 개혁안의 일부가 채택되었다.[528]

실현된 개혁들 중에서 1948년 개혁은 덴마크어에서 보통 명사에 대한 대문자 사용을 폐지하였는데, 그것은 독일어를 모델로 하여 18세기 초부터 채택되어 있던 관습이었다. 다른 한편으로는 과거 표기법인 aa(과거 표기법을 고수한 Kierkegaard('키에르케고르')에 나타남)는 보통 명사 kirkegård('공동묘지')와 같은 단어에서처럼 스웨덴어 글자 å로 대체되었다.[529]

대부분의 x는 foreksempel('예를 들면')이나 seks('6')와 같은 단어에서처럼 ks로 대체되었다. 그러나 sex('성(별)')는 x가 있는 옛 표기법을 유지하고 있어서 seks와 혼동되지 않는다.

전형적인 덴마크어식 축약들

먼저 일부 덴마크어식 축약들은 라틴어에 기초를 둔 거의 보편화된 국제적 관례를 따르지 않는다는 점을 주목하자. etc.(et cætera)를 나타낼 때 덴마크인들은 o.s.v.(og så videre)라고 적고, cf.(confer)를 나타낼 때 jvf.(jævnfør)라고 적는다. 또한 이름은 흔히 축약되지만 그렇다고 단순히 첫 글자로 줄여지지 않는다.

Alfred = Afr.	Christian = Chr.	Frederik = Fr.
Johannes = Johs.	Sven = Sv.	Vilhelm = Vilh.

이러한 축약 관습은 지명에도 확대 적용된다. 예를 들면, København('코펜하겐')은 Kbn으로 된다. 또한 보통 명사조차도 약자로 대체될 수 있다. 가장 당혹스러운 예는 아마도 브래지어를 뜻하는 명사 brystholder를 약자인 b.h.('베호'로 발음)로 말하는 것일 것이다.[530]

휴식 시간

덴마크어를 막힘없이 읽기

겉으로 보기와는 달리 독자들은 글의 내용을 약간 이해하면서 몇몇 덴마크어 문장을 해독할 수 있을 것이다. 아주 조금 상상력을 동원하고 몇몇 영어와 유사한 어형들의 도움을 받으면 이 짧은 텍스트는 거의 완전히 파악될 수 있을 것이다.

라틴어에서 유래한 어형들은 프랑스어와 비슷하므로 별도로 표시하는 것이 불필요하다고 판단되어 아래에 영어 어형들만 제시되어 있다. 그러나 기초적인 문법 지식을 좀 갖추고, 특히 덴마크어 관사는 그것이 관련되는 명사에 형용사가 동반되지 않을 때는 명사 끝에 위치한다는 것을 아는 것이 아마도 도움이 될 것이다. 예를 들면, manden('그 사람')이지만 en rig mand('어느 부유한... 것이다.')입니다.

En idiotisk kriminalhistorie

En rig ældere dame er myrdet klokken elleve	*book*	*murdered*
fredag formiddag på et hotel i København.	*door*	*murderer*
Politiet fandt morderens pibe og hans brune	*eleven*	*now*
hat på en stol. En af hotellets gæster så en	*found*	*o'clock*
person gå ud af hotellets dør seks minutter	*Friday*	*of*
over elleve; manden havde en tyk bog	*go out of*	*old*
under armen. Politiet har nu arresteret over	*guest*	*rich*
hundrede personer; de havde alle en tyk	*hundred*	*saw*
bog under armen.[531]	*man*	*thick*

번역

바보같은 범죄 이야기

"어느 부유한 노부인이 금요일 오전 11시에 코펜하겐의 어느 호텔에서 살해되었다. 경찰은 의자 위에서 살인자의 담배 파이프와 그의 밤색 모자를 발견하였다. 호텔의 어느 손님이 어떤 사람이 11시 6분에 나가는 것을 보았는데, 그 사람은 팔 아래로 어떤 두꺼운 책을 끼고 있었다고 한다. 경찰은 지금 100명 이상의 사람들을 체포하였다. 그들은 모두 어떤 두꺼운 책을 팔 아래로 끼고 있었던 것이다."

그리스어 어원으로 이루어진 단어들(idiotisk '바보같은', politiet '경찰')과 라틴어 어원으로 이루어진 단어들(kriminal '범죄의', historie '이야기', dame '부인', hotel '호텔', pibe '파이프')은 쉽게 식별되었을 것이다.

아마도 다음 단어들은 이해되지 않은 채 남았을 것이다. på는 문맥에 따라 '~ 위에, ~에, ~ 안에...'를 나타내는 다용도 전치사, er는 'be, être' 동사의 과거형, har는 'have, avoir' 동사의 현재형, og는 '그리고'를 뜻하는 접속사, de는 영어의 'they'나 프랑스어의 'ils'에 해당하는 인칭대명사이다.

그들은 수를 셀 때도 축약을 한다

수를 셀 때 덴마크인들은 매우 자유롭게 십진법과 20진법을 혼합하는데, 매우 자연스럽게 soixante-dix-neuf(십진법 사용함, '79', 직역하면 '60과 19')와 quatre-vingts(20진법 사용함, '80', 직역하면 '4개의 20')이라고 말하는 프랑스인들은 그러한 사실에 별로 어리둥절해 하지 않을 것이다.[532] 그러나 덴마크인들은 훨씬 더 멀리 간다. 그들은 3을 tre라고 하고 60을 tres라고 하는데, 이 tres는 tresindstyve('3 곱하기 20')의 축약이며 그들에게는 간략한 형태인 tres로 충분히 명확하다.

이러한 함축적 표현에 대한 애착은 halvtreds('50')에서 훨씬 더 과감하게 나타난다. 거기에 treds('60')가 '절반'을 뜻하는 halv 뒤에 있는 것을 알아볼 수 있다. 그러나 60의 절반이 50일 수는 없다. 이것은 사실 암묵적으로 [3 곱하기 20 중] 처음 두 개의 20은 당연히 있는 것으로 간주하고 세 번째 20이 절반으로 되었다는 것을 나타낸다. 그러므로 halvtreds는 '3 곱하기 20'에서 세 번째 20의 절반을 뺀 것이다(내 말을 잘 이해했기 바란다...). halvtreds로의 축약은 의무적이며, 다만 서수는 예외로서 반드시 halvtresindstyvende('50번째')라고 한다.

이처럼 다음 단계를 미리 예상하면서 수를 세는 방식은 시간 표현에서도 나타난다. 독일어처럼 5시 반을 '6시로 향하고 있는 반', 또는 '여섯 번째 시(時)로 향하고 있는 반'으로 표현한다. 즉, Klokken er halv seks(직역, '지금 시간이 6시로 향하고 있는 반입니다')라고 한다.

덴마크어 기원의 몇몇 단어들

덴마크어는 덴마크 국경 밖에서 거의 말해지지 않지만, 그럼에도 불구하고 유럽의 다른 언어들이 인류 역사의 몇몇 중요한 단계들을 지칭할 때 덴마크어를 이용하였다. 실제로 덴마크어 용어들인 stenalde('석기 시대'), bronzealder('청동기 시대')와 jernalder('철기 시대')를 고고학자들이 다음과 같이 번역한 것이다.[533]

독일어로: Steinzeit, Bronzezeit, Eisenzeit
영어로: Stone Age, Bronze Age, Iron Age
프랑스어로: âge de la pierre, âge du bronze, âge du fer

III. 서게르만어

대조되는 운명들이 포함된 어군

게르만 종족들은 기원전 1000년 무렵 유럽 북부에 모여 있었던 시기 이후로 매우 큰 규모의 이동을 경험했기 때문에 종족 간의 접촉에 따라 형성된 언어들을 모든 발달 과정별로 추적하는 것은 어렵다.

이미 보았듯이(202쪽 '스페인어를 중심으로' 챕터, '§ 게르만족의 침략' 부분 및 150쪽 '이탈리아어를 중심으로' 챕터 '§ 게르만어의 영향' 부분 참조) 동게르만 어군의 언어들은 계승하는 언어를 갖지 못했지만 나중에 서쪽으로 이주하던 서고트족과 동고트족을 통해서 흔적을 남겼고, 북게르만 어군의 언어들은 일정한 지역 안에 있으면서 가장 오래된 기록 자료를 남겼으며 스칸디나비아 언어들이라는 하나의 동질적인 집단을 형성하였다.

서게르만 어군이라고 불리는 언어들은 역사적 상황에 의해 종족들이 매우 다양하게 이동하게 되면서 더 복잡하게 분열되었다. 영어, 독일어 또는 네덜란드어처럼 잘 정착된 공통어들이 발전해가는 동안에 다른 운명들을 겪은, 널리 전파되지 못한 다른 변이체들도 있다. 예를 들면 알자스어, 이디시어, 스위스 독일어(schwyzerdütsch)처럼 독일어에 더 가까운 언어들과 영어에 더 가까운 프리슬란트어가 있다(356쪽 상자 글 '오늘날 주요 게르만어 일람표' 참조).

1차 분화

독자들은 서기력 초기 몇백 년 동안에 많은 게르만 종족들(앵글족, 프리슬란트족, 색슨족 등)이 오늘날 독일에 해당하는 곳에 아직 있었다는 것을 아마도 기억하고 있을 것이다. 5세기 무렵에 앵글족을 포함한 북해의 몇몇 종족들은 색슨족의 일부와 합류하여 영국을 정복하러 갔고 프리슬란트족은 대륙에 남았다. 그 '해양 종족들'은 한 가지 오래된 발음 특성으로 쉽게 알아볼 수 있다. 그들은 i와 e 앞의 자음 k와 g에 대해 매우 변화된 발음을 가지고 있었으며, 그 발음은 영어의 표기법에서 ch, j 또는 y로 표기되는 것으로 귀착되었다. 영어의 chin('턱')은 독일어의 Kinn에 해당하고, 영어의 yellow나 yesterday는 독일어의 gelb('노란')나 gestern('어제')과 비교되어야 한다. 이 점에 있어서 프리슬란트어는 영어와 동일한 변화 과정을 거쳤다.

대륙 쪽 사람들

'해양 종족들'이 잉글랜드를 침략하던 동안에 대륙에 남았던 종족들은 이동을 대단히 많이 하였기 때문에 종족별로 현재의 어떤 언어 변이체의 기원임을 밝히는 것은 매우 어렵다. 그리고 5세기 이후 프랑크족의 세력이 강해지면서 여러 게르만 종족들 사이의 접촉이 강화되었던 만큼 그러한 연구가 더 어렵다는 것이 확인되고 있다.

게다가 프랑크족 자체가 단일 종족이 아니라 처음에 라인강 하류에 머무르고 있던 종족들(카마비족, 브룩테리족, 카투아리족)이 결집한 하나의 동맹이었다. 그 다음에 그들은 로마 군대의 용병이 되어서 갈리아를 침략하고 많은 다른 게르만 종족들을 잇따라 정복하였다. 알라만족과 서고트족, 튀링거족과 부르군트족, 그 다음에 랑고바르드족, 색슨족과 바바리족이 복속되었고, 따라서 라인강 프랑크어가 점차적으로 그들에게 받아들여졌다(아래 상자 글 참조).

프랑크족, 독일어 그리고 프랑스어

서기 5세기부터 **프랑크족**은 대부분의 게르만 종족들을 복속시키고 갈리아 지역을 정복하였지만 그들의 언어는 갈리아와 다른 지역에서 각각 상반되는 운명을 겪게 되었다. 프랑크족은 동쪽 지방들에서는 자신들의 언어를 받아들이게 하였고, 결국은 그것이 **공통 독일어**의 기초가 되었다. 그러나 갈리아에서는 그들이 피정복자들의 언어를 위해 자신들의 언어를 포기하였다. 그들은 통속 라틴어를 수용하였으며 그 언어에서 **프랑스어**가 나오게 되었다.

고지 독일어의 큰 변화들

프랑크 제국이 탄생하기도 전에 더 보수적인 저지 독일어가 확산되어 있던 북부와 큰 변화들이 나타났던 남부 사이에 언어적으로 분리가 이루어져 있었다. 그 변화들 중 하나는 고지 독일어의 '2차 자음추이'라고 불리는 것으로서 일련의 자음들이 그것에 의해 영향을 받았다(353쪽 '게르만어들을 중심으로' 챕터, '§ 자음들이 변화하다' 부분 참조). 예를 들면, (북부의) 저지 독일어에서 /t/라고 발음하던 것을 (남부의) 고지 독일어에서는 /ts/라고 하였고, 저지 독일어에서 /p/라고 하던 것을 고지 독일어에서는 /pf/라고 하였다.

이 현상은 문어 독일어에서 가져온 다음 몇몇 예들에 명확하게 나타난다. 문어 독일어는 저지 독일어의 변화들을 보존하고 있는 네덜란드어나 영어와 대비되는 고지 독일어의 변화들을 보여주고 있다.

	영어	네덜란드어	독일어
	/p/가 변함없이 /p/로 남음		/p/가 /pf/로 됨
'식물'	plant	plant	Pflanze
'후추'	pepper	peper	Pfeffer
'스튜 냄비'	pan	pan	Pfanne
'담배 파이프'	pipe	pijp	Pfeife
	/t/가 변함없이 /t/로 남음		/t/가 /ts/ 또는 /s/로 됨
'둘'	two	twee	zwei [ts]
'치아'	tooth	tand	Zahn [ts]
'가슴'	heart	hart	Herz [ts]
'먹다'	to eat	eten	essen [s]
	/k/가 변함없이 /k/로 남음		/k/가 /kx/ 그 다음에 /x/나 /ç/로 됨
'책'	book	boek	Buch [x]
'만들다'	to make	maken	machen [x]
'말하다'	to speak	spreken	sprechen [ç]

대략 쾰른에서 베를린으로 연결되는 경계선(언어학자들에게 벤라트 선이라는 이름으로 알려져 있음)의 남부에서는 그 자음들의 변화가 확인되지만 이 이론적 경계선 양쪽 편으로 특성들이 혼합되어 있는 넓은 중간 지대가 펼쳐져 있다.[534] 프랑크족의 정복과 함께 남부의 특성들, 즉 고지 독일어의 특성들이 북부로 퍼져가게 되어 쾰른과 프랑크푸르트 사이의 중간 지대에서 다소 혼합된 변화 과정이 일어났던 것이다(382쪽 '독일어를 중심으로' 챕터, 지도 '독일의 저지 독일어와 고지 독일어' 참조). 그다음에 그 지역들 각각의 내부에서는 방언 세분화가 진행되었는데, 그것은 중세 내내 지속되었고, 그 후로는 수 세기가 지나는 동안 변화가 없었다.

이제 독일의 언어들의 상황, 그중 먼저 공통어인 독일어에 대해 살펴보기로 하자.

독일어를 중심으로

출생지가 없는 표준어

유럽의 다른 나라들과 마찬가지로 독일에서도 결국 하나의 공통어가 다양한 방언들이 발달한 중세의 상황을 정리하게 된다. 그러나 토스카나어를 이탈리아어의 조상으로, 카스틸라어를 스페인어의 조상으로 동일시할 수 있는 것과 달리 오늘날 표준 독일어는 구어가 문어로 된 경우가 아니므로 그것의 조상을 특정 지역으로 설정하는 것이 불가능하다. 독일에서는 중세에 프랑스어의 파리나 영어의 런던에 비교될 만한 어떠한 중심지도 존재하지 않았다. 그러한 정치적 상황으로 인해 독일에서는 공통어의 출현이 훨씬 늦었고 각 지방은 적어도 구어에 있어서는 16세기까지 지역 방언 변이체에 대한 배타적 애착을 가지고 있었다. 문어에 대해서는 상황이 달랐다. 문어는 중세부터 다양한 지역 어법들을 넘어서는 표준화 시도를 두 차례 경험하였는데, 그 중 첫 번째 시도는 북부에서 있었다.

독일의 언어 상황

인구: 79,500,000명[2021년 통계로는 83,900,471명]

공식어

– **독일어**: 서게르만어로서 독일국의 공식어이다.

지방 공식어

– **덴마크어**: 북게르만어(윌란반도의 남부와 슐레스비히홀슈타인주의 북부), 1929년부터 지정됨.

그 밖의 언어

〈게르만어〉

– **'알레마니아어**, 동바이에른어, 프랑크어, 고지 색슨어, 저지 색슨어, 프리슬란트어

〈슬라브어〉

– **소르브어**(베를린 남쪽에 있는 루사티아).

북부와 남부

북부에서는 특정 지방에 한정되지 않은 혼합 언어가 12세기에서 13세기 사이에 형성되었다. 그 시기에 경제적, 상업적 차원에서 독일 북부의 대도시들(함부르크, 브레멘 그리고 뤼베크)을 북유럽의 상대 도시들(런던과 브뤼허, 그리고 스웨덴의 비스비나 노르웨이의 베르겐까지)과 연결하는 한자 동맹이 결성되었는데, 그 한자 동맹의 필요에 의해 일종의 통합 저지 독일어가 태어났다(365쪽 '덴마크어를 중심으로', '§ 독일에서 온 수많은 단어들' 부분 참조). 그 언어는 한자 동맹의 경제적, 정치적 쇠퇴가 시작되는 시점인 15세기 말 무렵에 독일에서 초지방적 성격을 잃게 되었다.

남부에서는 14세기 말 무렵에야 고지 독일어의 다양한 방언들을 사용하는 사람들이 만나는 곳인 중동부 지방에서 공통어가 형성되기 시작하였다. 그 언어는 신성 로마 제국의 여러 상서국[chancellerie, 주로 왕의 칙령을 비롯한 공문서를 작성하는 일을 맡았던 기구]들 간에 원활한 의사소통을 할 수 있게 해주는 언어에 대한 필요성에서 생겼으며, 카를 4세(1347년–1378년)의 상서국은 프라하에 있었으므로 중부에 위치하고 있다는 이점을 가지고 공통어의 생성에 상당히 중요한 역할을 한 것으로 보인다.

저지 독일어와 고지 독일어는 가치가 동일하다

이러한 전통적 명칭들이 가치의 판단과 일치한다고 생각하면 안된다. 그 명칭들은 단지 유럽 북부의 평야(저지 독일어)와 유럽 중부의 산악 지방(고지 독일어)에서 발달한 게르만어 변이체들을 가리킬 뿐이다. 한쪽은 '낮은 지대'의 언어이고, 다른 한쪽은 고지대의 언어인 것이다.

처음에는 주로 문어로 사용되던 이 관청 언어는 어형들을 표준화하는 경향이 있었으며 표기법의 조정을 모색하기도 하였다. 이 중부 독일의 행정어가 나중에 표준 독일어가 만들어지는 출발점이 되었다.[535]

그러나 그 이전에 라틴어를 포기해야 했다.

라틴어와 독일어

유럽의 모든 나라에서처럼 독일에서도 라틴어는 수 세기 전부터 유일한 문어였다. '카롤링거 왕조의 르네상스'는 라틴어로 추진되었고, 샤를마뉴 계승자들이 통치한 게르만 제국에서 라틴어는 행정, 사법 및 외교 분야의 공식어로 남았다. 라틴어는 과학과 교육, 철학과 법률의 언어이기도 했다. 15세기와 16세기에 많은 독일 저술가들은 라틴어로만 글을 썼으며 1570년에는 인쇄된 책의 70%가 라틴어로 저술된 것이었다.[536] 훨씬 뒤에 1716년에 사망한 라이프니츠는 자신의 대부분 저작을 여전히 라틴어로 썼다(그렇지만 프랑스어로도 썼다).

이처럼 라틴어는 로마 가톨릭교회의 언어로서 기독교와 함께 널리 전파되어 있었다. 오늘날 독일어에는 라틴어에 대한 그런 애착의 흔적들이 많이 남아 있다. 그래서 종교 분야에는 Reliquie('성유물'), Hostie('성체의 빵'), Monstranz('성체 현시대') 등이 있고, 음악 분야에는 번역할 필요도 없는 Oktave('옥타브'), Fuge('푸가'), Kontrapunkt('대위법'), Dissonanz('불협화음') 등과 '박자'를 뜻하는 Takt가 있다. 그리고 사회 생활과 대학 생활에도 많은 라틴어 용어들이 보존되어 있는데, 몇 가지 예를 들면 다음과 같다.

Abitur '대학입학 자격 (시험)'	Aula '강당, 대형 강의실'
Dekan '학장'	Fakultät '단과대학, 학부'
Pensum '숙제, 교재'	Examen '시험'
Gymnasium '고등학교'	Katheder '강단, 교수직'
Datum '날짜'	Alumnat '기숙사'(ALUMNUS('학생')에서 유래)
Kompendium '요약, 편람'	interpretieren '설명하다, 해석하다'
Zensur '성적'	memorieren '암기하다'

문어로서의 독일어

14세기 말 무렵, 아직 라틴어가 사랑받고 있던 상황이었지만, 그와 나란히 라이프치히, 에르푸르트, 드레스덴 등 여러 지역 출신의 사람들이 섞여 있던 도시들을 중심으로 중부 독일의 다양한 용법들 간의 타협물인 문어가 조금씩 형성되고 있었다. 더 나중에 아우구스부르크-울름 지방(바이에른 주와 바덴뷔르템베르크 주)이 경제적으로 영향력이 커지자 고지 독일어 어법을 전파시켰고, 그 어법은 프랑크푸르트와 쾰른에도 도달하였다.[537]

다양한 지방 출신의 상인 무리들이 모이는 도시들에서는 라틴어와 다른 어떤 공통어의 필요성이 특별히 강하게 느껴지고 있었다. 그러한 도시들의 발달로 그 중부 독일의 언어가 전파되는 데 유리한 상황이 조성되었으며 1450년부터는 인쇄술의 발달도 그 언어의 전파에 도움을 주었다(아래의 상자 글 '구텐베르크, 인쇄술 분야의 보석 세공인' 및 420쪽 '네덜란드어를 중심으로' 챕터, 상자 글 '구텐베르크보다 앞선 네덜란드인 선구자가 있었다' 참조).

구텐베르크, 인쇄술 분야의 보석 세공인

보석 세공인 집안에서 태어난 구텐베르크는 분리된 글자들을 정확하게 나란히 조합될 수 있는 형태로 대량 생산하기 위해 납, 주석 그리고 안티몬의 정교한 합금을 만드는 데 성공하였다. 대규모 출판을 용이하게 해 준 그 방법 덕분에 1454년부터 그의 마인츠 공장에서는 인쇄 서적이 대량으로 생산될 수 있었다.[538]

그 다음 세기 중엽에는 튀링겐 주에서 태어나서 에르푸르트에서 공부를 했던 루터가 자신의 성경 번역(1521-1522)을 위해 자연스럽게 바로 그 지방의 언어를 선택하였다. 그렇지만 그 선택에는 다른 합리화 근거도 있었다. 루터에 따르면 이미 작센 상서국의 언어였던 그 혼합어는 고지 독일만이 아니라 저지 독일에서도 알아들을 수 있는 말이었다.[539]

그것은 실제로 '방언들을 넘어선' 언어였고 16세기 초에 다른 여러 왕국이나 시의 관청들에서도 사용되던 언어였다. 그러므로 그 언어는 당시에 이미 다소 표준화된 상태로 신교와 함께 게르만 국가들에 전파되었고 가톨릭 국가들에도 들어갔다.

17세기와 18세기에는 다른 게르만어 변이체들이 수 세기 동안에 독립적으로 발달하였던 오스트리아와 스위스에 그 언어가 서서히 침투하였다. 그러나 프러시아에서는 19세기에 그 고지 독일어가 표준 독일어가 되고 나서 채택되었다. 그 지방에서는

독일의 저지 독일어와 고지 독일어

통상적으로 '독일어권'의 게르만어들은 두 개의 그룹, 즉 북부의 저지 독일어 그룹과 남부의 고지 독일어 그룹으로 나누어진다. 지도에서 그 두 지역을 구분하는 굵은 선은 실제로는 선영으로 표시된 중간 지대의 가운데에 있으므로 그러한 구분이 완전히 이론적인 것임을 알 수 있다. 실제로 Dorp와 Dorf('마을')라는 어형들을 구분하는 선이 Appel과 Apfel('사과')이라는 어형들을 구분하는 선보다 훨씬 북쪽에 위치하는 것을 확인할 수 있다.[540]

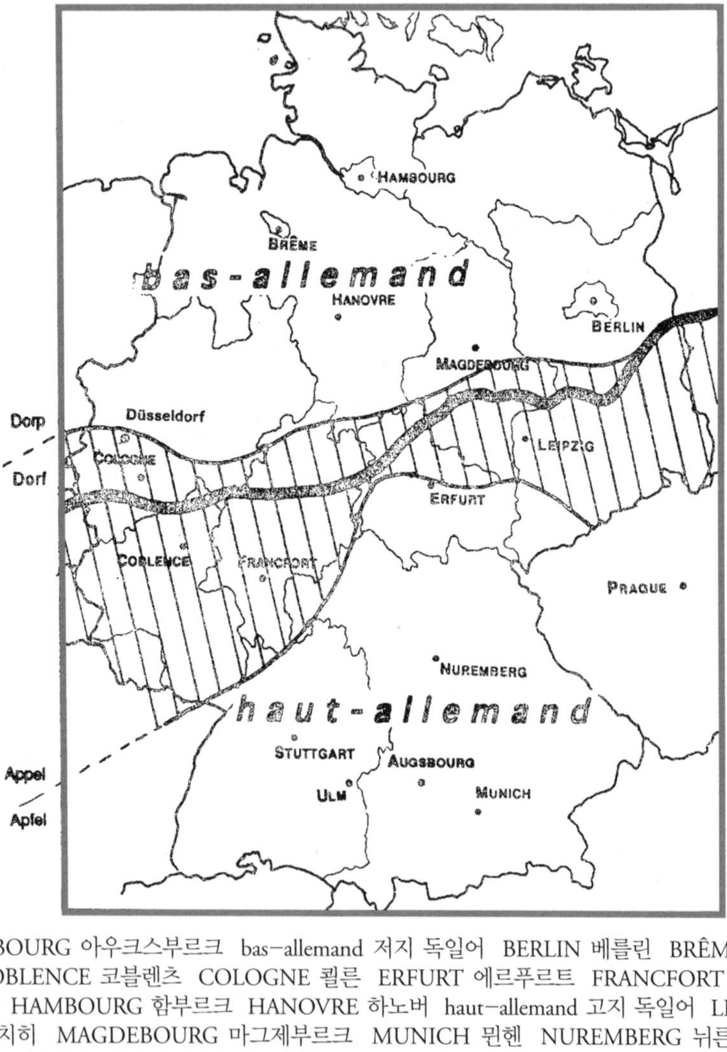

AUGSBOURG 아우크스부르크 bas-allemand 저지 독일어 BERLIN 베를린 BRÊME 브레멘 COBLENCE 코블렌츠 COLOGNE 쾰른 ERFURT 에르푸르트 FRANCFORT 프랑크푸르트 HAMBOURG 함부르크 HANOVRE 하노버 haut-allemand 고지 독일어 LEIPZIG 라이프치히 MAGDEBOURG 마그제부르크 MUNICH 뮌헨 NUREMBERG 뉘른베르크 PRAGUE 프라하 STUTTGART 슈투트가르트 ULM 울름

그때까지 저지 독일어만을 공통어로 사용하였기 때문에 오랫동안 고지 독일어는 배워야 하는 언어일 뿐이었다.

그러는 동안에 방언들은

수 세기 동안 정치적으로 분할되어 있던 독일은 구어의 차원에서도 분할되어 있었다. 문어는 통일되었지만 지방마다 다른 방언을 계속해서 사용했던 것이다.

이러한 방언적 다양성은 오늘날 독일에서도 나타나고 있다.

남부는 서쪽의 알레마니아어(프랑스의 알자스어, 스위스의 스위스 독일어, 그리고 소르브어도 이 방언 그룹에 포함시킬 수 있다) 그리고 동쪽의 동바이에른어(오스트리아까지 이어짐)로 분할되어 있다.

중부 지역은 서쪽은 프랑크어에 의해 지배되고 있고, 동쪽은 튀링겐어, 고지 색슨어 및 실레지아어로 분할되어 있다.

북부 지역은 13세기부터 슬라브족에게서 획득한 지방들을 포함하는데, 이 지역에는 저지 프랑크어(뒤셀도르프까지), 베스트팔렌어, 북부 저지 색슨어와 동부 저지 독일어, 베를린 주위의 브란덴부르크어 등이 있다(382쪽 지도 '독일의 저지 독일어와 고지 독일어' 참조).[541]

오늘날 방언의 활력

20세기 중엽에 독일 연방에서 진행된 조사(1955–1959)를 통해 (변의 길이가 16km인 정사각형당 표적 지역 한 개의 비율로) 전 국토에서 현존 방언들의 존재를 찾아낼 수 있었다.[542]

1966년의 다른 조사에서는 남부에 더 큰 활력이 있음이 확인되었다. 바이에른 사람들의 71%는 — 그러나 북독일 사람들은 41%만이 — 방언을 유창하게 말한다고 밝혔다. 더 최근인 1980년에는 질문받은 사람의 53%가 방언을 유창하게 말할 수 있다고 밝혔지만 그중 16%는 방언을 결코 사용하지 않는다고 하였다.[543] 그러나 근래에는 유럽의 다른 국가들처럼 젊은이들과 학력이 높은 계층에서 방언 사용이 다시 증가하는 것도 확인되고 있다.

그런데 공통 독일어가 점점 더 보편적으로 전파됨으로 인해 1970년대부터 그러한 지역 방언들의 정상적인 전승이 위태롭게 되었다. 방언들이 공통어에 점진적으로 융합됨에 따라 가장 많이 위협을 받은 곳은 중부 독일이며, 특히 공통 독일어의 형성에 가장 많이 기여한 중부 독일의 동쪽 지방이다.[544]

구어 독일어와 규범

1687년 라이프치히 대학에서 최초로 독일어를 사용하는 강의가 시행되었다. 그러나 대학에서 그 언어를 가르치기 시작한 것은 19세기 이후이다. 독일어를 구어로 사용하던 지방들에서도 19세기 초까지는 독일어가 교양인들에 의해서만 사용되었다.

1830년부터는 학교 교육이 의무화되고 언론이 발달하면서 독일어가 보편화되었으며, 1871년 독일 제국의 건국과 함께 독일어의 표준화를 위해 실질적으로 규제가 이루어졌다. 그 후로 1901년에 《독일어 정서법을 위한 공식 사전》으로 공개된 규범에 따라 정서법이 확정되었는데, 그 사전은 20년 앞서 두덴이 출판했던 사전을 모델로 편찬된 것이다.[545]

발음도 체계화되었다. 1898년에 처음 출판된 이후 정기적으로 개정판이 나오는 집스(Siebs) 사전이 언제나 권위를 가진다[테오도르 집스(1862-1941), 독일의 언어학자].[546]

표준 독일어의 발음

독일어의 규범은 원칙적으로 고지 독일어의 어형들에 기초를 두고 있지만 북부 지방들의 저지 독일어에 양보를 하는 경우도 있다. 예를 들면, 발음 교재들은 단어 첫머리의 자음들 /p-/, /t-/ 및 /k-/는 격음화, 즉 가벼운 [h]가 수반된다고 가르치지만, 그것은 남부의 고지 독일어 방언들에서는 매우 드물고 북부의 저지 독일어 방언들의 일반적인 특성이다.[547]

다른 발음적 특성으로 마지막 위치의 자음들에 대한 구별이 일부 경우에 이루어지지 않는 현상이 있는데, 이것은 보편적 어법에 속한다. 어떤 단어가 표기 형태에서 b, d, g 중의 한 자음으로 끝나는 경우에는 마치 p, t 또는 k로 쓰여져 있는 것처럼 발음된다. 이것은 특히 프랑스인들을 당황하게 만든다. 프랑스인들은 자신들의 언어에서 rade('길, 정박지')와 rate('암쥐, 비장')를 혼동하는 것을 용납할 수 없기 때문에[프랑스어 단어들의 마지막에 나타나는 e는 발음되지 않는다], Rat('조언')과 Rad('자전거')라는 두 독일어 단어들이 모두 [t]로 발음되고, 또 halb('절반')의 마지막 자음이 Alp('공기의 요정')처럼 발음되는 것을 이해하기가 어려운 것이다. 마찬가지로, Werk('일, 업적')과 Werg('마, 아마')는 둘 다 마지막 위치에서 [k]로 발음된다. 일부 어법에서는 모음이 장음과 단음을 구별함으로써 자음의 혼동을 보상하고 있다.

그렇지만 독일어의 이러한 음운론적 특성이 그 언어를 배우는 사람에게 극복하지 못할 어려움이 되는 것은 아니다.

인내심 있게 동사를 기다리기

이렇게 하지 않으면 문법적으로 이해하기가 더 어려워질 것이다. 무슨 동사가 사용되었는지 알고, 그래서 메시지의 전체 의미를 알기 위해서는, 종속절이 끝나기를 기다리는 데 익숙해져야 한다. 다음 문장은 처벌을 피해서 생쥐들의 탑으로 피신했던 냉혹한 대주교의 전설을 다시 쓴 것인데, 이 문장처럼 긴박감이 극심할 수도 있다.

> Ich habe gelesen, daß die Mäuse den bösen Bischof,
> der sich in einen Turm geflüchtet hatte, auffraßen.

한 단어씩 번역을 해 보면 크게 모호하지 않다.

> "나는 ~하다[조동사] 읽은, ~라고 그 쥐들이 그 나쁜 대주교를,
> ~한[관계대명사] ~안에 어느 탑 도망간 ~했다[조동사], 먹어 치우다."

그러나 마지막 단어를 듣거나 읽기 전에는 생쥐들이 주교에게 무엇을 하였는지 정말로 알 수가 없다. 생쥐들이 그를 단순히 보았나, 뒤쫓았나, 아니면 정말로 먹어 치웠나? 등의 생각들이 들 것이다. [이러한 설명은 동사가 목적어보다 먼저 나타나는 프랑스어를 사용하는 독자들을 위한 것이다]

중요한 요소를 언술의 끝부분으로 후치하는 일은 명사 구문에서도 일어난다. 예를 들면 das von dem Großvater gekaufte Buch는 프랑스어로 단순히 'le livre acheté par le grand-père'('할아버지가 산 책', 단어별 직역, '그-책-구매된-의해-그-할아버지')를 뜻하지만 독일어 표현을 한 단어씩 번역하면 '그-의해-그-할아버지-구매된-책'으로서 '책'에 해당하는 말이 마지막에 온다는 것을 알아야 한다. 그러므로 인내해야 한다.

이러한 것이 독일어를 쓰는 사람들은 근본적으로 예의바르고 특별하게 인내심이 많다는 것을 의미할까? 어쨌든 프랑스-독일 합작의 문화 TV 채널인 아르테(Arte)에서 방송되는 토론 프로그램에서 확인되는 바는 그렇다. 거기서 독일인들이 결코 서로 말을 중단시키지 않는데, 이것은 그런 행동을 자제하지 않는 프랑스인들과 반대이다.

독일어 문법의 놀라운 점은 그것이 공생과 예의를 만들어준다는 것이다.

풍부한 어휘

독일어는 전치사나 우언법[어떤 하나의 단어 대신에 여러 단어들로 이루어진 표현을 사용하여 같은 의미를 나타냄]을 이용하는 대신에 다음과 같이 합성어를 만들 수 있다는 장점도 가지고 있다: Handtasche('핸드백', Hand '손', Tasche '가방'), Wollpreis('양모의 가격', Wolle '양모', Preis '가격'), die Platzanweiserin('(극장 등의) 좌석 안내원', die '정관사', Platz '좌석', Anweiserin '여성 안내원') Wachsfigurenkabinett('밀랍 (인형) 박물관', Wachs '밀랍', Figuren '상(像)들, 인물들', Kabinett '진열실') 등.

이러한 언어의 유연성으로 인해 때로는 다소 부담되는 길이의 단어들이 형성되지만, 단어의 조합 방식이 명료하여 거부감이 없다. 그러므로 독일어 학자들은 몇백 개의 어근을 알기만 하면 사실상 모든 독일어 어휘를 이해할 수 있다고 단언한다(물론 이 말은 과장된 것이다).

다음은 최근에 확인된 예들이다.[548]

Rechtschreibvereinfachung '정서법 단순화'
Sprachgruppenzugehörigkeitserklärung '언어 집단 소속 밝힘'
Hochleistungsultrakurzwellengeradeausempfänger '고성능 직접 증폭 초단파 수신기'

특히 문어에서는 게르만어 또는 심지어 라틴어 어근으로부터 한없이 긴 단어들을 자유롭게 만드는 경향 외에도 다른 언어들로부터의 직접 차용이라는 용이한 방식이 채택되기도 한다. 예를 들면, 너무 길어서 다소 부담스럽게 판단되는 Unvoreingenommenheit('편견 없음')가 더 간편한 Objektivität(라틴어 차용어)와 경쟁하고 있다. 때로는 Periode라는 단어(라틴어 차용어)가 Zeitabschnitt('시기, 시대')라는 게르만어 등가어보다 선호되며, 마찬가지로 Billet(프랑스어 차용어)가 Fahrkarte('차표')와 경쟁하고 있다.[549] 이러한 두 가지 선택이 사용자들에게 제공되기 때문에 독일어는 어휘가 풍부한 언어라는 합당한 평판을 가지게 되었다.

독일어와 프랑스어

독일어는 매우 일찍부터 라틴어 단어를 많이 끌어와서 사용하였지만, 그럼에도 불구하고 독일어가 가장 많이 차용한 언어는 프랑스어와 영어이다. 일부 선호되는 분야들에서 독일어 어휘가 프랑스어에서 유래한 것을 알아볼 수 있다.

- 군대: Leutnant('최하급 장교', 프, lieutenant), Kapitän('대위', 프, capitaine), General('장군', 프, général), Régiment('연대', 프, régiment), Kaserne('병영, 군대 막사', 프, caserne), Etappe('병참 기지, 숙영지', 프, étape)
- 건축: Fassade('전면', façade), Balkon('발코니', 프, balcon), Nische('틈새, 벽감', 프, niche), Etage('층', 프, étage), Mansarde('지붕밑 방', 프, mansarde), Garage('차고', 프, garage), Rosette('장미창 장식', 프, rosace), Marquise('유리로 된 현관 지붕', 프,

marquise), Allee('큰 가로', 프, allée[프랑스어로는 '작은 길'을 뜻함]), Chaussee('큰길, 국도', 프, chaussée[프랑스어로는 '차도'를 뜻함])

- 의복: Kostüm('옷, 의상', 프, costume), Decolleté('가슴이나 목을 드러낸 부분', 프, décolleté), Plissee('주름', 프, plissé), beige('베이지색의', 프, beige), Garderobe('의상, 분장실', 프, garde-robe),
- 요리: Bouillon('육수', 프, bouillon), Omelett('오믈렛', 프, omelette), Frikassee('프리카세', 프, fricassée), Ragout('라구', 프, ragoût), Krokette('크로켓', 프, croquette), Champignon('양송이 버섯', 프, champignon (de Paris)), Dessert('디저트', 프, dessert), Kasserolle('스튜 냄비', 프, casserole), Mus('무스', 프, mousse), Kompott('설탕 절임 과일', 프, compote), Baiser('슈크림, 머랭', [프랑스어로 baiser는 '입맞춤'을 뜻하고 '머랭'을 가리키는 말은 meringue이다]), Krokant('편도를 넣어 구운 과자', 프, croquant[프랑스어 croquant은 아몬드, 계란 노른자, 설탕 등으로 만든 쿠키를 가리킴]).

독자들은 아마도 독일어로 옮겨가면서 allée가 avenue('큰 가로')를, chaussée('둑', '차도')가 '큰길, 국도'를 뜻하게 되었고, baiser('입맞춤, 키스')에는 단맛이 들어갔다는 것을 눈여겨보았을 것이다.

IN DER BREDOUILLE SEIN

이 독일어 표현이 프랑스어로 'être dans le pétrin'('곤란한 상황에 처하다')[독일어 표현에 있는 bredouille는 프랑스어에서 '실패'를 뜻함]으로 번역된다는 것을 안다면 다른 프랑스어 말들이 독일어로 옮아가면서 본래의 의미를 유지하지 않는 것이 놀랍지 않을 것이다. 몇 가지 예를 들면 다음과 같다.

독일어	프랑스어
poussieren '~에게 구애하다, 유혹하다'	pousser '밀다'
(sich) blamieren '(자신을) 웃음거리로 만들다'	(se) blâmer '(자신을) 비난하다'
promovieren '박사 학위를 받다'	promouvoir '승진시키다'
fidel '유쾌한'	fidèle '충성스러운'
mit Manieren '우아하게'	avec la manière '~ 방법을 가지고'
Tresor '금고'	trésor '보물, 수장고'
Rendez-vous '밀회, (연인들의) 만남'	rendez-vous '만남, 약속'
Portemonnaie '지갑'	porte-monnaie '동전 지갑'

독일어와 영어

20세기에는 영어가 점점 더 저항할 수 없는 매력을 가지게 되었다. 의복 단어들(Frack '연미복', Smoking '남성 야회복', Spenzer '짧은 재킷의 일종', Shorts '짧은 반바지' 등)이 도입된 다음에는 음악(Jazz, Swing), 스포츠(joggen '조깅을 하다') 또는 직업 세계(jobben '일하다')의 단어들이 도입되었다.[551] 때로는 Hobby를 Liebhaberei('취미')보다 선호하고, Party를 Abendgesellschaft('저녁 모임')보다 선호하며, 영어 단어만 존재하는 경우도 흔하다.

comic	만화
high-tech	첨단 기술
software	소프트웨어
chip	반도체 칩
brain-drain	두뇌 유출

전혀 다른 사용 영역에서는 Peep-show('들여다 보는 (스트립)쇼'), Showbusiness('연예 공연업'), Video-clip('비디오 클립'), Rocker('로크족 (흔히 폭주족)'), Popfan('팝팬') 등도 있다. 마지막으로, 패스트푸드 분야에서 Fast-Food Gastronomie라는 말이 있는데, 이것은 오히려 일종의 용어상 모순이다[프랑스어 gastronomie는 '미식(법)'을 뜻하므로 미식보다는 간편하게 먹는 패스트푸드와 의미적 충돌이 있다는 지적이다].

현대의 영어 차용어 전체를 관찰해 보면 그 수가 많은 것이 실제로는 역설적이게도 그리스어나 라틴어에 기원을 둔 어형들의 수가 증가하는 것으로 귀착된다는 것을 알게 된다. 국제어가 된 어휘의 대부분이 그러한 특성도 가지고 있다. 예를 들면, 독일어 단어 Telegramm은 영어에서 만들어져서 프랑스어를 통해 독일어에 전해졌는데 그리스어 어근으로 형성되어 있다. 한편, 독일어 단어 Computer는 라틴어 동사를 어간으로 하고 있지만, 그럼에도 불구하고 그것의 (문어 및 구어) 독일어 형태는 그 단어가 영어에서 차용되었다는 것을 보여주고 있다. 만약 그것이 직접 라틴어로부터 만들어졌더라면 *Komputator라는 형태가 선택되었을 것이 때문이다.

오늘날 영어에서 차용된 어휘의 대부분은 완벽하게 독일어에 통합되었다. 독일어 방식으로 표기되기도 하고(영어 strike에서 유래된 Streik '파업') 독일어 단어가 발음되는 방식으로 발음되기도 한다. 예를 들어 Job이라는 단어는 Jop으로 표기된 것처럼 발음된다.[552]

마지막으로, 현대 독일어에서 영어의 위세를 나타내고 있는 한 가지 표현을 살펴보자. shop이라는 단어인데, 이것은 영어에서 모든 상점을 가리키는 말이다. 독일어에서는 '주로 옷을 파는 곳으로서, 세련되고 비싼, 일반적으로 작은 가게'라는 의미로 특수화되었다. 달리 말하자면, 그것은 정확히 영어에서 boutique라고 부르는 것으로서 영어가 프랑스어에서 차용한 그 단어에 부여한 의미이다. 이 예는 가장 멋있게 보이는 것은 언제나 다른 곳에서 온 단어라는 사실을 보여주고 있다.

오늘날의 독일어

젊은 세대에서 사용하는 오늘날 영어 차용어에서는 유사한 형태와 의미의 변화들이 나타난다. 다른 나라들의 경우와 마찬가지로 젊은이들 어휘의 특성으로는 무엇보다 의미와 형태의 불안정성을 들 수 있다. 하나의 동일한 단어가 반대되는 여러 의미들을 가지는 경우도 흔하며 한 단어가 짧은 기간 만에 반의어로 교체되기도 한다. 예를 들면, 젊은이들이 자신들의 평가를 표현할 때 어떤 특정한 시기에는 'Das find ich ja heiß'(직역하면, '나는 그것을 뜨겁다고 생각한다', 젊은이들의 프랑스어로는 'c'est super' '그것 멋지다')라고 말했다. 최근에 와서는 그 형용사 heiß가 '매력적인, 호감을 주는'이라는 의미를 가지게 된 — 얼핏 보아도 덜 뜨거운 — 차용어 cool로 대체되었다.[553]

독일의 기타 언어들

최근 이주의 결과로 공업 지대와 대도시에 집중되어 있는 소수 언어들 및 온 나라에 분산되어 있는 집시어들을 빼고 생각하면 두 개의 지방이 특별히 주목받을 만하다. 한 지방은 베를린에서 남동쪽, 구 동독에 있는 루사티아로서 그곳에서는 슬라브어가 사용된다. 다른 한 지방은 슐레스비히홀슈타인 주로서 그곳에서는 독일어와 함께 덴마크어, 윌란어, 프리슬란트어 그리고 저지 독일어 방언이 공존하고 있다.

슬라브어인 소르브어

독일에서는 몇만 명의 소수 집단이 소르브어를 사용하고 있다. 소르브어는 서슬라브 어군의 언어로서 농촌 지역에서 유지되고 있으며 주로 가정에서 사용된다. 사람들은 이 언어를 간혹 '루사티아 벤트어'라고 부르기도 한다. 오늘날 소르브어 지역은 오로지 콧부스와 바우첸 주변의 시골로 한정되어 있지만 독일의 여러 지명들은 옛날에 슬라브어가 사용되었다는 것을 말해주는 증거이다. 예를 들면, 라이프치히(Leipzig, '보리수(의 도시)'라는 뜻으로 폴란드어이자 러시아어인 lipa('보리수')에서 만들어짐), '숲'을 뜻하는 슬라브어 명사에서 만들어진 괴를리츠(Görlitz), 켐니츠(Chemnitz, '돌'을 뜻함. 이 도시는 동독 시절에 카를마르크스슈타트(Karl-Marx-Stadt)로 명명되기도 하였다) 등이 있다.[554]

슬라브어 권역이 옛날에는 서쪽으로 엘베강까지 펼쳐져 있었으며, 18세기에도 그곳에서는 슬라브어 방언들이 존재했다.

콧부스와 드레스덴 사이의 지방은 1969년부터 이중 언어 지방으로 지정되었다. 소르브어는 그곳에서 독일어와 함께 행정 기관과 법정에서 사용되는 지방 공식어로 인정되어 있다. 1950년부터는 학교에서 교육되며 일부 학교에서는 기본 교육 언어[교육을 위해 사용하는 언어]로 되었다.

그렇지만 오늘날 루사티아의 주민들은 모두 이중 언어 사용자이며 근래에는 갈탄 광맥의 채굴을 위해 독일의 다른 지방들 출신의 노동자들이 이 지방으로 집중적으로 유입되고 산업화가 진행됨으로 인해 소르브어가 지속적으로 위축되고 있는 것이 관찰되고 있다.[555]

작은 다언어 지방인 슐레스비히홀슈타인 주

북해와 발트해 사이에 있는 윌란반도의 독일 쪽 부분은 독일의 가장 다언어적인 지역으로 보인다. 이곳은 슐레스비히홀슈타인 '주'(Land)로서 1920년까지 수 세기 동안에 단일한 정치적 실체를 이루고 있었던 더 광대한 영토의 독일 쪽 부분이다. 1920년에 이곳 주민들이 국민 투표로 독일 또는 덴마크에 편입될 것을 결정하였다. 투표 후에 국경선이 남쪽으로 옮겨졌는데, 그러한 과정에서 오늘날 슐레스비히홀슈타인 주의 북서부에 위치한 그 작은 독일 영토에서 덴마크어가 사용되는 상황이 만들어진 것이다. 더 정확하게 말하자면, 이 지방은 모든 인구가 덴마크어, 쇠네르윌란어, 프리슬란트어, 저지 독일어 등 여러 언어들 중 하나에 더하여 국어(고지 독일어)를 사용하는 혼합 지대이다.

비록 덴마크어 소수 집단은 독일 땅에서 덴마크어 학교를 다니는 혜택을 받고 있지만(반대로 독일어 소수 집단은 덴마크 땅에서 독일어 학교를 다니는 혜택을 받고 있다), 그 지방의 모든 주민이 그곳에서 덴마크어나 윌란어를 사용하는 것은 아니다. 더 적은 수의 사람들은 프리슬란트어를 사용하고 있다. 그 언어는 북해 연안의 작은 지역과 북프리지아 제도에서 아직도 사용되며, 북프리지아 제도에서는, 특히 질트섬에서, 여러 학교에서 그 언어를 가르치고 있다.[556]

독일어 주변에 있는 언어들

독일어가 지배적인 역할을 하였고 또 그런 역할을 아직도 하고 있는 지역들이 독일과 일치하지는 않으므로 때로는 그러한 지리적 공간을 가리킬 때 '독일어권'(Teutonia)이라는 편리한 말을 사용하기도 한다. 이제 '독일어권'의 틀 안에서 다른 게르만어들, 즉 사용 지역이 따로 없는 언어인 이디시어, 프랑스의 로렌 프랑크어와 알자스어, 스위스의 '스위스 독일어'(schwyzerdütsch) 및 스위스, 리히텐슈타인, 오스트리아, 이탈리아, 룩셈부르크의 독일어 변이체들에 대하여 간략하게 살펴보고자 한다.

북유럽의 저지 독일어와 고지 독일어

지도에는 대분류만 표시되어 있으며 게르만어가 아닌 언어들은 이탤릭체로 표기되어 있다. **프리슬란트어**는 영어에 가까운 게르만어이다. 베를린에서 남쪽으로 슬라브어인 **소르브어**를 사용하는 언어적 고립 지역이 눈에 띌 것이다.[557] 이 지도는 2차 세계대전 이전의 상황을 나타내며, 그때 이후로 동쪽 경계선이 정치적 국경들과 일치되어 가고 있다.

alsacien 알자스어 anglais 영어 bas–allemand 저지 독일어 BELGRADE 베오그라드 BERLIN 베를린 BERNE 베른 BRUXELLES 브뤼셀 BUDAPEST 부다페스트 francique lorrain 로렌 프랑크어 frison 프리슬란트어 haut–allemand 고지 독일어 hongrois 헝가리어 La Haye 헤이그 luxembourgeois 룩셈부르크어 MUNICH 뮌헨 néerlandais 네덜란드어 Paris 파리 polonais 폴란드어 PRAGUE 프라하 prussien 프러시아어 Schwyzerdütsch 스위스 독일어 slovaque 슬로바키어어 slovène 슬로베니아어 sorabe 소르브어 tchèque 체코어 VARSOVIE 바르샤바 VIENNE 빈

나그네 언어인 이디시어

이 게르만어는 본래 고지 독일의 서부(라인강 중부 유역인 슈파이어, 보름스, 마인츠, 코블렌츠, 쾰른)에서 사용되었는데 9세기부터는 수천 명의 유대인 집단의 언어가 되었다. 그들은 13세기부터 군주들과 귀족들의 요구에 의해 유럽 동부로 떠나서 폴란드, 리투아니아, 소러시아[우크라이나의 옛 이름], 베사라비아, 루마니아 등지에서 살아가게 되었다. 이 이디시어는 그것이 옮겨가서 정착한 나라별로 다소 다르게 변화하였다. 이 언어는 특히 히브리어 문자로 쓰여지고 히브리어 차용이 많았다는 점에서 다른 게르만 언어들과 구별된다.[558]

이 언어는 비극적인 일이 많았던 세월을 거쳐오면서 히브리어와 아람어, 로망스어들, 슬라브어들과 같은 다양한 언어들의 영향을 받았는데, 그로 인해 그 언어는 '혼합적' 언어라는 특성을 가지게 되고 유형학적으로 크레올 언어군에 속한다.[559]

2차 세계 대전 직전에는 약 1100만 명이 이디시어를 사용했는데 프랑스에서는 이 언어가 '유대 독일어'(judéo-allemand)라는 이름으로도 알려져 있다. 당시에는, 예를 들어 바르샤바 시에서만 83개의 이디시어 일간지가 존재했었다. 전쟁 중 학살이 있은 후 이디시어는 유럽에서 매우 위축되었다. 오늘날 그 언어가 아직도 일상적으로 사용되는 곳은 주로 미국과 이스라엘이다.[560]

로렌 프랑크어

'로렌 방언'(Lothringer Platt)으로 불리는 이 게르만어 방언은 중부 독일(라인란트, 자를란트, 팔츠), 벨기에(아를롱, 장크트피트) 그리고 룩셈부르크 대공국의 방언들과 연관되어 있다. 이것은 프랑스에서 모젤 도의 절반 이상과 바랭 도의 북쪽 작은 지역에서 사용되는데, 그 지역들은 게르만어권 로렌 지역과 '알자스의 혹 달린 지역'[지도상으로 알자스 지방 중 혹 모양으로 서쪽으로 돌출되어 있는 지역]이다. 이 게르만어 방언은 그곳에서 로마 제국의 붕괴 때부터 존재해 왔으며 오늘날은 매우 세분화되어 있다.

프랑크족은 그곳에 서기 5세기부터 정착하여 켈트족이자 로마인인 주민들에게 자신들의 게르만어를 강요하였다. 비록 로렌은 1766년 마지막 공작인 스타니슬라스 레슈친스키가 사망했을 때 프랑스에 병합되었고 룩셈부르크는 1779년에 공식적으로 프랑스의 도가 되었지만, 로렌어-프랑스어의 이중 언어 사용은 지속되었다. 1871년에 로렌은 (알자스와 함께) 독일에 병합되었고 1918년까지 독일로 남게 되었다. 그 시기에는 독일화가 있었고, 그 다음에 과도한 프랑스화가 양차 대전 사이에 이어졌으며, 그 다음에 또 다시 독일화가 1940년에서 1945년까지 뒤이었고, 그 후에 또 다시 프랑스화가 뒤이었다. 주민들은 두 문화 사이에서 이러지도 저러지도 못하며 외상 후유증을 겪었다. 그로 인해 로렌 프랑크어는 이미 오래전부터 가정이나 농촌에서만 사용되었고 특히 1960년부터는 완만한 위축세를 보였다. 그러나 1970년대부터는 젊은 세대가 자신들의 언어와 문화에 대해 가지는 관심이 커져가고 있다.[561]

알자스어

'알자스의 혹 달린 지역'의 로렌 프랑크어 방언들 옆에는 알자스 방언들이 있다. 그 방언들은 알레마니아어에서 유래한 것들로서 변이가 점진적으로 이어져 있기 때문에 끝쪽 지대들에서는 상호 이해에 지장이 있을 정도이다.

이 지방의 언어적 흔들림, 즉 번갈아 독일어 쪽으로 움직였다가 다시 프랑스어 쪽으로 움직이던 일은 이웃한 로렌에서처럼 정체성 위기 상황을 조성하였으며 1980년대에는 다음과 같은 상황에 이르렀다. 그곳의 알자스어 실제 사용자가 45세 이상에서는 84%이었지만 35세 이하에서는 그 비율이 65%에 불과하였다. 몇 년 뒤의 조사에서는 3세에서 6세 사이의 취학 인구 중에서 단지 17%의 아동들만이 방언을 이해하고 말한다고 밝혔는데, 비율은 오랭보다 바랭에서 다소 더 높았다[오랭(Haut-Rhin)과 바랭(Bas-Rhin)은 알자스 지방에 있는 두 개의 도 이름임]. 오늘날 알자스어는 점점 더 농촌이나 가족 및 친지 사이에서 사용하는 것으로 한정되어 가고 있지만 사람들이 상점이나 우체국 또는 시장에서 알자스어로 말하는 것을 듣게 되는 것이 스트라스부르에서 드문 일은 아니다.[562]

스위스 독일어의 활력

알자스어와 마찬가지로 스위스의 전통어인 '스위스 독일어'(schwyzerdütsch)는 알레마니아어의 변이체이다. 통일성이 없음에도 불구하고 이 언어는 독일어권 스위스 주들의 모든 주민의 일상어이며 각각의 화자가 자신의 방언을 사용하더라도 상호 간 이해가 중단되지는 않는다. 독일어권 주들에서 문어로는 거의 독점적으로 표준 독일어가 사용되므로 식당의 메뉴판들은 스위스 독일어와 독일어의 매우 자연스러운 혼합을 보여주고 있다. 예를 들면, 전형적 스위스 요리인 갈아서 구운 감자인 뢰스티(Rösti)나 치킨(Güggeli) 또는 시골식 수프(Buuresuppe)는 토착어 명칭들을 간직하고 있는 반면에 돼지고기 구이나 기름에 튀긴 얇은 송아지 고기 요리는 항상 독일어 이름들, 즉 슈바인스브라텐(Schweinsbraten)과 칼프슈니첼(Kalbsschnitzel)로 지칭된다.

스위스의 독일어

스위스에서 듣게 되는 표준 독일어는 혀끝을 굴려 발음되는 r 또는 [-ik]로 발음되는 접미사 -ig와 같은 몇몇 발음상의 특성을 보이고 있지만, 무엇보다 다음과 같은 어휘적 특이점들이 나타난다.

Landammann '주(canton) 지사'	Milken '항로형 그릇에 담긴 송아지 가슴살 요리'
Randensalat '순무샐러드'	Nüsslisalat '콘샐러드'
Flaumer '깃털 비, 먼지떨이'	Matur '대학입학 자격(시험)'

한 가지 더 언급할 것은 Kelloretli('회중시계')라는 재미있는 표현이다. 그 말에 예상 밖으로 프랑스어 "Quelle heure est-il?"('몇시 입니까?')이 들어 있는 것을 볼 수 있다.[564]

스위스 언어 지도

독일어(74.2%), 프랑스어(20.6%) 그리고 이탈리아어(4%)만이 스위스 연방의 행정어 및 공식어 지위를 가지고 있고 레토로망어(1.1%)는 그리종 주에서만 공식어이다. 그리종 주에는 게르만어와 이탈리아어 방언들을 사용하는 방언섬들도 있다.

모든 독일어권 주들에서 일상적으로 사용되는 언어인 스위스 독일어 및 프랑스어권 주들에서 사용되는 프랑코프로방스어는 지도에 표시되어 있지 않다.[563]

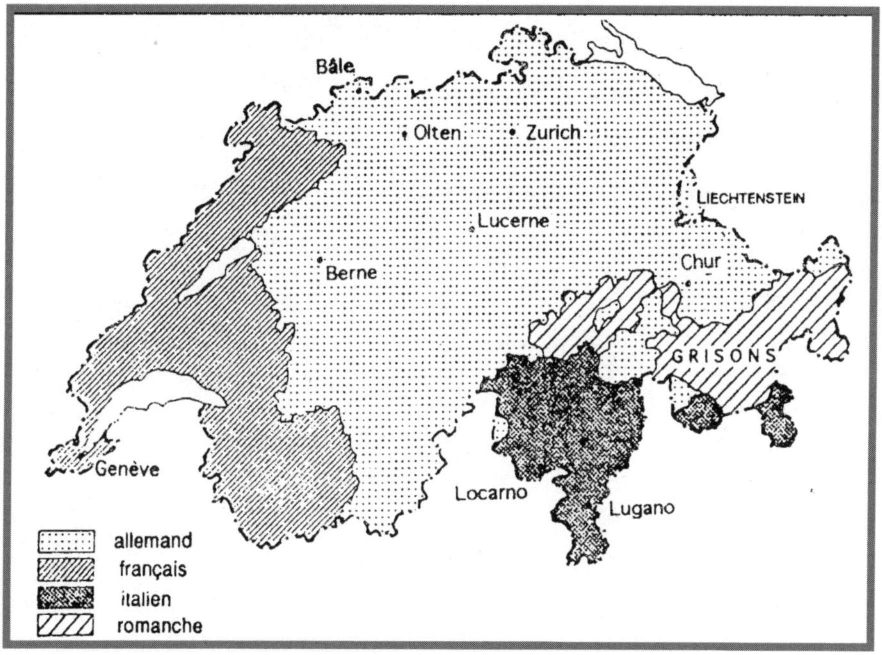

allemand 독일어 Bâle 바젤 Berne 베른 Chur 쿠어 français 프랑스어 GRISONS 그리종 주 italien 이탈리아어 LIECHTENSTEIN 리히텐슈타인 Locarno 로카르노 Lucerne 루체른 Lugano 루가노 Olten 올텐 romanche 레토로망어 Zurich 취리히

리히텐슈타인의 독일어

리히텐슈타인은 스위스와 오스트리아 사이에 위치한 작은 공국으로서 스위스 연방과 면세 협약으로 연결되어 있으며 많은 국제적 사업체들의 회사 소재지가 있는 곳이다.

그곳에서는 토착민들이 스위스 독일어와 유사한 방언을 사용하지만 표준 독일어도 행정 및 모든 공적인 상황에서 사용된다.[565]

오스트리아의 게르만어들

오스트리아에서 공적 영역과 학교에서 사용되는 독일어는 표준 독일어이며 그것이 그 나라의 유일한 공식어이지만, 국민들은 바이에른에서 보게 되는 변이체들과 유사한 고지 독일어 변이체인 동바이에른 지역 방언들을 일상적으로 사용하고 있다.

오스트리아의 어법은 대체적으로 남독일 및 스위스 어법과 함께 분류되고 북독일의 어법과 구별되는 여러 특성을 가지고 있다. 예를 들면, 이곳에서 사용되는 지소접미사 -lein은 북독일보다 남부에서 더 자주 쓰이는 표현이고 북독일에서는 -chen이라는 접미사를 더 선호한다. 마찬가지로 남부와 북부의 차이가 '토요일'을 지칭할 때(남부에서는 Samstag이고 북부에서는 Sonnabend임)나 '넥타이'를 지칭할 때(남부에서는 Krawatte이고 북부에서는 Schlips임)도 나타난다.[566]

일부 어휘 요소들은 오스트리아 독일어 화자들을 따로 구별하게 해주기도 한다.[567]

오스트리아		독일
Nachtmal	'저녁 식사'	Abendessen
Palatschinken	'크레이프'	Pfannkuchen
Marille	'살구'	Aprikose
Orange	'오렌지'	Apfelsin
Karfiol	'꽃양배추'	Blumenkohl
Kukuruz	'옥수수'	Mais
Obers	'(휘저어 거품을 낸) 크림'	Schlagsahne
Ribisel	'까치밥나무 열매'	Johannisbeere
Zuckerl	'사탕'	Bonbon
Schale	'잔'	Tasse
Stiege	'계단'	Treppe
Plafond	'천장'	Decke
Matura	'대학 입학 자격(시험)'	Abitur
Sessel	'의자'	Stuhl(독일에서는 Sessel이 '안락의자'를 뜻함)

오스트리아의 소수 언어 집단들

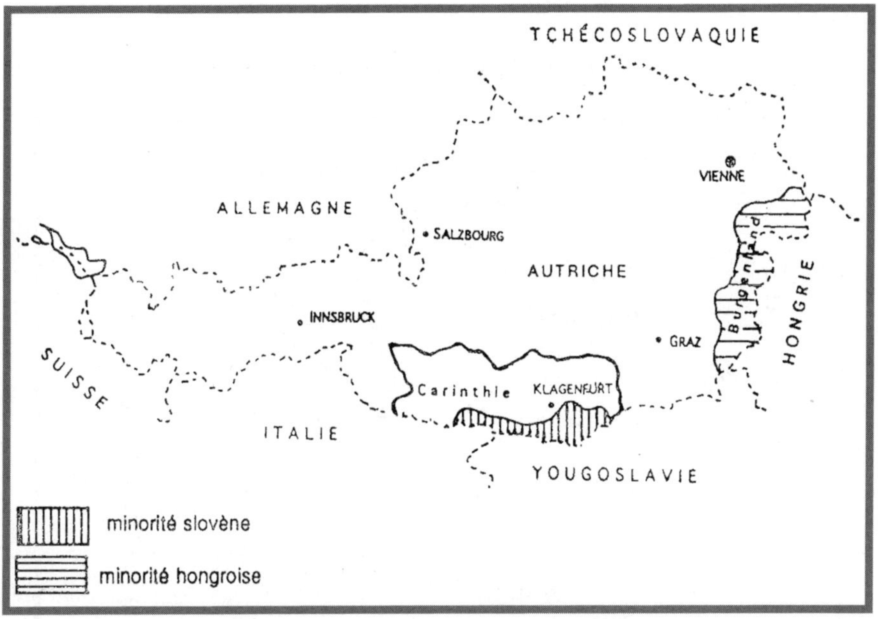

ALLEMAGNE 독일 AUTRICHE 오스트리아 Burgenland 부르겐란트 주 Carinthie 케른텐 주 GRAZ 그라츠 HONGRIE 헝가리 INNSBRUCK 인스브루크 ITALIE 이탈리아 KLAGENFURT 클라겐푸르트 minorité hongroise 헝가리어 소수 집단 minorité slovène 슬로베니아어 소수 집단 SALZBOURG 잘츠부르크 SUISSE 스위스 TCHÉCOSLOVAQUIE 체코슬로바키아 VIENNE 빈 YOUGOSLAVIE 유고슬로비아

게르만어를 쓰지 않는 오스트리아 지역

이미 언급된 남부 유형의 게르만어 방언들 외에 오스트리아에는 두 개의 다른 언어 집단이 있다. 부르겐란트 주에 있는 헝가리어 소수 언어 집단과 남케른텐 주에 있는 슬로베니아어 소수 언어 집단이다. 슬로베니아어 사용 지역은 9세기에 북쪽으로 케른텐, 슈타이어마르크 및 판노니아 지역을 포함하여 아주 널리 퍼져 있었지만 10세기부터 주민들이 게르만계 사람들에 동화되어 슬로베니아어가 점진적으로 위축되었다. 주민 투표로 남케른텐 지역은 1920년 오스트리아에 귀속되었다. 오늘날 그곳에는 슬로베니아어 사용자들의 소수 집단을 볼 수 있는데, 그 가운데서 한편으로는 엄밀한 의미의 슬로베니아인들과 다른 한편으로는 격식이 없는 대화에서는 슬로베

니아어를 사용하지만 문화적 정체성은 매우 게르만화된 벤트인들(Wendes)이 구별된다.[568]

벨기에의 독일어 사용 지역들

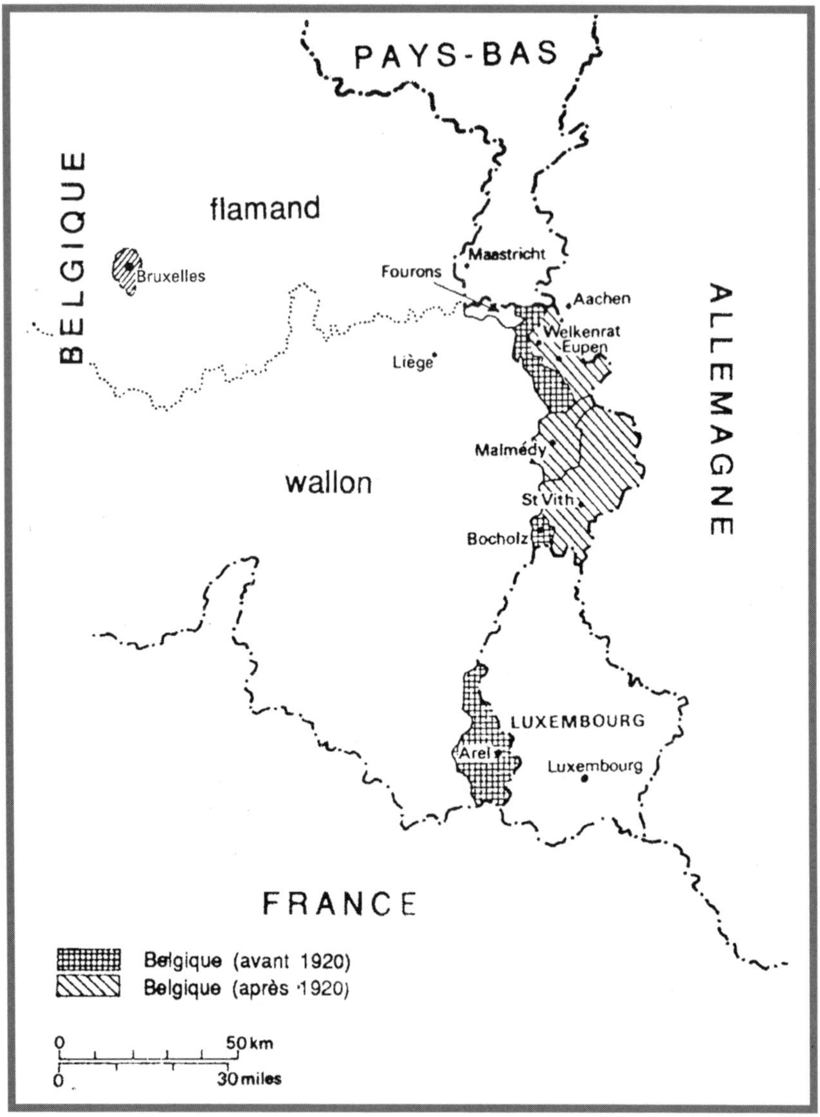

Aachen 아헨 ALLEMAGNE 독일 après 이후에 Arel 아렐 avant 이전에 BELGIQUE 벨기에 Bruxelles 브뤼셀 Bocholz 보홀츠 Eupen 오이펜 flamand 플랑드르어 Fourons 푸롱 FRANCE 프랑스 LUXEMBOURG 룩셈부르크 Maastricht 마스트리히트 Malmédy 말메디 PAYS-BAS 네덜란드 St Vith 장크트피트 wallon 발론어 Welkenrat 웰켄라트

이탈리아의 독일어

1차 세계 대전 이후에 티롤의 남부는 이탈리아에 양도되어 독일어권 주민들의 반발 속에서 이탈리아의 알토아디제 주가 되었다. 1972년에 그 주의 공식적 이중 언어 사용을 인정하는 '자치 지역 지위'가 확립되었고 이탈리아어–독일어 이중 언어 사용이 상당히 조화롭게 발전해 가고 있는 듯하다.

벨기에의 독일어

벨기에 동부의 좁은 지역에서 독일어가 사용되고 있다. 그 지역은 차례로 프랑스, 스페인, 네덜란드, 오스트리아 그리고 프러시아에 속했다가 2차 세계 대전 중에 독일에 점령되었던 곳이다.

벨기에가 독립된 1830년부터 벨기에에 속한 지방들과 1920년에 베르사이유 조약에 의해 양도받은 지방들에서 독일어의 상황은 다르다. 후자인 오이펜과 장크트피트 지역 및 말메디 지역의 일부에서만 독일어가 공식어이다.[569]

룩셈부르크의 독일어

룩셈부르크에서 사용되는 독일어는 한편으로 룩셈부르크어와의 간섭, 다른 한편으로 프랑스어와의 간섭으로 유발된 몇 가지 특성들에 의해 표준 독일어와 구별된다. 몇몇 예를 들면 다음과 같다.[570]

Camion	'트럭, 화물차'(독일에서는 Lastwagen, cf. 프, camion)
Coiffeur	'미용사'(독일에서는 Friseur, cf. 프, coiffeur)
Militär	'군인, 병사'(독일에서는 Soldat, cf. 프, militaire '군인')
Weißkäse	'화이트 치즈'(독일에서는 Quark, 오스트리아에서는 Topfen)
Spezerei	'식품점'(독일에서는 Lebensmittel).

룩셈부르크어를 중심으로

라틴어 세계와 게르만어 세계의 합류점에서

북해에서 온 프랑크족(살리족)과 라인강의 프랑크족(라인 프랑크족)이 아르덴 산지의 기슭에 있는 룩셈부르크 지방에 이주한 이후 서기 3세기 무렵에 그 게르만족들과 갈리아 동부의 종족들, 즉 라틴어에서 분기된 언어들을 사용하던 갈로로망인들 사이에 만남이 이루어졌다. 룩셈부르크어는 침입자들의 게르만어 방언들과 그 지방에서 사용되던 로망스어 방언들의 공존 관계에서 태어났다.[571]

룩셈부르크의 언어 상황

인구: 360,000명[2021년 통계로는 634,814명]

'공식어'

1948년 헌법에 따르면 어떠한 언어도 공식어가 아니지만 프랑스어, 독일어 그리고 룩셈부르크어는 보완적으로 사용되면서 국어의 역할을 수행하고 있다. [1984년 개정된 헌법에서는 법률로 언어의 지위를 정할 수 있게 하였고, 그에 따라 룩셈부르크어가 국어로 지정되었으며, 룩셈부르크어, 프랑스어 및 독일어가 모두 행정어로 인정되었다]

- **프랑스어**: 로망스어로서 7세부터 교육되고, 행정 기관에서, 그리고 법률의 작성에 사용된다.
- **룩셈부르크어**: 서게르만어(모젤 프랑크어)로서 모든 룩셈부르크인들에 의해 사용된다.
- **독일어**: 서게르만어로서 7세 이전의 학교 언어이며 언론에서 많이 사용된다.

룩셈부르크라는 이름은 963년 어느 양피지 기록에서 어떤 오래된 요새를 지칭하기 위해 Licilinburhuc('작은 마을')라는 이름으로 처음 사용되었다. 그러나 룩셈부르크 대공국은 1815년 빈 회의에서 비로소 독립 국가로 건국되었다. 1839년 이 나라의 영토는 대단히 축소되었다. 남부의 아렐 지방을 제외하면 전 주민이 로망스어(프랑스어 또는 발론어)를 사용하는 상당한 영토가 벨기에에 귀속되어 벨기에의 뤽상부르주가 되었기 때문이다. 아렐 지방에서는 대공국에서 사용되는 룩셈부르크어와 사촌인 모젤 프랑크어 방언이 유지되고 있다.[572]

언어들의 교차점에 있는 룩셈부르크어

유럽의 언어적 상황에서 룩셈부르크어는 지리적으로 매우 특별한 만남과 분화의 지점에 위치하고 있다. 왜냐하면 그 언어가 8세기 전부터 거의 직선으로 동서로 벨기에를 가로지르고 있는 게르만어들과 로망스어들 간의 경계선의 끝 지점인 지방에서 사용되고 있는데, 그 지방은 동시에 게르만어 국가들에서 남쪽의 고지 독일어와 북쪽의 저지 독일어 사이의 경계를 설정하는 지대이기도 하기 때문이다(339쪽 '룩셈부르크어를 중심으로' 챕터, 지도 '라틴어와 게르만어가 겹쳐지는 지역들' 참조).

최근의 역사

고지 독일어 방언에 속하는 룩셈부르크어는 룩셈부르크 대공국의 모든 주민이 가정에서 그리고 직장에서 사용하는 언어이면서 대개의 경우 설교의 언어이기도 하다. 이 언어가 가톨릭교회의 전례 언어이기도 하나 가톨릭교회에서는 문서로 된 의사소통에서는 독일어를 사용하고 있다. 1945년 이래 룩셈부르크어는 공적 영역에서의 사용이 크게 늘었으며 1984년 2월 24일 법에 의해 국어 지위를 부여받았다.

룩셈부르크어의 마지막 자음들

트리어 지방의 독일 게르만어 방언들에 가까운 룩셈부르크어는 음성학적으로 한 가지 특이한 특성으로 표준 독일어와 구별된다. 단어의 마지막 위치에서 /p/와 /b/, /t/와 /d/, /k/와 /g/ 사이의 구분이 이루어지지 않는다는 점에서는 독일어와 마찬가지이다. 그러나 독일어에서는 그 위치에서 [p], [t], [k] 발음만이 실현될 수 있는 반면에(Rad('자전거')가 Rat('충고')와 똑같이 [t]로 실현된다) 룩셈부르크어에서는 순화된 발음들, 즉 [b], [d], [g]가 나타난다.[573]

조화롭게 지내는 세 개의 언어들

언어들의 역할 배분에서 갈등적인 상황이 조성되는 것으로 보이지는 않는다. 독일어는 프랑스어 및 룩셈부르크어와 함께 행정과 사법의 언어로 사용되는 반면에 프랑스어는 아무 문제 없이 유일한 입법의 언어로 남아 있다.

16세기 이래 룩셈부르크는 대공국의 군주들이 프랑스 왕들의 궁정에서 자랐기 때문에 오랜 프랑스어 전통을 가지고 있는 것이 사실이다. 룩셈부르크 백작들의 상서국들은 상당히 일찍 라틴어를 버리고 프랑스어와 독일어를 채택하였고 1354년 룩셈부르크가 공국이 되었던 시기부터 문어의 이중 언어 사용이 확립되었다.

이러한 문어의 이중 언어 사용은 오늘날까지 지속되었고 심지어 삼중 언어 사용으로 발전하였다. 왜냐하면 주요 언론사에서는 독일어와 프랑스어로 뉴스와 정치 분석을 내보내고, 행정적인 또는 공식적인 공고는 프랑스어로만 발표하는 반면에 광고와 사교계 소식란 및 독자의 의견은 이 나라의 세 언어로 구별 없이 작성되기 때문이다. 다만 룩셈부르크어는 1825년부터 문어로 사용되기 시작되었으므로 그 언어의 문어적 전통은 짧다. 1850년에는 학교의 두 주요 언어인 독일어와 프랑스어에 대하여 정서법 원칙들을 근접시키려고 시도하는 공식 정서법이 제안되었다.

유치학교에서는 룩셈부르크어를 사용하고 그 다음에 독일어를 사용하지만 7세부터는 초등학교와 중등학교 내내 프랑스어로 교육이 이루어진다. 교육은 룩셈부르크어로 이루어지지 않지만 그 언어는 초등학교에서 약 100년 전부터, 그리고 중등학교에서 약 70년 전부터 독립 과목으로 가르쳐지고 있다.

단일 언어 사용(오직 룩셈부르크어만)에서 삼중 언어 사용(룩셈부르크어–독일어–프랑스어)으로 외형상 차분하게 옮겨가는 일이 학교에서 이루어지고 있다. 이러한 자연스러운 삼중 언어 사용의 좋은 예는 법원의 공판에서 볼 수 있다. 거기에서 증언은 룩셈부르크어로 말해지고, 변론은 프랑스어로 이루어지며, 판결문은 독일어로 작성된다. 마지막으로, 룩셈부르크의 TV 언어는 프랑스어이지만 라디오는 세 언어를 모두 수용하고 있다.[574]

차분한 언어적 동거의 나라인 룩셈부르크는 아마도 다양한 언어를 가진 모든 국가에게 모델이 될 수 있을 것이다.

네덜란드어를 중심으로

홀란드인가, 네덜란드인가?

외국인에게 암스테르담, 위트레흐트, 네이메헌, 흐로닝언 등이 어디에 있는지 물어본다면 십중팔구 가장 자연스럽게 나오는 대답은 '홀란드'일 것이다. 아마도 이것은 좋은 역사적 소양을 보여주는 증거이지만 지리적 사실에 대한 막연한 지식을 노출시키는 것이기도 하다. 왜냐하면 홀란드는 네덜란드 전체가 아니라 그 나라의 오늘날 11개 주에 속하는 주(정확히 말하자면 2개의 주)에 불과하다. 암스테르담이나 하를럼은 실제로 홀란드, 더 정확하게는 북홀란드에 있고, 또한 로테르담, 헤이그, 델프트, 하우다 등은 남홀란드에 있지만, 위트레흐트, 흐로닝언, 네이메헌, 브레다 등은 그렇지 않고, 각각 위트레흐트 주, 흐로닝언 주, 헬데를란트 주, 노르트브라반트 주에 있다(지도 '11개 주' 참조).

네덜란드의 언어 상황

인구: 15,000,000명[2021년 통계로는 17,173,094명]

공식어

– 네덜란드어: 서게르만어로서 저지 독일어군에 속함. 네덜란드국의 공식어.

그 밖의 언어

〈게르만어〉

– **프리슬란트어**: 서게르만어로서 앵글로프리지아 어군에 속함.

〈기타 언어〉

– **집시어**: 인도–이란어이며 사용 지역이 특정되지 않음.

11개 주

네덜란드에는 오늘날 11개 주가 있다. 흐로닝언 주, 프리슬란트 주, 드렌터 주, 오버레이설 주, 헬데를란트 주, 북홀란드(또는 노르트홀란트) 주, 남홀란드(자위트홀란트) 주, 위트레흐트 주, 제일란트 주, 노르트브라반트 주, 림뷔르흐 주 등이다.[575]

ALLEMAGNE 독일 AMSTERDAM 암스테르담 Anvers 안트베르펜 BELGIQUE 벨기에 BRABANT DU NORD 노르트브라반트 주 Bréda 브레다 Bruxelles 브뤼셀 Cologne 쾰른 Delft 델프트 DRENTHE 드렌터 주 Dusseldorf 뒤셀도르프 Escaut 스헬더강 FRISE 프리슬란트 주 frontière d'État 국경선 Gand 헨트 Gouda 하우다 Grand Duché du LUXEMBOURG 룩셈부르크 대공국 Gronigue 흐로닝언 GUELDRE 헬데를란트 주 Haarlem 하를럼 HOLLANDE DU NORD 북홀란드 주 HOLLANDE DU SUD 남홀란드 주 IJssel 에이설강 La Haye 헤이그 ligne de démarcation linguistique 언어적 구분선 limite de province 주 경계선 LIMBOURG 림뷔르흐 주 Maastricht 마스트리흐트 Meuse 뫼즈강 Nimègue 네이메헌 OVERIJSSEL 오버레이설 주 Rotterdam 로테르담 Rhin 라인강 Utrecht 위트레흐트 Ypres 이퍼르 ZELANDE 제일란트

홀란드어, 네덜란드어, 플랑드르어?

외국인은 이 국가의 주민들이 사용하는 언어를 지칭할 때도 좀 당황스러워 한다. 그것이 홀란드어인가? 네덜란드어인가? 플랑드르어인가? 어떤 차이가 있는가? 그리고 차이가 있기나 한가? 등의 생각들이 들 수 있을 것이다. 그 다음에 그 외국인이 언어학 책을 살펴보게 되면, 그 언어가 독일어의 기반이 되는 고지 독일어의 변이체들과 대립되는 저지 독일어 변이체에 속한다는 것을 알게 되면서 또 머리가 복잡해질 것이다. 본래는 영어로 네덜란드어를 가리키는 Dutch가 독일어로 독일어를 가리키는 Deutsch와 같은 단어라는 것을 그가 알게 될 때는 혼란스러움이 절정에 달하게 된다(상자 글 '더치와 도이치' 참조).

더치와 도이치

이 두 단어는 게르만어 기원이 정확히 동일한데 어떻게 영어로는(Dutch) 네덜란드어를 가리키고 독일어로는(Deutsch) 독일어를 가리키게 되었을까?

이 이상한 일을 이해하기 위해서는 게르만어를 사용하는 사람들이 점진적으로 로마화되었던 로마 제국 시대로 거슬러 올라가야 한다. 본래 게르만어를 사용하던 지방들에서는 라틴어가 행정어이자 문화어가 되었지만 민중들은 계속하여 자신들의 게르만어를 일상적으로 사용하였다. 그러한 지방들의 게르만어를 분명하게 지칭할 때 theudisk('민중의 것인')라는 말이 사용되었다. 842년 스트라스부르의 서약이 게르만인 루이(Louis le Germanique)의 병사들을 향해 천명될 때 사용된 언어는 teudisca lingua('민중의 말')라고 불렸는데, 그 중세 라틴어 단어 teudiscus로부터 이탈리아어이 tedesco와 프랑스어의 tudesque가 만들어지게 되었다. theudisk는 독일어의 deutsch, 네덜란드어의 duits, 영어의 Dutch의 기원이 되었다. 오늘날 Dutch만 제외하고 그 말들은 모두 독일어를 가리킨다. 영어 단어 Dutch도 16세기 말까지 '독일어'를 의미하였고 아메리카에서는 아직도 그 의미를 나타낼 수 있다. 17세기 무렵 네덜란드가 독립국이 되는 시점에 영어에서만 Dutch라는 단어가 당시 7개 연합 주들의 언어를 지칭하는 것으로 의미가 축소되었는데, 이는 네덜란드인들이 그 당시에.영국인들과 가장 가깝게 교류하던 게르만족이었기 때문이었다.[576]

홀란드어, 네덜란드어, 플랑드르어?

17세기에는 홀란드가 네덜란드에서 가장 번창하는 주였기 때문에 주로 그 주 출신의 사람들이 다른 나라들과 교류를 하였다. 그 시기부터 외국인들이 홀란드와 네덜란드를 동일시하고, 또한 언어에 대해 말할 때는 홀란드어와 네덜란드어를 구별하지 않는 습관이 시작되었다.

정말 정확하고자 한다면 다음과 같이 구별해야 할 것이다.

– 표준 **네덜란드어**: A.B.N., Alegemeen Beschaafdt Nederlands('교양있는 보편적 네덜란드어')라고도 불리며 네덜란드와 벨기에에서 동일하게 공식어로 지정된 언어이다.

– **홀란드어**: 남홀란드 주와 북홀란드 주의 지역 변이체이며, 이것은, 예를 들어, 브라반트어가 브라반트 주의 변이체인 것과 마찬가지이다.

– **플랑드르어**: 다소 느슨하게 벨기에의 플랑드르 주들과 프랑스에서 사용되는 변이체들을 포괄하는 용어(435쪽, 이 챕터의 '§ 어려운 동거 중인 플랑드르어' 부분 참조).

하천 경계선

물이 도처에 있고 강과 습지, 해안 간척지와 파도를 막는 제방이 섞여 있는 나라에 물을 부각시키는 매우 일상적이고 흥미로운 네덜란드어 표현이 있다는 것은 놀랍지 않을 것이다. 그것은 '강들 위쪽에' 또는 '강들 아래쪽에'라는 표현이다. 그런데 이 나라의 모든 강 중에서 어떤 것들이라는 말인가? 그 나라를 동에서 서로 가로지르는 가장 큰 두 개의 하천, 즉 라인강과 뫼즈강 사이에 포함된 지방에 물이 좀 더 풍부하다는 것을 알아야 그 표현의 의미를 제대로 알 수 있다.[577]

강들의 경계선

라인강과 뫼즈강은 북부의 네덜란드어 방언들(거기서 프리슬란트어는 따로 분류되어야 함)과 남부의 방언들을 구분하고 있다. 네덜란드와 벨기에의 정치적 국경은 언어적 경계와 일치하지 않으며, 네덜란드어(벨기에에서는 플랑드르어로 불림)와 프랑스어 사이의 경계선은 어떠한 지리적 실체와도 일치하지 않는다는 것을 볼 수 있을 것이다.[578]

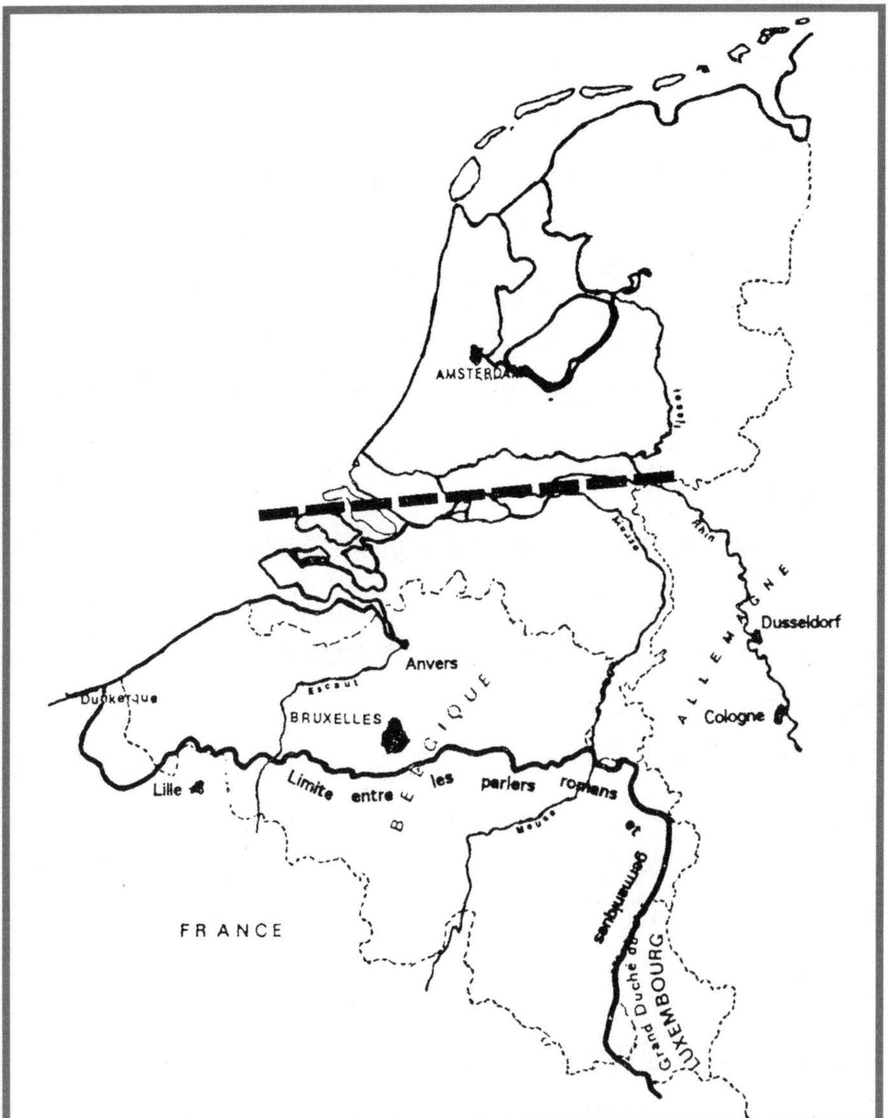

ALLEMAGNE 독일 AMSTERDAM 암스테르담 Anvers 안트베르펜 BELGIQUE 벨기에 BRUXELLES 브뤼셀 Cologne 쾰른 Dunkerque 됭케르크 Dusseldorf 뒤셀도르프 Escaut 스헬더강 Grand-Duché du LUXEMBOURG 룩셈부르크 대공국 IJssel 에이설강 Lille 릴 Limite entre les parlers romans et germaniques 로망스어들과 게르만어들 사이의 경계 Meuse 뫼즈강 Rhin 라인강

그 하천들은 실제로 여러 면에서 그 나라를 둘로 분할하는 경계가 된다. 몇몇 종교적 고립 지역들의 존재에도 불구하고 그 하천들은 북부의 신교와 남부의 가톨릭을

구분하는 일종의 경계선이라고 볼 수도 있다. 그러나 그 선은 무엇보다 언어적 차원에서 진정한 경계를 나타내고 있다. 그 선은 실제로 북부의 방언들, 즉 서프리슬란트어, 색슨어 방언들, 홀란드 주와 위트레흐트 주의 방언들과 남부(제일란트 주, 서플랑드르 주와 동플랑드르 주, 브라반트 주와 림뷔르흐 주)의 방언들을 구분하고 있다.

표준 네덜란드어 자체를 사용할 때는 g로 쓰여지는 것을 발음하는 방식에서 '강들 아래쪽'의 주민을 알아볼 수 있다. graag('기꺼이')가 북부에서는 목 안쪽 깊은 곳에서 발음되지만 남부에서는 '연자음(軟子音)'으로 발음된다[[t], [k] 등은 경자음, [d], [g] 등은 연자음으로 분류되는데, 북부의 발음이 경자음에 가깝게 발음되는데 반해 남부에서 부드럽게 발음되는 것을 지적하고 있다]. 문법도 그 경계선에 걸리게 된다(432쪽에 제시될 '§ 여성형의 운명' 참조).

그 강들의 경계선이 이처럼 실제적으로 현장에서의 언어적 경계들을 표시하고 있는 반면에 네덜란드와 벨기에 간의 국가 경계선은 좀 더 남쪽으로 지나므로 언어적 차원에서는 별 의미가 없다. 왜냐하면 비록 일반적으로 벨기에의 네덜란드어에 대해서는 플랑드르어라고 지칭하고 있지만 그 국가 경계선 양쪽 편에서 가르쳐지고 있는 것은 동일한 네덜란드어이기 때문이다(408쪽 상자 글 '홀란드어, 네덜란드어, 플랑드르어?' 참조).

반면에 유럽에서 북부의 게르만어들을 남부의 로망스어들과 구분하는 큰 경계선은 완전히 벨기에 중간에 위치하고 있다(408쪽 지도 '강들의 경계선' 참조).

네덜란드어의 세 가지 출발점

네덜란드어가 형성된 방식에 대해 파악하려면 시간의 흐름을 거슬러 가서 과거에 유럽 북부의 평원들을 차지하고 있던 사람들의 역사를 떠올려 보아야 한다. 그 지역들의 다른 대부분의 언어들에 대해서도 그랬듯이 세 그룹의 사람들이 이 언어의 형성에 질적으로나 양적으로 다양하게 기여하였다. 그들을 연대순으로 언급하면 다음과 같다.

– 켈트족: 오래전에 그들이 살았던 흔적들을 지명에 남겼다.
– 로마인들: 많은 라틴어 기원 단어들을 제공하였다.
– 게르만족: 마지막에 왔지만 결국은 그들의 언어를 받아들이게 하였다.

몇몇 갈리아어의 자취들

비록 로마에 의한 정복(기원전 1세기) 이전에 이 평평한 나라(Nederland = '낮은 나라'(프, Pays–Bas))를 차지하고 있던 사람들에 대한 상세한 자료는 거의 없지만 켈트족이 이 지역에 있었다는 것은 무엇보다 지명들 덕분에 확인할 수 있다. 예를 들면, 네이메헌(프, Nimègue)이라는 도시는 Noviomagus('새로운 시장')라는 갈리아어 이름을 가지고 있다. Noviomagus라는 갈리아어 이름을 공유하는 또 다른 도시가 있는데, 그 도시는 프랑스에 있으며 다른 음성적 변화 과정을 거쳐 Noyon(우아즈 도)이 되었다. 장 칼뱅이 태어난 곳이다(70쪽, 제3부 켈트 어파, 상자 글 '켈트어 소사전' 참조).

그러나 갈리아어에 기원을 둔 지명들은 벨기에의 뫼즈강 남쪽과 프랑스에 더 많으며, 이러한 사실은 또 다른 점에서 '강들의 경계선'을 정당화해주고 있다. 그러한 지명으로는 아마도 갈리아어인 condate('합류점')에서 유래한 헨트(Gand, 동플랑드르에 위치), 벨기에 림뷔르흐 주에 있는 통에런(Tongres), 갈리아어 turno–('언덕')에서 유래한 투르네(Tournai, 플랑드르어로 Doornik), 그리고 갈리아어 접미사 –ik가 나타나는 캉브레(Cambrai, 플랑드르어로 Kamerijk) 등이 있다.

일반 어휘에서는 갈리아어의 흔적이 드물지만 게르만어의 분화 이전에 차용된 매우 오래된 단어들 가운데 다음과 같은 것들을 예로 들 수 있다: duin('모래 언덕'), eed('맹세'), ambt('기능, 역할', 프랑스어 ambassade와 이탈리아어 ambasciata에서도 이 단어를 알아볼 수 있다).[579]

요컨대, 켈트어의 기여는 보잘것없었던 듯하며, 특히 로마의 지배 당시에 게르만어인 네덜란드어에 깊이 영향을 준 라틴어의 기여와 비교해 보면 그 점이 분명히 드러난다(414쪽, 이 챕터, '§ 로마 제국 시대와 라틴어' 부분 참조).

게르만어인 네덜란드어

켈트족에 뒤이어 서기력 초기 세기들부터 유럽에 급속히 퍼져나가기 시작한 많은 게르만 종족들 가운데(342쪽, I. 분화 이전, '§ 게르만 종족들과 그들의 언어들' 부분 참조) 일부 종족들만이 오늘날 네덜란드에서 말해지는 언어들의 형성에 어떤 역할을 하게 되었다. 그들은 프리슬란트족, 색슨족, 바타비아족 그리고 특히 프랑크족이다.

프리슬란트족과 프리슬란트어

프리슬란트족은 당시에 오늘날 프리슬란트보다 훨씬 더 방대한 영토를 차지하고 있었다. 그들의 언어는 네덜란드어에 거의 영향을 주지 않았지만 오늘날 네덜란드 북부에서 일상적 의사소통의 언어로 남아 있다.

북해의 종족들

게르만 종족들 가운데, 이른바 '북해의' 종족들은 **앵글로프리지아족**으로 불리기도 했는데 그들은 몇몇 언어적 특성들을 공유하였다. k가 tch로 변한 것을 예로 들 수 있는데, '교회'를 네덜란드어로는 **kerk**, 덴마크어로는 **kirke**라고 말하지만 영어와 프리슬란트어에서는 **church**라고 한다.

프리슬란트어를 사용하던 사람들이 옛날에는 플랑드르에서 독일의 베저강으로 이어지는 넓은 지역에 흩어져 있었는데, 오늘날은 일부는 독일에(동프리슬란트와 북프리슬란트), 일부는 네덜란드 북부에 거주하고 있다. 프리슬란트 주는 오늘날 네덜란드의 11개 주들 가운데서 유일하게 고유한 언어를 가지고 있는데, 그것은 독일어보다 영어에 더 가까운 게르만어이다(450쪽, '영어를 중심으로' 챕터 '§ 영어는 프리슬란트어와 비슷하다' 참조). 그 주의 60만 주민들 중에서 약 3분의 2가 아직도 프리슬란트어를 사용하지만 그들은 이제 모두가 프리슬란트어-네덜란드어 이중 언어 사용자들이다.

12세기에는 프리슬란트가 서유럽에서 가장 번창한 지방들 중 하나였고, 프리슬란트어도 영향력이 커졌다. 그 당시에 프리슬란트는 '자유의 보루'로 간주되었으며,

그 이후로도 이 지방은 독립 정신이 강하다는 명성을 유지하였다. 그러나 17세기 중엽부터는 프리슬란트어가 지속적으로 위축되고 있는데, 다만 그 언어를 다시 살리는 운동이 일어나서 젊은이들이 그 언어를 포기하지 않도록 1975년부터 모든 초등학교 학급의 교육 언어로 프리슬란트어를 채택하는 성과를 얻었다. 그 주에서는 주 수입원이 언제나 농업이었는데 이농 현상으로 인해 필연적으로 주민들의 빈곤화와 노령화가 동반되었고 그 지방은 대부분 휴가지 또는 은퇴자 거주지로 되었기 때문에 그 언어가 위축되고 있다.[580]

오늘날의 프리슬란트어

1979년과 1983년 사이에 1126명의 대표 표본에 대해 진행된 조사에서 수치화된 상세한 자료가 제시되었다. 그 조사로 프리슬란트 주민의 90% 이상이 프리슬란트어를 이해하고, 또한 주민의 70% 이상이 그 언어를 제1언어로 말한다는 것이 밝혀졌다[2007년 통계에 따르면 주민의 모국어 비율이 프리슬란트어(54.3%), 네덜란드어(34.7%)의 순으로 나타난다]. 큰 주거 밀집 지역들에서는 네덜란드어 사용자가 근래에 더 많아졌지만 그 지역들을 벗어나면 프리슬란트어를 제1언어로 사용하는 비율이 90%까지 올라간다. 문어로는 훨씬 덜 사랑받는다. 질문받은 사람의 65%가 프리슬란트어를 읽을 수는 있지만 10%만이 그 언어로 글을 쓸 수 있다고 한다.[581]

색슨족의 기여

엘베강 하구에서 출발한 색슨족은 바다로 플랑드르 연안에 도착하게 되었는데, 그 연안 지역에서 그들 중 일부가 서기 5세기에 잉글랜드로 건너가게 되었다. 그들의 언어는 네덜란드어에 약간의 흔적을 남겼다. 예를 들면, 부사 vaak('자주') 그리고 ladder('사다리'), eiland('섬'), wiel('바퀴')과 같은 일부 일상적 어휘 요소들 및 −drecht, −trecht로 되어 있는 모든 지명들(Dordrecht, Utrecht)이 남아 있다.

몇몇 발음적 특성에서 네덜란드어는 영어에 가깝다. 독일어 fünf('5'), 네덜란드어

viff와 영어 five를 비교해보면, 독일어에서는 본래 있던 n이 보존된 반면에 나머지 두 언어에서는 그것이 탈락하였음을 확인할 수 있다.

바타비아족과 프랑크족

바타비아족은 로마인들이 오기 전에 라인강 하구에 있었으며 많은 다른 게르만 종족들과 마찬가지로 결국은 프랑크족에게 항복하였다. 나중에 네덜란드어가 된 언어의 기원은 그 프랑크족의 언어, 그중에서도 특히 살리족의 언어였다.

로마 제국 시대와 라틴어

로마의 지배는 게르만 종족들에게 많은 영향을 주었으며 그들로 하여금 지속적으로 라틴어를 접하게 만들었다. 로마인은 그들에게 '도리깨'(네덜란드어, vlegel, 라틴어 FLAGELLUS에서 유래함)나 '쇠스랑'(네, vork, 라틴어 FURCA에서 유래함)을 사용하는 법과 '버터'(네, boter, 라틴어 BUTYRUM에서 유래함)와 '치즈'(네, kaas, 라틴어 CASEUS에서 유래함)를 만드는 법을 가르쳤다. 게르만족은 나뭇가지로 만든 자신들의 집을 포기하고 로마인들에게서 벽(네, muur, 라틴어 MURUS에서 유래함)으로 둘러싸이고 기와(네, tegel, 라틴어 TEGULA에서 유래함)로 덮인, 그리고 다락방(네, zolder, 라틴어 SOLARIUM에서 유래함)이 갖춰진 집을 짓는 법을 배웠다. 네덜란드어는 라틴어에서 수많은 일상생활 용어도 빌려 왔다.[582]

straat: '길', 라틴어 VIA STRATA('포장된 길, 도로')에서 유래함.
molen: '방아, 방앗간', 라틴어 MOLINA('방아, 방앗간')에서 유래함.
kool: '양배추', 라틴어 CAULIS('식물의 줄기')에서 유래함.
kist: '궤짝', 라틴어 CISTA('궤, 상자')에서 유래함.
wijn: '와인', 라틴어 VINUM('와인')에서 유래함.
kelder: '지하창고, 지하실', 라틴어 CELLARIUM('식료품 저장실, 움')에서 유래함.
keuken: '요리, 부엌', 라틴어 COQUINA('부엌, 요리법')에서 유래함.
ezel: '당나귀', 라틴어 ASINUS('당나귀')에서 유래함.

몇몇 그리스어-라틴어 기원의 네덜란드어 단어

아래의 네덜란드어 단어들은 게르만어처럼 보이기는 해도 많은 다른 단어들과 마찬가지로 그리스어-라틴어에 기원을 두고 있다.

engel '천사', 그리스어 angelos에서
zegen '축복', 라틴어 SIGNUM에서
bisschop '주교', 라틴어 EPISCOPUS에서
leek '비신도, 속인', 라틴어 LAICUS에서
dom '대성당', 라틴어 DOMUS에서
brief '편지', 라틴어 BREVIS에서
inkt '잉크', 라틴어 ENCAUSTUM에서
schrijven '적다', 라틴어 SCRIBERE에서
peterselie '파슬리', 그리스어 petroselinon에서

7세기에 시작된 이 나라의 기독교 전파와 함께 또 다시 그리스어-라틴어 단어들이 쇄도하여 네덜란드어의 어휘를 풍요롭게 만들어주었다(위의 상자 글 '몇몇 그리스어-라틴어 기원의 네덜란드어 단어' 참조).

세 시기의 네덜란드어

이 지역의 게르만어 방언들의 구분은 샤를마뉴의 손주들에 의한 왕국의 분할 이후에야 분명해졌다. 네덜란드는 처음에 로타링기아 왕국(Lotharingie)에 속했다가, 그 다음에 신성 로마 제국에 속하게 되었다.

고대 네덜란드어는 재구성을 통해서만 알 수 있는데 그 이유는 이 언어로 쓰인 최초의 기록 자료가 12세기의 것이기 때문이다. 그러나 네덜란드어의 역사는 전통적으로 다음과 같이 세 시기로 구분된다.

- 12세기 이전, 기독교의 확산 시기.
- 12세기에서 16세기까지, 남부 방언들이 우세하던 시기.
- 16세기 이후, 공통 네덜란드어가 출현한 시기.

프랑스어처럼 l이 ou로 되다

중세에 평야 지대 거주인들은 이미 한 가지 발음상의 특징으로 다른 게르만 종족

들로부터 구별되었다. '늙은'을 뜻하는 말이 영어에서는 old, 독일어에서는 alt로서 발음상 l이 유지되는 반면에 네덜란드어에서는 [awd]로 발음되는 oud이고, 또한 네덜란드어에서는 '황금'이 goud인 반면에 독일어에서는 Gold, 영어에서는 gold이다. 이처럼 네덜란드어는 중세 초기 동안에 프랑스어와 동일한 변화 과정을 겪었다. 다만 프랑스어에서는 calidus가 chaud('더운')로 변화하는 과정에서 calidus의 l로 인해 먼저 이중 모음 aou가 생겼고, 그것이 나중에 [o]로 발음되었다[오늘날 chaud는 [ʃo]로 발음됨]. marteau('망치'), saut('뛰어 오르기'), mauve('접시꽃') 등의 프랑스어 단어들도 마찬가지 과정을 겪었다(아래 상자 글 '단어 맞추기 게임' 참조).[583]

휴식 시간

단어 맞추기 게임

l 뒤에 자음으로 끝나는 독일어 단어나 영어 단어 몇 개를 알게 된다면 l이 ou로 교체된 네덜란드어 상응어들을 추측할 수 있다. (테스트를 하기 위해서는 마지막 란을 가릴 것.)

	영어	독일어	네덜란드어
'황금'	gold	Gold	goud
'늙은'	old	alt	oud
'추운'	cold	kalt	koud
'소금'	salt	Salz	zout
'잡다'	to hold	halten	houden
'나사못'	bolt	Bolzen	bout
'어깨'	shoulder	Schulter	schouder

방언의 다양성

수 세기 동안에 여러 지방에서 개별적 변화들이 일어나서 많은 방언들이 생겼으며(417쪽 지도 '네덜란드의 언어적 변이체들' 참조), 네덜란드어의 현대적 어법에는 그것들의 흔적이 아직도 남아 있다.

예를 들면, 흐로닝언 지방의 주민들은 －en으로 끝나는 단어의 마지막 글자를 분명하게 발음하므로 그들을 알아볼 수 있다. 네덜란드의 나머지 지역에서는 어디서나 그것이 묵음이기 때문이다. 흐로닝언 지방에서는 lopen('걷다')이 lopn이나 lopm으로, 그리고 krabben('긁다')이 krabn이나 krabm으로 발음된다.

-inga, -stra 또는 -ma로 끝나는 성(姓)은 프리슬란트어에서 유래한 성이라는 것을 나타내고 있다.

홀란드 주들에서는 통상적으로 v를 f처럼 발음하고 z를 s처럼 발음한다. 명사 vel('피부')은 형용사 fel('맹렬한')과 혼동되며 zoet('설탕')의 첫 자음은 soep('수프')의 첫 자음처럼 발음된다. 그러나 v와 f의 혼동은 용인되는 반면에(그러나, 정제된 발음에서는 /f/와 /v/ 사이의 구별이 유지된다) z와 s의 구별은 절대적으로 비난받는다.

위트레흐트 주도 특징이 있다. 그곳에서는 자음 다음의 마지막 글자 t를 발음하지 않는다.[584]

두 번째 시기: 남부 방언들이 우세하던 시기

13세기에는 플랑드르 도시들의 번영이 시작되고, 또 가속화되었다. 브뤼허(419쪽 상자 글 '증권 거래소는 브뤼허에서 탄생했다' 참조), 이퍼르, 헨트 등에서는 수많은 작은 공방에서 양모를 실로 만들고, 염색하고, 그리고 베를 짰고, 상인들은 직물을 유럽 모든 국가에 수출하였다.

그들은 잉글랜드를 상대로 활발한 무역 활동을 하였다. 잉글랜드에 프랑스 와인, 맥주 그리고 소금을 수출하였고 자국의 산업을 위해 잉글랜드에서 염색용품을 수입하였다. 한편, 그들은 샹파뉴 대시장을 규칙적으로 방문하였고 정치적으로 프랑스에 소속되었기 때문에 자연스럽게 프랑스어 어휘가 그들의 언어에 도입되었다.

네덜란드의 언어적 변이체들

프리슬란트어를 별도로 떼어놓으면 네덜란드어의 방언들은 두 그룹으로 구분할 수 있다.

– 색슨어 기반 그룹: 북동부 쪽 독일 색슨어 방언들과의 경계 지역에 있으며 그 방언

들과 잘 구별되지 않는다.

– 프랑크어 기반 그룹: 나머지 지역들에 있으며, 림뷔르흐 방언은 도시에서도 매우 활발하게 사용되는 유일한 방언이다.

홀란드어는 두 개의 홀란드 주와 위트레흐트 주에서 모두 사용된다는 것과 네덜란드와 벨기에 사이의 국경과 벨기에와 프랑스 사이의 국경은 언어적 경계들과 일치하지 않는다는 것을 지도에서 읽을 수 있다.[585]

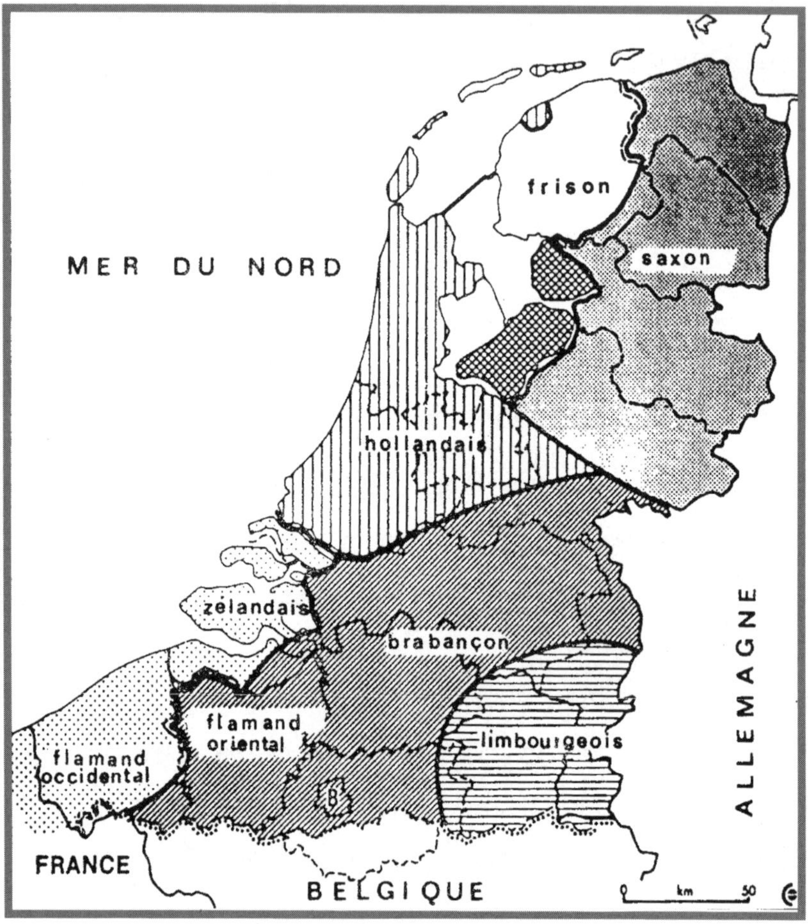

벨기에의 네덜란드어와 프랑스어 간 경계선
주들 간의 경계선
국경선
주민의 혼합으로 인한 방언 혼재 지역
B 브뤼셀: 이중 언어 지역(네덜란드어–프랑스어)

ALLEMAGNE 독일 BELGIQUE 벨기에 brabançon 브라반트어 flamand occidental 서플랑드르어 flamand oriental 동플랑드르어 FRANCE 프랑스 frison 프리슬란트어 hollandais 홀란드어 MER DU NORD 북해 limbourgeois 림뷔르흐어 saxon 색슨어 zélandais 제일란트어

증권 거래소는 브뤼허에서 탄생했다

브뤼허는 14세기에 유럽의 가장 중요한 금융 중심지들 중 하나가 되었고 그곳의 **Van den Bursen**(또는 **der Burse**) 가문의 저택에서 금전 거래가 이루어졌는데, 그 저택의 전면은 실제로 세 개의 지갑(프, bourse)으로 장식되어 있었다. 이 시기 이후로 프랑스어로는 동전을 넣는 **bourse**(소문자로 '(동전) 지갑')와 금융 거래가 이루어지는 또 다른 **Bourse**(대문자로 '증권 거래소') 사이에 구별을 하고 있다.

최초의 문학적 글들에는 프랑스어에서 유래한 단어들이 가득하였는데 명사에 사용되는 −ier, −age, −es(프랑스어 −esse로부터)나 동사에 사용되는 −eren 등의 접미사와 같이 매우 활용성이 높은 문법적 형태들을 수정하여 도입하였기 때문이다. 예를 들면, 프랑스어 épicier('식료품상')[épicier는 épice('향료')에 접미사 −ier가 결합하여 만들어진 단어임]를 모델로 하여 kruiden('식료품')으로부터 kruidenier를, 그리고 tuin('정원')으로부터 tuinier('정원사')를 만들었다. minnaar('연인, 정부')의 여성형은 minnares가 되었고[프랑스어에서 접미사 −esse는 여성형을 파생시킬 때 사용된다. 예: âne('당나귀')−ânesse('암탕나귀')], half('절반')를 어간으로 하여 halveren('둘로 나누다')이라는 새로운 동사를 만들었다.[586]

프랑스어 차용어들은 직역어, 즉 단어별 번역의 형태도 취하였다. 예를 들면, beau−père('시아버지, 장인')를 모델로 하여 본래의 단어처럼 schoonvader로[schoon은 프랑스어 beau('아름다운'), vader는 프랑스어 père('아버지')에 해당함], petit−fils('손자')를 모델로 kleinzoon으로[klein은 프랑스어 petit('작은'), zoon은 프랑스어 fils('아들')에 해당함], 그리고 faire la cour('환심을 사려고 애쓰다')를 모델로 글자 그대로 het hof maken으로[각각 정관사, '마당, 궁정', '하다'에 해당하는 말로서 프랑스어 'la', 'cour', 'faire'의 번역이다] 모방하였다.[587]

그러나 그 다음 세기에 브뤼허가 위치한 즈윈 만의 모래 충적으로 인해 플랑드르 도시들의 쇠퇴가 시작되었고 그 도시들은 곧 브라반트 주의 도시들인 안트베르펜과 브뤼셀에 밀리게 되었다. 그 상황을 반영하는 내용이 많은 기록 자료에 나타나는데, 그 자료들은 처음에는 플랑드르어로만 쓰여졌다가 14세기 전후로는 플랑드르어와 브라반트어로 쓰여졌다.

중세 말에는 네덜란드에서 브뤼셀 방언에 기반을 둔 표준 언어를 사용하였는데, 브뤼셀은 그 당시에 게르만어 도시였다.

15세기에는 네덜란드어의 역사에 큰 영향을 준 사건이 일어났다. 그것은 인쇄술의 발명이었다.

일반적으로 인쇄술의 발명은 1436년에서 1440년 사이에 스트라스부르에서 요하네스 구텐베르크에 의해 이루어졌다고 간주되는데, 그것은 요철로 된 독립 활자들을 사용하는 새로운 활판 인쇄 기법이었다. 최초로 인쇄된 이른바 '42행' 성경은 마자랭의 소유였으므로 마자랭 성경으로 불렸는데, 1450년에 만들어졌다.

그런데 전체 작업(활자 모형의 구상, 활자들의 주조, 수동식 인쇄기로 인쇄)을 개발한 공로는 분명히 마인츠 출신의 구텐베르크의 것이지만 1423년부터 최초의 고정되지 않은 글자들을 목재에 새겨 팠던 것은 하를럼에서 태어난 홀란드 사람으로, 코스터로 불린 로렌스 얀스존이었다.

구텐베르크보다 앞선 네덜란드인 선구자가 있었다

최초의 고정되지 않은 활자를 발명한 사람은 하를럼 출신의 코스터라고 불린 사람이었다. 각 활자는 하나의 글자를 목재에 부조로 새긴 것이었다. 그는 그 방법으로 8페이지의 소책자를 인쇄하였다. 각 페이지가 양면으로 인쇄된 그 책은 알파벳과 두 개의 기도문, 즉 주기도문과 사도신경을 담고 있었다.

인쇄술의 탄생은 막 태어나기 시작한 네덜란드어의 전파를 용이하게 하였다. 안트베르펜이 매우 일찍부터 그 새로운 기술에 있어서 최고가 되었기 때문에 주로 브라반트 방언의 어형들이 남부와 북부를 가리지 않고 확산되었고 문어(schrijftaal)에 있어서 일종의 참조 모델이 되었다. 예들 들면, thans(.'지금'), wenen('울다'), schoon('아름다운'), werpen('던지다'), zenden('보내다') 등과 같이 브라반트 주에서는 완전히 평범한 단어들이 홀란드에서는 고상한 어형들이 되었다. 홀란드에는 그러한 일상생활의 말들에 해당하는 것으로 nu('지금'), huilen('울다'), mooi('아름다운'), gooien('던지다'), sturen('보내다') 등이 있었다.[588]

번영의 세기

그 언어는 북부의 주들, 특히 홀란드에서 호의적인 근거지를 찾았지만, 곧 남부의 주들에서 와서 북부의 대도시들, 특히 암스테르담에 정착한 부유하고 교양있는 많은 이주민들의 언어에 의해 크게 영향을 받게 된다. 1622년에는 암스테르담 인구의 30%가 이주민이었다고 추정된다. 예를 들면, 장모음 대신에 이중 모음 [ij]와 [ui]로 발음하는 것만이 오늘날 권장되는 발음인데, 그것들은 17세기 초 무렵에 브라반트주 출신의 사람들에 의해 북부에서 유행되었다고 여겨진다.[589]

12세기부터 15세기 말까지 플랑드르와 브라반트의 어법이 지배하였고, 그 이후에는 로테르담, 하를럼 그리고 암스테르담의 비약적 발전이 홀란드 방언들의 확산을 촉진하였다. 그 시기에는 에라스무스 로테르다무스(1439-1536)가 라틴어로 글을 썼던 것처럼 교회와 대학은 변함없이 라틴어를 사랑하였다. 그렇지만 유명한 인쇄 센터들이 북부의 델프트, 위트레흐트, 레이든, 하를럼 등지로 가서 자리를 잡았다. 그 센터들은 그 당시에 Nederduytsch('네덜란드어')라고 부르기 시작한 새로운 언어를 확산시키는 데 도움을 주었다. 그 단어에는 theudisk('민중에 속하는', 오늘날은 duits로 됨)의 변화한 형태가 들어 있고, 그 앞에 Nederland('낮은 나라')에서 볼 수 있는 neder('낮은')도 들어 있는 것을 볼 수 있다.

16세기 후반부에 홀란드에서 형체를 갖춘 그 언어가 기초가 되어 ABN, 즉 표준 네덜란드어가 17세기 중에 명확히 존재를 드러냈다(아래 상자 글 'KLM과 ABN' 참조).

KLM과 ABN

이것들은 네덜란드에서는 대중적으로 비슷하게 잘 알려진 두 약자이지만 외국인들에게는 첫 번째 것만이 잘 알려져 있다. 적어도 비행기를 많이 이용하는 외국인들에는 그렇지 않을까 생각된다. 첫 번째 약자는 교통 분야와 관련이 되고, 두 번째 약자는 공식어인 네덜란드어를 가리킨다.

KLM: Koninklijke Luchtvaart Maatschappij, 즉 '왕립 항공 회사'이다.
ABN: Algemeen Beschaafd Nederlands, '(보통의) 교양있는 네덜란드어'를 뜻한다.

프랑스어 어휘의 새로운 대량 유입

16세기 말에는 언어에서 모든 프랑스어 차용어들을 제거하고자 하는 강한 순수주의 경향이 두드러졌지만 1685년 낭트 칙령의 취소로 인해 자국의 종교적 불관용을 피해 온 수만 명의 프랑스 신교도들이 홀란드와 제일란트 지역에 도래하였다. 암스테르담, 하를럼 그리고 헤이그는 문화 활동의 중심지가 되었고, 거기서부터 프랑스에서 온 어법에 영향을 받은 새로운 언어 형태들이 확산되는 일이 종종 있었다.

프랑스어에서 유래한 어휘가 처음에는 가장 교양있는 집단에 한정되어 사용되다가, 그 후에 대중에게 전파되었고, 그리고는 전통적 어형들을 대체하였다. lerarin('여자 교사, 여자 교수')이라는 옛 단어는 게르만어 접미사를 잃고 prinses('공주', 프, princesse) 등에 있는 프랑스어 -esse의 모방인 접미사 -es가 포함된 lerares로 되었다.

프랑스어에서 네덜란드어로...

그 두 언어에서의 어휘의 역사를 상세히 살펴보면, 프랑스어와 네덜란드어 사이의 교류는 사실 상호적이었다는 것을 확인할 수 있다. 프랑스어는 특히 중세에 네덜란드어로부터 단어들을 많이 차용했던 반면에 네덜란드어는 프랑스어에서 여러 차례에 걸쳐 — 먼저 중세에, 그 다음에는 17세기와 18세기에 — 차용을 하였다.

네덜란드어로 옮겨간 프랑스어 어휘의 일부는 식별 가능한 형태와 프랑스어와 동일한 의미를 동시에 유지하였다.

avontuur 〈 aventure '모험'
bordeel 〈 bordel '매음굴'
cadeau(kado도 사용됨) 〈 cadeau '선물'
confuus 〈 confus '당황한, 혼잡한'
ideaal 〈 idéal '이상적인'
garage 〈 garage '차고'
locomotief 〈 locomotive '기관차'
plezier 〈 plaisir '기쁨, 쾌락'
portefeuille 〈 portefeuille '지갑'
portemonnee 〈 portemonnaie '(동전) 지갑'

형태가 다소간 변경된 다른 말들은 의미의 축소나 다른 용법을 가지게 되었다.

chanteren '협박(프, chantage)을 하다' [프랑스어 chanter는 '노래하다'를 뜻함]
charmant '유혹적인' [프랑스어 charmant은 '매력이 있는'을 뜻함]
jus '육즙' [프랑스어 jus는 모든 유형의 즙을 뜻함]
discreet '하찮은' [프랑스어 discret는 '신중한, 눈에 띄지 않는' 등의 의미를 가짐]
coupé '칸막이, (기차의) 칸' [프랑스어 coupé는 자동차 유형인 '쿠페'를 뜻함]
coupon '티켓' [프랑스어 coupon은 '천조각, 회수권' 등의 의미를 가짐]fatal '해로운' [프랑스어 fatal은 '치명적인'의 의미를 가짐]
karbonade '(양, 돼지 등의) 갈비' [프랑스어 carbonade는 '숯불에 구운 고기 요리'를 뜻함]
élitair '엘리트주의의' [프랑스어 élitaire는 '엘리트의, 엘리트주의의'를 뜻함]
flux de bouche '알맹이 없는 장광설' [프랑스어로는 flot de paroles('말의 홍수')이라고 함]
octrooi '특허(장)' [프랑스어 octroi는 '특권이나 허가의 부여, 입시세(入市稅)'를 뜻함]
perron '플랫폼' [프랑스어 perron은 '낮은 층계'를 뜻함]
bon '처벌 명령' [프랑스어 bon은 '교환권, 채권' 등을 뜻함]
predikant '목사, 설교자' [프랑스어 prédicant은 '목사, 설교조의'를 뜻함]
bonbon '속을 채운 초콜릿'('사탕'은 snoepje나 zuurtje라고 함) [프랑스어 bonbon은 '사탕'을 뜻함]

마지막으로 철도 분야에서는 19세기에 다음 용어들을 사용했다.

diligence '1등칸' [프랑스어에서 '합승마차, 기차의 객차'를 뜻함]
char à bancs '2등칸' [프랑스어에서 '달구지, 유람마차'를 뜻함]
wagon '3등칸' [프랑스어에서 '(기차의) 차량, 객차'를 뜻함]

오늘날 철도 분야에서 사용되는 말로는 retour 또는 retourtie('왕복표')가 있다[프랑스어에서는 aller et retour라고 함].

lits jumeaux의 경우는 프랑스어와 동일한 의미('트윈 베드')를 가지지만 네덜란드어에서 단수 명사로 취급된다는 점이 주목되는 부분이다.[590] [프랑스어에서는 복수로 간주됨]

프랑스어에서 유래한 접미사들 덕분에 다음과 같이 새로운 단어 묶음들이 태어났다.

-tie 또는 -sie (프랑스어 -tion이나 -sion을 본떠서): alimentatie('양육비', cf.

프, alimentation '양육'), arrestatie('체포', cf. 프, arrestation), commissie('위임, 위원회', cf. 프, commission), demonstratie('논증, 시위 운동', cf. 프, démonstration), editie('간행, 간행본', cf. 프, édition), emancipatie('해방', cf. 프, émancipation), excursie('소풍', cf. 프, excursion), generatie('세대', cf. 프, génération), infectie('전염', cf. 프, infection), inflatie('인플레이션', cf. 프, inflation), informatie('정보', cf. 프, information), injectie('주사', cf. 프, injection), installatie('설치', cf. 프, installation), instructie('가르침', cf. 프, instruction) 등.

−antie 또는 −entie (프랑스어 −ance, −ence를 본떠서): assurantie('보험', cf. 프, assurance), correspondentie('편지 교환', cf. 프, correspondance), elegantie('우아함', cf. 프, élégance), intelligentie('지성', cf. 프, intelligence) 등.

−iteit (프랑스어 −ité를 본떠서): antiquiteit('유적, 고대 미술품', cf. 프, antiquité), capaciteit('능력', cf. 프, capacité), criminaliteit('범죄, 유죄', cf. 프, criminalité), formaliteit('격식', cf. 프, formalité), immuniteit('면책특권', cf. 프, immunité), specialiteit('전공', cf. 프, spécialité) 등.

−eren (프랑스어 −er를 본떠서): accepteren('받아들이다', cf. 프, accepter), adopteren('입양하다', cf. 프, adopter), centraliseren('중앙으로 모으다', cf. 프, centraliser), constateren('확인하다', cf. 프, constater), corrigeren('교정하다', cf. 프, corriger), crediteren('신용하다', cf. 프, créditer), dresseren('길들이다', cf. 프, dresser), escorteren('호송하다', cf. 프, escorter), fabriceren(c가 s처럼 발음됨, '제조하다', cf. 프, fabriquer), factureren('송장을 작성하다', cf. 프, facturer), fouilleren('뒤지다', cf. 프, fouiller), garanderen('보장하다', cf. 프, garantir), introduceren(c가 s처럼 발음됨, '소개하다', cf. 프, introduire), inspecteren('사열하다', cf. 프, inspecter), kalmeren('가라앉히다', cf. 프, calmer), manicuren('손톱을 관리하다', cf. 프, manicurer), rapporteren('보고하다', cf. 프, rapporter) 등.

−eus (프랑스어 −eux를 본떠서): mysterieus('불가사의한', cf. 프, mystérieux), nerveus('신경성의, 신경질적인', cf. 프, nerveux), officieus('비공식적인', cf. 프, officieux), serieus('진지한', cf. 프, sérieux), 그리고 modieus도 있는데, 이것은 프랑스어에 존재하지 않으며 네덜란드어로 '유행하는'(프, à la mode)이라는 의미이다.

… 그러나 네덜란드어에서 프랑스어로 온 것도 있다

비록 위에서 많은 단어가 제시되었지만 인용된 모든 예가 네덜란드어의 프랑스어 차용어 전체는 전혀 아니며, 그 예들을 보면서 자칫 잊어버리게 되지 않을까 우려되는 점은 프랑스어도 역시 수백 개의 단어를 네덜란드어에서 차용하였고, 그 차용은 거의 모두가 중세에 이루어졌다는 사실이다.[591] 다음 예들은 그 가운데 일부이다.

affaler '(밧줄을) 조금씩 늦추다'	afhalen에서 유래, '내려가게 하다'.
bâbord '(배의) 좌현'	bakboord에서 유래, 직역하면 '등쪽 측면'으로서 오른 손으로 키를 잡는 선원의 등쪽에 있는 배의 부분라는 의미이다.
beaupré '선체 앞쪽에 설치된 돛대'	boegspriet, 즉 spriet('돛대')와 boeg('뱃머리')에서 유래.
bouquin '헌 책, 책'	boekelkijn에서 유래, '작은 책'.
boulevard '큰 길, 넓은 길'	bolwerk에서 유래, '요새'.
étape '여정, 휴식지'	stapel에서 유래, '물품 창고'(본래는 '물품 더미').
kermesse '수호성인 축제, 자선 바자'	kermisse, 즉 kerk('교회')와 misse('미사')에서 유래, '수호성인 축제'.
metelot '선원'	본래는 '동무'(genoot)를 뜻하는 mattenoot에서 형태로 유래. 이 단어는 18세기에 matroos라는 프랑스어로부터 재차용되었다.
tribord '(배의) 우현'	stuur-boord에서 유래, '키 쪽'.

네덜란드어와 다른 외국어들

독일어, 스칸디나비아 언어들, 러시아어, 일본어 그리고 영어에도 네덜란드어에 기원을 둔 어휘를 볼 수 있다.

항해 어휘(skipper '(작은 어선의) 선장', yacht '요트'), 아니면 더 일반적인 단어인 landscape ('풍경')와 같은 다양한 차용어들 외에도 영어는 몇몇 놀라운 표현들을 보존하였는데, 그것들은 상당히 경멸적인 말들이다. 두 나라가 해상에서 그리고 국제 무역에서 경쟁 관계로 있으면서 몇 번의 긴장 상태가 야기되기도 하던 시기에 그 표현들이 만들어졌기 때문이다.

– Dutch wife, '잔소리가 심한 아내'

- double Dutch, '횡설수설'
- to talk like a Dutch uncle, '엄하게 꾸짖다'
- Dutch courage, '술의 힘을 빌린 용기'

미국에서 뉴욕시의 이름은 1667년까지 Nieuw Amsterdam으로 되어 있었으며, 도시의 옛 지도들을 보면 Wall Street, Broadway, Long Island 등이 옛 홀란드 지명들인 Walstraat, Breede Weg, 't Lange Eiland의 번역에 지나지 않음을 확인할 수 있다. 18세기 중엽까지는 네덜란드어가 실제로 뉴욕 시민 대다수의 언어였다.[592]

네덜란드어의 영향은 인도네시아 남부(말루쿠 제도)에서 사용되는 말레이시아어에도 뚜렷이 반영되어 있으며, 남아프리카에서는 17세기에 네덜란드에서 온 식민지 개척자들이 사용하던 언어로부터 아프리칸스어라는 새로운 언어가 발달하였다.

게르만어인 아프리칸스어

1925년부터 아프리칸스어(afrikaans)는 영어와 함께 남아프리카의 두 공식어 중 하나이다. 그것은 오늘날 백인의 60%, 그리고 '유색인'들의 90%가 모국어로 가지고 있는 언어이다. '유색인'이라는 표현은 흑인이 아니라, 백인과 호텐토트족 사이, 또는 백인과 아시아인 사이의 혼혈인을 가리키며, 총인구 2500만 명 중에서 그들의 수는 모두 합해서 5백만 명이다.[593] [2021년 통계로는 남아프리카 공화국의 인구가 약 6천만 명이며, 그중 '유색인'은 약 534만 명이다]

아프리칸스어는 보어인들(Boers), 즉 1652년 홀란드와 제일란트 플랑드르에서 출발한 식민지 개척자들에 의해 남아프리카에 전파된 네덜란드어의 변화한 형태이다. 식민지 개척자들과 반투어를 쓰는 흑인 종족들 및 말레이시아어, 포르투갈어, 독일어, 프랑스어 등을 쓰는 다른 종족들 사이의 접촉으로부터 1세기 반 후에 새로운 언어가 태어났다. 그것이 처음에는 '케이프타운의 네덜란드어'로 불리다가 그 후로 '아프리칸스어'라고 불리고 있다.

아프리칸스어는, 예를 들어, 동사 형태들이 유난히 명확하게 획일화되어 있는 등 훨씬 더 단순한 문법적 형태들을 사용하고 있고, 특히 특유한 어휘가 있다는 점에서 네덜란드어와 구별된다.

'샘, 원천'을 fontein이라고 함(네덜란드어로는 bron)
'요리, 부엌'을 kombuis라고 함(네, keuken). kombuis는 네덜란드어로 '배의 주방'을 뜻하며, 거기에서 프랑스어 cambuse('배 갑판의 식량 창고')가 유래함.
'식료품 저장실'을 spens라고 함(네, provisiekamer).

이 마지막 두 단어들은 본래 네덜란드어 단어들이었는데, 다만 선원들만 사용하던 것들이었다.

아프리칸스어는 다양한 언어에서 많은 차용을 하기도 하였다. 예를 들면, 다음과 같은 것들이 있다.

pesang '바나나' (호텐토트어에서)
aia '어린애를 돌보는 하녀' (포르투갈어에서)
laer '군 부대' (독일어에서)
bermotpeer '베르가모트 배' (프랑스어에서)

가발의 시대

(1519년에서 17세기 중반 사이의) 스페인의 지배는 네덜란드어에 거의 흔적을 남기지 않고 끝났으며, 그 후 18세기는 네덜란드에서 흔히 pruikentijd, 즉 '가발의 시대'라는 이름으로 지칭된다. 왜냐하면 그 시대에는 프랑스에서 온 모든 것, 즉 가발을 비롯하여 예의 범절, 문학, 언어 등이 지배하였기 때문이다. 프랑스어식 어법이 대화나 기록된 글에 가득 들어 있었다. 예를 들면, annexeren('합병하다', cf. 프, annexer), compagnon('공동 경영자, 조합원', cf. 프, compagnon '동무, 동료'), fabrikant('제조업자', cf. 프, fabriquant), industrie('산업', cf. 프, industrie), permissie('허락', cf. 프, permission), personeel('개인의, 직원', cf. 프, personnel), reserveren('예약하다', cf. 프, réserver) 등이 있다.[594]

'프랑스어식'이지만 프랑스어에는 없는 어형들이 네덜란드어에 대량으로 만들어졌다. 많은 예들이 있지만 몇 개만 언급하면 다음과 같다. atheist('무신론자', cf. 프, athée), leverancier('공급자', cf. 프, fournisseur), attest('인증', cf. 프, attestation), modieus('유행하는', cf. 프, à la mode), componist('작곡가', cf. 프, compositeur), secretaresse('여비서', cf. 프, secrétaire)와 secretaris('남자 비서', cf. 프, secrétaire) 등이 있으며 vacature('결원, 공석', cf. 프, vacance)와 vakantie('휴가', cf. 프, vacances)는 혼동되지 않는다.

상당히 이상한 현상이 하나 있다. 일부 프랑스어 조어(造語)는 프랑스보다도 네덜란드에서 먼저 유행되었던 것으로 보인다. 프랑스어 동사 recruter('충원하다, 채용하다')의 경우가 그러한데, 라신[1639–1699, 프랑스의 고전주의 작가]은 그 단어를 불필요한 신조어로 느꼈다. 우리는 그 사실을 1691년에 그가 당시 홀란드에 있던 자신의 아들에게 쓴 편지를 통해 알고 있다: "네가 내게 최근 소식들을 전해주어서 기쁘구나. 그렇지만 홀란드의 신문들에서 그런 소식들을 접하지 않도록 주의해라. 왜냐하면 [...] 네가 쓰고 있는 recruter라는 단어처럼 아무 쓸모없는 일부 말들을 그런 데에서 접하게 될 수도 있기 때문이다. 그 말 대신에 faire des recrues라고 말해야 한다."[595] 프랑스어 따라하기가 점차로 전체 어법에 퍼졌지만 프랑스어에서 유래한 어형들을 오늘날 알아보기 힘든 경우가 종종 있다(상자 글 '네덜란드어 옷을 입은 프랑스어 단어들' 참조).

네덜란드어 옷을 입은 프랑스어 단어들

다음은 프랑스어에서 유래한 몇몇 네덜란드어 단어들이다.

krek: 프랑스어 correct('올바른')에서 유래하였지만 '정확하게'라는 의미이다.
astrant: 프랑스어 assurant('보장하는')에서 유래하였지만 '버릇없는'이라는 의미이다.
krant: 프랑스어 courant('일상적인')에서 유래하였지만 '신문'이라는 의미이다.
abuis: 프랑스어 abus('남용')에서 유래하였지만 '실수'라는 의미이다.
advertentie: '광고, 게시'를 뜻함(cf. 프, annonce).
sla: '샐러드'를 뜻함(cf. 프, salade).
navenant: 프랑스어 à l'avenant('~에 부합하게')에서 유래함.
inclusief: (식당에서) '(봉사료 등이) 포함된'이라는 의미이다. [cf. 프랑스어 inclusif '포함하는']

exclusief: (식당에서) '(봉사료 등이) 포함되지 않은'이라는 의미이다. [cf. 프랑스어 exclusif '배제하는']
taart: '케이크, 파이'를 뜻함. [cf. 프랑스어 tarte '(잼, 과일, 크림) 파이']

'작은 녹색 책'

중세부터 교양어는 라틴어와 프랑스어를 본보기로 삼아 쓰여졌다(예를 들면, 표기법 eu는 중세 말에 프랑스어에서 차용되었다).[596]

최초의 표준화 시도들은 16세기 말에 시작되었지만 주로 19세기에 정부가 발음과 어원을 동시에 고려하려고 시도하면서 일부 정서법 수정안을 공식적으로 채택하였는데, 그러한 것들이 서로 모순되는 경우가 많았다. 1891년에는 문헌학자인 콜러웨인(Kollewijn)이 단순화 방안들을 제안하였다. 그 방안들은 격렬한 거부 반응들을 불러일으켰지만 결국 1947년에 채택되었다.

1954년부터 네덜란드인들과 벨기에인들로 구성된 위원회에서 권장되는 정서법으로 네덜란드어 단어들의 목록을 출간하고 있다. 그 책은 '작은 녹색 책'(het groene boekje)이라는 이름으로 더 잘 알려져 있다(아래 상자 글 '네덜란드어 정서법' 참조).

네덜란드어 정서법

네덜란드어 정서법은 일반적으로 간단한 규칙들을 지키고 있으며 't와 'n(정관사 het와 부정관사 een의 축약)에 대한 당혹스러움이 일단 지나가고 나면 읽는 데 거의 문제가 되지 않는다. 이 정서법은 다음 두 가지 예외 사항 외에는 비논리적인 부분이 거의 없다.

1. ei와 ij는 동일한 이중 모음을 [ei]을 나타내는 상이한 두 개의 표기법이다. 예를 들어, eis('요구, 요청')과 ijs('얼음')은 동일하게 발음된다.
2. rauw('날것의')를 rouw('슬픔, 상복')와 다르게 표기하지만 그 두 단어에서 au와 ou는 동일한 이중 모음 [au]로 발음된다.[597]

1967년부터 '권장 정서법'(voorkeurspelling)을 위한 새로운 단순화 제안들이 나왔지만 지금으로서는 '작은 녹색 책'이 외국인 학생들에게 여전히 기본 규범으로 되어 있다.

19세기: 독일어와 영어

1797년 레이든에서 최초의 네덜란드어 강좌가 개설되는 등 19세기에 들어서면서 고유어에 대한 진정한 관심이 생기기 시작하였다. 19세기는 독일어와 영어의 영향력이 프랑스어의 영향력을 밀어낸 시기이기도 하다.[598]

독일어 차용어(주로 종교개혁 이후)	**영어 차용어**(주로 2차 세계 대전 이후)
gletscher '빙하'	checken '확인하다'
in-zwang '유행하는'	dancing '댄스(홀)'('댄스홀'은 영어에 없는 의미)
kitsch '모조품, 저속한 작품'	droppen '떨어뜨리다, 무엇을 떠맡기다'
overigens '더욱이, 게다가'	plannen '계획을 세우다'
rugzak '배낭'	racen '경주하다, 돌진하다'
schlager '히트 친 노래'	relaxen '편하게 쉬다'
schmink '화장품'	smoking '턱시도, 야회복'(영어에 없는 의미)
so wie so '어쨌든'	stoned '몽롱한'
tijdschrift '잡지'	starten '떠나다'
überhaupt '전부, 통틀어'	

독일어에서 유래한 단어들 가운데 본래의 형태를 유지한 것은 드문 반면에 영어 차용어들은 대개의 경우 영어 정서법을 유지하여 사용자들에게 문제가 된다. 영어 정서법은 네덜란드어의 정서법 규칙들과 충돌이 일어나며, 그렇기 때문에 통합이 쉽지 않다. 그러한 어려움에도 불구하고 네덜란드어가 몇십 년 전부터 가장 많이 차용하는 언어는 영어이다. TV에서 모든 미국 연속극과 영어 방송들이 자막이 주어지는 원어 버전으로 방송되며, 이로 인해 언어 간 간섭 현상이 크게 조장되었다.

네덜란드어 문법의 두 가지 특수성

주목할 만한 네덜란드어 문법 사항이 두 가지 있는데, 서로 상반되는 이유 때문이다.

– 지소사가 이례적으로 풍부하다는 점이 주목된다.
– 여성 명사들은 제거된 역사가 있기 때문에 주목된다. 여성 명사들은 제거되었음에

도 불구하고 유령처럼, 산발적으로, 그리고 지리적인 영향을 받으며 나타나고 있다.

수많은 지소사들

네덜란드어의 지소사는 다양한 자음 뒤에 -je로 끝나는 것으로 알아볼 수 있다. 다음은 몇몇 예이다.

tafeltje '작은 테이블', tafel을 어간으로 함.
bloempje 또는 bloemetje '작은 꽃', bloem을 어간으로 함.
koninkje '작은 왕', koning을 어간으로 함.
oogje '작은 눈', oog을 어간으로 함.
glaasje '작은 잔', glas를 어간으로 함.
scheepje '작은 배', schip을 어간으로 함.

모든 명사는 지소사를 취할 수 있지만 때로는 특별한 의미를 가지게 된다. wijf는 '여자'를 뜻하는 경멸적 단어인데 wijfje는 모든 종류의 동물의 암컷을 나타낸다.[599]

또한 일부 축약을 조심해야 한다. grootje는 글자 그대로 옮기면 '작은 큰'인데, '할머니'를 뜻하는 grootmoedertje의 축약이다. 이 예가 보여주듯이 지소사는 명사만이 아니라 형용사, 부사, 전치사, 접속사 등도 수식할 수 있다.

zuurtje('드로프스')는 형용사 zuur('신맛 나는')를 어간으로 함.
uitje('소풍')는 전치사 uit('~밖에')를 어간으로 함.
stilletjes('매우 조용히')는 형용사도 되고 부사도 되는 stil('조용한')을 어간으로 함.

네덜란드어에서는 지소사 사랑이 대단해서 일반적으로 꽤 두꺼운 '열차 시간 안내서'를 spoorboekje(직역, '작은 철도 책')라고 하며, spoorkaartje('차표', 직역하면 '작은 철도 카드')나 retourtje('왕복 기차표', 직역하면 '작은 귀로') 등에서도 지소사가 나타난다.

지소사의 사용이 1960년대부터는 전체적으로 비교적 감소세이다. kiekje('사진, 스냅 사진', 아마도 사진작가 Kiek의 이름으로 만들어진 말)는 점점 더 많이 kiek로 대체되고, klusje('잡일')은 klus로 대체되고 있다. 그러나 지소사가 아직도 여성들에게

는 상당히 활발하게 사용되고 있는 듯하다.[600]

여성형의 운명

옛날 게르만어 어법에서는 세 개의 문법적 성이 있었다. 남성, 여성 및 중성이다. 그것은 독일어에서 아직도 관찰되는 현상으로서 그 언어에서는 정관사가 명백하게 남성(der Wein '와인'), 여성(die Milch '우유') 그리고 중성(des Wasser '물')을 구별하게 해 준다.

네덜란드어에서는 상황이 복잡하다. 그 언어에서는 어법이 지방마다 달라지기 때문이다. 전 지역에서 관사로는 두 어형만 있는데, het(중성) 또는 de(중성 이외의 경우)이다. 그러나 명사를 대명사나 소유사로 다시 나타낼 때는 여성형으로 표현할 수도 있다. 그렇지만 이러한 세 번째 가능성은 '강들의 경계선' 아래에서만 존재한다. 그 경우에 남성 대명사는 hij로, 그리고 여성 대명사는 ze로 나타낸다.

1954년에 소집된 《작은 녹색 책》 담당 위원회에서는 명확한 기준으로 규범을 확정하고자 하였다. 다음과 같은 게르만어 접미사 중의 하나로 끝나는 모든 명사는 여성으로 간주되도록 하였다.

−heig, −ing, −nis, −schap, −st, −de, −te

다음과 같은 외국어 접미사 중의 하나로 끝나는 명사도 여성으로 간주되도록 하였다.

−ee, −ie, −iek, −teit, −ij

krach('힘'), leer('학설'), zorg('걱정')처럼 그 기준으로 결정되지 않을 경우에 위원회는 여성을 선호한다고 밝혔다. 그러나 위원회에서는 그런 단어들이나 poes('고양이'), bij('벌'), vlieg('파리'), mus('참새'), muis('생쥐') 등에 대하여 부득이한 경우에는[문법적 성이 지역에 따라 달라지는 경우를 가리킴] 남성으로 인정한다. 위원회는 wijn('와인')과 mosterd('겨자')에 대하여는 남성으로, melk('우유')에 대하여는 여성으로 결론내렸다.

추상 명사에 대해서는 남성이 완전히 잘못된 것으로 간주되는 반면에(deugd '장점, 덕', drift '격노', eer '영예') 구상 명사에 대해서는 남성이 용인된다. 그에 반해, koe('암소'), merrie('암말'), geit('암염소') 등과 같이 북부의 어법에서 남성 대명사나 소유사로 나타내던 암컷 동물 명사들에 대해 이제는 반드시 여성 대명사로 나타내게 되었다(아래 상자 글 '남부는 여성형을 선호한다' 참조).[601]

남부는 여성형을 선호한다

네덜란드인들은 일부 명사들의 성에 대하여 의견이 일치되지 않는다. 그것들이 북부, 즉 '강들의 경계선' 이북에서는 남성(혹은 더 정확하게는 중성이 아닌 공통성)인 반면에 남부에서는 그것들을 여성 명사로 간주하고 있다. 다음은 남부에서만 여성인 단어들이다.

beek '시냇가'	deugniet '말썽꾸러기'	deugniet '말썽꾸러기'
gedachte '생각'	getuige '증인'	getuige '증인'
kracht '힘'	linde '보리수'	linde '보리수'
peer '배'	poes '고양이'	poes '고양이'
stad '도시'	ster '별'	ster '별'
vlieg '파리'	wees '고아'	wees '고아'
zorg '걱정'		

더 놀라운 것은 다음과 같은 몇몇 단어들의 경우이다. 이 단어들은 암컷만을 가리킬 수 있는데 북부에서는 그럼에도 불구하고 남성이다.

geit '암염소'	koe '암소''	merrie '암말'

오늘날의 네덜란드어

음성적 차원에서는 오늘날 /f/와 /v/를 혼동하는 경우가 더 많아지는 경향이 확인된다. vel('피부')와 fel('맹렬한')은 동음이의어로서 [fel]로 발음된다. 동일한 현상이 /s/와 /z/에 대해서도 일어나고 있지만(suiker('설탕, 당뇨병')과 zoet('단맛')의 첫 자음이 점점 더 동일하게 [s]로 발음된다) 권장되는 규범에서는 그러한 구별들이 유지되고 있다.[602]

의미적 차원에서는 일부 어휘 요소들이 새로운 의미를 얻었다. overkomen의 본래의 일반적 의미는 '가로지르다'인데 점점 더 '이해되다, 자신의 의도를 받아들여지게 하다'는 뜻도 생기고 있다. ergens('어딘가에')는 이른바 '유행에 민감한' 최근의 일부 프랑스어 어법처럼 '어떤 면에서'라는 의미를 가지고 있다.

1970년대부터 처음에는 청소년만 사용하던 이른바 '터보' 어법이 일반 대중들에게 확산되고 있다. 그 사실을 보여주는 증거는 《Turbo Taal》('터보 언어')이라는 소책자가 거둔 성공이다. 이것은 1987년에 출판되어 1990년에 33판까지 나왔고 25만 부가 판매되었다. 이 책은 유머를 담은 91쪽의 분량으로 유행하는 어휘의 새로운 경향들을 소개하고 있다.[603]

세계 속의 네덜란드어

네덜란드 밖에서는 네덜란드어가 남아프리카에 있는 400만 네덜란드계 백인의 제2의 언어이기도 하다. 네덜란드어는 또한 벨기에의 공식어들 중 하나로서 그곳에서는 600만 명에 의해 사용되고 있다. 또한 이 언어는 프랑스의 소수 언어로서 **플랑드르어**(flamand) 또는 **서플랑드르어**(westvlaamsch)라는 이름으로 노르 도의 북쪽 끝 부분에서 사용되고 있다(436쪽 이 챕터의 '프랑스의 플랑드르어' 부분 참조).

벨기에의 언어 상황

(333쪽, '프랑스어를 중심으로' 챕터, 상자 글 '벨기에의 언어 상황' 참조)

중간 단계 지역인 벨기에

벨기에는 네덜란드와 대단히 밀접한 관계를 가지고 있으며 수 세기 전부터 네덜란드와 언어의 역사를 공유하고 있다. 그러나 프랑스의 이웃으로서 프랑스와도 오래전 로마 제국 시대로 거슬러 올라가는 화친 관계를 가지고 있다. 그러한 이유로 유럽 전체적인 차원에서 벨기에는 두 개의 큰 언어적 그룹인 게르만 어파와 로망스 어파 사이의 특별한 만남의 장소가 되고 있다.

어려운 동거 중인 플랑드르어

그러므로 룩셈부르크처럼 벨기에도 로망스어 권역과 게르만어 권역 사이의 접합 지대이지만 룩셈부르크에서 유지되는 프랑스어, 독일어 그리고 룩셈부르크어 사이의 부드러운 동거와 달리 벨기에의 상황은 1830년 벨기에국이 탄생한 이래로 갈등적인 상태로 남아 있다.

이러한 상황은 오래된 역사적 사정에서 기인한다. 벨기에가 1830년 독립을 맞은 시점에 그 나라는 수 세기 전부터 횡적인 경계선에 의해 뿌리가 다른 두 개의 언어 지대로 구분되어 있었다. 북부에는 네덜란드어의 — 따라서 게르만어의 — 지역 변이체인 플랑드르어가 있었고, 남부에는 로망스어 오일어 방언 변이체인 발론어가 있었다. 그 언어들만 있었던 것도 아니다. 당시에 공적 활동에서 사용되던 것은 프랑스어였고 사회의 상위 계층에서 사용하던 것도 프랑스어였으며, 그 관행이 오늘날에도 없어지지 않았다.

속지주의와 속인주의

경제적 이유나 인구통계를 동원한 다양한 압박의 결과 플랑드르어는 1898년 프랑스어와 함께 두 개의 공식어 중의 하나가 되었고 여러 언어 관련 법들이 20세기에 의결되었다. 그 법들은 '속지주의 일반 원리'를 인정하였고 경계선을 법으로 정하여 두 공식어 각각이 언어 사용 지역을 확보하게 하였다. 플랑드르어는 북부에서, 프랑스어는 남부에서, 그리고 독일어는 두 지역 경계의 동쪽 편에 있는 장크트피크, 오이펜 그리고 말메디 지역에서 사용되는 것으로 정해졌다.

또한 언어 경계선에 인접한 소수 언어 집단들에는 특별한 언어적 지위가 부여되었다. 그것들은 플랑드르어 지역에서 프랑스어를 사용하는 12개의 언어적 고립 지역과 프랑스어 지역에서 플랑드르어를 사용하는 13개의 언어적 고립 지역이다. 그러나 그러한 곳들에서는 위험한 상황이 지속되고 있고 푸롱의 6개 마을(플랑드르어 지역에 병합된 프랑스어권 공동체들)은 여러 차례 격렬한 시위로 주목을 받았다.[604]

아직도 잘 해결되지는 않았지만, 언어적 갈등의 시간을 겪은 후 최근에는 다양한 공동체를 보호하는 법들 덕분에 관계가 개선된 듯하다.[605] [벨기에의 학교에서는 학생들이 자신의 모국어와 다른 공식어 중 하나를 의무적으로 배우도록 되어 있으나 오늘날에도 벨기에 언어문화권들 사이의 대립은 근본적으로 해결되지 않고 있다]

프랑스의 플랑드르어

플랑드르어 또는 서플랑드르어(westvlaamsch)는 오늘날 Westhoek('서쪽 가장자리')이라고 불리는 곳, 즉 바다, 벨기에 국경, 레이어강 그리고 아아강으로 둘러싸인 노르(Nord) 도의 북쪽 끝 부분에서 사용되고 있다.

이 언어는 아마도 기원전 2세기부터, 즉 로마에 의한 정복보다 더 이전에 이 지방에 정착한 종족들이 사용하던 게르만어에 기원을 두고 있다. 서기 4세기부터는 동부와 북부에서 온 살리족이 그 집단에서 다수를 차지하게 되었는데, 그들의 언어는 저지 게르만어에 속한다. 그러나 플랑드르어는 수 세기 동안 라틴어의 영향을 받기도 했으며, 그래서 그 언어에 stake('말뚝'), busch('숲'), berre('침대') 등 순수하게 게르만어에 기원을 둔 단어들과 kaes('치즈'), straete('길'), peper('후추'), puut('구멍', PUTEUS('우물')에서 유래) 등 라틴어에서 유래한 많은 단어들이 함께 존재하게 되었다.[606]

그 후에는 프랑스어의 영향력이 지속되었지만 플랑드르어도 역시 프랑스어에 영향을 주었다(321쪽, '프랑스어를 중심으로' 챕터, '§ 지방 단어들에 대한 취향' 부분 참조).

프랑스의 플랑드르가 벨기에의 플랑드르 및 네덜란드의 제일란트 주 플랑드르와 분리된 것은 위트레흐트 조약에 따라 1713년 루이 14세가 영토를 합병한 때부터이며, 프랑스의 플랑드르는 그때부터 네덜란드어가 벨기에와 네덜란드에서 겪은 변화 과정들로부터 단절되어 있었다. 따라서 프랑스의 플랑드르어에서는 다른 곳에 없는 옛날 어형들이 보존되어 있는 것을 볼 수 있다.

프랑스에서 플랑드르어가 사용되는 지역은 몇 세기가 흘러가면서 천천히 축소되었다. 독일어 -heim('마을')에 해당하는 게르만어 접미사인 -ghem(-ghen, -hen)을 포함하는 많은 지명들의 분포로 확인할 수 있듯이, 13세기 이전에는 그 지역이 불로뉴 이남으로 매우 멀리 확대되어 있었다(438쪽 지도 '-ghem으로 되어 있는 플랑드르어 지명들' 참조).

벨기에와 프랑스의 플랑드르어

이 지도는 플랑드르어의 변이체들만 나타내고 있다. 이것은 지도 '프랑스어권 벨기에의 언어적 다양성'(334쪽, '프랑스어를 중심으로' 챕터)에 대한 보완 자료이다.

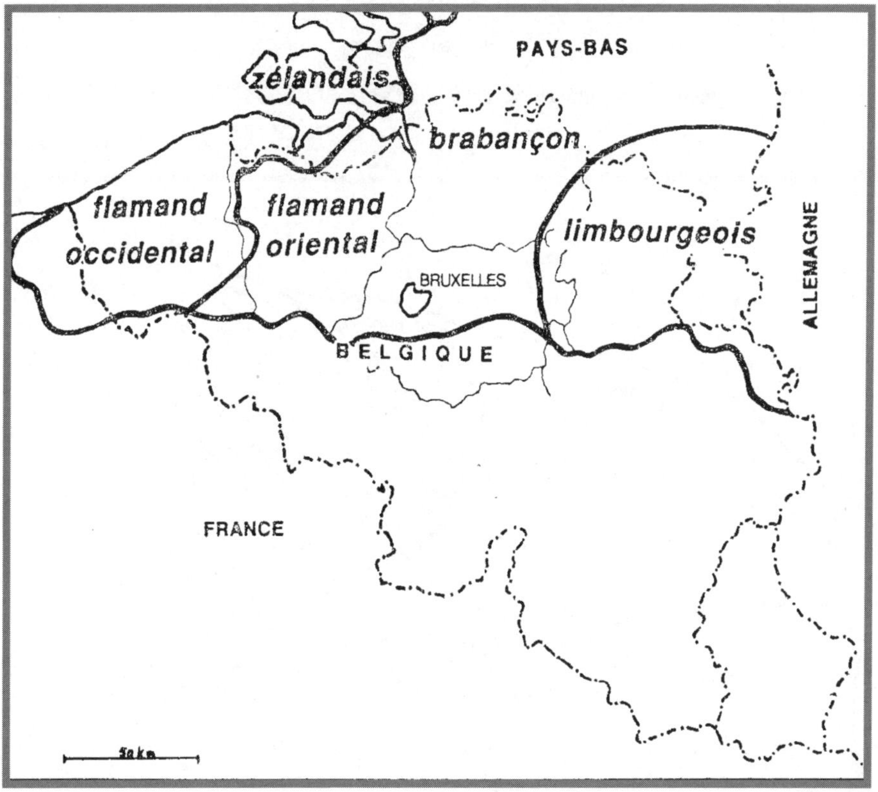

ALLEMAGNE 독일 BELGIQUE 벨기에 BRUXELLES 브뤼셀 brabançon 브라반트어 flamand occidental 서플랑드르어 flamand oriental 동플랑드르어 limbourgeois 림뷔르흐어 PAYS-BAS 네덜란드 zélandais 제일란트어

플랑드르어는 데익손 법(1951)의 혜택을 받지 못하였으므로 1982년(사바리 행정 공문)이 되어서야 릴 사범학교에서 가르쳐지기 시작하였고, 1983년부터는 중등학교

에서 가르쳐지고 있으나, 초등학교에서는 플랑드르어 교육을 준비하는 데 어려움을 겪고 있다. 1984년 옹드스코트라는 작은 국경 도시에서 실시된 조사는 어떻게 언어 사용이 세 세대 동안에 변화하였는지 보여주었다.[607] 그곳에서 플랑드르어는 조부모 세대의 38%에 의해, 그리고 부모 세대의 25%에 의해 사용되었지만 프랑스어와 혼용되었다. 그들의 아이들 세대에서는 그러한 혼용이 전혀 없었다. 아이들은 2%만이 플랑드르어를 사용하였는데 그들은 두 언어를 유창하게 할 수 있다고 밝혔다.[608]

–ghem으로 되어 있는 플랑드르어 지명들

각 선들은 13세기에서 20세기까지 플랑드르어의 경계선들을 표시하고 있으며, 검은 점들은 –ghem이나 –ghen으로 된 지명을 나타낸다. 그 검은 점들의 분포는 심지어 불로뉴 이남 지역에서도 플랑드르어가 매우 오래전에 존재하였음을 보여준다.

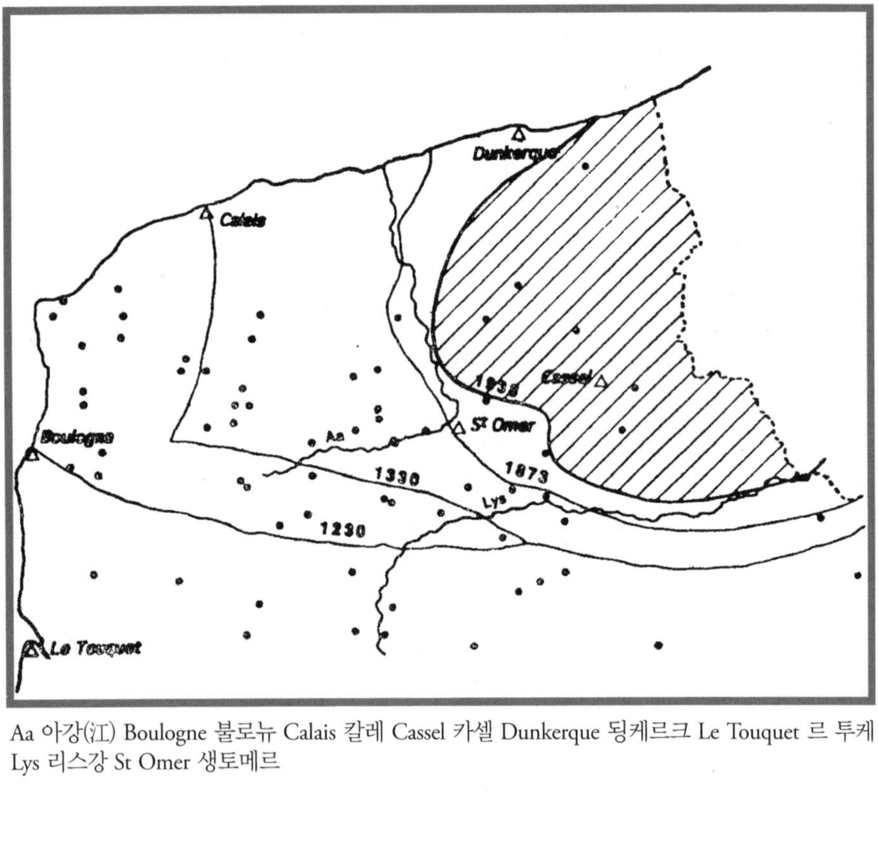

Aa 아강(江) Boulogne 불로뉴 Calais 칼레 Cassel 카셀 Dunkerque 됭케르크 Le Touquet 르 투케 Lys 리스강 St Omer 생토메르

-ghem, -ghen으로 된 지명 목록

(빗금으로 표시한 지대에서 시작하여 역사의 단계별로 분류함)

Eringhem, Merckeghem, Ledringhem, Terdeghem, Hondeghem, Téteghem

. . . .

Ruminghem, Booneghem, Ebblinghem

. . . .

Bayenghem, Leulinghem, Moringhem, Barbinghem, Tatinghem, Boisdinghem, Heuringhem, Racquinghem, Blaringhem, Boëseghem, Balinghem, Rodelinghem, Hermelinghen, Sanghen, Herbinghen, Hocquinghen, Bainghen, Nabringhen, Bouvelinghem

. . . .

Hervelinghen, Tardinghen, Leubringhen, Audinghen, Leulinghen, Bazinghen, Locquinghen, Hardinghen, Wacquinghen, Maninghen, Maquinghen, Echinghen, Questinghen, Velinghen, Lottinghen, Seninghem, Vaudringhem, Ledinghem, Vedringhem, Assinghem, Inghem, Glomenghem

. . . .

Halinghen, Bezinghem, Wicquinghem, Maninghem, Hardinghem, Reclinghem, Radinghem, Matringhem, Honninghem, Molinghem, Mazinghem, Linghem, Oblinghem

영어를 중심으로

영국의 언어 상황

인구: 57,200,000명[2021년 통계로는 68,207,114명]

공식어

– **영어**: 서게르만어로서 앵글로프리지아 어군에 속함. 영국 연합왕국의 공식어.

지방 공식어

– **웨일스어**: 켈트어(웨일스 지방, 600,000명, 그중 1971년 통계로 32,000명이 단일어 사용자임).[609]

– **프랑스어**: 로망스어(저지섬).

그 밖의 언어

〈게르만어〉

– **스코트어**: 서게르만어로서 앵글로프리지아 어군에 속함(롤런드 지방).

– **스코틀랜드 게일어**(하일랜드 주)

– **아일랜드 게일어**

– **맹크스어**(맨섬)

– **콘월어**(콘월 주): 문화어로서 활기를 되찾음.

〈로망스어〉

– **저지어**(저지섬)

대륙에서 온 언어

영어는 오늘날 전 세계에 퍼져 있지만 시작은 매우 미미하였다. 그 언어는 서기 5세기까지도 아직 그 미지의 땅으로 이주한 몇몇 게르만 종족들이 사용하는 말에 지나지 않았다. 많은 역사적 반전들이 일어난 후에 그때까지 켈트어를 사용하는 종족들이 차지하고 있던 이국 땅에서 이 새로운 언어가 발전하게 되었다. 로마의 지배는 3세기 반 동안 지속되었는데, 그것이 끝나고 겨우 40년 가량 지난 후부터 오늘날 덴마크, 독일 북서부 그리고 네덜란드에 해당하는 곳에서 출발한 게르만어 사용 종족들이 이 나라에 몰려들었다.

여러 차례 외적들이 탐내고 또 침략한 그 땅에서 이어진 지배 세력들에 의해 하나의 혼성 언어가 태어났고, 그 언어는 여러 기원들로부터 고유성과 풍요로움을 끌어내었다. 그 언어의 기원이 된 것은 서게르만어들은 물론이고 라틴어, 스칸디나비아어, 그 다음에 노르망디어와 프랑스어 등이었다.

켈트어의 빈약한 기여

켈트어의 흔적은 잘 보이지 않는다. 영어에서 켈트어 어휘 차용이 억제된 것은 색슨족에 의한 정복 이후의 상황을 상상해보면 정말 불가사의한 일로 남아 있다. 모든 켈트족이 북부, 서부, 또는 프랑스 해안 쪽으로 이주해 갔을 가능성은 없으며, 새로운 게르만족 도래자들이 가장 비옥한 하천 유역 저지대들을 차지하고 브리턴족[고대 영국에서 살던 켈트족]에게는 늪지대나 살기 어려운 고지대들을 남겨 두었을 것으로 보인다.

그러므로 다른 곳으로 가지 않은 그 사람들의 일부는 정복자들의 언어를 채택하기 전에 이중 언어 사용 기간을 경험하였을 가능성이 많다. 그것은 매우 일찍 정복자들에 의해 점령된 동부와 북부의 지역들에 켈트어 지명들이 유지되고 있다는 사실로 확인된다.[610] 그렇지만 열심히 잘 찾아보아도 영어에 있는 옛 켈트어 단어는 20개도 되지 않고 언어학자들은 언제나 똑같은 예들만 인용하고 있다. 예를 들면, crag('험준한 바위'), tor('바위 산'), combe 또는 coomb('산골짜기') 등이 있으며 '한여름 밤의 꿈'의 장난꾸러기 꼬마 악마의 Puck이라는 이름도 '짓궂은 요정'을 뜻하는 켈트어 단어에 기원을 두고 있다.[611]

영어는 이처럼 수 세기 동안 켈트어 단어들을 편입하는 데 인색했다. 그리고 16세기에 스코틀랜드 게일어에서 차용한 단어인 plaid('격자무늬 천')와 slogan('구호') 그리고 18세기의 차용어 whisky를 제외하면, 아주 근래에 현대 켈트어들에서 차용한 단어들은 항상 영어 문장에서 약간 지방색 있는 기묘한 느낌을 주고 있다.

> 아일랜드어에서 차용: collen('소녀'), shillelagh('곤봉'), spalpeen('건달, 식충이').
> 스코틀랜드 게일어에서 차용: claymore('끝이 두 갈래인 대형 검'), sporran('(스코틀랜드 남성 전통 의상인) 킬트 앞에 매다는 작은 주머니'), conie('산 허리의 원곡(圓谷)').

웨일스어에서 차용: eisteddfodd('웨일스에서 개최되는 시·음악 경연 대회').

브르타뉴어(아마도 프랑스어를 거쳐서 차용됨) 또는 콘월어에서 차용: dolmen('돌멘, 고인돌'), menhir('멘히르, 선돌').[612]

지명들의 기억

오늘날 켈트어가 유지되지 않은 지방에서 켈트어의 기억을 간직한 것을 더 많이 찾고자 한다면 지명에서 찾아보아야 한다.

지명이 단 하나의 요소로 구성되어 있으면 그것들은 흔히 물을 떠올리는 말이다. 예를 들면, dubris('물')라는 켈트어에서 만들어진 Dover('도버'), Avon('하천'), Exe('물'), Trent('범람이 자주 일어나는 하천'), Tweed('물살이 센 하천') 등이 있다.

혼종 합성어는 더 많다. 예를 들어, Gloucester, Worcester, Derchester 등에서 첫 번째 요소는 켈트어이고 두 번째 요소는 라틴어이다. −cester, −chester 등의 형태에서 라틴어 CASTRA('요새화된 장소')를 알아볼 수 있다. 이러한 융합된 형태가 Exeter에도 감추어져 있는데, 위에서 보았듯이 Exe는 물을 가리킨다. 마찬가지로 Licoln에서는 lin−('연못')이 켈트어에서 유래한 말이고 −coln은 라틴어 COLONIA('집단, 식민지')가 변화한 형태이다.

켈트어 명사들이 게르만어 어형들과 결합하고 있는 다른 지명들도 있다. Canterbury나 Salisbury의 경우가 그러한데, 거기에서 −bury는 본래 요새를 가리키는 게르만어 단어가 변화한 형태이다. Lichfield에서 −field는 게르만어에서 유래한 말이고 lich−는 켈트어에서 유래한 말이다. 그 장소는 처음에 '회색 숲 주변의 들판'이었지만, 주민들은 아마도 금세 그 혼합적 명칭의 뜻을 잊어버렸을 것이다.[613] 어쩌면 그들은 한번도 그 뜻을 알지 못했을 수도 있다. 켈트족과 색슨족은 서로에게 이방인으로 지냈을 것이고, 틀림없이 서로를 이해하는 데 어려움이 있을 것이다. 그렇게 생각할 수 있게 해주는 것은 Cheetwood(랭커셔 주)나 Brill(링컨셔 주)과 같은 일부 지명들이 실제로 동어 반복이라는 사실이다. cheet는 켈트어로, wood는 게르만어로, 둘 다 '숲'을 뜻한다. Brill에 대해 말하자면, 그것은 켈트어 bre('언덕')와 게르만어

hill(이것도 역시 '언덕'을 나타냄)의 축약이다. 두 번째 단어(색슨어)는 첫 번째 단어(켈트어)를 이해하기 위해 필요했던 것으로 보인다.

이와 동일한 반복적 단어 형성은 바스크의 '아란 계곡'(195쪽, '스페인어를 중심으로' 챕터, 상자 글 '동어 반복인 아란 계곡')이나 시칠리아의 몬테지벨로(Montegibello, 라틴어와 아랍어로 '산'을 뜻함)에서도 나타난다.

마지막으로, 켈트족을 가리키는 색슨어 명칭이 Wealas, 즉 '외국인들'이라는 것은 중요한 점이다. 그 단어에서 영어로 웨일스 사람들의 명칭인 Welsh가 나왔다. 켈트족은 자신들의 입장에서 모든 적을 구분하지 않고 '색슨족'이라는 이름으로 지칭하였다. 색슨족이라는 이름은 나중에 앵글족이라는 이름에 의해 사라졌는데, 앵글족의 언어는 최초의 기록들에서부터 Englisc(거기에서 English가 유래함)라고 지칭되었다. 그러나 Engla–land('앵글족의 땅)라는 나라 이름은 서기 1000년이 되어서야 생겼고, 거기에서 England가 나왔다.[614]

BIS REPETITA PLACENT[라틴어, '좋은 것은 두 번 해야 한다']

켈트족과 로마인, 그리고 켈트족과 색슨족, 그 다음에 색슨족과 스칸디나비아족 그리고 마지막으로 색슨족과 노르만인들이 만났던 그 땅에서는 상호 간의 이해가 저절로 되어지지는 않았다. 그래서 영어에 유독 많은 동어 반복적 어형들이 존재한다. 그러한 어형들은 사실상 동일한 단어에 대한 중첩된 표현이다. **maisonhouse**는 '집'(프랑스어) + '집'(게르만어)이고, **haphazard**는 '우연' + '우연'에 해당하며, **courtyard**는 '마당' + '마당'에 해당한다.

실질적으로 동의어인 두 단어로 된 표현들이 생긴 것도 아마도 이해를 쉽게 하고자 하는 필요에서 나온 현상일 것이다. 다음은 그러한 표현들의 몇몇 예이다.

part and parcel (of)	'핵심 부분, 구성 요소'
lo and behold...	'자, 보라'
far and away (the best)	'훨씬, 단연코 (최고)'
hale and hearty	'정정한'
first and foremost	'무엇보다도 가장 중요한'
odds and ends	'잡동사니'
hue and cry	'강력한 항의'
ways and means	'수단과 방법'
lord and master	'주인, 위세를 부리는 남편'

라틴어의 반복적 기여

켈트어들의 흔적은 드물고 명백하지 않은 반면에 라틴어에서 유래한 단어들을 찾을 수 없는 영어 문장은 없다. 하드리아누스 장벽(서기 122년 건설됨) 또는 안토니누스 장벽(139년) 이편의 땅 전체를 로마인들이 오래 지배했기 때문에 국민들은 결국 라틴어를 수용하게 되었다고 생각할 수도 있겠지만 사실은 전혀 그렇지 않았다. 로마인들은 어민 가도, 포스 가도, 그리고 무엇보다 런던에서 체스터로 가는 가장 유명한 워틀링 가도 등의 도로들을 건설하였고, 경제적, 정치적 권력이 실질적으로 집중된 체스터, 라이체스터, 링컨, 에부라쿰(요크) 등의 도시들을 건설하였다. 그러나 라틴어화는 도시들에만 집중되었고 지역 중심 도시들을 벗어나면 라틴어가 섬 지역 켈트족에게 외국어로 남아 있었다. 그 켈트족은 얼마 후 게르만 종족들의 도래에 직면하게 된다.

로마인들은 410년에 물러갔고 앵글로색슨족의 최초 상륙은 449년에 일어났다. 그들을 통해서 라틴어 어휘의 주요 요소들이 영어에 침투하였는데, 그것들은 게르만족이 대륙에서 출발하기 이전에 로마인들과의 접촉하면서 자신들이 차용한 것들이었다.[615]

이 매우 오래전 라틴어 차용어들이 현대 영어에서도 나타나는데, 그것들은 대부분 다음과 같이 로마에서 유래한 것들을 상기시킨다.

– 새로운 생산물
 copper '구리, 순동', 라틴어 CUPRUM('구리')에서 유래함.
– 새로운 기술
 street '(포장) 도로', STRATA (VIA)에서 유래함.
 wall '벽', VALLUM '울타리'에서 유래함.
 inch '인치', UNCIA('전체의 12분의 1')에서 유래함.
– 새로운 식품
 cheese '치즈', CASEUS에서 유래함.
 wine '와인', VINUM에서 유래함.
 plume '자두', PRUNUM에서 유래함.
 turnip '순무', NAPUS('무')에서 유래함.

영국과 아일랜드

방위 지도

ANGLETERRE 잉글랜드 AVON 에이번강 BELFAST 벨파스트 BRISTOL 브리스톨 CANTERBURY 캔터베리 CHESTER 체스터 CORNWALL 콘월 Danelaw 데인로 지역 DERBY 더비 DORCHESTER 도체스터 DOVER 도버 DUBLIN 더블린 DURHAM 더럼 ECOSSE 스코틀랜드 Exe 엑스강 GLOUCESTER 글로스터 HASTINGS 헤이스팅스 Île de Man 맨섬 IONA 아이오나섬 IRLANDE 아일랜드 LEICESTER 레스터 LICHFIELD 리치필드 LINCOLN 링컨 LONDON 런던 LINDISFARNE 린디스판섬 Mur d'Antonin 안토니누스 장벽 Mur d'Hadrien 하드리아누스 장벽 Mur d'Offa 오파 장벽 PAYS DE GALLES 웨일스 지방 READING 리딩 RUGBY 럭비 SALISBURY 솔즈베리 Tamar 타마강 Tees 티즈강 THANET 태닛섬 The Pale 페일 Trent 트렌트강 Tweed 트위드강 Watling Street 워틀링 가도 WORCESTER 우스터 York 요크

– 새로운 생활 습관
cup '잔', CUPPA('큰 나무 항아리, 통')에서 유래함.
dish '접시', DISCUS('원반, 쟁반')에서 유래함.
kitchen '부엌', COQUINA에서 유래함.
pillow '베개', PULVINUS에서 유래함.

영어 형용사 cheap('값이 싼')은 라틴어 CAUPO('술집 주인, 여인숙 주인')에서 유래한 말이다. 런던에는 아직도 Cheapside(직역하면 '시장 쪽')라는 이름으로 알려진 시티(City) 구역의 길이 있다. 독일어 kaufen('사다')도 동일한 단어에서 유래하였다.

휴식 시간

개트윅: 염소 농장

런던의 공항 중 하나의 이름인 개트윅(Gatwick)은 많은 라틴어-게르만어 혼종 합성어들의 존재를 보여주는 좋은 예이다. 그 이름에는 gat가 들어 있는데, 그것은 게르만어에서 유래한 goat('염소')임을 알아볼 수 있으며, 또한 라틴어 VICUS('마을')에서 유래한 -wick가 들어 있는데 흔히 '농장'의 의미를 가진다.

영국 시골을 돌아다니다 보면 다음과 같은 이름들도 만날 수 있다.

Cowick, Butterwick, Chiswick, Honeywick, Bewick, Fenwick

이 말들에서 첫 번째 요소는 명확한 의미를 나타낸다. 그 요소들 각각의 의미는 무엇인가?

정답: cow '암소', butter '버터', cheese '치즈', honey '꿀', bee '벌', fen '늪'[616]

6세기 말부터는 새로운 라틴어 차용어들이 영어에 많이 흘러들었는데, 이것은 영국의 기독교화의 영향이었다. 영국의 기독교화는 두 개의 전파 중심지로부터 펴져나갔다. 아일랜드에서 12명의 동반자들과 함께 온 성 콜룸바는 563년에 영국의 북서부에 있는 아이오나(Iona)라는 작은 섬에 수도원을 건립하였다. 나중에 그곳에서 많은 선교사들이 스코틀랜드를 향해 떠났다. 한편, 교황 성 그레고리 대제에 의해 로마에서 파견된 수도자 오거스틴은 597년에 남동부 끝부분에 있는 켄트에 도착하였는데, 그곳의 켄터베리 수도원은 나중에 큰 명성을 가진 순례지가 되었다(상자 글 '앵글족,

천사들인가?' 참조).

그 당시에 많은 용어들이 등장하고 확산되었다.

- 종교 생활 용어: abbot('사제'), psalter('시편'), bishop('주교'), alms('의연금'), pope('교황'), monk('수도자'), nun('수녀')
- 학교 생활 용어: school('학교'), verse('시, 운문'), master('선생님'), provost('학교의 장')
- 가정 생활 용어: box('상자'), cap('모자'), pear('배'), chervil('처빌, 허브의 일종'), fork('포크'), chest('궤'), pail('양동이'), to spend('쓰다') 등.

앵글족, 천사들인가?

베다 베네라빌리스(673–731)에 의하면, 장차 교황이 될 그레고리 대제의 이 언어 유희가 잉글랜드 기독교화의 기원이 된다. 그레고리는 로마의 시장에서 잘생긴 젊은 금발의 노예들을 보고 그들이 **앵글족**임을 알게 되자, 즉각적으로 그 종족의 이름이 그들의 **천사** 같은 얼굴과 잘 맞는다고 말했다. 말장난을 매우 좋아하는 그레고리는 그 첫 농담에 그치지 않고 그들의 출신 지방의 이름인 **데렌(Deira)**에 대해서도 말장난을 했는데, 그는 그 이름을 **Dei ira**('하느님의 분노', 그들이 이교도임에 대한 분노)로 해석하였고, 그들의 왕 **아엘라**(Aella)의 이름에 대해서도 **'할렐루야!'**라고 말장난을 하였다.

몇 년 후 그가 교황이 되었을 때 그는 그 일을 잊지 않고 있었다. 자신이 직접 갈 수는 없었으므로, 그는 597년에 오거스틴을 다른 수도자 50명과 함께 보내서 켄트를 기독교로 개종시키도록 하였다. 켄트에는 이미 작은 기독교 공동체가 있었다. 3개월 뒤에 왕이 세례를 받았고, 7년 후에는 모든 켄트 왕국이 기독교도가 되었다.[617]

당시에 수도원에서는 라틴어가 교육 언어였다는 것을 상기하면 라틴어 용어들이 많아졌다는 것은 놀라운 일이 아니다. 잉글랜드도 유럽에서 학문의 명소 중 하나가 되었고, 따라서 사람들은 잉글랜드를 라틴 어법의 보존지로 간주하였다. 그래서 너무나 자연스럽게 782년 샤를마뉴가 요크의 주교 알퀸에게 요청하여, 자신의 아헨 궁전과 투르의 성 마르티노 수도원부터 시작하여 '카롤링거 왕조의 르네상스'를 수행하는 데 도움을 받은 것이다(290쪽, '프랑스어를 중심으로' 챕터, '§ 프랑스어는 언제 시작되는가?' 부분 참조).

휴식 시간

펜스를 표시할 때 왜 d가 사용되는가?

이 약자는 영어 단어가 아니라 라틴어 단어의 약자이며 영어에 이러한 경우는 많다.

d	= DENARII	펜스(pence), 그러나 1971년부터는 약자가 **d**가 아니라 **p**임.
s	= SOLIDI	실링(shillings)
£ (화폐)	= LIBRAE	파운드(pounds)
lb (무게)	= LIBRAE	파운드(pounds)

다음과 같은 라틴어 머릿글자들은 영어에서 일상적으로 사용된다.

i.e.	'즉'
e.g. 또는 **v.g.**	'예를 들면'
viz	'말하자면, 특히'

질문: 이 마지막 세 가지 예들의 완전한 라틴어 형태는 무엇인가?

정답: i.e. = ID EST, e.g. = EXEMPLI GRATIA, v.g. = VERBI GRATIA, viz = VIDELICET(viz의 z는 글자 z가 아니고 옛 축약 표시인데 그래도 [z]로 발음된다.[618]

영어의 역설

그 땅에서는 라틴어가 3세기 반 동안에 지배 권력의 언어였지만 그럼에도 불구하고 사람들이 자기 선조들의 언어인 켈트어에 대해 가지고 있는 오래된 애착에 영향을 끼치지 못했다. 그러나 운명이 원하기라도 한 듯이 그 땅에 이번에는 게르만어에서 유래한 다른 언어가 와서 성공적으로 확산되었다. 그것은 정복자들, 즉 주트족(덴마크에서 출발함), 앵글족(슬레스비히에서 출발함), 색슨족(북독일에서 출발함), 프리슬란트족(현재의 네덜란드에서 출발함) 등의 언어였다(아래의 지도 '영어의 원천들' 참조).

게르만어를 사용하던 그 여러 종족들은 처음에는 남부와 동부의 해안에 정착하였지만, 내륙으로 나아가면서 켈트어를 사용하던 사람들을 서쪽으로(콘월, 웨일스 지방) 밀어내거나, 아일랜드 또는 프랑스의 해안으로 쫓아냈다(99쪽, 제3부 켈트 어파, '§ '작은' 브르타뉴' 부분 참조).

3세기 후 그 외국 땅에서 형성된 언어는 대륙에 남은 게르만 종족들의 언어와 매우 달라져 있었다.

영어의 원천들

나중에 영어가 될 언어를 사용하던 게르만 종족들은 북해의 동쪽 해안에서 왔다. 주트족은 오늘날 덴마크에 해당하는 곳에서, 앵글족은 오늘날 슬레스비히 지방에서, 색슨족은 독일 북부에서, 그리고 프리슬란트족은 네덜란드에서 왔다.

그 게르만 침략자들은 켈트 종족들의 일부를 영국의 북부와 서부, 그리고 프랑스 해안으로 쫓아내었고, 그곳에 남아 있던 종족들은 완강히 저항하였지만 결국 굴복하였다.[619]

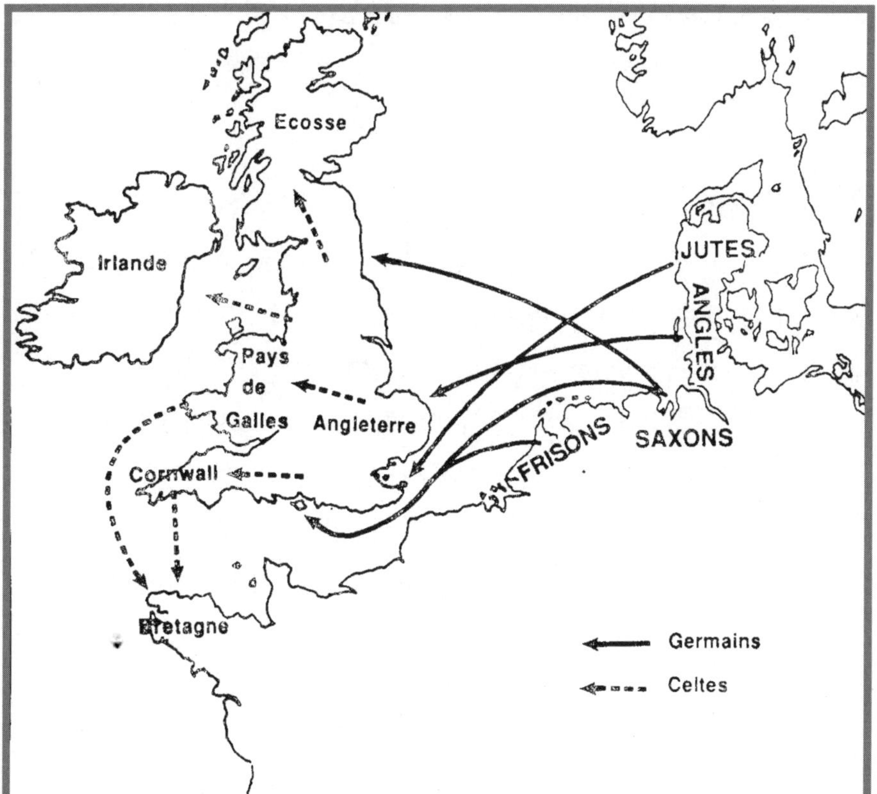

ANGLES 앵글족 Angleterre 잉글랜드 Bretagne 브르타뉴 Celtes 켈트족 Cornwall 콘월 Ecosse 스코틀랜드 FRISONS 프리슬란트족 Germains 게르만족 Irlande 아일랜드 JUTES 주트족 Pays de Galles 웨일스 지방 SAXONS 색슨족

영어는 프리슬란트어와 비슷하다

영어를 다른 게르만 언어들과 구별해주고, 또 영어를 고대 프리슬란트어에 가깝게 해주는 특별한 한 가지 특성이 있다. 그것은 게르만어 /k/ 발음의 특이한 변화이다(412쪽 '네덜란드어를 중심으로' 챕터, '§ 프리슬란트족과 프리슬란트어' 부분 참조). 그 자음은 덴마크어나 독일어에서는 [k]로 남은 반면에 영어에서는 '츄' 음으로 변화하였다. '턱'을 독일어로는 Kinn, 덴마크어로는 kind라고 부르지만 영어로는 chin이라고 한다. cheese('치즈'), chalk('분필'), cheap('값이 싼'), church('교회')와 같은 다른 예들에서도 — 심지어 단어가 외국어에서 차용된 경우라고 하더라도(church는 그리스어에서, cheese와 cheap은 라틴어에서 차용됨) — 기원이 되는 자음이 [k]이었을 때는 그와 같이 '츄' 음이 나타난다.[620]

다양해진 언어

이주해 온 게르만 종족들과 굴복된 켈트 종족들 사이에 몇 세기 동안 접촉이 있은 후에 고대 영어는 지역에 따라 다르게 변화하였는데, 수백 년의 세월이 지난 후에야 매우 다양하게 발달한 방언들을 하나로 모으는 규범이 출현하게 된다.

침략자들이 도착할 때 켈트어 사용 주민들이 피신하여 켈트어가 유지되던 지대들(아일랜드, 웨일스 지방, 콘월, 맨섬)을 제외하면, 고대 영어 방언들을 사용 지역에 따라 4개의 집단으로 나눌 수 있다. 북부의 노섬브리아어, 중부의 머시아어, 템스강 이남의 서색슨어, 그리고 동쪽 끝 지역의 켄트어 등이다(지도 '고대 영어의 방언들' 참조).

고대 영어의 방언들

중세 내내 고대 영어는 매우 다양하게 나누어져 있는 상태였다. 그럼에도 불구하고 그 다양한 방언들은 4개의 지역으로 구분될 수 있다. 즉, 북부의 노섬브리아어, 중부의 머시아어, 남부의 서색슨어, 그리고 남동부의 켄트어 등으로 구분된다.[621]

▲ ▲ ▲ 서기 122년에 픽트족을 막기 위해 하드리아누스에 의해 세워진 장벽.
▲ ▲ ▲ 서기 140년에 픽트족을 막기 위해 안토니누스에 의해 세워진 장벽.
▲ ▲ ▲ 갈리아인들을 막기 위해 머시아의 왕인 오파에 의해 세워진 장벽(8세기).

ANGLETERRE 잉글랜드 Dublin 더블린 CORNWALL 콘월 ECOSSE 스코틀랜드 Île de Man 맨섬 IRLANDE 아일랜드 kentois 켄트어 Lindisfarne 린디스판 Londres 런던 mercien 머시아어 Mur d'Antonin 안토니누스 장벽 Mur d'Hadrien 하드리아누스 장벽 Mur d'Offa 오파 장벽 northumbrien 노섬브리아어 PAYS DE GALLES 웨일스 지방 Tamar 타마강 Tamise 템스강 Tweed 트위드강 west-saxon 서색슨어

고대 영어로 된 최초의 글들은 8세기의 것이며, 가장 잘 알려져 있는 방언은 서색슨어이다. 인간의 형상을 한 괴물들과 싸우는 덴마크 왕의 영웅담을 이야기하는 시 《베오울프》가 그 언어로 쓰여졌기 때문이다(359쪽, '북게르만어', '§ 북쪽에서 온 사람들의 광기로부터...' 부분 참조).

번역가인 앨프레드 대왕

웨섹스 왕국의 앨프레드 대왕이라는 특출난 인물 덕분에 9세기는 영어의 역사에서 중요한 시기가 되었다. 그가 없었다면 영어의 역사는 완전히 달라졌을 것이다. 그는 베다와 앨퀸이 잉글랜드를 전 유럽에서 문화 전파의 중심지로 되게 만들어준 행복했던 시기 이후로 학문이 쇠퇴하였음을 확인하고 과거의 영광을 복원하기로 결심하였다. 국민을 교화하는 데 필수불가결한 원전들을 고대 영어로 번역하기 위해 앨프레드 대왕은 40세에 라틴어를 배우기 시작하였다. 그러한 원전 중에는 베다 베네라빌리스가 라틴어로 쓴 《영국 교회사》(Historia ecclesiastica gentis Anglorum)도 포함되어 있었다. 또한 앨프레드 대왕은 자신의 왕국에 큰 번역 센터를 창립하고 발전시켰을 뿐만 아니라 진정한 문맹 퇴치 계획을 세웠고 유럽에서 유일하게 자신의 통치기의 삶에 대한 연대기 편찬을 추진하였다.[622]

앨프레드 왕은 라틴어에 맞서 고유어를 장려하려고 애쓰면서, 9세기에 자신의 왕국의 서색슨 방언에 기반을 둔 문어 표준어를 만들기 위해 전폭적으로 지원하였다. 북쪽으로부터의 새로운 침략으로 인해 그 표준어의 확산이 중단되지 않았더라면 그것이 영어가 될 수도 있었을 것이다.

약탈자들이 결국 정착하다

793년에 잉글랜드 북동부의 작은 섬에 위치한 린디스판 수도원이 공격받은 것을 비롯하여 덴마크나 노르웨이에서 온 스칸디나비아인 약탈자들의 침입은 8세기 말부터 부유한 수도원들에 대한 산발적이고 빠른 기습들로 시작되었고, 그 다음에는 남쪽으로 확대되면서 앨프레드 왕의 왕국에 중대한 위협이 되었다. 그렇지만 앨프레드 왕은 878년에 침략자들을 이른바 '데인로'(Danelaw, '덴마크인들의 법이 지배하는 지역')라는 곳의 경계선 안으로 밀어넣는 데 성공하였다. 그 지역의 경계선은 남쪽으로 템스강, 서쪽으로 옛 로마의 도로인 워틀링 가도, 그리고 북쪽으로 티스강이었다(458쪽, 이 챕터의 지도 '–by로 끝나는 수백 개의 지명들' 참조).

그래서 그 넓은 지역에서 앵글로색슨어와 스칸디나비아어를 사용하는 종족들이 거의 2세기 동안 때로는 폭력적으로 때로는 조화롭게 살아가면서 뒤섞였다.

영어의 스칸디나비아어 요소들

그 언어들의 공통된 게르만어 기원은 틀림없이 종족들 간의 상호 이해에 유리하게 작용했을 것이고, 그들은 매우 자연스럽게, 그리고 전혀 의식하지 못한 채, 이웃 언어의 단어들을 받아들일 수 있었다. 대부분의 경우에 그것들이 일상생활의 단어였다는 것을 다음 몇몇 예들을 통하여 확인할 수 있다.

- 동사: get '얻다', give '주다', hit '때리다', cut '자르다', lift '들어올리다', take '잡다', cast '던지다', withdraw '철수하다', raise '일으키다', trust '신뢰하다'
- 명사: leg '다리', skull '두개골', root '뿌리', egg '계란', steak '스테이크', knife '칼', dirt '때, 먼지', birth '출생', anger '분노', window '창문'(vindauga('바람의 눈')에서 유래)
- 형용사: low '낮은', weak '약한', meek '온순한', ugly '추한', ill '아픈', odd '홀수의', rotten '썩은', tight '단단한, 꽉 조이는', flat '평평한', awkward '어색한, 불편한'

마지막으로, 두 언어가 얽혀 있음을 더 명백하게 보여주는 단서인 차용어들이 어휘 분야에 한정되지 않고 문법적 형태로도 도입되었다. be 동사의 3인칭 복수형인 are은 스칸디나비아어 차용어이며, they, their, same('같은'), both 등의 대명사와 형용사들도 마찬가지이다.[623]

발음으로 구별하기

바이킹족의 언어에서 차용된 영어 단어를 식별하는 좋은 방법이 있다. 그 방법은 /g/와 /k/의 발음의 역사를 이용하는 것으로서, 그 자음들은 북게르만어들에서는 계속하여 목구멍 안에서 발음되었지만 영어에서는 입 앞쪽에서 발음되는 자음들로 변화되었다. 예를 들면, get, give, gild 또는 egg와 같은 어형들은 스칸디나비아어 차용어라고 알아볼 수 있다. 왜냐하면 영어 형태가 유지되었더라면 yesterday('어제'), yellow('노란'), year('년'), yield('양보하다') 등과 비슷하게 yet, yive, yild, ey 등으로 되었을 것이기 때문이다.

두 자음이 연속된 sk의 경우는 더 분명하다. 그것이 영어에서 변화 과정을 거쳤다면 fish에서처럼 '슈'(sh) 발음이 될 것으로 예측된다. 그러나 다음 단어들은 [sk]로 발음되므로 스칸디나비아어 차용어임을 알 수 있다: sky('하늘'), skin('피부'), scrub('문질러 씻다'), scowl('노려보다'), scrape('긁다'), scare('겁먹게 하다'), score('자국, 20'), screech('날카로운 소리를 내다') 등(아래 상자 글 '본래는 shirt = skirt' 참조).

본래는 shirt = skirt

오늘날 영어에서 **shirt**는 '셔츠'이고 skirt는 '치마'이지만, 본래는 두 단어가 하나였다. 그러나 **shirt**는 **fish, ship, shoe** 등과 마찬가지로 게르만어 **sk**가 영어에서 고유한 변화 과정을 겪은 것이다. 반면에 **skirt**라는 어형은 덴마크어 **fisk**('물고기'), **skib**('배'), **sko**('신발') 등과 같이 본래의 **sk**가 유지된 스칸디나비아어에서 차용된 것이다.

새로운 의미들

최초의 차용어들 가운데 오늘날 husband('남편')로 변화한 단어가 있는데, 그것은 본래 '집의 주인'을 의미하였다. 그 단어의 첫 음절에 영어의 house로 귀착된 공통 게르만어 어형이 있고, 그 뒤에 온 말은 오늘날 덴마크어 bonde('농부, 땅 주인')에 해당하는 것임을 알아볼 수 있다. 이는 스칸디나비아인들의 지배하에서는 농촌 생활이

중요했음을 상기시킨다.

앵글로색슨족이 바이킹 침략자들에게서 fellow라는 단어를 차용하였을 때, 그 단어는 '파트너, 동료', 더 정확하게는 '합작 사업에 출자하는 사람'을 의미하였다. fellow 안에는 영어 fee('회비, 요금')와 lay('맡기다, 제출하다')가 들어 있다. 현재의 의미는 더 나중에 생겼다.

다른 의미적 변화들도 고대 영어에 존재하던 공통 게르만어 기원의 단어들에게 일어났다. 예를 들면, 오늘날 dream이라는 형태로 된 단어가 본래 '기쁨'을 의미하였는데, 바이킹족이 그것을 '꿈'이라는 의미로 사용하던 것을 그대로 받아들였다. bread의 의미는 '조각'에서 '빵 조각', 그리고 '빵'으로 옮겨갔으며, die('죽다')라는 스칸디나비아어 어형은 기존의 동사인 starve를 대체하였고, starve는 '굶어 죽다'는 의미를 얻게 되었다. 마지막으로, 오늘날 '잘못된, 틀린'을 의미하는 wrong이라는 단어는 본래 '비틀어진'이라는 의미를 가지고 있었다.

두 가지 어형의 존속

스칸디나비아어 단어가 완전하게 앵글로색슨어 단어를 대체하지 않고 두 어형이 오늘날까지 유지되는 경우가 흔하고, 두 어형 사이에는 때때로 미묘한 의미적 차이가 있다. 예를 들면, 앵글로색슨어인 wish는 스칸디나비아어 기원인 want와 함께 유지되었고, 마찬가지로 hide('(특히 큰 짐승의) 가죽')가 skin('피부')과 같이 유지되었다. 그 밖에도 craft(앵글로색슨어, '기술')와 skill(스칸디나비아어), to rear('기르다')와 to raise('일으키다'), less('덜한')와 loose('느슨한'), from과 fro(숙어 표현 to and fro('앞뒤로')에 사용됨), whole('온전한, 전체의')과 hale(특히 to be hale and hearty('원기 왕성하다')라는 표현에서) 등의 예가 있다(상자 글 '스칸디나비아어 계란 이야기' 참조).[624]

스칸디나비아어 계란 이야기

바이킹족의 침략 이후 오랜 시간이 지난 어느날, 어떤 여행자가 계란을 사기 위해 템스 강변의 가게에 들렀다. 그는 당시 자신의 지방에서 일상적으로 사용되던 eggys(egg의 복수형)라는 어형을 말하며 영어로 주문을 하였다. 여자 상인이 자기는 프랑스어를 못한다고 대답하는 것을 듣고 깜짝 놀라서 그 자신도 프랑스어를 못한다며 화를 내었다. 다른 누군가가 그 마을에서 사용되고 있던 옛날 어형인 **eyren**(ey의 복수형)이라고 말해주자 비로소 여자 상인이 이해하였다.

교훈: 차용어는 때로는 전체 사용 지역에서 예전 어형을 몰아내는 데 수 세기가 걸린다. 16세기가 되어서야 스칸디나비아어 어형인 **egg, eggs**가 옛 앵글로색슨 어형인 **ey, eyren**을 완전히 대신하게 되었다.[625]

거주 장소의 이름

이처럼 영어에 대한 스칸디나비아어의 영향은 심대하였다. 따라서 잉글랜드에 스칸디나비아어에서 유래한 지명이 1400개 이상 있다는 사실도 충분히 이해될 것이다. 가장 많은 지명(약 600개)은 –by('주거지')로 끝나는 것들이다(458쪽의 지도 '–by로 끝나는 수백 개의 지명들' 참조).

잉글랜드의 도로 지도를 읽어보면 지명의 기원에 대해서 많은 것을 알 수 있으며, 몇몇 정보가 주어진다는 조건하에서 이름의 형태만으로 색슨족과 바이킹족의 초기 주거지들을 알아볼 수도 있다.[626]

스칸디나비아어에 기원을 둔 지명	색슨어에 기원에 기원을 둔 지명
–beck('시냇가'): Troutbeck('송어 시냇가', 컴브리아), Caldbeck('차가운 시냇가', 컴브리아)	–don('언덕'): Wimbledon(대(大)런던)
–by('주거지, 농장'): Rugby('떼까마귀(영, rook) 농장')	–ham('집단, 거주지'): Durham(더럼) –ing('~의 주민'): Reading(버크셔)
–thorpe('외딴 농장'): Scunthorpe(험버사이드), Manthorpe(링컨셔)	–stowe('집합 장소, 성스러운 장소'): Christow('기독교인의 장소', 데번),
–thwaite('개간지'): Allithwaite(컴브리아), Braithwaite(사우스요크셔)	Bristol(bridge + stowe = '다리 근처의 집합 장소', 에이번)

−toft('땅뙈기, 농장'): Beltoft(험버사이드) Lowestoft(서퍽)
−scale('임시 거처'): Scales(컴브리아 주, 랭커셔)
−skill('언덕'): Ranskill('까마귀(영, raven) 언덕', 노팅엄셔)
−sted('장소, 부지'): Oxted(서리) '참나무(영, oaks)가 자라는 장소'
−ton('농장' 그 다음에 '마을'): Brighton (이스트서식스)

이처럼 익숙한 지명들을 보면서 놀이 삼아 바이킹족이 영어에 남긴 많은 흔적의 일부를 알아갈 수도 있다.

심층적인 변화

바이킹족 언어와의 접촉으로 인해 언어의 문법적 구조에 관한 더 중대한 변화도 생겼다. 거의 모든 격 어미들을 점차로 잃어버림으로써 언어가 근본적으로 변형되었다.

고대 영어는 굴절 언어, 즉 라틴어나 그리스어처럼 단어들의 기능이 격으로 표시되는 언어였다. 예를 들면, 단수인 경우에 늑대를 주어와 직접 목적어로는 wulf라고 하였고, 명사의 보어[소유격을 가리킴]로는 wulves, 그리고 귀속보어[무언가를 주거나 받는 의미가 포함된 동사의 간접목적어]로는 wulfe라고 하였다. 그런데, 고대 영어와 침략자들 언어에서 단어의 어간은 공통적인 경우가 많았고, 영어와 스칸디나비아어들 사이의 차이는 주로 격 어미들에 있었다. 스칸디나비아 침략자들의 영향으로 그러한 어미들을 제거하는 경향이 강화되고 가속화되었다. 자연스럽게 사람들은 공통적인 부분을 강조하고 단어의 끝은 희미하게 발음하는 것으로 만족하였다. 다음 시대에 사람들이 확실하게 보게 될 문법적 형태들의 단순화가 바이킹족의 시절에 분명히 일어나기 시작하였다.[627]

그러나 바이킹족의 영향력은 11세기 중엽에 새로운 침략자들이 도래함로 인해 곧 사라지게 되었고, 이 언어는 그것의 역사에서 가장 중요한 새로운 전환점을 맞게 되었다. 이 시기부터 영어는 더 이상 결코 보통의 게르만어가 아니게 되었고, 새로운 정복자들이 가져온 로망스어의 지워지지 않는 특징들이 영어에 깊이 배어들었다.

–by로 끝나는 수백 개의 지명들

지도의 모든 점들은 –by로 끝나는 지명들을 나타낸다. –by는 '주거지'를 의미하는 스칸디나비아어 단어에서 유래한 것이며, 따라서 바이킹족이 정착한 범위를 증명한다. 그 범위는 덴마크의 법이 적용되던 데인로 지역(Danelaw)에 한정되어 있다.

더비(Derby, deer('사슴의 일종')에서 유래함)는 본래 '사슴 농장'이었고, 럭비(Rugby, rook('떼까마귀')에서 유래함)는 '떼까마귀 농장'이었다.[628]

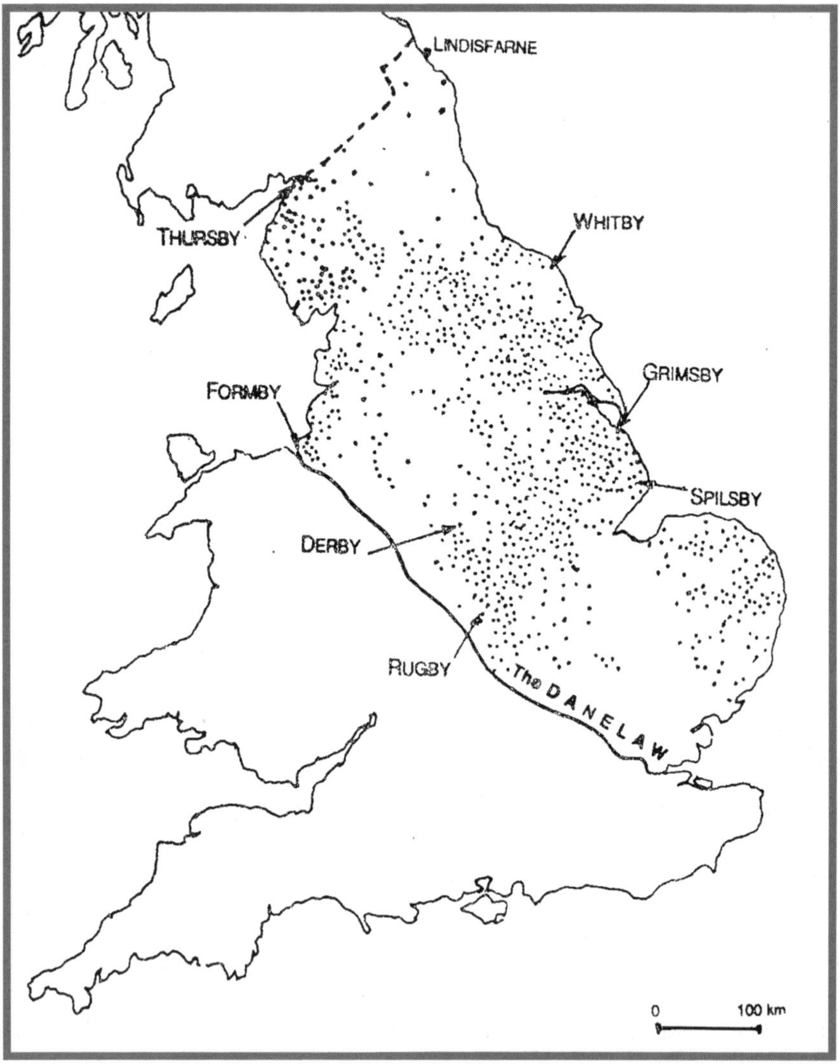

DERBY 더비 FORMBY 폼비 GRIMSBY 그림즈비 LINDISFARNE 린디스판 RUGBY 럭비 SPILSBY 스필스비 The DANELAW 데인로 지역 THURSBY 서스비 WHITBY 휘트비

11세기의 대혼란

노르망디공 윌리엄은 1066년 헤이스팅스에서 색슨족 왕인 해럴드를 격파한 다음에 그곳에 자신의 궁정을 세우고, 대성당과 수도원에 새로운 성직자들을 임명하였으며, 또한 프랑스에서 온 새로운 귀족들에게 땅을 나누어주었다. 어느날 갑자기 영어는 잉글랜드 궁정에서 사라지고 프랑스에서 온 언어가 사용되었으며, 글로서의 영어는 긴 침묵에 들어갔다. 라틴어는 학식 있는 사람들의 언어로 남았으며, 이것은 바이외 타피스리[노르망디공 윌리엄의 잉글랜드 정복 과정을 그리고 있는 세로 70cm에 가로 6830cm의 중세 자수 작품으로서 2007년 유네스코 세계기록유산으로 지정됨]에서 확인된다. 거기에는 그림 설명이 노르만인 귀족 및 색슨족 귀족에게 익숙한 언어인 라틴어로 되어 있다(아래 상자 글, '바이외의 타피스리').[629]

바이외의 타피스리

아래의 그림은 바이외의 타피스리의 일부분을 나타내고 있다. 타피스리는 라틴어로 노르만인들이 헤이스팅스에서 거둔 승리를 이야기하고 있다. HIC EXEUNT CABALLI DE NAVIBUS('여기 말들이 배에서 나온다')라는 문장이 보이는데, 고전 라틴어 EQUI라는 형태가 아니라 통속 라틴어인 CABALLI('말들')라는 어형이 사용된 것을 알 수 있다.

당시에 잉글랜드의 영토에서는 세 가지 언어가 사용되면서 매우 특별한 상황이 만들어졌다. 고대 영어에서 분화된 방언들은 아직 지리적으로 분포되어 있었지만, 그 세 언어들은 꼭 지리적으로 분포되었다기보다는 위계화된 계층으로 나누어져 있었다. 라틴어는 지식과 문어를 독점하였고, 프랑스어는 우아함의 언어이자 지배 계급의 언어였으며, 영어는 다양한 형태로 사용되던 하층민들의 언어였다. 프랑스어와 영어 사이의 이러한 위계적 구분에 대한 증거는 수없이 많다. 18세기 말 무렵에 역사가 로버트 드 글로스터는 심지어 프랑스어를 말하는 사람들만이 존중되는 것을 확인하게 된다고 불평하였다.

그러한 구분이 너무나 분명하여 어떤 언어를 사용한다는 사실이 사회 계층의 확실한 표시가 되었다. 사자심왕 리처드의 시대인 12세기 말에 윌리엄 오브 엘리 주교가 왕의 총애를 잃었을 때, 그는 큰 희생을 치르고 나서 그러한 사실을 알게 되었다. 그는 여자로 변장하고 상인처럼 겨드랑이에 옷감 한 폭을 낀 채 잉글랜드를 떠날 궁리를 하면서 무사히 도버에 도착하였지만 결국 그곳에서 붙잡히게 되었는데, 그 이유는 그가 옷감 값을 묻는 구매자에게 영어로 대답할 수 없었기 때문이었다.[630]

그러므로 국가의 세 언어 사용이 개인의 세 언어 사용과 일치되지는 않았다. 라틴어는 단지 글의 언어였으며, 아마도 각 개인은 자신의 언어만 말로 사용했을 것이다. 인구의 대부분은 영어를, 지도 계층과 거상들은 프랑스어를 사용한 것으로 보인다.

영어에 프랑스어 역사가 반영되어 있다

그렇지만 노르만인들의 정복 초반기의 프랑스어 영향을 거론하는 것은 잘못된 것이다. 왜냐하면 윌리엄의 동반자들이 사용하던 언어는 아직 프랑스어가 아니고 노르망디어였기 때문이다. 11세기 중엽에는 실제로 프랑스어가 파리 주변 작은 지방의 대수롭지 않은 방언일 뿐이었고 나중에 얻게 되는 명성을 당시에는 아직 얻지 못한 상황이었다. 그러한 이유로 영어의 초기 차용어들에는 노르망디어 기원을 나타내는 흔적이 있는 반면에 나중의 차용어들은 일드프랑스의 언어가 점차 프랑스의 나머지 지역에 받아들여지게 된 새로운 프랑스어 상황을 반영하고 있다. 영어에 의한 차용들을 관찰하면 다소 프랑스어 확장의 역사도 배우게 된다.

앵글로노르만어

당시에 잉글랜드에서 말해지던 프랑스어는 앵글로노르만어라는 용어로 지칭되는 매우 특별한 프랑스어로서, 특히 알리에노르 다키텐의 남편인 헨리 2세 그리고 헨리 3세의 치하에서 문학의 융성을 일으킨 언어이다.[631] 이 앵글로노르만어의 일부 특성이 영어의 초기 프랑스어 차용어들에 나타난다. 11세기 중엽과 14세기 사이의 잉글랜드 언어 상황은 정복자들의 언어 자체가 변혁기였던 만큼 더 복잡하게 되었다. 정복자들의 언어가 초기에는 노르망디어와 피카르디어였으나 곧 프랑스어로 대체되었기 때문이다. 영어에 차용된 어형들도 그와 같이 기준 언어가 바뀌게 된 프랑스의 언어 상황을 반영하고 있다.

예를 들면, 당시의 프랑스어와 지금의 프랑스어에 g가 나타나는 위치에 노르망디어처럼 w가 나타나는 일련의 영어 단어들이 있다. 다음은 그러한 예들이다.

영어	**현재 프랑스어**
wafer '웨이퍼(과자)'	gaufrette
wage '급료'	gages
(to) wait for '기다리다'	cf. guetter '(길목을 지키고) 기다리다'
war '전쟁'	guerre
warden '기관의 장'	cf. gardien '관리인, 수도원장'
wardrobe '옷장'	garde-robe
warrant '보증'	garantie
warren '토끼'	garenne
waste '허비하다'	gâter('상하게 하다')와 동일 어원이나 의미가 다름
wince '(통증 등으로) 움찔하다'	cf. guenchir(고어, '피하다, 얼굴을 돌리다')

나중의 차용어들에는 더 이상 노르망디어의 흔적이 아니라 프랑스어의 흔적이 있다. warrant('보증')와 비슷한 말로 오늘날 guarantee('보증(서)', '개런티')가 있는데, 이것은 아마도 훨씬 나중에 프랑스어에서 차용되었을 것이다. 또한 warden('관리인',

'교도소장')과 비교되는 말로 guardian('후견인')이 있는데, 그 단어는 u가 있는 표기임에도 불구하고 영어에서 발음이 [ga:]로 남았다[프랑스어에서 g는 u 앞에서 [g]로 발음되지만, 그 경우에 u 자체는 일반적으로 발음되지 않는다].

라틴어에서 -CA-라는 글자 연속을 포함하고 있었던 단어들에 대하여는 노르망디어 차용어들을 알아보게 해주는 다른 하나의 기준이 있다. 영어 단어에서 프랑스어의 '슈'가 아니라 [k] 자음이 나타나면 노르망디어 차용어이다. 예를 들면, 동사 to catch('잡다')와 to chase('뒤쫓다')는 둘 다 라틴어 CAPTIARE에서 왔지만 첫 번째 단어는 노르망디어를 통해서 들어왔고, 두 번째 단어는 프랑스어를 통해 들어왔다. cattle('가축', [kætl])이라는 단어는 노르망디어를 통해 영어에 들어갔으며, 그것으로부터 프랑스어 단어 cheptel('가축류 전체', [ʃɛptɛl])도 만들어졌는데, 또 다시 cheptel은 법률 영어에 chattels('동산', [tʃætl])라는 형태로 차용되었다. 마찬가지로 case('상자')는 [k]로 되어 있는 노르망디어 형태로 전해진 것이고, 프랑스어 형태는 변화 과정 후 châsse('틀', [ʃɑːs])로 되었다. 마지막으로, cancel('취소하다')은 본래의 /k/를 간직한 반면에 chancellor('(독일 등의) 수상, 총장', [tʃɑːnsələ(r)])는 처음에 canc(h)eler라는 형태로 사용된 실례가 있는데, 나중에 첫 자음 /k/가 없어지고 ch가 사용된 것이다.[632]

다음은 노르망디어-피카르디어 또는 프랑스어에서 차용된 라틴어 기원 단어들의 다른 예들이다.

노르망디어-피카르디어로부터 차용	**프랑스어로부터 차용**
market '시장', cf. 프, marché	merchant '상인', cf. 프, marchand
castle '성', cf. 프, château	(to) change '변하다', cf. 프, changer
carry '가져가다', cf. 프, porter	chapel '소예배당', cf. 프, chapelle
case '상자', cf. 프, châsse '틀'	chain '사슬', cf. 프, chaîne
escape '달아나다', cf. 프, s'échapper	chair '의자', cf. 프, chaise
cauldron '가마솥', cf. 프, chaudron	chamber '~원, ~실', cf. chambre

영어의 두 가지 원천

이러한 두 가지 계보, 즉 한편으로는 노르망디어와 프랑스어를 거친 라틴어 계보와 다른 한편으로 게르만어 계보가 있는 덕분에 오늘날 다른 언어들에는 한 단어만 존재하는 상황에도 영어는 대개의 경우 두 단어를 가지는 특혜를 누리고 있다.

아래의 목록은 제법 길지만 영어의 놀라운 어휘적 가능성들을 보여주는 작은 표본일 뿐이다.

영어의 두 가지 계보

동사

to begin	'시작하다'	to commence
to bother	'귀찮게 하다'	to annoy
to clothe	'옷을 입히다'	to dress
to die	'죽다'	to perish
to end	'끝내다'	to finish
to feed	'밥을 먹이다'	to nourish
to fight	'싸우다'	to combat
to give up	'포기하다'	to abandon
to help	'돕다'	to assist
to hide	'숨기다'	to conceal
to hinder	'방해하다'	to prevent
to keep back	'저지하다'	to retard
to look for	'구하다'	to search for
to overcom	'이기다'	to vanquish
to put up with	'참다'	to tolerate
to rise	'올라가다'	to mount
to shun	'피하다'	to avoid
to spit	'뱉다'	to expectorate
to take	'파악하다'	to apprehend
to win	'이기다'	to gain

부사

indeed	'사실은'	in fact

명사

bill	'부리'	beak
blossom	'꽃'	flower
bough	'나뭇가지'	branch
folk	'사람들'	people
inner	'내부'	interior
looking-glass	'거울'	mirror
might	'힘'	power
outer	'외부'	exterior
share	'나누다'	part
spell	'주술'	enchantment
weariness	'무기력'	lassitude
wish	'바램'	desire
wits	'슬기'	reason
work	'노동'	labour

형용사

blunt	'무뚝뚝한'	brusque
cheeky	'퉁명스러운'	curt
clever	'영리한'	intelligent
darling	'좋아하는 사람'	favourite
deep	'깊은'	profound
hazy	'모호한'	vague
hearty	'다정한'	cordial
holy	'성스러운'	saint
lonely	'외로운'	solitary
loving	'애정 어린'	amorous
raw	'날것의'	crude

게르만어를 기원으로 하는 왼쪽 칸의 단어들은 오른쪽 단어들보다 언제나 더 친근하고 더 일상적이며, 프랑스어나 라틴어에 기원을 둔 오른쪽 단어들은 더 문학적이고 더 세련된 말임을 분명히 확인할 수 있을 것이다.

반대의 경우는 많지 않다. dale('계곡')에서 그러한 예를 하나 보게 되는데, 이것은 라틴어를 기원으로 하는 valley보다 덜 평범하고 더 시적이다. 앵글로색슨어인 deed('행위')는 더 평범한 action, 그리고 더 세련된 exploit와 함께 존재하고 있는데, 그 두 단어는 모두 라틴어 기원을 가지고 있다. 이러한 예들은 위에서 언급한 기준으로 단어들을 분류하는 것에 몇몇 예외가 있음을 보여준다.

색슨 동물이 노르만 동물로 되는 법

월트 스코트의 소설 《아이반호》에는 뜻밖의 영어 어휘 수업이 있다.

– I advise thee, said Wamba, [...] to leave the herd to their destiny, which, whether they meet with bands of travelling soldiers, or of outlaws, or of wandering pilgrams, can be little else than to be converted into Normans before morning, to thy no small ease and comfort.

– The swine turned Normans to my comfort! quoth Gurth; expound that to me, Wamba, for my brain is too dull, and my mind too vexed, to read riddles.

– Why, how call you those grunting brutes running about their four legs? demanded Wamba.

– Swine, fool, swine, said the herd, every fool knows that. – And swine is good Saxon, said the Jester; but how call you the sow when she is flayed, and drawn, and quartered, and hung up by the heels like a traitor?

– Pork, answered the swineherd.

– I am very glad every fool knows that too, said Wamba, and pork, I think, is good Norman-French; and so when the brute lives, and is in the charge of a Saxon slave, she goes by her Saxon name; but becomes a Norman, and is called pork, when she is carried to the Castle-hall to feast among the nobles; what dost thou think of this, friend Gurth, ha? [...]

– [...] There is old Alderman Ox continues to hold his Saxon epithet, while he is under the charge of serfs and bondsmen such as thou, but becomes Beef, a very French gallant, when he arrives before the worshipful jaws that are destined to consume him. Mynheer Calf, too, becomes Monsieur de Veau in the like manner; he is Saxon when he requires tendance, and takes a Norman name when he becomes matter of enjoyment.[633]

번역

왐바가 말했다. "나는 너에게 [...] 짐승 떼를 운명대로 내버려 두기를 충고한다. 그것들이 이동하는 병사들이나 범법자들, 또는 떠돌이 순례자들을 만나더라도 아침이 되기 전에 노르만 동물들로 변할 수 밖에 없을 것이니, 그 편이 너에게 상당한 안락함과 편안함을 주게 될거야.".

구트가 말했다. "돼지들이 노르만 동물들로 변해서 내게 편안함을 준다고! 왐바, 내게 그것을 좀 설명해 줘. 내 머리가 너무 둔하고 내 마음이 너무 산란해서 수수께끼를 못 풀겠어."

왐바가 물었다. "그러면, 네 발로 뛰면서 꿀꿀거리는 저 짐승들을 너는 어떻게 부르니?"

돼지 치는 사람이 말했다. "스와인(swine, '돼지')이야, 바보, 스와인. 모든 바보가 그건 알지."

어릿광대가 말했다. "그리고 스와인은 훌륭한 색슨어야. 그러나 암퇘지가 가죽이 벗겨지고, 내장이 제거되고, 또 토막이 나서 반역자처럼 발꿈치로 매달려 있을 때 그것을 어떻게 부르니?"

돼지치기가 대답하였다. "포크(pork)지."

왐바가 말했다. "모든 바보가 그것도 안다니 매우 기쁘다. 그리고 내 생각으로는 포크가 훌륭한 노르만 프랑스어이다. 요컨대, 그 짐승이 살아 있고 색슨족 노예가 그것을 돌보고 있을 때는 그것이 색슨 이름을 가지지만, 그것이 성으로 옮겨져서 귀족들의 향연에 쓰일 때는 노르만 동물이 되고 포크라고 불리게 되지, 구트 친구야, 알겠어? [...] 나이 드신 옥스(Ox, '황소')씨도 너 같은 농노나 노예의 돌봄 속에 있을 동안에는 자신의 색슨 이름을 계속 쓰지만, 그를 먹게 되어 있는 고매한 분들의 입 앞에 도착하면 매우 프랑스적인 귀족인 비프(Beef, '소고기 요리'를 뜻하는 라틴어 기원의 단어)씨가 되지. 마찬가지로 카프(Calf, '송아지'를 뜻하는 색슨어)님도 무슈 드 보(Veau, '송아지 요리'를 뜻하는 프랑스어)가 되지. 그가 돌봄을 받을 때는 색슨어 이름으로 통하고, 그가 쾌락의 대상이 될 때는 노르만 이름을 갖게 되지."

매우 영어적인 구별들

어쨌든 어휘의 두 가지 원천이 존재하기 때문에 언제나 문체적 효과를 얻을 수 있고, 대개의 경우 매우 유용한 구별이 가능해진다.

상상력을 가장 많이 자극한 예는 영어에서 살아있는 동물들의 이름, 즉 swine(또는 pig), cow, calf, sheep 등 게르만어에서 유래한 말과 그것들이 식탁 위에 오를 때의 이름, 즉 pork, beef, veal, mutton 등 프랑스어 차용어 간의 구별이다. 이러한 영어의 특성은 17세기 중엽에 이미 주목받았고,[634] 특히 1819년 월터 스코트의 소설 《아이반호》를 통해 잘 알려졌다(상자 글 '색슨 동물이 노르만 동물로 되는 법' 참조).

일반적으로 인용되고 있는 것은 위의 예들뿐이고 사냥에서 얻은 것들에 대해서는 잘 알려져 있지 않다. 사슴과 동물을 뜻하는 색슨어 명사인 deer는 살아있는 동물들에 대해서만 사용되고 vension('(사슴 등) 큰 짐승의 고기')만이 식당 메뉴판에 적혀 있다는 것도 알아야 한다.

프랑스어에서 '암시받은' 동사적 구별

아마도 오랜 기간 동안의 이중 언어 사용 때문에 새로운 문법적 구별도 생긴 것 같다. 예를 들면, 모든 게르만어들 가운데 영어만이 단순한 과거 시제(prétérit)의 개념과 다른 반과거(imparfait) 개념을 표현하기 위한 일련의 수단을 발전시켰다는 것은 주목할 만하다[프랑스어에서 반과거는 과거의 어느 시점에서 지속되고 있는 행위나 과거의 반복된 행위를 나타낸다]. 영어에는 he worked('그가 일했다') 외에도 행동의 지속성을 표현하기 위해 조동사가 포함된 형태, '(to) be + −ing'가 있다. 즉, 'he was working'은 '그는 일하고 있었다, 그는 일하던 중이었다'라는 의미이다. 습관을 표현하기 위해 영어는 두 가지 다른 형태를 사용한다. 'would + 부정사'('he would work') 또는 'used to + 부정사'('he used to work', '그는 일하곤 하였다, 그는 일하는 습관이 있었다')이다. 이처럼 미분화된 과거와 구별되는 반과거 개념을 표현할 필요성은 아마도 프랑스어와의 접촉에서 암시받은 것으로 보인다[프랑스어에서는 게르만어들과 달리 단순과거, 복합과거, 반과거, 대과거 등 여러 가지 시제를 사용하여 과거의 사건들을 다양하게 표현하고 있다].[635]

장기화된 이중 언어 사용의 결과

13세기 초까지 잉글랜드와 프랑스 사이의 관계는 매우 밀접했다. 왜냐하면 잉글랜드의 왕들은 동시에 노르망디의 공작이기도 하였기 때문이다. 모든 귀족과 고위 성직자만이 아니라 프랑스에서 온 많은 상인과 장인들이 잉글랜드에 정착하였다.

잉글랜드 왕 헨리 2세는 이미 앙주(Anjou)와 멘(Maine)의 백작이었는데, 1152년에 알리에노르 다키텐과 결혼함으로써 또 다시, 그리고 막대하게, 자신의 프랑스 소유지를 넓혔다. 그래서 그의 땅이 영불 해협에서 피레네 산맥까지 프랑스 서부 전역으로 확장되었다. 게다가 거의 모든 영국 귀족은 영불 해협의 양편에 영지를 가지고 있었으며, 그것은 잉글랜드와 프랑스의 교류가 활발하게 이루어지는 요인이 되었다.

휴식 시간

직업 게임

새로운 직업들이 노르만인들의 정착과 함께 발달하였는데, 그 직업들의 이름은 그것들이 프랑스에서 온 것임을 증언하고 있다. 앵글로색슨어 어형을 간직한 더 전통적인 직업명들 가운데 섞여 있는 노르망디어나 프랑스어 기원을 가진 6개 직업명은 어떤 것들인가?

baker	'빵집 주인', cf. 프, boulanger	butch	'정육점 주인', cf. 프, boucher
carpenter	'목수', cf. 프, charpentier	fisherman	'어부', cf. 프, pêcheur
joiner	'소목장이', cf. 프, menuisier	mason	'석공', cf. 프, maçon
miller	'방앗간 주인', cf. 프, meunier	painter	'도장공', cf. 프, peintre
saddler	'마구 제조인', cf. 프, sellier	shepherd	'양치기', cf. 프, berger
shoemaker	'구두 수선공', cf. 프, cordonnier	smith	'대장장이', cf. 프, forgeron
tailor	'재단사', cf. 프, tailleur	weaver	'방직공', cf. 프, tisserand
wheelwright	'수레나 그 바퀴 제조인', cf. 프, charron		

정답: 노르망디어나 프랑스어에 기원을 둔 단어는 butcher, carpenter, joiner, mason, painter 및 tailor이다. 참고로, 프랑스어에서는 boucher가 본래 염소 고기 상인을 가리켰으며, joiner에서는 나무 조각들을 연결하고(프, 'joindre') 조합하는 장인을 떠올려야 한다. 프랑스어 차용어의 목록에 Bollinger라는 성(姓)을 추가할 수도 있었는데, 그것은 Boulanger('빵집 주인')와 같은 말이다.

두 공동체 사이의 의사소통은 틀림없이 약간의 문제가 있었을 것이다. 그러한 문제의 흔적이 절반은 프랑스어로 절반은 영어로 이루어진 대화가 들어가는 문학 작품들에 남아 있다. 다음은 셰익스피어가 그의 희곡 '헨리 5세'에 그러한 기억을 새겨 놓은 대화이다(상자 글 '원전 속의 '이중 언어 사용' 참조).

원전 속의 '이중 언어 사용'

셰익스피어의 '헨리 5세'에서 발췌, 2장 5막

이 장면은 1420년 트루아를 배경으로 하며, 프랑스를 아쟁쿠르에서 격파한, 그리고 장차 잉글랜드와 프랑스의 왕이 될 플랜테저넷 왕가의 잉글랜드 왕 헨리 5세와 프랑스 공주이자 프랑스 왕 샤를 6세의 딸이며 헨리 5세가 결혼하기 원하는 카트린 사이에서 벌어지는 일이다. 카트린의 시녀인 알리스가 통역자 역할을 한다.

두 약혼자 간의 환심을 사려는 대화가 (보기에 따라서는) 언어 수업의 모습으로 가고 있다.[636]

Henry	Then, I will kiss your lips, Kate.
Katharine	*Les dames et les demoiselles pour être baisées devant leurs noces, il n'est pas la coutume de France*. ('여인들이 결혼 전에 키스받는 것은 프랑스 관습이 아닙니다')
Henry	Madam my interpreter, what says she?
Alice	Dat it is not to be de fashon *pour les* [각각 영어의 for, the에 해당함] ladies of France, – I cannot tell vat is baiser [영어의 kiss에 해당함] en Anglish[프랑스어 'en anglais', 영어 'in English'를 섞어 말함].
Henry	To kiss.
Alice	Your majestee *entendre* [영어의 hear에 해당함] bettre *que moi*. [영어의 'than me'에 해당함]
Henry	Il is not fashion for the maids in France to kiss before they are married, would she say?
Alice	*Oui*, *vrament*. ['네, 정말로']

프랑스어가 자리를 내놓다

13세기에는 프랑스어가 일드프랑스의 경계를 넘어 널리 전파되었으며, 프랑스 전체에서 그리고 곧 유럽에서 우아함과 문화의 언어가 되기 시작하였다. 잉글랜드에서는 프랑스어가 우월한 지위를 유지하였지만, 그와 동시에 영어에 대한 관심도 서서히 증가하였고, 결국 14세기부터는 영어가 우세하게 되었다. 그때부터 프랑스어는 귀족들에게서도 더 이상 어린 시절부터 말하는 언어가 아니라 외국어를 배우듯 배워야 하는 언어가 되었다. 이 새로운 상황은 프랑스어 교육 교재의 급속한 증가와 프랑스어 작품들의 영어 번역서 출판으로 확인되며 그러한 번역들은 14세기 중엽까지 증가하였다. 이 시점에서는 문학 작품들을 통해 고대 영어에서부터 영어까지 거쳐온 길을 평가해볼 수 있다.

초서와 함께 고대 영어는 쇠퇴하였다

초서의 언어는 이 시기를 가장 잘 대변하는 것으로 고대 영어에 비해서 어휘적 차원만이 아니라 문법적 구조에서도 완전하게 변형된 언어이다.

14세기의 이 언어가 고대 영어로 쓰여진 글들의 언어와 구별되는 점은 문법 어미의 탈락으로서, 그것은 바이킹족의 시대에 이미 시작되었고 노르만인들과의 접촉으로 촉진된 변화의 결과이다. 그 변화가 이제 완료된 것이다. 대부분의 격 어미는 사라졌고 소유격만 예외로서 's 형태로 오늘날까지도 살아남았다. 문법 기능들의 표현이 고대 영어에서는 격을 이용해서 실현되었는데 이제는 전치사들(by '~에 의해', with '~을 가지고', of '~의', from '~로부터') 또는 오로지 어순에 맡겨지고 있다. 고대 영어로 된 원전은 비전문가인 모든 영어 화자들에게 전혀 이해할 수 없는 것인 반면에 초서(1340–1400)의 영어는 비록 항상 즉각적으로 이해되지는 않고 특히 단어의 의미에 관해서 불확실한 부분이 남아있음에도 불구하고 이미 '근대 영어'처럼 보인다.

'켄터베리 이야기'에서는 순례자들에 대한 묘사나 특히 다음과 같은 기사에 대한 묘사가 어려움 없이 읽혀진다.

> He was a verray parfit gentil knyght.

그러나 'he was a knyght'(오늘날은 knight)라는 영어 어형들과 parfit('완벽한', cf. 현대 프랑스어 parfait)와 gentil('귀족 출신의')이라는 프랑스어 어형들은 (거의) 변화가 없어서 알아볼 수 있지만, 프랑스어 단어 vrai('진실한')인지 분명하지 않은 verray의 뜻에 대해서는 알기 쉽지 않다. 이 형태가 나중에는 very로 표기되는데, 당시에는 형용사였고 그 시대에는 아직 프랑스어처럼 '진정한'이라는 의미를 가지고 있었다. very가 '매우'라는 뜻의 부사가 된 것은 더 나중이다.

이러한 14세기의 언어는 이미 고대 영어에 비해 많이 변화하였지만 그래도 아직 근대 언어는 아니었다.

영어 안에 잘 숨어 있는 프랑스어

영어가 프랑스어에서 많은 단어를 차용하였다는 것은 비교적 잘 알려져 있다. 그러나, 그 사실을 알더라도 **jeopardy**('위험'), **custard**('(계란과 우유을 주성분으로 만든) 크림'), **pedigree**('족보'), **kickshaw**('사탕, 시시한 것'), **puppy**('작은 개'), 심지어 **fuel**('연료')도 프랑스어 단어라는 것을 알게 되면 매우 놀라게 되고, 의미도 더 이상 같지 않다는 사실에 더 놀라게 된다.

영어 단어	그 속의 프랑스어 단어
jeopardy '위험'	jeu parti '분할된 게임', 양측에게 동일한 승산을 분배하는 게임.
custard '커스터드'	croustade '빵 속을 고기 등으로 채운 요리', 본래 custard는 오븐에 구운 일종의 파테를 가리켰다.
pedigree '족보'	pied de grue (직역) '두루미 발', 가계도에서 가계 표시의 형태가 그러한 데서 유래함.
kickshaw '맛있는 것'	quelque chose (de bon) '(맛있는) 어떤 것'. (quelque chose를 kekchose처럼 발음하면서 차용이 이루어짐)
puppy '강아지'	poupée '인형'.
fuel '연료'	fouaille (고대 프랑스어) '난롯불을 피우는 데 사용되는 것'.

영어의 비상

영어가 잉글랜드의 공통어로 탄생한 것에 대해 정확한 시점을 밝힐 수는 없다. 그러나 14세기 말에는 프랑스어가 귀족들에게조차 학교에서 배우는 외국어이자 문화와 우아함의 영역에 한정된 언어일 뿐이었던 반면에 인구의 모든 계층이 삶의 모든 상황에서 영어를 사용하였다.

그러한 상황 변화를 설명하기 위해 여러 가지 이유들이 제시되었는데, 그중에는 특히 잉글랜드에서 '흑사병'(Black Death)이라는 이름으로 알려진 — 그리고 끔찍하게 치명적이었던 — 14세기 중엽의 큰 전염병, 그리고 잉글랜드에서 프랑스어가 일상적이고 친숙하게 사용되던 상황을 빠르게 기울게 하고 또 되돌릴 수 없게 만든 백년 전쟁(1337–1453)이 있다. 마침내 1349년부터 옥스포드 대학에서는 교수들이 영어로 가르쳤으며 1362년에 의회의 회의가 처음으로 영어로 열렸다.[637] 요컨대 14세기 말에는 영어가 이미 지배적인 지위에 있었다.

그런데 그것이 어떤 영어였을까?

새로운 표준어의 출현

실제로 그런 질문이 제기되는데, 왜냐하면 잉글랜드에서 말해지던 언어가 아직 지역에 따라 매우 다양한 형태들을 가지고 있었고, 공통어가 탄생한 것은 14세기 말의 기록문들에서만 확인될 뿐이기 때문이다. 그 질문에 대해 대답을 한다면, 잉글랜드의 남동부, 미들랜즈의 동부 방언에 기반을 둔 새로운 표준어가 천천히 형성되었고, 그것이 앨프레드 대왕 시절에 서색슨어를 중심으로 확정되었던 표준어를 곧 대체하게 되었다(452쪽, 이 챕터, '§ 번역가인 앨프레드 대왕' 참조).

이러한 전파 중심지의 이동은 부분적으로 옥스포드와 케임브리지 두 유명 대학이, 전자는 12세기부터, 후자는 13세기부터, 전 유럽에서 학생과 학자들을 끌어오면서 얻은 명성으로 설명된다. 그러나 최대의 중심 지역은 무엇보다 모든 지방들에서 온 상인, 법률가, 지식인이 모여들던 잉글랜드의 정치적, 경제적 중심지인 런던이었다.

잡다한 기원의 어법들이 혼합된 그 남동부 영어 방언은 15세기에 점점 더 영향력이 커지게 되었고, 그때부터는 그 언어 변이체를 단순히 영어라고 불러도 될 만하였다. 1476년부터는 그 변이체로 쓰인 최초의 글들이 인쇄되어 나왔으며, 따라서 광범위하게 전파되었다. 이 시기부터 런던은 아름다운 어법의 이론의 여지가 없는 모델이 되었다. 16세기에는 시학(詩學)에 관한 어떤 책이 미소를 짓게 만드는 세부적 설명과 함께 런던 주위에 있는 — '더 이상 먼 곳은 안되고 반경 60마일 이내의' — 모든 지방의 언어를 흉내내도록 조언하였다.[638]

영어에 도움을 준 문화와 종교

유럽의 다른 국가들처럼 잉글랜드의 르네상스는 지식에 대한 커다란 갈증과 고대 그리스-로마 시대 걸작들로의 회귀로 특징지어진다. 그러나 그 작품들은 대개의 경우 라틴어로만 접근 가능하였다. 그런데 라틴어는 전 유럽에서 수 세기 전부터 유일한 학자들의 소통어라는 장점도 가지고 있었다. 그러므로 영어가 진정한 지배 언어가 되기 위해서는 라틴어와 투쟁를 벌여야 했다.

신기한 반동 효과에 의해, 고전 작품들을 지식에 대한 열망을 갖게 된 모든 사람들의 접근 범위 안으로 가져와야 할 필요성이 영어에 유리하게 작용하였다. 그리스어나 라틴어 글들을 영어로 번역하는 과정에서, 영어로 모든 것을 표현할 수 있으려면 어휘를 더 풍부하게 만들어야 할 필요가 있다는 것이 증명되었다. 그것이 이후 몇 세대 동안의 관심사였다.

분명히 영어의 도약과 전파에 유리하도록 작용한 또 다른 요인이 하나 있다. 그것은 종교적인 요인이다. 종교 개혁과 함께, 교육의 독점권이 라틴어를 사용하던 성직자에게서 박탈되었을 뿐만 아니라 1525년 신약성서가 영어로 번역됨으로써 영어의 명예가 드높아졌다.[639] 이로서 라틴어는 종교 영역과 교육 영역에서 동시에 독점권을 잃었다.

표기법의 선택

공통 표준어에 대해 합의가 이루어진 것만으로 충분하지 않았다. 그것을 글로 쓰는 방식에 관해서도 결정이 내려져야 했다. 왜냐하면 당시만 해도 혼란스러운 경우가 많았고 단어의 형태가 작가별로 달라질 수 있었기 때문이다. 1476년에 최초의 영국 인쇄업자인 캑스턴의 출판물에서 몇 행 간격을 두고 두 가지 다른 방식으로 표기되어 있는 동일한 단어를 볼 수 있다. eggys와 egges로서 오늘날은 eggs('계란들')로 표기되는 단어이다.

15세기 말에는 인쇄업자들이 그런 유형의 경우에 결단을 내리는 일이 흔했다. 더 보편적으로 일어난 일은, 작가들이 권장할 쓰기 형태에 관한 합의에 도달하기도 전에 인쇄업자들이 런던 거리에서 듣던 단어들을 글에 넣어 고정시키기까지 한 것이었다. 그렇게 하여 그들은 오늘날 영어 정서법의 비합리적인 사항들 중 많은 부분을 만든 장본인이 되었다.

그래서 불필요한 글자들의 제거와 같은 일부 단순화 작업이 실행되었지만, 동시에 더 복잡한 표기법들도 도입되었다. 라틴어 어근을 상기시키려는 바램으로 debt(라틴어 DEBITUM에서 유래함)나 doubt 동사(DUBITARE에서 유래함)의 표기법에 b

가 들어 있는데, 언제나 그 단어들에서는 프랑스어처럼 b가 발음되지 않았다[프랑스어에서는 dette('빚')와 doute('의심')에 b가 표기되지도 않고, 따라서 발음도 되지 않는다]. island('섬', 라틴어 INSULA에서 유래함)의 s나 receipt('영수증')의 p에 대해서도 동일한 지적을 할 수 있다. fault의 경우에는 l이 포함된 표기법이 결국 발음에 영향을 주었다.[640]

ghoti, 변장한 물고기

수 세기 후에, 정서법 개혁을 열렬히 지지한 사람인 조지 버나드 쇼는 영어 정서법의 일관성 없음을 조롱하기 위해서 다음과 같이 **ghoti**가 **fish**('물고기')라는 단어를 쓰는 다른 방식이 될 수도 있다는 것을 생각해내었다.

f를 enough에서처럼 gh로 쓰고,
i를 women에서처럼 o로 쓰고,
sh를 nation에서처럼 ti로 쓰면,
fish가 **ghoti**로 된다.

'잉크병에서 태어난' 단어들

그렇게 하여 영어 정서법은 여전히 글로 쓰는 모든 것의 모델로 남아 있는 라틴어에 가까워졌다. 18세기 초가 되어서는 영어가 문어로 받아들여졌고 학자들이 더 이상 자신들의 저작물을 라틴어로 써야 한다고 느끼지 않았다. 뉴턴은 1687년에 자신의 《프린키피아》를 라틴어로 썼지만 1704년에는 자신의 책 《광학》을 영어로 출판하였다.[641]

그 사이에 영어에는 수백 개의 그리스어나 라틴어 단어들이 풍부하게 도입되었다. 그러한 단어들로는 encyclopaedia('백과사전'), thermometer('온도계'), skeleton('해골'), pneumonia('폐렴'), atmosphere('공기'), gravity('중력'), chronology('연대표'), catastrophe('재앙'), paradox('역설'), lexicon('어휘 목록') 등이 있다. 라틴어 어형들이 있는 그대로 차용되는 경우도 흔히 있었다. 그러한 단어들로는 epitome('본보기'), exterior('외부'), climax('클라이막스'), appendix('부록'), delirium('섬망'), axis('축'),

circus('서커스'), vacuum('진공') 등이 있다.[642]

그러나 이러한 복잡한 단어들에 대해 비방하는 사람들도 있었다. 그들은 그 단어들을 inkhorn words('잉크병에서 태어난 단어들', inkhorn '뿔로 만든 잉크통')라는 경멸적인 말로 불렀다.

셰익스피어와 단어의 맛

셰익스피어는 그러한 발명물들을 '호박단 같은 말들'(taffeta phrases) 또는 '비단결 같은 말들'(silken phrases) 등으로 부르면서 훨씬 더 관용적인 태도를 보였다. 그 이유는 그 자신이 엘리자베스 여왕 시대의 많은 다른 작가들과 마찬가지로 언어에 대해 완전히 자유롭게 느꼈기 때문이다. 그러나 언어를 대하는 방식에서 드러난 그의 천재성은 특출난 것이었다. 그는 아낌없이, 과감하게, 때로는 형용사를 명사 범주로 옮기고, 때로는 명사나 부사를 동사 범주로 옮기면서 끊임없이 언어적 유희를 즐겼다. 그의 이러한 착상들 중 일부는 유명해졌다. 아래 예에서 그의 표현 그대로가 프랑스어의 상당 표현보다 훨씬 더 묘미가 있다.

셰익스피어의 표현	**프랑스어 상당 표현**
but me no buts	il n'y a pas de *mais*
'자꾸 '그러나'라고 말하지 말게'	"그러나'는 없다'
uncle me no uncle	vous n'avez pas le droit de me sermonner
'나에게 삼촌은 없다'	'당신은 내게 설교할 권리가 없소'
to out-Herod Herod	dépasser les bornes de la cruauté
'포악함이 헤롯왕을 능가하다'	'잔인함의 경계를 넘어서다'
to tongue somebody	sermonner quelqu'un
'누군가를 설득하다'	'누군가를 설득하다'

실제로 그의 과감한 구문들, 그의 예상 밖의 비유들, 그의 화려함 자체는 언어의 정수에 너무나 잘 부합되어 모든 사람들이 그것들을 반복하고 또 수용하였고, 결국에는 그 표현들이 일상적 용법 속으로 들어갔다. 그래서 오늘날 사람들은 영어를 하면서 흔히 부지불식 중에 셰익스피어를 인용하게 된다.

일부 비유는 아마 오로지 문학적인 것으로 남은 듯하다. 예를 들면, 《햄릿》(III막, 2장)에 나오는 the witching hour('마녀들이 나오는 시간인 자정'), 그리고 《오셀로》(III막, 3장)에 나오는 the green-eyed monster('초록 눈의 괴물', 질투를 가리킴) 등이 있다. 젊음의 푸르름을 연상시키는 salad days('젊은 시절')에 대해 말하자면, 《안토니우스와 클레오파트라》(I막, 5장)에서 그것의 출처를 찾아야 한다. 《햄릿》(II막, 2장)에 있는 'it's caviar(e) to the general'('일반인이 그 가치를 모를 일품')이라는 표현은 군인과 무관하다. 그 표현은 단지 일반 민중, vulgum pecus를 암묵적으로 가리키고 있을 뿐이고, 프랑스어 상당 표현은 'c'est (jeter) des perles aux pourceaux'('돼지에 진주(를 던지는 것)이다')이다. 마지막으로, 사람들이 올더스 헉슬리의 소설 《Brave New World》('멋진 신세계')를 인용한다고 생각하는 순간에도, 또 다시 셰익스피어(《템페스트》, V막 1장)를 소환하고 있다[헉슬리의 소설 제목 자체가 《템페스트》에서 따온 표현임](상자 글 '사람들의 말 속에 들어 있는 셰익스피어' 참조).

사람들의 말 속에 들어 있는 셰익스피어

사람들은 다음 말들을 하면서 자기도 모르게 셰익스피어를 인용하고 있다.[643]

it's all Greek to me	'뭐가 뭔지 하나도 모르겠다'(《줄리어스 시저》 I막, 2장)
it's high time	'~를 해야 할 때이다'
it was a foregone conclusion	'그것은 예정된 결론이었다'(《오셀로》 III막, 3장)
a laughing stock	'웃음거리'
good riddance	'속이 시원하다'
tongue-tied	'꿀먹은 벙어리'
he wears his heart on his sleeve	'솔직하게 행동하다'(《오셀로》 I막, 1장)
the long and the short of it	'요점'
to play fast and loose	'대충하다, 아무렇게나 다루다'
to knit one's brows	'눈살을 찌푸리다'
all's well that ends well	'끝이 좋으면 다 좋다'

셰익스피어 언어의 다채로움은 양적으로도 평가될 수 있다. 그의 작품들의 어휘는 3만 개 이상 된다고 계산된 바 있으며, 이것은 1611년에 출판된 킹 제임스 성경에 포함된 8천 개의 단어의 약 4배에 해당한다.[644]

존대법은 이미 사라졌다

인칭 대명사의 사용에서 변화가 일어난 것은 16세기부터이다. 그때까지는 한 명에게 말할 때는 thou('당신이', 주어), thee('당신을', 목적어)라고 하고, 여러 명에게 말할 때 ye('당신들이', 주어), you('당신들을', 목적어)라고 하며 구별을 하고 있었다. 그러나 이미 13세기에는 프랑스에서 들어온 방식을 모델로 하여 아이들과 신분이 낮은 사람에게는 thou나 thee를 사용하고 윗사람에게 한정하여 ye, you를 사용하였다. 점차로 you가 단일 형태가 되었고 더 이상 복수형만을 나타내지 않게 되었다. 사람들이 경의를 나타내고자 하는 한 명의 사람에게 말을 할 때도 you를 사용하였다. 더 나중에는 you가 사회적 지위에 대한 고려 없이 사용되는 유일한 어형이 되었다. 오늘날 thee와 thou라는 어형들은 사용되지 않지만 고어적 표현으로 남아서 하느님께 드리는 기도에서 영속하고 있고, 잉글랜드 북부와 스코틀랜드의 어법 및 선조들이 17세기 말에 펜실바니아에 정착했던 퀘이커 교도들의 어법에도 존속하고 있다.[645]

잉글랜드 밖의 영어: 웨일스 지방

영어의 모습이 확실하게 드러나고 또 충실해진 16세기는 그 언어가 잉글랜드의 경계선 밖으로 널리 퍼져나간 시기이기도 하다.

영어는 중세부터 웨일스 지방에 도입되었지만 16세기가 되어서야 비로소 그곳에서 공식어가 되었다. 19세기까지는 이중 언어 사용이 웨일스어를 위축시키지 않았는데, 그 시기에는 웨일스 남부 지방의 공업화로 인해 영어의 사용이 확대되었다(94쪽, 제3부 '켈트 어파', '웨일스어' 부분 참조).

비록 최근의 어느 시점까지 웨일스 지방에서는 영어가 학교에서 배운 언어였지만 그 지방에서 사용하는 영어는 일반적으로 표준 영어와 거의 다르지 않으며, 특히 남부에서는 그렇다.[646]

그렇지만 귀를 좀 기울이면 몇 가지 고유한 특성들로 웨일스 사람들을 알아볼 수 있다. 그들은 흔히 두 모음 사이에서 중복 자음을 발음한다(money 대신에 monney).

널리 퍼진 현상은 아니지만 다른 한 가지 특성이 있다. 웨일스 지방에서 made(make의 과거분사)의 모음을 장모음으로 발음하고, maid('하녀')의 모음을 이중 모음으로 발음하여 두 단어를 구별하는 것이다. 표준 영어에서는 두 단어가 동일하게 이중 모음으로 발음된다. nose('코', 장모음)와 'he knows'('그는 알고 있다', 이중 모음)에 대해서도 동일한 지적을 할 수 있다.[647]

세 가지 언어로 분할된 스코틀랜드

엘리자베스 1세가 사망할 때까지 '표준 영어'는 스코틀랜드에 도달하지 못했는데, 그 지역은 켈트어인 게일어(87쪽, 제3부 켈트 어파, '스코틀랜드 게일어' 부분 참조)와 게르만 어파의 언어로서 앵글로색슨 침략자들 언어가 변화한 결과인 스코트어로 분할되어 있는 상태였다. 1603년에 마리 스튜어트의 아들인 스코틀랜드의 왕 제임스 6세는 두 개의 왕관을 동시에 가졌는데, 잉글랜드의 왕 제임스 1세가 되자 그는 궁정을 런던으로 이전하였다. 당시 런던의 언어는 이미 잉글랜드 전역에 퍼져 있었다. 그렇게 하여 모든 다른 말들은 별로 존중되지 못하는 향토어 수준으로 밀려났다.

스코트어도 그러한 운명을 맞이하게 되었다. 앵글로색슨족의 침략(서기 7세기 에든버러의 함락)과 함께 도입된 스코트어는 이때까지 스코틀랜드의 남부와 동부에서 사용되던 유일한 언어였다.[648]

시인들을 위한 언어인 스코트어

스코트어는 영어 문학과 구별되는 근대 문학 전통을 가지고 있음을 자랑스럽게 여기고 있는 영국 본토의 유일한 전통적 방언이다. 이 언어는 고대 영어 시기에 섬에서 가장 북쪽에 있는 앵글로색슨어 방언이었던 노섬브리아어의 변화 과정에서 생겼다. 하드리아누스 장벽 너머에는 게일어를 쓰는 종족들만이 살고 있었다. 노르만인들의 정복 시기에 잉글랜드의 궁정이 스코틀랜드에 피신했었기 때문에 그때까지 켈트어를 사용하던 지역에서 앵글로색슨어 사용 지역이 확대되었다. 공식어인 영어와 스코틀랜드 게일어 사이에 끼여 오늘날 제대로 평가받지 못하는 게르만어인 스코트어는 프랑스의 갈로어와 유사한 상황에 놓여 있다. 로망스어인 갈로어는 전국에서 사용되는 공식어인 프랑스어와 인정받은 켈트어인 브르타뉴어 사이에서 미래가 불확실한 상황에 있다.

그렇지만 스코트어는 14세기 말과 16세기 초 사이의 훌륭한 문학 전통을 가지고 있으며, 18세기에는 시의 부흥으로 주목을 받기도 하였다. 그러나 17세기부터 구어 스코트어는 확산되는 영어 앞에서 위축되기 시작하였다. 궁정이 런던으로 옮겨갔을 때 스코틀랜드의 귀족들은 스코트어를 버리고 영어를 채택하였다. 민중들은 교회를 통해서 영어를 받아들였는데, 1611년 킹 제임스 성경의 영어판 출판이 그 언어를 배우도록 만든 중요한 요인이 되었다.

얼마 후에 스코트어식 표현에 대한 색출 작업이 추진되었고, 18세기에는 스코틀랜드 출신인 철학자 데이비드 흄이 '좋은 영어'로 된 상응 표현 모음집을 출간하였다. 그래서 스코트어는 시골로 밀려갔지만 문학과 노래에서는 일정한 생명력을 유지하였다. 18세기 말에는 시인 로버트 번스의 명성 덕분에 그 언어가 새로운 관심을 불러일으키기도 하였다. 거의 어디서나 헤어지기 전에 부르는 노래인 '올드 랭 사인'(Auld Lang Syne)을 전 세계가 아는 것도 그의 덕분이다(프랑스어 제목은 Ce n'est qu'un au revoir '잠깐의 이별일 뿐이다').

고향을 벗어난 스코트어

종말을 맞기 전에 스코트어는 타지로 가서 삶을 계속하였다. 왜냐하면 잉글랜드의 왕 제임스 1세가 켈트국인 아일랜드와의 투쟁에서 그 섬의 북부에 위치한 땅을 몰수하여 잉글랜드와 스코틀랜드에서 온 '식민지 개척자들'에게 주었기 때문이다. 스코틀랜드인들이 더 인접해 있고 더 가난했기 때문에 아일랜드로 이주한 사람들의 대부분이 스코틀랜드인들이었다. 17세기 초에는 스코틀랜드인들 가운데 약 20만 명이

제대로 평가받지 못하는 언어인 스코트어

이 언어는 스코틀랜드 남부와 동부 및 오크니 제도와 셰틀란드 제도에서 사용되며 켈트어가 아니라 앵글로색슨어에서 유래한 언어이다. 이 언어는 17세기에 스코틀랜드 이주자들에 의해 북아일랜드에도 전파되었다.[649]

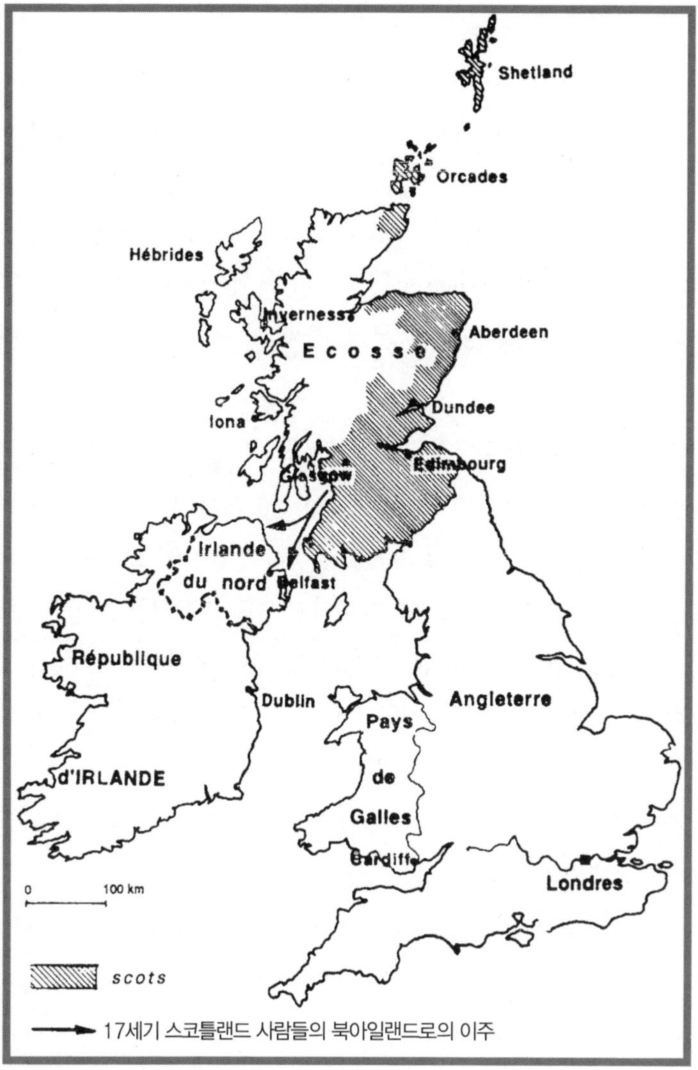

Angleterre 영국 Aberdeen 애버딘 Belfast 벨파스트 Cardiff 카디프 Dublin 더블린 Dundee 던디 Ecosse 스코틀랜드 Edinbourg 에든버러 Glasgow 글래스고 Hébrides 헤브리디스 제도 Inverness 인버네스 Iona 아이오나 Irlande du nord 북아일랜드 Londres 런던 Orcades 오크니 제도 Pays de Galles 웨일스 지방 République d'IRLANDE 아일랜드 공화국 Scots 스코트어 Shetland 셰틀란드 제도

바로 인접한 얼스터로 가는 배를 탔고, 그 뒤 몇백 년 동안에 200만 명으로 추산되는 그들의 후손이 아메리카로 이주하였다.

스코트어와 스코틀랜드 영어를 혼동하지 말 것

절대로 스코트어가 영어의 변형 또는 영어의 방언이라고 생각해서는 안된다. 그 언어는 실제로 영어에 가까운 게르만어이지만 그것의 변화 과정은 독립적으로 이루어졌고, 위에서 보았듯이 그것은 17세기까지 스코틀랜드 왕들의 궁정 언어였다.

그 시기부터 런던에서 온 영어가 점진적으로 스코틀랜드 속으로 들어갔다. 다른 언어 습관을 가진 사람들에 의해 사용된 그 스코틀랜드 영어, 즉 Scottish English는 몇몇 발음상 특성과 다소 특이한 어휘를 통해 알아볼 수 있는 어떤 색깔을 가지게 되었다.

스코틀랜드 영어의 가장 주목할 만한 특징 중 하나는 car나 cart와 같은 단어에서 실제로 발음되는 자음 r의 존재이다. 그 자음이 표준 영어에서는 전혀 발음되지 않기 때문이다. 미국에서는 대다수가 그 자음을 발음하고 있는데, 그것은 일반적으로 스코틀랜드와 아일랜드 이민자들의 영향 때문인 것으로 간주된다(486쪽, 이 챕터 '§ 미국 영어의 통일성과 다양성' 부분 참조). 그러나 오늘날 스코틀랜드에서는 그 발음이 더 이상 전혀 보편적이지 않다.[650] 게다가 17세기 영국에서는 음절 마지막의 그 -r 발음이 틀림없이 상당히 널리 퍼져 있었던 것으로 보인다.

스코틀랜드 주민을 알아보게 해주는 다른 한 가지 특성은 일부 모음들에 관한 것이다. full('가득한')과 fool('바보'), pull('당기다')와 pool('연못'), 또는 good('좋은')과 rude('무례한') 등에 대해 잉글랜드에서는 첫 모음이 이완된 채 짧게 발음되고, 두 번째 모음은 긴장된 채 길게 발음되는 반면에 스코틀랜드 사람들은 그 모음들을 장모음 없이 동일하게 발음한다.[651]

아일랜드의 영어: 문학을 위해 태어난 언어

잉글랜드 왕 헨리 2세의 1171년 아일랜드 상륙 이후에도 그 섬의 언어 사용 습관에는 아무런 변화도 없었고, 잉글랜드인들이 있었음에도 불구하고 그곳은 켈트어 사용 지역으로 남았다. 잉글랜드인들은 섬의 남동부, 페일(the Pale, '(울타리, 담 따위로) 둘러싸인 땅')이라고 명명되는 지역으로 밀려났는데, 그 지역은 잉글랜드 왕의 지배하에 있었지만 거기에서는 잉글랜드인들 자신들도 16세기 말까지 아일랜드어를 사용했다(83쪽, 제3부 켈트 어파, '아일랜드어' 부분 참조).

헨리 8세가 아일랜드 왕이 되어 1541년에 '재배지'를 잉글랜드인 식민지 개척자들에게 나누어 주었을 때 영어가 그 섬에서 제대로 뿌리내리기 시작하였다. 엘리자베스 1세의 통치기와 17세기 동안은 영어의 사용이 계속 확대되었다. 그러나 가톨릭교회는 현지 켈트어를 고수하였다.

아일랜드에서 영어가 점차 지배어가 되었으나 본국에서 분리되어 있었으므로 아일랜드의 영어에는 16세기 중엽에 최초의 식민지 개척자들과 함께 도착한 단어들과 표현들이 생생하게 보존되었다.

아일랜드 영어가 18세기의 위대한 사전학자인 새뮤얼 존슨과 같은 순수주의자에게 매력 덩어리로 보인 것은 그 언어가 셰익스피어 영어의 모습을 간직했기 때문일까? 아일랜드인들이 엘리자베스 시대의 창조적 화려함을 자신들의 이름난 표현력 안에 조금 간직하였기 때문일까? 어쨌든 영어의 명성을 높여준 아일랜드인 또는 아일랜드계 작가들의 수가 대단히 많다는 점을 주목해야 한다. 그들 중에는 심지어 노벨 문학상 수상자도 다섯 명이 있다[1995년 수상자 세이머스 히니를 포함하면 노벨상 수상자가 6명임].

유럽에서 활동한 작가

오스카 핑걸 오플래허티 와일드(1854–1900)
조지 버나드 쇼(1856–1950) (1925년 노벨상)
윌리엄 버틀러 예이츠(1865–1939) (1923년 노벨상)
존 밀링턴 싱(1871–1909)

숀 오케이시(1880–1964)
제임스 조이스(1882–1941)
사뮈엘 베케트(1906–1989) (1969년 노벨상)
[세이머스 히니(1939–2013) (1995년 노벨상)]

미국에서 활동한 작가

유진 오닐(1888–1953) (1936년 노벨상)
토마스 스턴스 엘리엇(1888–1965) (1948년 노벨상)
프랜시스 스콧 피츠제럴드(1896–1940)

'아일랜드 사투리'를 알아보는 법

아일랜드인들이 사용하는 영어를 가리킬 때 사람들은 Irish brogue라는 표현을 사용하는데, brogue는 신발을 뜻하는 게일어 단어로서 1689년 최초로 자료에 등장한다. 그 비유의 이유가 무엇인지 아리송하다. 그 시대에는 아일랜드인들이 입 속에 신발을 넣고 있는 것처럼 말하는 느낌을 받았을까? 아니면 더 합리적으로 보아, 사람들이 단순히 아일랜드인들의 특별한 신발을 가리키는 것일 뿐일까?

brogue라는 포괄적인 말에는 사실상 북아일랜드의 영어(스코틀랜드식 발음과 가깝다)와 남아일랜드의 영어(잉글랜드 서부의 영어가 먼저 더블린에 도입되었다가, 그 다음에 섬에 전파된 것)가 구별되지 않고 있다.

모든 아일랜드인들에게 공통되면서 그들을 잉글랜드인들과 구별해주는 특성은 자음 l의 발음에 관계되는 것이다. 표준 영어에는 두 종류의 l, 즉 모음 앞의 '밝은' l(line, alone)과 자음 앞의 '어두운' l(milk, bell)이 있는 반면에 그들은 항상 프랑스어처럼 혀를 앞쪽에 둔 채로 그 발음을 실현한다. 그러나 t와 th 사이의 혼동과 d와 th 사이의 혼동은 남아일랜드에서만 확인된다(tin과 thin(표준 영어에서는 [θɪn]으로 발음됨)은 [t]로 발음되고, den과 then(표준 영어에서는 [ðen]으로 발음됨)은 [d]로 발음된다).[652]

켈트어에서 유래한 smithereens('작은 조각들, 부스러기'), galore('풍성한, 많은'),

shanty('오두막집') 등의 몇몇 특이한 단어들은 표준 영어 사용자들에게 익숙한 것이지만, bother('귀찮게 하다')가 아일랜드어 단어에서 유래하였다는 것은 전문가들만 알고 있다.

셰익스피어 시절에 흔히 볼 수 있었던 어휘 요소들이 아일랜드어에서는 존속하였지만 표준 영어에서는 더 이상 존재하지 않는 경우들도 있다. 예를 들면, 런던 어법의 crib 또는 cheat에 해당하는 동사 cog over('(시험에서) 속이다, 베끼다')가 있다. 또한 아일랜드인들은 미국인들처럼 angry('분노한')라는 뜻으로 mad를 사용한다.

그 모든 특성들은 의사소통에 큰 영향이 없는 약간의 지역적 색채를 가져다 줄 뿐이다. 반면에 아일랜드 영어에는 북아일랜드에 들른 영어권 관광객의 방향 감각을 어지럽게 만들 수 있는 한 가지 특성이 있다. 그곳에서는 다음과 같이 말한다.

> back을 to the west, westwards('서쪽으로')의 의미로
> over를 to the east, eastwards('동쪽으로')의 의미로
> below를 to the north, northwards('북쪽으로')의 의미로
> up above를 to the south, southwards('남쪽으로')의 의미로

미국 정복에 나선 영어

대서양 횡단으로 영어에게 새로운 확장의 시대가 시작되었다. 왜냐하면 17세기부터 미국 땅에서 이민자들의 자손들이 대를 이어 살면서 그들 조상의 언어가 무엇이었든 상관없이 나중에는 영어를 받아들였기 때문이다(상자 글 '미국의 영어: 주요 연도들' 참조).

미국의 영어는 본국에서 멀리 떨어진 곳에서 다양한 지역에서 온 사람들에 의해 여러 세대 동안 사용되었기 때문에, 그 언어에는 망각으로부터 보호된 고어풍 표현들이 들어 있지만, 동시에 크게 변화된 말들도 많이 포함되어 있다. 그 변화들의 일부는 최초의 식민지 개척자들로부터 비롯된 것들이다.

미국의 영어와 관련된 주요 연도들

1583	최초의 영국 식민지 건설: 뉴펀들랜드.
1584	오늘날 노스캐롤라이나 주에 속하는 로어노크섬 근처에 대한 최초 탐험이 이루어짐. 도착한 영국인들은 인디언들에 의해 몰살됨.
1607	체스피크만(매릴랜드 주, 버지니아)에 영국 배들이 도착하고 제임스타운을 건설함.
1614	네덜란드인들이 맨하탄섬에 요새를 건설함.
1620	필그림 파더스가 메이플라워 호로 플리머스(매사추세츠 주)에 도착함. 102명이 2개월 동안 배를 타고 옴.
1625	네덜란드인들이 자신들의 식민지 뉴네덜란드의 수도로 뉴암스테르담(Neuwe Amsterdam) 시를 건설하고, 인디언들에게 맨하탄섬 전체를 사들임(1626).
1636	하버드 대학교 창립(선생 1명과 학생 16명).
1664	영국인들이 네덜란드 식민지인 맨하탄섬을 점령하고 수도를 뉴욕으로 개명함.
1682	필라델피아 건설.
1776 1790	미국의 독립.식민지 시대의 종료. 이 시기에는 유럽에서 온 사람들의 95%(약 4백 만 명)가 애팰래치아 산맥의 동쪽에 살았으며, 또한 그 사람들의 90%는 브리튼 제도 출신이었다.
1848	캘리포니아의 금 광맥 발견과 서부로의 쇄도 시작.
1860-1890	아일랜드인, 독일인 및 스칸디나비아인의 대규모 쇄도.
1890년부터	이탈리아 또는 슬라브 국가들 출신의 이민자들이 대규모로 도착하였고, 이어서 20세기 초에는 멕시코인들과 푸에르토리코인들, 그 다음에 나치즘을 피해 온 동유럽의 유대인들이 유입됨.
17세기부터	19세기 중엽까지 아프리카 출신의 흑인 노예들이 집단적으로 강제 이주됨.[653]

언어 보존소

아직 미국에서 사용되는 고어풍 문법 형태로 get의 과거분사인 gotten을 주목할 수 있을 것이다.[654] 예를 들면 'we've got to work'('우리는 일해야 한다')에서와 달리 'he's gotten a new car'('그는 새 자동차를 샀다')에서는 gotten이 사용된다. 반면에 영국인들은 그 두 경우에 똑같이 got을 사용하고 있다.

발음과 관련해서는, fast나 path 등의 단어에 있는 미국식 발음 [æ]가 정확히 18세기 말까지 그 단어들이 잉글랜드에서 가지고 있던 발음이며, 잉글랜드에서는 그 후에 그 발음이 [ɑ:]로 변했다는 것을 알아야 한다. 마찬가지로, 많은 미국인들은 계속하여 which, what, why, where, when 등에 있는 h를 발음하고 있으며, 따라서 과거의 잉글랜드처럼 whether(접속사)과 weather('날씨'), 또는 which(관계 대명사)와 witch('마녀') 사이의 구별을 하고 있다.

어휘에 대하여 말하자면, 미국인들은 형용사 mad를 사용할 때 그 단어가 셰익스피어 시대에 가지고 있던 의미('분노한')를 부여한다. 또한 영국인들이 I think라고 말할 상황에서 미국인들은 I guess라고 말함으로써 초서로부터 비롯되어 17세기 내내 잉글랜드에서 일상적으로 사용되었던 용법을 계속 사용하고 있다.[655]

새로운 말들의 쇄도

매우 일찍부터 미국 식민지 개척자들의 언어에는 새로운 단어들도 풍부하게 들어왔다.

– 인디언들과의 접촉에서 유래한 단어들.

sweet potato	'고구마'
pecan	'피칸(견과류)'
moose	'무스(북미산 큰 사슴)'
hickory	'(북미산의) 호도나무'
tapioca	'타피오카'
opossum	'주머니쥐'
skunk	'스컹크'
scalp	'머리 가죽(을 벗기다)'
paleface	'백인'
warpath	'출정의 길, 적대 행위'
peacepipe	'평화의 담뱃대'

– 그들의 새로운 정치 체계와 새로운 생활 방식에서 생긴 단어들.

caucus	'간부 회의'	toboggan	'터보건(썰매의 일종)'
popcorn	'팝콘'	snowplow	'제설기'
moccasin	'모카신(신발의 일종)'	squatter	'주거지 무단 점유자'

미국 영어의 통일성과 다양성

사람들은 포괄적으로 미국 영어를 잉글랜드 영어에 대립시키곤 하는데, 이는 마치 두 실체가 각각 하나의 통일된 집단인 것처럼 간주하는 셈이다. 잘 알려진 대로 미국 영토에서는 국민들의 이동이 매우 활발하기 때문에 거기에서는 발음과 어휘의 강한 획일화 경향이 확인되고 있지만, 그럼에도 불구하고 몇 가지 지역적 특성들을 구별할 수 있다.

'같은 언어로 분리된 두 나라'

조지 버나드 쇼의 말이 맞았을까?[656]

	영국식 표현	미국식 표현
'밀'	corn	wheat
'옥수수'	maize, Indian corn	corn
'감자튀김'	chips	French fries
'감자칩'	crisps	potato chips
'(식당의) 계산서'	bill	check
'통조림'	tin	can
'쓰레기'	rubbish	garbage
'1층'	ground floor	first floor
'2층'	first floor	second floor
'승강기'	lift	elevator
'인도'	pavement	sidewalk
'가을'	autumn	fall
'휴가'	holiday	vacation
'편도 차표'	single ticket	one-way ticket
'왕복 차료'	return ticket	round trip ticket
'휘발유'	petrol	gas, gasoline
'화물차'	lorry	truck
'지하철'	tube, underground	subway
'턱시도'	dinner-jacket	tuxedo
'지우개'	rubber	eraser
'(수도) 꼭지'	tap	faucet
'Z'	Z [zed]	Z [zi:]

그렇지만 복잡한 실상을 제대로 고려하여 북미의 언어 지도를 작성하는 것은 매우 어렵다. 일부 차이들은, 주로 최초 이주민들의 출신지를 감안하여, 지리적으로 위치를 특정할 수 있지만, 이후에 인구의 혼합이 많았기 때문에 그 지리적 분화에 사회

미국의 영어 변이체들

뉴잉글랜드(굵은 선으로 분리되어 있음)는 뉴욕 주의 동쪽에 위치한 6개 주에 해당한다. 처음에는 거의 잉글랜드에서 온 이주자들만이 그 지역에 살았다. 나머지 지역에 대해서는 **북부**, **중부**(**뉴욕은** 특별한 방언섬을 이루고 있음), **남부** 등 세 지역으로 구분할 수 있다.

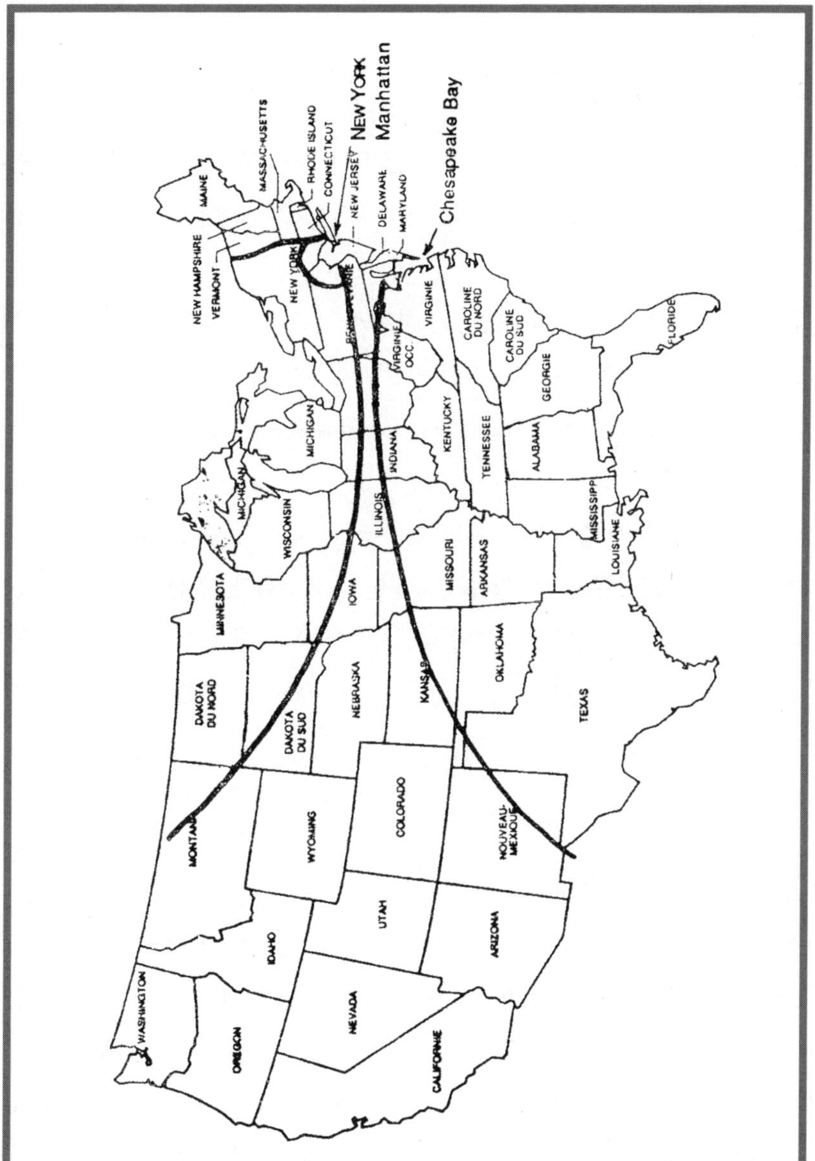

학적 분화가 겹쳐졌다.

지역적 특성들은 대개의 경우 어휘적 기준으로 결정되지만, 그러한 특성들이 일부 발음들로 더 잘 드러나기도 한다. 예를 들면, car나 park와 같은 단어에서 모음 뒤 자음 r의 존재 여부를 살펴보면 된다. 그렇게 해서 대서양 연안의 북동부, 즉 뉴잉글랜드 지역의 어법을 r 발음의 부재를 통해 알아볼 수 있다. 이러한 r 발음의 부재는 영국 규범에 부합하는 것이다.

뉴욕 시는 예외적인 경우이다. 왜냐하면 뉴욕은 전 세계에서 온 사람들이 사는 곳인데, 그들의 어법은 전적으로 무특징이라는 '명예'를 즐기는 특성이 있기 때문이다. 뉴욕 시는 본래 r 발음이 없는 지역에 위치하였지만 1950년대부터 모든 위치에서 r의 발음을 권장하는 방향으로 규범의 변화를 겪었다.[657]

미국의 남부는 현재 상황이 매우 복잡하지만 일부 모음의 발음은 남부의 주민을 알아보게 해 준다. 남부 사람은 강세를 받는 모음들을 상당히 길게 늘이며, 그래서 그 모음들이 흔히 이중 모음이 되고, 또한 foot과 같은 유형의 단어들에서는 입술을 둥글게 하는 현상이 거의 감지되지 않는다.[658]

마지막으로, 미국의 중부와 서부에서는 여러 가지 성격의 이주가 계속하여 되풀이되어 지리적 분화가 훨씬 덜 명확하고 훨씬 더 복잡하다. 일관된 특징을 가진 언어 지역들을 설정하기가 어려운 까닭에 공통 미국 영어에 해당하는 '일반 미국 영어'(General American)라는 개념이 1920년대에 태어났다. 이 일반 미국 영어는 영국 어법과 비교되는 전반적인 미국 어법을 나타낸다.

'일반 미국 영어'는 존재하는가?

방언학자들은 이 개념에 대해 너무 단순화시키는 것으로 판단하여 반대하고 있지만, 그럼에도 불구하고 이것은 미국 거주민의 대부분에게서 매우 흔히 나타나는 몇몇 특성들을 명백하게 밝혀주며 일종의 표준 어법이 되어서 시청각 매체들에서 사용되고 있다. 이것은 '네트워크 영어'(Network English), '표준 미국 영어'(Standard American English), '네트워크 표준어' (Network Standard) 등으로도 불린다.[659]

이 공통 부분들은 주로 발음에 관련되는데, 주요 특성은 다음과 같다.

- 모음 뒤에서 r이 발음됨 (car, park)
- fast, path 등의 모음이 [æ]로 발음됨
- late나 note 유형의 단어들에서 a와 o가 이중 모음으로 발음되는 경우가 (거의) 없음
- 강세가 주어진 모음과 그 뒤에 오는 또 다른 모음 사이에 나타나는 t가 단 한 번의 두들김(battement)이 있는 r처럼 [D]로 발음됨 (water, butter, Peter, Betty)

마지막으로, 다음과 같은 단어들에서 강세의 위치에 의해 미국식 발음은 영국식 발음과 구별된다.

영국식	**미국식**
laborat(o)ry	lab(o)ratory
advertisement	advertisement

덧붙이자면, 영국인들이 일부 음절을 생략하는 경우에 미국인들은 모든 음절의 발음을 유지하기도 한다.

영국식	**미국식**
secret(a)ry	secretary
libr(a)ry	library[660]

흑인 영어('Black English Vernacular')

'일반 미국 영어'를 정의하는 공통적 특성들을 찾을 수는 있었지만 '흑인들의 말'을 판별하는 것은 어려워 보인다. 왜냐하면 그것을 특징짓는 특성들은 흑인들의 어법에 고유한 것이 아니고 대개의 경우 남부의 어법과 혼동되기 때문이다. 남부에서는, 예를 들어, poor의 모음이 door [doə]의 모음처럼 발음되고, pen의 모음과 pin의 모음이 동일하게 [I]로, 그리고 nice나 wife에서 모음이 이중 모음이 아니라 장음인 [a:]로 발음된다.[661] 한편, list, wasp 등에서는 마지막 자음이 발음되지 않는 현상, 즉 자음

군의 단축이 일어나는 것은 '흑인 영어'의 전형적인 특성으로 알려져 있지만 '표준 미국 영어'의 일상어적 발음의 특성이기도 하다.[662]

따라서 우리는 흑인 영어를 특징짓는 대부분의 특성들은 언어적 사실보다는 사회적 사실과 관련된다는 결론에 이르게 된다.[663]

반면에, 흑인들이 음악 분야에서 영어에 문화적인 기여를 하였다는 것은 강조되어야 할 점이다. negro spirituals('흑인 영가', 1866), blues('블루스', 1870), ragtime('래그타임', 1896), jive('자이브', 1930), rhythm and blues('리듬 앤드 블루스', 1950년대), soul music('소울 뮤직')과 rap('랩')(1960년대) 등은 흑인 가수들과 음악가들의 창조물이다. 더 최근에는 흑인들이 본래 의미에서 벗어난 말들에 대한 취향을 유행시켰다. 예를 들면, very good이라는 의미로 bad를, beautiful이라는 의미로 ugly를, excellent라는 의미로 mean을, to fascinate라는 의미로 to kill이라고 말하는 것이다.[664] 이 유행이 근래에는 유럽의 언어들로 확대되었다(324쪽, '프랑스어를 중심으로' 챕터, '§ … 그럼에도 불구하고 젊은이들은 혁신을 한다' 부분 참조).

영어 어휘가 풍부해지다

영어가 세계 곳곳으로 수출된 것과 동시에 많은 양의 외국어 단어들이 영어로 끊임없이 유입되었다.

프랑스어는 계속하여 새로운 단어의 중요한 공급자가 되어 bizarre('기이한'), detail('세부 사항'), genteel('고상한'), shock('충격'), vogue('유행') 외에도 cartoon('만화'), connoisseur('감정가'), routine('관례'), coquette('요염한 여자') 등을 공급했다.

cupola('둥근 지붕'), portico('포르티코, 주랑 현관'), stucco('치장 벽토'), design('디자인'), violin('바이올린'), volcano('화산') 등 이탈리아어에서 유래한 단어들도 영어에 스며들었으며, 심지어 몇몇 이탈리아어 음조를 가진 어형들이 만들어지기도 하였다. 예를 들면, braggadocio('허풍선이')는 에드먼드 스펜서(1522–1599)가 지어낸 말로서 영어 braggart('허풍쟁이')와 이탈리아어의 경멸을 나타내는 접속사 –accio로부터 만든 것이다.

스페인어는 desperado('무법자'), armada('함대'), cargo('화물'), embargo('통상 금지령'), anchovy('멸치류'), barricade('바리케이드') 등을 제공하였고, cocoa('코코아'), vanilla('바닐라'), potato('감자'), mosquito('모기'), tobacco('담배'), canoe('카누'), ranch('목장'), lasso('올가미 밧줄'), bronco('야생마') 등 아메리카에서 도입된 단어들을 전달하기도 하였다. 골드러시는 bonanza('노다지', 프랑스어 번역은 'aubaine')라는 말을 가져왔고, 또 개척자들의 혹독한 삶의 현실은 cockroach('바퀴벌레', 스페인어 cucaracha에서 유래함), stampede('앞을 다투어 달아남', 멕시코 스페인어), 그리고 19세기에 이미 자료에 나타나고 오늘날에도 'let's vamoose!'('갑시다')라는 표현에서 사용되고 있는 vamoose!('여기서 나가!', 스페인어 vamos('갑시다')에서 유래함) 등을 가져왔다. 20세기에는 cafeteria('셀프 서비스 식당')를 모델로 drugteria('약 파는 곳'), fruteria('과일 가게'), sodateria('소다수 파는 곳') 등의 신조어들이 만들어졌다.

네덜란드어 차용어들은 reef('암초'), deck('갑판'), cruise('순항, 유람 항해'), smuggle('밀수하다') 등 해양 분야의 단어들과 sketch('스케치'), easel('이젤'), lanscape('풍경') 등 예술 분야의 단어들로 나누어진다.[665]

홀란드인들의 대서양 건너편 정착과 함께 매일매일의 삶과 관련된 다른 네덜란드어 차용어들이 미국을 거쳐 영어에 도입되었다. 그런 단어들로는 boss('(직장의) 상관'), cookie('쿠키'), waffle('와플'), snoop('기웃거리다, 염탐하다'), coleslaw('양배추, 양파, 당근 등과 마요네즈로 만든 샐러드') 등이 있다.[666]

다른 언어들로부터의 차용이 오늘날까지 멈추지 않고 있지만, 18세기부터는 외국어에서 온 단어들의 급증이 엘리자베스 시대의 풍요로움에 더해졌기 때문에, 일부 지식인들은 제동 장치 없이 변해온 이 언어의 미래에 대해 깊이 생각하였고, 이 언어에 본래의 순수성을 복원하는 조치를 취하여 무질서한 흐름을 억제할 필요성에 대해 숙고하기도 하였다.

만들 수 없는 아카데미

그러한 문제들이 18세기 내내 격렬한 논쟁의 대상이 되었다. 그 시대에 《걸리버

여행기》로 유명해져 있던 조나단 스위프트는 영어의 망가짐을 맹렬히 비난하였다. 그는 여러 문제들 중에서도 특히 한 가지 문제를 비난하였는데, 그것은 단어들을 축약하는 경향이었다. 그는 reputation('명성'), incognito('가명으로'), plenipotentiary('전권 대사'), positive('긍정적인 (것)'), mobile('하층민') 등의 축약형인 rep, incog, plenipo, pozz, mob와 같은 형태들을 격렬하게 비판하였다(상자 글 'rep, incog, mob' 참조).

영어에 정확성과 세련됨을 가져오고, 또 여전히 오락가락하던 정서법을 고정시키려는 열망에 고조되어 있던 스위프트는 이탈리아의 '문사 크루스카 학회'(Academia della Crusca)나 '아카데미 프랑세즈'(Académie française)를 모델로 하는 아카데미를 창립할 것을 제안하는 입장이었다. 그러나 격렬한 논쟁이 여러 차례 있었지만 어떠한 결정도 내려질 수 없었고 문제가 해결되지 않은 상황이 계속되었다.

rep, incog, mob

축약된 어형들은 20세기의 발명품이 아니다. 그러한 것들이 18세기에 매우 유행하였으며 스위프트는 reputation 대신에 rep를, incongnito 대신에 incog를 사용하거나, 라틴어 표현 mobile (vulgus)('불안정한 (민중)')에 기원을 둔 mob('하층민')을 사용하는 것을 맹렬하게 비판하였다.

그러나 그의 주장대로 되지는 않았다. 단어를 축약하는 경향이 오늘날까지 계속되었을 뿐만 아니라 mob의 경우에는 축약된 형태만 살아남았다.

존슨 박사의 사전

해결책은 몇 년 뒤에 새뮤얼 존슨의 사전과 함께 나왔다. 그는 6명의 보조원 팀의 지원을 받아 9년 간의 작업 후 엘리자베스 시대부터 18세기 중엽까지의 글들에서 뽑은 11,400개의 인용문이 포함된 약 4만 단어의 대사전을 1755년에 출판하였다. 영어 사전들은 이미 존재하고 있었는데 그중 최초의 것은 주로 '부인들이나 모든 다른 서투른 사람들을 위해' 엮어진 겨우 120쪽짜리 사전이었다. 그러나 존슨의 사전은 단어들의 용법이나 발음에 관해 임의로 결론을 내렸지만 훨씬 더 큰 목표를 가지고 있었으며, 무엇보다도 신선한 바람을 불러 일으켰다. 그 사전은 당대의 살아있는 어휘를 더 폭넓게 수록하였을 뿐만 아니라, 저자는 거기에 실제 용법에서 끌어온 용례들을 추가하여 자신의 백과사전적 지식으로 알기 쉽게 설명하였고, 풍부한 재치와 유머를 섞기까지 하였다. 그가 제시한 정의들 중 일부는 유명하게 되었다. 다음은 그 중 하나이다.[667]

Lexicographer	**'사전 편찬자'**
a writer of dictionaries,	사전의 저자,
a harmless drudge	해를 끼치지 않고 (단조롭고 고된 일을) 꾸준히 하는 사람

새뮤얼 존슨의 이 훌륭한 저서는 영어의 역사에서 한 획을 그은 것으로 그의 동시대 사람들에 의해 격찬을 받았고, 심지어 프랑스의 어느 논객은 어떤 면에서 존슨이 '자기 혼자서 영국의 한림원의 역할'을 했다고 평가하기도 했다.[668]

노어 웹스트의 사전

존슨이 잉글랜드 영어를 위해 사전을 만들었듯이 노어 웹스터는 1828년에 대단한 규모의 사전을 편찬하였는데, 이번에는 미국 영어를 위한 것이었다. 그는 그 사전에서 미국 영어의 특수성에 관한 그의 생각들을 부각시켰고 정서법 개정 제안을 하였는데, 그중 일부는 여러 해 앞서 벤자민 프랭클린에 의해 제시되었던 것이었다. 영국 영어와 미국 영어 사이의 정서법상 차이점들의 대부분은 웹스터가 제안한 것들이다(아래 상자 글 참조).[669]

몇몇 정서법상의 차이점들

발음에 더 가까운 미국의 정서법은 몇몇 유형의 단어들에서 영국의 정서법과 다르다(그러나 예외도 있다).

영국에서는	미국에서는
-**our**: honour, colour 등	-**or**: honor, color 등
-**re**: centre, metre, fibre 등	-**er**: center, meter, fiber 등
-**gg**-, -**ll**-: waggon, traveller 등	-**g**-, -**l**-: wagon, traveler 등

-ce: defence, offence 등	**-se**: defense, offense 등
-ogue: catalogue, dialogue 등	**-og**: catalog, dialog 등
-ise: apologise 등	**-ize**: apologize 등
-ae-, **-oe-**: midiaeval, foetus 등'	**-e-**: medieval, fetus 등

영어의 전통에 따라 합성 명사들은 일반적으로 영국에서는 하이픈을 사용하여 표기되고 미국에서는 붙여서 표기된다.

ash-tray, book-keeper 등	ashtray, bookkeeper 등

발음은 사회적 계층의 표시이다

1913년에 조지 버나드 쇼가 나중에 뮤지컬 《My Fair Lady》가 되는 자신의 희곡 《피그말리온》을 발표하였을 때, 그는 영어 발음이 사회 생활에서 어떤 역할을 하는지 완벽하게 드러내 보였다. 희곡 전체가 거리의 어린 여자 꽃장수에게 '표준 발음'(Received Pronunciation, 직역, '수용된 발음'), 즉 영국의 최상위 사회에서 받아들이는 유일한 발음을 가르치기 위한 히긴스 교수의 노력을 이야기하고 있다. 흔히 R.P.로 축약되는 그 명칭은 1869년 알렉산더 엘리스에 의해 명명된 것으로서 그 발음이 명예로운 어법으로 인정된 것으로부터 '만들어진' 산물이라는 것을 잘 보여준다.[670] R.P.에서 런던과 잉글랜드 남동부의 교양인들이 말하는 방식이 선택되었는데, 그것은 언어적 기준에 입각한 것이 아니었다. 동기가 사회적 성격을 가지고 있었다.

1950년대에는 U(upper class '상위 계층')라는 말을 사용해서 상류층의 발음을 나머지 사람들, 즉 U가 아닌 사람들의 발음과 구별하였다.[671]

R.P.는 오늘날 더 이상 어느 한 계층의 전유물이 아니며, 심지어 일부 젊은이들은 덜 인위적인 형태들을 선호하며 R.P.를 거부하기도 하는 것 같다. 대도시(런던, 리버풀, 버밍엄) 교외의 속된 발음은 유일하게 만장일치로 낙인이 찍혀 있다. 또한 미국식 발음은 오늘날 영국에서 완벽하게 이해되고 받아들여지는데, 이것은 미국에서 온 최초의 유성 영화들을 보던 시절에는 없던 현상이다.[672] 일부 사람들에게는 영국인들이 '대서양 한가운데 있는'(mid-Atlantic) 억양이라고 부르는 것이 있다. 그것은 가볍게 미국화된 발음, 예를 들면, British에서 t가 한 차례 두들김(battement)이 있는 r, 즉 [D]로 발음되는 것을 가리킨다.

외국인들의 어려움들

처음으로 영국에 도착하는 외국인은 영어 발음 강좌를 많이 수강하고 왔더라도 사람들이 그에게 말하는 것을 이해하는 데 많은 어려움이 있음을 확인하게 되면서 크게 놀란다. 그렇지만 그것은 놀랄 일이 아니다. 왜냐하면 외국인들이 배우는 발음은 바로 R.P.이지만 영국 인구의 겨우 3%만이 그 권장되는 발음을 사용하기 때문이다.[673]

그러므로 나머지 97%의 사람들이 자신의 '억양'을 간직하고 있는데, 그 이유는 예전에는 R.P.에 근접시키면서 발음을 고치게 하는 사회적 압력이 존재하였지만 오늘날 그것이 훨씬 약화되었기 때문이다.

영국의 발음적 다양성

위에서 보았듯이 잉글랜드 표준 영어와 미국 영어 사이의 차이점들 중 하나는 car나 park에서처럼 모음 다음에 오는 r 발음에 관한 것이다. 전문가들 사이에서는 미국인은 'r음을 발음하고'(프, rhotique) 잉글랜드인은 'r음을 발음하지 않는다'(프, non rhotique)고 말한다. 그러나 실제로는 스코틀랜드인들과 북아일랜드인들이 'r음을 발음하는 것과 마찬가지로 r음을 발음하는 잉글랜드인들이 있으며 특히 남서부 전역에 많이 있다.[674]

무엇보다, R.P. 내에서도 차이가 있다. 예를 들면, 나이가 많은 사람들은 more ('더') 또는 pore('(땀)구멍')에서 이중 모음 [ɔə]를 발음한다. 그렇게 하여 그들은 그 단어들을 [ɔː]가 들어 있는 maw('(반추동물의) 제1위')나 paw('발')와 구별하며, 또한 maw나 paw를 [ʊə]가 포함된 moor('황야')나 poor('가난한')와도 구별하고 있다. 젊은 사람들은 그들 나름대로 paw, pore, poor를 동일한 장모음으로 발음한다. 즉, 나이가 많은 사람들이 아직도 세 개의 모음 /ɔə/, /ɔː/, /ʊə/를 구별하는 단어들에서 젊은 사람들은 이제 오직 하나의 모음 /ɔː/만을 사용한다.

또한, there('거기')나 pear('배')의 이중 모음들은 장모음 /ɛː/로 대체되는 경우가

영어 발음의 다양성

주로 (런던 주위의) 잉글랜드 남동부의 교양있는 어법에 기반을 두고 있는 정제된 발음, 이른바 R.P.(Received Pronunciation)와 병행하여 각 지방에서는 일부 특성들이 보존되고 있다. 예를 들면, 남서부, 스코틀랜드, 북아일랜드에서는 모음 뒤의 r가 발음된다.

점점 더 많아지며 fire('불')나 power('힘')의 삼중 모음은 상당히 일반적으로 [aː]와 [ɑː]로 단순화되었다. 이러한 것들은 엘리트층에서 들을 수 있는 발음이며 이중 모음 /ɑʊ/에 대해서도 엘리트층에서는 변화가 많이 진행된 발음을 사용한다. 그래서 about가 거의 a bite처럼 발음된다.

그와 같은 R.P.의 변이 외에도 몇몇 지역적 차이가 있으며 그것들은 양상이 다양하지만 그래도 크게 4개의 집단으로 분류할 수 있다.

1. 잉글랜드 남부: 남동부에서는 발음이 외국인에게 가르치는 발음과 가장 가깝다. 남서부에서는 bar와 bark의 /r/을 발음하고 있다. father, half, can't 등에서는 [ɑː] 대신에 [a]로 발음하고 있다. 런던에서는 서민적인 어법 중 하나인 '런던 사투리'(cockney)에 that, button, matter와 같은 단어들의 /t/에 대해 성문파열음이 들어 있다는 것이 주목된다. 오늘날 이 발음적 특성은 확산되고 있는 듯하며 '하구 영어'(Estuary English)라고 지칭되는 현재의 경향에 포함되는 것으로 보인다.[675] '하구 영어'라는 표현은 템스강 하구 주변 사람들의 경향이라는 의미이다.
2. 잉글랜드의 북부: 이 지역은 /ʌ/과 /ʊ/ 사이의 구별이 없다는 특징이 있다. mud('진흙'), cud('(소 등의) 되새김질 거리'), putt('퍼트, 골프 공을 가볍게 쳐서 보내다'), blood('피') 등이 could('can의 과거형'), put('놓다, 두다'), hood('(외투 등에 달린) 모자'), good('좋은') 등과 똑같이 /ʊ/를 포함하여 발음된다.
3. 웨일스 지방: 이곳의 북부 발음은 웨일스어의 영향을 많이 받았다.
4. 스코틀랜드와 아일랜드 북부: 이 지역들에서는 예를 들어 good과 food와 같은 단어들이 동일한 모음으로 발음된다. 이 점은 다른 곳에서 food에 장모음 /uː/가 포함되어 있고, good에 단모음 /u/가 포함되어 있는 것과 대조를 이룬다.

몇몇 어휘적 특성

영국 영어의 어휘적 다양성을 개략적으로라도 제시하는 것은 불가능하다. 그래도 누군가가 가을을 지칭할 때 fall('가을', 낙엽이 지는 것을 뜻함)이라고 하면 그가 아마도 남서부 출신인 것 같다고 말할 수는 있을 것이다. 그렇지만 그 특성은 케임브리지나 링컨 지방에서도 나타난다.

켄트 주에서는 bluebottle('수레국화')를 모델로 하여 개양귀비를 red bottle라고 부르고(표준 영어로는 corn poppy라고 함) 금잔화를 yellow bottle이라고 부른다(표준 영어로는 marigold라고 함).

잉글랜드 북부와 미들랜드 지역의 어휘에는 스칸디나비아인들의 기억이 간직되어 elding('장작'), lait('찾으러 가다'), brig('쌍돛대 범선'), dale('계곡') 등의 단어가 있다. 그 지역에서는 arren('거미'), vennel 또는 gennel('좁은 길') 등의 프랑스어 차용어도 나타나고, 심지어 프랑코프로방스어 단어인 muckender('행커치프')도 사용된다.

마지막으로, 요커셔 지방에서 들을 수 있는 다음 문장을 소개하고자 한다: "If you haven't a knife and fork, you can use your doits('손가락', cf. 프, doigts)."[676]

현대의 단어들

19세기와 20세기가 지나는 동안에 다른 국가들에서처럼 과학적 발견들은 영어에 심대한 영향을 미쳤다. 발달한 미디어 덕분에 예전에는 전문가들만이 사용하던 과학적 어휘를 모든 사람이 영어로 쓸 수 있게 되었고, 그래서 radioactivity('방사능'), enzymes('효소'), allergy('알러지'), cholesterol('콜레스테롤') 등은 오늘날 일상적 어휘에 속하게 되었다.

photograph('사진')라는 단어는 1839년에 나타났고, refrigerator('냉장고')라는 단어는 1841년에 나타났으며, 토마스 에디슨의 phonograph('축음기')는 1877년에 만들어졌고, cinema('영화')라는 단어는 1899년에 moving pictures('활동 사진')와 동시에 등장하였다. 더 나중에 영국인들은 pictures가 적절한 단어라고 보았던 반면에 미국인들은 movies를 선호하였다. 오늘날은 cinema라는 단어가 더 많이 사용되는 것이 확인된다.

전쟁들도 관련 어휘를 남겼다. 1차 세계 대전으로부터 남은 단어로는 더 이상 '(물, 기름 등의) 탱크'만을 의미하지 않고 '전차'를 가리키는 tank를 비롯하여 air raid('공습'), camouflage('위장'), ace('명수, 에이스') 등이 있다. ace라는 단어는 처음에 단지 가장 높은 가치를 가진 카드를 가리켰는데, 그 시기에 적군 비행기 5대 이상을 격추시킨 조종사를 지칭하기 위해 사용되었다.[677]

사람들이 black market('암시장'), nylons('나일론 스타킹', 1938)라는 말을 알게 된 것은 양차 세계 대전 사이였으며, pin-up('(핀으로 벽에 붙이는) 미인 사진')이라는 말은 2차 세계 대전 중에는 생겼는데, 처음에는 병사들이 병영의 벽에 '핀으로 꽂아 둔' 젊은 여성 사진을 가리키는 말이었다. 어두운 기억이 있는 countdown('초읽기')은 1945년 히로시마에 원자 폭탄이 투하된 것을 떠올리게 하는 말이고, brainwashing('세뇌, 사상 개조 공작')은 한국 전쟁(1953)에서 나타났다. 베트남 전쟁은 escalate('확대되다')라는 완곡한 표현을 남겼다. 이 말은 1938년에도 이미 사용되었던 적이 있지만, 1965년에 분쟁이 단계적으로 증폭되었다는 것, 즉 '에스컬레이션'(프, escalade)이었다는 것을 설명해야 하는 과정에서 신문들의 1면에 등장하였다.[678]

더 평화적인 상황에서 유럽에 퍼진 단어들도 있었는데, 예를 들면 cellophane('셀로판', 1921년), rayon('레이온, 인조견', 1924년) 그리고 본래는 지퍼가 장착된 장화를 가리키던 zip('지퍼', 1925년) 등이 있다.

대서양의 이쪽과 저쪽

미국의 기술 지배 덕분에 영어는 대표적인 국제어가 되었다. 영어는 영국보다 미국에 4배 더 많은 화자가 있으며 제1언어보다 제2언어로 사용하는 사람들이 훨씬 더 많다.

따라서 영어는 다양한 모습을 띠고 있지만 동시에 현대 미디어의 편리함 덕분에 폭넓은 공통 기본 부분을 보존하고 있다. 사람들이 '영국식 영어'와 '미국식 영어' 사이의 차이라고 즐겨 강조하는 부분조차도 1세기 전보다 훨씬 더 줄어들었다.[679] 그 시기에 만들어진 철도 어휘와 자동차 어휘에서는 불일치를 보여주는 예들이 수없이 많다. '철도'를 영국에서는 railway, 미국에서는 railroad라고 부르고, '(자동차의) 앞 유리창'을 영국에서는 windscreen, 미국에서는 windshield라고 한다. 몇 년 뒤에 만들어진 모든 항공 어휘와 더 최근에 나온 우주 항공학의 어휘(jetlag '시차로 인한 피로', space shuttle '우주 왕복선' 등)는 대서양의 양쪽 편에서 동일하며 정보통신 분야에서는 더욱 깨끗하게 정리되어 있다.

그럼에도 불구하고 형태가 같지만 대서양의 어느 쪽에서 사용되느냐에 따라 다른 의미를 나타내는 단어들이 존재한다. 당신이 미국에 가게 되었을 때 집의 여주인이 "Would you like to wash up?"이라고 물으면 그것이 설거지를 하도록 권유하는 것이라고 생각하면 안된다. 잉글랜드에서 사용되는 wash up의 의미는 설거지이겠지만 여기서는 '손을 씻으러' 가도록 조심스럽게 제안하는 것일 뿐이다.

1960년대 이후에 어떤 새로운 단어들이 생겼나?

방송과 주요 언론으로 빠르게 전파된 현대의 어휘적 발명품들은 대중에게 빠르게 알려지고, 때로는 대중에 의해 받아들여졌다. 그렇게 하여 몇십 년 전에는 '속어'로 간주되었던 단어들이 오늘날 일상적인 영어에 속하고 있다. 그러한 예로는 (각각 telephone '전화', bicycle '자전거, 오토바이', omnibus '합승 자동차', public house '술집, 선술집'을 뜻하는) phone, bike, bus, pub 등이 있다.[680]

18세기에도 마찬가지 현상이 있었다. snob('속물, 잘난 체하는 사람'), sham('가짜, 협잡'), slump('슬럼프, 급락'), 심지어 joke('농담') 등이 당시에는 은어적 표현이었다.

1991년에 출판된 어느 사전이 1960년 이후로 영어에서 사용되는 2700개의 단어와 표현을 목록으로 만들었다.[681] 거기에는 다음과 같은 말들이 포함되어 있다.

- brain drain(1963) '두뇌 유출'(급여가 더 나은 일자리로)
- cassette(1960) '음악이나 말이 기록될 수 있는 자기 테이프를 담고 있는 케이스'
- mouse(1960) '(컴퓨터의) 마우스'
- gear(1963) '멋진, 훌륭한', 리버풀에서 사용되던 어휘에서 유래한 것으로 비틀즈의 인기로 유행된 단어이다.
- hawk('매', 1963). 분쟁을 무력으로 해결할 것을 지지하는 사람들을 지칭하는 이 은유는 1798년에 토마스 제퍼슨에 의해 프랑스와의 전쟁을 원하던 사람들을 나타내기 위한 war-hawks('주전론자, 매파')라는 표현에서 만들어졌다. 이 표현은 1962년에 미국 작가 스튜어드 앨섭과 찰스 바틀렛에 의해 다시 살아났다. 그들은 반대로 분쟁에서 협상을 주장하는 사람들을 지칭하기 위한 doves('비둘기파')를 그 표현과

연계시켰다.[682]

- to zap(1964). 이 단어는 베트남 전쟁 중에 미국 병사들에 의해 '죽이다'라는 의미로 처음 사용되었다. 'TV에서 채널을 돌리면서 광고를 피하다'라는 더 최근의 의미는 영어에 몇십 년 전부터 존재하는 것 같다. 1991년에 출판된 신조어 사전에는 '죽이다'라는 의미만이 실려있다.[683] 오늘날 zapping은 '채널을 바꾸다'라는 일반적 의미로 channel hopping과 함께 사용되고 있는데, 프랑스어에서는 zapping이 처음부터 그 의미를 가지고 있었다(328쪽, '프랑스어를 중심으로' 챕터, '§ 영어, 단어의 대량 제공자' 부분 참조).
- grungy(1965) '지저분한'
- microwave(1965) '전자레인지'
- cult figure, cult movie(1966)에 있는 cult(형용사). 오늘날 프랑스에 이러한 표현들의 직역 표현이 있음: personnage culte('컬트 히어로'), film culte('컬트 영화').
- doggy bag(1968) '식당에서 남은 음식 싸가는 봉지'(반려견에게 주려는 듯이)
- spaghetti western(1969). 이탈리아에서 만든 서부 영화, 세르조 레오네에 의해 유행되었으며 대사가 가장 간단한 표현으로 축소되어 있다. 같은 장르이지만 스페인에서 촬영된 다른 영화들은 paella westerns('파엘라 웨스턴')이라고 불린다.
- limousin liberal(직역, '리무진 진보주의자'), radical chic(직역, '멋쟁이 급진주의자') 또는 champagne socialist(직역, '샴페인 사회주의자') (1970). 이 표현들은 프랑스어로 la gauche caviar('캐비어 좌파') 또는 la gauche cachemire('캐시미어 좌파')에 해당한다.
- silent majority(1970) '침묵하는 다수'
- smart card(1977) '스마트 카드'(직역하면 '똑똑한 카드')
- video(1980) '뮤직 비디오'(홍보용 동영상)
- CD, compact disc (1980)
- wicked(1985) '아주 좋은'(젊은 층의 언어에서 반어법으로). 동일한 반어법 취향이 유럽 다른 나라들의 젊은 층에서 발견됨(324쪽, '프랑스어를 중심으로' 챕터, '§ ... 그럼에도 불구하고 젊은이들은 혁신을 한다' 부분, 그리고 267쪽, '포르투갈어를 중심으로' 챕터, '§ 어제의 표현들과 오늘의 표현들' 부분 참조).
- rad(ical)(1986) '기막힌', 긍정적 의미(젊은 층의 언어).
- executive(형용사, 1987). 처음에는 대기업의 사장단에 적용되었던 말이지만 오늘날은 더 일반적으로 고급진 것을 표현한다.
- frisée(1987). 1980년대에 영국에서 유행한 샐러드로서 당시에 '누벨 퀴진'(nouvelle cuisine['새로운 음식'이라는 뜻으로 1970년대 프랑스에서 전통적 요리에 대한 반발로 등장

한 요리법]) 식당들에서 슈퍼마켓의 상품 진열대로 옮겨갔다.

- safe(1988) '센스 있는', 긍정적인 의미(젊은 층의 언어).
- seriously. 1980년대 언어의 무절제가 있은 후 오늘날 젊은 층의 어휘는 진정되는 것으로 보인다. 왜냐하면 특출나게 좋은 무언가를 표현할 때 단순히 'My dear, it's seriously good!'('정말 좋아') 또는 심지어 'that's quite cool'('정말 멋있어')이라고 말하기 때문이다. 매우 자주 쓰이는 부사 seriously는 본래의 의미('진지하게')를 잃었으며, 매우 코믹한 어떤 만화의 최근 광고는 의미 모순에 대한 걱정 없이 'seriously funny'라는 카피를 사용하였다.[684]

세계 속의 영어

영어는 세계적인 확산 속에서 아직도 계속 다양화되고 있으며 호주나 남아프리카공화국에서 사용하는 영어는 캐나다나 인도의 영어와 같지 않다. 그러나 때로는 매우 뚜렷한 차이들(인도에서 t와 d를 반전음으로 발음하는 전형적 발음 방식을 예로 들 수 있는데, 반전음이란 혀를 완전히 뒤집고 입천장 쪽으로 올려서 내는 발음이다)이 있음에도 불구하고 두 주요 중심지를 기준으로, 다시 말해서 영국식 영어와 미국식 영어로 모든 변이체들을 분류할 수 있다.

영어권 캐나다인들은 불편한 상황에 처해 있다. 영국인들은 그들이 미국식 억양을 가지고 있다고 보는 반면에 미국인들은 그들이 영국식 억양을 가지고 있다고 생각하기 때문이다. 그들이 미국 영어와 많은 특성을 공유하는 것은 사실이지만(예를 들면, 그들은 ask, glass에서 [æ]를, 그리고 car, park 등에서 r을 발음하고 있다), 어떤 경우에는 영국 영어를 따른다. 예를 들면, shone(shine('빛나다')의 과거형)을 미국인들이 오랫동안 보존해 온 발음인 [oʊ]가 아니라 dog의 모음을 가지고 발음한다.[685]

어휘의 차원에서 캐나다인들은 미국식 표현인 faucet('(수도) 꼭지')보다 영국식 표현인 tap을, 그리고 미국식 멜빵(suspenders)보다 영국식 멜빵(braces)을 선호한다.

캐나다의 지리적 위치로 인해 캐나다 영어는 앤틸리스 제도의 영어와 똑같이 미국 영어의 변이체 쪽에 포함된다. 필리핀의 영어도 미국식 변이체로 분류하는 것이 합당하다.

호주, 뉴질랜드, 남아프리카 공화국의 영어, 그리고 나미비아, 짐바브웨, 잠비아, 케냐의 영어는 불가피하게 영국 영어와 다른점들을 가지고 있지만, 그래도 영국 영어에 더 가까운 변이체들이다.

나이지리아, 인도, 파키스탄, 방글라데시 등의 국가에서는 수백 만 명의 사람들이 영어를 모국어로 갖고 있지는 않아도 일상어로 사용하고 있다. 그 사람들에게 교육할 표준어(영국식? 미국식? 현지식?)의 문제가 근본적으로 제기되지만 아직 해결되지 않고 있다.[686]

영어 사용 국가

공식어이면서 제1언어

영국, 아일랜드 공화국, 캐나다(퀘벡 주와 뉴브런즈윅 주의 일부 제외), 호주, 뉴질랜드, 남아프리카 공화국(백인 소수 집단), 미국

전부 합해서 약 3억 5400만 명이다[2016년 통계로는 영어를 제1언어로 사용하는 사람의 수가 약 4억 명임].

공식어(단일 공식어 또는 복수 공식어 중 하나, **대체로 제2언어임**)

유럽: 지브롤터, 몰타섬과 고조섬

아프리카: 남아프리카, 보츠와나, 감비아, 가나, 케냐, 레소토, 라이베리아, 말라위, 나미비아, 나이제리아, 우간다, 시에라리온, 스와질란드, 탄자니아, 잠비아, 짐바브웨

카리브해: 앤티가 바부다, 바바이도스, 벨리즈, 도미니카, 그레나다, 자마이카, 세인트키츠 네비스, 세인트루시아, 세인트빈센트 그레나딘, 트리니다드 토바고, 앵귈라, 버진 아일랜드, 캐이맨 제도, 몬트세랫, 터커스 케이커스 제도

대서양: 바하마, 기아나, 버뮤다, 세인트헬레나, 포클랜드 제도

인도양: 몰디브, 모리스섬, 세이셸

아시아: 스리랑카(실론), 싱가포르, 홍콩

오세아니아: 피지와 핏케언, 키리바시, 나우루, 뉴기니, 솔로몬

모두 합해서 약 3억 120만 명이다[2016년 통계로는 영어를 제2언어로 사용하는 사람의 수가 약 11억 명임].

매개 언어 또는 교육 언어

아시아: 방글라데시, 브루네이, 인도, 말레이시아, 파키스탄, 미얀마

중동: 이스라엘

아프리카: 수단, 이집트

오세아니아: 바누아투[687]

제6부

언어들이 존재하는 한

제6부
언어들이 존재하는 한

언어들은 스펀지와 같다

이 책을 닫기 전에 다시 잠시 멈추고 그 모든 언어들의 역사를 한 눈으로 훑어본다면 하나의 공통적인 특징이 그 언어들에 공유되고 있다는 것을 확인할 수 있을 것이다. 그 특징은 언어들의 투과성이다. 외부 요소들이 각각의 언어들 안에 스며들었으며, 때로는 너무 오래전부터 들어와 있어서 그 요소들이 오늘날 취하고 있는 모습을 보고 더 이상 그것들을 제대로 알아보지 못하기도 한다. 모든 언어들이 받았고, 모든 언어들이 주었으며, 그러한 차용과 공여의 얽힘이 커다란 비중을 차지하게 되면서 어떤 경우에는 누가 누구에게 주었는지 밝히는 것이 불가능해진다.

예를 들어 프랑스어와 영어는 너무 밀접하고 빈번한 교류 관계를 가졌기에 그 언어들의 어휘를 통해 그 관계를 추적해보면 게르만어들 중 가장 라틴어적인 언어인 영어와 로망스어들 중 가장 게르만어적인 프랑스어 사이의 긴 사랑 이야기가 전개되는 듯하다. 오랫동안 이동이 한 방향으로 이루어지면서 수천 개의 프랑스어 단어들이 영어로 유입되었지만 오늘날 완전히 역전이 되어 영어 단어들이 지속적으로 프랑스어에 도입되고 있다. 그 결과로 많은 수의 단어들이 왕복을 하였지만, 몇 세기의 시차를 두고 이루어졌으며 대개의 경우 의미의 변화도 동반되었다. 예를 들어, 영어 단어 interview는 고대 프랑스어 entrevue에서 차용되었던 것이 현대 프랑스어로 다시 돌아왔지만 더 좁은 의미를 가지고 왔다. 프랑스어에서 interview는 항상 대중을 위해 하는 것을 가리킨다. paletot라는 단어에 대해서는 반대되는 일이 일어났다. 처음에는 프랑스어가 중세 영어에서 paltok('웃옷, 자켓')이라는 말을 차용했다. 영어가 나중에 프랑스어에서 그것을 되찾아 갔는데, 이때는 paletot라는 형태로 가져갔다. 이 단어는 프랑스어를 통해서 이탈리아어로도 건너갔으므로(paletot 또는 paltò) 기원이 되는 단어의 '국적'을 조사할 때 어느 단계를 선택할 것인지가 문제가 된다.

sketch라는 단어의 역사에서도 많은 일들이 일어났다. 그 단어는 영어 형태로 프랑스어에 차용되어 그것의 이탈리아어 기원이 드러나지 않고 있다. 그런데 사실은 모든 것이 이탈리아어 단어 schizzo('크로키')와 함께 시작하였다. 그것이 네덜란드어에서 schets라는 형태를 얻었고, 그 다음에 네덜란드어에서 영어로 차용되어 영어에서 sketch('스케치')가 되었고 결국에는 그 영어 형태로 프랑스어에 도착하였지만 '일반적으로 코믹한 짧은 무대, 촌극'이라는 특별한 새 의미를 가지고 왔다.

국제 어휘

이와 같이 어휘의 일부분은 여러 언어에서 나타나는데, 그러한 현상은 한 언어에서 다른 언어로의 차용 때문이기도 하고(cf. peletot), 또한 공통 기원을 가지기 때문인 경우도 많다(프랑스어 il pleut, 포르투갈어 chove, 스페인어 llueve, 이탈리아어 piove는 라틴어 PLUIT에서 유래하였다). 그리스어나 라틴어로부터 똑같이 만들어진 단어들도 존재한다('생물학': biologie, biology, biologia 등, '교통': transport, transporte, trasporto 등).

언어들 간의 접촉이 일어나고, 또한 어휘 자산을 쇄신하기 위해 옛날 언어들의 도움을 받은 결과로 오늘날은 점점 더 풍부한 국제적 어휘가 존재하게 되었으니, 이것은 그 민족들의 공통 역사에 대한 증거인 셈이다.

그런데 전체 어휘에 비해 그 공통 어휘 자산의 비중은 얼마나 될까? 그러한 국경

없는 단어들은 어떠한 것들일까? 그리고 그것들의 유사성은 어느 정도일까? 이런 질문들에 대해 살펴보기로 하자.

일치하는 단어들

8천 단어가 수록된 어떤 다언어 소사전을 출발점으로 삼아 그 공통 국제 어휘가 어떤 것인지 가늠해 보고자 한다.[688] 그 사전은 유럽 연합 국가들에 여행하는 사람들을 위한 것이며 9개 공식어[현재는 유럽 연합의 공식어가 24개임] 중 6개를 대상으로 하고 있다(프랑스어, 영어, 독일어, 스페인어, 이탈리아어, 포르투갈어). 그 사전의 8천 단어 중에 1200개 이상의 단어(15%)가 6개 언어에서 표기가 같고, 그 가운데 대다수(1009개)의 단어는 그리스어나 라틴어에서 유래된 것들이다(80%).

완벽한 동일 표기 단어들

그렇지만 그 단어들이 완전히 동일한 것은 아니다. (악센트 표시는 고려하지 않는다는 조건하에서) 약 20개 단어만이 정말로 완벽한 동일 표기 단어이다. 다음은 그러한 단어들을 프랑스어 표기법으로 표기한 것이다.

album	jockey	motel	taxi
'앨범'	'기수'	'모텔'	'택시'
diesel	karaté	paranoïa	télex
'디젤기관'	'가라데'	'망상증'	'텔렉스'
embargo	laser	radar	virus
'금수 조치'	'레이저'	'레이더'	'바이러스'
gangster	libido	radio	yoga
'깡패'	'성욕'	'라디오'	'요가'
hôtel	mafia	revolver	
'호텔'	'마피아'	'리볼버 권총'	
jazz	matador	sauna	
'재즈'	'투우사'	'사우나'	

이 목록에 나타나는 동일 표기 단어들은 다음과 같이 다양한 기원을 가지고 있다.

– 산스크리트어 기원: yoga
– 그리스어에서 출발하여 독일어를 경유함: taxi
– 라틴어에서 출발하여 프랑스어를 경유함: hôtel
– 라틴어에서 출발하여 스페인어를 경유함: embargo
– 라틴어에서 출발하여 영어를 경유함: revolver(새뮤얼 콜트가 만든 단어)
– 라틴어에서 출발하여 미국 영어를 경유함: motel(만들어진 단어)
– 라틴어에서 출발하여 독일어를 경유함: album, libido
– 아랍어에서 출발하여 스페인어를 경유함: matador
– 아랍어에서 출발하여 시칠리아어를 경유함: mafia
– 영어 기원: gangster, jazz, jockey, radar(약자), laser(약자)
– 독일어 기원: diesel(독일 엔지니어 루돌프 디젤의 이름으로부터 생긴 말)
– 핀란드어 기원: sauna
– 일본어 기원: karaté

우리가 서로 이해하는 데 어려움이 없을 것이다. 왜냐하면...

덴마크어	alkohol	allergi	katastrofe	chokolade	chok
독일어	Alkohol	Allergie	Katastrophe	Schokolade	Shock
네덜란드어	alcohol	allergie	catastrofe	chocola	schok
영어	alcohol	allergy	catastrophe	chocolate	shock
프랑스어	alcool	allergie	catastrophe	chocolat	choc
이탈리아어	alcool	allergia	catastrofe	cioccolato	choc
스페인어	alcohol	alergia	catástrofe	chocolate	choque
포르투갈어	álcool	alergia	catástrofe	chocolate	choque
덴마크어	klima	klasse	detektiv	garage	gas
독일어	Klima	Klasse	Detectiv	Garage	Gas
네덜란드어	klimaat	klasse	detective	garage	gas
영어	climate	class	detective	garage	gas
프랑스어	climat	classe	détective	garage	gaz
이탈리아어	clima	classe	detective	garage	gas
스페인어	clima	clase	detective	garaje	gas
포르투갈어	clima	classe	detective	garagem	gás
덴마크어	hygiejne	metal	teater	tunnel	
독일어	Hygiene	Metal	Theater	Tunnel	
네덜란드어	hygiëne	metaal	theater	tunnel	

영어	hygiene	metal	theatre	tunnel
프랑스어	hygiène	métal	théâtre	tunnel
이탈리아어	igiene	metallo	teatro	tunnel
스페인어	higiene	metal	teatro	túnel
포르투갈어	higiene	metal	teatro	túnel

게다가 일부 표기들은 일관되게 서로 상응하고 있다. 예를 들면, 영어 theatre와 이탈리아어나 스페인어의 teatro처럼 th = t이고, 프랑스어 catastrophe와 이탈리아어 catastrofe처럼 ph = f이며, 또한 shock, Schock, choc에서처럼 영어의 sh = 독일어의 sch = 프랑스어 ch 임을 알 수 있다.

1200 단어 중 나머지 단어들도 거의 모두 표기상의 차이가 정말로 미미하며, 위의 몇몇 예들을 통해서 알 수 있듯이 단어들이 쉽게 알아볼 수 있는 형태를 가지고 있다. 위의 예들은 사전에 수록된 6개 언어의 단어들에 덴마크어와 네덜란드어 단어들을 추가한 것이다.

언어마다 달라지는 단어들

거의 완벽한 동일 표기 단어들 1200개의 반대편 끝에는 조사된 8개 언어에서 모두 다른 단어들도 볼 수 있다. 그러한 단어로 300개 가량 찾아낼 수 있었으며, 다음은 그중에서 몇 개 뽑아온 것이다.

	'성냥'	'라이터'	'손수건'	'휴지통'	'팁'
이탈	fiammifero	accendino	fazzoletto	pattumiera	mancia
스페	cerilla	mechero	pañuelo	cubo de basura	propina
포르	fósforo	isquiero	lenço	caixote de lixo	gorgeta
프랑	allumette	briquet	mouchoir	poubelle	pourboire
덴마	tændstick	cigaret-tænder	lommetørklæde	skraldespand	drikkepenge
독일	Streichholz	Feuerzeug	Taschentuch	Abfalleimer	Trinkgeld
네덜	lucifer	aanstecker	zakdoek	vuilnisbak	fooi
영어	match	lighter	handkerchief	dustbin	tip

겉모습을 경계해야 한다

8개 언어에서 동일한 의미를 나타내는 모든 단어들이 형태가 비슷한 경우는 형태가 모두 다른 경우보다 비교할 수 없이 많다. 그럼에도 불구하고 익숙한 겉모습을 한 어형에 대해서는 주의해야 한다. 몇몇 예를 보자.

sale: 프랑스어에서는 형용사 sale('더러운')이지만 영어에서는 '판매'를 뜻하는 명사이며, 이탈리아어에서는 '소금'이고, 스페인어에서는 '(그가) 간다'는 의미의 동사 형태이다.

salir: 프랑스어에서는 '더럽히다'이지만 스페인어에서는 '나가다', 그리고 이탈리아어에서는 salire가 '올라가다'는 의미이다.

subir: 프랑스어에서는 '겪다'이지만 스페인어에서는 '올라가다'이다.

baiser: 프랑스어에서는 특별히 다정한 몸짓이며 독일어에서는 매우 단 흰색 과자라는 더 평범한 의미를 가진다.

독자들은 이 몇몇 예들이 언어 교수들이 '가짜 친구들'(프, faux amis)이라고 부르는 것임을 알았을 것이다(상자 글 '가짜 친구들 놀이').

휴식 시간

'가짜 친구들' 놀이

어떤 단어들은 가까운 두 언어에서 동일한 형태를 가지고 있지만 그것들의 의미는 각 언어에서 다르다. 이것이 '가짜 친구들'이라고 불리는 것이다.

다음에 해당하는 어형들을 찾으시오.

1. 영어로 '접시'이며 프랑스어로 여성 형용사이다.
2. 독일어로 '순수한'이며 프랑스어로 사람의 신체 기관이다.
3. 네덜란드어로 '간'이며 프랑스어로 상승 동작을 나타내는 동사이다.
4. 영어로 '물방울'이며 네덜란드어로 '감초'이다.
5. 프랑스어로 사지의 끝이며 영어로 '주요한'이라는 의미을 가진 형용사이다.
6. 영어로 숫자이며 프랑스어로 음식을 익히는 장치이다.
7. 영어로 '선물'이며 독일어로 '물고기'이다.

정답: 1. plate - 2. rein - 3. lever - 4. drop - 5. main - 6. four - 7. 영어로 gift, 독일어로 Gift.

의사소통을 쉽게 하기 위해

먼 거리에서 말을 전달하기 위해 다양한 언어에서 옛날 두음법 원리에 입각한 부호들이 만들어졌는데, 그 원리는 알파벳의 한 글자를 그 글자로 시작하는 단어를 통해 지칭하는 것이다(32쪽, '그리스어' 챕터, '§ 음절 문자에서 알파벳으로' 부분 참조). 예를 들어 전화로 고유 명사의 철자를 불러줄 때 언어마다 서로 다른 관습을 가지고 사람 이름, 도시나 나라 이름, 일상어의 단어 등을 사용하고 있다.

그리스어는 실제로 그럴 필요가 없는데, 왜냐하면 그 언어의 알파벳의 각 글자가 대개의 경우 최소 2음절로 되어 있어서 쉽게 식별될 수 있는 이름을 가지고 있기 때문이다(알파, 감마, 델타 등). 그럼에도 불구하고 우편 업무에서는 대개의 경우 사람 이름을 가리키는 부호가 존재한다. 프랑스인과 독일인도 사람 이름을 특히 좋아하는 반면에 이탈리아인과 스페인인은 몇몇 예외를 제외하면 도시 이름을 선호한다. 영어는 사람 이름(David, Peter)과 일상생활의 어휘(sugar, yellow)를 고르게 섞고 있으며, k에 대해 king을 사용하며 왕권을 빗대거나 x에 대해 Xmas(Christmas)를 사용하며 종교를 끌어오기도 한다(상자 글 '전화용 부호들' 참조).

전화용 부호들[689]

그리스어

A Antônios	E Elenê	I Iôannês	N Nikolaos	P Rôksanê	Φ Phôteinê
B Vasileios	Z Zôê	K Kônstantinos	Ξ Kwenofôn	Σ Sôtêrios	X Charalampos
Γ Geôrgios	H Êlias	Λ Leônidas	O Omêros	T Timoleôn	Ψ Psari
Δ Dêmêtrios	Θ Theodôros	M Maria	Π Panagiôtês	Y Ypsilantês	Ω Ômêga

프랑스어

A Anatole	E Édouard	I Irma	M Maris	Q Québec	U Ursule	Y Yvonne
B Berthe	F François	J Joseph	N Nicolas	R Robert	V Victor	Z Zoé
C Célestin	G Gaston	K Kléber	O Oscar	S Suzanne	W William	
D Désiré	H Henri	L Louis	P Pierre	T Théodore	X Xavier	

변이형: I Isidore L Lazare M Marcel S Samuel T Thérèse

독일어

A Anton	E Emil	I Ida	M Marta	Q Quarto	U Ullrich	Y Ypsilon
B Berta	F Friedrich	J Jakob	N Nordpol	R Roma	V Victor	Z Zacharias
C Cäsar	G Gustav	K Konrad	O Otto	S Sassaru	W Wilhelm	
D Dora	H Heinrich	L Ludwig	P Paula	T Torino	X Xantippe	SCH Schule

Ö Ödipus Ü Übel Ä Ärger

이탈리아어

A Ancona	E Empoli	I Imola	M Milano	Q Quarto	U Udine	Y York
B Bologna	F Firenze	J Jersey	N Napoli	R Roma	V Venezia	Z Zara
C Cagliari	G Genova	K Kappa	O Otranto	S Sassaru	W Washington	
D Domodossola	H hotel	L Livorno	P Parma	T Torino	X Xantia	

변이형: B Bari C Como, Catania K Kennedy, Kursaal P Palermo S Savona Y i greco

스페인어

A America	E España	I Italia	M Madrid	Q Quebec	U Ubeda	Y Yugoslavia
B Barcelona	F Francia	J Jueves	N Navara	R Roma	V Valencia	Z Zaragoza
C Cáceres	G Gerona	K kilo	O Oviedo	S Santander	W Washington	
D Dinamarca	H Huelva	L Lerida	P Portugal	T Toledo	X xilófono	

CH chocolate LL llover Ñ niño

영어

A Andrew	E Edward	I Isaac	M Mary	Q Queenie	U uncle	Y yellow
B Bertie	F Frederic	J Jack	N Nellie	R Robert	V Victor	Z zebra
C Charlie	G Geroge	K king	O Oliver	S sugar	W William	
D David	H Harry	L Lucy	P Peter	T Tommy	X Xmas	

국제 부호

항공 운행을 위한 국제 부호가 존재하는데, 그것의 기본 목록은 영어로 되어 있다.

A alpha	F fox-trot	K kilo	P papa	U uniform	Z Zulu
B bravo	G golf	L Lima	Q Quebec	V Victor	
C Charlie	H hotel	M Mike	R Romeo	W whisky	
D delta	I India	N November	S sierra	X X-ray	
E echo	J Juliet	O Oscar	T tango	Y Yankee	

이러한 사실은 우리 시대의 현실을 확인시켜준다. 영어는 실제로 대표적인 국제어이다. 그런데 그 언어의 성공이 이 책의 여러 챕터들에서 거론되었던 모든 언어들에게 위협이 되고 있을까?

언어들이 존재하는 한

영어가 20세기 후반 이후 세계의 언어들 속으로 많이 침투하였고, 그로 인해 곳곳에서 다른 언어들의 고유성이 사라져 버리지 않을까 하는 불안감이 생기는 것은 사실이다. 그렇지만 영어 차용어의 비율은 일반적으로 전체 어휘의 5%를 넘지 않으며 일종의 국제적 균형이 이루어지려고 하는 듯하다. discothèque이라는 단어는 미국에서 사용되지만 먼저 프랑스어에서 그리스어-라틴어 어간을 이용하여 만들어졌고, brainwashing('세뇌')은 중국어 직역어이다. 또한 bronzing('브론징, 햇볕에 그을리는 행동')은 결국 영어 차용어인 셈이지만 그래 봤자 프랑스어식 영어이다. 영국인이나 미국인은 그 단어에 어리둥절해 할 것이다. 마찬가지로 그 사람들은 tight가 이탈리아어에서 남성용 의복을 가리킨다는 것을 이해하기 어려울 것이다.[690]

모든 언어는 오염되어 있지만 각 언어는 제 나름대로 자신을 둘러싸고 있는 모든 언어들의 주기적인 침략에 맞서 버텨내고 또 생존하고 있다. 생존을 위해 외부에서 온 단어들을 정착시키기도 하고, 또 동시에 자신의 고유한 생산물들을 수출하기도 한다. 새로운 사실들을 가리키기 위해 새로운 단어들이 나타나는가 하면 더 이상 쓸모가 없거나 통합되지 못하여 죽게 되는 단어들도 있다. 하나의 차용은 하나의 창조와 똑같이 항상 표현 가능성을 풍요롭게 해주고 또 쇄신시켜준다. 언어들이 존재하는 한 그것들은 자신의 영혼을 잃게 될 걱정을 하지 않고 계속하여 단어들을 교환할 것이다. 살아 있는 언어란 주고 또 받는 언어이기 때문이다.

부록

참고 문헌 및 주석

아래에 이 책의 저술을 위해 인용한 참고 문헌들과 이 책의 각 챕터를 위해 나를 도와준 많은 동료와 친구의 이름이 밝혀져 있다.

1) 각국의 인구에 관한 통계 자료의 출처: JOYAUX, François (sous la dir.) 《Encyclopédie de l'Europe》, Paris, Le Seuil, 1993, 359 p. 다른 언급이 없다면 각국의 주요 언어들에 관한 상황표에 나타나는 설명들은 다음 자료들에 근거한 것이다.
STEPHENS, Meic, 《Linguistic Minorities in Western Europe》, Llandysul, Dyfed, Wales, Gomer Press (Ire éd. 1976) 1978, 796 p.
COMRIE, Bernard (sous la dir.), 《The Major Languages of Western Europe》, Londres (Ire éd. Croom Helm, 1987), Routledge, 1990, 315 p.
GIORDAN, Henri, Les langues minoritaires, patrimoine de l'humanité, in GUILLOREL, Hervé & SIBILLE, Jean (sous la dir.), 《Langues, dialectes et écriture. Les langues romanes de France》, Paris, Institut d'études occitanes et Institut de politique internationale européenne, Colloque de Nanterre (16−18 avril 1992), 1993, 319 p., p. 173−185.
CALVET, Louis−Jean, 《L'Europe et ses langues》, Paris, Plon, 1993, 237 p., p. 209−225.

2) HAUDRY, Jean, 《L'indo−européen》, Paris, PUF, 'Que sais−je?' n° 1798, 1979, 128 p., p.4.

3) BENVENISTE, Émile, 《Le vocabulaire des institutions indo−européennes》, Paris, éd. de Minuit, 1969, tome 1, 376 p. 및 tome 2, 340 p.

4) MARTINET, André, 《Des steppes aux océans. L'indo−européen et les 'Indo−Europóns'》, Paris, Payot, 1986, 274 p., p. 230−237.

5) HAUDRY, Jean, 《Les Indo−Européen》, Paris, PUF, 'Que sais−je?' n° 1965 (1re éd. 1981), 1985, 128 p., p.4.

6) GIMBUTAS, Marija, Old Europe in the Fifth Millenium B.C. The European Situation on the Arrival of Indo−Europeans, 《The Indo−Europeans in the Fourth and Third Millennia》, sous la dire. de Edgar C. POLOMÉ, Karoma Publishers, Ann Arbor, 1982, p. 2 BN [8º X 30159 (14).

7) GUBUTAS, Old Europe... (미주 6), p. 1−60, 및
GUMBUTAS, Marija, 《Godesses and Gods of Old Europe, 6.500−3.500 B.C. Myths and Cult Images》, London, Thames & Hudson (1re éd. 1974), 1982, BN [4° G 5250.
8) GIMBUTAS, Marija, 《The Language of the Goddess, Unearthing the Hidden Symbols of Western Civilization》, San Francisco, Harper & Row, 1989, 388 p., p. 323−324.
9) MARTINET, 《Des steppes…》 (미주 4), p. 53.
10) ORENS, Marc, 《La Civilisation des mégalithes》, Genève, 1977. BN [16−G−4086 (15).
11) RENFREW, Colin, 《Les Origines de l'Europe》, Paris, Flammarion, 1983, 324 p., p. 275 이것은 (번역본이며, 원전은 《Before Civilization》, 1973).
12) 이 상자 글의 작성에 도움을 준 것에 대해 내 남편 제라르 발테르에게 감사의 뜻을 전한다.
13) GIMBUTAS, 《The Language…》 (미주 8), p. 330.
14) RENFREW, 《Les origines…》 (미주 11), p. 55−95
15) GIMBUTAS, Marija, Proto−Indo−European Culture : the Kurgan Culture during the Fifth, Fourth and Third Millennia B.C. in CARDONA, George, HOENIGSWALD, Henry & SENN, Alfred (sous la dir.), 《Indo−European and Indo−Europeans》, Philadelphia, Univ. of Pennsylvania Press, 1970, p. 155−197. BN [8−X−27852 (9).
유사한 견해로는 다음을 참고할 것:
THOMAS, Homer, Archaeological evidence for thé migrations of the Indo−Europeans, in CARDONA, HOENIGSWALD & SENN, 《Indo−European…》, p. 267−278.
다른 견해로는 다음을 참고할 것:
RENFREW, Colin, 《Archaelogy·and Language. The Puzzle of Indo−European Origin》, Londres, Jonathan Cape, 1987 et 1989, XIV + 346 p. BN [8° X 32666 및 그 책에 대한 André MARTINET의 서평, in 《La linguistique》 26/2, 1990, p. 160−162.
16) GIMBUTAS, Proto−Indo−European… (미주 15), 지도 p. 192−193.
17) GIMBUTAS, Proto−Indo−European… (미주 15), 지도 p. 170.
18) GIMBUTAS, Old Europe... (미주 6), 특히 p. 18, 지도 p. 26, 54 및 55.
19) MARTINET, André, Les Indo−Européens et la Grèce, 《Diogène》 145, 1989, 1월−3월, p.3.
20) 이 지도는 Marija Gimbutas와 특히 GIMBUTAS, Old Europe... (미주 6), p. 1−60, 53쪽과 55쪽의 지도, 그리고 MARTINET의 저서 《Des steppes...》 (미주 4), 13−33쪽 그리고 55−57쪽 등의 도움을 받아 작성되었다.
22) MARTINET, 《Des steppes…》 (미주 4), p. 76−77.
21) MARTINET, 《Des steppes…》 (미주 4), p. 53.
23) MARTINET, 《Des steppes…》 (미주 4), p. 40.

24) SËFLUND, Gösta, 《Le Terramare delle provincie di Modena, Reggio Emilia, Parma, Piacenza》, Lund et Leipzig, 1939, 245 p. 및 특히 98개의 그림 p. 219–240.
25) MARTINET, 《Des steppes…》 (미주 4), p. 42.
26) MARTINET, 《Des steppes…》 (미주 4), p. 86–94.
27) SORAVIA, Giulio, 《Dialetti degli Zingari italiani》, Pise, Pacini, 1977, 140 p., p. 11, 17, 45, 75.
28) CALVET, Georges, Le tsigane, in VERBUNT, Gilles (sous la dir.), 《Par les langues de France》, tome 2, Les langues d'origine étrangère, Paris, Centre Pompidou, 1985, p. 65–69.
29) 내 동료인 아테네 대학의 Maria Kakridi, 케르케라 대학의 Hélène Sella 그리고 테살로니키 대학의 Agathoclès Charalambopoulos가 이 챕터의 완성을 위해 도움을 준 것에 대해 감사드린다.
30) MAULNIER, Thierry, 《Cette Grèce où nous sommes nés》, Paris, Flammarion, 1964, 180 p.
31) CONTOSSOPOULOS, Nicolas G., Parallèles phonétiques entre le grec moderne et les langues ibériques, 《Actas》 del 5° Congreso Internacional de Estudios Lingüísticos del Mediterráneo, Madrid, 1977, p. 501–508, 특히 p. 502. 그리스어 버전은 다음 책에 수록됨: CONTOSSOPOULOS, Nicolas G., 《Dialectes et patois du grec moderne》, Athènes, 1981, p. 1–2.
32) PISANI, Vittore, Il macedonico 《Paideia》, 12, 1957 및 VAILLANT, André, Le problème du slave macédonien, 《B.S.L.》 39, 1938. 다음 논문도 참조할 것: CLAIRIS, Christos, Au-delà de la diglossie, 《Situations linguistiques dans les pays de la Communauté européenne, Lez Valenciennes》, n° 14, Presses universitaires de Valenciennes, 1992, p. 85–96.
33) SELLA-MAZI, Eléni, La minorité turcophone musulmane du nord-est de la Grèce et les dernières évolutions politiques dans les Balkans, in KARYOMEMOU, Marilena (sous la dir.), 《Sociolinguistique du grec et de la Grèce, Plurilinguismes》 n° 4, Centre d'études et de recherches en planification linguistique, Paris, université René-Descartes, juin 1992, p. 203–231.
34) SAMPSON, Geoffrey, 《Writing Systems, A linguistic Introduction》, London, Hutchinson, 1985, 225 p., 3e page de titre. BN [8° – X-32096.
35) MEILLET, Antoine, 《Esquisse d'une histoire de la langue latine》, Paris, Klincksieck, 1966, 295 p., p. 82.
36) NAVEH, Joseph, 《Early History of the Alphabet. An Introduction to West Semitic Epigraphy and Paleography》, Jerusalem, The Hebrew University, The Magnes Press, 1982, p. 176.
37) COHEN, Marcel, 《La grande invention de l'écriture》, Paris, Klincksieck, 1958. Vol. 1. Texte 471 p., p. 140 및

MASSON, Michel, À propos des écritures consonantiques, 《La linguistique》 29, 1993/1, p. 25−40.

38) MARTINET, André, L'aphabet: un concours de circonstances, 《La linguistique》 29, 1993/1, p. 17−24.

39) DIRINGER, David, 《The Alphabet, a Key to the History of Mankind》, Londres, Hutchinson (1re éd. 1948), 1968, 2 vol., p. 168. BN[4° Q 6636.

40) SAMPSON, Writing... (미주 34), p. 100.

41) 내가 이 비교표를 정리하고 충실하게 만들 수 있도록 도와준 André Martinet 교수에게 감사드린다. 이 표의 페니키아 음절 문자는 SAMPSON, 《Writing...》 (미주 34), p. 104에서 가져왔음을 밝힌다. 페니키아어 용어들의 번역은 Ursula Rieser의 도움 덕분에 이루어졌다. 그에게도 감사드린다. 다음 책도 참고할 것: HADAS−LEBEL, Mireille, 《Histoire de la langue hébraïque des origines à l'époque de la Mlshna》, Publications orientalistes de France, p. 21−36.

42) 각각 다음 문헌에서 나타남:
CONTOSSOPOULOS, Nicolas G., 《L'influence du français sur le grec》, Athènes, 1978, 207 p., p. 67 및 69,
ROSGOVAS, T., 《Nouveau dictionnaire franco−hellénique avec phonétique》, 1985, 630 p., p. 411.

43) WALTER, Henriette, 《Le français dans tous les sens》, Paris, Robert Laffont (Andre Martinet의 서문), 1988, 385 p. 1988년 아카데미 프랑세즈 대상 수상, p. 255.

44) 어원의 복원과 관련하여 다음 책들의 도움을 받음 :
NÈGRE, Ernest, 《Toponymie générale de la France》, Genève, Droz, 1990−1991, 3 tomes, 1852 p.
VINCENT, Auguste, 《Toponymie de la France》, Brionne, éd. Monfort, 1984, 413 p.
MAGNIEN, Victor & LACROIX, Maurice, 《Dictionnaire grec−français》, Paris, Belin, 1969, 2167 p.
《Le grand atlas de l'histoire mondiale》, Encyclopaedia Universalis, 1981, 316 p., p. 74−75 및 색인.

45) CONTOSSOPOULOS, Nicolas G., Los dialectos en la Grecia contemporánea, 《Bulletin lexicographique》, Athènes, 1972, 12, p. 51−58, 특히 p. 54.

46) MEILLET, Antoine, 《Introduction à l'étude comparative des langues indo−européennes》, Paris, Klincksieck, 1964, 564 p., rééd. 1966, 296 p., p. 64−66.

47) MEILLET, 《Introduction…》 (미주 46), p. 68.

48) HIGOUNET, Charles, 《L'écriture》, Paris, PUF, 'Que sais−je ?' n° 653, (1re éd. 1955) 1969, p. 75−76.

49) MARTINET, 《Des steppes…》 (미주 4), p. 90−91 및 HIGOUNET, 《L'écriture》 (미주 48), p. 72.

50) MEILLET, 《Introduction…》 (미주 46), p. 70−72.

51) GOURVIL, Francis, 《Langue et littérature bretonnes》, Paris, PUF, 'Que sais-je ?' n° 527, (1re éd. 1952) 1968, 126 p., p. 20.

52) MEILLET, 《Introduction…》 (미주 46), p. 68-70 및
JACKSON, Kenneth, 《Language and History in Early Britain》, Cambridge (Mass.), Harvard University Press, 1953, p. 207. BN [8° X 22975.

53) PRICE, Glanville, 《The Languages of Britain》, Londres, Edward Arnold (41 Belford sq., London WC1B 3DQ) (1re éd. 1984), 1985, 245 p., p. 212. BN [8° X 31860.

54) MEILLET, Antoine & COHEN, Marcel (sous la dir.), 《Les langues du monde》, Paris, C.N.R.S. Champion, 1952, nouvelle éd. 1962, 2 tomes, 1294 p. 및 21개 지도, tome 1, p. 65.

55) MARTINET, Les Indo-Européens… (미주 19), p. 11-12.

56) 이 지도는 다음 책의 자료에 의거하여 작성되었음: MIRAMBEL, André, 《Grammaire du grec moderne》, Paris, Klincksieck, (1re éd. 1939) 1983, 243 p., p. VI-VIII.

57) BABINIOTIS, Georges, 《Brève histoire de la langue grecque》, Athènes, 1985 (그리스어로 작성됨), p. 166-167 및
BABINIOTIS, Georges, A Linguistic Approach to the "Language Question" in Greece, 《Byzantine and Modern Greek Studies》, London, Basil Blackwell, 1979, vol. 5, p. 1 및 그 이하

58) FERGUSON, Charles, Diglossia, 《Word》, 15, 1959, p. 325-340.

59) CLAIRIS, Christos, Le cas du grec, in FODOR Istvan & HAGÈGE Claude (sous la dir.), 《Language Reform/La réforme des langues, histoire et avenir》, Hambourg, Buske, 1983, vol. I, XXII + 544 p., p. 351-362, 더 핵심 부분은 p. 351 et 355.

60) CLAIRIS, Christos, Quel grec ?, 《Plurilinguisme》, n° 4, 《Sociolinguistique du grec et de la Grèce》, Paris, univ. René-Descartes, juin 1992, p. 28-38, 특히 p. 31.

61) MACKRIDGE, Peter, 《The Modern Greek Language》, (édit. grecque, Athena, Pataki, 1987) 영문으로 작성됨, Oxford, Oxford University Press, (1re édit. 1985) 1987, 387 p., p. 308.

62) GEORGOUDIS, Constantin, Vocabulaire de base et diglossie, 《À propos du grec》, Journée d'études de l'U.E.R. de linguistique générale et appliquée, dirigée par Christos Clairis, 《Journée d'études》 n° 11, Paris, Sorbonne, 1988, p. 43-53, 특히 p. 51.

63) MIRAMBEL, 《Grammaire…》 (미주 56), p. 200-202.

64) CONTOSSOPOULOS, 《L'influence…》 (미주 42), p. 51.

65) MIRAMBEL, Grammaire… (미주 56), p. 201.

66) SELLA, Hélène, Langues étrangères dans la publicité grecque, in 《Actes》 du XVIIIe Colloque international de linguistique fonctionnelle (Prague, 12-17 juillet 1991), Prague, Université Charles, 1992, 343 p., p. 302-307.

67) CONTOSSOPOULOS, 《L'influence…》 (미주 42), 207 p.

68) CONTOSSOPOULOS, 《L'influence…》 (미주 42), 특히 p. 20-21, p. 59-63, p. 66-70.

69) WALTER, Henriette, 《Des mots sans-culottes》, Paris, Robert Laffont, 1989, 244 p., p. 166 et 158.

70) SELLA, Langues étrangères··· (미주 66).

71) 이 연설 내용은 1957년 12월 27일자 뉴욕타임즈에 보도됨.

72) NICOLAÏDIS, Aristote & NICOLAÏDIS, Nicos, 《Dictionnaire des mots inexistants》. Genève, Metropolis, 1989, 95 p. 1966년에 '국제 용어 및 언어 연구소'가 창립되어 1974년 이래로 제네바에 본부를 두고 있음.

73) TRIANDAPHYLLIDIS, Manolis A., 《Petite grammaire du grec moderne》 (프랑스어 번역 Fernand Duisit, Octave Merlier), Thessalonique, 1975, 261 p., p. 47. BN [16° X 5257.

74) BLOCH, Oscar & WARTBURG, Walther von, 《Dictionnaire étymologique de la langue française》, Paris, P.U.F., 1950, 651 p., p. 390.

75) PERNOT, Hubert, Notes sur le dialecte tsaconien, 《Revue de phonétique》, tome 4, fasc. 2, 1987, p. 3-38. BN [4° - X-pièce 384,
CHARALAMBOPOULOS, Agathoclès, 《Analyse phonologique des dialectes tsaconiens》, Thessalonique, 1980, 196 p. (en grec), 및
BROWNING, Robert, 《Medieval and Modern Greek》, Londres, Hutchinson University Library, 1969, p. 123, 그리고
CARATZAS, Stam. C., 《Les Tzacones》, Supplementa byzantina, band 4, Berlin-New York, de Gruyter, 1976.

76) PANAYI-TULLIEZ, Photini, Langue, poésie orale et identité culturelle chypriote, in KARYOMEMOU, 《Sociolinguistique···》 (미주 33) p. 39-55. 이 방언은 런던의 그리스 공동체에서 아직도 사용되고 있다. cf. GARDNER-CHLOROS, Penelope (미주 33) p. 112-136.

77) KATZOYANNOU, Marianne, Mort des langues et locuteurs terminaux : le cas de la minorité grécophone de la Calabre (Italie), in KARYOMEMOU, 《Sociolinguistique ···》 (미주 33)p. 84-111.

78) DRETTAS, Georges, Problèmes de la linguistique balkanique, 《Bulletin de la Société de linguistique de Paris》 (B.S.L.), 82, 1, Paris, Klincksieck, 1987, p. 257-281 및 CONTOSSOPOULOS, 《Los dialectos···》 (미주 45), p. 51-58, 특히 p. 54-55.

79) MEILLET, 《Esquisse···》, (미주 35), p. 334.

80) CONTOSSOPOULOS, Nicolas G., Vue d'ensemble sur les dialectes néo-helléniques, 《Lalies》, Actes des sessions de linguistique et de littérature, 2, (Thessalonique, 24 août-6 septembre 1980), Publications de la Sorbonne nouvelle, Paris-III, p. 67-76.

81) CONTOSSOPOULOS, Nicolas G., La Grèce du ti et la Grèce du inta, 《Glossologia》, tome 2-3, 1983-1984, p. 149-166, 및
TARABOUT, Yvon, L'interrogatif εντα ou ιντα "quoi ?", 《Bulletin de la Société de linguistique de Paris》, vol. 73, fasc. 1, p. 301-310.

82) MEILLET, 《Esquisse…》 (미주 35), p. 334.

83) CONTOSSOPOULOS, Nicolas G., Les dialectes néo-grecs à la lumière de l'atlas linguistique de l'Europe, 《Liber Amicorum Weijnen》, Assen, Van Gorcum, 1980, p. 285-289, 특히 p. 287.

84) CONTOSSOPOULOS, Nicolas G., Vue d'ensemble… (미주 80).

85) SETATOS, M., 《Phonological Problems of Modern Greek Koinè》, Thessalonique, Grèce, 1969, p. 36-45. BN [8° - X-28049.

WALTER, Henriette, Problèmes de phonologie du grec moderne, 《Annuaire de l'École pratique des Hautes Études》 (4e section) 1979-1980, Paris, 1982, p. 192.

WALTER, Henriette, Pour une description phonologique du grec moderne, 《Linguistica Antverpiensia》, 16, 1992, p. 223-236.

NEWTON, Brian, 《The Generative Interpretation of Dialect. A Study of Modern Greek Phonology》, Cambridge, 1972.

86) DALTAS, Periclis, What has become of the concept of diglossia ? An account of recent developments with special reference to Greek voiced stops, in KARYOMEMOU, 《Sociolinguistique…》 (미주 33), p. 1-27.

87) CHARALAMBOPOULOS, Agathoclès, Projet de recherche pour l'étude de la diversité phonologique en grec moderne, 《Actes du XIIIe Colloque international de linguistique fonctionnelle》 (Corfou, 24-29 août 1986), Athènes, 1988, p. 197-199. 다음 연구도 참고할 것 :

CHARALAMBOPOULOS, Agathoclès, ARAPOPOULOU, M., KOKOLAKIS, A. & KYRADZIS, A., Phonological Variation : voicing-prenasalization, in les Actes de la 12e Conférence pour la description de la langue grecque (Thessaloniki, 18-20 avril 1991), Thessaloniki, univ. Aristote, Département de linguistique, Kyriakides Brothers, 1991, p. 289-302 (그리스어로 작성됨).

88) 1992년 2월 14-15일 소르본 대학교에서 국제 기능주의 언어학회(SILF)와 파리5 대학교 일반언어학 및 응용언어학 학과가 공동 주최한 현대 그리스어에 관한 심포지움의 일부 내용이 다음과 같이 발표되었으므로 참고할 것: 《La linguistique》 28, 1992/2, p. 65-139.

89) GRENIER, Albert, 《Les Gaulois》, Payot, 366 p., p. 90. BN [16° Z 9698 (157).

90) DILLON, Myles & CHADWICK, Nora, 《The Celtic Realms》, Londres, Weidenfeld & Nicolson, (1re éd. 1967) 2e éd. 1972, (프랑스어 번역 Christian J. GUYONVARC'H, 《Les royaumes celtiques》, Paris, Fayard, 1974, 452 p., p. 1-7). BN [usuels J 712 (6).

91) GRENIER, 《Les Gaulois…》 (미주 89), p. 56-59, 및

DUROSELLE, Jean-Baptiste, 《L'Europe. Histoire de ses peuples》, Paris, Perrin, 1990, 705 p., p. 47-62, 그리고

LOCKWOOD, W. B., 《Languages of the British Isles. Past and Present》, Londres,

André Deutsch, 1975, p. 23. BN [8°X 28920.

92) 이 지도는 다음 책들을 참고하여 작성되었음:
MANSUELLI, Guido A., 《Les civilisations de l'Europe ancienne》, Paris, Arthaud, 1967, p. 223. BN [usuels J 732 (6),
BRÉKILIEN, Yann, 《Le breton, langue celtique》, Quimper, 1976, 132 p., p. 13. BN [16° X 5571.

93) 이 지도는 현 상황을 개략적으로 짐작하게 해주는 것으로서 다음 책의 자료를 활용하여 작성되었다: ABALAIN, Hervé, 《Destin des langues celtiques》, Paris, Ophrys, 1989, 253 p., p. 62-92 및 143.

94) DOTTIN, Georges, 《La langue gauloise, grammaire, textes et glossaire》, Paris, 1920 및 Genève, Slatkine Reprints, 1980, 364 p., p. 88.

95) DAUZAT, Albert, 《La toponymie française》, Paris, Payot, (1re éd. 1960) 1971, 335 p., p. 22-23.

96) DOTTIN, Georges, 《Les anciens peuples de l'Europe》, Paris, Klincksieck, 1916, p. 204. BN [8° G 9753 (1).

97) ALLAIN, J. & BEDU, A., 《Trente mille ans d'histoire》, édité par l'Association pour la sauvegarde du site archéologique d'Argentomagus, Saint-Marcel (Indre), 1980, 71 p., notamment p. 29-35, 및
《Musée archéologique d'Argentomagus, Guide du visiteur》, Argenton-sur-Creuse (Indre), 1991, 48 p., 특히 p. 22.

98) GUYONVARC'H, Christian J., La Gaule, ch. 13, in 《Les royaumes celtiques…》 (미주 90).

99) GRENIER, 《Les Gaulois…》 (미주 89), p. 98.

100) VINCENT, 《Toponymie…》 (미주 44), p. 102, § 247.

101) MACALISTER, Robert Alexander Stewart, 《The Secret Languages of Ireland》, Cambridge, 1937, p. 2-3. BN [8°X 22676.

102) JACKSON, Kenneth, Notes on the Ogam Inscriptions of Southern Britain (1932), 《The Early Cultures of North West Europe》 (sous la dir. de Cyril Fox & Bruce DICKINS), Cambridge (G. B.), University Press, 1950, p. 207. BN [4°Z 4612.

103) VENDRYES, Joseph, L'écriture ogamique et ses origines, 《Études celtiques》, tome 4, 1940, p. 83-116, reproduit dans 《Choix d'études linguistiques et celtiques》, Paris, Klincksieck, 1952, p. 247-276. BN [8° X 13341 (55).

104) JACKSON, Kenneth, 《Language and History in Early Britain》, Edinburgh, Edinburgh University Press, 1953, p. 691.

105) CARNEY, James, The Invention of the Ogom Cipher, 《Eriu》 26, 1975, p. 53-65, notamment p. 57. BN [4° Z 2306.

106) LOCKWOOD, 《Languages…》 (미주 91), p. 80.

107) PRICE, Glanville, 《The Languages…》 (미주 53), p. 28-29, 및

COHEN, Marcel, 《La grande invention…》 (미주 37), vol. 1, p. 198-199.

108) MARTINET, 《Des steppes…》 (미주 4), p. 44.

109) MARTINET, 《Des steppes…》 (미주 4), p. 115.

110) NÈGRE, 《Toponymie…》 (미주 44), p. 196-197.

111) MARTINET, 《Des steppes…》 (미주 4), p. 95.

112) GRENIER, 《Les Gaulois…》 (미주 89), p. 69-70.

113) DILLON & CHADWICK, 《The Celtic…》 (미주 90), p. 21.

114) BRÉKILIEN, 《Le breton…》 (미주 92), p. 92-93.

115) STEPHENS, Meic, 《Linguistic…》 (미주 1), p. 443-445.

116) STEPHENS, 《Linguistic…》 (미주 1), p. 454.

117) LOCKWOOD, 《Languages…》 (미주 91), p. 76.

118) STEPHENS, 《Linguistic…》 (미주 1), p. 443.

119) PRICE, 《The Languages…》 (미주 53), p. 39-40.

120) STEPHENS, 《Linguistic…》 (미주 1), p. 451-452.

121) STEPHENS, 《Linguistic…》 (미주 1), p. 443. 1975년 LOCKWOOD는 아일랜드어 화자의 수가 50만 명에 달하는 것으로 추정하였다. cf. LOCKWOOD, 《Languages…》 (미주 91), p. 77.

122) STEPHENS, 《Linguistic…》 (미주 1), p. 443.

123) 조사 내용은 다음 자료들에서 인용함.
1851, 1881, 1911년 통계: PRICE, 《The Languages…》 (미주 53), p. 40
1891년 통계: STEPHENS, 《Linguistic…》 (미주 1), p. 456, 1946, 1961 및 1971년 통계는 p. 463.

124) STEPHENS, 《Linguistic…》 (미주 1), p. 461-463.

125) BRÉKILIEN, 《Le breton…》 (미주 92), p. 54-55.

126) JUBAINVILLE (d'Arbois de), La littérature ancienne de l'Irlande et l'Ossian de Macpherson, 《Bibliothèque de l'École des chartes》, tome 41, Paris, 1880, p. 315. BN [Pièce 8°Z 239.

127) STAFFORD, Fiona J., 《The Sublime Savage, A Study of James Macpherson and the Poems of Ossian》, Edinburgh, Edinburgh University Press, 1988, 192 p., p. 113-128.

128) GATEGNO, Paul J. de, 《James Macpherson》, Boston, Twayre, 1989, 171 p., p. 1.

129) LOCKWOOD, W. B., 《A Panorama of Indo-European Languages》, London, Hutchinson University Library, 1972, p. 78. BN [8° R 58065 (66).

130) LOCKWOOD, 《Languages…》 (미주 91), p. 119.

131) STEPHENS, 《Linguistic…》 (미주 1), p. 200 et 207.

132) PRICE, 《The Languages…》 (미주 53), p. 136.

133) STEPHENS, 《Linguistic…》 (미주 1), p. 205.

134) LOCKWOOD, 《Languages…》 (미주 91), p. 54.

135) 《Delyow derow》의 편집장인 Jenkin 교수가 내게 많은 정보를 제공해 준 것에 대하여

감사드린다.

136) BRÉKILIEN, 《Le breton…》 (미주 92), p. 31.

137) PRICE, 《The Languages…》 (미주 53), p. 71−83.

138) PRICE, 《The Languages…》 (미주 53), p. 95−121.

139) PRICE, Glanville, The Welsh Language today, in 《The Celtic Connection》, sous la dir. de Glanville PRICE, Colin Smith Ltd, pour le compte de The Princess Grace Irish Library, 1992, p. 206−215, 특히 p. 212.

140) LOCKWOOD, 《Languages…》 (미주 91), p. 35−38.

141) LOCKWOOD, 《Languages…》 (미주 91), p. 34.

142) BRÉKILIEN, 《Le breton…》 (미주 92), p. 65.

143) CHERPILLOD, André, 《Dictionnaire étymologique des noms géographiques》, Paris, Masson, 1988, 527 p., p. 275. BN [4°X 5331

144) FALC'HUN, 《Histoire de la langue bretonne d'après la géographie linguistique》, Paris, PUF, tome 1, 374 p., 및 tome 2, 63 p., tome 1, p. 29−30.

145) FLEURIOT, Léon, 《Les origines de la Bretagne》, Paris, Payot, 1980, 353 p., p. 24, 39 및 219.

146) MARKALE, Jean, 《Identité de Bretagne》, Paris, Entente, 1985, 214 p., p. 60.

147) FLEURIOT, Les origines… (미주 145), p. 96.

148) DENEZ, Per, 《Cours de breton par correspondance》, Rennes, Centre national d'enseignement par correspondance, 1982/83, Histoire du breton, code IV, série 1, p. 27. 렌 대학교 Per DENEZ 교수가 이 챕터의 첫 버전을 읽고 여러 의견을 주신 것에 감사드린다.

149) FAVEREAU, Francis, 《Bretagne contemporaine, Langue, culture, identité》, Morlaix, Skol Vreizh, 1993, 224 p., p. 29.

150) MARKALE, 《Identité…》 (미주 146), p. 87.

151) MARKALE, 《Identité…》 (미주 146), p. 142−143.

152) LAURENT, Donatien, Aux origines du "Barzaz−Breiz" : les premières collectes de La Villemarqué (1833−1840), 《Bulletin de la société archéologique du Finistère》, 1974, n° 102, p. 173−221. BN [8°Lc20 36.

153) BRÉKILIEN, 《Le breton…》 (미주 92), p. 89−92.

154) FLEURIOT, Léon, Les réformes du breton, in FODOR & HAGÈGE, 《Language Reform…》 (미주 59), vol. 2, p. 27−47, 특히 p. 46.

155) ARONDEL, M., BOUILLON, J., LE GOFF, J. & RUDE, J., 《Rome et le Moyen Âge jusqu'en 1328》, Paris, Bordas, 1966, 352 p., p. 6 및 8.

156) TAGLIAVINI, Carlo, 《Le origini delle lingue neolatine, introduzione alla filologia romanza》, Bologna, Riccardo Pàtron, (1re éd. 1949) 1969, 681 p., p. 97, 및 《Le grand atlas de l'histoire mondiale》, Encyclopaedia Universalis, Paris, Albin Michel, 375 p., p. 88−89.

157) VÄÄNÄNEN, Veikko, 《Introduction au latin vulgaire》, Paris, Klincksieck, 1964, 229 p., p. 9.
158) ERNOUT, A. & MEILLET, Antoine, 《Dictionnaire étymologique de la langue latine, histoire des mots》, Paris, Klincksieck, (1re éd. 1932) 1967, 827 p., p. 574.
159) RIGANTI, Elisabetta, 《Lessico latino fondamentale》, Bologne, Pàtron, 1989, 250 p., p. 70.
160) GAFFIOT, Félix, 《Dictionnaire illustré latin-français》, Paris, Hachette, 1934, p. 1103 및 ERNOUT & MEILLET, 《Dictionnaire…》 (미주 158), p. 474.
161) ERNOUT & MEILLET, 《Dictionnaire…》 (미주 158), p. 725.
162) RIGANTI, 《Lessico…》 (미주 159), p. 105.
163) ERNOUT & MEILLET, 《Dictionnaire…》 (미주 158), p. 725.
164) MAROUZEAU, Jules, 《Introduction au latin》, Paris, Les Belles Lettres, 1954, 178 p., p. 30-31.
165) LABARRE, Albert, 《Histoire du livre》, Paris, PUF, 'Que sais-je ? n° 620, 1985 (1re éd. 1970), 127 p., p. 10-11.
166) IFRAH, Georges, 《Histoire universelle des chiffres》, Paris, Seghers, 1981, 567 p., p. 150-151 및 《Les chiffres, ou l'histoire d'une grande invention》, Paris, Robert Laffont, 1985, 334 p., p. 178-188. 그 두 책의 내용이 완전히 개정되어 다음 책으로 나왔음: 《Histoire universelle des chiffres》, Paris, Robert Laffont, coll. 'Bouquins', 1994.
167) MAROUZEAU, 《Introduction…》 (미주 164), p. 15-16, 및 IFRAH, 《Histoire…》 (미주 166), p. 139-144 de l'éd. de 1981.
168) TAGLIAVINI, Carlo, 《Le origini…》 (미주 156), p. 109. 및 ERNOUT, A., Les éléments étrangers dans le vocabulaire latin, 《BSL》, 30, 1930, p. 82-124.
169) RAT, Maurice, 《Aide-mémoire de latin》, Paris, Nathan, 1965, 124 p., p. 65.
170) MAROUZEAU, Jules, Le latin, langue de paysans, 《Mélanges Vendryès》, Paris, 1925, p. 255.
171) PISANI, Vittore, 《Storia della lingua italiana》, 1968, p. 168.
172) HORACE, 《Épîtres》, Épître à Auguste, livre II, épître 1, vers 152. (번역본: J.B. MONFALCON, 《Œuvres complètes d'Horace》, édition polyglotte, Paris-Lyon, Cormon et Blanc, 1834, p. 113.)
173) GRIMAL, Pierre, 《La civilisation romaine》, Paris, Arthaud, 1960, 532 p., p. 173-174.
174) MEILLET, Antoine, 《Esquisse…》 (미주 35), p. 108.
175) MAROUZEAU, 《Introduction…》 (미주 164), p. 93.
176) BOURCIEZ, Édouard, 《Éléments de linguistique romane》, Paris, Klincksieck, 1956, 783 p., p. 57.
177) ERNOUT, A., 《Les éléments dialectaux du vocabulaire latin》, Paris, 1909, p. 26-29.
178) TAGLIAVINI, 《Le origini…》 (미주 156), p. 131-132.

179) TAGLIAVINI, 《Le origini…》 (미주 156), p. 273.
180) MEILLET, 《Esquisse…》 (미주 35), p. 105.
181) RIGANTI, 《Lessico…》 (미주 159), p. 57.
182) VÄÄNÄNEN, 《Introduction…》 (미주 157), p. 11.
183) NORBERG, Dag, 《Manuel pratique de latin médiéval》, Paris, Picard, 1968, 212 p., p. 18.
184) APICIUS, 《L'art culinaire》, (번역 및 주해 Jacques André) Paris, Les Belles Lettres, (1re éd. 1974) 1987, 234 p., p. VII, 및
ANDRÉ, Jacques, 《L'alimentation et la cuisine à Rome》, Paris, Les Belles Lettres, (1re éd. 1961), 1981, 252 p., p. 129 et 137.
185) VÄÄNÄNEN, 《Introduction…》 (미주 157), p. 80 및 84.
186) ELCOCK, W.D., 《The Romance Languages》, London, Faber & Faber, 1960, 573 p., p. 28.
187) HERMAN, Joseph, 《Le latin vulgaire》, Paris, PUF, 'Que sais-je ?' n° 1247, 1967, 125 p., p. 32.
188) MOLIÈRE, Jean-Baptiste Poquelin dit, 《Le malade imaginaire》, 《Œuvres complètes》, 2 tomes, Paris, Gallimard, 'La Pléiade', tome 2, p. 908.
189) ROMAINS, Jules, 《Les copains》, Paris, Gallimard, 1922, 225 p., p. 87.
190) QUENEAU, Raymond, 《Exercices de style》, Paris, Gallimard, 1947, 200 p., p. 157.
191) RUDDER, Orlando de, 《Aperto libro, citations et pensées latines》, Paris, Larousse, 1988, 302 p., p. 80-81.
192) MAROUZEAU, J., 《La prononciation du latin. Histoire, théorie, pratique》, Paris, Les Belles Lettres, 1955, 31 p.
193) HAGÈGE, Claude, 《Le souffle de la langue. Voies et destins des parlers d'Europe》, Paris, éd. Odile Jacob, 1992, 286 p. 그리고 지도는 p. 141-142.
194) MONTEVERDI, A., A proposito dell'indovinello veronese, 《Saggi neolatini》, Rome, 1945, p. 524-526, 및
TAGLIAVINI, 《Le origini…》 (미주 156), p. 524-526, 그리고
MIGLIORINI, Bruno, 《Storia della lingua italiana》, Florence, (1re éd. 1937), Florence, Sansoni, 1991, 781 p., p. 64-65.
다른 견해를 보고자 한다면 cf. DURANTE, Marcello, 《Dal latino all'italiano moderno, saggio di storia linguistica e culturale》, Bologna, Zanichelli, (1re éd. 1981), 1990, 327 p., p. 94-95.
195) ROSTAING, Charles, 《Les langues romanes》, Paris, PUF, 'Que sais-je ?' n° 1562, (1re éd. 1974), 1979, 128 p., p. 79.
196) MULJAČIĆ, Žarko, 《Scaffale italiano, avviamento bibliografico allo studio della lingua italiana》, Florence, La nuova Italia, 1991, 374 p., p. 222 및 225.
197) BONFANTE, Giuliano, 《Latini e Germani in Italia》, Brescia, Paideia, (1re éd. 1960) 1965, 63 p., p. 11, 17, 23.

198) MARTINET, André, Phonologies en contact dans le domaine du gallo-roman septentrional, 《Sprachwissenschaftliche Forschungen, 23, Festschrift für Johann Knobloch》, Innsbruck, 1985, p. 247-251.

199) WALTER, Henriette et WALTER, Gérard, 《Dictionnaire des mots d'origine étrangère》, Paris, Larousse, coll. 'Références', 1991, 413 p., p. 36-37.

200) MIGLIORINI, 《Storia…》 (미주 194), p. 77-78.

201) GUICHONNET, Paul, 《Histoire de l'Italie》, Paris, PUF, 'Que sais-je ?' n° 286, (1re éd. 1969) 1986, 126 p., p. 13.

202) BONFANTE, 《Latini…》 (미주 197), p. 23.

203) MIGLIORINI, 《Storia…》 (미주 194), p. 74-82.

204) TAGLIAVINI, Carlo, 《Le origini…》 (미주 156), p. 315.

205) WALTER & WALTER, 《Dictionnaire…》 (미주 199), p. 58-59.

206) ZOLLI, Paolo, 《Le parole straniere》, Bologna, Zanichelli, (1re éd. 1976) 1991, 246 p., p. 177.

207) MIGLIORINI, 《Storia…》 (미주 194), p. 89.

208) ARRIGHI, Paul, 《La littérature italienne》, Paris, PUF, 'Que sais-je ?' n° 715, 1956, 128 p., p. 6.

209) MASSON, Georgina, 《Frédéric II de Hohenstaufen》, (영어에서 번역됨: André D. TOLEDANO, Paris, Albin Michel, 1963, 381 p., p. 213) 및
BENOIST-MECHIN, 《Frédéric II de Hohenstaufen, ou le rêve excommunié (1194-1250)》, Paris, Perrin, (1re éd. 1957) 1980, 513 p.

210) GALLI DE' PARATESI, Nora, 《Lingua toscana in bocca ambrosiana. Tendenze verso l'italiano standard un'inchiesta sociolinguistica》, Bologne, Il Mulino, 1985, 278 p., 특히 p. 207, 및
GIACOMELLI, Roberto, 《Lingua Rock》, Napoli, Morano, 1988, 254 p., p. 200-204.

211) DANTE, 《De vulgari eloquentia》, (번역 및 주해 Claudio MARAZZINI & Concetto DEL POPOLO) Milan, Mondadori, 1990, LIV + 154 p., p. 40-41.

212) DANTE, 《De vulgari…》 (미주 211), p. 40-46.

213) DANTE, 《De vulgari…》 (미주 211), p. 62-68.

214) WALTER, Henriette, A la recherche de l'italien standard, 《Phonologie et société》, sous la direction d'Henriette WALTER, Montréal, Didier, 1977, p. 129-139, 및
La gorgia toscana, 《Annuaire de l'école pratique des Hautes Études (4e section) 1967-1968》, Paris, 1968, p. 655-656.
다음 논문도 참고할 것: Henriette WALTER, 《La gorgia toscana》, Thèse de IIIe cycle, sous la direction d'André Martinet, Faculté des lettres et des sciences humaines de Paris, 1966, 197 p. (미출판)

215) WALTER, Henriette, La différenciation géographique en français et en italien, 《La

linguistique》 26, 1990/2, p. 35-45.

216) LEPSCHY, Anna Laura & LEPSCHY, Giulio, 《La lingua italiana》, Milan, Bompiani, 1981, 232 p. (reprise de l'édition originale 《The Italian Language Today》, Londres, Hutchinson, 1977), p. 19.

217) MIGLIORINI, 《Storia…》 (미주 194), p. 345 및 418.

218) ARRIGHI, Paul, 《La littérature italienne…》 (미주 208), p. 38-41.

219) TAGLIAVINI, Carlo, 《Le origini…》 (미주 156), p. 534.

220) MIGLIORINI, 《Storia…》 (미주 194), p. 485.

221) MIGLIORINI, 《Storia…》 (미주 194), p. 495.

222) MIGLIORINI, 《Storia…》 (미주 194), p. 500-551.

223) 예를 들어 언어학자 Graziadio ASCOLI는 1873년에 모든 규범적 개입을 거부하는 입장에서 《Archivio glottologico italiano》를 출판하였다. Cf. MIGLIORINI, Storia… (미주 194), p. 820.

224) DE MAURO, Tullio, 《Storia linguistica dell'Italia unita》, Bari, 1963, 521 p., p. 310-311.

225) 이 지도는 다음 자료들을 참조하여 작성되었다:
Per una carta dialettologica italiana, HOLTUS Günter, METZELTIN, Michele & PFISTER, Max, 《La dialettologia italiana oggi, Studi offerti a Manlio Cortelazzo》, Tübingen, Gunter Narr, 1989, 393 p., p. XVII à XXV ; ELCOCK, 《The Romance…》 (미주 186), p. 15 ; BEC, 《Manuel…》 (미주 227), tome 1, p. 20-21 및 carte 2, p. 560 ; PELLEGRINI, Giovan Battista, 《Carta dei Dialetti d'Italia》, Profilo dei dialetti italiani, Pise, Pacini, 1977.

226) DE MAURO, Tullio, Per una storia linguistica della città di Roma, 《Il romanesco ieri e oggi》, sous la dir. de DE MAURO, Tullio, Rome, Bulzoni, 1989, p. XIII-XXXVII.

227) BEC, Pierre, 《Manuel pratique de philologie romane》, Paris, Picard, 1970, tome 1, 558 p., p. 98.

228) CANNIZZO, Raimondo A., 《Affinità linguistiche franco-siciliane》, Syracuse, Flaccaventolibri, 1986, 83 p.

229) LEPSCHY & LEPSCHY, 《La lingua…》 (미주 216), p. 51.

230) VIDAL SÉPHIHA, Haïm, 《L'agonie des Judéo-Espagnols》, Paris, Entente, (1re éd. 1977) 1979, p. 17.

231) GOEBL, Hans, Trois coups d'œil rapides sur la situation sociolinguistique dans les Alpes centrales (Grisons, Tyrol du Sud/Haut-Adige, Carinthie méridionale), in 《La Bretagne linguistique》, Centre de recherche bretonne et celtique, université de Bretagne occidentale, Brest, 1994년 출판 예정 (수기 원고의 p. 11-12).

232) BOURCIEZ, Édouard, 《Éléments de linguistique romane》, Paris, Klincksieck, 1956, 783 p., p. 605-607.

233) BÉTEMPS, Alexis, 《Les Valdôtains et leur langue》, Aoste, Union valdôtaine, 1979, 112 p., 특히 p. 28-29.

234) TUAILLON, Gaston, 《Le francoprovençal. Progrès d'une définition》, Aoste (St-Nicolas), Centre d'études francoprovençales René Willien, 1983, 68 p. (먼저 다음 학술지에 발표된 내용임: 《Travaux de linguistique et de littérature》, X, 1, 1972, Klincksieck), 및
TUAILLON, Gaston, Faut-il, dans l'ensemble gallo-roman, distinguer une famille linguistique pour le francoprovençal, in GUILLOREL & SIBILLE 《Langues…》 (미주 1), p. 142-149.

235) MARTINET, André, 서평: Dieter KATTENBUSCH, 《Das Frankoprovenzalische in Süditalien》, GNV, Tübingen, Narr, 1982, 게재 학술지: 《Mediterranean Language Review》, Wiesbaden, Otto Harrassowitz, vol. 3, 1986, p. 115-117.

236) WAGNER, M. L., 《La lingua sarda, storia, spirito e forma》, Bern, Francke, 1951, 416 p., p. 48-56.

237) WAGNER, 《La lingua…》 (미주 236), p. 390-394.

238) TAGLIAVINI, 《Le origini…》 (미주 156), p. 393 및 426.

239) WAGNER, 《La lingua…》 (미주 236), p. 22 및 72.

240) WAGNER, 《La lingua…》 (미주 236), p. 32-33.

241) 이 모든 설명은 다음 책에 제시된 자료에 입각하고 있다: TAGLIAVINI, 《Le origini…》 (미주 156), p. 394-395, note 91.

242) 이 지도는 다음 논문의 지도들을 참고하여 작성되었다: LE CLÉZIO, Yves, Dialectes et modernité : la situation linguistique en Italie en 1990, 《La linguistique》 27, 1991/1, p. 62, 64 및 66.

243) LE CLÉZIO, Dialectes… (미주 242), p. 59-79, 특히 p. 62-65.

244) DE MAURO, 《Storia…》 (미주 224), p. 27-29.

245) LEPSCHY & LEPSCHY, 《La lingua…》 (미주 216), p. 37.

246) BECCARIA, Gian Luigi, 《Italiano antico e nuovo》, Milan, Garzanti, 1992, 401 p., p. 92.

247) BECCARIA, 《Italiano…》 (미주 246), p. 88.

248) TODISCO, Alfredo, 《Ma che lingua parliamo》, Milano, Longanesi, 1984, 148 p., p. 70-71.

249) 다음 책에서 어휘가 선택되었음: ZOLLI, Paolo, 《Le parole dialettali, con i dialetti dalle Alpi al Lilibeo》, Milan, Rizzoli, 1986, 195 p.

250) LA STELLA T., Enzo, 《Uomini dietro le parole》, Milano, Ugo Murcia, 1992, 176 p., p. 160.

251) DE MAURO, 《Storia…》 (미주 224), p. 243, note 3.

252) MIGLIORINI, 《Storia…》 (미주 194), p. 526, note 301.

253) ZOLLI, Paolo, 《Le parole dialettali…》 (미주 249), p. 131-132.

254) LA STELLA T., Enzo, 《Dizionario storico di deonomastica》, Firenze, Olschki,

1984, 233 p., p. 161, 및
LA STELLA T., 《Uomini…》 (미주 250), p. 42-43.

255) ZOLLI, 《Le parole dialettali…》 (미주 249), p. 137.

256) ZOLLI, 《Le parole dialettali…》 (미주 249), p. 161.

257) BOCH, Raoul (avec la collab. de Carla SALVIONI), 《Les faux amis aux aguets, Dizionario di false analogie e ambigue affinità tra francese e italiano》, Bologna, Zanichelli, 1988, 316 p., p. 291.

258) CORTELAZZO, Manlio & ZOLLI, Paolo, 《Dizionario etimologico della lingua italiana》, Bologna, Zanichelli, 1979, 5 tomes, 1 470 p.

259) ZOLLI, 《Le parole dialettali…》 (미주 249), p. 80.

260) LA STELLA T., 《Dizionario…》 (미주 254), p. 210.

261) 파스타 어휘에 관한 정보는 대부분 Anna Capelli로부터 얻었으며, 그녀에게 깊은 감사의 말을 전한다.

262) LA STELLA T., 《Uomini…》 (미주 250), p. 155.

263) LE CLÉZIO, Yves, Dialectes… (미주 242), p. 59-79, 특히 p. 60.

264) BECCARIA, 《Italiano antico…》 (미주 246), p. 85-87.

265) TODISCO, 《Ma che lingua…》 (미주 248), p. 40-41.

266) BECCARIA, 《Italiano antico…》 (미주 246), p. 85.

267) VASSALLI, Sebastiano, 《Il neoitaliano. Le parole degli anni ottanta》, Bologne, Zanichelli, 1989, p. 53.
CÒVERI, Lorenzo, 'Iao paninaro, 《L'Italiano tra società e scuola》, 1988(?), p. 111.
GIACOMELLI, 《Lingua Rock》 (미주 210), p. 160.
WALTER, Henriette, La différenciation géographique en français et en italien, 《La linguistique》 26, 1990/2, p. 44.
RADTKE, Edgar (sous la dir. de), 《La lingua dei giovani in Italia》, Tübingen, Gunter Narr, 1993, 188 p.
RADTKE, Edgar, Varietà giovanili, in SOBRERO, Alberto A., 《Introduzione all' italiano contemporaneo》, Bari, Éd. Laterza, 1993, p. 191-235.

268) VASSALLI, 《Il neoitaliano…》 (미주 267), p. 85.

269) TODISCO, 《Ma che lingua…》 (미주 248), p. 44-45 및
SILINGARDI, Germana, Notes à propos des anglicismes de l'italien contemporain, 《Questions de français vivant》, 32, Bruxelles, Maison de la Francité, 1991, 4e trim., p. 29-38.

270) ZOLLI, 《Le parole straniere…》 (미주 206), 외국어에 도입된 프랑스어 어법에 대하여는 특히 p. 11-70 그리고 영어식 표현에 대하여는 p. 71-117.

271) WALTER & WALTER, 《Dictionnaire…》 (미주 199), p. 36-37.

272) CORTELAZZO & ZOLLI, 《Dizionario…》 (미주 258), tome 3, p. 711, 및 ZOLLI, 《Le parole straniere…》 (미주 206), p. 17.

273) BONFANTE, Giuliano, 《Bollettino del Centro di studi filologici e linguistici siciliani》, BCSFLS 1, Palermo, 1953, p. 57, n° 26, 및
BONFANTE, Giuliano, 《Paideia》, 12, 1957, p. 343-344.
274) MIGLIORINI, 《Storia…》 (미주 194), p. 593-596.
275) MIGLIORINI, 《Storia…》 (미주 194), p. 660-663.
276) MARA, Edith, Recenti influssi francesi nella stampa italiana, 《Lingua nostra》, XLV, 1984, p. 67-84.
277) GALLI DE' PARATESI, 《Lingua toscana…》 (미주 210), 특히 p. 207.
278) GIACOMELLI, 《Lingua Rock》 (미주 210), p. 200-203.
279) FURER, Jean-Jacques, Le plurilinguisme de la Suisse, un exemple ?, in GIORDAN, Henri (sous la dir.), 《Les minorités en Europe. Droits linguistiques et droits de l'homme》, Paris, Kimé, 1992, 685 p., p. 193-212, 특히 p. 198-220.
280) 다음 책에서 인용: DUVAL-VALENTIN, Marianne, in FODOR & HAGÈGE, 《Language Reform…》 (미주 59), vol. 1, p. 494.
281) GREEN, John N., Spanish, in COMRIE, 《The Major Languages…》 (미주 1), p. 226.
282) HERRERAS, José Carlos, Le panorama linguistique espagnol, 《La linguistique》, 27, 1991/1, p. 75-85, 카탈로니아어에 대하여는 특히 p. 78, 갈리시아어에 대하여는 p. 79 그리고 바스크어에 대하여는 p. 78 note 16.
다음 책도 참고할 것 :
HERRERAS, José Carlos (sous la dir.), 1992, 《Situations linguistiques dans les pays de la Communauté européenne》, Lez Valenciennes, 14, 1992, Presses universitaires de Valenciennes, 188 p., p. 57-71.
283) TEYSSIER, Paul, 《Histoire de la langue portugaise》, Paris, PUF, 'Que sais-je ?' n° 1864, 1980, 127 p., p. 50. BN [8° z 28960 (1864).
284) ALLIÈRES, Jacques, 《Manuel pratique de basque》, Paris, Picard, 1979, 262 p., p. 8-21.
285) LAPESA, Rafael, 《Historia de la lengua española》 (Madrid, Esceliger, 1962, 421 p.) Madrid, Gredos, 1986, 690 p., p. 29-31.
286) MICHELENA, Luís, 《Lengua e historia》, Madrid, Paraninfo, 1985, 509 p., p. 334-356.
287) LA STELLA T., 《Dizionario…》 (미주 254), p. 133.
288) LAPESA, 《Historia…》 (미주 285), p. 18.
289) DEROY, Louis & MULON, Marianne, 《Dictionnaire de noms de lieux》, Paris, éd. Le Robert, 1992, 531 p., p. 442.
290) LAPESA, 《Historia…》 (미주 285), p. 55.
291) ALLIÈRES, 《Manuel…》 (미주 284), p. 5 및 127.
292) ERNOUT & MEILLET, 《Dictionnaire…》 (미주 158), p. 382.
293) VÄÄNÄNEN, 《Introduction…》 (미주 157), p. 8.
294) LAPESA, 《Historia…》 (미주 285), p. 116-117.

295) LAPESA, 《Historia…》 (미주 285), p. 112–116.

296) NORBERG, 《Manuel…》 (미주 183), p. 38.

297) LAPESA, 《Historia…》 (미주 285), p. 121.

298) BONFANTE, 《Latini…》 (미주 197), p. 19.

299) WOLFF, Philippe, 《Les origines linguistiques de l'Europe occidentale》, Paris, Hachette, 1970, 256 p., p. 174.

300) ZAMORA VICENTE, Alonso, 《Dialectología española》, Madrid, Gredos, (1re éd. 1960) 1985, 587 p., p. 15–54.

301) ZAMORA VICENTE, 《Dialectología…》 (미주 300), p. 14 및 52.

302) LAPESA, 《Historia…》 (미주 285), p. 140–141 및 CHERPILLOD, 《Dictionnaire…》 (미주 143).

303) LAPESA, 《Historia…》 (미주 285), p. 133, note 5 bis.

304) WALTER & WALTER, 《Dictionnaire…》 (미주 199), p. 115.

305) COROMINAS, Juan, 《Breve diccionario etimológico de la lengua castellana》, Madrid, Grados (1re éd. 1961) 3e éd. 1987, 627 p.

306) WALTER & WALTER, 《Dictionnaire…》 (미주 199), p. 55 및 353–354.

307) PÉREZ, Joseph, 《Isabelle et Ferdinand, Rois catholiques d'Espagne》, Paris, Fayard, 1988, 486 p., p. 355, 350, 370, 369 및 365.

308) MORIN, Edgar, 다음 책의 서문: MÉCHOULAN, Henry (sous la dir.), 《Les Juifs d'Espagne. Histoire d'une diaspora》, Paris, éd. Liana Levi, 1992, p. I–VI.

309) 이 지도들을 작성하며 참고한 자료: 《Dictionnaire universel des noms propres》, Paris, Le Robert, 1974, tome 2, p. 208 및
《Grand Larousse encyclopédique》, Paris, 1961, vol. 4, p. 684.

310) 이 지도는 다음 책의 자료에 입각하여 작성됨: ZAMORA VICENTE, 《Dialectología …》 (미주 300), p. 10–11 (전체 지도), p. 87 (레온어–포르투갈어) 및 p. 308–309 (안달루시아어).

311) DUMÉZIL, Georges, 《Introduction à la grammaire comparée des langues caucasiennes du Nord》, Paris, 1933, ch. 5, 및
《Bulletin de la Société de linguistique de Paris》, 38, 1937, p. 122 및 그 이하.

312) ROTAETXE, Karmele, L'aménagement linguistique en Euskadi, 《Politique et aménagement linguistiques》, sous la dir. de Jacques MAURAIS, Québec–Paris, Conseil de la langue française, Gouvernement du Québec–Le Robert, 1987, 210 p., p. 160–210, 특히 p. 162.

313) ALLIÈRES, 《Manuel…》 (미주 284), Beñat Dechepare(p. 179–191)의 책에서 발췌함.

314) ROTAETXE, L'aménagement…, (미주 312), p. 194.

315) ALLIÈRES, 《Manuel…》 (미주 284), p. 47–52.

316) MICHELENA, Luís, 《Sobre el pasado de la lengua vasca》, San–Sebastián, Auñamenti, 1964, p. 25.

317) ROTAETXE, L'aménagement…, (미주 312), p. 168-169.

318) LAFITTE, Pierre, 《Grammaire basque (navarro-labourdin littéraire)》, Bayonne, Éd. des Amis du Musée basque, 1962, 489 p., p. 147.

319) LAPESA, 《Historia…》 (미주 285), p. 184-189.

320) ZAMORA VICENTE, 《Dialectología…》 (미주 300), p. 55.

321) ZAMORA VICENTE, 《Dialectología…》 (미주 300), p. 59.

322) ZAMORA VICENTE, 《Dialectología…》 (미주 300), carte p. 67.

323) LAPESA, 《Historia…》 (미주 285), p. 168-169.

324) 이 지도는 다음 책의 자료에 입각하여 작성됨: ZAMORA VICENTE, 《Dialectología …》 (미주 300), p. 11.

325) HERRERAS, Le panorama… (미주 282), p. 75-85, 갈리시아어에 대하여는 특히 p. 79.

326) FILGUEIRA VALVERDE, Xosé, La résurrection d'une langue : le galicien d'hier à aujourd'hui (프랑스어 번역: Paul TEYSSIER), 《Arquivos do centro cultural português》, 28, 1990, p. 111-136.

327) 이 지도는 다음 논문을 참고하여 작성되었음: BERNARDO, D., Le catalan. La problématique nord-catalane, in VERMES, Geneviève, 《Vingt-cinq communautés linguistiques de la France》, Paris, L'Harmattan, 1988, tome 1, Langues régionales et langues non territorialisées, 422 p., p. 133-149.

328) HARRIS, Martin, The Romance Languages, in 《The Romance Languages》, HARRIS, Martin & VINCENT, Nigel (sous la dir.), London, Routledge, 1988, 500 p., p. 1-25, 특히 p. 12-13.

329) LAPESA, 《Historia…》 (미주 285), p. 196-197.

330) HERRERAS, Le panorama… (미주 282), p. 75-85, 카탈로니아어에 대해서는 특히 p. 78.

331) ZAMORA VICENTE, 《Dialectología…》 (미주 300), p. 87.

332) LAPESA, 《Historia…》 (미주 285), p. 482-192.

333) ZAMORA VICENTE, 《Dialectología…》 (미주 300), p. 63.

334) ZAMORA VICENTE, 《Dialectología…》 (미주 300), p. 84-210, 특히 p. 117-120.

335) ZAMORA VICENTE, 《Dialectología…》 (미주 300), p. 222-223, note 14.

336) ZAMORA VICENTE, 《Dialectología…》 (미주 300), p. 301-304.

337) LAPESA, 《Historia…》 (미주 285), p. 34.

338) ALONSO, Amado, Examen de las noticias de Nebrija sobre antigua pronunciación española, 《Nueva revista de filología hispánica (N.R.F.H.)》, 1949, 3, p. 1-82. BN [4 X 2252.

339) MARTINET, André, 《Économie des changements phonétiques : Traité de phonologie diachronique》, ch. 'Structures en contact. Le dévoisement des sifflantes en espagnol', Berne, Francke, 1955, 396 p., p. 297-325, 특히 p. 301.

340) MARTINET, 《Économie…》 (미주 339), p. 297-325.

341) LAPESA, 《Historia…》 (미주 285), p. 293-295.

342) LAPESA, 《Historia…》 (미주 285), p. 296.

343) LAPESA, 《Historia…》 (미주 285), p. 371-375.

344) LAPESA, 《Historia…》 (미주 285), p. 423.

345) VIDAL-SEPHIHA, 《L'agonie…》 (미주 230) (cf. 책 서두의 유대인 이주 지도들).

346) VIDAL-SEPHIHA, Haïm, 《Le judéo-espagnol》, Paris, éd. Entente, 1986, 242 p., p. 57-82.

347) MASSARIELLO MERZAGORA, Giovanna, 《Giudeo-italiano》, Profilo di dialetti italiani, Pisa, Pacini, 92 p., 특히 p. 40-50 및 54-61.

348) ZAMORA VICENTE, 《Dialectología…》 (미주 300), p. 349-377.

349) VIDAL-SEPHIHA, 《Le judéo-espagnol》 (미주 346), p. 145.

350) 다음 책에 발췌되어 있음: VIDAL-SEPHIHA, 《Le judéo-espagnol》 (미주 346), p. 6. 프랑스어 번역을 위해 다음 사전을 사용함: NEHAMA, Joseph, 《Dictionnaire du judéo-espagnol》, Madrid, 1977. BN [4° X 4357.

351) WALTER & WALTER, 《Dictionnaire…》 (미주 199), p. 80-81.

352) GREEN, John N., Spanish, in COMRIE (sous la dir.), 《The Major…》 (미주 1), p. 231.

353) MORENO DE ALBA, José G., 《El español en América》, Mexico, Fondo de cultura económica, 1988, 232 p., p. 24-41, 및

ENTWISTLE, William J., 《The Spanish Language, together with Portuguese, Catalan and Basque》, Londres, Faber & Faber, 1969. (스페인어 번역: Francisco Villar, 《Las lenguas de España : castellano, catalán, vasco y gallego-portugués》, Madrid, ISTMO, 1988, 특히 p. 304-305.)

354) ROSSILLON, Philippe (sous la dir. de), 《Un milliard de Latins en l'an 2000. Étude de démographie et l'avenir des langues latines》, Paris, L'Harmattan, 1983, 359 p., p. 32.

355) Guanajuato에서 수집한 단어들 목록을 제공해준 Paul Alberteau에게 깊이 감사드린다.

356) LAPESA, 《Historia…》 (미주 285), p. 556-559.

357) LAPESA, 《Historia…》 (미주 285), p. 411-412.

358) LAPESA, 《Historia…》 (미주 285), p. 454-459.

359) 이하의 모든 내용은 다음 책을 참고한 것이다: RODRIGUEZ GONZALEZ, Felix, El lenguaje pasota, espejo de una generación, 《Revista de Estudios de Juventud》, 26, 1987, p. 65-71.

360) 이 어휘 목록은 Andrés SANCHEZ CABELLO의 도움을 받았으며, 이 챕터의 내용 전체에 대해서도 의견을 준 Andrés에게 깊이 감사드린다.

361) 다음 사전으로부터 단어들이 선정되었음을 밝힌다: LEÓN, Víctor, 《Diccionario de argot español y lenguaje popular》, Madrid, Alianza editorial (1re éd. 1980) 1989, 159 p.

362) HARRIS, The Romance… (미주 328), p. 8.

363) AZEVEDO, Ana Maria, 《História viva Portugal》, Lisbonne, Plátano editora, 1987,

318 p., p. 32.

364) PARKINSON, Stephen, Portuguese (ch. XI), in COMRIE, 《The Major…》 (미주 1), p. 250.

365) TEYSSIER, 《Histoire…》 (미주 283), p. 49-50.

366) MACHADO, José Pedro, Notas soltas sobre a influência arábica na língua portuguesa, 《Boletim Mensual da Sociedade de língua portuguesa》, Lisboa, 1963, p. 58.

367) MACHADO, José Pedro, 《Vocabulário português de origem árabe》, Lisbonne, Noticias, 1991, 141 p.

368) 이 지도는 다음 책을 참고하여 작성되었음: TEYSSIER, 《Histoire…》 (미주 283), p. 8.

369) BARBOSA, Jorge MORAIS, 《A língua portuguesa no mundo》, Lisbonne, Agência-Geral do Ultramar, 1969, 170 p., p. 45-47.

370) MARTINET, 《Économie…》 (미주 339), § 11-24 및 11-25.

371) televisão이라는 단어는 다음 사전에 따르면 영어 차용어이다: DA CUNHA, 《Dicionário etimológico Nova Fronteira》, 그러나 다음 사전에 따르면 프랑스어 차용어이다: MACHADO, 《Dicionário etimológico da língua portuguesa》, (1re éd. 1952) 3e éd. 1977.

372) ELCOCK, 《The Romance…》 (미주 186), p. 427.

373) 이 지도는 다음 책의 자료에 입각하여 작성되었다: TEYSSIER, 《Histoire…》 (미주 283), p. 49-50 및 지도 p. 60.

374) PERES, Damião, 《História dos descobrimentos portugueses》, Porto, éd. Vertente, (1re éd. 1959) 1982, 147 p.

375) BARBOSA, Jorge MORAIS (sous la dir.), 《Estudos linguísticos crioulos》, Lisbonne, Boletim da Sociedade de Geografia de Lisboa, 1967, 447 p., 특히 BARBOSA의 서론부, p. I-XX.

376) BARBOSA, 《A língua…》 (미주 369), p. 113-121.

377) FRÉMY, Dominique et FRÉMY, Michel, 《Quid》 1993, Paris, Robert Laffont, 1992, 2 028 p., p. 907 c.

378) BARBOSA, Jorge MORAIS, 《Civilização portuguesa, Princípios de História e Cultura》, University of South Africa, Dept of Romance Languages, 출판년도 불명, 130 p., p. 35-36.

379) TEYSSIER, 《Manuel de langue portugaise》, Paris, Klincksieck, 1984, 322 p., 특히 p. 11-12.

380) BARBOSA, 《A língua…》 (미주 369), p. 113-121.

381) TEYSSIER, 《Histoire…》 (미주 283), p. 101-107 및 p. 83.

382) TEYSSIER, 《Histoire…》 (미주 283), p. 110, 및 BARBOSA, 《A língua…》 (미주 369), p. 149-150.

383) BARBOSA, 《A língua…》 (미주 369), p. 71-95.

384) 단어들의 출처: BARBOSA, 《A língua…》 (미주 369), p. 99-102,

MALACA CASTELEIRO, João, Réforme et modernisation de la langue portugaise, in FODOR & HAGÈGE, 《Language Reform…》 (미주 59), vol. 2, p. 398.

385) TEYSSIER, 《Histoire…》 (미주 283), p. 58-59.

386) BARBOSA, Jorge MORAIS, 《Études de phonologie portugaise》, Lisbonne, université de Évora, 1983, 243 p., p. 168. 이 책의 내용은 다음 책에도 들어 있음: 《Introdução ao Estudo da Fonologia e Morfologia do Português》, Coimbra, Almedina, 1994, 295 p.

387) TEYSSIER, 《Histoire…》 (미주 283), p. 63-64.

388) TEYSSIER, 《Histoire…》 (미주 283), p. 30.

389) BARBOSA, 《Études de phonologie…》 (미주 386), p. 188-192.

390) LINDLEY CINTRA, Luis F., 《Estudos de dialectologia portuguesa,》 Lisbonne, Sá da Costa, 1983, 216 p., p. 95-105, 및
SANTOS PEREIRA BENDIHA, Urbana, HERRERAS, 《Situations…》 (미주 282), p. 147-154. 이 책은 p. 148에 음운론적 경계선들이 중첩되는 지도, 그리고 p. 151에 어휘적 경계의 예를 보여주고 있다.

391) MALACA CASTELEIRO, Réforme et modernisation… (미주 384), p. 393-417, 특히 p. 406-407.

392) 젊은이들의 어휘에 관한 최신 정보를 내게 알려준 Urbana SANTOS PEREIRA BENDILHA에게 깊이 감사드린다. 포르투갈어에 대한 이 챕터 전체에 대해 의견을 준 Helena CARREIRA ARAUJO의 친절한 도움에 대해서도 감사드린다.

393) WALTER & WALTER, 《Dictionnaire…》 (미주 199), 특히 p. 21-22.

394) ROUSSET, Paul-Louis, 《Les Alpes & leurs noms de lieux, 6 000 ans d'histoire》, éd. par l'auteur, Meylan, 1988, 444 p., p. 235-236 (diffusion Didier et Richard, Grenoble).

395) 이 지도는 다음 책의 자료에 근거하여 작성되었다: NÈGRE, 《Toponymie…》, (미주 44), p. 21-52.

396) HARITSCHELHAR, Jean, Le basque, une langue résistante, in VERMES 《Vingt-cinq…》 (미주 327), p. 87-104.

397) Jean HARITSCHELHAR 바스크어 아카데미 회장께서 바스크 문화 연구소장 Txomin HEGUY가 저술한 《L'état de la langue basque dans les trois provinces (Labourd, Basse-Navarre et Soule)》에 관한 사회언어학적 조사 보고서를 내게 제공한 것에 감사드린다. 바스크어 구사 수준표는 그 보고서 4-5쪽에 들어 있는 자료에 입각한 것이다.

398) HERMAN, 《Le latin vulgaire》 (미주 187), p. 23.

399) FALC'HUN, 《Histoire…》 (미주 144), p. 45-46 및 FALC'HUN, 《Perspectives nouvelles sur l'histoire de la langue bretonne》, Paris, Union générale d'édition, 1981, 662 p., p. 59, 61 및 68, 그리고
FLEURIOT, 《Les origines…》 (미주 145), 지도 5, p. 338.

400) MARKALE, 《Identité…》 (미주 146), p. 27-28.

401) WALTER & WALTER, 《Dictionnaire…》 (미주 199), p. 24-26.

402) 이 지도를 작성하는 데 사용된 자료들의 출처:
NÈGRE, 《Toponymie…》 (미주 44), tome 1, p. 101-287,
VINCENT, 《Toponymie…》 (미주 44), p. 68-108.

403) WALTER, Henriette, Patois ou français régional ?, 《Le Français Moderne》, oct. 1984, nos 3-4, p. 183-190, 지도 p. 189.

404) WALTER, 《Des mots…》 (미주 69), p. 186.

405) ANDRÉ, Jacques, 《Étude sur les termes de couleur dans la langue latine》, Paris, 1949, 427 p.

406) MATORÉ, Georges, 《Le vocabulaire de la société médiévale》, Paris, PUF, 1985, 336 p., p. 133.

407) ERNOUT & MEILLET, 《Dictionnaire…》 (미주 158), p. 72.

408) GUINET, Louis, 《Les emprunts gallo-romans au germanique (du Ier à la fin du Ve siècle)》, Paris, Klincksieck, 1982, 212 p., p. 183.

409) WALTER, Henriette, Toponymie, histoire et linguistique : l'invasion franque en Gaule, 《Actes du 13e Colloque international de linguistique fonctionnelle》 (Corfou, 1986), Université Ionienne, Corfou, 1988, p. 70-72, 및 WALTER, 《Le français…》 (미주 43), p. 56-59. 원 자료들은 다음 책에 들어 있다: VINCENT, 《Toponymie…》 (미주 44).

410) 프랑크족의 정착 한계선들은 다음 책들의 자료에 입각하여 설정된 것이다: DUBY, Georges (sous la dir.), 《Atlas historique Larousse》, Paris, 1978, 326 p., p. 31,
BARRACLOUGH, Geoffrey (sous la dir.), 《Le grand atlas de l'histoire mondiale》, Encyclopædia Universalis, Paris, Albin Michel, 375 p., p. 106.

411) WALTER ET WALTER, 《Dictionnaire…》 (미주 199), 특히 p. 11-14.

412) CERQUIGLINI, Bernard, 《La naissance du français》, Paris, PUF, 'Que sais-je ?' n° 2576, 1991, p. 84-92.

413) BRUNOT, Ferdinand, 《Histoire de la langue française des origines à nos jours》. Paris, Armand Colin, 1905-1937, rééd. 1966, tome I, 'De l'époque latine à la Renaissance', 1966, 597 p., p. 142.

414) WALTER & WALTER, 《Dictionnaire…》 (미주 199), p. 28, 및
PICOCHE, Jacqueline, 《Didactique du vocabulaire français》, Paris, Nathan, 1993, 206 p., p. 20-27.

415) NOUVEL, Alain, 《L'occitan, langue de civilisation européenne》, Montpellier, Connaissance de l'Occitanie, 1977, 143 p., p. 90.

416) 전반적인 개요을 위해서는 cf. WALTER, Henriette, L'attachement au parler vernaculaire dans une commune limousine, 《La Linguistique》 29, 1993/1, p. 141-156.

417) THIERS, Jacques, Introduction. Corti 90 : pour la langue polynomique, in

CHIORBOLI, Jean (sous la dir.), 《Les langues polynomiques, Actes du Colloque international des langues polynomiques》 (Corti, 17-22 sept. 1990), 출판년도 불명, 415 p., p. 3-9. 이 책에는 다음 논문들도 포함되어 있다:

ARRIGHI, Jean-Marie, Quelle(s) norme(s) pour l'enseignement d'une langue polynomique ? Le cas du corse, p. 41-45.

CHIORBOLI, Jean, Polynomie corse et glottopolitique, p. 69-74.

COMITI, Jean-Marie, L'évaluation de la polynomie corse, p. 75-83.

FILIPPI, Paul, Français régional de Corse (F.R.C.), p. 170-176.

FUSINA, Jacques, L'italien de Corse. 19세기 코르시카의 언어 상황에 대한 모호한 이해에 대해서는 p. 194-201.

GIACOMO-MARCELLESI, Mathée, Métaphore et traduction dans la dimension polynomique, p. 239-246.

RICHARD-ZAPELLA, Jeannine, Lorsque les questions en disent peut-être autant que les réponses, p. 361-368.

418) THIERS, Jacques, Le corse. L'insularité d'une langue, in VERMES, 《Vingt-cinq…》 (미주 327), p. 150-168, 특히 p. 151.

419) BAL, Willy, 《Introduction aux études de linguistique romane》, Paris, Didier, 1966, 273 p., p. 227.

420) BERNARDO, D., Le catalan. La problématique nord-catalane, in VERMES, 《Vingt-cinq…》 (미주 327), p. 133-149.

421) BEC, 《Manuel…》 (미주 227), tome 1, p. 463-508.

422) PETRELLA, Riccardo, 《La renaissance des cultures régionales en Europe》, Paris, Éd. Entente, 1978, 317 p., p. 83, 및

CAMPROUX, Charles, 《Les langues romanes》, Paris, PUF, 'Que sais-je ?' n° 1562, (1re éd. 1974) 1979, 128 p., p. 94-95.

423) BEC, 《Manuel…》 (미주 227), tome 1, p. 513-514.

424) TUAILLON, 《Le francoprovençal…》 (미주 234), 68 p. 및

MARTINET, André, 《La description phonologique, avec application au parler francoprovençal d'Hauteville (Savoie)》, Paris, Minard-Genève, Droz, 1956, 108 p., 특히 p. 58.

425) WALTER, Patois ou… (미주 403).

426) CERQUIGLINI, 《La naissance…》 (미주 412), p. 41-42.

GIORDAN, Henri, Du folklore au quotidien , in Henri GIORDAN (sous la dir.), 《Par les langues de France》, Paris, Centre Georges-Pompidou, 1984, tome 1, 102 p., p. 5-12.

GIACOMO, Mathée, La politique à propos des langues historiques : cadre historique, in MARCELLESI, J. B. (sous la dir.), 《L'enseignement des langues régionales, Langue française n° 25》, Paris, Larousse, 1975, 128 p., p. 12-28.

GARDIN, Bernard, Loi Deixonne et langues régionales, in MARCELLESI, 《L'enseignement…》 (바로 위), p. 29-36 특히 p. 29.

LAFONT, Robert, La situation socio-linguistique en France, in GIORDAN, 《Les minorités…》 (미주 279) pour le gallo, p. 158.

427) 최근 조사의 공식 수치를 내게 제공한 Marie Landick (Royal Holloway, University of London)에게 감사드린다. 다음 논문도 참고할 것: SPENCE, Nicol C.W., Phonologie descriptive des parlers jersiais , 《Revue de linguistique romane》, 1985, 49, nos 193-194, p. 151-165 및 1987, 51, nos 201-202, p. 119-133.

428) LEFEBVRE, Anne, Les langues du domaine d'oïl. Des langues trop proches, in VERMES, 《Vingt-cinq…》 (미주 327), p. 261-290.

WALTER, Henriette (sous la dir. de), 《Les Mauges. Présentation de la région et étude de la prononciation》, Centre de recherches en littérature et en linguistiques sur l'Anjou et le Bocage, Angers, 1980, 238 p.

CARTON, Fernand, Usages des variétés du français dans la région de Lille, 《Pluralité des parlers en France》, Ethnologie française, 3-4, 1973, p. 235-244.

BOURCELOT, Henri, Le français régional haut-marnais dans ses rapports avec la langue nationale, 《Pluralité des parlers en France, Ethnologie française》, 3-4, 1973, p. 221-228. TAVERDET, Gérard, Patois et français régional en Bourgogne, 《Pluralité des parlers en France, Ethnologie française》, 3-4, 1973, p. 317-326.

429) ORIEUX, Jean, 《Catherine de Médicis ou la Reine noire》, Paris, Flammarion, 1986, 826 p., p. 125.

430) WALTER & WALTER, 《Dictionnaire…》 (미주 199), p. 77-83.

431) PAQUOT, Annette, 《Les Québécois et leurs mots. Étude sémiologique et sociolinguistique des régionalismes au Québec》, Québec, Les Presses de l'Université Laval, Conseil de la langue française, 1988, 130 p.

DEPECKER, Loïc, 《Les mots de la francophonie》, Paris, Belin, 1988, 335 p.

WALTER, 《Le français…》 (미주 43) p. 200-207.

POIRIER, Claude, 《Dictionnaire du français plus à l'usage des francophones d'Amérique》, Montréal, Centre éducatif et culturel, 1988.

POIRIER, Claude, Description et affirmation des variétés non hexagonales du français, in CLAS, André & OUOBA, Benoît, 《Visages du français. Variétés lexicales de l'espace francophone》, Montrouge, éd. John Libbey Eurotext, 1990, 206 p., p. 127-139.

432) MAURY, Nicole & TESSIER, Jules, 《A l'écoute des francophones d'Amérique》, Montréal (Québec), Centre éducatif et culturel, 1991, p. 33-46.

433) WALTER, 《Des mots…》 (미주 69), p. 81-85 및 p. 175.

434) FREY, Max, 《Les transformations du vocabulaire français à l'époque de la Révolution (1789-1800)》, Paris, PUF, 1925, p. 218.

435) WALTER, Henriette, La France, un unilinguisme apparent, in HERRERAS, 《Situations…》 (미주 282), p. 73-83.

436) DENEZ, Per, La langue bretonne. Mémoire de la répression, in VERMES, 《Vingt-cinq…》 (미주 327), tome 1, p. 105-132, 특히 p. 126-127.

437) BERNARDO, D., Le catalan. La problématique nord-catalane, in VERMES, 《Vingt-cinq…》 (미주 327), tome 1, p. 133-149, 특히 p. 142-143.

438) WALTER, 《Les Mauges…》 (미주 428).

439) WALTER, 《Le français…》 (미주 43), p. 161-169, 및

WALTER, Henriette, Un sondage lexical en marge de l'enquête phonologique sur les français régionaux, 《Actes du 17e Congrès international de linguistique et philologie romanes》, Variation linguistique dans l'espace : dialectologie et onomastique, université d'Aix-en-Provence, vol. n° 6, 1986, p. 261-268.

440) RYCKEBOER, Hugo & CALLEBAUT, Bruno, Contacts linguistiques français-néerlandais dans le nord de la France, in 《Handbuch der Kontaktlinguistik》, Berlin-New York, de Gruyter, 출판 예정.

441) CARTON, Fernand & POULET, Denise, 《Dictionnaire du français régional du Nord-Pas-de-Calais》, Paris, Bonneton, 1991, 125 p., p. 83.

442) 시기적으로 가장 먼저 출판된 사전: TUAILLON, Gaston, 《Les régionalismes du français parlé à Vourey, village dauphinois》, Paris, Klincksieck, Matériaux pour l'étude des régionalismes du français, n° 1, 1983, 383 p.

1989년 이후로 Christine Bonneton 출판사에서 지방 프랑스어 총서가 나왔다: Basse-Normandie (1989), Pilat (1989), Poitou-Charentes와 Vendée (1990), Lorraine (1990), Provence (1991), Languedoc (1991), Pays aquitains (1991), Roussillon (1991), Bourgogne (1991), Nord와 Pas-de-Calais (1991), Beaujolais (1992), Midi toulousain et pyrénéen (1992), Algérie (1992), Ardennes (1992), Berry-Bourbonnais (1993), Franche-Comté (1993), Champagne (1993), Savoie (1993), Velay (1993).

지방 프랑스어 개념에 대한 논의는 다음 논문을 참조할 것: MOREUX, Bernard, À propos du lexique français de Toulouse : pratique et théorie dans le domaine du "français régional", 《Garona》, 10, 1993, p. 45-78.

443) WALTER, Henriette, A la recherche du vocabulaire régional de Haute-Bretagne, 《Lengas》, 30, 1991, p. 165-178. 이 논문은 다음 책의 연구에 대해 논의하고 있다: RÖNNAU, Sylvia, 《Lexique gallo dans le français parlé en Haute-Bretagne. Enquête sociolinguistique》, université Rennes-2, UFR du langage, 1990, 137 p. (미출판).

444) LEPELLEY, René, 《Dictionnaire du français régional de Basse-Normandie》, Paris, Bonneton, 1989, 159 p.

445) COLIN, Jean-Paul (sous la dir.), 《Trésors des parlers comtois》, Besançon, Cêtre, 1992, 365 p.

446) TUAILLON, Gaston, 《Les régionalismes…》 (미주 442).
GERMI, Claudette & LUCCI, Vincent, 《Mots de Gap, les régionalismes du français parlé dans le Gapençais》, Grenoble, Ellug, 1985, 225 p.
SALMON, Gilbert-Lucien, État du français d'origine dialectale en Lyonnais, 《Actes du 23e Congrès international de linguistique et philologie romanes》, Trèves, 1986.
447) BLANCHET, Philippe, 《Dictionnaire du français régional de Provence》, Paris, Bonneton, 1991, 157 p.
BOUVIER, Robert, 《Le parler marseillais, dictionnaire》, Marseille, Jeanne Laffite, 1986, 181 p.
448) 《Acordo ortográfico da língua portuguesa》, Decreto do Presidente da República de 23 de Agosto (1991), Lisboa, Imprensa nacional, 1991, 59 p.
449) CATACH, Nina, 《L'orthographe en débat》, Paris, Nathan, 1991, 303 p., p. 51.
CATACH, Nina, 《Les délires de l'orthographe》, Paris, Plon, 1989, 340 p., p. 81-82.
450) CATACH, Nina, 《L'orthographe》, Paris, PUF, 'Que sais-je ?' n° 685, (1re éd. 1978) 1982, 126 p., p. 78-87.
CATACH, 《Les délires…》 (미주 449), p. 293-295 및 303-304.
GOOSSE, André, 《La nouvelle orthographe》, Gembloux, Duculot, 1991, 136 p., p. 19.
451) GOOSSE, 《La nouvelle…》 (미주 450), p. 15.
452) CATACH, 《Les délires…》 (미주 449), p. 52.
453) Journal officiel de la République française, Documents administratifs, 'Les rectifications de l'orthographe', n° 100, 6/12/1990, p. 1-19.
454) MASSON, Michel, CIBOIS, Philippe & BARBARANT, Jean-Claude, 《Pour que vive l'orthographe (ou l'ortografe)》, Éd. du Seuil, Paris, 1989.
CATACH, 《L'orthographe en débat》, (미주 449), p. 18-20.
GOOSSE, 《La nouvelle…》 (미주 450), 특히 p. 21-23.
ARRIVÉ, Michel, 《Réformer l'orthographe ?》, Paris, PUF, 1993, 233 p.
455) BEAULIEUX, Charles, 《Histoire de l'orthographe française》, Paris, Champion, 1967, tome 1, 366 p., p. 255.
456) WALTER, 《Le français…》 (미주 43), 'L'orthographe au cours des siècles', p. 225.
457) GREVISSE, Maurice, 《Le bon usage, grammaire française》, 1993, 13e éd. revue et corrigée par André GOOSSE, 1 762 p., p. 93-94.
458) CATACH, 《L'orthographe》, (미주 450), p. 44.
459) WALTER, 《Des mots…》 (미주 69), p. 145.
460) 이것이 1987-89년 사이에 Grenoble 지방의 48명에 대해 시행된 조사의 결론이었으며, 그 내용은 다음 책에 기술되어 있다: MILLET, Agnès, LUCCI, Vincent & BILLIEZ, Jacqueline, 《Orthographe, mon amour》, Grenoble, Presses universitaires de Grenoble, 1990, 240 p., 특히 p. 89-124.
461) OBALK, Hector, SORAL, Alain & PASCHE, Alexandre, 《Les mouvements de

mode expliqués aux parents》, Paris, Robert Laffont, 1984, 400 p., 특히 Henriette WALTER의 'Lexique' 부분, p. 367-398.

462) WALTER, Henriette, Le cheminement des innovations lexicales en français, in 《Sémantique, Littérature et traduction, Mélanges en l'honneur d'Henry Schogt》, Toronto, 1994.

463) GEORGE, Ken E.M., 《Matériaux pour l'histoire du vocabulaire français》, 'Datations et Documents lexicographiques' (sous la dir. de QUEMADA), CNRS, Institut national de la langue française, Paris, Klincksieck, n° 23, 1983, 265 p. 및 n° 37, 1991, p. 11 및 p. 334,

ZANOLA, Marie Teresa, 《L'emprunt lexical anglais dans le français contemporain : analyse d'une coupure de presse》, Quaderni del Centro di Linguistica dell' Università Cattolica, 3, Brescia, La Scuola, 1991/1, 96 p.

464) GREEN, Jonathon, 《Neologisms - New words since 1960》, London, Bloomsbury, 1991, 339 p.

ALGEO, John (sous la dir.), 《Fifty years among the new words. A dictionary of neologisms, 1941-1991》, Cambridge-New York, Cambridge University Press, 1991, 257 p.

MUNRO, Pamela, 《Slang U, the Official Dictionary of College Slang》, New York, Harmony Books, 1991, 244 p.

465) WALTER, 《Le français…》 (미주 43), p. 181-218.

466) 이 자료들의 출처는 다음과 같다:

HERRERAS, 1992, 《Situations…》 (미주 282).

WALTER, 《Le français…》 (미주 43), p. 181-194.

WALTER, Henriette, Pluralité des langues dans l'Europe des Douze, 《Actes du 17e Colloque international de linguistique fonctionnelle》, université de León, 1992, 345 p., p. 183-195.

FUCKERIEDER, Josef La Belgique, le Luxembourg et la Suisse : trois situations linguistiques, Quel modèle ?, 《Actes du XVe Colloque international de linguistique fonctionnelle (Moncton, Canada, 18-24 août 1988)》, université de Moncton, 1989, 277 p., p. 57-60.

467) Équipe IFA, 《Inventaire des particularités lexicales du français en Afrique noire》, Paris, EDICEF-AUPELF, 1988, 442 p.

468) DEPECKER, 《Les mots…》 (미주 431).

469) POHL, Jacques, Quelques caractéristiques de la phonologie du français parlé en Belgique, 《Phonologie des usages du français. Langue française n° 60》 (sous la dir. d'Henriette Walter), Paris, Larousse, 1983, p. 30-41.

470) DOPPAGNE, Albert, 《Les régionalismes français》, Paris-Gembloux, Duculot, 1978, 94 p.

471) BEHEYDT, Ludo & JUCQUOIS, Guy, La Belgique. Trois langues, trois régions, trois communautés, in HERRERAS 《Situations…》 (미주 282), p. 30−41.

472) Équipe des Coqs d'Aousse, 《Langues régionales de Wallonie, patrimoine et avenir》, Charleroi, 94 p., 특히 방언 변이체 지도, p. 52.
BAL, 《Introduction…》 (미주 419), p. 220, note 2.

473) BAL, 《Introduction…》 (미주 419), p. 220.

474) TAGLIAVINI, 《Le origini…》 (미주 156), p. 430.

475) MÉTRAL, Jean−Pierre, Le vocalisme du français en Suisse romande. Considérations phonologiques, 《Cahiers Ferdinand de Saussure》, 31, 1977, p. 145−176. 및 MAHMOUDIAN, Mortéza (sous la dir.), 《Résultats d'une enquête phonologique en Suisse romande, Bulletin de la section de linguistique de la faculté des lettres de Lausanne》, 2, 1980, 38 p. + 부록(음운론 설문 분석) 7 p.

476) JOLIVET, Rémi, L'acceptation des formes verbales surcomposées, in 《Le Français Moderne》, 3/4, 1984, p. 159−182.

477) DUVAL−VALENTIN, Marianne, La situation linguistique en Suisse, in FODOR & HAGÈGE, 《Language Reform…》 (미주 59), vol. 1, p. 463−544, 특히 p. 495.

478) WOLFF, 《Les origines…》 (미주 299), p. 49.

479) HAUGEN, Einar, 《The Scandinavian Languages. An Introduction to their History》, Cambridge (Massachusetts), Harvard University Press, 1976, p. 100−101. BN [8°X 28841.

480) WHITTAKER, Charles R., 《Les frontières de l'Empire romain》, Annales littéraires de l'université de Besançon, Paris, Les Belles Lettres, 1989, 209 p., 및
SAINT−BLANQUAT, Henri de, Les véritables frontières de l'empire romain, 《Sciences et Avenir》, Paris, 1992, n° 547, p. 72−76.

481) TONNELAT, Ernest, 《Histoire de la langue allemande》, Paris, Colin, (1re éd. 1927) 1941, 204 p., p. 11−12 Sorb. [L 978 12°.

482) DEROY & MULON, 《Dictionnaire…》 (미주 289), p. 327.

483) BOYER, Régis, 《Les Vikings》, Paris, Plon, 1992, 442 p., p. 49.

484) HAWKINS, John. A., Germanic Languages, in COMRIE, 《The Major…》 (미주 1), p. 59.

485) MARTINET, 《Des steppes…》 (미주 4), p. 89.

486) HAWKINS, Germanic Languages, in COMRIE, 《The Major…》 (미주 1), p. 59.

487) HAUGEN, 《The Scandinavian…》 (미주 479), p. 112.

488) HAUGEN, 《The Scandinavian…》 (미주 479), p. 24.

489) MUSSET, Lucien, 《Les invasions》, Paris, PUF, 1965, p. 50.

490) MARTINET, 《Des steppes…》 (미주 4), p. 28−30.

491) BOYER, 《Les Vikings…》 (미주 483), p. 54.

492) NÈGRE, Ernest, 《Les noms de lieux en France》, Paris, Colin, 1963, 222 p., NÈGRE, 《Toponymie…》 (미주 44), p. 735 및 그 이하, 그리고 p. 779 및 그 이하,

VINCENT, 《Toponymie…》 (미주 44), p. 138.

493) LAPESA, 《Historia…》 (미주 285), éd. 1986, p. 116-117.

494) COHEN, 《La grande invention…》 (미주 37), p. 195-198.

495) BOYER, 《Les Vikings…》 (미주 483), p. 58-63.

496) MARTINET, 《Des steppes…》 (미주 4), p. 90.

497) MARTINET, 《Des steppes…》 (미주 4), p. 91.

498) HAUGEN, Einar, Danish, Norwegian and Swedish, in COMRIE, 《The Major…》 (미주 1), p. 153.

499) DUCHET, Jean-Louis, 《Code de l'anglais oral》, Paris, Ophrys, 1991, 98 p., 특히 p. 7-44, HAUGEN, Danish, Norwegian and Swedish, in COMRIE, 《The Major…》 (미주 1), p. 147-169, 특히 p. 153.

500) HIRT, Hermann, 《Handbuch des Altgermanischen》, Heidelberg, 1931, 1, p. 17, 및 MARTINET, 《Des steppes…》 (미주 4), p. 90.

501) WOLFF, 《Les origines…》 (미주 299), p. 49.

502) BRUËL, Sven & NIELSEN, 《Niels Age, Gyldendals Fremmedordbog》, Copenhague, Gyldendal, (1re éd. 1960) 1987, 640 p.

503) HAWKINS, Germanic Languages, in COMRIE, 《The Major…》 (미주 1), p. 64-65.

504) ONIONS, C. T. (sous la dir. de), 《The Oxford Dictionary of English Etymology》, avec la collaboration de FRIEDERICHSEN, G.W.S. & BURCHFIELD, R.W., Oxford, Clarendon Press, (1re éd. 1966) 1985, 1024 p., p. 917.

505) KARKER, Allan, Le Danemark. Situation de la langue danoise, in HERRERAS, 《Situations…》 (미주 282), p. 53-56, 특히 p. 55.

506) HAUGEN, Einar, Danish, Norwegian and Swedish, in COMRIE, 《The Major…》 (미주 1), p. 151.

507) BOYER, Régis, 《La vie quotidienne des Vikings (800-1050)》, Paris, Hachette, 1992, p. 131 및 138.

508) BOYER, 《Les Vikings…》 (미주 483), p. 409.

509) VASMER, Max, 《Russisches Etymologisches Wörterbuch》, Heidelberg, 1955, vol. 2, p. 551.

510) HAUGEN, 《The Scandinavian…》 (미주 479), 지도 p. 136, 그 지도는 '바이킹족의 원정들' 지도의 모델이 되었다.

511) BOYER, 《La vie quotidienne…》 (미주 507), p. 316-329.

512) DURAND, Frédéric, 《Les Vikings》, Paris, PUF, 'Que sais-je ?' n° 1188, (1re éd. 1965) 1977, p. 26.

513) BOYER, 《Les Vikings…》 (미주 483), p. 71-72.

514) HAUGEN, 《The Scandinavian…》 (미주 479), p. 33.

515) BARBOUR, Stephen & STEVENSON, Patrick, 《Variation in German, A critical approach to German sociolinguistics》, Cambridge, Cambridge University Press,

1990, 308 p., p. 30.

516) SCHMITT JENSEN, Jørgen, Le danois, Dansk, 《Actes du XVIIe Colloque de la Société internationale de linguistique fonctionnelle (León, 1990)》, université de León, 1992, p. 211–215.

517) MARTINET, André, The Fading away of a Phoneme : the Voiced Dorsal Spirant in Danish, 《Linguistic Studies in Honour of Paul Christophersen》, The New University of Ulster, Occasional Papers in Linguistics and Language Learning, 7, Nov. 1980, p. 73–78.

518) HAUGEN, 《The Scandinavian…》 (미주 479), p. 369.

519) MARTINET, 《Des steppes…》 (미주 4), p. 92.

520) HAUGEN, 《The Scandinavian…》 (미주 479), p. 181.

521) HAUGEN, 《The Scandinavian…》 (미주 479), p. 353.

522) HAUGEN, 《The Scandinavian…》 (미주 479), p. 65, 및 GRAVIER, Maurice, 《Les Scandinaves, Histoire des peuples scandinaves. Épanouissement de leurs civilisations des origines à la Réforme》, Paris, éd. Lidis–Brepols, p. 663.

523) HAUGEN, 《The Scandinavian…》 (미주 479), p. 355.

524) KARKER, Allan, Language Reforming Efforts in Denmark and Sweden, in FODOR & HAGÈGE, 《Language…》 (미주 59), vol. 2, p. 296–297.

525) BREDSDORFF, Elias, 《Danish. An Elementary Grammar and Reader》, Cambridge, Cambridge University Press, (1re éd. 1956) 1988, 300 p., p. 10.

526) HAUGEN, 《The Scandinavian…》 (미주 479), p. 392.

527) BREDSDORFF, 《Danish…》 (미주 525), p. 18–20 및 37–38.

528) KARKER, Language Reforming…, in FODOR & HAGÈGE, 《Language…》 (미주 59), vol. 2, p. 285–299, 특히 p. 290–293.

529) HAUGEN, 《The Scandinavian…》 (미주 479), p. 39.

530) BREDSDORFF, 《Danish…》 (미주 525), p. 198–200.

531) BREDSDORFF, 《Danish…》 (미주 525), p. 77.

532) KARKER, Language Reforming…, in FODOR & HAGÈGE, 《Language…》 (미주 59), vol. 2, p. 288.

533) BREDSDORFF, 《Danish…》 (미주 525), p. 3.

534) BARBOUR & STEVENSON, 《Variation…》 (미주 515), p. 76 및 41.

535) BARBOUR & STEVENSON, 《Variation…》 (미주 515), p. 46–49, 및
HAWKINS, John A., German, in COMRIE, 《The Major…》 (미주 1), p. 104–105.

536) RAYNAUD, Franzisca, 《Histoire de la langue allemande》, Paris, PUF, 'Que sais–je ?', n° 1952, 1982, 127 p., p. 92.

537) FOURQUET, Jean, Langue. Dialecte. Patois, in MARTINET, André (sous la dir.), 《Le langage》, encyclopédie de la Pléiade, Paris, Gallimard, 1969, 1544 p., p. 569–596, 특히 p. 585.

538) MARTIN, Gérard, 《L'imprimerie》, Paris, PUF, 'Que sais-je ?' n° 1067, (1re éd. 1968) 1979, 124 p., p. 7-8, 및
LABARRE, Albert, 《Histoire du livre》, Paris, PUF, 'Que sais-je ?' n° 620, (1re éd. 1970) 1985, 127 p., p. 49-53.
539) TONNELAT, 《Histoire…》 (미주 481), p. 124-125.
540) 이 지도 작성을 위해 참고한 자료들의 출처:
BARBOUR & STEVENSON, Variation… (미주 515), p. 41 및 76-79,
HAWKINS, German… in COMRIE, 《The Major…》 (미주 1), p. 104.
541) CLYNE, Michael, 《Language and Society in the German-speaking Countries》, Cambridge, Cambridge University Press, 1984, 205 p., 지도 p. XV.
542) FOURQUET, Jean, La situation linguistique en Allemagne, in MARTINET, 《Le langage…》 (미주 537), p. 1162-1172.
543) CLYNE, 《Language…》 (미주 541), p. 45 및 p. 62-63.
544) BARBOUR & STEVENSON, 《Variation…》 (미주 515), p. 142-144.
545) RAYNAUD, 《Histoire…》 (미주 536), p. 116-117.
546) SIEBS, Theodor, 《Siebs Deutsche Aussprache》, Berlin, de Gruyter, 1969, 494 p.
547) BARBOUR & STEVENSON, 《Variation…》 (미주 515), p. 50-51.
548) CLYNE, 《Language…》 (미주 541), p. 161.
549) MALBLANC, Alfred, 《Stylistique comparée du français et de l'allemand》, Paris, Didier, 1968, 353 p., p. 118-122.
550) MALBLANC, 《Stylistique…》 (미주 549), p. 124.
551) HAGÈGE, 《Le souffle…》 (미주 193), p. 91.
552) BARBOUR & STEVENSON, 《Variation…》 (미주 515), p. 255-261.
553) NOWOTTNICK, Marlies, Gioventú, lingua e mass media visti dalla prospettiva della linguistica tedesca, in RADTKE, Edgar (sous la dir.), 《La lingua dei giovani》, Tübingen, Gunter Narr, 1993, 188 p., p. 161-174.
554) HAGÈGE, 《Le souffle…》 (미주 193), p. 63-64.
555) WELKE, Dieter, L'Allemagne. Un plurilinguisme réduit, in HERRERAS, 《Situations…》 (미주 282), p. 27-32.
556) WELKE, L'Allemagne… (미주 555), p. 33-36, 및
MEILLET, Antoine, 《Les langues dans l'Europe nouvelle》, Paris, Payot, 1928, 495 p., p. 26-27.
557) 이 지도의 작성을 위해 참고한 자료들의 출처:
CLYNE, 《Language…》 (미주 541), p. XIV-XV,
BARBOUR & STEVENSON, 《Variation…》 (미주 515), p. 76,
558) MEILLET, 《Les langues…》 (미주 556), p. 26-27, 193-194 및 229-230.
559) SZULMAJSTER-CELNIKIER, Anne, 《Le yidich à travers la chanson populaire. Les éléments non germaniques du yidich》, Louvain-la-Neuve, Peeters, 1991, 276 p.,

특히 p. 2.
FOURQUET, ≪ La situation… ≫ (미주 542), p. 1163.

560) HAGÈGE, 《Le souffle…》 (미주 193), p. 78-79.

561) GIORDAN, Henri (sous la dir.), 《Par les langues de France》, Paris, Centre Georges-Pompidou, 1984, tome 1, 102 p., p. 40-46.

562) HARTWEG, Frédéric, L'alsacien, un dialecte allemand tabou, in VERMES, 《Vingt-cinq…》 (미주 327), p. 48-49.

563) DUVAL-VALENTIN, La situation…, in FODOR & HAGÈGE, 《Language Reform…》 (미주 59), p. 463-544, 특히 p. 464, p. 518 및 525-526.

564) BARBOUR & STEVENSON, 《Variation…》 (미주 515), p. 206.

565) CLYNE, 《Language…》 (미주 541), p. 3 및 18-19.

566) GOEBL, Trois coups d'œil… (미주 231), 및
BARBOUR & STEVENSON, 《Variation…》 (미주 515), p. 169-170.

567) CLYNE, 《Language…》 (미주 541), p. 11-12.

568) GOEBL, Trois coups d'œil… (미주 231).

569) BARBOUR & STEVENSON, 《Variation…》 (미주 515), 이탈리아에 대해서는 p. 237-242, 그리고 벨기에에 대해서는 p. 224-230.

570) CLYNE, 《Language…》 (미주 541), p. 22.

571) 이 챕터에서는 전반적으로 다음 논문을 참고하였음:
MULLER, Jean-Claude, Le Luxembourg. Du dialecte à la langue nationale : le luxembourgeois, in HERRERAS, 《Situations…》 (미주 282), p. 121-136.

572) BEHEYDT, Ludo & JUCQUOIS, Guy, La Belgique, trois langues, trois régions, trois communautés, in HERRERAS, 《Situations linguistiques…》 (미주 282) p. 39-51, 특히 p. 43-44.

573) GOUDAILLIER, Jean-Pierre, 《Phonologie fonctionnelle et phonétique expérimentale. Exemples empruntés au luxembourgeois》, Hamburg, Helmut Buske, 1981, 476 p. (다음 논문에서 인용됨: MULLER, Jean-Claude, Le Luxembourg… (미주 571), p. 133.)

574) KRIER, Fernande, La situation linguistique en Italie et au Luxembourg, 《Actes du XVIIe Colloque international de linguistique fonctionnelle》, université de León, p. 207-209,
KRIER, Fernande, Le trilinguisme au Luxembourg, 《La Bretagne linguistique》, 1991, p. 720. L'alternance langagière comme stratégie discursive dans une situation plurilingue, 《Bulletin de la Société de linguistique de Paris (BSL)》, tome 87, fasc. 1, 1992, p. 53-70.
CLYNE, 《Language…》 (미주 541), p. 20-21.

575) 이 지도는 다음 책에 실린 지도를 단순화한 것이다: BRACHIN, Pierre, 《La langue néerlandaise, Essai de présentation》, Bruxelles, Didier, 1977, 72 p., p. 5.

576) DONALDSON (B.C.), 《Dutch. A living History of Holland and Belgium》, Nimègue, Martinus Nijhoff, 1983, p. 4.

577) DONALDSON, 《Dutch…》 (미주 576), p. 13−15.

578) DONALDSON, 《Dutch…》 (미주 576), p. 11, 지도 3.

579) BRACHIN, 《La langue…》 (미주 575), p. 15.

580) STEPHENS, 《Linguistic Minorities…》 (미주 1), p. 567−579.

581) GORTER, 《Language in Friesland》, Leeuwarden, Fryske Akademy, 1988, 67 p., 특히 p. 4 및 10.

582) DONALDSON, 《Dutch…》 (미주 576), p. 88.

583) WALTER, 《Le français…》 (미주 43), p. 69−70.

584) DONALDSON, 《Dutch…》 (미주 576), p. 11−13.

585) 이 지도는 다음 책에 실린 지도를 전환한 것이다:
VANDEPUTTE, O. & FERMAUT, J., 《Le Néerlandais, langue de vingt millions de Néerlandais et de Flamands, Rekkem (Belgique)》, Fondation flamando−néerlandaise 'Stichting Ons Erfdeel vzw', 1981, 64 p., p. 54.

586) BRACHIN, 《La langue…》 (미주 575), p. 20−21.

587) DONALDSON, 《Dutch…》 (미주 576), p. 75.

588) DONALDSON, 《Dutch…》 (미주 576), p. 103.

589) BRACHIN, 《La langue…》 (미주 575), p. 49.

590) SCHOGT (Henry), Les mots d'emprunt en néerlandais : une étude sociolinguistique, 《La linguistique》 25, 1989/2, p. 63−80, 특히 p. 66−72.

591) WALTER & WALTER, 《Dictionnaire…》 (미주 199), 및
VALKHOFF, Marius, 《Étude sur les mots français d'origine néerlandaise》, Amersfoort, Valkhoff and Co., 1931.

592) BRACHIN, 《La langue…》 (미주 575), p. 38.

593) VANDEPUTTE, O. & FERMAUT, J., 《Le Néerlandais…》 (미주 585), p. 56−57.

594) SALVERDA DE GRAVE, J.J., 《L'influence de la langue française en Hollande d'après les mots empruntés》, Paris, Champion, 1913, 174 p., p. 121.

595) SALVERDA DE GRAVE, 《L'influence…》 (미주 594), p. 92−94.

596) DONALDSON, 《Dutch…》 (미주 576), p. 141.

597) BRACHIN, 《La langue…》 (미주 575), p. 43−48.

598) SCHOGT, Les mots… (미주 590), p. 66−69 및 75−77,
DONALDSON, 《Dutch…》 (미주 576), p. 76.

599) DONALDSON, 《Dutch…》 (미주 576), p. 59.

600) BRACHIN, 《La langue…》 (미주 575), p. 81−84

601) BRACHIN, 《La langue…》 (미주 575), p. 85−93, 및
BRACHIN, Pierre, Évolution naturelle et codification : l'exemple du néerlandais, in FODOR & HAGÈGE, 《Language Reform…》 (미주 59), I, p. 257−280, 특히 p.

275–278.

602) BRACHIN, Évolution··· (미주 600), p. 267.

603) KUITENBROUWER, Jan, 《Turbo taal》, Aramith Uitgevers, 1987, 91 p.

604) NEVE de MEVERGNIES, François–Xavier & WYNANTS, Armel, Fourons, ou les effets pervers de la "territorialité" : étude sociolinguistique de la "pétaudière" linguistique belge, 《Actes du XVe Colloque de la Société internationale de linguistique fonctionnelle (Moncton, Canada, 18–24 août 1988)》, Centre de recherche en linguistique appliquée, université de Moncton, 1989, p. 51–55.

605) BEHEYDT et JUCQUOIS, La Belgique. Trois langues, trois régions, trois communautés, in HERRERAS, 《Situations···》 (미주 282), p. 39.

606) SANSEN, J., Le flamand. Une langue–frontière mal connue, in VERMES, 《Vingt–cinq···》 (미주 327), tome 1, p. 169–187.

607) RYCKEBOER, Hugo, Contacts linguistiques français–néerlandais dans le nord de la France, 《Handbuch der Kontaklinguistik》, GOEBL Hans (sous la dir. de), art. 153, Walter de Gruyter (출판 예정), Berlin, New York.

608) 이 챕터 전체 내용에 대해 많은 제안을 해주신 Agatha DUVAL (université de Rennes 2)와 Henry SCHOGT (université de Toronto)께 감사드린다.

609) COMRIE, 《The Major···》 (미주 1).

610) JACKSON, Kenneth, 《Language···》 (미주 52), p. 243–246.

611) MCCRUM, Robert, CRAN, William & MACNEIL, Robert, 《The Story of English》, London, Faber and Faber, 1986, 384 p., p. 60.

612) STRANG, Barbara, 《A History of English》, Londres, Methuen, 1970, p. 93–94. BN [8 X 27942.

613) MILLS, A.D., 《A Dictionary of English Place–names》, Oxford–New York, Oxford University Press, 1991, 388 p.

614) MCCRUM, CRAN & MACNEIL, 《The Story···》 (미주 611), p. 61,
MARTINET, 《Des steppes···》 (미주 4), p. 27 및 113.

615) STRANG, 《A History···》 (미주 612), p. 93–94.

616) PEZZINI, Domenico, 《Storia della lingua inglese》, vol. 1, Brescia, La Scuola, 1981, 217 p., p. 17.

617) BAUGH, Albert C. & CABLE, Thomas, 《A History of the English Language》, London, Routledge, (1re éd. 1951) 1991, 438 p., p. 81–82.

618) CESTRE, Charles & DUBOIS, Marguerite–Marie, 《Grammaire complète de la langue anglaise》, Paris, Larousse, 1949, 591 p., p. 68.

619) 이 지도는 다음 책들의 내용에 근거하여 작성되었음:
MCCRUM, CRAN & MACNEIL, 《The Story···》 (미주 611), p. 59,
BOURCIER, Georges, 《Histoire de la langue anglaise du Moyen Âge à nos jours》, Paris, Bordas, 1978, 304 p., p. 45.

620) MARTINET, 《Des steppes…》 (미주 4), p. 92.

621) 이 지도는 다음 책의 내용에 근거하여 작성되었음: BOURCIER, 《Histoire…》 (미주 619), p. 45.

622) MCCRUM, CRAN & MACNEIL, 《The Story…》 (미주 611), p. 69-70.

623) JESPERSEN, Otto, 《Growth and Structure of the English Language》, Oxford, Blackwell, 1967, 244 p., p. 69-70.

625) 이 모든 예들은 스칸디나비아어 차용어의 긴 목록을 제공하는 다음 책들에서 발췌되었음:
BAUGH & CABLE, 《A History…》 (미주 617), p. 98-101,
BACQUET, Paul, 《Le vocabulaire anglais》, Paris, PUF, 'Que sais-je ?' n° 1574, (1re éd. 1974) 1982, p. 36-46,

624) JESPERSEN, 《Growth…》 (미주 623), p. 63-64.
JESPERSEN, 《Growth…》 (미주 623), p. 55-57.

626) MCCRUM, CRAN & MACNEIL, 《The Story…》 (미주 611), p. 71, 및
MILLS, 《A dictionary…》 (미주 613).

627) BAUGH & CABLE, 《A History…》 (미주 617), p. 103.

628) 이 지도는 다음 책의 내용에 입각하여 작성되었음: MCCRUM, CRAN & MACNEIL, 《The Story…》 (미주 611), p. 66.

629) MUSSET, Lucien, 《La tapisserie de Bayeux》, St Léger de Vauban, Zodiaque, 1989. BN [8° V 100 695.

630) MCCRUM, CRAN & MACNEIL, 《The Story…》 (미주 611), p. 74-75.

631) POPE, M.K., 《From Latin to Modern French with Especial Consideration of Anglo-Norman》, Manchester, University Press, (1re éd. 1934) 1966, 571 p., p. 420-485.

632) HOAD, T.F., (sous la dir.), 《The Concise Oxford Dictionary of English Etymology》, Oxford, Clarendon Press, 1986, 552 p., p. 70.

633) SCOTT, Walter, 《Ivanhoe》, London, p. 46-47. BN [8 Z 376 (16).

634) 1653년에 John Wallis에 의해서. cf. JESPERSEN, 《Growth…》 (미주 623), p. 82.

635) André MARTINET는 종종 자신의 세미나 중에 이 생각을 전개시켰다.

636) SHAKESPEARE, William, 《The Works of Shakespeare – Œuvres complètes de Shakespeare》, sous la dir. de Pierre LEYRIS & Henri EVANS, édition bilingue à partir de 《The New Shakespeare》, edited by Sir Arthur Quiller-Couch & John Dover Wilson for the Cambridge University Press, Paris, Formes et Reflets, 1957, publiée par Le Club français du livre, Paris, 1963, tome VI, p. 224-225.

637) CHEVILLET, François. 《Les variétés de l'anglais》, Paris, Nathan, 1991, 231 p., p. 147-150.

638) BAUGH & CABLE, 《A History…》 (미주 617), p. 195.

639) BOURCIER, Georges, 《Histoire…》 (미주 619), p. 209.

640) CRÉPIN, André, 《Histoire de la langue anglaise》, Paris, PUF, 'Que sais-je ?', n°

1265, (1re éd. 1967) 1982, p. 44–45.

641) CRÉPIN, 《Histoire…》 (미주 640), p. 59.

642) BAUGH & CABLE, 《A History…》 (미주 617), p. 222.

643) 이 표현들 중 일부는 다음 책들에 인용되어 있다:
MCCRUM, CRAN & MACNEIL, 《The Story…》 (미주 611) p. 99–100,
MANSER, Martin, 《The Guinness Book of Words》, Enfield, Guinness Publishing, 1991, 192 p., p. 99–103.

644) MCCRUM, CRAN & MACNEIL, 《The Story…》 (미주 611), p. 102 et 113.

645) CHEVILLET, 《Les variétés…》 (미주 637), p. 134 및 148.

646) CHEVILLET, 《Les variétés…》 (미주 637), p. 122–123.

647) TRUDGILL, Peter & HANNAH, Jean, 《International English, a Guide to Varieties of Standard English》, Londres–New York, Arnold, (1re éd. 1982) 1991, 130 p., p. 28–31.

648) 스코트어에 대한 모든 자료들의 출처:
AITKEN, A.J. (sous la dir.), 《Lowland Scots》, Association for Scottish Literary Studies, Occasional Papers n° 2, Édimbourg, 1981, 73 p.AITKEN, A.J., & MCARTHUR (sous la dir.), 《Languages of Scotland》, 특히 MURISON, David, The Historical Background, p. 2–13,
MCCLURE, J. DERRICK, Scots : its range of uses, p. 26–48.
MCCRUM, CRAN & MACNEIL, 《The Story…》 (미주 611), ch. 4, The Guid Tongue, p. 127–141
BAUGH & CABLE, 《A History…》 (미주 617), p. 316–317.

649) 이 지도는 다음 책의 내용에 의거하여 작성되었다: CHEVILLET, 《Les variétés…》 (미주 637), p. 131 및 138.

650) WELLS, J.C., 《Accents of English》, Cambridge, Cambridge University Press, 1982, 673 p., 2, 《The British Isles》, p. 411.

651) CHEVILLET, 《Les variétés…》 (미주 637), p. 131–132.

652) WELLS, 《Accents…》 (미주 650), p. 426–432.

653) CHEVILLET, 《Les variétés…》 (미주 637), p. 147, 및 BAUGH & CABLE, 《A History…》 (미주 617), p. 342.

654) CHEVILLET, 《Les variétés…》 (미주 637), p. 179.

655) BAUGH & CABLE, 《A History…》 (미주 617), p. 351–352.

656) 훨씬 더 많은 등가 표현 목록이 다음 책들에 제시되어 있다:
CHEVILLET, 《Les variétés…》 (미주 637), p. 165–171,
BAUGH & CABLE, 《A History…》 (미주 617), p. 298 및 386–388.

657) LABOV, William, 《The Social Stratification of English in New York City》, Washington D.C., 1966, p. 63–89, 207–243 및 p. 499.

658) BAUGH & CABLE, 《A History…》 (미주 617), p. 373–374,

WELLS, 《Accents…》 (미주 650), p. 534–535,
GRAMLEY, Stephan & PÄTZOLD, Kurt–Michael, 《A Survey of Modern English》, Londres–New York, Routledge, 1992, 498 p., p. 373–376. (이 책은 미국 영어의 변이체 지도를 작성할 때도 사용되었음.)

659) MOULTON, William G., Unity and Diversity in the Phonology of Standard American English, in WALTER, Henriette (sous la dir.), 《Phonologie et société》, Paris–Montréal–Bruxelles, Didier, 1977, 146 p., p. 113–127.

660) CHEVILLET, 《Les variétés…》 (미주 637), p. 151–157,
GRAMLEY & PÄTZOLD, 《A Survey…》 (미주 658), p. 342–343.

661) CHEVILLET, 《Les variétés…》 (미주 637), p. 161–163.

662) MOULTON, Unity… (미주 659), p. 116.

663) LABOV, William, Some Features of the English of Black Americans, in BAILEY, Richard, W. & ROBINSON, Jay L. (sous la dir.), 《Varieties of Present–Day English》, New York, 1973, p. 242–243.

664) CHEVILLET, 《Les variétés…》 (미주 637), p. 174–175.

665) JESPERSEN, 《Growth…》 (미주 623), p. 141.

666) CHEVILLET, 《Les variétés…》 (미주 637), p. 171.

667) MCCRUM, CRAN & MACNEIL, 《The Story…》 (미주 611), p. 134–135.

668) BAUGH & CABLE, 《A History…》 (미주 617), p. 271.

669) BAUGH & CABLE, 《A History…》 (미주 617), p. 271.

670) CHEVILLET, 《Les variétés…》 (미주 637), p. 72.

671) HONEY, John, 《Does accent matter ?》, London–Boston, Faber & Faber, 1991, 214 p., p. 41.
MITFORD, Nancy (sous la dir.), 《Noblesse oblige》, London, Hamish, Hamilton, 1956,
ROSS, Alan S.C., 《Linguistic Class–Indicators in present–day English》, Neuphilologische Mitteilungen, 55, p. 20–56.

672) GIMSON, A.C., 《An Introduction to the Pronunciation of English》, London, Arnold, (1re éd. 1962) 1966, 294 p. 및 1980, 352 p., p. 89–92.

673) HUGHES, Arthur & TRUDGILL, Peter, 《English Accents and Dialects》, Londres–New York, Arnold, (1re éd. 1979) 1992, 98 p., p. 3,
TRUDGILL & HANNAH, 《International…》 (미주 647), p. 9.

674) HUGHES & TRUDGILL, 《English…》 (미주 673), p. 39.

675) HUGHES & TRUDGILL, 《English…》 (미주 673), p. 27–40 및 44,
다음 책도 참고할 것: COGGLE, Paul, 《Do you speak Estuary ?》, Londres, Bloomsbury, 1993, 106 p.

676) CHEVILLET, 《Les variétés…》 (미주 637), p. 84–89 및 p. 101–105.

677) BAUGH & CABLE, 《A History…》 (미주 617), p. 299–301.

678) MCCRUM, CRAN & MACNEIL, The Story… (미주 611), p. 19−35.

679) WELLS, J. C., 《Pronunciation Dictionary》, Harlow, Longman, 1990, 802 p., GREENBAUM, Sidney, Whose English ?, in RICKS, Christopher & MICHAELS, Leonard, 《The State of the Language》, London−Boston, Faber and Faber, 1990, 530 p., p. 18−23.

680) ANDERSSON, Lars−Gunnar & TRUDGILL, Peter, 《Bad Language》, London, Penguin Books, 1990, 202 p., p. 70.

681) GREEN, Jonathon, 《Neologisms…》 (미주 464), 《New Words since 1960》, London, Bloomsbury Ltd, 1991, 339 p.

682) GREEN, 《Neologisms…》 (미주 464), p. 78 및 123.

683) GREEN, 《Neologisms…》 (미주 464), p. 338. zap 동사는 다음 책에는 전혀 언급되지 않고 있다: ALGEO, John (sous la dir.), 《Fifty Years among the New Words, A Dictionary of Neologisms, 1941−1991》, Cambridge, Cambridge University Press, 1991, 257 p.

반면에 다음 사전에서는 그 새로운 의미의 탄생을 설명하고 있다: 《The Oxford Dictionary of New Words》, compiled by Sara TULLOCH, Oxford, Oxford University Press, 1992, 322 p.

684) 이 챕터 전반에 대해 많은 의견을 준 Jill Taylor(university of Exeter)에게 깊이 감사드린다.

685) TRUDGILL & HANNAH, 《International…》 (미주 647), p. 44.

686) TRUDGILL & HANNAH, International… (미주 647), p. 100 및 106

687) 이 자료의 일부는 다음 책에서 인용함: TRUCHOT, Claude, 《L'anglais dans le monde contemporain》, Paris, Le Robert, 1990, 416 p., p. 13−19.

688) GOURSAU, Henri & GOURSAU, Monique, 《Dictionnaire européen des mots usuels, français−anglais−allemand−espagnol−italien−portugais》, éd. Goursau, Saint−Orens−de−Granville, 1989, 764 p.

689) 내 친구들인 Hélène Sella(그리스어), Wolfgang Rolf(독일어), Roberto Bruni, Diego Zancani와 Antonio Ferrari(이탈리아어), Koldo de Viar y Bilbao와 Andrés Sanchez Cabello(스페인어) 및 Jill Taylor(영어)에게 그들의 도움에 대해 감사드린다.

690) ZOLLI, 《Le parole straniere…》 (미주 206), p. 85.

연대기

유럽 언어들의 역사와 관련된 역사적 사건들		
민족	**연도**	**문명**
	−15000	동굴 벽화(라스코, 알타미라)
	−7000/−4000	신석기 문명
이베리아족이 유럽에 나타남	−5500	
	−5000/−2000	쿠르간 봉분의 출현
'인도-유럽인들'이 중부 유럽으로 이동함	−4000	
	−3500	문자의 출현 (메소포타미아 우루크)
켈트족이 다뉴브강 유역에 나타남	−2500경	거석 문명(스톤헨지 −2400)
	−2000	크레타의 미노스 문명
	−1500	크레타의 문자
아카이아인들이 그리스와 크레타에 나타나고, 이어서 **아이올로스인들**과 **이오니아인들**이 나타남		
이탈리아 반도에 **이탤릭족**이 도래함		미케네 문명의 시작. 미케네어로 된 최초의 기록 자료 북이탈리아 호상 주거 문명
그리스에 **도리아인들**이 침입함	−1200	미케네 문명의 소멸
이탤릭족(오스크족과 움브리아족)이 이탈리아에 두 번째로 밀려듦		
	−1100	북이탈리아의 빌라노바 문명
야금술(오스트리아 할슈타트) **켈트족**이 서부와 남부로 이동함 **게르만족**이 윌란반도 남부에 나타남	−1000	
	−850	일리아드와 오디세이(호메로스가 쓴 것으로 간주되는 이오니아 방언 시)

	−800/−500	에트루리아 문명의 전성기
	−800	그리스 알파벳 탄생
전설상의 **로마** 건립 연도	−753	
켈트족이 스페인에 나타남	−650	아티카 방언의 최초 기록 자료(아테네)
	−600	타르테소스 문명(과달키비르)
	−550	고대 라틴어의 최초 기록 자료
게르만족이 중부 독일과 폴란드로 이동함	−500	
켈트족이 서쪽으로 계속 이동함	−500/−300	그리스 문명: 탈레스, 아이스킬로스, 피타고라스, 핀다로스, 소포클레스, 페이디아스, 엘레아의 제논, 헤로도토스, 유리피데스, 투키디데스, 소크라테스, 아리스토파네스, 플라톤, 프락시텔레스, 아리스토텔레스, 에피쿠로스
켈트족이 로마를 약탈함	−390	
켈트족이 터키까지 진출하는 등 유럽 전역으로 확산됨	−300	
	−200/+200	최초의 고전 라틴어 기록 자료 로마 문명: 플라우투스, 키케로, 루크레티우스, 카이사르, 카툴루스, 살루스티우스, 버질, 호라티우스, 티투스 리비우스, 오비디우스, 세네카, 플리니우스, 플루타르코스, 타키투스, 마르쿠스 아우렐리우스, 테르툴리아누스
로마의 이베리아 반도 정복	−197/−149	
로마의 알프스 이편 갈리아 정복	−191	
로마의 그리스 정복	−146	
로마의 알프스 건너편 갈리아(프로빈키아) 정복	−125	
킴브리족과 **튜튼족**이 서유럽 전역으로 이동함	−115	

로마(줄리어스 카이사르)의 갈리아 정복	−58/−50	
로마의 첫 번째 영국 원정	−53	
로마의 첫 번째 영국 원정 **고트족**이 동쪽으로 쇄도함	+43/+211	
	200	룬 문자로 된 최초의 게르만어 새김금
프랑크족의 대대적 갈리아 침입	258	
	350	고트어로 된 최초의 기록 자료(울필라스의 성경 번역)
	390−405	성 히에로니무스에 의한 성경의 라틴어 번역(《불가타》)
로마인들이 영국을 포기함	407	
서고트족의 이베리아 반도 지배	409/711	
앵글족과 **색슨족** 그리고 뒤이어 **주트족**과 **프리슬란드족**의 영국 침략	449	
서로마 제국의 멸망	476	
클로비스의 **프랑크족**이 수아송에서 **로마인들**에게 승리함	486	
랑고바르드족이 엘베강으로부터 북이탈리아를 향해 이동함	500/600	
		스코틀랜드 게일어로 된 최초의 기록 자료
클로비스의 **프랑크족**이 부이예에서 **서고크족**에게 승리함	507	
	550	웨일스어로 된 최초의 기록 자료
서고트족의 포르투갈 지배	585	
아랍인들의 스페인 정복. 국토회복운동은 800년부터 1492년까지 단계적으로 이루어짐	711/718	
	750	브르타뉴어로 된 최초의 기록 자료 독일어의 조상인 고지 독일어로 된 최초의 기록 자료

	752	샤를마뉴가 갈리아에서의 라틴어 교육을 개혁하기 위해 앨퀸을 오게 함
바이킹족이 유럽 해안지역에 침입하고(린디스판 793년) 이어 땅을 점유함(데인로 878년, 노르망디 911)	800/1000	
		공통 스칸디나비아 언어의 분화가 시작됨
	842	갈로로망어로 된 최초의 기록 자료(스트라스부르의 서약)
	850	프리슬랜드어와 고대 영어로 된 최초의 기록 자료 고(古)슬라브(또는 슬라보니아어)로 된 최초의 기록 자료 키릴 문자의 탄생
	900/1300	아랍 문명이 유럽에 영향을 줌: 이븐 시나, 이븐 루시드, 콰리즈미, 톨레도 번역 학교
	950	고대 이탈리아어로 된 최초의 기록 자료
노르만족의 영국 침입	1066	
	1140	카스틸라어 최초의 문학적 글
	1150	이탈리아어 방언으로 된 최초의 기록 자료
	1171	카탈로니아어로 된 최초의 문학적 글
	1227	갈리시아어로 쓰인 최초의 기록 자료(어휘 사전)
아랍인들이 포르투갈에서 쫓겨남	1249	
	1250	콘월어로 된 최초의 글
치간들의 유럽 이주가 시작됨	1300	
영국인들이 기엔을 점령함	1337/1453	
	1350	프리울어로 된 최초의 기록 자료

	1450	마자랭 성경이라고 불리는 최초의 성경이 인쇄됨
바이킹족이 유럽 해안지역에 침입하고(린디스판 793년) 이어 땅을 점유함(데인로 878년, 노르망디 911)	800/1000	
		공통 스칸디나비아 언어의 분화가 시작됨
	842	갈로로망어로 된 최초의 기록 자료(스트라스부르의 서약)
	850	프리슬랜드어와 고대 영어로 된 최초의 기록 자료 고(古)슬라브(또는 슬라보니아어)로 된 최초의 기록 자료 키릴 문자의 탄생
	900/1300	아랍 문명이 유럽에 영향을 줌: 이븐 시나, 이븐 루시드, 콰리즈미, 톨레도 번역 학교
	950	고대 이탈리아어로 된 최초의 기록 자료
노르만족의 영국 침입	1066	
	1140	카스틸라어 최초의 문학적 글
	1150	이탈리아어 방언으로 된 최초의 기록 자료
	1171	카탈로니아어로 된 최초의 문학적 글
	1227	갈리시아어로 쓰인 최초의 기록 자료(어휘 사전)
아랍인들이 포르투갈에서 쫓겨남	1249	
	1250	콘월어로 된 최초의 글
치간들의 유럽 이주가 시작됨	1300	
영국인들이 기옌을 점령함	1337/1453	
	1350	프리울어로 된 최초의 기록 자료

	1450	마자랭 성경이라고 불리는 최초의 성경이 인쇄됨
아랍인들이 그라나다와 스페인에서 쫓겨남 크리스토프 콜럼버스가 아메리카를 발견함	1492	
	1521	루터가 성경을 독일어로 번역함
프랑스인들이 캐나다에 도착함	1534	
	1539	프랑수아 1세의 빌레르코트레 칙령
북아메리카 최초의 **영국** 식민지(뉴펀들랜드)	1583	이탈리아에서 문사 크루스카 학회가 창립됨
	1635	프랑스에서 아카데미 프랑세즈가 창립됨
	1794	방언 폐지에 관한 그레구아르 신부의 연설

색 인

인명

ㄱ

ㄴ

ㄷ

ㄹ

ㅁ

ㅂ

ㅅ

ㅇ

ㅈ

ㅊ

ㅋ

ㅌ

ㅍ

ㅎ

언어, 지역, 종족

[병기된 원어 용어 중 대문자는 지역과 종족, 로만체 소문자는 언어, 이탤릭체는 프랑스어 이외의 언어로 표기된 언어를 나타냄]

ㄱ

ㄴ

ㄷ

ㄹ

ㅁ

ㅂ

ㅅ

ㅇ

ㅈ

ㅊ

ㅋ

ㅌ

ㅍ

ㅎ